『モダン日本1940年(朝鮮特集版)』

≪復刻版≫

◎複刻に当たって、著作権者及び著作権継承者の確認とその了解を得ることに鋭意つとめましたが、不明の著作権者及び著作権継承者もいらっしゃいます。お心当たりの方はオークラ情報サービス編集部までご一報いただければ幸いです。

「モダン日本1940年(朝鮮特集版)」≪復刻版≫

初版・2009年 3月 27日

発行者・大倉玉圭
編　集・韓日比較文化研究センター
発行所・オークラ情報サービス株式会社
〒135-0021 東京都江東区白河2-2-9馬場ビル1F
電話 03-3643-8738　Fax 03-3643-8739
e-mail:okura-info@e-okura.co.jp

ISBN 978-4-903824-66-6　定価 ¥5,250(税込)

『モダン日本1940年（朝鮮特集版）』

≪復刻版≫

OKURA
INFO SERVICE

「モダン日本〈朝鮮版一九四〇年〉」推薦の言葉

川村湊（文芸評論家・法政大学教授）

「モダン日本」は、菊池寛が創刊し、弟子ともいえる馬海松《マヘソン》に後事を託した雑誌だった。「文藝春秋」よりもっと文芸色を排した、娯楽性、読み物性の濃い大衆的な雑誌を目指したものだが、朝鮮半島出身の馬海松には、編集者としての一つの夢があった。それは、朝鮮の文化や芸術、そしてそれを担う故郷朝鮮の人々のことを、日本人にもっと知ってもらい、関心を持ってもらいたいということだった。もちろん、堅苦しい論説や尊大な高説、学術的で無味乾燥な論評や分析ではない、エロやユーモアや風刺や滑稽な記事もある、真に大衆的な読み物としての「雑誌」によって、だ。

表紙にキーセンの絵をあしらった「モダン日本」の朝鮮版は、今日の「韓流ブーム」の原型を表している。朝鮮人・馬海松が何を見せ、何を訴えようとしていたか。それは日本人が朝鮮に何を見ようとし、何を見たがったかということと、まさに呼応しているのである。1940年も、そして2009年の今も。

解題

今回刊行する『モダン日本(朝鮮版)1940年』(以下、『モダン日本1940』と略称)は、『モダン日本(朝鮮版)1939年』(以下、『モダン日本1939』と略称)に引き続き刊行された『モダン日本』朝鮮特輯号(1940年 8月号)の復刻である。

『モダン日本1940』が、再び読者に提供された経緯は、モダン日本社の社長馬海松《マヘソン》によれば、前年刊行の『モダン日本1939』を赤字覚悟で、刊行したにもかかわらず、意外にも多大な反響を巻き起こし、第2次朝鮮版発刊の要求と共に月刊誌として発行の要求まで読者から殺到し、そこで当初計画にはなかった第2次『モダン日本』朝鮮版が急きょ刊行される運びとなったという。また、1939年版は、馬海松みずからの企画であったが、1940年版は、モダン日本社の記者にすべて委ねたともいう。

以下、『モダン日本1940』の内容を簡単に紹介し、読者の理解の助けとしたい。

モダン日本社記者の現地取材が際立つ『モダン日本1940』

先ず全体の企画のなかで、目立つ特徴は、「現地報告」である。「京城繁華街探訪記」「瓮津鉱山見学記」「小鹿島探訪記」「志願兵訓練所訪問記」「京城学生生活ルポルタージュ」などは、ルポルタージュの形式をとり、社会関心の焦点となる地域と分野を選択して、モダン日本社の記者が直接取材して書かれている。

これらの中で「京城繁華街探訪記」は、当時のソウル「京城」の繁華街である「北村」の鐘路と「南村」の本町を記者が直接歩きながら、そこにある古い建物や有名な料理屋、居酒屋、カフェーなどの若者達が好む店と記者が街で拾ったエピソードを紹介して、当時の盛り場、「通り」の風景をいきいきと伝える。また、「京城学生生活ルポルタージュ」は、「京城」内の代表的な四つの大学を、「紳士的な京城帝国大学生」「青春を謳歌する延喜専門」「豪傑型ポソン専門」、そして「楽園の娘たち」という小見出しをつけて、それぞれのキャンパスの特徴と大学生たちの雰囲気を紹介している。これが現在にも各大学にその痕跡を残している点が驚きのようで当然にも見えてくる。

その他にも、「志願兵制度」と「創氏改名」の実態が、「志願兵訓練所訪問記」と「朝鮮読本」の記事からよく現われている。この雑誌が発行された１９４０年は、日本の「紀元２６００年」の年に当たり、その記念のために、紀元節が宣布されて同時に創氏改名が施行された。これにわずか3ケ月で「170万名」が参加したと、現地取材記事は伝える。また瓮津鉱山と志願兵訓練所は、当時の時局のなかで非常に重要な部門として記事は伝える。その内容は戦争協力的な論旨で一貫されている。

これらの記事とともに対談、随筆、論説、座談会、創作など多様な形式の文章を配置する一方、日本側と朝鮮側の筆者を均衡にしようとする配慮が、その企画の趣旨から見えてくる。このため、『モダン日本1939』より、朝鮮知識人の文章の占める比重が多くなっている。文学方面で見ると『モダン日本1940』は、『モダン日本1939』と違い日本人の小説が全然載せられていない代りに、朴泰遠の「路は暗き」、金東里の「村の通り道」、崔明翊の「心紋」などの小説と、朴鍾和、金尚鎔、金東煥、金億、林学洙などの詩が日本語で翻訳されて植民地朝鮮文学を本格的に紹介している点が目立つ。

また見逃すことができない点は、李光洙、宋今、金基鎭、崔貞熙など、当時の朝鮮知識人たちの「時局迎合」的文章が掲載されている事実である。李光洙の「我が交友録」や宋今、金基鎭、崔貞熙の「内鮮問答」で明らかにされているのは、彼らが「内鮮一体」の高揚に積極的な役割を果したという目を背けることのできない事実である。

（ホンソンヨン）

「内鮮一体」の絶頂期　1940年と「ローカル」としての朝鮮

私たちが日帝の植民地期を理解しようとする時、その帝国主義の抑圧性とこれに対抗する「抵抗」に焦点を置くのに対し、この『モダン日本1940』は、そのような私たちの期待を裏切る内容を数多く提供してしまう。例えば「朝鮮の今昔を語る座談会」には、1910年代の日帝教育に対する反抗の拠り所ともなった伝統教育機関の「寺小屋」の増加に対して、当時の新解釈の可能性が、その活用とともに提示されている。そして朝鮮総督府学務局長塩原時三郎へのインタビュー『朝鮮に於ける皇国臣民化運動』では、1937年の日中戦争以後急激に発展した朝鮮の重工業化とともに志願兵制度と創氏改名に対して、朝鮮内には抵抗のみあったのではなく、それに呼応する動きもあったことを伝える。また朝鮮銀行総裁松原純一の寄稿文「朝鮮産業界の将来」では、朝鮮産業が急激に工業・鉱業中心に発達した背景には朝鮮が日本の大陸進出と無関係に存在したのではなく「大日本帝国」の一部としてむしろこの点を利用して新しい開拓地である中国北部と満州に対して帝国主義的要素で連結していた朝鮮の姿も示す。

一方、『モダン日本1940』に盛られた日本側と朝鮮側知識人の随筆からは、1940年という時期の朝鮮の姿と知識人の朝鮮認識の現状が見えるという点で注目に値する。日本側筆者では福田清人、柳宗悦、関口次郎、下村海南などがあり、朝鮮側筆者では張赫宙、李克魯、安含光、鄭寅燮がいる。日本側執筆者の文章は、概して朝鮮旅行記や朝鮮の伝統美に対する内容を中心とする。それは、1910年代、1920年代の日本人の旅行記とは違い、朝鮮の自然風景の秀麗さ、伝統建築の美しさ、物静かな朝鮮の人々の表情などをたんたんと描きながら「進歩と伝統が共存している」朝鮮を紹介する。福田清人「朝鮮見たままの記」には、汽車で会った朝鮮の若い夫婦が朝鮮語と「内地語」を交えて話を交わす姿を伝えて「朝鮮的」な姿と「日本的」な姿が「ぎこちなく」一体となっている1940年の風景を伝えている。

朝鮮側執筆者で張赫宙の「仏国寺にて」を見れば彼が当時慶州を朝鮮の代表的な文化遺産として位置づけるのに大きな役割を果たした大坂金太郎の弟子として慶州を訪問する有名人たちを直接案内したという点、そして慶州に住む日本人夫婦が、朝鮮の女の子を養子にして手厚く育てた話、そして自分の家族はそのように観光地慶州とは関係ない日常生活を送ったという話をたんたんと語っている。彼の文章ではまるで「内地人」と「朝鮮人」が昔からそのような暮しをして来たように、養子との不協和音も見えないようだ。

一方、李克魯の「文化の自由性」では「一国の中にも多くの文化が併存発展するのが可能であり、多様な文化を包容することができるものが大国」と言って「大日本帝国」の枠の中で朝鮮の伝統文化研究と保存をしなければならないと指摘する。鄭寅燮の「朝鮮のローカルカラー」でもこれと似た観点を提示し、植民地朝鮮を「帝国」の「ローカル」として認識していたことが今日から窺える。

そして『モダン日本1940』で、特に貴重な文章は、「朝鮮古典特集」である。先に「朝鮮古貨幣の概革」を載せた柳子厚は、「編輯後記」で朝鮮文化の権威者として紹介される人物であり、彼の文章は『東亜日報』に1938年2月から8月まで133回連載された「朝鮮貨幣沿革」に基づいている。一方、高裕燮の「朝鮮古代の美術工芸」は当時開城博物館長を歴任した高裕燮の朝鮮伝統美に対する識見が見られる文章である。

（ユンソヨン）

国内外で活躍する朝鮮知識人たちと大衆文化の隆盛

『モダン日本1940』で、特に力を入れた記事は、朝鮮の「昨日と今日」を比較した多様な題材である。朝鮮全土21都市の歴史的・地理的特徴、交通、産業、人口、開発現況などの躍進する朝鮮の「今日」の姿を紹介している。例えば「東京で活躍している朝鮮人たち」、「朝鮮には“海外派”博士が多い」、「運動界で気炎を吐く朝鮮人たち」では、当時の言論界、文芸界、舞踊界、音楽界、演劇、映画、美術界、スポーツ、学界、美術界、実業界など各分野で活躍している朝鮮人たちの姿が列挙されている。そしてかれらの内、創氏改名をしている場合、その名前まで紹介しているのが注目される。特に外国に留学した知識人が多いという指摘は、現在の韓国社会でもよく言われることであり、時を隔てて韓国知性の一傾向を見るようで複雑である。ところで日帝支配、その抑圧の下でも外国留学が可能だったという状況を、どう理解すればよいのか。もう少し当時の実情に対する多面的な接近が必要とも考えさせられる。

この他に朝鮮の映画に対する紹介が注目される。「躍進する朝鮮映画陣」では「勝利の庭」、「新開地」、「福祉万里」、「水仙」、「大地の子」、「トルセ」の計6本の映画について、製作者、脚本、演出、配役、筋書などが紹介されている。座談会「朝鮮映画界を背負ふ人々」では、朝鮮映画の歴史と沿革を含めて映画製作者と映画製作の状況や俳優たちの裏話とともに今後の朝鮮映画の進むべき道はどこにあるのか、当時朝鮮を代表する映画人の「肉声」から聞くことができる。これらの内容は韓国映画史研究に活用できる貴重な資料である。同時に徐恒錫の文章「半島の新劇界を展望する」では、朝鮮新劇の現況と衰退に対する分析がされており、当時の新劇界を知る上でも好資料といえる。

次に女性に関する記事が比較的多く紙面を飾る。「東京を訪問した芸者たち」「芸者の一日」を紹介し、大衆的な興味を誘導しようとしている点、今日の「ミスコリア選抜大会」を連想させる「ミス朝鮮当選者発表」は、この頃の「美人」の基準を窺う上で興味が惹かれる。そして「朝鮮女学生座談会」は、『モダン日本１９４０』刊行のために新しく企画され、現地取材の全記者と当時朝鮮を代表する

「インテリ女性」と言われた女学生達が集まり、彼女たちの音楽、文学、舞踊、スポーツ、映画など多様な趣味や生活を含めた彼女たちの恋愛観と結婚観、果ては好きなおやつと小遣いの内訳などに対して自由に語らせる座談会となっている。その中でも座談会に参加した女学生たちが、同じ女性の立場から、芸者に対する批判もしていておもしろい。芸者たちが一般家庭婦人たちの贅沢を助長して、無鉄砲で偉そうな顔をしていて、恥ずかしさを知らないと、辛らつに批判する声があるかと思えば、決して職業として良いとは言えないがそれでも芸者は職業女性であり、生計の一手段なので問題視することはないという冷静な意見もある。しかしこのような多様な見方にもかかわらず、結局は芸者が盛んなことは社会の罪と同時に男性の「だらしなさ」という点では、意見が一致している。また平等権を主張する女性と優位権を主張する男性がいるから、結婚と恋愛を取り囲む、すべての男女問題が発生するので「社会秩序を立てるには男性をはじめから鍛える事」が優先課題であるとも指摘する。当時の状況での女性たちの悩みが新鮮でもあると同時に日本文学作品が、彼女たちの日常生活の中に自然に収まっているという当時の知的風土が窺える点が興味深い。

（パク・ミギョン）

読者の興味を掻き立てる軽い読み物に会う1940年の朝鮮

『モダン日本1940』の大きな特徴は、「大衆雑誌」として、多様な編集形式で読者の興味を掻き立てる記事が多いというところにある。例えば葉書回答、マンガ、詩と小説だけではなく、『モダン日本1939年』の形式を受け継いだ点として「いろページ」という企画の下に「朝鮮服の活し方」、「朝鮮のことわざ」を含めて、ウィットと機智ある朝鮮の話を盛り込んだ「朝鮮の嘘倶楽部」、日本語と韓国語の関連性を探している「朝鮮物知り大学」、「恩知らず虎」、「足折れたつばめ」、「蝶の来由」、「朝鮮の有名裁判官」など昔から伝えられている民話や童話も紹介されている。朝鮮の童話、服飾文化、旅先、漫評などのおもしろい素材が分かりやすく解説され、その他に朝鮮関連のミニ常識を連想させる短文やフレッシュな紙面配置を通じて、読者の興味をそそる企画力が際立つ。また「葉書回答」、「内鮮問答」、「朝鮮百問百答」のような問答形式の記事は、編集者の文章ではなく直接的な伝達方式を通じて、受身の朝鮮認識を脱皮しようとする努力が窺える。例えば「葉書回答」欄では「朝鮮人が内地人に誤解を受けやすい点」に対する14人の朝鮮の知識人のコメントが載っている。朝鮮人に対する偏向した認識、すなわち、エゴイスチック、恩知らず、懶怠、盗癖などの歪んだ日本人の「偏見」が具体的に言及される。

「伝説」というコーナーでは、『モダン日本1939』の「春香伝」と「沈清伝」に引き続き、『モダン日本1940』には、「洪吉童伝」と「淑英娘子伝」が紹介される。この二つの小説は1910年代後半にハングル本が刊行され植民地朝鮮で人気を呼んだ作品である。細井肇などの朝鮮研究者を通じて朝鮮の古典作品が日本語に翻訳刊行されていたが、大衆雑誌に紹介されたという意味で画期的である。

一方「小鹿島探訪記」記事は、当時の日本人院長による強制労働、日本式生活強要、不妊手術などの収容生活を伝えるハンセン病関連資料の記録とは違い、「世界でも指折り数えられる理想郷」として小鹿島の姿を伝え、『モダン日本1940』の現実認識の限界を見せてくれている。

最後になるが、本誌には、「1940年秋号朝鮮版発行」という広告が載せられており、朝鮮版の年2回定期刊行が計画されていたという事実が、注目に値する。しかし結局、実際には秋号は発行されず、『モダン日本』で企画された朝鮮特輯号は二つの臨時増刊号のみで終わった。しかし太平洋戦争が始まり戦局が悪化しつつあった1943年に、『モダン日本』は、『新太陽』と名前を変えて発行し、1943年11月号を「徴兵制施行記念戦闘する朝鮮特輯号」という副題の下に発行したという。しかし、この実物はまだ確認できていない。

（チェヨンニム）

＊＊＊＊＊＊＊＊＊＊＊＊＊＊

このように『モダン日本１９４０』は「戦時体制」の下に「親日派」の活動内容や一般人の「戦争協力」、「日本的なことと朝鮮的なこと」が混在した日常生活の姿を現わしている。そしてその一方、当時の日本と朝鮮の知識人が思い描いた「朝鮮」とは何かを、新たに省察することもできる内容となっている。「伝統と革新」「保守と進歩」「道徳と快楽」が、同時に共存して衝突したこの時代を観察してみると、どこかで見たような見慣れた風景という考えと共に、日帝時代に抱いている先入観とがぶつかり「これが当時の本当のすがたであろうか？」という信じがたく思えることも事実である。また、「帝国日本」が死に物狂いで最後の航路を進んでいたこの時代の緊張感を持つ当時の人々の意識も伝わってくる。このような『モダン日本１９４０』を通じて、この時代の自画像がどう描けるか、それは読者に委ねられている。

韓日比較文化研究センター一同

モダン日本
臨時大増刊
朝鮮版

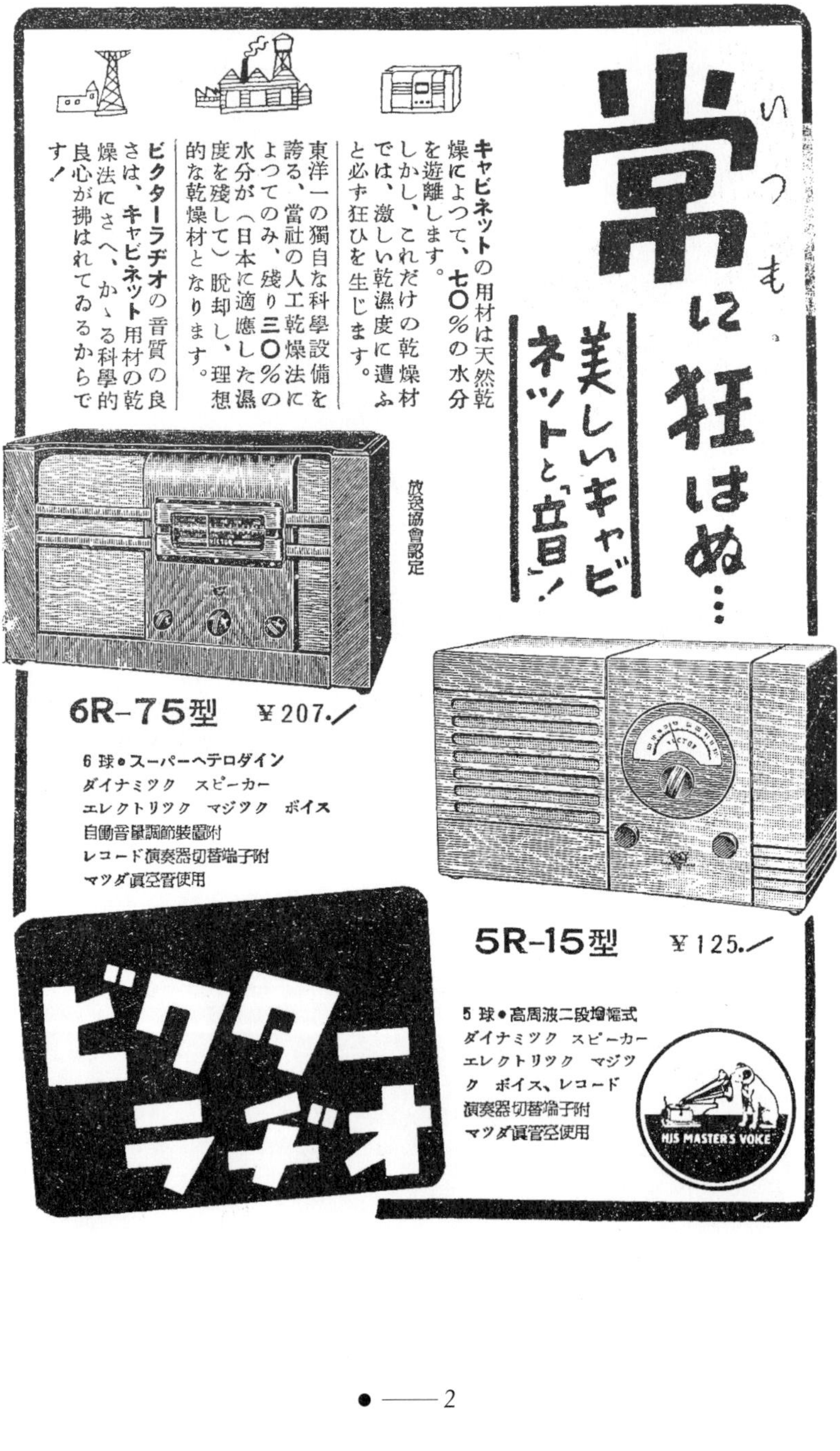
常《いつも》に狂はぬ…
美しいキャビネットと「音」！
キャビネットの用材は天然乾燥によつて、七〇％の水分を遊離します。
しかし、これだけの乾燥材では、激しい乾濕度に遭ふと必ず狂ひを生じます。
東洋一の獨自な科學設備を誇る、當社の人工乾燥法によつてのみ、殘り三〇％の水分が（日本に適應した濕度を殘して）脱却し、理想的な乾燥材となります。
ビクターラヂオの音質の良さは、キャビネット用材の乾燥法にさへ、か丶る科學的良心が拂はれてゐるからです！
放送協會認定
6R-75型　¥207.／
6球●スーパーヘテロダイン
ダイナミツク　スピーカー
エレクトリツク　マジツク　ボイス
自働音量調節裝置附
レコード演奏器切替端子附
マツダ眞空管使用
5R-15型　¥125.／
5球●高周波二段増幅式
ダイナミツク　スピーカー
エレクトリツク　マジツク　ボイス、レコード演奏器切替端子附
マツダ眞空管使用
ビクターラヂオ
HIS MASTER'S VOICE

貧血に
ヘミナール

シャンソン・ド・パリ

巴里小唄集

¥12.50

特殊レーベル盤 全六枚
未發表傑作曲 全十二曲
宮本三郎氏裝幀 アルバム・解說書附

パリジヤンの夢何處！

アリベエル
シモーヌ・シモン
セリス
ダミア
ボアイエ
クルヴエ
イヴオンヌ・ジヨルジユ
ティノ・ロッシ
ゴウチイ
トルネ
デユバ
ケツテイ

Columbia

レコードは コロムビア時代

第七交響曲

シユーベルト曲
ブルーノ・ワルター
倫敦交響樂團
（十二吋特紫盤全六枚）

シユーベルトの二大傑作として、「未完成」と並び稱せられるこの「第七交響曲 ハ長調」は、彼の最終作にふさはしく極めて構想雄大深遠な名曲で、一八二八年三月から、十一月の臨終間際までかゝつて漸く成つたもの。謂はゞシユーベルトが現世への告別の言葉でもありました。初演は彼の死後十年を經た一八三九年に、メンデルスゾーンの指揮によつてライプチヒに於て行はれ、その美しさは忽ち歐洲全土を風靡するに到りました。樂曲は、當時ベートーヴエンの「田園交響曲」に勝るものと評され、シユーベルト獨步の優婉なメロデイと展開反復の妙を盡した極めて美しい四つの樂章より成つてゐます。

王樣製圖用繪具

王樣クレイヨン
キング水彩繪具

王樣パツセル
荷造用木材チヨーク

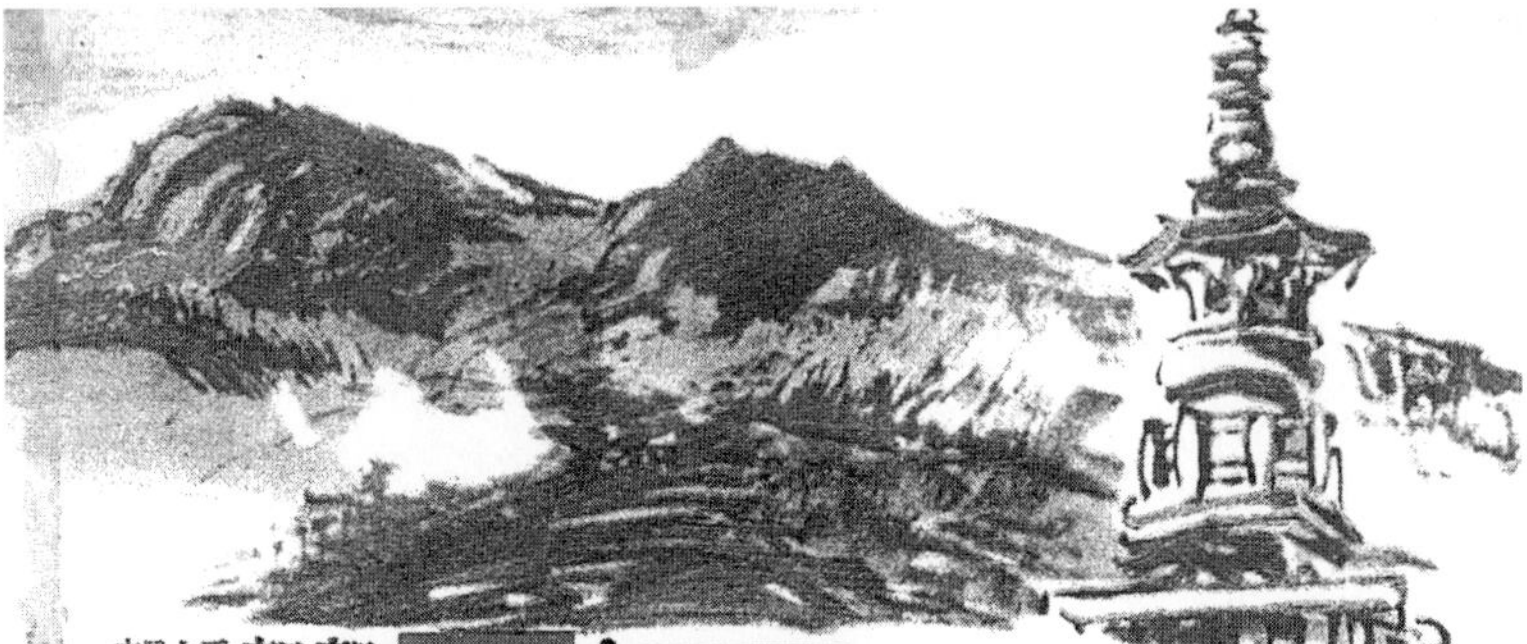

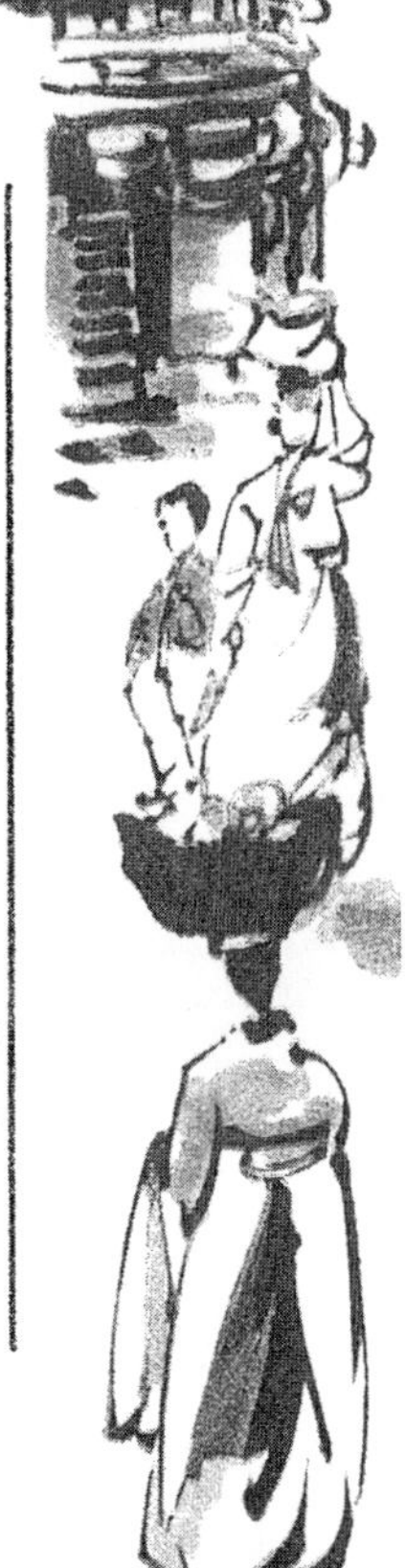

モダン日本・臨時大増刊・「朝鮮版」・目次

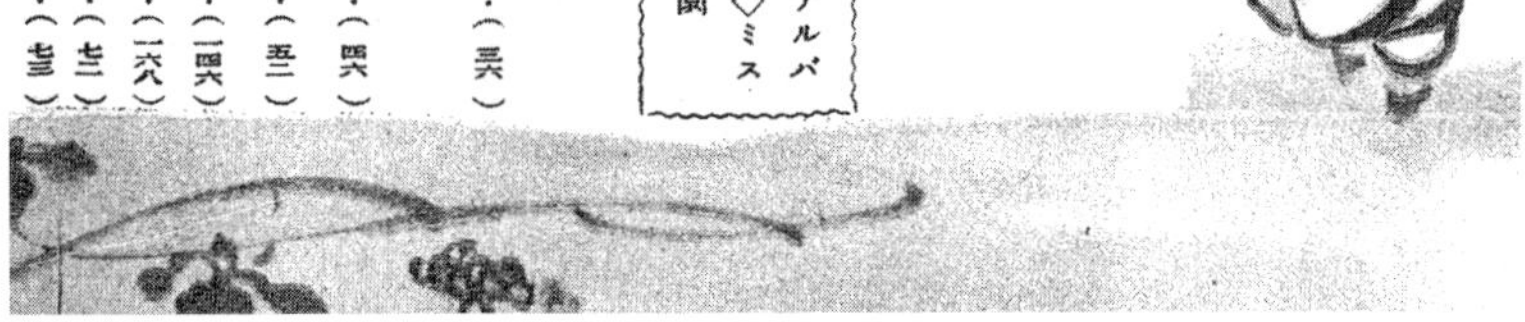

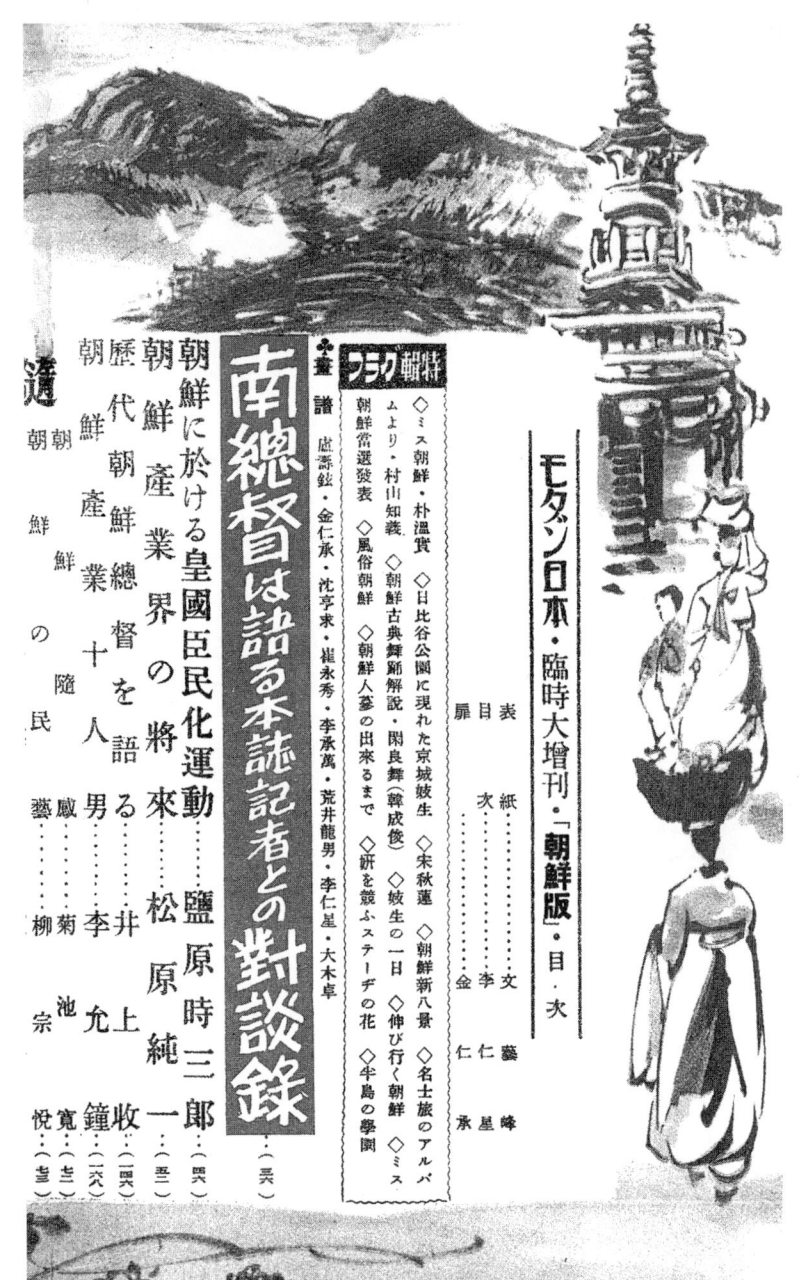

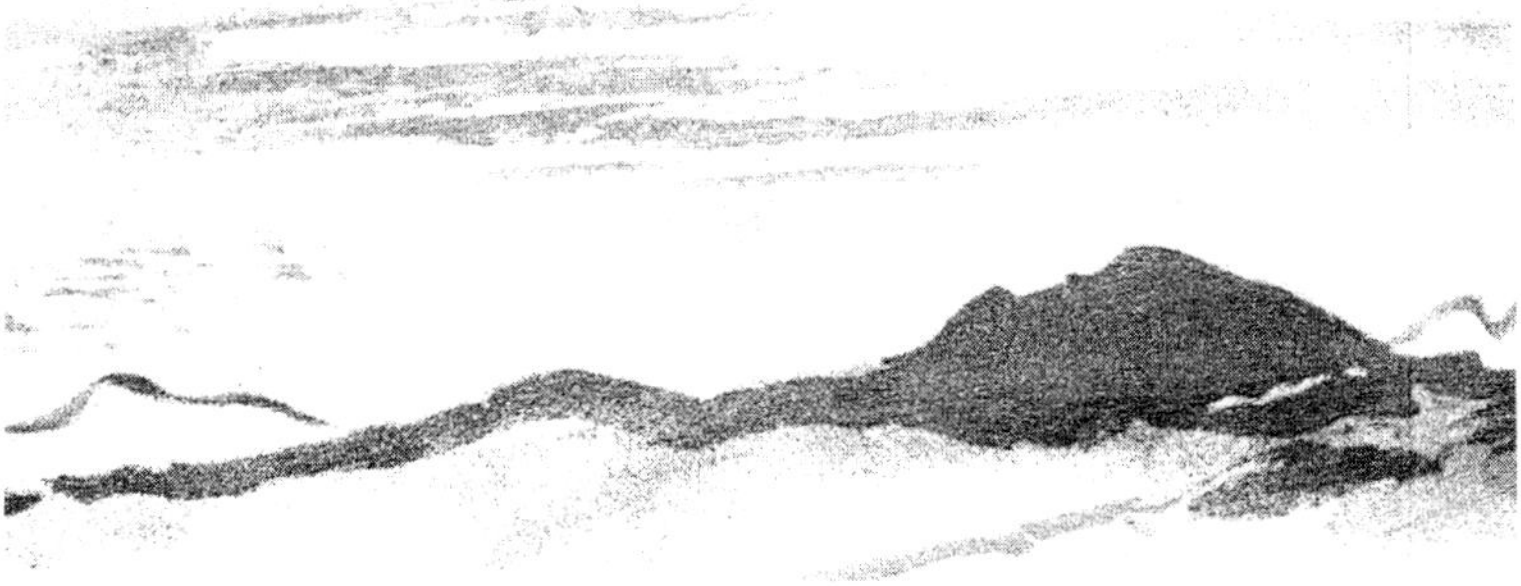

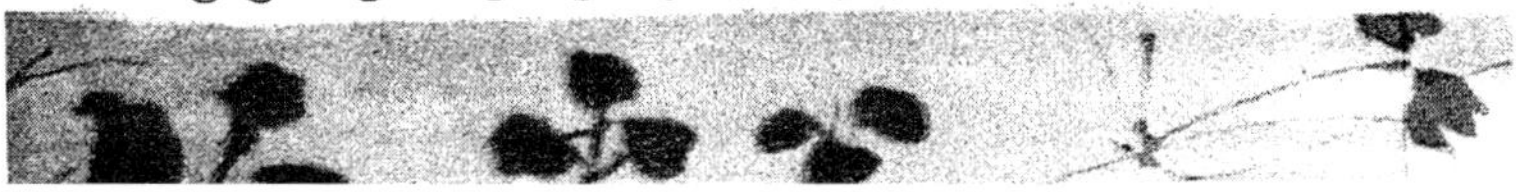

SANKYOS

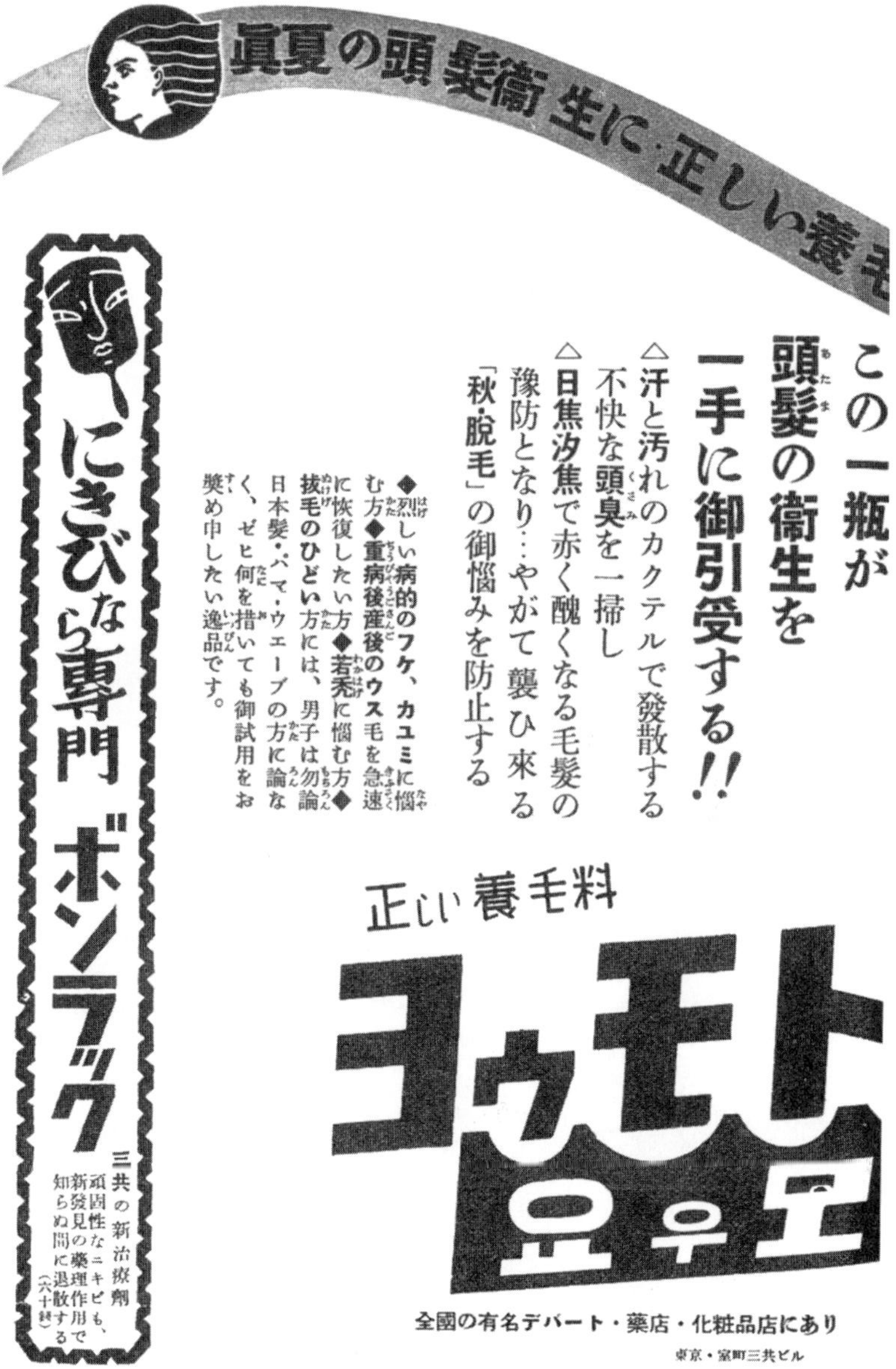
眞夏の頭髪衞生に・正しい養毛
この一瓶が
頭髪《あたま》の衞生を
一手に御引受する!!
△汗と汚れのカクテルで發散する
不快な頭臭《くさみ》を一掃し
△日焦汐焦で赤く醜くなる毛髪の
豫防となり…やがて襲ひ來る
「秋・脱毛」の御惱みを防止する
◆烈《はげ》しい病的のフケ、カユミに惱《なや》む方《かた》◆重病後産後《ちうびやうごさんご》のウス毛を急速《きふそく》に恢復したい方◆若禿《わかはげ》に惱む方◆拔毛《ぬけげ》のひどい方《かた》には、男子は勿論《もちろん》日本髪・パマ・ウエーブの方《かた》に論《ろん》なく、ゼヒ何《なに》を措《お》いても御試用をお奬《すゝ》め申したい逸品《いつぴん》です。
正しい養毛料
ヨウモト
요우모
全國の有名デパート・薬店・化粧品店にあり
東京・室町三共ビル
三共株式會社製造發賣・總販賣元泰昌製藥株式會社
にきびなら專門 ボンラック
三共の新治療劑
頑固性なニキビも、
新發見の藥理作用で
知らぬ間に退散する
(六十錢)

レートクレーム小

レートクレームは、お肌を芯から美しくする第一の優良品です。
十日試して御覧なさい！
見違へる様にキメが細かくスベ〳〵となり、お化粧時白粉のツキが良くなります。
男子の方のヒゲ剃り後にも素適です。

レート化粧料本舗　東京　平尾賛平商店

便利なチューブ入り

一際優れて
氣高い
美しい
お顔になる。
レート白粉

宋秋蓮

高單位ビタミンB1療法に
メタボリン錠
武田新發賣
ビタミンB1含有量麥酒酵母の約三倍
疲勞の防止と恢復
…體力の維持と增强に…
劇務による精神の疲勞、スポーツの如き急激なる運動は体內に多量の代謝產物(疲勞素)を增大し、ビタミンB1の缺乏に因りて疲勞素は体內に蓄積し、心身の能力を低下せしめ、各種の疾患を誘起せしめます。從つて之が豫防及び回復には必然的に多量のV・B1を必要とします。
メタボリン錠は從來の低單位のV・B1劑と異りV・B1の力價高くB複合体を併有す。本劑の投與により疲勞の防止と回復に奏効するのみならず食慾を振起し、体重を增し体力の維持增進に好影響を與ふ。
【適應症】
脚氣、食慾不振、胃腸病病中病後、結核肋膜炎熱性疾患、神經痛、乳幼兒發育障碍、產前產後
〔價格〕
メタボリン錠
（一錠中純結晶V・B1 0・二五瓱を含有）
100錠（二圓五〇）
500錠（五圓五〇）
强力メタボリン錠
（一錠中純結晶V・B1 0・五瓱を含有）
100錠（三圓五〇）
全國知名藥店にあり
發賣元 株式會社 武田長兵衞商店
大阪市東區道修町
關東代理店 株式會社 小西新兵衞商店
東京市日本橋區本町

40(2)222

朴温實

朝鮮

叢石亭　東海北部線沿線に開く小漁港庫底を抱く小半島が日本海の怒濤に洗はれて玄武岩の柱状節理を露出、美しい日本海風景に特異な景観を加へてゐる。その岬の突端に叢石亭がある。

水原華虹門　水原邑内の水門の上に楼閣を架したもの、建築は典雅、背景亦美し。

冠帽連山　北部鮮蓋馬高原が日本海へ没せんとする所延々八十粁に及ぶ二千米以上の山脈が起伏してゐる。盟主冠帽山は半島の最高峰である。

朔州温泉　北辺の古邑朔州附近から温泉が出て漸く新時代色を帯び、世に現はれて来た。今や山に囲まれた閑静な境地を現出してゐる。

新八景

成川東明館 大同江の支流沸流江に臨む断崖絶壁、成川十二峯と延華東明館で有名で観光誇る典雅である。

開城朴淵瀑布 天摩山の麓にある高さ二〇米の巨瀑。附近は奇岩怪石の山岳美の景致をなし徐花潭、名妓黄眞伊と共に松都三絶の一。

南原廣寒樓 古都南原を代表する廣寒樓の古典美。有名な「春香傳」の舞臺である。

雪嶽山 金剛山の山つゞき朝鮮半島の背梁太白山脈中に聳え立つ名山で紅葉つゞきで名高い、山内に寺刹多く多傳説を秘めてゐる

ルアの旅

朝鮮での私

村山知義

私はカメラを持つてゐないし、寫眞をうつすこともできない。これは自分でも意外とするところで、私の性質も仕事も、カメラと切り離せないものである筈だのに、どうしたことか縁がない。それゆゑ、このアルバムは、私のうつした「旅のアルバム」ではなくて、他人のうつしてくれた私の旅のアルバムだ。

私は一昨年朝鮮へ三度行つた。これらの寫眞がそのどの回のだつたか、正確にはお摩へてゐない。ただ、そのうち、1、2、3が最初の回のものであることは確かだ。

場所は京城の停車場の前。初めての京城に着いて、出迎への諸君にかこまれて、ただもうボーツとしてゐる私である。うつしたのは朝鮮映畫株式會社のカメラ・マン氏だ。※

※1は朝映の諸君が私のために車を求めて居られるところ、私の右手の人は朝映の演出者朴基采君である。2はその一瞬ののち、私は朴君に飛行便を托してゐる左手の背の高い人は劇作家で演出家の柳致眞君。3は更にその一瞬ののちで、私は柳君と挨拶してゐる。柳君は溫厚で親切な紳士で、そのころ朝鮮最高の新劇團劇藝術研究會の指導者であつた。

4、5、6、7は第二回目のときだつたと思ふ。4は京城の明月館で、朝鮮の服を着てポーズをつけてゐる私と今は亡い仁木獨人。仁木君は新協劇團の「春香傳」を朝鮮に持つて行く下交渉に朝鮮へ渡つたのだうつしたのは明月館から電話をかけるとやつて來てフラツシユを焚いて取る商賣人。△

①

②

③

④

バムより

△5と6は朝映で私が撮す計畫の「春香傳」のロケーション・ハンテイングで、朝映の社長崔南周君と南原の廣寒樓に行つたときのもの。三脚を抱えてお客をさがしてゐる寫眞屋さんの撮つたもの。樓上中央が崔君、右は崔さんの弟。樓前の右端は自動車の運ちやん。

7は柳君の案内で、京城唯一の常設劇場である東洋劇場を訪問したとき靑春座員諸君と舞臺上でうつしたもの。私の左右に仁木君と「春香傳」の演出助手安英一君とがゐる。安君の右にゐるのは、舊築地小劇場時代、唯一の朝鮮人俳優だつた洪海星君、當時は東洋劇場の舞臺監督をしてゐた。右端に立つてゐるのが柳君、左端にうすくぼやけてしやがんでゐるのが朝鮮劇界で有名な俳優沈影君。私に抱かれてゐるのが、當時朝鮮のシヤーリー・テムプルと人氣の高かつた桂仙。今はどうしてゐることだらう？

8は第三回目、新協劇團が「春香傳」を朝鮮へ持つて行つたときのもの。京城公演を終つて、一同平壤を立つとき、京城驛のプラットフオームで、秋田雨雀幹事長と並んだ私。

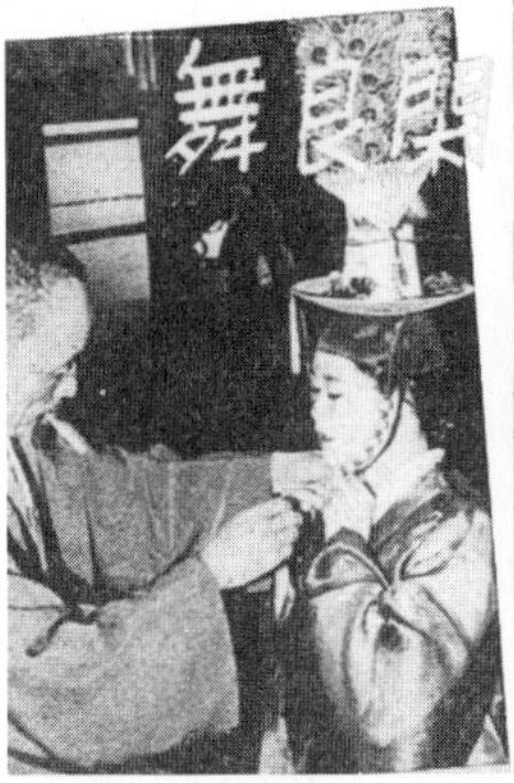

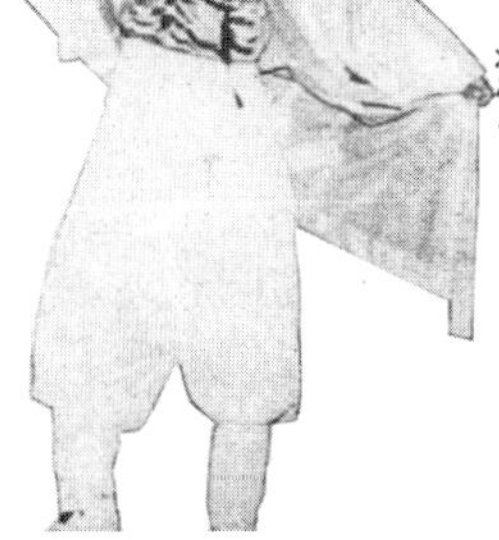

閑良舞解説

指導…韓成俊

閑良《ハンヤン》は花郎《フアラン》の異稱であつて、花郎といへば新羅時代に朝廷で黨派の爭を和げるための役割として使つた美男で、この閑良舞は花郎と、妓生と、當時勢力のあつた官吏との三角關係を描いたものである。花郎と妓生は戀仲であるが、妓生は官吏の勢力にどうすることも出來ず、（朝鮮では女が男から贈られた履物を履くと男に心を許した事になる）一時、花郎は悲戀のどん底に惱み、そして劇は花郎と官吏との決鬪でクライマックスに到達し、つひには花郎に勝利が來るといふ優雅な舞踊劇である。當時の時代相を舞踊の形式で表現したといふところに特異な趣がある。

・成　分・

牛肝臟及米糠より抽出せる强力VB_2《ビタミン》劑群を主體とし、これに濃厚VB_1《ビタミン》を配合したる良消化吸收性のVB_2《ビタミコ》複合體なり

・作　用・

新陳代謝を旺盛ならしめ、成長促進・食慾亢進・榮養增進及胃腸整調作用强く又フラビンB_6の解毒作用により、結核菌の毒作用を抑止・酒精・ニコチン・糖分過取の中毒を消解す

藥價

一〇〇錠　二・五〇
三〇〇錠　七・〇〇
九〇〇錠　二〇・〇〇

藥店にて販賣

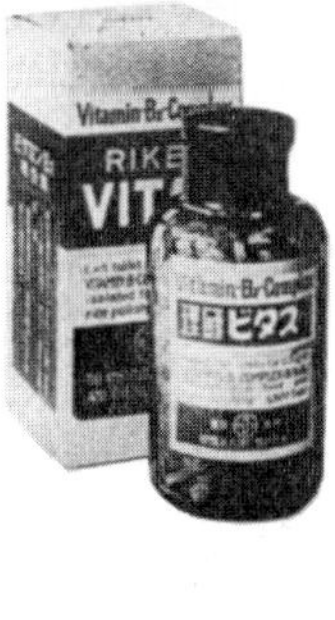

㊊株式會社　玉　置　商　店
東京市日本橋區本町一丁目

妓生の

① まぶしい陽光が寢室にさしこんで來たので、眼がさめました。こんなに髮がみだれちやつたと鏡の前で梳いてゐます。

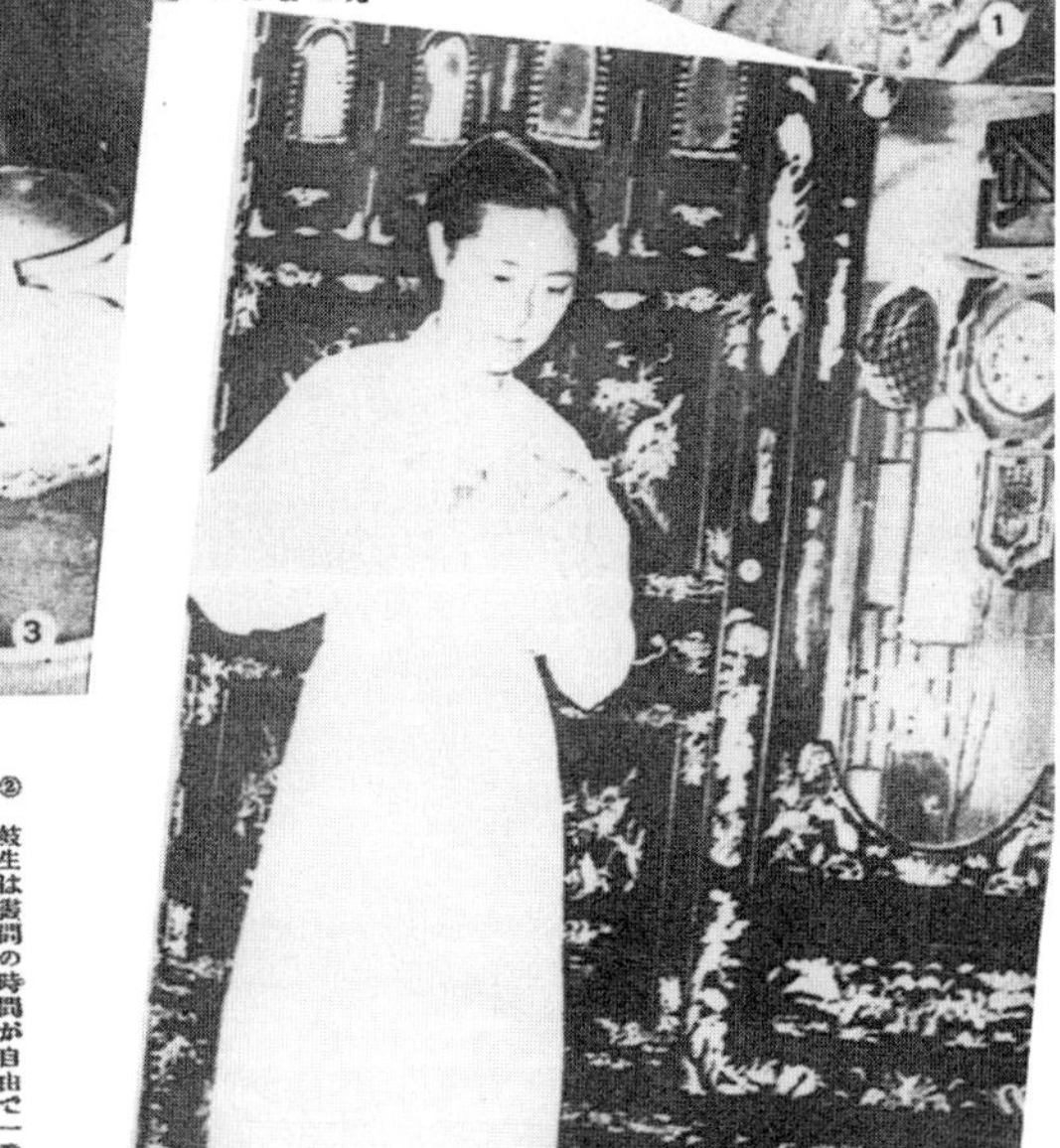

② 妓生は晝間の時間が自由で一番たのしみです、さつそく簞笥から好みの衣裳を出して着替へにかゝります

一日

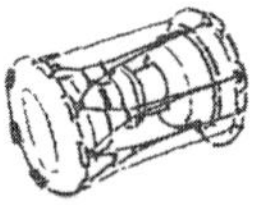

カメラ・金貞來

④ 妓生も蜜豆は大好きです。

③ 起上ると早速朝飯の御仕度です。婢やが御飯を炊いてゐる間キムチのお大根を切ります。妓生はこの通り家庭的です。

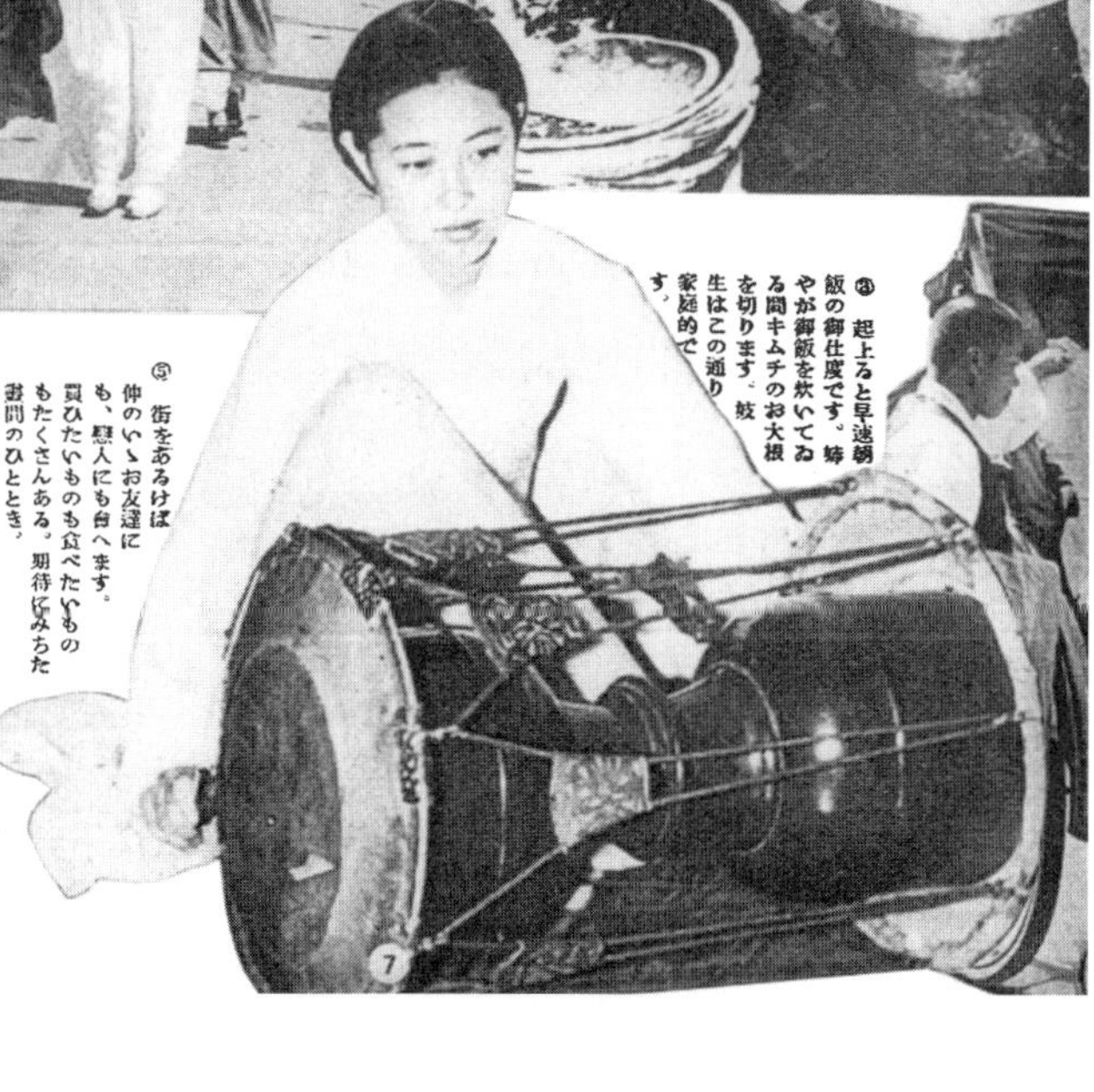

⑤ 街をあるけば仲のいゝお友達にも、戀人にも會へます。買ひたいものも食べたいものもたくさんある。期待にみちた訪問のひととき。

⑥ 朝鮮は景氣がいゝので妓生もいそがしいです。三時にはもう檢番から迎への車が參ります。

⑦ 街に灯がともりました。妓生の樂器は長鼓です。獨特のリズムで力強くたゝきます。唄も踊りもこのリズムによつて情緒深く展開されます。

モデルは京城妓生尹丹心孃

日比谷に現はれた

風薫る初夏の候、陽光サンサンと輝く東京に、京城でいま賣れつ子のパリ〱の妓生連が、はるばる飛行機に乘つて飛んできました。美しい上衣《チヨゴリ》の紐、シヨ

① 日比谷公園の花園を荒す京城妓生の三人組，左から崔玉子さん，車京子さん，崔昌仙さんです。

② 今をさかりのかぐはしき紅薔薇、白薔薇と競艶する半島の花、若しこの花のどれか一つを選びなさいと云つたら、皆さんはどちらを採りますか。

③ 運動場附近の木蔭の石に腰を下して、チヨコレートを頰張りながら、京城にゐるお友達の噂話を初めました。右から崔玉子、車京子、崔昌仙。「皆んな東京に來ればいゝのにね。」「もう、この公園だつて何んだか、家のお庭みたいな氣がするわ！」

京城妓生

オト・スカートを風に靡かせて颯爽と日比谷公園を歩けば、東京のお孃さんも靑年も、おばあさんもおぢいさんも「まあ、なんて綺麗な人達だらう、天女のやうだ」と思はず呼吸を止めて魅了させられてしまつた。

④ 「朝鮮にカイダがゐると思つたら、東京にこんなお獅子がゐてびつくりしたわ！」車京子さんがカイダを懷かしみながら、東京のお獅子と一緖に撮しました。

⑤ 崔玉子さんは日比谷公園の妖女です。彼女の愛くるしいエクボから、美しいお伽話が生れて來さうです。

⑤

⑥ 奮音樂堂の廣場に來ると、樂隊を思ひ出し、朗らかな崔玉子さんと車京子さんは紀元二千六百年の行進曲を口づさんで颯爽と行進を初めました。

⑥

④

伸び行

皇國臣民ノ誓詞

一、我等ハ皇國臣民ナリ忠誠以テ君國ニ報ゼン

二、我等皇國臣民ハ互ニ信愛協力シ以テ團結ヲ固クセン

三、我等皇國臣民ハ忍苦鍛錬力ヲ養ヒ以テ皇道ヲ宣揚セン

大陸へ、大陸へ怒濤の如く進撃する我が皇軍に續いて建設部隊も亦突進する。躍進日本の寶庫朝鮮は今やその牢固たる足場だ！　見よ、海に陸に無盡藏に包まれた此の資源を！鰯だ、明太魚だ、それ豐漁だ。港へ着く運送船で運ぶのにも戰場のやうな騒ぎが現出される。海から空から續々として送り出される物資こそ非常時日本を背負ふ貴重なガソリンとも言へやう。見よ！寶庫朝鮮、伸びゆく我等が朝鮮を！

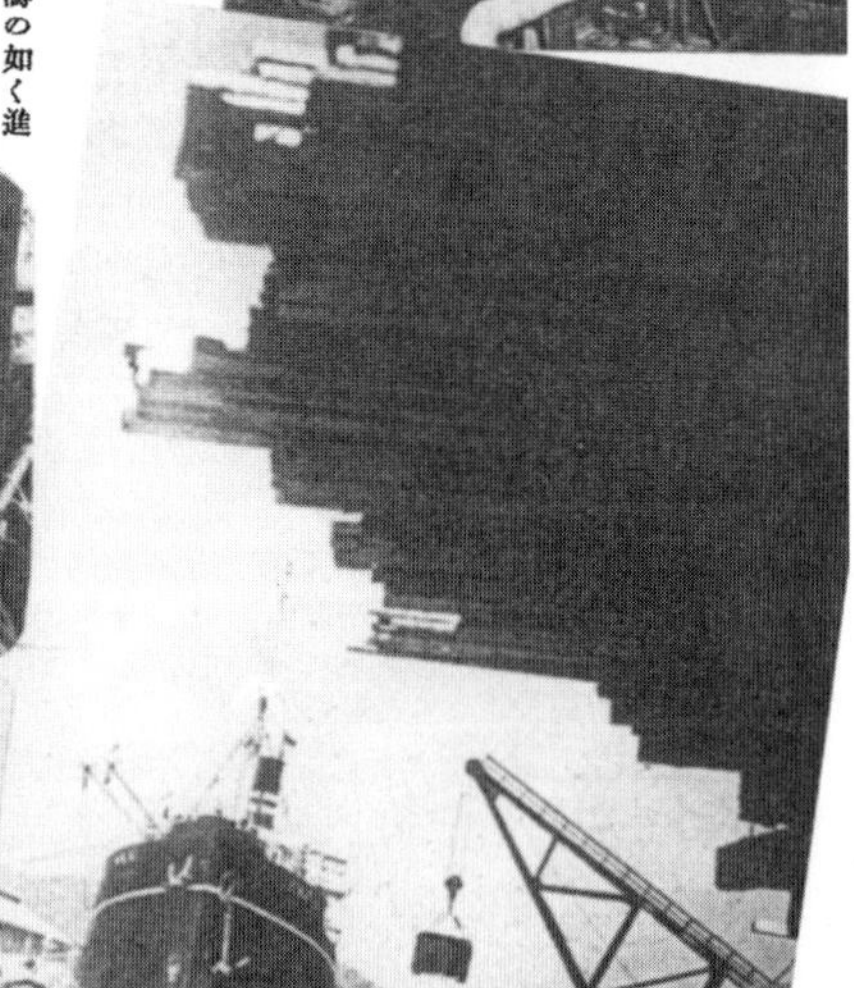

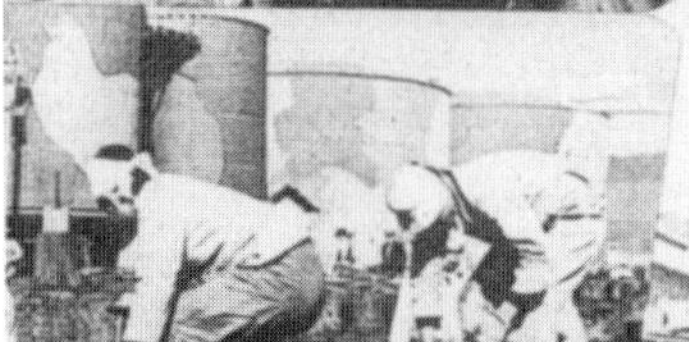

く朝鮮

皇國臣民の誓詞を旨とし、みづき草むす盡忠の譽に死なん、雄々しき朝鮮志願兵の足ぶみこそ躍進朝鮮三千萬同胞の行進譜だ！　銃後には巨大な機械が咆りをあげて廻轉する。おゝ我等が伸びゆく朝鮮！

外國品と爭って

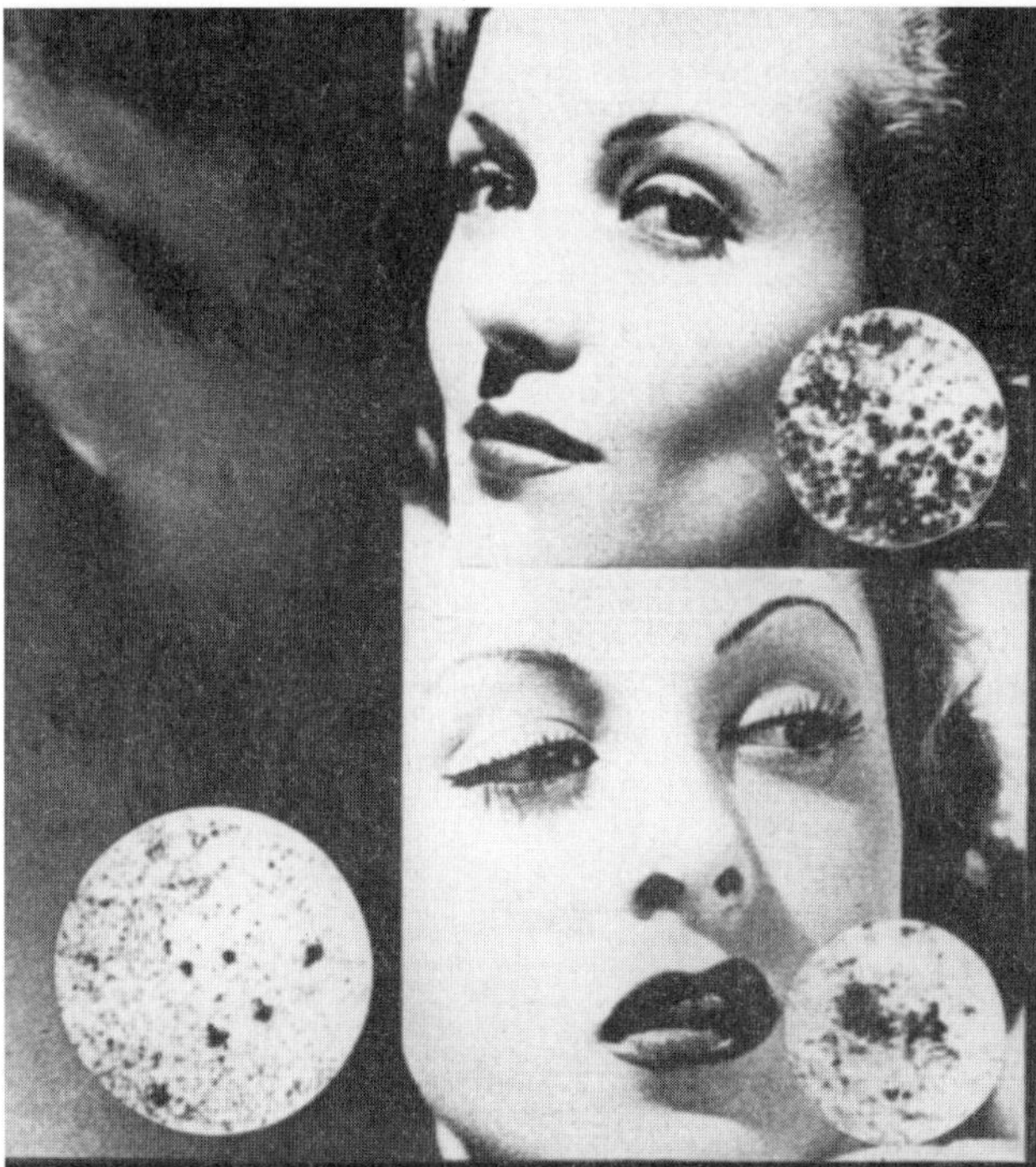

粉白粉を顕微鏡でごらんになつたことありません?

つけた顔をかうして、しらべて見ると——これは皆、世界的に有名なのばかりですが、その中では……。

フランス〇〇〇

商業道徳上、名は申せませんが、誰でも知つてるあれは、さすが、分子も細いし、いつたいに、きれいだ。

パピリオの

若き科學者たちの組織する、わが研究所は

舶來の口紅で世界的に有名な〇〇〇〇と比べて

例へば、ツートンなんて、どれだけ、色が落ちないか。

比べてもらへば、直ぐ分る。

それに舶來のあれは脣が荒れる筈です。「口紅は脣が荒れる」といふのが常識だつたのです。それは、蠟が入つてたからだつた。

蠟を入れないで固めることが難しかつたのを遂に完成しました。

パピリオは舶來よりすぐれた品質が出來た時でなければ、決して發表は、しません。

・口紅八色

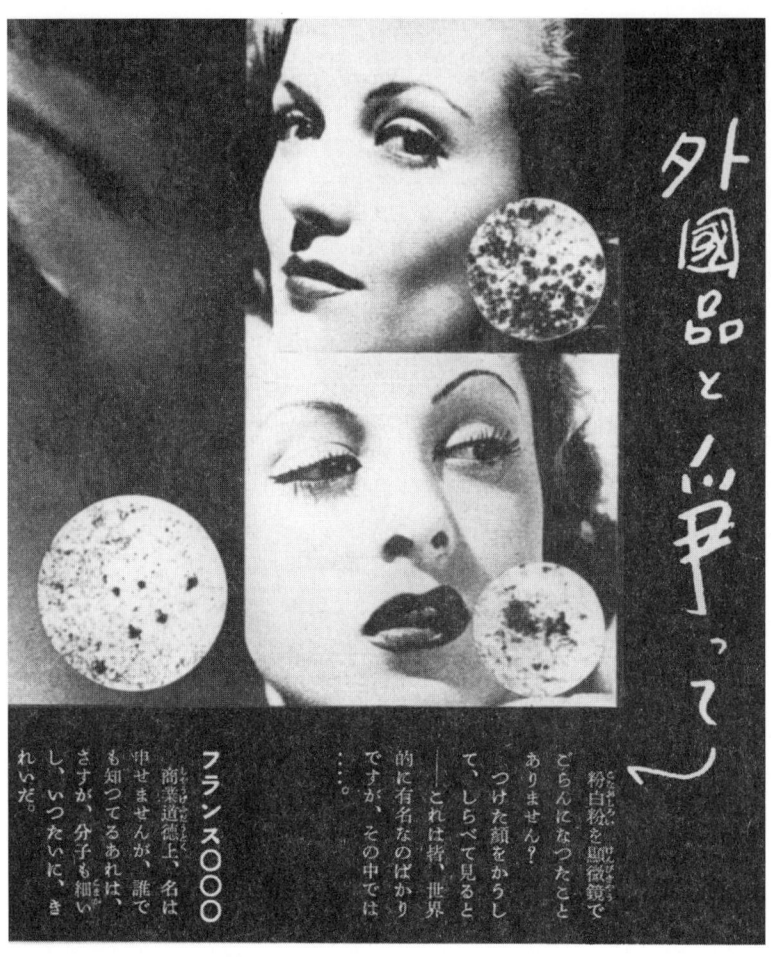

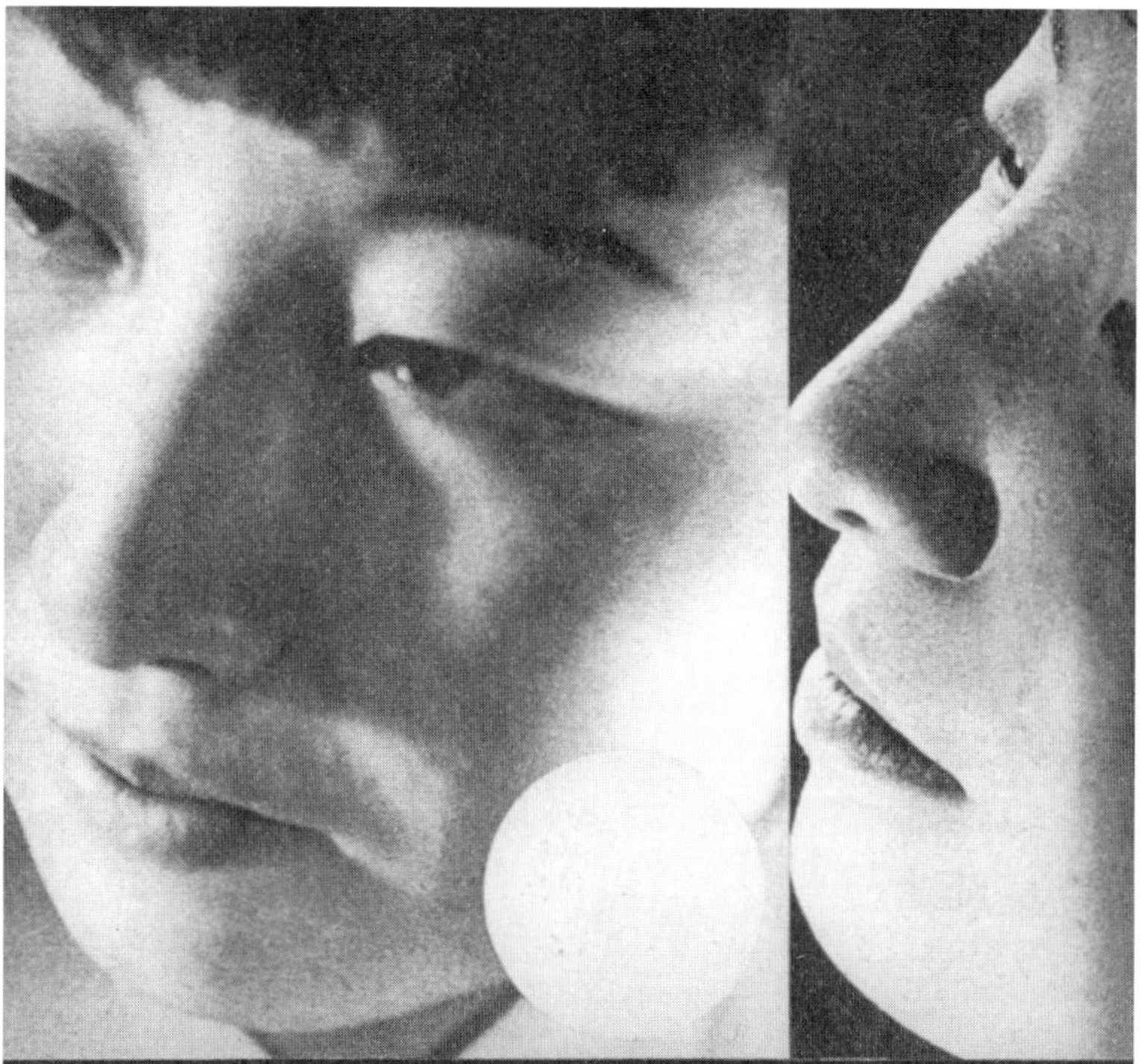

…が、まだ、こんな黒點が少しある。
これがヒフをそめる「生《なま》の色素《しきそ》の塊《かたまり》」なんです。

パピリオ

一度ぜひ薬局の顕《けん》微鏡《びきょう》で見て下さい。
黒點も一つもないが、それより、まるで、分子が根本的に違ふんです。
だから仕上つた肌を、粉のふいたやうなのと比べて下さい。
粉白粉　十二色

すでに百九十万円を研究につかつてゐる。ずつと、舶來はかりお使ひになつてた方、比べて下さい。

頬紅の話

これまでの頬紅は、赤の色としてだけならきれいです。
だが
頬紅は人間のヒフにぬるものです。
着物や繪につかつてきれいに見える赤を、人間の頬に使ふと、見ておかしいことになる
この赤はみな、人間のヒフの紅潮した時の色からとつた、生きた赤です。
クリームの上で、驚くほどのびるが、そののびた時の色で分る筈です。
ほゝ紅十二色

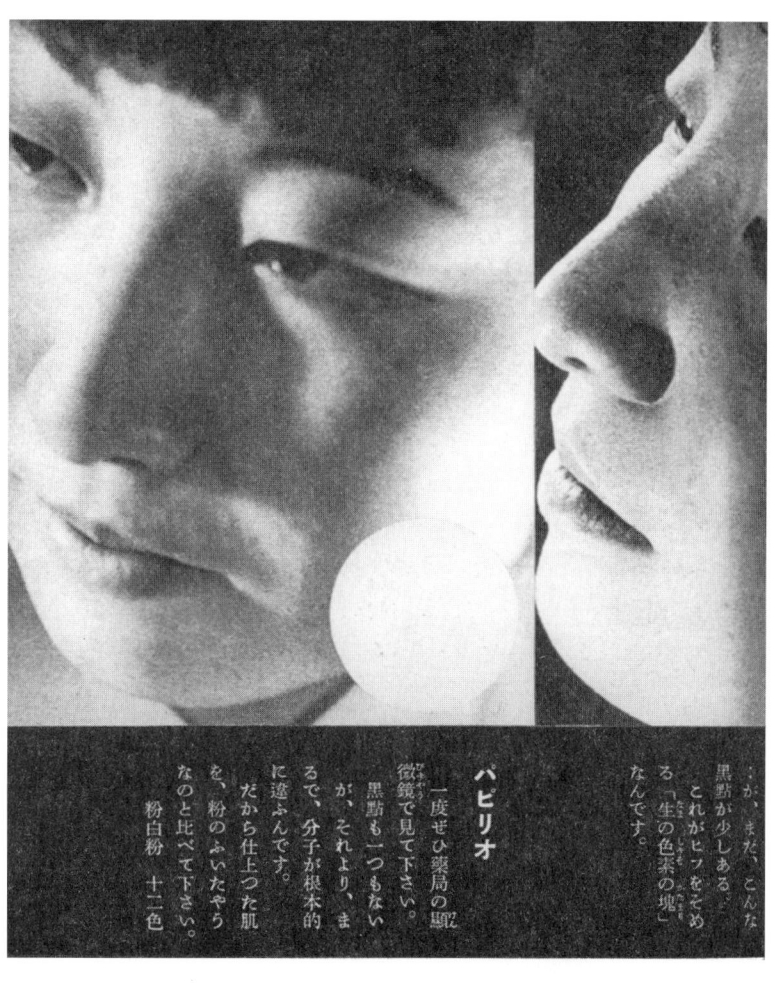

に飾られたミス朝鮮衣裳

ミス・朝鮮

朴温實嬢（平壌）

年齢 十九歳
身長 五尺一寸二分
體重 十三貫二百匁
趣味 書樂・舞踊

應募推薦者（賞金百圓）
朝鮮平壌府牡丹臺
久保虹城

♣ミス・朝鮮賞

正賞 大賞盃 一個
副賞 朝鮮衣裝 二揃
（京城・和信百貨店寄贈）
京城・鐘紡サービス・ステーション寄贈

♣準ミス・朝鮮賞

大賞盃 一個宛

ミス朝鮮 懸賞當選発表

輝くミス・朝鮮は誰か？

本社が第二次朝鮮版刊行を記念して、ミス・朝鮮の懸賞募集を発表以來、半島全土の人氣は彌が上に沸騰して、花と競ふ美女麗人が網羅され、空前絶後の華やかな壯擧となりました。

各方面の名士立會の上、愼重銓衡の結果、遂に新しき朝鮮を代表するミス・ナンバアワンが決定致しました。この明晰、この端麗、この優美こそ、明朗朝鮮を象徴する半島のヴイナスと滿場一致で推薦せられました。

ミス・朝鮮の輝く榮冠を獲得した朴溫實孃と共に、花と競ふ準ミス・朝鮮三孃を皆様に御紹介申上げます。

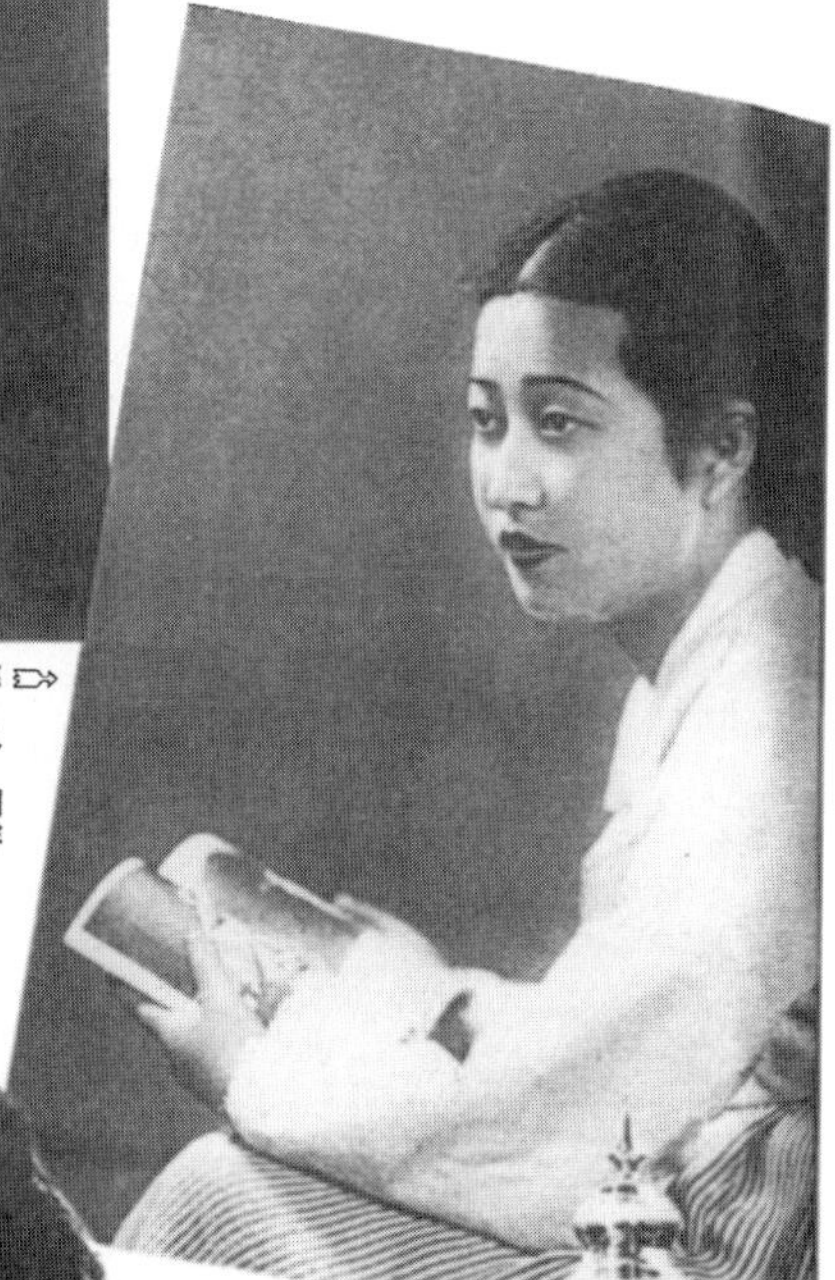

△準ミス・朝鮮
金永愛孃（木浦）
十九歳

△準ミス・朝鮮
鄭溫女孃（京城）
二十二歳

△準ミス・朝鮮
李順珍孃（大邱）
二十二歳

（ミス

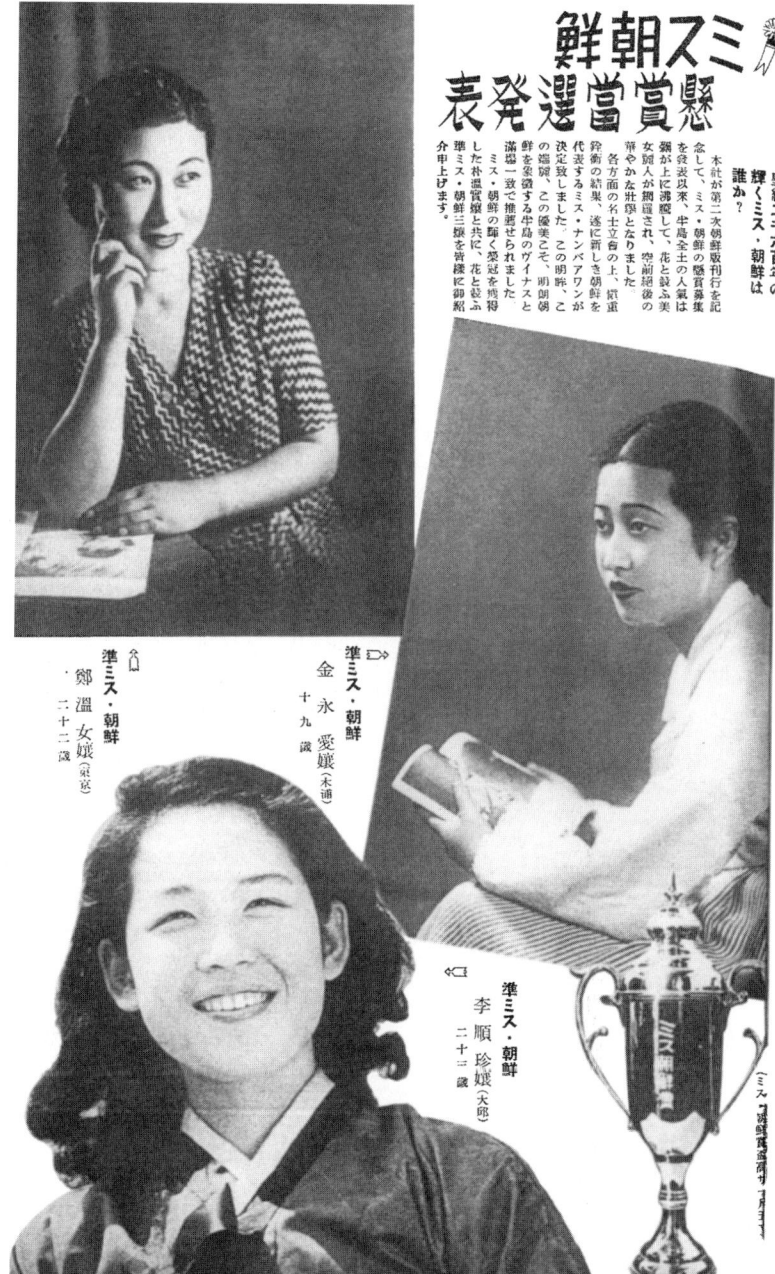

風俗朝鮮

端午の節句には鯉幟りよりも爽快なブランコが青空高く舞ひ上ります。

縁臺を出して夕涼みがてら將棋をさす氣分は朝鮮にもかくの如くにしてみられます。

朝鮮の家庭で着物に火のしをかけてゐるところです。丸い皿の中には火が入つてゐます

朝鮮の飯屋のスナップです。量の多い食物をごらんなさい。内地の健啖家よ、ソネメソネメ。

朝鮮の田舍の家庭で男子が出生したときは門に寫眞のやうなメ繩が飾られます。

朝鮮の婦人達が川に洗濯に行くところです。

朝鮮の田舍では市日になると寫眞のやうに市が立ち、お祭りのやうににぎはひます。

今日は赤ちやんのお誕生日です。朝鮮のカミシモを着てニコニコしながら子守りにおんぶする圖。

ヘチマコロン
私の顔、コロン育ちよ
私を見ると 誰でも
素適な肌ネつて云ふわ
何と云つても東洋人《わたしたち》に一番適つた化粧水なのです。水の清い所には美人が多い様にコロンのある所、必ず美人が生れます。洗顔のあと、素肌美の建設に、お化粧下に、必ずお使ひ下さい
本舗・東京 株式會社 近源商店

風俗朝鮮

左中、朝鮮婦人の颯爽たる弓術。

上右　街頭の笠房屋《カツパン》さんです。シルクハットみたいな帽子のことをカツと云ひます。

上圖　朝鮮の闘棋です。棋盤は内地とかわらないそうですが、やり方は違ふさうです。

中央　朝鮮の臼と杵です。これで、米、麥、餅等いろんなものをつきます。

中下　朝鮮にも歌留多があります。百人一首と同じ式です。

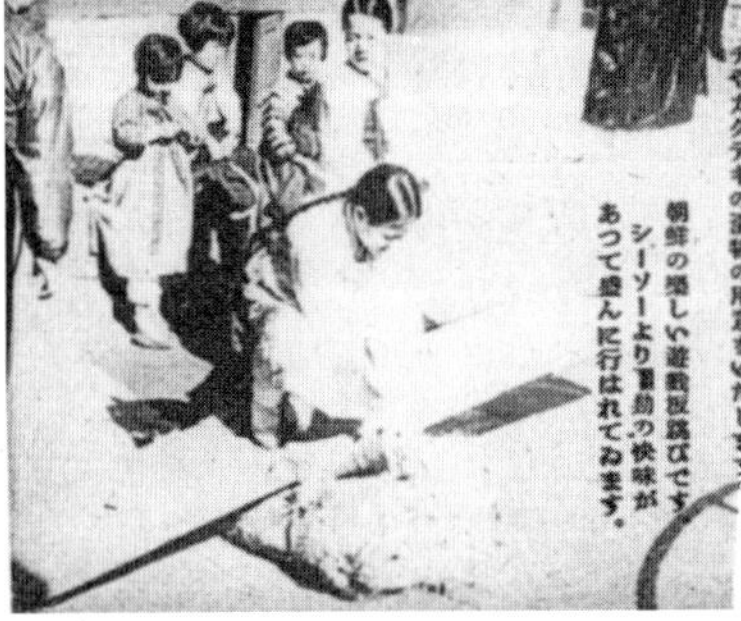

朝鮮の楽しい遊戯板跳びです
シーソーより冒險の快味が
あつて盛んに行はれてゐます。

下圖　季節が来ると野菜を豐富にあつめて、得意のキ
チやカクテキの漬物の用意をいたします。

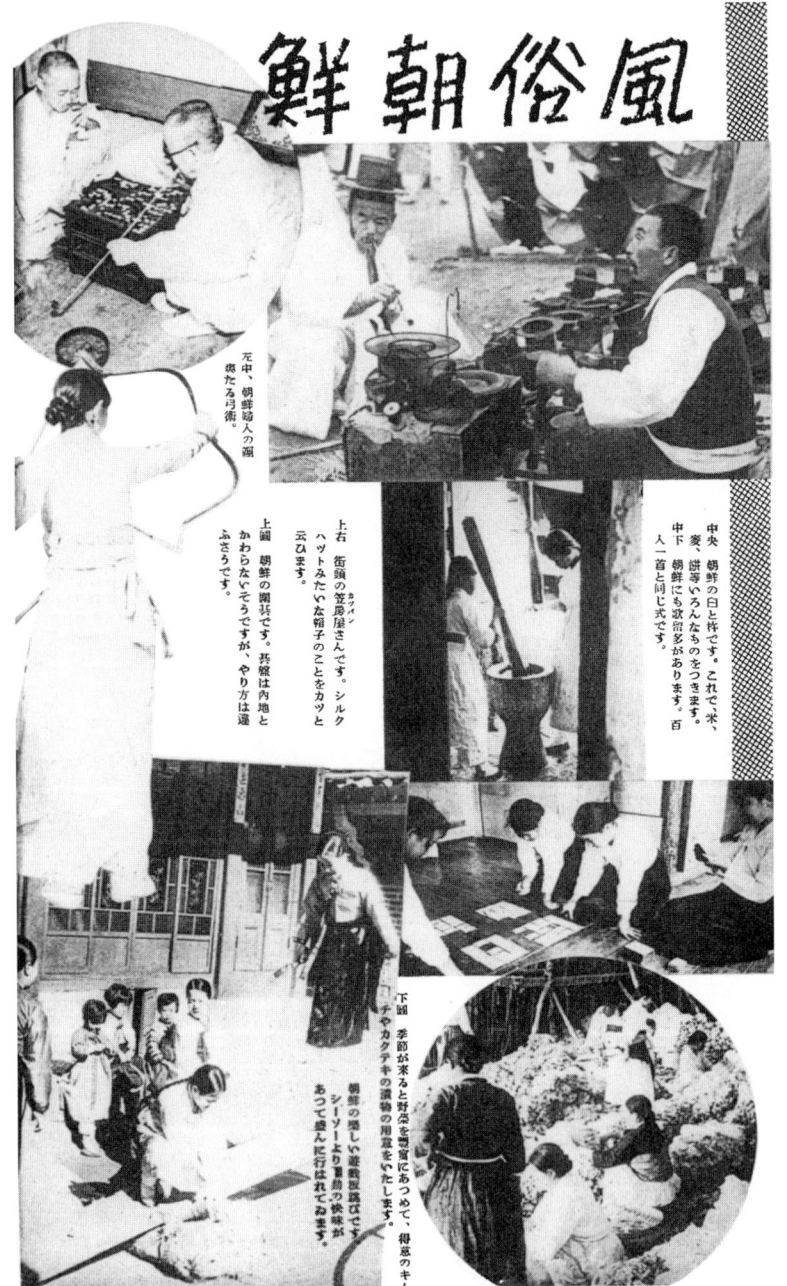

頭痛にテーリン
Tearin
京城府南大門通
朝鮮總代理店 株式會社 新井藥房
東京市小石川區武島町三三
製造發賣元 中村信治商店

朝鮮人蔘

①高麗人蔘の製造を一手に背負ふ開城蔘業株式會社と庭一面に乾燥されてゐる白蔘の波。
②蔘　圃（人蔘畑）
③人蔘の生育、眞赤な花が今盛りだ
④數十名の人夫が鍬を手に畦の方から叮嚀に堀り出す。大きな形のいゝのを掘出す度にチヨツター〳〵の歡聲が揚る。
⑤柚盤《サツバン》には蒸した人蔘が溢れる程並べ

古來萬病の靈藥として珍重され、保健、强壯、精力增進、衰弱恢復等に驚くべき效果を有する高麗人蔘の藥現作用に就いては東西醫學大家に依つて多くの研究が發表せられ、效能確實なることが立證せられた。

人蔘は全鮮に亘つて殆んど栽培されるが就中開城を中心とする一府八郡は政府の指定する特別耕作區域にして年產四百餘萬圓を算する。開城こそは其名を世界に轟かす高麗人蔘の本場である。高麗人蔘とは朝鮮人蔘中最も品質、形態、藥效共に卓越せる前記特別區域より生產するものを云ふ。人蔘は苗圃(苗床)に一年、本圃に五年計六ケ年を經て收穫される。三月中旬種子を播き翌春本圃に移植するのである。其栽培法は實に難かしく、土質氣候に重大な關係がある。開城が世界的に有名なのも實に此條件を具備してゐるからである。人蔘は陰性植物であるが濕氣を嫌ひ、砂質壤土の如き排水良好なる土

られてゐる。やがて乾されては不老長生の靈藥紅蔘となるのだ。

⑥右より一年――六年までの伸び行く姿。

⑦人蔘は人體に擬へ頭、首、肩、胴、脚と稱し良いものは頭が大きく頸が短く肩が張つて胴が肥ひ太い脚が二本以上なくてはならぬ。

⑧形を崩さないやうに表皮を剝がれた眞白い肌の人蔘。

⑨高麗人蔘の晴姿。

み一度栽培した跡へは十年乃至二十年間は栽培が不可能である。故に其耕作資本は巨額を要するのである。

人蔘は日光の直射を忌み、日陰を好むものであるから、蔘圃は必ず北向き屋根形の日覆を施し、病蟲害の豫防、灌水、除草等、其苦勞は全く人知れぬものがある。

三年根になると畑の周圍に嚴重なる牆柵を巡らし、農舍を建て、保護培養大いに努めて、六年の秋になると專賣局員立會のもとに採掘し、掘り上げられた生の人蔘を水蔘と云ふ。此を嚴選の上、紅蔘原料として選び、選ばれたものは一々水洗ひ皮付のまゝ蒸し一旦汽熱で乾し、更に天日で充分乾燥仕上げしたのが飴紅色をした紅蔘である。

此紅蔘は政府の專賣品で、中華民國、香港、臺灣、南洋、蘭、佛領印度、海峽植民地に移出されるのである。他の水蔘は此を全部水洗ひし、表皮を剝いで直ちに天日で乾燥し白蔘となるのである。

白蔘は開城蔘業株式會社が一手でこれを製造し、製品は之を開城人蔘同業組合九十餘人の檢査員の嚴正なる檢査を受け一本〳〵綺麗な帶紙の意匠を付け開城人蔘販賣組合の手で全國の需要を充し遠く支那滿洲香港等に輸出されるのである。

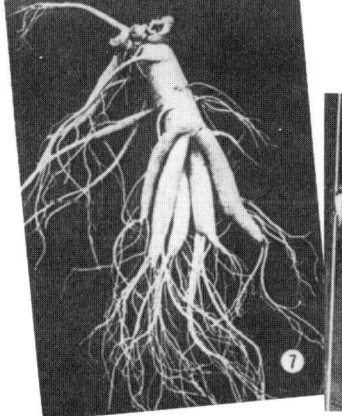

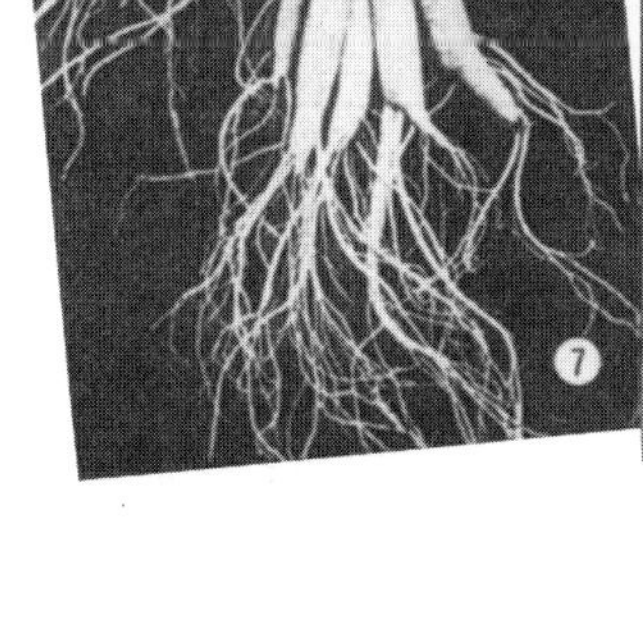

妍を競ふステーヂの花

舞臺女優
池京順（右）
崔承伊（左）

舞臺女優
崔銀

高麗映畫スター
全玉

高麗映畫スター
劉桂仙

ＯＫレコード專屬歌手
張世貞

半島の学園

京城帝國大學

京城法學專門學校

京城梨花女子專門學校

延禧專門

普成專門學校

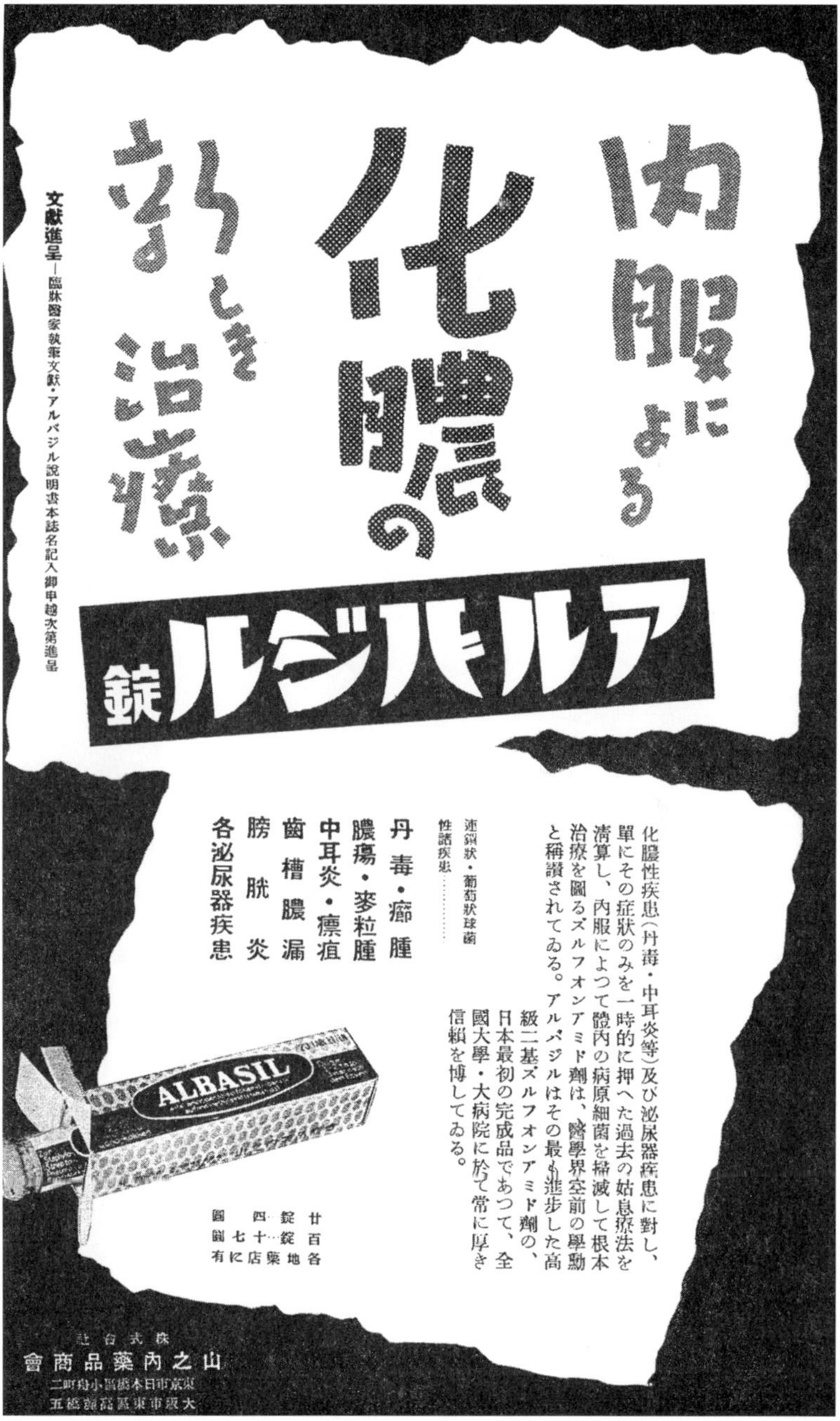

内服による
化膿の
新しき治療
アルバジル錠
文献進呈—臨牀醫家執筆文献・アルバジル説明書本誌名記入御申越次第進呈
化膿性疾患(丹毒・中耳炎等)及び泌尿器疾患に對し、單にその症狀のみを一時的に押へた過去の姑息療法を清算し、内服によつて體内の病原細菌を撲滅して根本治療を圖るズルフオンアミド劑は、醫學界空前の學勳と稱讃されてゐる。アルバジルはその最も進歩した高級二基ズルフオンアミド劑の、日本最初の完成品であつて、全國大學・大病院に於て常に厚き信頼を博してゐる。
連鎖狀・葡萄狀球菌性諸疾患……
丹毒・癤腫
膿瘍・麥粒腫
中耳炎・瘭疽
齒槽膿漏
膀胱炎
各泌尿器疾患
ALBASIL
廿錠‥四圓
百錠…十七錢
各地藥店に有
株式會社
山之内藥品商會
東京市日本橋區小舟町二
大阪市東區道修町五

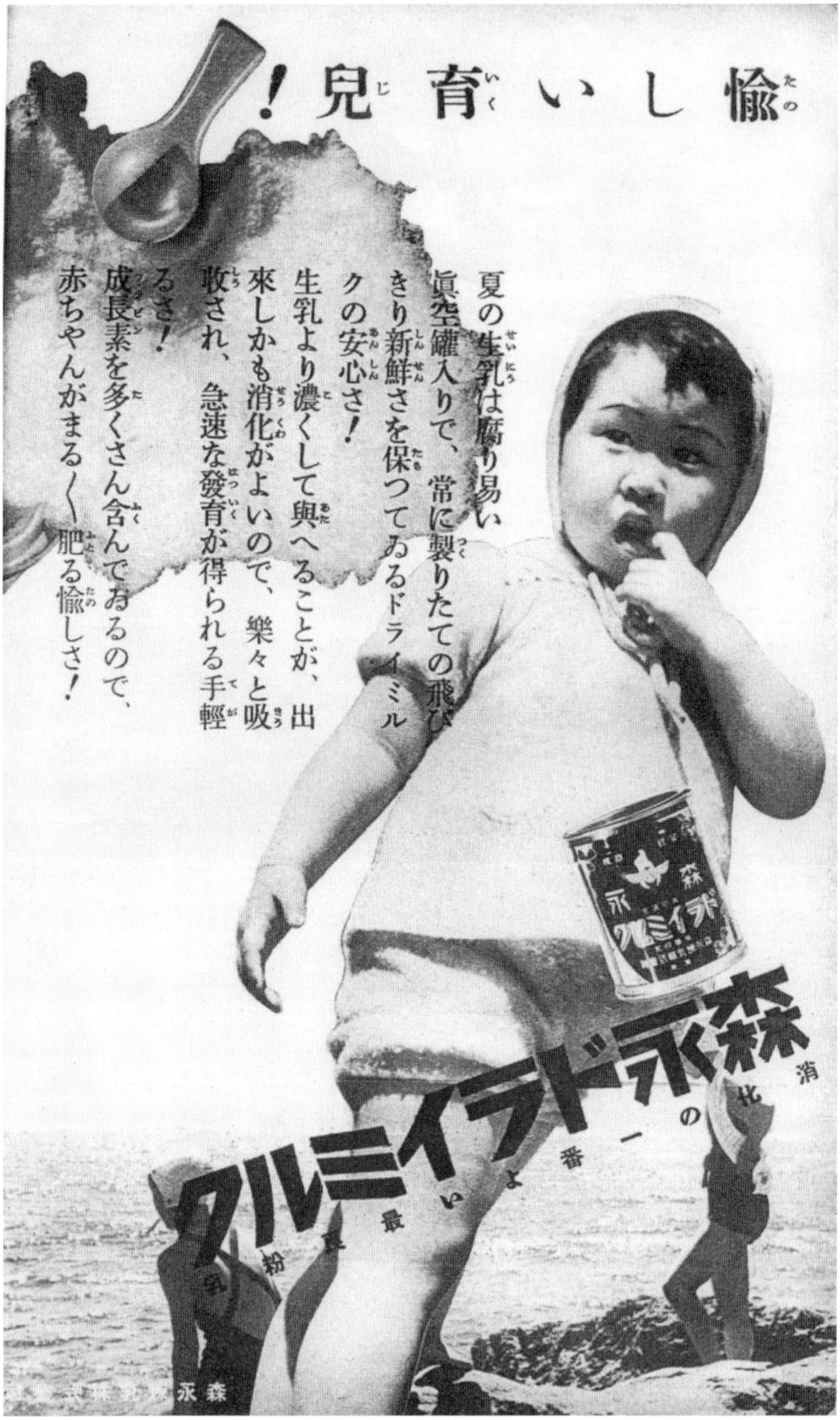

愉《たの》しい育《いく》兒《じ》！
夏の生乳《せいにう》は腐り易い
眞空罐入りで、常に製《つく》りたての飛びきり新鮮《しんせん》さを保《たも》つてゐるドライミルクの安心《あんしん》さ！
生乳より濃《こ》くして與《あた》へることが、出來しかも消化《せうくわ》がよいので、樂々と吸《きう》收《しう》され、急速な發育《はついく》が得られる手《て》輕《が》るさ！
成長素を多《た》くさん含《ふく》んでゐるので、赤ちやんがまる〳〵肥《ふと》る愉《たの》しさ！
森永ドライミルク
消化の一番よい最良粉
森永

モダン日本

臨時大増刊

朝鮮版

昭和十五年八月
第拾壹卷第九號

南總督は

一時間 本誌記者

鹽原　この人達《ひとたち》は東京《とうきやう》の**モダン日本**といふ雜《ざつ》誌《し》社《しや》の方々《かた〴〵》です。今度《こんど》、朝鮮版《てうせんはん》の現地《げんち》編輯《へんしふ》のために朝鮮《てうせん》に來《き》てゐるのです。昨日《きのふ》なども菊池《きくち》寛氏《くわんし》の呈出《ていしゆつ》による朝鮮藝術賞金《てうせんげいじゆつしやうきん》とその社《しや》の藝術賞賞牌《げいじゆつしやうしやうはい》を李《り》光洙氏《くわうしゆし》に渡《わた》しました

南　ほう。何故《なぜ》**モダン**なんて言《い》ふハイカラな名《な》をつけたのかね。

記者　もう十年以來《ねんいらい》の名《な》であります。

南　なあに、**モダン**と言《い》つたつて最近《さいきん》は、わしらのやうな野人《やじん》にもよくわかるよ。何時《いつ》來《こ》られたかね？

記者　二十一日《にち》にまゐりました。

南　雜誌《ざつし》は澤山出《たくさんで》るかね。

記者　お蔭樣《かげさま》で全國《ぜんこく》の大衆《たいしう》に喜《よろこ》ばれて居《を》ります。こんど、こちらにまゐりますときに、內地《ないち》の諸名士《しよめいし》から朝鮮《てうせん》についての希望《きばう》や意見《いけん》を求《もと》めましたところ、總督《そうとく》から朝鮮《てうせん》についていろ〳〵お聞《き》きしたい意向《いかう》が澤山《たくさん》ございましたので、私達《わたしたち》はそれ等《ら》の總意《そうい》をあつめて持《も》つてまゐりました。只今《たゞいま》、私達《わたしたち》が總督《そうとく》にお伺《うかゞ》ひすることは內地《ないち》の國民《こくみん》の總意《そうい》だと思《おも》つてお答《こた》へいたゞき度《た》く思《おも》ひます。

南　どんなことか。

記者　支那事變以來朝鮮《しなじへんいらいてうせん》が內地《ないち》の國民《こくみん》に關心《くわんしん》を持《も》たれることは非常《ひじやう》なもので、朝鮮《てうせん》が今《こん》事變《じへん》で國家的《こくかてき》にどういふ役割《やくわり》をはたして來《き》たかといふことをよく知《し》りたがつて居《を》ります。

語る

本誌記者との對談錄

南　日支事變《にっしじへん》以來《いらい》、朝鮮《てうせん》の人民《じんみん》の眞《しん》に內鮮《ないせん》一體《たい》の思想《しさう》に徹《てつ》した有樣《ありさま》は劃期的《くわつきてき》である。實《じつ》際《さい》、內地《ないち》に於《おい》ても大陸《たいりく》への足場《あしば》として、兵《へい》站基地《たんきち》としての朝鮮《てうせん》がどんなに重大《ぢうだい》な責任《せきにん》をもつてゐるか、よく了解《れうかい》してほしいと思《おも》ふ。

記者　その重大《ぢうだい》な立場《たちば》にある朝鮮《てうせん》の人達《ひとたち》の意《い》氣《き》は如何《いかゞ》でせうか？

南　まことに元氣旺盛《げんきわうせい》である。朝鮮人《てうせんじん》は元來《ぐわんらい》感激性《かんげきせい》に富《と》んでゐる。今回《こんくわい》の事變《じへん》が與《あた》へた衝動《しようどう》は何《なに》かといふと、我等《われら》は日本人《につぽんじん》である。忠誠《ちうせい》なる皇國臣民《くわうこくしんみん》であるといふ熱烈《ねつれつ》な自覺《じかく》であつた。その自覺《じかく》から、血書《けつしよ》を以《もつ》て志願《しぐわん》兵《へい》を申《まを》し出《で》たり、自分《じぶん》の仕事《しごと》を抛《なげう》つて軍《ぐん》のために働《はた》らかうとする幾多《いくた》の涙《なみだ》ぐましい美《び》談《だん》が生《うま》れた。かういふ美《うつく》しい心情《しんじやう》を持《も》つ一方《はう》、堅忍持久《けんにんぢきう》に對《たい》しては內地《ないち》の者《もの》と同樣《どうやう》に缺《か》けてゐるきらひがある。卽《すなは》ち一時《じ》にパッ、と激《げき》するが、冷《さ》めるのも早《はや》いといふわけだ。長期聖戰《ちやうきせいせん》を遂行《すゐかう》する我々《われ〱》は共《とも》に自戒《じかい》すべきであると思《おも》ふ。

先日《せんじつ》、財部大將《たからべたいじやう》が來《こ》られてこんなことを言《い》はれた。十年振《ねんぶり》に朝鮮《てうせん》に來《き》て驚《おどろ》き且《か》つ感《かん》心《しん》したことは朝鮮《てうせん》のあらゆる文化《ぶんくわ》が躍進發《やくしんはつ》展《てん》したこと以上《いじやう》に、一般風俗《ぱんぷうぞく》が實《じつ》に變《かは》つてゐたことである。卽《すなは》ち朝鮮人《てうせんじん》の一人一人《ひとりひとり》の眼付《めつき》が違《ちが》つて、別人《べつじん》の如《ごと》く見《み》えたことである。その眼付《めつき》の中《なか》に意氣軒昻《いきけんかう》な氣風《きふう》がありありとわかるといふのだ。わしも全《まつた》くその通《とほ》りだと思《おも》ふ。

記者　そうゆう潑剌《はつらつ》とした半島《はんたう》の方達《かたたち》の前《まへ》に志願兵制度《しぐわんへいせいど》がどのやうに響《ひゞ》いてゐるでせうか、鹽原局長《しほばらきよくちやう》のおられる前《まへ》ですが……。

南　志願兵制度《しぐわんへいせいど》とそ具體的《ぐたいてき》な例《れい》であらう。現《げん》在《ざい》の半島人《はんたうじん》がどういふ氣持《きもち》でゐるか、一番《ばん》よくわかる。卽《すなは》ち、志願兵制度《しぐわんへいせいど》をもうけて第《だい》一回《くわい》は四百名《めい》、第《だい》一回《くわい》は六百名《めい》、第《だい》三回《くわい》になると三千人《にん》の多數《たすう》に上《のぼ》つてゐる。しかも、三千人選《にんえら》ばれる際《さい》には、八萬《まん》三千人《にん》の志願者《しぐわんしや》があつて、資格《しかく》として、小學卒業《せうがくそつげふ》、心身強健《しんしんきやうけん》、家庭《かてい》などをしらべて嚴選《げんせん》したわけであるから、洩《も》れた者達《ものたち》と雖《いへど》も、日本人《につぽんじん》として國《くに》に殉《じゆん》じやうとする最大《さいだい》の信念《しんねん》をもつてゐるものばかりである。兵《へい》の中《うち》には旣《すで》に出征《しゆつせい》して名譽《めいよ》の戰死《せんし》をとげた者《もの》もある。遺《のこ》された家族《かぞく》はこれを家門《かもん》の名譽《めいよ》として、精神的《せいしんてき》にも誇《ほこ》つてゐる有樣《ありさま》である。朝鮮《てうせん》では昔《むかし》から兵隊《へいたい》に對《たい》する觀念《くわんねん》は、最《もつと》も下等《かとう》な苦力《クーリー》と同等《どうとう》にみなして來《き》た。しかるに半島《はんたう》人《じん》はよく國體《こくたい》と時局《じきよく》を認識《にんしき》し、覺醒《かくせい》して志《し》願兵《ぐわんへい》たらんとかくの如《ごと》く望《のぞ》むものが多《おほ》くなつた。志願兵《しぐわんへい》は今後《こんご》も益々《ますく》增大《ぞうだい》せられるであらう。

半島《はんたう》に於《おい》てもかくの如《ごと》くであるが、海外《かいぐわい》にゐる半島人《はんたうじん》の自覺《じかく》も實《じつ》に強《つよ》い。自分《じぶん》が日《に》本《ほん》の重責《ぢうせき》を擔《にな》ふ半島出《はんたうで》であることを光榮《くわうえい》に思《おも》ひ、我等《われら》は忠勇《ちうゆう》なる日本人《につぽんじん》であると考《かんが》へて、赤誠溢《せきせいあふ》れる情《じやう》を見《み》せてゐる。

記者　半島《はんたう》の方達《かたたち》の精神的《せいしんてき》なものはよくわかりました。とんどは、物的方面《ぶつてきはうめん》、即《すなは》ち朝鮮《てうせん》の產業方面《さんげふはうめん》はどんな狀態《じやうたい》でせうか。

南　目下《もくか》朝鮮《てうせん》は總生產額《そうせいさんがく》、約《やく》三十億圓《おくゑん》である。農產《のうさん》が一番《ばん》で總產額《そうさんがく》の約《やく》五割《わり》、林產《りんさん》が一億《おく》六千萬圓《まんゑん》、水產《すゐさん》が一億《おく》八千九百萬圓《まんゑん》、工業《こうげふ》が十一億《おく》四千萬圓《まんゑん》、總額《そうがく》が三十億《おく》いくらになる現狀《げんじやう》である。

との中《うち》、農業《のうげふ》と工業《こうげふ》は平行主義《へいかうしゆぎ》をとつておる。滿洲《まんしう》、支那事變《しなじへん》以前《ぜん》には、朝鮮《てうせん》の產《さん》業《げふ》は農產業《のうさんげふ》と林產業《りんさんげふ》が主《おも》で、食糧《しよくりやう》と地上資《ちじやうし》源《げん》の培養《ばいやう》に力《ちから》を入《い》れたが、事變以後《じへんいご》は世界《せかい》の日本《につぽん》たらしめる科學《くわがく》の進步《しんぽ》に伴《ともな》つて、水《すゐ》力《りよく》、電力《でんりよく》、勞力《らうりよく》の獲得《くわくとく》を致《いた》すことになつた。水力電氣《すゐりよくでんき》の水量《すゐりやう》の豐富《ほうふ》なこと、今《いま》一つは近代工業《きんだいこうげふ》に缺《か》くべからざる地下資源即《ちかしげんすなは》ち金《きん》、鐵《てつ》、無煙炭《むえんたん》、タングステン、モリブデンの產出《さんしゆつ》が、現在朝鮮《げんざいてうせん》の產額《さんがく》に拍車《はくしや》をかけてゐる次第《しだい》である。

惠《めぐ》まれた工業《こうげふ》と動力《どうりよく》によつて時《じ》局柄重工《きよくがらぢうこう》業《げふ》の進展《しんてん》を促《うなが》し、飛躍的《ひやくてき》な成績《せいせき》を擧《あ》げつゝある。

金《きん》の如《ごと》きは朝鮮《てうせん》の一番重要《ばんぢうえう》なるものであるが、昨年《さくねん》一億《おく》二千萬圓《まんゑん》に對《たい》し、僅《わづ》か一年《ねん》にして三億《おく》を越《こ》える數字《すうじ》を示《しめ》𦀌てゐる。

とゝに見逃《みのが》せないのは水產物《すゐさんぶつ》だ。水產《すゐさん》は一億《おく》九千萬圓《まんゑん》、約《やく》二億《おく》の收獲《しうくわく》がある。日本《につぽん》は日露戰爭以來《にちろせんさうらい》、北樺太方面《きたからふとはうめん》に於《おい》てソ聯《れん》と魚業權《ぎよげふけん》の問題《もんだい》がしばしば起《おこ》つてゐるが、朝鮮《てうせん》の產額《さんがく》は北樺太《きたからふと》、カムチヤツカ方《はう》面《めん》の產額《さんがく》に匹敵《ひつてき》する位《くらゐ》の產額《さんがく》がある。

林產《りんさん》も益々《ますく》、重《おも》きをなして來《き》た。朝鮮《てうせん》は今內地《いまないち》と、滿洲支那方面《まんしうしなはうめん》を支持《しぢ》するために大《おほ》いに活動《くわつどう》をしてゐる。今《いま》の所滿洲《ところまんしう》の林產《りんさん》では間《ま》に合《あ》はぬから、北朝鮮《きたてうせん》の林產業《りんさんげふ》は內《ない》地《ち》と大陸《たいりく》を一手《て》に引《ひ》き受《う》ける狀態《じやうたい》で、その多大《ただい》の產出《さんしゆつ》を大《おほ》いに囑望《しよくばう》され、素晴《すば》らしい活《くわつ》動《どう》を開始《かいし》してゐるから、今後《こんご》もますます增《ぞう》大《だい》することゝ思《おも》ふ。

朝鮮《てうせん》の貿易額《ばうえきがく》は昭和《せうわ》十四年《ねん》は二十三億《おく》九千萬圓《まんゑん》といふ數《すう》に達《たつ》してゐる、これによつても朝鮮《てうせん》が今《いま》、如何《いか》に活動《くわつどう》してゐるかわかるであらう。

記者　私達《わたしたち》はそれを聞《き》いて實《じつ》に力《ちから》づよく思《おも》ひます。產業方面《さんげふはうめん》の狀態《じやうたい》はよくわかりました。この度《たび》、氏《うぢ》の創設《さうせつ》が出來《でき》ました。創設《さうせつ》の意義《いぎ》についてお話下《はなしくだ》さい。

南　一口《くち》に言《い》へば、日本人《につぽんじん》たり得《う》るの門戶《もんこ》を開《ひら》いたといふことになる。朝鮮《てうせん》は四千年《ねん》の永《なが》い間《あひだ》、姓名《せいめい》が支那化《しなくわ》されて來《き》た。姓名《せいめい》の上《うへ》では支那人《しなじん》であり、精神身體《せいしんしんたい》が日本人《につぽんじん》であるといふ矛盾《むじゆん》の扉《とびら》を排除《はいぢよ》するわけだ。そ

總督の言々火の如く……右端本誌記者金原健兒、須貝正義

して姓名《せいめい》も共《とも》に日本人《にっぽんじん》たらんとする門戸《もんこ》を開放《かいはう》したのである。
　姓名《せいめい》が支那《しな》と同《おな》じ三字《じ》なので支那人《しなじん》であると言《い》はれがちだ。それは不都合《ふつがふ》である。本來日本人《ほんらいにっぽんじん》であるから、同生同根《どうせいどうこん》の元《もと》にかへる意味《いみ》で、氏《うぢ》の創設《さうせつ》が出來《でき》たわけである。氏《うぢ》の創設《さうせつ》こそは四千年以來《ねんいらい》、歴史的《れきしてき》に新《あら》たなる門戸《もんこ》をひらいたと言《い》へるだらう。

記者　半島《はんたう》の人達《ひとたち》は喜《よろこ》んで姓名《せいめい》をかへるでせうか。

南　今言《いまい》つた眞義《しんぎ》を理解《りかい》して居《ゐ》るから、放《はう》つて置《お》いても續々《ぞくぞく》かへて居《を》る。

記者　名《な》をかへたら何《なに》か特典《とくてん》を與《あた》へるといふやうなことがあるのですか。

南　法令《はふれい》が出《で》ても、强制《きやうせい》すると思《おも》ふのは誤解《ごかい》である。永《なが》い間《あひだ》の習慣《しふくわん》をかへるといふことは情《じやう》に於《おい》て非常《ひじやう》に困難《こんなん》であらう。しかし姓《せい》名《めい》をかへることを禁《きん》じられ、姓名共《せいめいとも》に日本《にっぽん》人《じん》になりたくてもなれなかつた者《もの》があるとしたならば、この法令《はふれい》は正《まさ》に當《たう》を得《え》てゐると言《い》ふべきではないか。

記者　よくわかりました。こんどは教育《けういく》についてお伺《うかが》ひいたしたく思《おも》ひます。

南　朝鮮《てうせん》に於《お》ける教育《けういく》は大體《だいたい》、眞《しん》の日本人《にっぽんじん》にする、忠良《ちうりやう》なる皇國臣民《くわうこくしんみん》にするといふことが目的《もくてき》である。その目的《もくてき》のために、教科書《けうくわしよ》の改正《かいせい》を初《はじ》め、凡《すべ》ての規程類《きているゐ》を徹底的《てっていてき》に改《かい》正《せい》し、國體《こくたい》を明徴《めいちよう》にして國體觀念《こくたいくわんねん》を養成《やうせい》することに努《つと》めてゐる。
　まだ過渡期《くわとき》であるから諸般《しよはん》の實狀《じつじやう》に卽《そく》し内地《ないち》の教育《けういく》と形《かたち》の上《うへ》ではいろ〳〵と違《ちが》ふところはあるが、そういふ差別《さべつ》も順次《じゆんじ》に排除《はいぢよ》して何時《いつ》かは必《かなら》ず同一《どういつ》になることを期《き》してゐる。
　終局《しうきよく》は眞《しん》に皇國臣民《くわうこくしんみん》となるのが目的《もくてき》である。

記者　義務教育《ぎむけういく》はどうでせうか。

南　現在《げんざい》の見通《みとほ》しでは昭和《せうわ》十七年《ねん》には就學率《しうがくりつ》六割《わり》に及《およ》ぶ筈《はず》である。世界《せかい》から、植民地《しよくみんち》など言《い》はれてきた朝鮮《てうせん》にこんなに早《はや》く教育《けういく》が普及《ふきふ》されてゐることは想像《さうぞう》もつかぬと思《おも》ふ。内地《ないち》の一般教育《いっぱんけういく》と比較《ひかく》してみればよくわかると思《おも》ふ。内地《ないち》に於《おい》ても明治中期頃《めいぢちうきごろ》は徴兵檢査《ちようへいけんさ》で自分《じぶん》の姓名《せいめい》を書《か》くことが一項目《かうもく》になつてゐた位《くらゐ》である。
　だから今朝鮮《いまてうせん》が六割《わり》に達《たつ》すれば、成績《せいせき》がいゝと言《い》はなければならない。
　内地《ないち》に於《おい》ては七十年《ねん》にして漸《やうや》く今日《こんにち》の狀《じやう》

態《たい》になつた。朝鮮《てうせん》はそれよりずつと短《みじか》かい期間《きかん》でそれを成《な》し遂《と》げんとしてゐる。

記者　朝鮮《てうせん》の教育《けういく》も普及《ふきふ》され、文化《ぶんくわ》も發展《はつてん》する半島《はんたう》に於《おい》て、半島《はんたう》の人達《ひとたち》にどんな期待《きたい》を持《も》つてゐますか。

南　非常《ひじやう》に前途《ぜんと》に望《のぞ》みをかけてゐる。半島人《はんたうじん》は前《まへ》にも言《い》つた通《とほ》り、志《し》氣旺盛《きわうせい》で、感激性《かんげきせい》に富《と》んでゐるから、忠良《ちうりやう》なる皇國臣民《くわうこくしんみん》としての自《じ》覺《かく》を以《もつ》て進《すゝ》んでゆくときは、我《わ》が皇國日本《くわうこくにつぽん》の第一線《だいいつせん》の任務《にんむ》に充分《じうぶん》堪《た》え得《う》る筈《はず》である。

半島《はんたう》が持《も》つ人的資源《じんてきしげん》志願兵《しぐわんへい》、知能《ちのう》、あらゆる文化的成績《ぶんくわてきせいせき》を總括《そうくわつ》すれば、日本《につぽん》の第一線《だいせん》の使命《しめい》をはたす期待《きたい》を充分《じうぶん》にかけてもいゝと思《おも》ふ。

記者　内地《ないち》の人々《ひとびと》に傳《つた》へるお言葉《ことば》を戴《いた》き度《た》く思《おも》ひます。

南　最近《さいきん》まで内地《ないち》の人達《ひとたち》は、半島及《はんたうおよ》び半島人《はんたうじん》をよく認識《にんしき》してゐるものもあるが、全然認《ぜんぜんにん》識《しき》してゐない者《もの》もゐた。しかし此度《このたび》の事變《じへん》で内地《ないち》の民衆《みんしう》は、たしかに半島《はんたう》をよく認識《にんしき》したと確信《かくしん》してゐる。その例《れい》はかうだ。

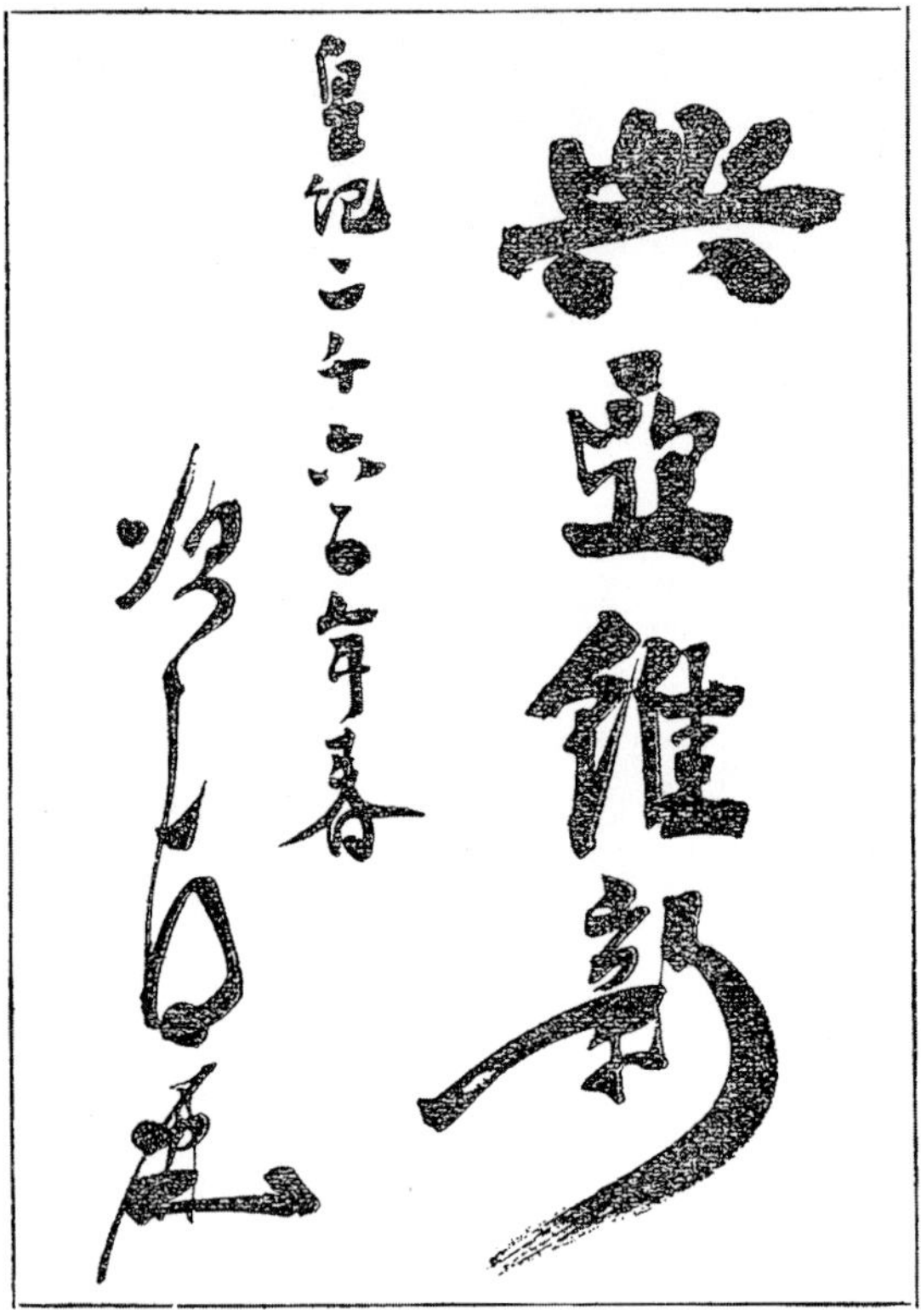

今事變《こんじへん》で我《わ》が〇〇萬《まん》の兵隊《へいたい》が朝鮮《てうせん》を通過《つうくわ》して、大陸《たいりく》の戰地《せんち》へ行《い》つた。その兵隊達《へいたいたち》はすべて、朝鮮《てうせん》の民衆《みんしう》から、熱誠《ねつせい》なる萬歳《ばんざい》と兄弟《きやうだい》以上《いじやう》の溫《あたゝか》い心《こゝろ》で送《おく》られた。彼等《かれら》が街《まち》を通《とほ》る時《とき》は婦人團體《ふじんだんたい》、青《せい》年團《ねんだん》、一般民衆《ぱんみんしう》から無《む》限《げん》の激勵《げきれい》と慰《なぐさ》めを受《う》け、田園《でんえん》を通《とほ》る時《とき》は百姓《しやう》たちが鋤《すき》や鍬《くは》を捨《す》て、彼等《かれら》の武運長久《ぶうんちやうきう》を祈《いの》る有様《ありさま》は、どんなに兵隊達《へいたいたち》の魂《たましひ》を打《う》つたかわからない。

そこでこの兵隊《へいたい》たちは戰鬪《せんとう》の間《あひだ》に彼等《かれら》の親《おや》兄弟《きやうだい》に手紙《てがみ》で、朝鮮《てうせん》を通過《つうくわ》した時《とき》の感激《かんげき》を書《か》き、朝鮮《てうせん》こそは我等《われら》の眞《しん》の兄弟《きやうだい》であるといふ確信《かくしん》を書《か》いて出《だ》した。この手紙《てがみ》を讀《よ》んだ内地《ないち》の親兄弟《おやきやうだい》、親類《しんるゐ》緣者《えんじや》、友人達《いうじんたち》はきつと朝鮮《てうせん》に對《たい》して深《ふか》い感《かん》動《どう》を以《もつ》て認識《にんしき》を新《あら》たにした筈《はず》である。兵隊《へいたい》たちによつて內地《ないち》の民衆《みんしう》は、どんなに內鮮《ないせん》一體《たい》の精神的結合《せいしんてきけつがふ》が行《おこな》はれたかをよく銘記《めいき》すべきである。

記者 唯今《たゞいま》、內鮮《ないせん》一體《たい》のお言葉《ことば》が出《で》ました。その精神《せいしん》についてお話《はな》しいたゞきたく思《おも》ひます。

南 今日《こんにち》まで世界《せかい》は白人《はくじん》の世界《せかい》であつた。東洋《とうやう》も白人《はくじん》の東洋《とうやう》であつた。そのために白人《はくじん》は先《せん》天的《てんてき》に東洋人《とうやうじん》より優秀《いうしう》なる人種《じんしゆ》であると自認《じにん》して來《き》たつた。有色人種《いうしよくじんしゆ》は白人《はくじん》の下《もと》に働《はた》らかされて來《き》た。

東洋《とうやう》は歐洲人《おうしうじん》の遊園地《いうゑんち》となり、日本《につぽん》のみが日本人《につぽんじん》の日本《につぽん》であつた。

此度《このたび》の聖戰《せいせん》は東洋《とうやう》をして、東洋人《とうやうじん》の東洋《とうやう》たらしむる歴史的《れきしてき》な意味《いみ》がある。

日本人《につぽんじん》と言《い》へども、白人《はくじん》から劣等視《れつとうし》される傾向《けいかう》は今《いま》でもある。

實《じつ》に不當《ふたう》な屈辱《くつじよく》である。白人《はくじん》が日本人《につぽんじん》に對《たい》するやうな態度《たいど》で、若《も》し內地人《ないちじん》が半島人《はんたうじん》に對《たい》することがあつたなら、それは同胞《どうはう》であると言《い》へないであらう。そこに大《だい》なる自覺《じかく》を持《も》たなくてはならぬ。半島人《はんたうじん》に對《たい》する德義《とくぎ》を持《も》たざる限《かぎ》り、我々《われ／＼》が外人《ぐわいじん》に對《たい》すると、同樣《どうやう》な感情《かんじやう》が生《しやう》ずることを深《ふか》く考《かんが》へてくれなければ困《こま》る。徒《いたづ》らに優越《いうえつ》であるなどと考《かんが》へることは、むしろ日本人《につぽんじん》としての誇《ほこり》の破壞《はくわい》であらう。

內鮮《ないせん》一體《たい》の根本方針《こんぽんはうしん》は一視《し》同仁《どうじん》の御《ご》聖旨《せいし》の下《もと》に國體《こくたい》明徵《めいちよう》、天皇《てんのう》を中心《ちうしん》とする萬民輔翼《ばんみんほよく》の道《みち》である。赤子《せきし》として忠誠《ちうせい》をいたし、同胞《どうはう》を愛《あい》し、いやしくも差別《さべつ》をつけるなどは聖旨《せいし》に副《そ》ひ奉《たてまつ》る道《みち》ではない。

內鮮《ないせん》一體《たい》は目標《もくへう》をそとに置《お》いてゐる。韓國併合當時《かんこくへいがふたうじ》は融和《ゆうわ》の方針《はうしん》だつたが、今《いま》は內鮮《ないせん》一體《たい》、殊《こと》に滿洲事變《まんしうじへん》、支那事變以後《しなじへんいご》は非常《ひじやう》なる進展《しんてん》をみせて、半島《はんたう》が自《みづか》ら進《すゝ》んで皇國臣民《くわうこくしんみん》たらんとする誠心《せいしん》を熱烈《ねつれつ》に現《あら》はしてゐる。これこそ國運《こくうん》を永遠《えいゑん》に安泰《あんたい》に置《お》く力《ちから》でなければならぬ。卽《すなは》ち內鮮《ないせん》一體《たい》の精《せい》神《しん》とは忠良《ちうりやう》なる皇國臣民《くわうこくしんみん》たらんとする精神《せいしん》である。

記者 最後《さいご》に總督《そうとく》の朝鮮《てうせん》に對《たい》する抱負《はうふ》をお聞《き》きしたいと思《おも》ひます。

南 今《いま》や、朝鮮《てうせん》は我《わ》が日本《につぽん》の大陸《たいりく》へ向《むか》ふ前進《ぜんしん》兵站基地《へいたんきち》である。これを說明《せつめい》すれば二《ふた》つの要素《えうそ》がある。

一《ひと》つは人的資源《じんてきしげん》の培養《ばいやう》、育成《いくせい》、半島民衆《はんたうみんしう》を忠良《ちうりやう》なる皇國臣民《くわうこくしんみん》たらしめることだ。

二には國防生產力《こくばうせいさんりよく》の獲得促進《くわくとくそくしん》。

これによつて私《わたし》の爲《な》してきた主《おも》なものは五つある。卽《すなは》ち

一、志願兵制度《しぐわんへいせいど》の設置《せつち》

寫眞右ヨリ總督、本誌記者、林南壽、金原健兒、須貝正義

二、敎育《けういく》の刷新《さつしん》と普及《ふきふ》
三、氏《うぢ》の創設《さうせつ》による門戸《もんこ》開放《かいはう》
四、國民精神總動員聯盟《こくみんせいしんそうどういんれんめい》の設立《せつりつ》
五、神社《じんじや》の創立《さうりつ》

昭和《せうわ》十一年以來《ねんいらい》、官幣大社《くわんぺいたいしや》の朝鮮神宮《てうせんじんぐう》、扶餘神宮外《ふよじんぐうほか》五十八の護國神社《ごこくじんじや》が創立《さうりつ》せられた。とれらの神社《じんじや》は天照大神《あまてらすおほみかみ》を初《はじ》め、我《わ》が國體《こくたい》を御加護《ごかご》遊《あそ》ばされる神々《かみがみ》が祀《まつ》つてある。

以上《いじやう》の諸施設《しよしせつ》を今後《こんご》もますく充實擴大《じうじつくわくだい》して、半島人《はんたうじん》の精神修養《せいしんしうやう》を涵養《かんやう》するはずである。これが人的要素《じんてきえうそ》の擴充《くわくじう》に資《し》する重大《ぢうだい》な條件《でうけん》だと信《しん》じてゐる。生産方面《せいさんはうめん》でも地上《ちじやう》、地下資源《ちかしげん》、貿易促進《ぼうえきそくしん》の確保《かくほ》に對《たい》し、目下《もくか》、諸事業《しよじげふ》、事務《じむ》の調整《てうせい》を大《おほ》いにやつてゐるから、前途《ぜんと》は洋々《やうやう》たるものがある。

兵站基地《へいたんきち》としての朝鮮《てうせん》から言《い》へば、もはや日本《につぽん》は東《ひがし》の國《くに》の日本《につぽん》ではない。滿洲事變《まんしうじへん》以後《いご》は事實《じじつ》、大陸《たいりく》の日本《につぽん》、世界《せかい》の日本《につぽん》である。大陸政策《たいりくせいさく》はどうしても朝鮮《てうせん》が第《だい》一歩《ほ》の足場《あしば》であらう。不幸《ふかう》にも大陸《たいりく》に戰爭《せんさう》がある場合《ばあひ》、作戰《さくせん》の足場《あしば》も勿論朝鮮《もちろんてうせん》である。だから朝鮮《てうせん》は戰爭《せんさう》に對《たい》し、平素《へいそ》から人的要素《じんてきえうそ》の育成《いくせい》に務《つと》め、これを充分《じうぶん》に確保《かくほ》してゐなければならない。たとひ一時《じ》、內地《ないち》との交通《かうつう》が遮斷《しやだん》されたとしても朝鮮《てうせん》の力《ちから》が養成《やうせい》されてゐれば大《おほ》いに戰《たゝか》へる筈《はず》である。大陸政策《たいりくせいさく》は內地《ないち》と朝鮮《てうせん》が共《とも》に立《た》つ根據地《こんきよち》である。日本《につ》が聖戰《せいせん》をつゞける目的《もくてき》たる新秩序建設《しんちつじよけんせつ》は、內地《ないち》と朝鮮《てうせん》が完全《くわんぜん》に一括《くわつ》し、滿支《まんし》に對《たい》して善隣友好《ぜんりんいうかう》の道《みち》を進《すゝ》むとである。かの大陸《たいりく》へ善隣友好《ぜんりんいうかう》の道《みち》を示《しめ》すには、內鮮《ないせん》一體《たい》となつた美《うつく》しい姿《すがた》を見《み》せて、彼等《かれら》に內鮮《ないせん》を見《み》よと言《い》ふ所迄《ところまで》ゆかなくてはならない。

現在世界《げんざいせかい》は大變革《だいへんかく》、一大維新《だいゐしん》の時《とき》である。との一大維新《だいゐしん》の先驅《せんく》をなしたのは東洋《とうやう》の日本《につぽん》である。日本《につぽん》の責任《せきにん》は實《じつ》に重大《ぢうだい》である。一斷崖《だんがい》の絕壁《ぜつぺき》に立《た》つてゐるやうなものだ。一歩《ほ》誤《あやま》れば聖戰《せいせん》の意義《いぎ》さへ失《うしな》ふ時《とき》である。であるから我々《われわれ》は共《とも》に忠誠《ちうせい》なる皇國臣民《くわうこくしんみん》として、興亞《こうあ》の大業《たいげふ》に一死奉公《しほうこう》の念《ねん》を以《もつ》て所期《しよき》の目的《もくてき》を貫徹《くわんてつ》したいものである。

記者　誠《まこと》に有難《ありがた》うございました。朝鮮版《てうせんはん》を通《つう》じて閣下《かくか》の御言葉《おことは》を全國民《ぜんこくみん》にお傳《つた》へ致《いた》したいと思《おも》ひます。（於《おいて》總督府《そうとくふ》）

朝鮮藝術賞審査員決定す

「朝鮮藝術賞」は昨秋刊行された第一次「朝鮮版」の誌上に發表され、內鮮各方面に多大の反響をよびましたが、之が審査員決定に當つては愼重熟慮を重ねた結果、このほど下記の記り「朝鮮藝術賞」審査員を決定致しました。

モダン日本社

なほ、第一回「朝鮮藝術賞」は既報の如く文學部門の李光洙氏に決定授賞されましたが第二回即ち昭和十五年度に於て爲された藝術活動に對しては、審査員の審議により明十六年三月決定發表する事になつて居ります。

朝鮮藝術賞審査員（順不同）

全般
菊池　寛
內田岐三雄

文學
久米正雄
佐藤春夫
宇野浩二
橫光利一
川端康成
瀧井孝作
山本有三
佐佐木茂索
谷崎潤一郎
小島政二郎
室生犀星
菊池　寛

演劇
藤森成吉
村山知義
關口次郎
秋田雨雀
長田秀雄
北村喜八

美術
石井柏亭
結城素明

音樂
山田耕筰
近衛秀麿
田村虎藏
增澤健美
小松耕輔
野村光一
堀內敬三
太田綾子
萩原英一
鈴木乃婦子

映画
長谷川如是閑
谷川徹三
中村武羅夫
濱本　浩
岩崎　昶
筈見恒夫
飯島　正
板垣鷹穗

舞踊
石井　漠
高田せい子

京城の思ひ出

伊東深水

何《な》んにしても、私《わたし》が京城《けいじやう》に立《た》ち寄《よ》つたのは、今《いま》から二昔《ふたむかし》も前《まへ》、あの關東大震災《くわんとうだいしんさい》の前年《ぜんねん》の事《こと》で、それもほんの一二泊《はく》したに過《す》ぎないのですから今《いま》は其《そ》の街《まち》の俤《おもかげ》すらどんなだつたか鮮明《はつきり》思《おも》ひ出《だ》されません。

で、當時《たうじ》のスケッチブックに殘《のこ》つてゐる官《きい》妓《さん》の寫生《しやせい》でも描《か》いてみました。

官妓《きいさん》と云《い》へば、其時《そのとき》官妓學校《きいさんがくかう》の卒業生《そつげふせい》の芝《しば》居《ゐ》なるものを見物《けんぶつ》に行《い》つた記憶《きおく》があります。其《そ》の演藝館《えんげいくわん》は内地《ないち》の場末《はずゑ》にある映画館《えいぐわくわん》みたいなペンキ塗《ぬり》のお粗末《そまつ》な小屋《こや》でしたが、流石《さすが》に官妓《きいさん》の試演會《しえんくわい》だけあつて、料亭《れうてい》のおかみ、や藝妓連《げいぎれん》の家族《かぞく》と云《い》つた種類《しゆるゐ》の派手《はで》な觀客《くわんきやく》がぎつしり詰《つま》つてゐて頗《すこぶ》る綺麗《きれい》な印象《いんしやう》をうけました。

舞臺《ぶたい》は丁度幕《ちやうどまく》が開《あ》いてゐて、荒《あら》い格子地《かうしぢ》の洋服《やうふく》に鳥打帽子《とりうちぼうし》の青年《せいねん》と、海老茶袴《えびちやばかま》を穿《は》いた女學生風《ぢよがくせいふう》の娘《むすめ》とのラブシーンらしいところが演《えん》ぜられて、見物席《けんぶつせき》からは、

成田屋《なりだや》！　とか音羽屋《おとはや》！　とか云《い》つた、か

け聲《こえ》がさかんに方々《はう〳〵》で起《おこ》ります。其處《そこ》へ又《また》、腹掛《はらがけ》、股引《もゝひき》に印袢纏《しるしばんてん》をまとうた、車夫體《しやふてい》の男《をとこ》が、鍔廣《つばびろ》の學生帽《がくせいぼう》を阿彌陀《あみだ》に冠《かぶ》つて、妙《めう》な身《み》振《ぶ》りで現《あら》はれました。そして何《なに》か、しきりに鳴《な》り立《た》てては眼《め》を向《む》いて大見得《おほみえ》を切《き》るのです。言葉《ことば》が通《つう》じない私《わたし》にはさつぱり面白《おもしろ》くもなんともありませんでしたが、觀客《くわんきやく》は、チヨーター〳〵と感極《かんきは》まつて黄《きい》い聲《こゑ》をふりしぼつてゐました。私達《わたしたち》を案內《あんない》して呉《く》れた、美妓連《びぎれん》も勿論其《もちろんそ》の仲間《なかま》で、しきりに讃歎《さんたん》してゐました。

此《こ》の芝居《しばゐ》は日本《につぽん》の新派劇《しんぱげき》ださうで、車夫《しやふ》に扮《ふん》したのが、とゝの座頭格《ざがしらかく》で就中日本劇《なかんづくにつぽんげき》が上《じやう》手《ず》なんださうです。

挿畫《さしゑ》の中《なか》の、金山月《きんざんげつ》、李錦仙女《りきんせんぢよ》はいづれも東同卷番《とうどうけんばん》に屬《ぞく》する美妓《びぎ》で、李錦仙女《りきんせんぢよ》の如《ごと》きは東京《とうきやう》の學校《がくかう》へ勉強《べんきやう》に來《き》て居《ゐ》る弟《おとうと》に學費《がくひ》を貢《みつ》いでゐると云《い》ふ眞《まこと》に感心《かんしん》な婦人《ふじん》でしたがあの當時《たうじ》二十歳位《はたちぐらゐ》の妓《こ》でしたから、今《いま》は四十歳位《さいぐらゐ》になつてゐる譯《わけ》です。其後如何《そのごどう》暮《くら》してゐる事《こと》でせう。

朝鮮に於ける皇國臣民化運動

朝鮮總督府學務局長　塩原時三郎

朝鮮《てうせん》に於《お》ける統治《とうぢ》三十年間《ねんかん》の施政《しせい》は各階《かくかい》段《だん》のどの部分《ぶぶん》を斷面《だんめん》として見《み》ても、凡《すべ》てよく其時代《そのじだい》の必要《ひつえう》を充足《じうそく》し前後《ぜんご》一連極《れんきは》めて有《いう》機的《きてき》なる發展《はつてん》の階程《かいてい》を辿《たど》つて來《き》て居《ゐ》る。時《じ》代《だい》は遷《うつ》り總督《そうとく》は何代代《なんだいかは》つても一貫《くわん》せる日本《につぽん》的良心《てきりやうしん》によつて初歩《しよほ》より次第《しだい》に高《たか》き階段《かいだん》へと登《のぼ》つて來《き》て居《ゐ》ることは明瞭《めいれう》である。

一言《ごん》にして內鮮《ないせん》一體政治《たいせいぢ》と稱《しよう》せらるゝ南《みなみ》總督《そうとく》の統治《とうぢ》も正《まさ》に今《いま》が及《およ》ぼす可《べ》き必要《ひつえう》の時《じ》期《き》でもあり又《また》なし得《う》るの秋《とき》でもあらう。との意味《いみ》に於《おい》て朝鮮《てうせん》に於《お》ける日本化運動《につぽんくわうんどう》は極《きは》めて自然《しぜん》の要求《えうきう》に合《がつ》しても居《を》り決《けつ》して無理《むり》でもない。又《また》この志《こゝろざし》を懷《いだ》ける所以《ゆえん》のものはとれ又《また》三十年間《ねんかん》一貫《くわん》せる統理者《とうりしや》の日本的《につぽんてき》良心《りやうしん》の歸結《きけつ》とも云《い》ふことが出來《でき》るであらう。

朝鮮統治《てうせんとうぢ》の最高指導目標《さいかうしだうもくへう》は、洽《あまね》く人《ひと》の知《し》る通《とほ》り一視《し》同仁《どうじん》の御《ご》聖旨《せいし》に遵《したが》ひ、半島同胞《はんたうどうはう》の國體觀念《こくたいくわんねん》を確立《かくりつ》し、「吾《われ》は日本人《につぽんじん》なり」との皇國臣民《くわうこくしんみん》としての誇《ほこ》りある信念《しんねん》を心《こゝろ》の奧《おく》底《そこ》から體得《たいとく》せしめ、渾然內鮮《こんぜんないせん》一體《たい》となり、以《もつ》て皇運《くわううん》を扶翼《ふよく》し奉《たてまつ》り皇道《くわうだう》を宣揚《せんやう》するにあるのである。所謂南政治《いはゆるみなみせいぢ》はあらゆる施策《しさく》の重點《ぢうてん》をこの一點《てん》に統合歸《とうがふき》一せしめて着々《ちやく》として其成果《そのせいくわ》を收《をさ》めつゝ孜《し》々として邁進《まいしん》に邁進《まいしん》を續《つゞ》け今日《こんにち》に至《いた》り明日《みやうにち》に至《いた》るのである。

御承知《ごしようち》の如《ごと》く、朝鮮《てうせん》では昭和《せうわ》十三年《ねん》の四月《ぐわつ》に教育令《けういくれい》を改正《かいせい》し教學《けうがく》の改革《かいかく》を斷行《だんかう》し其《その》一部《ぶ》として只今《たゞいま》は內地人《ないちじん》も半島人《はんたうじん》も何《いづ》れも同《おな》じ名前《なまへ》の小學校《せうがくかう》や中學校《ちうがくかう》や高等女學校《かうとうぢよがくかう》で、全《まつた》く同《おな》じ目的《もくてき》、同《おな》じ內容《ないよう》の教育《けういく》を受《う》け、其《そ》の間《あひだ》何等《なんら》區別《くべつ》するところはなく又《また》あつてはならないのである。其《そ》の爲《ため》に近頃《ちかごろ》では子供達《こどもたち》も又親達《またおやたち》も皆氣持《みなきもち》が明《あか》るくなり、學校《がくかう》に於《おい》ても日本國民《につぽんこくみん》としての將來《しやうらい》に大《おほ》きな希望《きばう》を抱《いだ》きながら、心《こゝろ》を引締《ひきし》めて勉強《べんきやう》や鍛練《たんれん》に一生懸命《しやうけんめい》なのである。自分《じぶん》は日本人《につぽんじん》だ。偉大《ゐだい》なる日本人《につぽんじん》だ、陛下《へいか》の赤子《せきし》として恥《はづ》かしからぬものにならねばならないと云ふ強《つよ》い責任感《せきにんかん》、日本人《につぽんじん》の名譽《めいよ》にかゝることは斷《だん》じてせぬぞといふ誇《ほこ》りが、洩《も》れなく小《ちひ》さな胸《むね》に盛《も》り上《あが》つて來《き》てゐる。かうした敎《けう》育《いく》を朝鮮《てうせん》では「皇國臣民敎育《くわうこくしんみんけういく》」と呼《よ》んでゐる。

これと殆《ほと》んど同時《どうじ》に陸軍特別志願兵《りくぐんとくべつしぐわんへい》の制《せい》度《ど》が施《し》かれた。この內地人《ないちじん》と同樣《どうやう》に苦勞《くらう》が出來《でき》るといふ事《こと》が又《また》どんなに半島《はんたう》同胞《どうはう》の心《こゝろ》を明《あか》るくしたか、實《じつ》に思《おも》ひの外《ほか》であつた。志願《しぐわん》兵《へい》は京城郊《けいじやうかう》外《ぐわい》の「陸軍《りくぐん》兵志願者訓練所《へいしぐわんしやくんれんしよ》」といふ準備訓練所《じゆんびくんれんじよ》で六ケ月《げつ》の猛訓練《まうくんれん》を經《へ》てから入營《にふえい》するのであるが、その張《は》り切《き》り方《かた》は非常《ひじやう》なものである。從《したが》つて成績《せいせき》も大變《たいへん》良く、その募集數《ぼしふすう》も第《だい》一

回《くわい》に四百人《にん》、第《だい》二回《くわい》に六百人《にん》、第《だい》三回《くわい》に三千人《にん》と非常《ひじやう》に增加《ぞうか》して來《き》たのは、全《まつた》く其《そ》の好成績《かうせいせき》の然《しか》らしむる處《ところ》であつて、いつも二十倍以上《ばいいじやう》の應募者《おうぼしや》があり、其《そ》の選拔《せんばつ》をするのに轉手古舞《てんてこまひ》をする程《ほど》である。この制度《せいど》は、半島人《はんたうじん》の誠意《せいい》が天《てん》に通《つう》じて內地人《ないちじん》と同《どう》樣《やう》に、陛下《へいか》の軍人《ぐんじん》たるの光榮《くわうえい》を與《あた》へられたものであるとは、半島《はんたう》の人々《ひとびと》は誰《だれ》も彼《かれ》もよく理解《りかい》し、心《こゝろ》から感謝《かんしや》してゐる。

更《さら》に本年《ほんねん》の光輝《くわうき》ある紀元《きげん》の佳節《かせつ》より實《じつ》施《し》された創氏《さうし》の制度《せいど》は、氏《し》を新《あたら》しく設《まう》けたり、內地人式《ないちじんしき》の名《な》前《まへ》をつけることを、正式《せいしき》に認《みと》められたことであつて、これが又內鮮《またないせん》一體《たい》の實現《じつげん》に大《おほ》いに拍車《はくしや》をかけて居《ゐ》ることは周知《しうち》の通《とほ》りで猛烈《まうれつ》な勢《いきほ》ひで氏名《しめい》は變更《へんかう》されつゝあり、何處《どこ》の役所《やくしよ》でも轉手古《てんてこ》舞《まひ》の姿《すがた》である。

これ等《ら》は總督府《そうとくふ》の施設《しせつ》する皇國臣民化運《くわうこくしんみんくわうん》動《どう》の二、三に就《つい》て述《の》べたのであつて、次《つぎ》に本運動《ほんうんどう》の實踐的中軸《じつせんてきちうぢく》となり活潑《くわつぱつ》な運動《うんどう》を展《てん》開《かい》しつゝある、半島官民《はんたうくわんみん》打つて一丸《ぐわん》とした大組織《だいそしき》、精動朝鮮聯盟《せいどうてうせんれんめい》の愛國班《あいこくはん》に就《つい》て、一言《ごん》述《の》べなければならない。

昭和《せうわ》十二年《ねん》七月《ぐわつ》七日《か》支那事變《しなじへん》が勃發《ぼつぱつ》するや半島《はんたう》の思想界《しさうかい》には、意外《いぐわい》な變化《へんくわ》が起《おこ》りつゝあるのを見遁《みのが》し得《え》なかつた。即《すなは》ち「內地《ないち》人《じん》も半島人《はんたうじん》もとうなつたら同《おな》じ船《ふね》の乘客《じやうきやく》ではないか！　港《みなと》に着《つ》くも一緒《しよ》に、難船《なんせん》することありとも一緒《しよ》に！　これ運命《うんめい》である」といふ考《かんが》へが期《き》せずして、むしろ從來思想《じうらいしさう》的《てき》に非日本的《ひにつぽんてき》と思《おも》はれて居《ゐ》た人《ひと》との間《あひだ》に湧《わ》き起《おこ》りやがて「日本精神《につぽんせいしん》を研究《けんきう》せよ、皇道《くわうだう》を知《し》れ、其處《そこ》に我等《われら》の生《い》くる道《みち》あり」との聲《こゑ》に代《かは》つて行《い》つた。次《つ》いでと云《い》ふよりも同《どう》時《じ》に起《おこ》つたものは半島人大衆《はんたうじんたいしう》、中《なか》でも下層《かそう》農民達《のうみんたち》の熱狂的《ねつきやうてき》な出征兵士《しゆつせいへいし》の歡送《くわんそう》や銃後《じうご》の奉公《ほうこう》であつた。

かくして感激《かんげき》の連續《れんぞく》のうちに、夢《ゆめ》の樣《やう》に一ケ年《ねん》は過《す》ぎた。然《しか》し時局《じきよく》は益々擴大《ますますくわくだい》せら

れ、深刻《しんこく》となり、事變《じへん》の幅《はゞ》と深《ふか》さは愈々《いよく》重大《ぢうだい》なるを思《おも》はしむるに至《いた》つた。酷寒炎熱《こくかんえんねつ》の下《もと》、大陸《たいりく》の戰野《せんや》に活躍《くわつやく》する皇軍《くわうぐん》の勞苦《らうく》は傳《つた》へ聞《き》く銃後《じうご》を勵《はげ》まし、幾多《いくた》の尊《たふと》き英靈《えいれい》も驛《えき》頭《とう》に迎《むか》へられた。

此處《こゝ》に於《おい》て、朝鮮《てうせん》にある我々《われく》は大《だい》なる凝視《ぎようし》と反省《はんせい》に到達《たうたつ》したのである。即《すなは》ち事變《じへん》を契期《けいき》として鬱勃《うつぼつ》として燎原《れうげん》の火《ひ》の如《ごと》く昂揚《かうやう》された半島人諸君《はんたうじんしよくん》の愛國的至情《あいこくてきしじやう》を、如何《いか》に指導《しだう》し統合《とうがふ》し、これを統治《とうち》の根本思想《こんぽんしさう》たる内鮮《ないせん》一體皇國臣民化《たいくわうこくしんみんくわ》の完成《くわんせい》に如何《いか》に誘導《いうだう》するかの問題《もんだい》であつた。

更《さら》に第二《だい》の問題《もんだい》は、今次事變《こんじじへん》の形相《ぎやうさう》は吾《われ》々に更《さら》に、はつきりしたものを敎《をし》へた。即《すなは》ち支那事變《しなじへん》が終了《しうれう》したとしても吾々《われく》は果《はた》して枕《まくら》を高《たか》くして寢《ね》ることが出來《でき》るかといふ問題《もんだい》である。吾々《われく》は次《つぎ》に來《く》る不可避《ふかひ》なる事局《じきよく》と困難《こんなん》とを今《いま》とそ明確《めいかく》に認識《にんしき》しなければならない。東亞《とうあ》に絶《た》えざる魔手《ましゆ》を伸《の》ばしつゝある敵《てき》に對《たい》し、斷乎《だんこ》として、いつにても起《た》ち上《あが》り得《う》る體制《たいせい》を整備《せいび》せねばならない。然《しか》らざれば遂《つひ》に東亞新秩序《とうあしんちつじよ》の完成《くわんせい》を期《き》することは出來《でき》ない。今《いま》にして、あらゆる準備《じゆんび》をしてかゝらねばならないといふ嚴然《げんぜん》たる事實《じじつ》であり、朝鮮《てうせん》も内地《ないち》もとの點全《てんまつた》く同《どう》一の運命《うんめい》を負擔《ふたん》して居《ゐ》るといふことである。

こゝに於《おい》て吾々《われく》は先《ま》づ、國民《こくみん》にガッチリした訓練《くんれん》を行《おこな》ふため、組織《そしき》を持《も》たねばならない。組織的《そしきてき》な一大運動《だいうんどう》が必要《ひつえう》であるを知《し》つた。即《すなは》ち國民總組織《こくみんそうそしき》の問題《もんだい》である。從來《じうらい》の如《ごと》き小規模《せうきぼ》なバラ〳〵な運動《うんどう》では、個々《こゝ》に於《おい》て愛國《あいこく》の熱情《ねつじやう》は高《たか》くとも、單《たん》なる無組《むそ》織《しき》、小組織《せうそしき》の運動《うんどう》であつては何《なん》にもならない。間《ま》に合《あ》はない。新附《しんぷ》の國土《こくど》に於《おい》ては猶《なほ》更然《さらしか》りだ。全民衆《ぜんみんしう》を組織《そしき》するとだ。そしてその强力《きやうりよく》な組織《そしき》を通《つう》じて、全民衆《ぜんみんしう》に絶《た》えざる指導訓練《しだうくんれん》を與《あた》へることである。そしてこの大組織《だいそしき》を、あたかも機關車《きくわんしや》の如《ごと》く押《お》し進《すゝ》めることだ。これのみが民衆《みんしう》に對《たい》し着手《ちやくしゆ》すべく時局對應《じきよくたいおう》の唯《ゆゐ》一の道《みち》であると、小數《せうすう》の例外者《れいぐわいしや》を除《のぞ》き殆《ほと》んど凡《すべ》ての内鮮人有識者《ないせんじんいうしきしや》は考《かんが》へたのである。

かくて國民精神總動員朝鮮聯盟《こくみんせいしんそうどうゐんてうせんれんめい》は結成《けつせい》せられた。それは支那事變勃發《しなじへんぼつぱつ》の翌年即《よくねんすなは》ち昭《せう》和《わ》十三年《ねん》七月《ぐわつ》七日《か》のことであつた。爾來滿《じらいまん》二年《ねん》、各方面《かくはうめん》の苦心《くしん》と努力《どりよく》は先《ま》づとの機構《きこう》組織《そしき》の完成《くわんせい》に向《むか》つて進《すゝ》められ、大《だい》は二千三百萬人《まんにん》の聯盟員《れんめいゐん》を抱擁《はうよう》する朝鮮聯盟《てうせんれんめい》より、行政系統《ぎやうせいけいとう》に準《じゆん》じて結成《けつせい》された道聯盟《だうれんめい》、府郡《ふぐん》島聯盟《たうれんめい》、邑面聯盟《いふめんれんめい》、町洞里部落聯盟《ちやうどうりぶらくれんめい》より、更《さら》に大體《だいたい》十戸《こ》宛《あて》を以《もつ》て團結《だんけつ》する愛國班《あいこくはん》に至《いた》るまで、又之《またこれ》に加《くは》ふるに各種《かくしゆ》の團體毎《だんたいごと》に結《けつ》成《せい》せられてゐる各種聯盟等《かくしゆれんめいとう》、上下《じやうげ》一貫《くわん》、整《せい》然《ぜん》たる組織網《そしきまう》を遂《つひ》に完成《くわんせい》するに至《いた》つたのである。中《なか》にもとの實踐細胞《じつせんさいはう》たる愛國班《あいこくはん》の如《ごと》きは、吾半島《わがはんたう》に於《お》ける精動運動《せいどううんどう》の一大特色《だいとくしよく》をなすものであつて、實《じつ》にこれあるが故《ゆゑ》に其《そ》の機能《きのう》の優秀《いうしう》さを發揮《はつき》し得《う》るものであり、其《そ》の數《すう》も實《じつ》に四十萬班《まんはん》にも及《およ》び、半島《はんたう》住民《ぢうみん》の全部《ぜんぶ》を抱擁《はうよう》してゐるといつても毫《がう》も差支《さしつか》へないのである。

かくして、日《ひ》毎《ごと》に深化《しんくわ》し行《ゆ》く時局《じきよく》に對應《たいおう》し、組織《そしき》と訓練《くんれん》への努力《どりよく》は益々《ますく》强化《きやうくわ》され、更《さら》に本年《ほんねん》四月《ぐわつ》の新學期《しんがくき》を期《き》し、全鮮《ぜんせん》の小學《せうがく》校《かう》、中等學校《ちうとうがくかう》は一齊《せい》に國民總組織《こくみんそうそしき》の强化《きやうくわ》に向《むか》つて起《た》ち上《あが》り、全學校《ぜんがくかう》は洩《も》れなく、學校《がくかう》精動聯盟《せいどうれんめい》を結成《けつせい》し、生徒《せいと》は常《つね》に精動的訓練《せいどうてきくんれん》を行《おこな》ふと共《とも》に、學校《がくかう》よりその家庭《かてい》（愛國班員《あいこくはんゐん》）に働《はたら》きかけ、先生《せんせい》はその屬《ぞく》する町《まち》や部落《ぶらく》の愛國班《あいこくはん》を指導《しだう》するとゝなつた。更《さら》に一方《はう》十六萬團員《まんだんゐん》を擁《よう》する朝鮮聯合青年團《てうせんれんがふせいねんだん》に於《お》ては、その細胞《さいはう》たる各單位《かくたんゐ》青年團《せいねんだん》に特《とく》に精動普及部《せいどうふきふぶ》を設《まう》け、潑溂《はつらつ》たる青年《せいねん》を動員《どうゐん》して、其《そ》の所屬愛國班《しよぞくあいこくはん》の指導推進《しだうすゐしん》に邁進《まいしん》してゐる。尚《なほ》一方《はう》歸休除隊《ききうぢよたい》せる志願兵《しぐわんへい》、往古《わうこ》の百濟《クダラ》の首都扶餘《しゆとふよ》に設立《せつりつ》せられたる青年道場《せいねんだうぢやう》の修了者《しうれうしや》、興亞勤勞報國朝鮮部隊員《こうあきんらうはうこくてうせんぶたいゐん》たりし者等《ものなど》、多數《たすう》の中堅青年達《ちうけんせいねんたち》は、一度其《たびそ》の郷里《きやうり》に歸《かへ》るや、直《たゞ》ちに聯盟推進隊員《れんめいすゐしんたいゐん》として、文字《もじ》通《どほ》り精動運動《せいどううんどう》の挺進隊《ていしんたい》として猛烈《まうれつ》な活躍《くわつやく》をなしてゐる。

とゝに吾々《われ〳〵》は國民《こくみん》の組織《そしき》を、しかも總組織《そうそしき》を持《も》つに至《いた》つた。實《じつ》に朝鮮《てうせん》に於《お》ける皇國臣民化運動《くわうこくしんみんくわうんどう》はとの精動朝鮮聯盟《せいどうてうせんれんめい》の實踐綱《じつせんまう》たる愛國班《あいこくはん》を通《つう》じて、內鮮一體《ないせんたい》、皇國臣民化《くわうこくしんみんくわ》、時局對應《じきよくたいおう》のあらゆる實踐運動《じつせんうんどう》が展開《てんかい》され、重大時局下《ぢうだいじきよくか》の國民總訓練《こくみんそうくんれん》の號令《がうれい》がかけられ、而《しか》も大綱的指令《たいかうてきしれい》にもとづき、時々刻々《じゞこく》愛國班《あいこくはん》の彈力性《だんりよくせい》ある自律的實踐活動《じりつてきじつせんくわつどう》は展開《てんかい》され、生成發展《せいせいはつてん》、孜々として興亞《こうあ》の大道《だいだう》を驀進《はくしん》してゐるのである。

國民總組織《こくみんそうそしき》の次《つぎ》に來《く》るものは、國民總訓練《こくみんそうくんれん》である。今とゝに聖戰第三周年《せいせんだいしうねん》を迎《むか》へ、半島民衆《はんたうみんしう》は國民總訓練《こくみんそうくんれん》の大標語《だいへうご》をかゝげ、總組織《そうそしき》の一層《そう》の深化《しんくわ》と並行《へいかう》し、總訓練《そうくんれん》への新《あら》たなる出發《しゆつぱつ》に到達《たうたつ》した。朝鮮精動《てうせんせいどう》の成果《せいくわ》は、半島皇國臣民化運動《はんたうくわうこくしんみんくわうんどう》の鍵《かぎ》を握《にぎ》るもので、其《そ》の負荷《ふか》せられたる責任《せきにん》は、極《きは》めて重《ぢう》大《だい》であるといはなければならない。

一方《はう》、總督府《そうとくふ》に於《おい》ても前述《ぜんじゆつ》の朝鮮教育令《てうせんけういくれい》の改正《かいせい》、陸軍特別志願兵制度《りくぐんとくべつしぐわんへいせいど》の施行《しかう》、朝鮮《てうせん》民事《みんじ》令《れい》の改正等《かいせいとう》々をはじめ、内鮮《ないせん》一體《たい》の聖《せい》地《ち》百濟《クダラ》の古城扶餘《こじやうふよ》には、中堅青年修練所《ちうけんせいねんしうれんじよ》を設《まう》け、京城《けいじやう》には全鮮小學校教職員《ぜんせんせうがくかうけうしよくゐん》の再教育《さいけういく》道場《だうぢやう》たる教學研修所《けうがくけんしうじよ》を設《まう》けるなど、施設《しせつ》の強化《きやうくわ》は、實《じつ》にこの皇國臣民化《くわうこくしんみんくわ》の一線《せん》に沿《そ》ふて進《すゝ》められてゐるのである。

歴史的《れきしてき》に牢固《らうこ》たる牙城《がじやう》を死守《ししゆ》しつゝあつた半島基督教徒《はんたうキリストけうと》の日本的轉廻《につぽんてきてんくわい》をはじめ、時《じ》代《だい》の大濤《たいたう》に意氣《いき》振《ふる》はざりし半島儒教徒《はんたうじゆけうと》の日《につ》本的《ほんてき》自覺《じかく》に基《もとづ》ける奮起《ふんき》とその結果《けつくわ》生《うま》れたる全鮮儒道聯合會《ぜんせんじゆだうれんがふくわい》の時局的登場等《じきよくてきとうぢやうとう》、半島民衆《はんたうみんしう》の間《あひだ》に漲《みなぎ》る皇國臣民化運動《くわうこくしんみんくわうんどう》の擴《ひろ》がりと深《ふか》さは其際限《そのさいげん》を知《し》らぬ處《ところ》である。

そも〳〵内鮮《ないせん》一體《たい》の理念《りねん》こそ、道義的《だうぎてき》なる東亞新秩序建設《とうあしんちつじよけんせつ》の核心《かくしん》をなすものであつて、我國《わがくに》にこれあが故《ゆゑ》るに、滿洲國《まんしうこく》と兄弟《きやうだい》となり新支那《しんしな》と提携《ていけい》するに至《いた》る所以《ゆゑん》ともなるものである。世界《せかい》に類例《るゐれい》なき朝鮮《てうせん》の道義《だうぎ》的統治《てきとうぢ》がこゝに嚴存《げんそん》するのである。内鮮《ないせん》一體《たい》は、神代《かみよ》より今日《こんにち》に至《いた》るまでの史實《しじつ》の立《りつ》證《しよう》に待《ま》つまでもなく、南總督《みなみそうとく》の謂《い》はれたるが如《ごと》く、内鮮《ないせん》一體《たい》は、相互《さうご》に手《て》を握《にぎ》るとか、形《かたち》が融合《ゆうがふ》するとか、そんな生溫《なまぬる》いものではない。手《て》を握《にぎ》るものは離《はな》せば又《また》別《わか》れる、水《みづ》と油《あぶら》も無理《むり》に攪《か》き混《ま》ぜれば融合《ゆうがふ》した形《かたち》になる、そんなことではいけない。形《かたち》も心《こゝろ》も血《ち》も肉《にく》も悉《ことごと》くが一體《たい》にならなければならない。これが内鮮《ないせん》一體《たい》の理念《りねん》である。

凡《およ》そ大事業《だいじげふ》にして困難《こんなん》と障害《しやうがい》の伴《ともな》はないものはない。内鮮《ないせん》一體具現《たいぐげん》のためには、如《い》何《か》なる困難《こんなん》、如何《いか》なる支障《ししやう》があらうとも、これを克服排除《こくふくはいぢよ》して行《ゆ》かねばならない。眞劍《しんけん》であり必死《ひつし》でなければならない。

今《いま》や朝鮮《てうせん》に於《お》ける皇國臣民化運動《くわうこくしんみんくわうんどう》は、官《くわん》公私《こうし》の別《べつ》なく、政治經濟《せいぢけいざい》は勿論《もちろん》、報道《はうだう》、藝《げい》術《じゆつ》、宗教等《しうけうとう》あらゆる方面《はうめん》、あらゆる角度《かくど》から活潑《くわつぱつ》に推進《すゐしん》され半島人《はんたうじん》の熱烈《ねつれつ》なる自覺《じかく》と内地人諸君《ないちじんしよくん》の深《ふか》き反省《はんせい》と相俟《あひま》つて、大陸《たいりく》に於《お》ける皇道宣揚《くわうだうせんやう》の推進勢力《すゐしんせいりよく》として、將《はた》、現《げん》在《ざい》及次《およびつぎ》の重大時局《ぢうだいじきよく》に對處《たいしよ》すべき物心兩面《ぶつしんりやうめん》に於《お》ける大陸兵站基地《たいりくへいたんきち》たるの使命《しめい》に精進《しやうじん》するの動力《どうりよく》ともなつてゐる。

この稿《かう》を終《をは》るに當《あた》り、私《わたし》はいま朝鮮《てうせん》の都《と》鄙《ひ》を通《つう》じ老幼男女《らうえうだんぢよ》を問《と》はず、如何《いか》なる場合《ばあひ》に於《おい》ても、殆《ほと》んど凡《すべ》ての會議《くわいぎ》、會合《くわいがふ》、集《しふ》會《くわい》、或《あるひ》は毎朝學校《まいあさがくかう》の朝會等《てうくわいとう》に於《おい》て、全民《ぜんみん》衆《しう》、全愛國班員《ぜんあいこくはんゐん》に愛誦《あいしよう》されつゝある「皇國《くわうこく》臣民《しんみん》の誓詞《せいし》」を御紹介《ごせうかい》して擱筆《かくひつ》したいと思《おも》ふ。

皇國臣民《くわうこくしんみん》ノ誓詞《せいし》

一、我等《われら》ハ皇國臣民《くわうこくしんみん》ナリ忠誠《ちうせい》以《もつ》テ君國《くんこく》ニ報《はう》ゼン

二、我等《われら》皇國臣民《くわうこくしんみん》ハ互《たがひ》ニ信愛協力《しんあいけふりよく》シ以《もつ》テ團結《だんけつ》ヲ固《かた》クセン

三、我等《われら》皇國臣民《くわうこくしんみん》ハ忍苦鍛錬力《にんくたんれんちから》ヲ養《やしな》ヒ以《もつ》テ皇道《くわうだう》ヲ宣揚《せんやう》セン

朝鮮行進曲

歌詞懸賞大募集

第二次朝鮮版刊行記念事業の一つとして、朝鮮總督府の絶大なる協賛の下に、本社は、此處に力强き躍進朝鮮を象徴する「朝鮮行進曲」の歌詞を宏く天下に募集致します。

步武堂々として興亞建設の國家的大使命に邁進する近代朝鮮の輝かしき姿を、高らかに歌ふ新愛國行進曲とも言ふべき明朗健全な歌詞を選定し内鮮一體の步調を彌が上にも高揚して、朝鮮版刊行の最も意義ある記念塔を永久に樹立致し度いと存じます。

愛讀者諸子の熱誠なる御聲援を得て、天下を風靡する素晴しき「朝鮮行進曲」の誕生を期して居ります。

下記應募規定を御參照の上、決定的優秀歌詞を續々と御寄せ下さい。

應募規定

一、歌詞ハ隨意ナルモ平易ニシテ誰ニモ解リ易ク歌ヒ易キモノ
二、一篇五節以內ノコト。(一人デ一篇以上應募スルモ差障ナシ。當選歌詞ノ版權ハ本社ニ屬ス)
三、應募〆切 昭和十五年九月十日
四、宛名 東京市麴町區內幸町大阪ビル モダン日本社「朝鮮行進曲」懸賞募集係
五、發表 昭和十五年度秋モダン日本第三次朝鮮版誌上
六、賞金
一等一名 賞金五百圓
二等一名 賞金五十圓
選外佳作二名 賞金二十圓宛

銓衡 朝鮮行進曲審査委員會

賞金一等五百圓贈呈

朝鮮産業界の將來

朝鮮銀行總裁 松原純一

最近《さいきん》或《あ》る地質學者《ちしつがくしや》は、朝鮮半島《てうせんはんたう》を正《まさ》に跳《は》ねんとする兎《うさぎ》の姿勢《しせい》に擬《ぎ》してゐると聽《き》くが、地《ち》質《しつ》なり地形《ちけい》なりをよく觀《み》ると、成程《なるほど》といふ感《かん》がする。との地形上《ちけいじやう》の比喩《ひゆ》は、經濟上《けいざいじやう》にも當《あて》嵌《は》まるものであつて、それは最近《さいきん》の經濟的躍《けいざいてきやく》進《しん》を適切《てきせつ》に云《い》ひ表《あら》はすものといふことが出來《でき》る。

朝鮮《てうせん》は今年《ことし》が丁度《ちやうど》施政《しせい》三十年《ねん》にあたり物心《ぶつしん》兩面《りやうめん》に於《おい》て內鮮《ないせん》一體《たい》が完成《くわんせい》せられつつあつてあらゆる點《てん》に於《おい》て內地《ないち》と殆《ほとん》ど變《かは》りがない。家《いへ》とか衣服《いふく》とかは永年《ながねん》の歷史的發達《れきしてきはつたつ》の結果《けつくわ》として、朝鮮的《てうせんてき》カラーを表《あら》はしてゐるが、產業《さんげふ》、文化等社會各般《ぶんくわとうしやくわいかくはん》の狀況《じやうきやう》は、多小內地《たせうないち》と進步《しんぽ》の度合《どあひ》は異《こと》るが構成狀態《こうせいじやうたい》は略同樣《ほゞどうやう》である。現在《げんざい》の朝鮮《てうせん》の經濟狀況《けいざいじやうきやう》を種々《しゆじゆ》の經濟指標《けいざいしへう》(詰《つま》り生《せい》產額《さんがく》、貿易額《ぼうえきがく》、豫算《よさん》、金融機關《きんゆうきくわん》の預金《よきん》、貸出《かしだし》等《とう》と云《い》つたもの)から綜合《そうがふ》して內地《ないち》と比較《ひかく》してみると、大體大正《だいたいたいしやう》二、三年頃《ねんごろ》の內地《ないち》と略同《ほゞどう》程度《ていど》にあるやうだ。然《しか》し現在《げんざい》の朝鮮《てうせん》は第《だい》一次《じ》歐洲大戰前《おうしうたいせんまへ》に內地《ないち》に於《おい》て見《み》られなかつたやうな近代的大規《きんだいてきだいき》模《ぼ》工場《こうぢやう》があるとか、產業技術《さんげふぎじゆつ》水《すゐ》準《じゆん》が或部《あるぶ》分《ぶん》に於《おい》ては今日《こんにち》の內地《ないち》と同《どう》一水準《すゐじゆん》にあるといつたことから、實質的內容《じつしつてきないよう》に於《おい》ては大正《たいしやう》二、三年頃《ねんごろ》の內地《ないち》に勝《まさ》るものがあるととは注意《ちうい》を要《えう》する。

朝鮮《てうせん》の產業《さんげふ》は抱擁《はうよう》する人口《じんこう》の構成《こうせい》、生產額《せいさんがく》の觀點《くわんてん》より眺《なが》めると、中樞《ちうすう》は農業《のうげふ》におかれ、從《したが》つて今猶農業地《いまなほのうげふち》域《ゐき》の段階《だんかい》を脫却《だつきやく》してゐないが、他面《ためん》そこに將來《しやうらい》の伸展性《しんてんせい》が潛在《せんざい》すると思《おも》ふ。先《ま》づ職業別人口《しよくげふべつじんこう》を觀《み》る。

朝鮮職業別人口《てうせんしよくげふべつじんこう》(昭和《せうわ》十二年末《ねんまつ》)

	總數	內地人	朝鮮人	外國人
農林及牧畜業	一六、六五一、九六三	三五、二三三	一六、六〇六、六三四	一〇、一〇六
漁業及製鹽業	三三八、二六四	九、三四八	三二八、八九二	二四
工　　　業	七六五、三五五	九八、六三四	六五八、七三四	七、九八七
商業及交通業	一、七一五、八四三	一七七、七五九	一、五二四、五三五	一三、五四九
公務及自由業	九四六、六二三	二六〇、五六六	六八四、二八三	一、七七四
其　　　他	一、五五二、三四〇	二四、一八二	一、五一八、八二一	九、三三七
申告せざる者	三九五、〇三七	二三、八〇〇	三七〇、九八六	二五一
合　　　計	二二、三五五、四八五	六二九、五一二	二一、六八二、八五五	四三、一一八

かやうに農林及牧畜業《のうりんおよびぼくちくげふ》に從事《じうじ》する人口《じんこう》は全《ぜん》人口《じんこう》の壓倒的部《あつたうてきぶ》分《ぶん》を占《し》め、近代的産業《きんだいてきさんげふ》たる工《こう》業等《げふとう》に從事《じうじ》する者《もの》は小部分《せうぶぶん》に過《す》ぎない。これは近代産業《きんだいさんげふ》の未發達《みはつたつ》を證《しよう》するものであるが、反面《はんめん》に於《おい》て農村《のうそん》の人的資源供出力《じんてきしげんきようしゆつりよく》は豐富《ほうふ》であつて、これは將來《しやうらい》に於《お》ける近代産業《きんだいさんげふ》の發達餘《はつたつよ》地《ち》を内包《ないはう》するものと謂《い》ふことが出來《でき》る。最近《さいきん》内地《ないち》に於《おい》ては勞働力《らうどうりよく》の不足《ふそく》が叫《さけ》ばれてゐるが朝鮮《てうせん》が如何《いか》に勞働力《らうどうりよく》の補給地《ほきふち》として寄與貢獻《きよこうけん》してゐるかは周知《しうち》の通《とほ》りである。而《しか》して當面《たうめん》の必要《ひつえう》を重視《ぢうし》し、朝鮮《てうせん》は内地《ないち》に勞働力《らうどうりよく》の供出《きようしゆつ》を行《おこな》つてゐるが、元來《ぐわんらい》ならば多《おほ》くの場合勞働《ばあひらうどう》力《りよく》の豐富《ほうふ》なことは企業條件《きげふでうけん》の有利《いうり》を齎《もたら》すとして、農村人口《のうそんじんこう》の豐富《ほうふ》といふ一事《じ》は今後《こんご》鮮内《せんない》産業《さんげふ》の發展《はつてん》を豫約《よやく》するものである。即《すなは》ち、原《げん》始産業中心《しさんげふちうしん》の人口構成《じんこうこうせい》は、人的資源《じんてきしげん》の觀點《くわんてん》から近代産業發達《きんだいさんげふはつたつ》の向望性《かうはうせい》を證《しよう》するものであつて所謂工業立地《いはゆるこうげふりつち》の主要々因《しゆえうよういん》である勞力《らうりよく》の條件《でうけん》に極《きは》めて優越性《いうゑつせい》を有《も》つものである。このことを特《とく》に强調《きやうてう》して朝鮮産業《てうせんさんげふ》の將來《しやうらい》を判斷《はんだん》する一示唆《しさ》としたい。

人口構成《じんこうこうせい》から觀《み》ると朝鮮《てうせん》は農業中心《のうげふちうしん》であり然《しか》もその主要作物《しゆえうさくもつ》は米穀生産《べいこくせいさん》におかれ、このことから朝鮮《てうせん》は單《たん》一産業地域《さんげふちゐき》（モノクルリール）と看做《みな》されるが、この米穀農業《べいこくのうげふ》の發展《はつてん》は、大正《たいしやう》七、八年頃《ねんごろ》に現在以上《げんざいいじやう》に痛感《つうかん》された帝國《ていこく》食糧問題《しよくりやうもんだい》の解決《かいけつ》の爲《ため》に、積極的《せききよくてき》に米穀增産《べいこくぞうさん》を强行《きやうかう》した結果《けつくわ》であつて、朝鮮《てうせん》が他《た》の産業立地《さんげふりつち》に不適《ふてき》といふ自然的《しぜんてき》なものでない。勿論産業《もちろんさんげふ》の發達《はつたつ》には段階《だんかい》を必要《ひつえう》とし、原始産業《げんしさんげふ》を一定《てい》水準迄成熟《すゐじゆんまでせいじゆく》せしむることが必要《ひつえう》であるが、過《くわ》去《こ》の朝鮮《てうせん》は米穀農業《べいこくのうげふ》の發達《はつたつ》に主力《しゆりよく》を注《そゝ》ぎ、近《きん》代産業《だいさんげふ》の建設《けんせつ》は消極的《せうきよくてき》であつたことは否《いな》まれない。然《しか》るに昭和年代《せうわねんだい》の初期《しよき》より内鮮農業《ないせんのうげふ》の對立問題《たいりつもんだい》が惹起《じやくき》し、朝鮮《てうせん》は米穀農業《べいこくのうげふ》のみに依《い》存《そん》することは許《ゆる》されなくなつて、必然的《ひつぜんてき》に近《きん》代産業《だいさんげふ》の建設《けんせつ》に留意《りうい》せねばならなくなつた。かかる時《とき》に、從來朝鮮《じうらいてうせん》では大規模《だいきぼ》な水力發電《すゐりよくはつでん》は不可能《ふかのう》とされてゐたに拘《かゝは》らず、特殊《とくしゆ》な發電《はつでん》技術《ぎじゆつ》（流域變更發電方式及堰堤式發電方式《りうゐきへんかうはつでんはうしきおよびえんていしきはつでんはうしき》）が發明《はつめい》され、極《きは》めて大規模《だいきぼ》且《か》つ集中的《しふちうてき》な水力電《すゐりよくでん》氣《き》が起《おこ》つた。即《すなは》ち、朝鮮窒素株式會社《てうせんちつそかぶしきくわいしや》に依《よ》る赴戰江《ふせんかう》の水力發電《すゐりよくはつでん》と、それと結《むす》び付《つ》いた空中《くうちう》窒素工業《ちつそこうげふ》の出現《しゆつげん》がこれである。電力《でんりよく》が近代産《きんだいさん》業《げふ》の母《はゝ》であることは申《まを》すまでもないが、多量《たりやう》な水力電氣《すゐりよくでんき》の供給《きようきふ》を可能《かのう》とし、最進歩《さいしんぽ》せる技《ぎ》術《じゆつ》を以《もつ》てする大規模《だいきぼ》な近代工場《きんだいこうぢやう》が北鮮《ほくせん》の一角《かく》に忽然《こつぜん》と表《あら》はれたことは、米穀農業《べいこくのうげふ》を中樞《ちうすう》とする朝鮮《てうせん》の産業體制《さんげふたいせい》に革命的變革《かくめいてきへんかく》を與《あた》へずには措《お》かない。そこから工業《こうげふ》の朝鮮《てうせん》がスタートしたのであつた。今《いま》、各種生産高《かくしゆせいさんだか》の推移《すゐい》を眺《なが》めやう。

（單位千圓）

	昭和六年	%	同　十年	%	同十一年	%	同十二年	%	同十三年	%
農産物	七〇三、八五五	六四	一、一五一、〇四七	五五	一、一〇八、九一二	五〇	一、五四一、二六六	五三	一、五七五、七八七	五一
林産物	五九、四二三	五	一二四、〇〇五	六	一一八、〇六四	五	一三六、七一〇	五	一五六、七五〇	五
水産物	七七、五六三	七	一三三、八八〇	六	一六四、〇〇三	七	一八七、九五三	六	一八九、八二四	六
鑛山物	二一、七四一	二	八八、〇三九	四	一一〇、四三九	五	一一〇、四三九	四	發表セズ	
工産物	二五三、九二四	二三	六〇七、四七六	二九	七三〇、八〇六	三三	九九九、三〇八	三四	一、一四〇、一一八	三七
合　計	一、一一四、四九五	一〇〇	二、〇九四、四四七	一〇〇	二、二三三、三一三	一〇〇	二、九二七、七六六	一〇〇	三、〇六三、四七九	一〇〇

生産額《せいさんがく》に於《おい》ては農《のう》産物《さんぶつ》は依然筆頭《いぜんひつとう》にあるが、增加率《ぞうかりつ》は農産《のうさん》物《ぶつ》が最《もつと》も緩漫《くわんまん》である。これに反《はん》し、工《こう》産物《さんぶつ》はその生産額《せいさんがく》は農産物《のうさんぶつ》に接近《せつきん》しつつあると共《とも》に、鑛産物《くわうさんぶつ》、水産物《すゐさんぶつ》と相俟《あひま》つてその增加《ぞうか》率《りつ》は顯著《けんちよ》なものがある。而《しか》して近代産業《きんだいさんげふ》の生《せい》産力擴充《さんりよくかくじゆう》特《とく》に支那事變《しなじへん》後《ご》のそれが本格的《ほんかくてき》に着

手《しゆ》せられたのは、昭和《せうわ》十三年以降《ねんいかう》のことであるから、それに依《よ》る實績《じつせき》は右《みぎ》の統計《とうけい》に表《あら》はれるに至《いた》つてゐない。昨年《さくねん》は米穀《べいこく》の大減收《だいげんしう》を考《かう》慮《りよ》に入《い》れると、各種産業生産高《かくしゆさんげふせいさんだか》に於《お》て、恐《おそ》らく工業《こうげふ》は筆頭《ひつとう》に上《のぼ》り、農業《のうげふ》は第《だい》二位《ゐ》に低下《ていか》したのではないかと推定《すゐてい》される。

かやうに朝鮮産業《てうせんさんげふ》が急激《きふげき》に工《こう》、鑛業《くわうげふ》を中心《ちうしん》として發達《はつたつ》するに至《いた》つたのは、よく云《い》はれることであるが、前述《ぜんじゆつ》した樣《やう》に勞力《らうりよく》の豐富《ほうふ》なると各種資源《かくしゆしげん》亦《また》多彩《たさい》豐富《ほうふ》に賦存《ふそん》し殊《こと》に水力電源《すゐりよくでんげん》が豐富《ほうふ》なることに基因《きいん》する。然《しか》しこれ等資源《らしげん》も急《きふ》に發見《はつけん》されたものではなく、既《すで》に古《ふる》くより指摘《してき》された所《ところ》のものである。從《したが》つて有用資源《いうようしげん》として登場《とうぢやう》し來《きた》つたのには、他《た》に新《あら》たな要《えう》因《いん》がなければならぬ。それは外《ほか》でもなく滿洲《まんしう》建國後《けんこくご》に於《お》ける内地《ないち》識者《しきしや》の朝鮮再認識《てうせんさいにんしき》、昭和《せうわ》六年末《ねんまつ》の金輸再禁止後《きんゆさいきんしご》に於《お》ける内地《ないち》の資本《しほん》の輸移餘力《ゆいよりよく》の增大《ぞうだい》、それと因果關係《いんぐわくわんけい》を保《たも》つ技術《ぎじゆつ》の發達《はつたつ》とその朝鮮《てうせん》への移入等《いにふとう》を外來的要素《ぐわいらいてきえうそ》として擧《あ》げ得《う》るが、内面的《ないめんてき》なものとしては、重《ぢう》農政策《のうせいさく》を農工併進政策《のうこうへいしんせいさく》に轉換《てんくわん》し、近代工業《きんだいこうげふ》の建設《けんせつ》を積極化《せききよくくわ》するに至《いた》つたこと、地方官民《ちはうくわんみん》が工業《こうげふ》の振興《しんこう》に熱意《ねつい》を有《いう》し工場誘致《こうぢやういうち》に努力《どりよく》するに至《いた》つたこと、又《また》は、滿洲北支《まんしうほくし》等《とう》との交通《かうつう》が至便《しべん》となり、然《しか》も滿洲《まんしう》、北支《ほくし》の物資需要大《ぶつしじゆえうだい》なるものがあつて、朝鮮《てうせん》はその兄貴分《あにきぶん》の立場《たちば》から鮮内《せんない》を市場《しぢやう》とするのみならず、滿洲《まんしう》、支那《しな》の圓《えん》ブロックを輸出市場《ゆしゆつしぢやう》とし得《え》らるるに至《いた》つたこと等《とう》が擧《あ》げ得《う》るであらう。これを一言《げん》にして云《い》ふと朝鮮周邊《てうせんしうへん》に於《お》ける政治經濟的變化《せいぢけいざいてきへんくわ》と自給自足《じきふじそく》を基調《きてう》とする國內資源《こくないしげん》の開發方策《かいはつはうさく》とが、我國技術《わがくにぎじゆつ》の進歩《しんぽ》と相俟《あひま》つて、永《なが》く潛在《せんざい》を餘儀《よぎ》なくしてゐた鮮內《せんない》の物的及人的資源《ぶつてきおよびじんてきしげん》に光明《くわうみやう》を與《あた》ふるに至《いた》り、以《もつ》て朝鮮《てうせん》に近代産業《きんだいさんげふ》の急激《きふげき》なる勃興《ぼつこう》を齎《もたら》したのである。

周知《しうち》の通《とほ》り、朝鮮《てうせん》は永《なが》く農産及原料品《のうさんおよびげんれうひん》を内《ない》地《ち》に移出《いしゆつ》し、工業製品《こうげふせいひん》を移入《いにふ》する經濟的立場《けいざいてきたちば》におかれてゐた。現在《げんざい》に於《お》てもその傾《かたむ》きはないでもないが、近代産業《きんだいさんげふ》の發達《はつたつ》は貿易構成《ぼうえきこうせい》に變化《へんくわ》を與《あた》へ、完製品《くわんせいひん》の移入《いにふ》は減少《げんせう》しつゝあつて、最近《さいきん》の著《いちじる》しき移入超過《いにふてうくわ》の原因《げんいん》は、建設《けんせつ》及生産材《およびせいさんざい》の移入激增《いにふげきぞう》に負《お》つてゐる。このことは農工併進政策《のうこうへいしんせいさく》が漸々と効《かう》を奏《そう》してゐることを語《かた》るに外《ほか》ならないが、最近朝鮮《さいきんてうせん》は帝國《ていこく》の大《たい》陸兵站基地《りくへいたんきち》たるの使命《しめい》を有《も》つと謂《い》はれ、その完成《くわんせい》に努力《どりよく》してゐるが故《ゆゑ》に、今後《こんご》の産業發達《さんげふはつたつ》は期《き》して俟《ま》つべきものであることは言《げん》を俟《ま》たない。而《しか》して朝鮮《てうせん》は、今次事變《こんじじへん》以來《らい》生産力擴充《せいさんりよくかくじう》に努《つと》めてゐるが、その計畫《けいくわく》は企畫院立案《きくわくゐんりつあん》の生《せい》産力擴充計畫《さんりよくかくじうけいくわく》に含《ふく》まれており、朝鮮《てうせん》の分擔《ぶんたん》する品目《ひんもく》は、例《れい》の十五品目《ひんもく》の中《うち》二品目《ひんもく》を除《のぞ》く十三品目《ひんもく》を、大《だい》なり小《せう》なり擔當《たんたう》してゐるのである。これ等《ら》生擴品目《せいくわくひんもく》の昨年《さくねん》の實績《じつせき》は公表《こうへう》されないが、地域的《ちゐきてき》にみて、計畫《けいくわく》に最《もつと》も接近《せつきん》した良好《りやうかう》の成績《せいせき》を收《をさ》めたのは朝鮮《てうせん》であると謂《い》はれてゐる。以《もつ》て近代産業《きんだいさんげふ》の建設《けんせつ》が進捗《しんちよく》してゐることが窺《うかゞ》へやう。

申《まを》すまでもなく、物資《ぶつし》、資金《しきん》、勞力《らうりよく》の關係《くわんけい》よりして、生擴計畫《せいくわくけいくわく》は重點主義《ぢうてんしゆぎ》を以《もつ》て進《すゝ》む方《はう》針《しん》にある。この重點主義《ぢうてんしゆぎ》は産業別《さんげふべつ》に比重《ひぢう》を勘《かん》案《あん》すると共《とも》に、地域的《ちゐきてき》にも適用《てきよう》されねばならない。即《すなは》ち、經濟的効果《けいざいてきかうくわ》と國防的觀點等《こくばうてきくわんてんとう》を綜《そう》合《がふ》して、當面最《たうめんもつと》も必要《ひつえう》な産業《さんげふ》の生産擴充《せいさんくわくじう》に主《しゆ》力《りよく》を注《そゝ》ぐと同時《どうじ》に、最《もつと》も立地條件《りつちでうけん》に適《てき》する地《ち》域《ゐき》に効率的《かうりつてき》な産業建設《さんげふけんせつ》を行《おこな》ふことになつてゐる。後者《こうしや》の地域的重點主義《ちゐきてきぢうてんしゆぎ》は、内外地《ないぐわいち》の産業《さんげふ》配置《はいち》をどう規定《きてい》するかといふブロック論《ろん》の根《こん》本命題《ぽんめいだい》であるが、それは國防的要素《こくばうてきえうそ》を加味《かみ》した適地適業《てきちてきげふ》の見地《けんち》から調整《てうせい》すべきものである。然《しか》るに朝鮮《てうせん》は大陸前進兵站基地《たいりくぜんしんへいたんきち》たるの地《ち》位《ゐ》が確認《かくにん》されてゐることからして、地域的重《ちゐきてきぢう》點主義《てんしゆぎ》に於《おい》ては極《きは》めて重視《ぢうし》される立場《たちば》に在《あ》ると共《とも》に、又《また》、生擴計畫《せいくわくけいくわく》の實績《じつせき》が示《しめ》すやうに、最効率的《さいかうりつてき》な地域《ちゐき》であると看做《みな》される。從《したが》つて地域的重點主義《ちゐきてきぢうてんしゆぎ》を押進《おしすゝ》めることは、朝鮮《てうせん》の産《さん》業建設《げふけんせつ》に拍車《はくしや》を入《い》れることを意味《いみ》する。

朝鮮《てうせん》の生擴目標《せいくわくもくへう》は所謂計畫産業《いはゆるけいくわくさんげふ》（十五品目《ひんもく》）の朝鮮分擔産業《てうせんぶんたんさんげふ》たる十三品目《ひんもく》の擴充《くわくじう》に集中《しふちう》することは當然《たうぜん》であるが、現下《げんか》の米穀事情及外《べいこくじじやうおよびぐわい》貨獲得《くわくとく》の肝要《かんえう》なることに鑑《かんが》み、産米增産《さんまいぞうさん》と輸《ゆ》出産業《しゆつさんげふ》の伸展《しんてん》に努力《どりよく》しなくてはならない。前《ぜん》者《しや》は産米增殖計畫《さんまいぞうしよくけいくわく》の復活《ふくくわつ》、後者《こうしや》は輸出水産品《ゆしゆつすゐさんひん》の生産增《せいさんぞう》に力點《りきてん》をおいてゐる所《ところ》である。

卽《すなは》ち、朝鮮産業《てうせんさんげふ》の將來《しやうらい》は對外的《たいぐわいてき》には大陸兵《たいりくへい》站基地《たんきち》、對内的《たいないてき》には農工併進政策《のうこうへいしんせいさく》の當然《たうぜん》として、産業《さんげふ》の全面的振興《ぜんめんてきしんこう》を狙《ねら》つて居《ゐ》るのであつて、然《しか》もそれは徐々《じよく》に効果《かうくわ》を擧《あ》げてゐるのである。

然《しか》し前掲《ぜんけい》の各種産業生産高《かくしゆさんげふせいさんだか》に觀《み》られるやうに、内地《ないち》に比較《ひかく》して近代産業《きんだいさんげふ》の發達程度《はつたつていど》は未《いま》だ低《ひく》い。内地《ないち》は全産業生産高《ぜんさんげふせいさんだか》に於《おい》て工業《こうげふ》は七割内外《わりないぐわい》を占《し》めてゐるに反《はん》し、朝鮮《てうせん》は漸《やうや》く三割《わり》七分《ぶ》に止《とゞ》まり、殊《こと》に工業生産額《こうげふせいさんがく》を内地《ないち》に比《ひ》較《かく》すると五分《ぶ》七厘《りん》にしか當《あた》つてゐない（十三年内地工産高《ねんないちこうさんだか》百九十七億圓《おくゑん》、朝鮮《てうせん》十一億《おく》四千萬圓《まんゑん》）從《したが》つて産業建設上最《さんげふけんせつじやうもつと》も大《おほ》きな比重《ひぢう》を認《みと》め、且《か》つ力《ちから》を入《い》れるのは工《こう》、鑛業方面《くわうげふはうめん》にあることは當《たう》然《ぜん》である。然《しか》もことには多《おほ》く觸《ふ》れないが、人的《じんてき》、物《ぶつ》的資源《てきしげん》、地理《ちり》、氣《き》候等《こうとう》の企《き》業上《げふじやう》の立《りつ》地條件《ちでうけん》に於《おい》て、工《こう》、鑛業《くわうげふ》は飛躍的振興《ひやくてきしんこう》を可能《かのう》とする情勢《じやうせい》にあり、就中《なかんづく》、未開發水力電源《みかいはつすゐりよくでんげん》は四百萬《まん》キロ餘《よ》に上《のぼ》り、その建設費《けんせつひ》は内地《ないち》に比《ひ》し低廉《ていれん》と謂《い》はれ、又《また》、一ケ所《しよ》で十萬以上《まんいじやう》といふ集中的發電《しふちうてきはつでん》をなし得《う》るを以《もつ》て、背後地《はいごち》の地下資源《ちかしげん》と結《むす》び付《つ》いて重《ぢう》工業《こうげふ》の發達《はつたつ》は加速度的《かそくどてき》なものがあることは信《しん》じて疑《うたが》はない。これを基礎《きそ》に朝鮮《てうせん》は近《ちか》き將來《しやうらい》近代産業《きんだいさんげふ》の華《はな》を咲《さ》かしめ、内地《ないち》と一體《たい》化《くわ》して、我《わ》が國力《こくりよく》の伸展《しんてん》に寄與《きよ》するであらう。

京城の十日間

島木健作

どたぶんにもれず、私《わたし》も三十を越《こ》してからはじめて朝鮮《てうせん》の地《ち》を踏《ふ》んだものの一人《ひとり》である。私《わたし》が行《い》つたのは去年《きよねん》の三月《ぐわつ》の終《をは》りから四月《ぐわつ》のはじめにかけてだつた。虚子《きよし》の「朝鮮《てうせん》」といふ作品《さくひん》、木下杢太郎《きのしたもくたらう》氏、安倍能成《あべよしなり》氏などの文章《ぶんしやう》、東京《とうきやう》で知《し》り合《あ》つた二三の朝鮮人《てうせんじん》の友《とも》だちの話《はなし》、まだ見《み》ぬ朝鮮《てうせん》はそれらを通《とほ》して、私《わたし》の心《こゝろ》に呼《よ》びかけてゐたのだつた。

佛國寺《ぶつこくじ》、慶州《けいしう》を見《み》てから、夕方《ゆふがた》の汽車《きしや》に乘《の》つて、翌朝《よくあさ》九時《じ》頃京城《ころけいじやう》に着《つ》いた。汽車《きしや》は四十分《ぷん》もおくれたが、鐵道《てつだう》の人《ひと》はあたりまへのことのやうに、一言《こと》もそれについて言《い》はうとはしない。さういふところにもちがつた土地《とち》へ來《き》たといふ感《かん》じを持《も》つた。夜汽車《よぎしや》だつたので、沿道《えんだう》の景色《けしき》を見《み》ることが出來《でき》なかつたのは殘念《ざんねん》だつた。

前《まへ》もつてどこにも宿《やど》をとるといふことをしてゐなかつた私《わたし》は、朝鮮宿《てうせんやど》にとまつてみようと思《おも》つて、出迎《でむか》へてくれた人《ひと》に相談《さうだん》してみたが、今《いま》は中等學校《ちうとうがくかう》の受驗《じゆけん》で、地方《ちはう》からの上京者《じやうきやうしや》でどこも滿員《まんゐん》だらうといふことだつた。私《わたし》は話《はなし》に聞《き》いてゐた學校不足《がくかうぶそく》と受驗難《じゆけんなん》のことを思《おも》つた。〇〇ホテルに部屋《へや》があつて、そこに落《お》ち着《つ》いたが、このホテルは京城《けいじやう》でも一流《りう》のホテルなのだらうが、泊《とま》つてゐる客《きやく》のがさつなのと傍若無人《はうじやくぶじん》なのにはいささかおどろかされた。どてら姿《すがた》で食堂《しよくだう》へ出《で》て來《く》るのは見《み》よいものではないが、一方《ぱう》の足《あし》を一方《ぱう》の股《また》のところにのせて、はだけた毛脛《けずね》を手《て》で撫《な》でさすりながら、高談放言《かうだんはうげん》してゐるといふ風《ふう》である。爪楊枝《つまやうじ》を嚙《か》み折《を》つてはあたりにぺつと吐《は》いたりする。水洗便所《すゐせんべんじよ》の何《なん》たるかを知《し》らぬものがあるらしく、臭氣《しうき》の滿《み》ちてゐるところへあとからはいつて、人《ひと》の後始末《あとしまつ》をさせられたことも一度《ど》や二度《ど》ではなかつた。風呂場《ふろば》でもまたいろいろなことがあつた。友達《ともだち》が來《き》たので一緒《しよ》に鮨《すし》を食《く》ふところへ行《い》つたら、二人《ふたり》の紳士《しんし》連《つ》れが、僕《ぼく》が拂《はら》ふ、いやわしが拂《はら》ふといふことで爭《あらそ》つてゐたが、そのうちにたうとう一人《ひと》りの方《はう》が勝《かち》を制《せい》して、(全《まつた》く勝《かち》を制《せい》したといふ感《かん》じだつた)大《おほ》きな鰐皮財布《わにがはさいふ》を出《だ》しながら、「金《かね》のことならなんでも引《ひ》き受《う》けた」と勇《いさ》ましく言《い》つた時《とき》にはまつたく興《きよう》ざめした。

ある日《ひ》、眞夜中《まよなか》にけたたましくサイレンが鳴《な》り響《ひゞ》き、戶《と》をあけて見《み》ると廊下《らうか》は煙《けむり》でいつぱいだつた。火事《くわじ》だといふ聲《こゑ》を聞《き》く前《まへ》にトランクを下《さ》げて飛《と》び出《だ》し、エレベーターに乘《の》つたが、なかには寢卷《ねまき》に羽織《はおり》を引《ひ》つかけた、髮《かみ》の亂《みだ》れたあやしげな女《をんな》がゐて、土《つち》のやうな顏《かほ》をして男《をとこ》につかまつてふるへてゐた。

　朝鮮《てうせん》は鑛山熱《くわうざんねつ》がさかんで、このホテルにもさういふ方面《はうめん》の人々《ひとびと》が多《おほ》くとまつてゐるといふことだ。金《かね》も人《ひと》もしきりに動《うご》いてゐるのであらう。

　しかし京城《けいじやう》の町《まち》は美《うつく》しかつた。美《うつく》しいといふのはここでは歴史《れきし》ある町《まち》の雰圍氣《ふんゐき》をゆたかに持《も》つてゐるといふことと一つである。驛《えき》から宿《やど》の方《はう》へ自動車《じどうしや》を走《はし》らせたとき、物珍《ものめづ》らしさうに窓《まど》から外《そと》を見《み》てゐる眼《め》の前《まへ》に、見《み》る見《み》るその蒼古《さうこ》ともいふべき姿《すがた》をあらはして來《き》たのは南大門《なんだいもん》であつた。蔦《つた》かづらはむろんまだ青《あを》みかけてもゐなかつた。私《わたし》はある感動《かんどう》に胸《むね》がつまつた。はじめての、通《とほ》りすがりの旅客《りよかく》である私《わたし》でさへさうだ。東京《とうきやう》へなど遊學《いうがく》したこの國《くに》の青年《せいねん》が久《ひさ》しぶりに歸《かへ》つて來《き》た時《とき》、どのやうな感慨《かんがい》をもつてこの門《もん》の下《した》を通《とほ》るだらう。ところがこの南大門《なんだいもん》をどこへ移《うつ》すといふやうな聲《こゑ》が、かなりに有力《いうりよく》なものとしてあがつてゐるのださうだ。のちに私《わたし》は奉天《ほうてん》へ行《い》つて、あの城壁《じやうへき》をどうかするといふやうな話《はなし》も聞《き》いた。理由《りいう》はいつも金《かね》に關《くわん》してゐるのだらうし、有力者《いうりよくしや》といふのがどういふものであるかも大體推察《だいたいすゐさつ》はつくが、どこにもそんなのがゐるものである。

　ホテルの食堂《しよくだう》の窓《まど》の近《ちか》くに席《せき》を取《と》ると、徳壽宮《とくじゆぐう》の一廓《くわく》が近《ちか》く見下《みお》ろされた。京城《けいじやう》の町《まち》は上《うへ》から見下《みお》ろす時《とき》、非常《ひじやう》に好《この》ましい落《お》ち着《つ》きをもつてゐた。それは一つには屋根《やね》の瓦《かはら》の持《も》つ感《かん》じから來《き》てゐた。日本內地《につぽんないち》の町《まち》の、安《やす》つぽいトタン張《は》りの屋根《やね》を見慣《みな》れてゐる眼《め》には古《ふる》い朝鮮瓦《てうせんがはら》の持《も》つ味《あぢ》は格別《かくべつ》に好《この》ましかつた。春《はる》さきの京城《けいじやう》は、日《ひ》が照《て》りながら、午後《ごご》になると特《とく》にぼーつと霞《かす》んで見《み》えるやうなうすぐもりの日《ひ》がつづいた。そのうすぐもりの底《そこ》の方《はう》にくすんだ古瓦《ふるがはら》が層々《そうそう》と折《を》りたたまつてゐるのだつた。

　瓦《かはら》とはちがつた意味《いみ》で、――瓦《かはら》がくすんだ美《うつく》しさを添《そ》へてゐると言《い》へるなら、明《あか》るい、近代的《きんだいてき》な美《うつく》しさを添《そ》へてゐるものは朝鮮花崗岩《てうせんくわかうがん》だつた。花崗岩《くわかうがん》がゆたかであるといふことが朝鮮《てうせん》の文化《ぶんくわ》の上《うへ》に持《も》つ意義《いぎ》は大《おほ》きなものであらう。私《わたし》は、朝《てう》鮮民俗學會《せんみんぞくがくくわい》の宋錫夏氏《そうしやくかし》に連《つ》れられて、普成專門學校《ふせいせんもんがくかう》を訪《たづ》ねた。附屬圖書館長《ふぞくとしよくわんちやう》の孫晉泰氏《そんしんたいし》が長《なが》い時間《じかん》をかけてくまなく校《かう》內《ない》を案內《あんない》して下《くだ》すつた。この美《うつく》しい白《しろ》い建物《たてもの》は、背後《はいご》に山《やま》を負《お》ひ、前《まへ》に廣大《くわうだい》な敷地《しきち》を持《も》つて、新《あたら》しい朝鮮《てうせん》の將來《しやうらい》を物語《ものがた》るかのやうに建《た》つてゐた。この學校《がくかう》の建物《たてもの》はたしかに美《うつく》しかつた。すべての學校《がくかう》といふものがこのやうに美《うつく》しければ、學生《がくせい》たちはじつに幸福《かうふく》であらう。そしてこの建物《たてもの》を造《つく》つてゐる花《くわ》崗岩《かうがん》は、屋上《をくじやう》から見《み》るとすぐそこに見《み》える、裏《うら》の山《やま》から掘《ほ》り出《だ》したものの由《よし》である。

　私《わたし》はまた、毎日新報《まいにちしんぱう》の白鐵氏《はくてつし》に案內《あんない》されて、京城《けいじやう》から少《すこ》しはなれた新村《しんそん》に、梨花女子專門學校《りくわぢよしせんもんがくかう》を訪《たづ》ねた。梨花專門《りくわせんもん》の建《たて》物《もの》の美《うつく》しさと、その音樂堂《おんがくだう》の立派《りつぱ》といふことについては、いろいろな人《ひと》から聞《き》かされてゐた。私《わたし》は行《い》つて見《み》て、しかし普《ふ》成專門《せいせんもん》の方《はう》がいいと思《おも》つた。折角美《せつかくうつく》しい花崗岩《くわかうがん》を使《つか》ひながら、石《いし》と石《いし》とをつなぐコンクリートの線《せん》が黑《くろ》く、遠《とほ》くから見《み》ると龜《かめ》の甲《かう》のやうな模樣《もやう》になつてゐて、酷評《こくひやう》すれば安《やす》つぽい漆喰《しつくひ》かための感《かん》じで品《ひん》がよくない。屋根《やね》は綠《みどり》に塗《ぬ》つてある。

内部《ないぶ》も見《み》せてもらつた。家事科《かじくわ》、文科《ぶんくわ》、音樂科《おんがくくわ》。教室《けうしつ》など、綺麗《きれい》で、こぢんまりしてゐて、設備《せつび》はよくととのつてゐて、生徒《せいと》の机《つくゑ》の數《すう》は少《すくな》く、これなら一人《ひとり》々《く》々の手《て》を取《と》つて敎《をし》へられるだらうといふ感《かん》じだ。しかしまたアメリカ式文化《しきぶんくわ》の輕薄《けいはく》さのにほひがないこともなく、何《なに》やらままごとじみた感《かん》じがしないこともない。「こんなハイカラは、ほんたうの敎育《けういく》とは緣《えん》のないものだぞ。」と言《い》ひたくなるやうなものがないこともない。日本《につぽん》で言《い》へば、文化學院《ぶんくわがくゐん》の、もつと金《かね》のかかり設備《せつび》のととのつたものといふところであらう。音樂科《おんがくくわ》には、ピアノを一臺《だい》づつおいた自習室《じしふしつ》がいくつもあつて鍵盤《けんばん》を叩《たゝ》く音《おと》があつちでもこつちでもしてゐた。扉《ドア》についた小《ちひ》さなガラス戸《ど》から、のぞいて見《み》たい誘惑《いうわく》にかられたが、これはやめた。

この學校《がくかう》の卒業生《そつげふせい》のなかには、虚榮心《きよえいしん》が強《つよ》く、普通《ふつう》の家庭《かてい》にはいることをきらひ、墮落《だらく》するものが無《な》いことはないと、これは白鐵氏《はくてつし》の説明《せつめい》であつた。

私《わたし》は李王家《りわうけ》の美術館《びじゆつくわん》は二度《ど》拜見《はいけん》した。そして京城《けいじやう》に住《す》む人《ひと》を羨《うらやま》しく思《おも》つた。私《わたし》が京城《けいじやう》に住《す》む人《ひと》を羨《うらやま》しく思《おも》つたもう一つは漢江《かんかう》である。ここにも二度《ど》行《い》つて友《とも》と共《とも》に舟《ふね》をうかべた。滿洲《まんしう》からの歸途《きと》も京城《けいじやう》に立寄《たちよ》り、また漢江《かんかう》に舟《ふね》を泛《うか》べたから都合《つがふ》三度《ど》だ。さういふ私《わたし》は東京《とうきやう》にゐて、かつてあのボートといふやつには乘《の》つたことがない。小《ち》つぽけな池《いけ》にボートをうかべるなどは全《まつた》くごめんである。京城《けいじやう》のやうな大都會《だいとくわい》でゐながら、都心《としん》からすぐのところに、あのやうに淸《きよ》らかな水《みづ》を滿々《まん〱》とたたへた大河《たいが》を持《も》つ、京城《けいじやう》の市民《しみん》は幸福《かうふく》である。

思ひ出すまゝ

湯淺克衞

昨年《さくねん》の初夏《しよか》のこと、ちようど私《わたし》が父《ちゝ》の家《うち》に歸《かへ》つてゐるときに、Ｙの來訪《らいはう》を受《う》けた。

Ｙは東拓移民《とうたくいみん》の子《こ》で、今《いま》も農場《のうぢやう》を管理《くわんり》してゐる男《をとこ》である。

私《わたし》は彼《かれ》に、彼達《かれたち》の入植《にふしよく》の折《をり》のことから、今日《こんにち》までの經營《けいえい》の苦心《くしん》などを訊《き》いた。私《わたし》は丁度《ちやうど》二度目《どめ》の滿洲移民地《まんしういみんち》からの歸《かへ》りだつたので、彼《かれ》の意見《いけん》にいろいろ參考《さんかう》になることが多《おほ》かつた。

そのときYにこんなことを云《い》つた。

「僕《ぼく》が來《き》たのは小學校《せうがくかう》二年《ねん》のときだつたよ。汽車《きしや》に乘《の》るとねどの驛《えき》でも、どの驛《えき》でも、國旗《こくき》が立《た》つてゐる。水原《すゐげん》の驛《えき》に着《つ》いたときには、驛前通《えきまへどほ》りには一そう澤山《たくさん》の國旗《こくき》が並《なら》んでゐる。嬉《うれ》しくなつたんだね。お父《と》う、わしらを歡迎《くわんげい》して吳《く》れるんぢやな――と云《い》つたら、親爺《おやぢ》さんもうんうんとは云《い》ひながら、怪《け》げんな顏《かほ》をしてゐるんだね。內地人《ないちじん》は少《すく》ない頃《ころ》だし、僕達內地《ぼくたちないち》の移民《いみん》がはいつて來《く》るのを、驛《えき》や街《まち》でこんなに歡迎《くわんげい》して吳《く》れるんだと、得意《とくい》な氣持《きもち》だつたんだ。ところがあとになつて氣《き》がつくと、その日《ひ》は紀元節《きげんせつ》だつたんだね。驛前通《えきまへどほ》りは內地人商店《ないちじんしやうてん》があの頃《ころ》でも隨分並《ずゐぶんなら》んでゐたから、家每《いへごと》に旗《はた》を立《た》てゝゐたんだ。いゝ氣《き》なものだつたな、とよく思《おも》ひ出《だ》すよ」

そこで私達《わたしたち》はあははあはと笑《わら》つた。

Yは後《のち》に、同級生《どうきふせい》になつたが、家《うち》が餘《あま》り學校《がくかう》から離《はな》れてゐたのでよく缺席《けつせき》することがあつて、二三年《ねん》は遲《おく》れてゐたのだ。

彼《かれ》が轉校生《てんかうせい》だつたと云《い》ふことを、そのとき始《はじ》めて知《し》つたわけだ。私達《わたしたち》より前《まへ》の移住者《いぢうしや》だらうと思《おも》ひ込《こ》んでゐたのは、土《と》地《ち》の香《か》がすつかり滲《し》み込《こ》んでゐて、落着《おちつ》き拂《はら》つてゐるからだらう。もう五代《だい》も前《まへ》からの土地《とち》の住人《ぢうにん》のやうに見《み》えるのである。

私《わたし》は二つ三つのときに南鮮《なんせん》の濱邊《はまべ》の村《むら》に連《つ》れて行《ゆ》かれて、それから一時《じ》兼二《けんじ》浦《ほ》に居《ゐ》たことがあると云《い》ふ。思《おも》ひ出話《でばなし》を聞《き》いてゐるうちに、家《うち》の裏《うら》にあつた煙草畑《たばこばたけ》の葉《は》のざわめきや、前《まへ》の海《うみ》の潮騷《しほざい》が聞《きこ》えるやうな氣《き》がする。妹《いもうと》が生《うま》れたときに、沖《おき》から歸《かへ》つて來《き》た漁師《れうし》から、眼《め》の下《した》二尺《しやく》とか三尺《じやく》とかの玄海《げんかい》の鯛《たひ》を村中《むらぢう》に配《くば》つて食《た》べても食《た》べきれなかつたと云《い》ふくらいだから、村《むら》の人達《ひとたち》の數《すう》も知《し》れてゐるのである。その頃《ころ》の情景《じやうけい》がすーつと頭《あたま》をかすめてはよぎるやうな氣《き》もするがそれも、親達《おやたち》の話《はなし》からの聯想《れんさう》なのかも知《し》れない。

水原《すゐげん》に根《ね》を生《は》やしたのは、たしか私《わたし》の六つのときだから、Yよりは古《ふる》い住人《ぢうにん》である。

それ以來《いらい》、水原《すゐげん》は私《わたし》の故鄉《こきやう》となつてしまつたが、さて、「見《み》たまゝの記《き》」を書《か》かうにも餘《あま》りに溢《あふ》れ過《す》ぎて、とても五枚《まい》や六枚《まい》には書《か》けさうにないので、今後《こんご》も小說《せうせつ》に書《か》いて行《ゆ》くより仕方《しかた》がない。

二十五年《ねん》の移《うつ》り變《かは》りは私《わたし》の幼時《えうじ》の記憶《きおく》から云《い》つてもたいへんなものである。

街《まち》に青年訓練所《せいねんくんれんじよ》が出來《でき》て、銃《じう》を持《も》つた少年達《せうねんたち》が山々《やまやま》を馳《か》け廻《まは》つたり、驛《えき》に出征兵士《しゆつせいへいし》を送迎《そうげい》に行《い》つたりしたのは、滿洲事《まんしうじ》變直後《へんちよくご》のことだつたが、それが今《いま》は志願兵《しぐわんへい》となつて見事《みごと》な成《せい》長《ちやう》を遂《と》げてゐる。

この間《あひだ》出征《しゆつせい》する友人《いうじん》を送《おく》つて、自動車《じどうしや》で宮城《きうじやう》の周《まは》りを走《はし》つてゐたら、志願兵《しぐわんへい》の一隊《たい》が肅々《しゆく》と通《とほ》つてゐた。私《わたし》は瞼《まぶた》があつくなつた。その歸《かへ》りに日比谷公園《ひびやこうゑん》のベンチで張赫宙君《ちやうかくちうくん》と話《はな》してゐたら先程《さきほど》の志願兵《しぐわんへい》の一隊《たい》が、花壇《くわだん》の中《なか》にはいつて來《き》た。張赫宙君《ちやうかくちうくん》が、挨拶《あいさつ》しようか——と立上《たちあが》つたが、少《すこ》しはずれを通《とほ》り抜《ぬ》けてしまつたので、そのまゝ、私達《わたしたち》は見送《みおく》つた。明《あか》るく、逞《たく》ましいその青年達《せいねんたち》を見《み》てゐると、何《なに》か朝鮮《てうせん》の未來《みらい》の象徴《しやうちやう》であるかのやうな感《かん》に撃《う》たれる。

しかし、まだのらくらと遊《あそ》んでゐる呑氣《のんき》な青年達《せいねんたち》も昔通《むかしどほ》りにあるわけだ。

昨年《さくねん》の春《はる》、加藤武雄《かとうたけを》さん、濱本浩《はまもとひろし》さんと、華虹門《くわこうもん》に行《い》つて、訪花隨柳亭《はうくわずゐりうてい》に上《あが》らうとすると、七八人《にん》もの青年《せいねん》が樓上《ろうじやう》で大《だい》の字《じ》になつて晝寢《ひるね》をしてゐる。案內役《あんないやく》の驛長《えききやう》の金《きん》さんが、「とらとら、晝間《ひるま》から何《なん》だ、起《お》きろ、起《お》きろ」と起《おこ》して廻《まは》つてゐたが、その驛長《えきちやう》さんの姿《すがた》も、飛《と》び起《お》きて散《ち》つて行《い》つた靑《せい》年達《ねんたち》の姿《すがた》も、私《わたし》には微笑《ほゝゑ》ましく、對象《たいしやう》して意味《いみ》深《ふか》くも感《かん》じられた。

佛國寺にて

張赫宙

私《わたし》がまだ小學生《せうがくせい》の頃《ころ》、夏《なつ》になると、母《はゝ》たちと、よく佛國寺《ぶつこくじ》に行《い》つた。佛國寺《ぶつこくじ》は慶州邑內《けいしういふない》から四里《り》ばかり離《はな》れたところにあつて、その頃《ころ》はまだ汽車《きしや》がなかつたので、馬車《ばしや》で行《い》つた。佛國寺《ぶつこくじ》や石窟庵《せきくつあん》は、當時《たうじ》既《すで》に世界的《せかいてき》に有名《いうめい》な古蹟《こせき》になつてゐたが、ふるくから住《す》んでゐる母《はゝ》たちには何《なん》ら珍《めづら》しいところでもなかつた。母《はゝ》たちが、夏《なつ》、そこを訪《おとづ》れる目《め》あては、その佛國寺《ぶつこくじ》の近《ちか》くの谷間《たにま》にある小瀧《こたき》であつた。

その瀧《たき》に打《う》たれると肩《かた》のとりや、神經痛《しんけいつう》やが癒《なほ》ると言《い》はれ、また避暑《ひしよ》にもなるからだつた。

瀧《たき》は佛國寺《ぶつこくじ》から五六丁奥《ちやうおく》の方《はう》にあつたので、私《わたし》たちは瀧《たき》の行《ゆ》き歸《かへ》りに、寺《てら》の前《まへ》の茶店《ちやみせ》で、一と休《やす》みするのが例《れい》であつた。茶店《ちやみせ》は、杉山《すぎやま》といふ夫妻《ふさい》の經營《けいえい》であつた。私《わたし》は杉山氏《すぎやまし》にはついぞ逢《あ》つたことがなかつたが、杉山夫人《すぎやまふじん》には行《ゆ》く度《たび》に出逢《であ》ふのだつた。

杉山夫人《すぎやまふじん》は、邑內《いふない》にゐる時《とき》から、母《はゝ》と知《し》り合《あ》ひであつた。杉山夫妻《すぎやまふさい》が、慶州《けいしう》へ來住《らいぢう》し、相當《さうたう》の年數《ねんすう》がたつたのだが、その時《とき》もまだ掘立小屋《はつたてごや》に住《す》むといふ風《ふう》に、酷《ひど》く貧乏《びんばふ》らしかつた。

が、杉山夫人《すぎやまふじん》の能辯《のうべん》な朝鮮語《てうせんご》や、人《ひと》づきのよい應待《おうたい》や、そして内地風《ないちふう》の茶器《ちやき》や、餅菓子《もちぐわし》やが、私《わたし》にはとても珍《めづら》しかつた。

母《はゝ》たちが内地風《ないちふう》に茶代《ちやだい》を置《お》いたりすると、杉山夫人《すぎやまふじん》は大變《たいへん》氣《き》の毒《どく》がつて、再三《さいさん》辭退《じたい》したが、終《つ》ひには母《はゝ》にまけて受《う》けとるのだつた。

その次《つぎ》の夏《なつ》、私《わたし》は杉山夫人《すぎやまふじん》が、廂《あさ》の蚊帳《かや》の中《なか》に、七つか八つ位《くらゐ》の子供《こども》を晝寢《ひるね》させてゐるのをみつけた。

母《はゝ》たちの噂《うはさ》では、附近《ふきん》の百姓《しやう》の子《こ》を、貰《もら》ひ子《こ》したといふのだつた。

次《つぎ》の夏《なつ》、その杉山夫妻《すぎやまふさい》の養女《やうぢよ》が——籍《せき》には養女《やうぢよ》でなく、夫《ふ》妻《さい》の間《あひだ》に出來《でき》た子《こ》にしてあるとのことだつたが——赤《あか》い大《おほ》きい花模樣《はなもやう》の浴衣《ゆかた》を着《き》て、庭《には》で遊《あそ》んでゐるのをみた。杉山夫人《すぎやまふじん》の可愛《かはい》がり樣《やう》は、見《み》てゐてうらやましくなる程《ほど》だつた。性格《せいかく》のきつい私《わたし》の母《はゝ》と比《くら》べては、私《わたし》は彼女《かのぢよ》と生《うま》れ代《かは》ればよかつたと思《おも》つたりした。

それから、私《わたし》たちは瀧《たき》にうたれにゆかなくなつたが、その中《うち》に、大邱《たいきう》と慶州間《けいしうかん》に鐵道《てつだう》が通《つう》じ、間《ま》もなく、佛國寺《ぶつこくじ》にも汽《き》車《しや》でゆけるやうになつた。

そして、私《わたし》は校長《かうちやう》の大坂《おほさか》六村《そん》先生《せんせい》の代理《だいり》で、名士《めいし》の古《こ》跡《せき》案《あん》内《ない》に、度々《たび〳〵》佛國寺《ぶつこくじ》へゆくのだつた。

勿論《もちろん》、杉山《すぎやま》夫妻《ふさい》は堀立《ほつたて》小屋《ごや》から、佛國寺《ぶつこくじ》ホテルに移《うつ》つてゐた。ホテルは鐵道會社《てつだうくわいしや》の經營《けいえい》だが、杉山《すぎやま》夫妻《ふさい》が委任《ゐにん》經營《けいえい》してゐた。そして、ホテルのために、佛國寺《ぶつこくじ》までがずつと引《ひ》き立《た》つて見《み》えた。

中學《ちうがく》にはいつてから、私《わたし》は何《なに》かの用《よう》で、そのホテルの廣《ひろ》い庭《には》に立《た》つて、佛國寺《ぶつこくじ》の多寶塔《たはうたふ》や釋迦塔《しやかたふ》——そして眼《め》を轉《てん》じて、遙《はる》か下《した》の影池《かげいけ》やを眺《なが》めたりしてゐた。

私《わたし》は杉山《すぎやま》夫人《ふじん》に、お孃《ぢやう》さんは？　と訪《たづ》ねてみた。

夫人《ふじん》は大邱《たいきう》の女學校《ぢよがくかう》にいつてゐると、答《こた》へた。私《わたし》は、その娘《むすめ》さんが何《なん》らの差障《さしさは》りなく、成人《せいじん》してゆくのを、蔭《かげ》ながら喜《よろこ》んだのだつた。

それから十數年《すうねん》、私《わたし》は自分《じぶん》の人生《じんせい》と格闘《かくとう》してゐたために、その娘《むすめ》さんのことはすつかり忘《わす》れてゐた。

ある春《はる》、私《わたし》は久方《ひさかた》ぶりで、小學校《せうがくかう》當時《たうじ》の恩師《おんし》の大坂《おほさか》六村《そん》先《せん》生《せい》に逢《あ》つた時《とき》、その娘《むすめ》さんのことをたづねてみた。

「いろ〳〵波瀾《はらん》があつてね——」と、先生《せんせい》はぽつ〳〵話《はな》された。

それで、娘《むすめ》さんが貰《もら》ひ子《こ》だといふのを隱《かく》すために、杉山《すぎやま》夫《ふ》人《じん》がどんなに苦心《くしん》されたかといふのがわかつたのだ。夫人《ふじん》は小學校《せうがくかう》や女學校《ぢよがくかう》を幾度《いくど》も變《か》へたが、朝鮮內《てうせんない》ではどうしてもうまくゆかないので、夫人《ふじん》の郷里《きやうり》の——內地《ないち》のどとであつたか失念《しつねん》してゐる——女學校《ぢよがくかう》へ轉校《てんかう》させたりしたといふのであつた。そして、次《つぎ》に來《く》る惱《なや》みは、結婚問題《けつこんもんだい》であつた。貰《もら》ひ子《こ》である上《うへ》に、朝鮮人《てうせんじん》の血《ち》をひいたもの、しかも婿養子《むこやうし》の來《き》てがある筈《はず》がなかつたのだ。

が、大邱《たいきう》の商業學校《しやうげふがくかう》の教諭《けうゆ》で、娘《むすめ》さんに——名《な》がわからないので失禮《しつれい》させてもらふが——戀《こひ》したひとがあつて、進《すゝ》んで、婿養子《むこやうし》に來《き》たといふのであつた。

その話《はなし》をきいた翌《あく》る年《とし》かに、私《わたし》は佛國寺《ぶつこくじ》へ、ある先輩《せんぱい》の案《あん》內《ない》をして行《い》つたが、杉山《すぎさん》夫人《ふじん》は賣店《ばいてん》で、孫《まご》らしい子供《こども》の守《も》りをしてゐた。そして、ホテルから若《わか》い夫人《ふじん》が下《お》りてくるのに出《で》逢《あ》つた。

（あ、との女《ひと》だな）と、私《わたし》はそのすつきりした姿《すがた》の女《をんな》のひとを飽《あ》きずに眺《なが》めてゐた。

私《わたし》は賣店《ばいてん》で、杉山《すぎやま》夫人《ふじん》から繪《ゑ》ハガキを買《か》つた。夫人《ふじん》はむかしと少《すこ》しも變《かは》らないやうに思《おも》はれたが、向《むか》ふは私《わたし》を憶《おぼ》へてゐるわけもなかつた。

が、私《わたし》は夫人《ふじん》が孫《まご》を膝《ひざ》の上《うへ》に抱《だ》いてゐるのを見《み》て、自分《じぶん》のことのやうにほつとして安心《あんしん》した。

考《かんが》へると、もう二十年《ねん》がたつてゐたのだ。

朝鮮見たまゝの記

福田清人

釜山《ふざん》にあがつたとたんに、おそろしく大粒《おほつぶ》の夕立《ゆふだち》にあつた。内地《ないち》では夏《なつ》にしかあはぬ雨《あめ》だ。それが四月末《しがつすゑ》にふるのだ。大陸《たいりく》と地《ぢ》つゞきで、雨《あめ》まで大粒《おほつぶ》だと思《おも》ひ、内地的感情《ないちてきかんじやう》を洗禮《せんれい》せよといふのかと思《おも》ひ、右往左往《うわうさわう》する白衣《はくい》のなかを、走《はし》りぬけて土地《とち》の料理《れうり》をたべに行《い》つた。

沿線《えんせん》の風景《ふうけい》で夢幻的《むげんてき》といひたいほど印象的《いんしやうてき》だつたのは、やうやく芽《め》をふいたポプラだ。樹《き》のすくない土地《とち》に、思《おも》ふ存分根《ぞんぶんね》をはつて、吸《す》へるだけ、養分《やうぶん》を吸《す》つてゐるのだらう。すんなりした姿《すがた》で、ひどく高《たか》高《だか》とのびてゐる。そしてかすかに揺《ゆ》れてゐる風情《ふぜい》に、私《わたし》は子供《こども》の頃《ころ》、海底《かいてい》を潜水眼鏡《せんすゐめがね》をかけてのぞき、靜《しつ》かに潮流《てうりう》でゆれてゐる藻の類《るゐ》の美《うつく》しさに、眼《め》をみはつたことを思《おも》ひだした。

その後《ご》滿洲《まんしう》でハルピンから北《きた》の國境《こくきやう》へむかふ列車《れつしや》で、午前《ごぜん》四時頃《じころ》眼《め》ざめて見《み》た夜明《よあ》けの地平線《ちへいせん》と、との半島《はんたう》の朝《あさ》の霧《きり》にゆれる新綠《しんりよく》のポプラの樹列《じゆれつ》とは、一昨年夏《さくねんなつ》、北千島《きたちしま》に航海《かうかい》した時《とき》、霧《きり》のなかに忽然《こつぜん》とあらはれた雪《ゆき》でおほはれ麓《ふもと》は高山植物《かうざんしよくぶつ》のお花畑《はなばたけ》の島《しま》の景觀《けいくわん》と併《あは》せて、終生忘《しうせいわす》れえぬ三つの風景《ふうけい》である。

それは朝鮮服《てうせんふく》の裳《チマ》のなよやかさ、妓生《キーサン》のつめたいまでの靜《しづ》けさ、どこか半島《はんたう》の人《ひと》の生活《せいくわつ》にたゞよつてゐる寛《ゆるや》かさをも連《れん》想《さう》させた。ポプラは、もちろん內地《ないち》にもあるが、半島《はんたう》の地《ち》にしつくりした樹木《じゆもく》のやうな氣《き》がした。

私《わたし》は、京城《けいじやう》と、平壤《へいじやう》にしかよらなかつた。京城《けいじやう》は、神社《じんじや》のある高臺《たかだい》から見《み》ると、どこかの港町《みなとまち》に似《に》てゐた。建物《たてもの》にも古《こ》風《ふう》な歷史的都市《れきしてきとし》を豫想《よさう》してゐた私《わたし》のあやまりであつた。そこ

は海港都市《かいかうとし》のやうに、近代化《きんだいくわ》されてゐる。なんだか海《うみ》があるのでないかと妙《めう》なことを思《おも》つたら、青空《あをぞら》の下《した》に光《ひか》る川《かは》の流《なが》れであつた。古《ふる》い宮殿《きうでん》も、割《わり》に質素《しつそ》で、意外《いぐわい》であつた。

毎日新報《まいにちしんはう》の記者《きしや》でもあり、文藝批評家《ぶんげいひひやうか》でもある白鐵君《はくてつくん》に、連《つ》れられて、朝鮮語《てうせんご》の新聞社《しんぶんしや》を廻《まは》り、各社《かくしや》の部長級《ぶちやうきふ》の人々《ひとびと》に幾人《いくにん》か會《あ》つた。皆《みな》たいてい若《わか》く、感《かん》じのいゝ人《ひと》たちであつた。内鮮《ないせん》一致《ち》の問題《もんだい》を内地《ないち》ではどのやうに考《かんが》へてゐるかといふ話《はなし》が多《おほ》かつた。たいてい雄辯《ゆうべん》であつた。然《しか》し内地《ないち》の連中《れんちう》も大陸《たいりく》では雄辯《ゆうべん》である事《こと》を發見《はつけん》した事《こと》は、その後《ご》の事《こと》である。スローガンは内地《ないち》にも多《おほ》いが、半島《はんたう》にも恐《おそ》ろしく氾濫《はんらん》してゐる。

アリランの歌《うた》は人間《にんげん》の永遠《えいゑん》のかなしみをたゝえてゐるから惻々《そくそく》として心《こゝろ》にせまる。妓生《キーサン》は、そのかなしみも、客席《きやくせき》でも常《つね》にかみしめてゐるので、あんなに靜《しづ》かなのであらうか。

平壤《へいじやう》の大同江《だいどうかう》をみおろす酒亭《しゆてい》の隣室《りんしつ》には、たまり場《ば》か、十人《にん》ばかりの妓生《キーサン》たちが集《あつま》つてゐたが、やはり京城《けいじやう》で、酒《さけ》をくんでくれた妓生《キーサン》とおなじやうに、さうした日常生活《にちじやうせいくわつ》でも、ひつそりとしてゐて、かしましい聲《こゑ》をだしてゐなかつた。

夜汽車《よぎしや》で前《まへ》の席《せき》に坐《すわ》つてゐた、實《じつ》に美《うつく》しい新婚早々《しんこんさうさう》らしい朝鮮《てうせん》の若《わか》い夫人《ふじん》はその主人《しゆじん》の腕《うで》にもたれて眠《ねむ》り、朝鮮語《てうせんご》に時々《ときどき》内地語《ないちご》を交《まじ》へて、甘《あま》えるやうな笑《わら》ひをもらしてゐた。その表現《へうげん》も、露骨《ろこつ》でなかつた。

あのやうに靜《しづ》かなのは、短《みじか》い旅《たび》でふれられなかつた一部《ぶ》のことだらうか、さうでない氣《き》がする。その土地《とち》の女性《ぢよせい》の傳統《でんとう》的《てき》な性質《せいしつ》だらうか、社會組織《しやくわいそしき》からくるのであらうか、男子《だんし》の權力《けんりよく》が強《つよ》く女性《ぢよせい》が解放《かいはう》されてゐないのであらうか等考《などかんが》へた。

平壤《へいじやう》の町《まち》は、さすがに、古《ふる》い傳統的《でんとうてき》な建物《たてもの》も、澤山《たくさん》のこつてゐる。新京《しんきやう》に對《たい》する奉天《ほうてん》、それほどの差《さ》はないが、天津《てんしん》に對《たい》する北京《ペキン》、上海《シヤンハイ》に對《たい》する蘇州《そしう》といつた感《かん》じである。

牡丹台《ぼたんだい》からみおろした大同江《だいどうかう》の流《なが》れ――内地《ないち》ではと考《かんが》へてみたがあゝした特異《とくい》な風景《ふうけい》を持《も》つた都市《とし》は考《かんが》へつかなかつた。牡丹台《ぼたんだい》の岸壁《がんぺき》には、古《ふる》い時代《じだい》との土地《とち》に遊《あそ》んだ、役人《やくにん》、軍《ぐん》人達《じんたち》の姓名《せいめい》があるひは大《おほ》きくあるひは小《ちひ》さく彫《ほ》りのとしてあつた。自《みづか》らやつたものもあり、部下《ぶか》が上官《じやうくわん》の御機嫌《ごきげん》とりにやつたものもあつたやうだ。さういふ連中《れんちう》の威張《ゐば》つた、事大主《じだいしゆ》義的《ぎてき》な、支那《しな》の影響《えいきやう》を強《つよ》く感《かん》ずる古《ふる》い朝鮮《てうせん》が、そこに記錄《きろく》されてゐるやうな妙《めう》な氣《き》がした。しかし大同江《だいどうかう》は無心《むしん》に青《あを》い水《みづ》を流《なが》し、畫舫《ぐわはう》が、悠々《いういう》と流《なが》れてゆく風景《ふうけい》は心《こゝろ》ひかれた。

京城《けいじやう》でかなりあつた朝鮮《てうせん》の文化人《ぶんくわじん》たちは、兪鎭午《ゆちんご》氏《し》の作品《さくひん》にみるやうなインテリの型《かた》を、二、三年前《ねんまへ》におしながして、少《すこ》しでも超《こ》えてゆかうといふ氣構《きがま》へが感《かん》じられたやうに思《おも》つた。とれは私《わたし》の願望《ぐわんばう》が、それを現實化《げんじつくわ》させてゐるのかも知《し》れないが、そのやうに思《おも》はせた。

夏《なつ》のお化《け》粧《しやう》の秘《ひ》訣《けつ》公《こう》開《かい》

色《いろ》白《じろ》な美《うつく》しい素《す》肌《はだ》こそ生《せい》命《めい》

暑さが増《ま》すにつれて、お肌《はだ》の表面《へうめん》の汗腺《かんせん》や皮《ひ》脂《し》腺《せん》がすつかり弛《ゆる》んで脂肪《しばう》や汗《あせ》をどしどし分泌《ぶんぴ》するやうになつて參《まゐ》ります。その爲《ため》、お化《け》粧《しやう》をなさる場合《ばあひ》、白粉《おしろい》はのらず、お化《け》粧《しやう》崩《くづ》れが早《はや》くなつて參《まゐ》りますから、夏《なつ》のお化《け》粧《しやう》には先《ま》づ地《ぢ》肌《はだ》そのものを充分《じうぶん》整《とゝの》へるやうに致《いた》しませう。

朝夕《あさゆふ》の洗《せん》顔《がん》法《はふ》ですが、このやうな時《じ》季《き》にはクリンジングの洗《せん》顔《がん》は適《てき》しません。而《しか》し入浴時《にふよくどき》に一度《ど》輕《かる》く石鹸《せつけん》で洗《せん》顔《がん》した後《のち》、オリーヴ油《ゆ》かコールドクリームを顔全體《かほぜんたい》にぬり、體《からだ》を浮《うか》つた後《のち》、更《さら》に冷《つめた》いタオルを當《あ》てて皮膚《ひふ》を引締《ひきし》めて置《お》きます。この方法《はうはふ》を入浴《にふよく》の都度《つど》行《おこな》ひ、一二週間《しうかん》はど續《つゞ》けますとお肌《ばだ》が程《ほど》よく整《とゝの》つて參《まゐ》ります。

若《も》し外出《ぐわいしゆつ》されるやうな場合《ばあひ》には、お肌《はだ》に油《オイル》が程《ほど》よく殘《のこ》つてをりますから、その上《うへ》に薄《うす》く頬紅《ほゝべに》を塗《ぬ》り、肌《はだ》に合《あ》つた粉白粉《こなおしろい》をはたきますと自《し》然《ぜん》の美《うつく》しさを持《も》つたお化《け》粧《しやう》が出《で》來《き》ます。夏《なつ》はなるべく薄《うす》化《げ》粧《しやう》がよいのですが、幾分《いくぶん》濃目《こいめ》につけた場合《ばあひ》は一度《ど》ぬつた白《おし》粉《ろい》を化《け》粧《しやう》水《すゐ》でおさへ、その上《うへ》からもう一二度《ど》、粉白粉《こなおしろい》をはたきます。力點《アクセント》をつけるために、眉毛《まゆげ》、睫毛《まつげ》をオリーヴ油《ゆ》に浸《し》ませたカーゼで拭《ふ》いて艶《つや》を持《も》たせたり、口紅《くちべに》をさす前《まへ》に脣《くちびる》にコールドをぬり、その上《うへ》から口紅《くちべに》をさすやうにすれば大變《たいへん》効果的《かうくわてき》です。

而《しか》しどうしても白粉《おしろい》が薄《うす》くなる夏《なつ》には地《ち》肌《はだ》の美《び》醜《しう》が目《め》立《だ》つて來《き》ますから、色《いろ》が酷《ひど》く黒《くろ》かつたり、鼻《はな》の頭《あたま》などに浮《う》く脂《し》肪《ばう》、若《わか》い方《かた》を惱《なや》ますニキビ、吹出物《ふきでもの》などでお困《こま》りの方《かた》は、何《なに》よりも先《ま》づこれ等《ら》のお肌《はだ》の障害《しやうがい》を除《のぞ》かなければなりません。素《す》肌《はだ》が白《しろ》く美《うつく》しく整《とゝの》つて居《を》りますとお化《け》粧《しやう》も樂《がく》ですし、けば〱しい厚《あつ》化《げ》粧《しやう》をする必要《ひつえう》もなくなる譯《やく》です。

この素《す》肌《はだ》を白《しろ》く、ニキビ、脂顔《あぶらがほ》を去る方法《はうはふ》として只今《たゞいま》評判《ひやうばん》のレオン洗《せん》顔《がん》クリームの洗《せん》顔《がん》法《はふ》をお薦《すゝ》め致《いた》します。レオンは美《び》白《はく》力《りよく》、殺《さつ》菌《きん》力《りよく》の強《つよ》いコロイド硫《い》黄《わう》と清掃力《せいさうりよく》の強《つよ》い藥物《やくぶつ》とを巧《たく》みに結《むす》びつけた唯《ゆゐ》一の科學的《くわがくてき》洗《せん》顔《がん》料《れう》ですから、朝夕《あさゆふ》の洗《せん》顔《がん》時《どき》、入浴時《にふよくどき》にレオンを輕《かる》く泡《あわ》だて洗《せん》顔《がん》されるだけで、その素《す》晴《はら》しい効《かう》果《くわ》は凡《あら》ゆる化《け》粧《しやう》料《れう》やお手《て》當《あて》で成《せい》功《こう》しなかつた酷《ひど》い色《いろ》黒《くろ》・ニキビ、脂顔《あぶらがほ》も芯《しん》から色《いろ》白《じろ》な艶《つや》肌《はだ》を創《つく》ります。

●レオン洗顔クリームは、普通型一圓五十錢、「德用型一圓六十錢（送料各々内地十錢・其他四十二錢）で全國の百貨店、化粧品店にて販賣して居りますが、なるべく製造したばかりの効力の強いのを差上げたいと言ふ意味から、東京市神田區小川町小川町ビル一ノ十二株式會社レオン商會（振替東京八八一ノ番）でも直接の御註文を承つて居ります。

●葉書で御申込次第、美しい「洗顔美白法」等のパンフレット無料差上げます。

白魚《はくぎよ》のやうな白《しろ》い手《て》が

朴　鍾　和

白魚《はくぎよ》のやうな　白い手が
六絃琴《コムンゴ》の絃《いと》を走るとき
スルロン・チン・タン・トン……
の、ひとくさり

紅《あか》い唇《くち》から　あふれ出る
雲のやうな　うたごゑは
ジ・ファ・ザ…ジ・ファ・ザ……
で、夜が更《ふ》ける

眼《まな》ざしは　遠い湖水《みづうみ》
たびびとの　胸に愁《かな》しく
スルロン・チン・タン・トン……
ジ・ファ・ザ…ジ・ファ・ザ……

註。どうか "s-r-lung, ting-tang-tong" と發音して下さい。

螢《ほたる》

金尙鎔

汝《なれ》は、しじまのともしび
瀆《けが》れなき洞房《どうぼう》に點《とも》さん

あげつらふひともなきに
象《かた》どりて、わがところとなせり

うばたまの、夜は過ぎゆきて
あらたなる晨《あした》はきたり
靚《しづ》けく、汝はきえうせぬ

67……螢

罪……68

罪《つみ》

（民謡）

金東煥

近徑《ちかみち》をきくから
敎へてあげたのさ
水をくれ、いふから
汲んであげたのさ
有難《ユマプソ》う、といふから
つひ、微笑《わら》つて答へた

それだけなのよ
（あら、いやだ）
平壤《おしろ》城が崩《くづ》れても
わしや知らぬ
微笑《わら》つたことが
罪かいな

西《さい》關《かん》（民　謡）

金　億

赤い夕日の照《て》る頃は
牡丹峰《ぼたんほう》に照る頃は
永明寺《えいめいじ》の鐘がなる
西關《さいかん》むすめの胸がなる

西は夕燒《ゆうやけ》
東は小燒《こやけ》
あれよ
大同江《だいどうこう》も燒《も》えてゐる

大同江《だいどうこう》なら
燒《も》えてもよいが
赤い夕日の照る頃を
燒《も》える心は何《なん》とせう

註。西關《さいかん》は平壤地方の俗稱です。

哈《は》爾《る》賓《びん》驛《えき》にて

林學洙

外套もないのだ
襟《えり》を立てて、義足《ぎそく》
洋杖《つゑ》をならしながら
ひねもす
待合室をぶらついてゐる

(屋根裏《やねうら》の寢室《へや》には火もないとだらう)
だが、やはらかな長椅子《ソフアー》に
憩《いこ》ふつもりもしないのだ——
古《ふる》ぼけしままに、端正な容姿《いでたち》
喪章《もしやう》

氣《き》ぐらひは、あくまで崇《たか》く
思ひ出しては、窓によりそひ
しづごころなく——
何を見やつてゐるのだらう？
その、碧《あを》い眼で

おお、齒《は》の根《ね》も合はぬ
零下四十度！
しかめつらの北天《そら》からは
今日も、はてしない雪が
降りしきるのだが——さて、
故國《ふるさと》のない
アルレックセイ君よ！

（金鍾漢譯）

朝鮮隨感

菊池寛

○自分達《じぶんたち》文藝家《ぶんげいか》は、今度《こんど》「文藝《ぶんげい》銃後《じうご》運動《うんどう》」なる旗《はた》の下《もと》に、全國《ぜんこく》を講演《かうえん》して歩《ある》くことになつた。最初《さいしよ》、朝鮮《てうせん》はプラグラムの中《なか》に、は入《い》つてゐなかつたが、朝鮮方面《てうせんはうめん》からの要望《えうばう》があり、朝鮮《てうせん》へも行《ゆ》くことになつた。

メムバーは、まだハツキリ分《わか》らないが、僕《ぼく》だけは、たしかに行《ゆ》く。多分《たぶん》、八月《ぐわつ》上旬《じやうじゆん》に行《ゆ》くつもりである。

○朝鮮《てうせん》へは、昭和《せうわ》五年《ねん》九月《ぐわつ》に行《い》つたことがあるから、今度《こんど》行《ゆ》けば、二度《ど》目《め》である。もつとも、昭和《せうわ》五年《ねん》のときは、滿洲《まんしう》へ飛行機《ひかうき》旅行《りよかう》のため往復《わうふく》の途次《とじ》京城《けいじやう》に二泊《はく》した丈《だけ》である。

だから、大空《おほぞら》から一通《とほ》り見《み》た丈《だけ》で、殆《ほと》んど何《なに》も知《し》らないのである。今度《こんど》は、一週間《しうかん》ばかり、各地《かくち》を廻《まは》るから、いろ〳〵ものを見《み》ることが出來《でき》ると思《おも》つてゐる。

○自分《じぶん》は「朝鮮藝術賞《てうせんげいじゆつしやう》」と云《い》ふのを出《だ》してゐる。しかし、これは、自分《じぶん》が率先《そつせん》して、例《れい》を示《しめ》せば、朝鮮關係《てうせんくわんけい》の有力《いうりよく》な實業家《じつげふか》でもが、朝《てう》鮮文化獎勵《せんぶんくわしやうれい》のために、五萬圓《まんゑん》や十萬圓《まんゑん》は、投《な》げ出《だ》してくれるのかと思《おも》つてゐたが、そんな人《ひと》は容易《ようい》に、出《で》て來《き》さうもない。日本《につぽん》の實業《じつげふ》家《か》などは、一枚《まい》の日本畫《につぽんぐわ》に、數萬金《すうまんきん》を投《とう》じても、一國《こく》の文化《ぶんくわ》や藝術《げいじゆつ》のために、千圓《ゑん》の金《かね》だつて、快《こゝろよ》く投《な》げ出《だ》す人《ひと》はない。情《なさけ》ないことである。

○朝鮮《てうせん》の人達《ひとたち》は、文學《ぶんがく》、音樂《おんがく》、舞踊《ぶよう》などに、特《とく》に天分《てんぶん》がありさうだから、獎勵《しやうれい》の仕方《しかた》に依《よ》つて、燦然《さんぜん》たる藝術《げいじゆつ》の花《はな》が咲《さ》くのではないかと思《おも》つてゐる。

○先日《せんじつ》、南總督《みなみそうとく》に、お目《め》にかゝる機會《きくわい》があつたので、朝鮮藝術獎勵《てうせんげいじゆつしやうれい》のために、考慮《かうりよ》して頂《いたゞ》くやう、お願《ねが》ひして置《お》いた。

朝鮮ホテル裏庭

大木卓畫

朝鮮の民藝

柳宗悅

最近東洋《さいきんとうやう》に關《くわん》して考古《かうこ》學者達《がくしやたち》が、だん〱に關《くわん》心《しん》を持《も》ちはじめ、支那《しな》や朝鮮《てうせん》や日本《につぽん》の古《ふる》い品物《しなもの》を通《とほ》して、古《いにしへ》の文化《ぶんくわ》を知《し》らうとする學問《がくもん》がとみに盛《さか》んになつて來《き》てゐる。

考古學者《かうこがくしや》にとつて、朝鮮《てうせん》の文化《ぶんくわ》は非常《ひじやう》に興味深《きようみふか》い。古《ふる》い時代《じだい》のものが、澤山殘《たくさんのこ》されてゐるので、研究《けんきう》すればする程面白味《ほどおもしろみ》は盡《つ》きない。朝鮮《てうせん》は材料《ざいれう》が澤山《たくさん》あるから面白《おもしろ》いと云《い》ふのではなく、古《ふる》い時代《じだい》のものが、そのまゝ生活《せいくわつ》の中《なか》にとり入《い》れられ、生《い》かされて、何氣《なにげ》ない彼等《かれら》の日用品《にちようひん》の中《なか》に、我々《われ〱》が目《め》を瞠《みは》る樣《やう》な、骨董品《こつとうひん》が數多《かずおほ》くあるのだ。その意味《いみ》で、近代及《きんだいおよ》び現在《げんざい》の朝鮮《てうせん》ほど、考古學者《かうこがくしや》にとつて役《やく》に立《た》つ事《こと》はない。

二、三の例《れい》を引《ひ》くと、朝鮮《てうせん》の田舍《ゐなか》あたりに行《ゆ》くと田畑《たはた》を耕《たがや》すのに使《つか》はれてゐる、非常《ひじやう》に特殊《とくしゆ》な形《かたち》をした鎌《かま》がある。昔新羅《むかししらぎ》の都《みやこ》のあつた慶州《けいしう》の博物館《はくぶつくわん》に行《ゆ》くと、新羅時代《しらぎじだい》に使用《しよう》された鎌《かま》が陳列《ちんれつ》されてある。それと、現在使用《げんざいしよう》されてゐるものを比較《ひかく》してみると、ちつとも變《かは》つてゐない。

又《また》、現在朝鮮《げんざいてうせん》で、使用《しよう》されてゐる硯《すゞり》を見《み》ると、それは、支那《しな》の漢時代《かんじだい》の樣式《やうしき》のまゝなのだ。支那《しな》では、漢時代《かんじだい》の風字硯《ふうじけん》の如《ごと》きは早《はや》くに廢《すた》れて、現在《げんざい》でけほとんど見《み》られないのだが、朝鮮《てうせん》では李朝時代《りてうじだい》にも、今日《こんにち》でも尙造《なほつく》られてゐるのだ。日本《にほん》には、あまり見《み》られないが、朝鮮《てうせん》では日常生活《にちじやうせいくわつ》に石細工《いしざいく》を澤山使《たくさんつか》つてゐる。それ等《ら》も皆《みな》、漢時代《かんじだい》の古《ふる》い様式《やうしき》が殘《のこ》されてゐる。

　例《れい》を擧《あ》げると、いろ〳〵あるが、朝鮮《てうせん》の文《ぶん》房具《はうぐ》に、華角張《ふあかくちやん》といふ手法《しゆはふ》がある。日本《につぽん》では奈良《なら》の正倉院《しやうさうゐん》にわづかに、殘《のこ》されてゐるのみで、早《はや》くから廢《すた》れてしまつたものだが、その手法《しゆはふ》が今《いま》だに殘《のこ》つてゐる。それ等《ら》の物《もの》を見《み》ると、彼等《かれら》の暮《くら》し振《ぶ》りと云《い》はうか、心《こころ》の持《も》ち方《かた》が非常《ひじやう》に古《ふる》めかしくも亦床《またゆか》しく思《おも》へる。

　今《いま》まで、考古學者《かうこがくしや》は、地下《ちか》を曝《あば》いたり、發掘《はつくつ》したりして、古《いにしへ》の文化《ぶんくわ》を地下《ちか》にばかり求《もと》めたけれど、今《いま》、我々《われ〳〵》はそれを地上《ちじやう》に求《もと》める事《こと》が出來《でき》るのだ。

　現在《げんざい》の朝鮮程《てうせんほど》、考古學者《かうこがくしや》にとつて示唆《しさ》の多《おほ》い、興味深《きようみぶか》いものを澤山持《たくさんも》つてゐる所《ところ》はないと思《おも》ふ。

　そう云《い》ふと、朝鮮《てうせん》は進歩《しんぽ》がなくて、停滯《ていたい》してゐる樣《やう》に思《おも》ふけれど、進歩《しんぽ》すべき方面《はうめん》はどん〳〵進歩《しんぽ》し、改革《かいかく》されながら、一方《はう》、我々《われ〳〵》が早《はや》く失《うしな》つてしまつたものが、今日《こんにち》も尙《なほ》、保《ほ》存《そん》され、生《い》かされてゐるのだ。朝鮮《てうせん》は、東洋《とうやう》文化《ぶんくわ》を研究《けんきう》する考古學者《かうこがくしや》に取《と》つて見逃《みのが》すべからざる寶庫《はうこ》である。

（筆者は民藝研究家）

金剛山神溪寺

關口次郎

　私達《わたしたち》の朝鮮《てうせん》に行《い》つたのは、眞夏《まなつ》である。まして南鮮《なんせん》に酷暑《こくしよ》のつゞいた昨年《さくねん》のことだ。汽車《きしや》の窓《まど》から、乾々《から〳〵》になつた田畑《たはた》ばかり見《み》て來《き》たせいか、殊更《ことさら》に京城《けいじやう》の炎暑《えんしよ》は堪《た》へ難《がた》かつた。日中外《につちうそと》は百二十度《ど》。朝鮮《てうせん》ホテルの一室《しつ》にゐても百度近《どちか》いのである。しかも夜《よる》は涼《すゞ》しくなるといふ話《はなし》だのに、明《あ》け方《がた》四時頃《じころ》までもほてりは消《き》えないし、四時《じ》ともなれば、もうすぐ夜明《よあ》けで、新《あたら》しい朝日《あさひ》は照《て》り出《だ》さうといふのである。

　四日目《かめ》、とうとう同行《どうかう》の市川元君《いちかはもとくん》と、一時《じ》金剛山《こんがうざん》へ逃避《たうひ》することにした。夜行《やかう》で京城《けいじやう》を立《た》ち、次《つぎ》の朝京仁線《あさけいじんせん》を安邊《あんぺん》でのりかへると三日《か》程前《ほどまへ》明月館《めいげつくわん》でお逢《あ》ひした朝鮮日報《てうせんにつぱう》の副社長《ふくしやちやう》李相協氏《りさうけふし》の打《う》つて變《かは》つた瀟洒《しやうしや》たるニッカー姿《すがた》に打突《ぶつ》かつた。海岸《かいがん》の別莊《べつさう》にでも行《ゆ》かれるのだらう、近《ちか》くに家族《かぞく》がゐるものですからと云《い》つてゐた。桑陰《さういん》からさきは、概《おほむ》ね日本海《にほんかい》添《ぞ》ひの海岸線《かいがんせん》を行《ゆ》く。外金剛《そとこんがう》に着《つ》いて、灼《や》けつくやうな、でもわりとすつきりした廣場《ひろば》から溫《をん》井里《せいり》の外金剛《そとこんがう》ホテルに向《むか》ふ。ホテルは全然素《ぜんぜんそ》朴《ぼく》なバンガローだつた。

　暫《しばら》く休《やす》んでから辨當《べんたう》を作《つく》つて貰《もら》つて、九龍《りう》淵《えん》に向《むか》つた。極樂峠《ごくらくたうげ》といふ小《あひ》さな峠《たうげ》を越《こ》えると、すぐつゞく赤松林《あかまつばやし》の傾斜《けいしや》が、何處《どこ》か京都《きやうと》あたりの山《やま》の感《かん》じだ。薄紫《うすむらさき》の秋草《あきぐさ》に似《に》た花《はな》などが咲《さ》いてゐる。下《お》り切《き》つた處《どころ》に金剛山神《こんがうざんしん》溪寺《けいじ》がある。小《こ》廣《ひろ》いのと、稍大《やゝおほ》きな僧堂《そうだう》のある外《ほか》、内地《ないち》の寺《てら》から見《み》れば、何《なん》でもない。建《たて》物《もの》も質素《しつそ》だし、形《かたち》の違《ちが》つた山門《さんもん》の脚柱《きやくちう》のコンクリート作《づく》りなのも、何《なに》か調和《てうわ》を缺《か》いてゐる。

　寺前《じぜん》の茶店《ちやみせ》に休《やす》むと、三十四五の小綺麗《こぎれい》な主人《しゆじん》が、いかにも親切《しんせつ》に湯茶《ゆちや》の世話《せわ》をしてくれる。ピカピカ光《ひか》るやうな白麻《しろあさ》の朝鮮服《てうせんふく》も小

金銅彌勒菩薩半跏像.

氣《き》味《み》のいゝ程《ほど》清潔《せいけつ》だ。一體《たい》、朝鮮《てうせん》に來《き》て眞先《まつさき》に驚《おどろ》いたのは、この人々《ひとびと》の夏《なつ》の衣裳《いしやう》の清潔《せいけつ》なことだつた。電車《でんしや》にのつても、往來《わうらい》を歩《ある》いてゐても此方《こつち》の着崩《きくづ》れ旅行服《りよかうふく》の方《はう》が餘《よ》つ程《ほど》氣《き》になる位《くらゐ》、色《いろ》も綺麗《きれい》なら折目《をりめ》も正《たゞ》しい。內地《ないち》での觀念《くわんねん》とまるで違《ちが》ふのである。その內曇《うちくも》つて來《き》た空合《そらあひ》と、時間《じかん》が氣《き》になつて來《き》たので匆々《さうく》景勝《けいしよう》金剛山《こんがうさん》の溪流《けいりう》を遡《さかのぼ》る。あれが毘盧峰《びろほう》、あれが世尊峰《せそんほう》と佛樣臭《ほとけさまくさ》い名《な》の山《やま》を遠《とほ》くから見《み》上《あ》げながら、その途《と》中玉流洞《ちうぎよくりうどう》とか飛鳳瀑《ひほうばく》とかの幾《いく》つかの瀧《たき》、また長城岩《ちやうじやうがん》と云《い》つた奇勝《きしよう》も見《み》ながら、九龍淵《りうえん》もうそこだといふ處《ところ》まで來《き》て、ひどい雨《あめ》に、降《ふ》られ出《だ》した。やむなく岩《いは》かげに暫《しばら》く避《さ》けてゐたが、とてもやみさうにないので、一氣《き》に雨《あめ》を衝《つ》いて瀧《たき》の茶屋《ちやや》まで登《のぼ》つた。目《め》の前《まへ》に、中天《ちうてん》とまではいかないが、高《たか》い崖《がけ》から長《なが》い白布《はくふ》のやうな瀑布《ばくふ》が落《お》ちてゐることゝが九龍淵《りうえん》である。殘念《ざんねん》なことに、あたりは梅雨時《つゆどき》のやうな薄暗《うすぐら》い濕《しめ》つぽい鬱陶《うつとう》しさ。

外金剛山《そとこんがうさん》だけについて云《い》へば、兩岸《りやうがん》の翠樹《すゐじゆ》と、川《かは》一杯《はい》に流《なが》れ出《だ》した岩石《がんせき》の溪流《けいりう》、それに瀧《たき》、奇巖《きがん》の風景《ふうけい》で、景勝《けいしよう》に富む內地《ないち》の風光眼《ふうくわうがん》から見《み》れば、それ程特別《ほどとくべつ》の印象《いんしやう》を受《う》けない、が流《なが》れの水《みづ》だけはいかにも清冽《せいれつ》で美《うつく》しかつた。然《しか》しそれもこの一月かの大山火事《おほやまくわじ》で、あの兩岸《りやうがん》の翠樹《すゐじゆ》が殆《ほと》んど失《うしな》はれたとすれば、何《ど》うなつてゐることか。

兎《と》に角《かく》その時《とき》は、矢張《やは》り朝鮮《てうせん》で見《み》るべきものは、餘《よ》韻嫋々たる史《し》跡《せき》と、見事《みごと》な陶器《たうき》ではないかと思《おも》ひつゝ、私達《わたしたち》は再《ふた》び神溪寺《しんけいじ》に下《くだ》つた。もう日暮時《ひぐれどき》である。通《とほ》りかゝると、表《おもて》を掃《は》いてゐた茶店《ちやみせ》の主人《しゆじん》が、驚《おどろ》いたやうな顏《かほ》をして、それでもいかにも舊知《きうち》の人《ひと》をもてなすやうにニコニコしながら挨拶《あいさつ》し又《また》接待《せつたい》もしてくれた。

その夜《よ》又外金剛《またそとこんがう》に泊《とま》つたが、翌《よく》

日《じつ》は朝《あさ》から小雨《こさめ》が降《ふ》つてゐた。所在《しよざい》なさに、私達《わたしたち》は又《また》ブラブラと、極樂峠《ごくらくたうげ》を越《こ》えて、神溪《しんけい》寺《じ》に行《い》つた。今度《こんど》はゆつくりとあたりをカメラハイクだ。と又茶店《またちやみせ》の主人《しゆじん》は、とんな所《ところ》へよく來《く》るとでも云《い》つた呆《あき》れ顔《がほ》だつたが、でも又《また》いそいそともてなしてくれた。私達《わたしたち》は小半《こはん》日《にち》を愉快《ゆくわい》に遊《あそ》んで、その中雨《うちあめ》が晴《は》れたので、海金剛《うみこんがう》に行《い》つた。海金剛《うみこんがう》も噂《うはさ》の通《とほ》り他奇《たき》なかつたが、ともあれ私達《わたしたち》の金剛山行《こんがうざんゆき》で、可笑《をか》しくも最《もつと》も印象《いんしやう》に殘《のこ》つたのは、との神溪寺《しんけいじ》と茶《ちや》店《みせ》の主人《しゆじん》である。市川君《いちかはくん》とも、今以《いまもつ》てその話《はなし》をして笑《わら》ふ。だが、旅《たび》とは、結句斯《けつくか》うしたものではなからうか。

（筆者は劇作家）

(荒井龍男畫)

朝鮮の旅の宿

下村海南

朝鮮《てうせん》の旅《たび》もはやその度《ど》をかさねてゐる。宿《しゆく》泊《はく》したあとを指折《ゆびを》り數《かぞ》へても咸鏡江原方面《かんきやうかうげんはうめん》では、

會寧《くわいねい》、雄基《ゆうき》、淸津《せいしん》、朱乙《しゆをつ》、羅南《らなん》、咸興《かんこう》、元《げん》山《ざん》、溫井里《をんせいり》、長安寺《ちやうあんじ》、

があり、京城以北《けいじやういほく》では、

新義州《しんぎしう》、平壤《へいじやう》、鎭南浦《ちんなんほ》、兼二浦《けんじほ》、京城《けいじやう》、

があり、京城以南《けいじやういなん》では、

扶餘《ふよ》、群山《ぐんざん》、木浦《もつほ》、小鹿島《せうろくたう》、大邱《たいきう》、慶州《けいしう》、東萊《とうらい》、海雲臺《かいうんだい》、

などがある。その中《うち》でも、いまだに深《ふか》く記憶《きおく》が殘《のこ》つてゐるのは慶州佛國寺《けいしうぶつこくじ》の朝明《あさあ》けの景色《けしき》と、扶餘《ふよ》の野趣滿々《やしゆまんまん》たる旅舍《りよしや》の夜《よる》であつた。しかしさらに印象《いんしやう》の深《ふか》く刻《きざ》まれてるのはそれは金剛山中長安寺《こんがうざんちうちやうあんじ》や溫井里《をんせいり》などの山《やま》の旅《たび》ではない、何《な》んといつても赴戰高原長津江湖《ふせんかうげんちやうしんかうこ》々畔《はん》の宿《やど》りと、全羅南道《ぜんらなんだう》の瀬戸內海《せとないかい》といはれる閑《かん》麗水道の小鹿島《せうろくたう》の一夜《や》であつた。景色《けしき》も變《かは》つてる風光明眉《ふうくわうめいび》といつてよい。されど關心《くわんしん》をひく事《こと》は黃海《くわうかい》に向《むか》つて流《なが》れ入《い》る鴨綠江《あふりよくかう》の水《みづ》をせき止《と》めて日本海《につぽんかい》へむけ逆落《さかお》としにする。そとに五十萬《まん》の水電《すゐでん》を起《お》とすといふやうな事《こと》は、世界《せかい》を通《つう》じても、これが最初《さいしよ》の試《こゝろ》みかも知《し》れない。そとに科學《くわがく》の測《はか》るべからざる力《ちから》がうかゞはれる、それは日本科學《につぽんくわがく》の世界《せかい》への誇《ほこ》りである。それが朝鮮《てうせん》の物質界《ぶつしつかい》ばかりでない、思《し》想界《さうかい》へも强《つよ》い〳〵何《な》んらかの印象《いんしやう》を植《う》ゑつけたものと思《おも》ふ。さらに全南《ぜんなん》の小鹿島《せうろくたう》そとには六千の世《よ》にも不仕合《ふしあは》せな癩《らい》の患者《くわんじや》が收容《しうよう》されてある。惚《ほ》れた眼《め》で見《み》ればアバタも笑《ゑ》くぼといふから、その逆《さか》さまに笑《ゑ》くぼもアバタに見《み》える事《こと》もあらう。朝鮮《てうせん》における施政《しせい》は百般《はん》に

わたつてるが、恐《おそ》らくとの小鹿島《せうろくたう》に至《いた》りてはいかに白眼《はくがん》を以《もつ》て見《み》るともアバタには見《み》られないとおもふ。長津湖《ちやうしんこ》畔《はん》や小鹿島《せうろくたう》の宿《やど》ではそうしたくさ〳〵の感懷《かんくわい》にふけりていまだに忘《わす》れがたい印象《いんしやう》をのこしてる。

（筆者は法學博士）

文化の自由性

李克魯

洋《やう》の東西《とうざい》を問《と》はず人文《じんぶん》の未開《みかい》な時代《じだい》に於《おい》ては、人智《じんち》が低劣《ていれつ》だつた故《ゆゑ》、總《あらゆ》る理解力《りかいりよく》が不足《ふそく》し感情《かんじやう》が理智《りち》を支配《しはい》してゐた。而《しか》して征服者《せいふくしや》は被《ひ》征服者《せいふくしや》の地域内《ちゐきない》にて總《あらゆ》る文化施設《ぶんくわしせつ》の破壞《はくわい》を敢行《かんかう》した。即《すなは》ち歴史《れきし》を焚燒《ふんせう》し、古蹟《こせき》を破壞《はくわい》し、又《また》は正當《せいたう》なる信仰《しんかう》をも壓迫《あつはく》した。併《しか》し人《じん》文《ぶん》の發展《はつてん》に伴《ともな》ひ中世紀《ちうせいき》に於《お》ける歐洲《おうしう》の宗教戰《しうけうせん》爭《さう》の結果《けつくわ》は、畢竟信仰自由《ひつきやうしんかうじいう》をも許《ゆる》すやうになり現代國家《げんだいこくか》は、其《そ》の境内《きやうない》に於《おい》て如何《いか》なる文化《ぶんくわ》であれ、其《そ》の古蹟保存《こせきほぞん》に國力《こくりよく》を惜《を》しまなくなつた。

此《こ》れ偏《ひと》へに、人類《じんるゐ》が人類《じんるゐ》の文化《ぶんくわ》を助長發展《じよちやうはつてん》せしむべき義務《ぎむ》を知《し》り、又《また》は、人類《じんるゐ》の幸福《かうふく》が文化《ぶんくわ》の發展《はつてん》に從《したが》ひ増進《ぞうしん》される事《こと》を理解《りかい》した所《ゆ》以《ゑん》である。

現代人《げんだいじん》の生活《せいくわつ》は、自己《じこ》の郷土《きやうど》的《てき》、又《また》は傳統《でんとう》

(金　仁　承　畫)

的《てき》文化《ぶんくわ》のみに滿足《まんぞく》しては居《を》られない。故《ゆゑ》に總《あら》ゆる心理《しんり》が發展《はつてん》し、一方《はう》に於《おい》ては自然《しぜん》發達《はつたつ》にのみ任《まか》されず、創案家《さうあんか》の努力《どりよく》に依《よ》つて、衣服《いふく》飲食《いんしよく》、住宅等《ぢうたくとう》を時《じ》々刻《こく》々に新《あたら》しく考案《かうあん》を凝《こら》し發明家《はつめいか》は新《あたら》しき眞理《しんり》を發見《はつけん》するに熱中《ねつちう》し斯《か》くして新文化《しんぶんくわ》發達《はつたつ》を促進《そくしん》して居《ゐ》る。他《た》の一方《はう》に於《おい》ては文野《ぶんや》の別《べつ》なく、文化《ぶんくわ》が相互《さうご》交流《かうりう》して居《ゐ》る。

故《ゆゑ》に、文明族《ぶんめいぞく》の文化《ぶんくわ》が未《み》開族《かいぞく》に輸入《ゆにふ》されるは當然《たうぜん》な理《り》であり、此《こ》れと反對《はんたい》に未《み》開族《かいぞく》の未《み》開文化《かいぶんくわ》や、原始族《げんしぞく》の原始文化《げんしぶんくわ》が文明族《ぶんめいぞく》の方《はう》に輸入《ゆにふ》される事實《じじつ》も少《すくな》く無《な》いのである。

例《れい》を上《あ》げるとアメリカ紅人種《こうじんしゆ》の手工業《しゆこうげふ》なる土器《どき》や織物《おりもの》の如《ごと》き樣式《やうしき》が、歐米國《おうべいこく》に輸入《ゆにふ》される事《こと》や、アメリカ黑人種《こくじんしゆ》の舞踊《ぶよう》が白人《はくじん》のダンス・ホールに輸入《ゆにふ》されて人氣《にんき》を引《ひ》くのは、我《われ》等《ら》の周知《しうち》する所《ところ》である。

例《たと》へるに地球《ちきう》は人類文化《じんるゐぶんくわ》の花園《はなぞの》である、花《はな》園《ぞの》には當然《たうぜん》總《あら》ゆる花《はな》が具備《ぐび》されねばならぬ。此《こ》の花園《はなぞの》を只單《たゞたん》に、牡丹畑《ぼたんばたけ》や、菊畑《きくばたけ》や、蘭畑《らんばたけ》のみにしてはいけない。

一國內《こくない》にも數多《いくた》の文化《ぶんくわ》が並存發展《へいぞんはつてん》する事《こと》が出來《でき》得《う》る、否《いな》、數多《いくた》の文化《ぶんくわ》が並存發展《へいぞんはつてん》して始《はじ》めて大《おほ》きな國家《こくか》に成《な》り得《う》る。

むしろ文化單位《ぶんくわたんゐ》のみにて成《な》れる國家《こくか》は、大《たい》概《がい》、弱小國《じやくせうこく》である。

(筆者は朝鮮語學者)

謙譲の精神

安含光

P君《くん》は日頃《ひごろ》懇意《こんい》にしてゐる仲《なか》で、おとなしい人柄《ひとがら》であるが、或《あ》る日《ひ》遊《あそ》びに來《き》て、色々《いろ〱》と世間話《せけんばなし》を交《か》はしたことがある。其時《そのとき》P君《くん》は謙《けん》譲《じやう》といふことに話《はなし》を及《およ》ぼして、

『人間《にんげん》の氣質《きしつ》に於《お》いて謙譲程《けんじやうほど》美《うつく》しく麗《うる》はしきものはなからうが、それが人格《じんかく》と人格《じんかく》、又《また》は信義《しんぎ》と信義《しんぎ》との美《うつく》しき接觸《せつしよく》に惠《めぐ》まれる場合《ばあひ》は、極《ご》く少《すくな》いのではなからうか！勿論《もちろん》相手《あひて》が眞《しん》に高《たか》い教養《けうやう》と豐《ゆた》かな精神《せいしん》の持主《もちぬし》である場合《ばあひ》には、謙譲《けんじやう》の精神《せいしん》は生命《せいめい》と生命《せいめい》との合致《がつち》ともなり交《かう》歡《くわん》ともなり得《う》るのであるが、然《しか》し大體《だいたい》の場合《ばあひ》に於《お》いては其《それ》とは逆《ぎやく》に、いやにつけあがつた、勿體振《もつたいぶ》つた表情《へうじやう》と出會《でくは》される場合《ばあひ》が多《おほ》い様《やう》だ。

とういふ自負屋《じあや》に對《たい》しては、蛆《うじ》に汚物《をぶつ》を與《あた》へる様《やう》に、ハツと悟《さと》る程《ほど》輕蔑《けいべつ》を與《あた》へればよさそうなもんだが、然《しか》しそんな人間《にんげん》を眞面目《まじめ》に難《なん》じて見《み》た所《ところ》で仕様《しやう》が無《な》いと言《い》つた様《やう》な、えらい達觀《たつくわん》めいた考《かんが》へになつてしまふのだが、これが亦實《またじつ》はそのつまらぬ謙譲《けんじやう》の氣質《きしつ》のせいなんだよ。世《よ》の中《なか》つて結局《けつきよく》一種《しゆ》の「芝居《しばゐ》」だから、場合《ばあひ》によつては先手《せんて》を打《う》つて圖太《づぶと》く出《で》るやうな藝能《げいのう》も、必要《ひつえう》であらうとは思《おも》ひ乍《なが》らも、何《な》んしろ生《うま》れつきで、何時《いつ》も謙譲《けんじやう》による損《そん》の貰《もら》ひ受《う》け許《ばか》り繰《く》り返《かへ》してゐるのだが、最《さい》近《きん》は、とう云《い》ふ自分《じぶん》のつまらない氣質《きしつ》に對《たい》して、しみ〲としがなさやら賴《たよ》り無《な》さやらを感《かん》じて來《き》たよ』といふ様《やう》な意味《いみ》のことを語《かた》るのであつた。

これらのことはP君《くん》自身《じしん》の經驗《けいけん》から割出《わりだ》されたものであるには相違《さうゐ》無《な》からうが、しかし必《かな》らずしもP君《くん》個人《こじん》のみが經驗《けいけん》する事柄《ことがら》とは限《かぎ》らないことであらう。

概《がい》して人間《にんげん》は惡《あく》の意識《いしき》によつてよりも善良《ぜんりやう》な意志《いし》の重荷《おもに》によつて苦《くる》しまされる場合《ばあひ》が多《おほ》いもので、との謙譲《けんじやう》の氣質《きしつ》による苦《くる》しみの自《じ》覺《かく》もその一例《れい》である。

時《とき》には謙譲《けんじやう》が、一種《しゆ》の僞善《ぎぜん》である場合《ばあひ》もあるであらうが、然《しか》し眞《しん》なる意味《いみ》の謙譲《けんじやう》も、逆《ぎやく》に利用《りよう》されて、傲慢《がうまん》な精神《せいしん》の下敷《したじ》きになつたり、策略《さくりやく》の餌食《ゑじき》になつたりする場合《ばあひ》はいくらでもある。

僕《ぼく》は、あひにく、おとなしい氣質《きしつ》のおめでたい男《をとこ》には出來《でき》てゐない様《やう》だが、それにしてもお互《たがひ》がもつと謙譲《けんじやう》の精神《せいしん》に、浸《ひた》るべきだとは、何時《いつ》となしに感《かん》じさせられてゐる。

話《はなし》の筋合《すぢあひ》は、少々《せう〱》違《ちが》ふが、個人的交友關係《こじんてきかうゆうくわんけい》に於《お》いて許《ばか》りでなく、公的市民生活《こうてきしみんせいくわつ》に於《お》いて殊《こと》にそうであるやうな氣《き》がする。

例《たと》へば省線《しやうせん》の乘《の》りトりの雜踏《ざつたふ》のさ中《なか》で、赤《あか》ん坊《ばう》をおんぶした婦人《ふじん》や老人《らうじん》のよろめく様《さま》を見《み》る度《たび》に、ハラハラする氣持《きもち》になるのだが、とれなどもお互《たがひ》が謙譲《けんじやう》の精神《せいしん》を體驗《たいけん》するとによつて、も少《すこ》しよき秩序《ちつじよ》を保《たも》ち得《う》るのではないかと思《おも》ふ。

社會《しやくわい》の縦《たて》の秩序《ちつじよ》は、權力《けんりよく》や命令《めいれい》によつて保《たも》たれ得《う》るものであらうが、文化生活《ぶんくわせいくわつ》の樞軸《すうぢく》ともいふべき横《よこ》の秩序《ちつじよ》は、各自《かくじ》の倫理意識《りんりいしき》をお

石窟庵本尊

(慶州郡吐含山)

いては期《き》し得《う》べくもない。

所《とろ》で、倫理意識《りんりいしき》の中《なか》で、最《もつと》も、大事《だいじ》なるものの一つが、謙譲《けんじやう》の精神《せいしん》ではなからうか！

(筆者は評論家)

朝鮮のローカル・カラー

鄭　寅　燮

初《はじ》めて朝鮮《てうせん》を訪《おとづ》れた人《ひと》の眼《め》に、何《なに》が一番珍《ばんめづら》しく見《み》えるのでせうか？大陸的《たいりくてき》な自然《しぜん》、見馴《みな》れない家屋《かをく》、模様《もやう》の少《すく》ない素服《そふく》、抑揚《よくやう》の異様《いやう》な朝鮮語《てうせんご》、唐辛子《たうがらし》の入《はひ》つた食物等《しよくもつとう》でありませう。これ等《ら》は、エキゾテイクな感《かん》じを與《あた》へると共《とも》に、そぞろ旅趣《りよしゆ》をそそるものがあると思《おも》ひます。

また、朝鮮《てうせん》の他《た》の一面《めん》として、デパート街《がい》の軒《のき》の下《した》に、半島製《はんたうせい》のチヤツプリンが、無帽《むばう》のまま無表情《むへうじやう》のステツプを踏《ふ》んで居《を》り、パーマネントのモダンガールが、ハイヒールで、アスフアルトの上《うへ》を燕《つばめ》の如《ごと》く歩《ある》いてゐるのが見受《みう》けられるでありませう。そして、この様《やう》な近代的《きんだいてき》な風情《ふぜい》を驚異《きやうい》の眼《め》で眺《なが》めることもあると思《おも》ひます。

以上《いじやう》の二方面《はうめん》、即《すなは》ち傳統的要素《でんとうてきえうそ》と流行的要《りうかうてきえう》素《そ》の何《いづ》れが望《のぞ》ましいかといふことは別問題《べつもんだい》にして、兎《と》に角《かく》、その何《いづ》れにしても外國《ぐわいこく》や内地《ないち》では感《かん》ぜられない何等《なんら》かの郷土的情緒《きやうどてきじやうちよ》をもつてゐるといふことは事實《じじつ》であつて、この様《やう》なローカル・カラーを味《あぢは》ふといふことは藝術家《げいじゆつか》はもとより、宗教家《しうけうか》であらうが、政治家《せいぢか》であらうが、商人《しやうにん》であらうが、科學者《くわがくしや》であらうが、等《ひと》しく必要《ひつえう》なことであると考《かんが》へられます。例《たと》へば、金剛山《こんがうざん》を如何《いか》に公園化《こうえんくわ》するにしても、そこにある山寺《やまでら》の獨特《どくとく》な點景《てんけい》を無視《むし》しては一萬《まん》二千峯《ほう》の大自然《だいしぜん》も、大半《たいはん》は失《うしな》はれるのであり、京城府廳《けいじやうふちやう》の前《まへ》あたりから光化門通《くわうくわもんどほ》りや南《なん》大門方面《だいもんはうめん》を見渡《みわた》す時《とき》、多《おほ》くの近代的《きんだいてき》なビルデイングの中《なか》に、なほも保存《ほぞん》されてゐる數々《かずかず》の古《ふる》い樓閣《ろうかく》や高《たか》い壁《かべ》が所々《ところどころ》見えるのであるが、この様《やう》な綜合美《そうがふび》とそ觀光都市《くわんくわうとし》としての京城《けいじやう》の特殊美《とくしゆび》でなければなりません。新京《しんきやう》の新《あたら》しい官廳《くわんちやう》の屋根《やね》が皆滿洲的《みなまんしうてき》な風趣《ふうしゆ》を現《あら》はして、しかも現代的《げんだいてき》な滿洲文化《まんしうぶんくわ》の調和美《てうわび》を誇《ほこ》つてゐるが如《ごと》く、黃金町《こがねまち》の半島《はんたう》ホテルの正面《しやうめん》の外觀《ぐわいくわん》の如《ごと》き、仁寺町《にんじちやう》にある新造《しんざう》の泰和女子館《たいわぢよしくわん》の如《ごと》き又《また》は水原驛《すゐげんえき》、慶州驛《けいしうえき》の如《ごと》きローカルな建築美《けんちくび》は大《おほ》いに奬勵《しやうれい》してみたい氣《き》がするのでありま す。

それから衣服《いふく》の話《はなし》でありますが、やたらに色衣《しよくい》を奬勵《しやうれい》する必要《ひつえう》はないと思《おも》ひます。

半島人《はんたうじん》は昔《むかし》から白衣《はくい》を著《き》たがつたもので、『魏志《ぎし》』『隋書《ずゐしよ》』又《また》は『宋書《そうしよ》』等《とう》に示《しめ》されてゐる通《とほ》り、半島人《はんたうじん》は服色《ふくしよく》は素《そ》を尙《たつと》ぶのでありました。

とれに關《くわん》しては、昔《むかし》、王室《わうしつ》の喪《も》が數年續《すうねんつゞ》いたのに原因《げんいん》してゐるといふ話《はなし》もありますが、その眞僞《しんぎ》は別《べつ》として、たとへそんな事實《じじつ》があつたにしても、それはすでに過去《くわこ》のことで今《いま》ではもう一種《しゆ》の審美的情緒《しんびてきじやうちよ》となつてしまつたのであります。

また近時經濟的見地《きんじけいざいてきけんち》から、云々《うんぬん》してゐる人《ひと》もありますが、今村鞆氏《いまむらともし》は、その名著《めいちよ》『朝鮮《てうせん》漫談《まんだん》』に於《おい》て『朝鮮人《てうせんじん》の白衣《はくい》を甚《はなはだ》不經濟《ふけいざい》だと評《ひやう》する人《ひと》あれど、あの位經濟的《くらゐけいざいてき》なる服裝《ふくさう》は無《な》い。老若《らうにやく》、男女《だんぢよ》、何《いづ》れにも用《もち》ひ、一家《か》の內《うち》でも融通《ゆうづう》が利《き》く。又少《またすこ》し汚《よご》れた時之《ときこれ》れを薄色《うすいろ》に染《そ》めて用《もち》ゐ、又汚《またよご》れた時之《ときこれ》を濃厚《のうこう》に染《そ》め用《もち》ひる。といふ便《べん》がある』と言《い》つてゐるが、全《まつた》くその通《とほ》りで、之《こ》れは吾々《われわれ》が日常《にちじやう》の家庭生活《かていせいくわつ》で實感《じつかん》する所《ところ》であります。

斷髮《だんぱつ》をするにしても、パラソルをさすにしても、女性《ぢよせい》がその朝鮮《てうせん》の素服《そふく》を裝《よそほ》つて歩《ある》いてゐるのがもつとも藝術的《げいじゆつてき》でもあり衞生的《ゑいせいてき》でもあり得《う》る場合《ばあひ》が多《おほ》いのであつて、最近校服《さいきんかうふく》の問題《もんだい》も、何等《なんら》かの意味《いみ》で、朝鮮《てうせん》のローカル・カラーを應用《おうよう》したら、さぞ立派《りつぱ》なものが工夫《くふう》されると思《おも》ひます。

要《えう》するに、一國《こく》の文化《ぶんくわ》といふものが發達《はつたつ》するには、各地《かくち》の藝術的《げいじゆつてき》な美《び》を保存《ほぞん》しつゝ、全《ぜん》體的《たいてき》には、より大《おほ》きなものに綜合《そうがふ》された抱擁《はうよう》性《せい》に富《と》んだ文化圈《ぶんくわけん》を構成《こうせい》する様《やう》な行方《ゆきかた》が必要《ひつえう》ではないでせうか？

內地《ないち》に於《おい》ても、各縣各村落《かくけんかくそんらく》の民俗的行事《みんぞくてきぎやうじ》が盛《さか》えても、少《すこ》しも行政上《ぎやうせいじやう》の不便《ふべん》を感《かん》じないが如《ごと》く、朝鮮《てうせん》のローカル・カラーは、東亞《とうあ》の新《しん》秩序建設《ちつじよけんせつ》に、少《すこ》しもさわるものではないと思《おも》ひます。

藁葺《わらぶき》の屋根《やね》に眞赤《まつか》な唐辛子《たうがらし》が、乾《かわ》かされてゐても、妓生《キーサン》のぐる／＼まいた袴《はかま》の下《した》から白《しろ》い足袋《たび》がちらほら見《み》えても、または質朴《しつぼく》な農《のう》夫《ふ》が田植《たうゑ》をしながらユーモラスな朝鮮《てうせん》の民謠《みんえう》を歌《うた》つても、それはやはり東亞《とうあ》の美的情緒《びてきじやうちよ》の一端《たん》とはなり得《え》ないでせうか！

もつと大《おほ》きな溫《あたゝか》い氣持《きもち》で朝鮮《てうせん》を見《み》なほす必要《ひつえう》があると思《おも》ひます。

（筆者は延禧専門教授）

朝《てう》鮮《せん》古《こ》貨《くわ》幣《へい》の概《がい》革《くわく》

柳 子 厚

過去《くわこ》の或《あ》る事象《じしやう》に就《つ》いて、矢鱈《やたら》に推測《すゐそく》して吹張《ふいちやう》する事《こと》は勿論《もちろん》、無闇《むやみ》に謙削《けんさく》することも避《さ》けなければならぬことである。とれは何《いつ》れもその事象《じしやう》の核心《かくしん》に觸《ふ》れることなく中庸《ちうよう》の把《は》持性《ぢせい》を失《しつ》するからである。今私《いまわたし》が云《い》はんと欲《ほつ》する處《ところ》、所謂朝鮮《いはゆるてうせん》の古貨幣《こくわへい》の問題《もんだい》の如《ごと》きは實《じつ》に稍《やゝ》もすれば推測《すゐそく》に流《なが》れ易《やす》いと同時《どうじ》に局見《きよくけん》に偏《へん》する虞《おそ》れが十二分《ぶん》にも胚胎《はいたい》して居《ゐ》るのである。

惟《おも》ふに我《わ》が朝鮮《てうせん》の過去《くわこ》の各般《かくはん》の文物制度《ぶんぶつせいど》たるや何《いづ》れを問《と》はず、一直線《ちよくせん》に、不顧不動《ふこふどう》なる且《か》つ整齊明瞭《せいせいめいれう》なる進化性《しんくわせい》を發見《はつけん》するに苦《くる》しいからである。と云《い》ふのは歴史《れきし》あつて以來度々《いらいたび〳〵》主《しゆ》を換《か》へ國《くに》を易《か》へた所謂《いはゆる》八變《ぺん》九遷《せん》の國柄《くにがら》であつたからである。實《じつ》にその地波《かは》萬瀾《はんらん》の迂廻曲《うくわいきよく》節《せつ》に富《と》んだ結果《けつくわ》、一道整然《だうせいぜん》たる處《ところ》の啓繼《けいけい》の美《び》果《くわ》を充分窺《じうぶんうかゞ》ふことの出來《でき》ないことは遺憾《ゐかん》に堪《た》えない處《ところ》である。併《しか》しとの種々《しゆ〴〵》なる變遷《へんせん》の中《なか》に於《お》いて、色々《いろ〳〵》な制度《せいど》が、それぞれ、人《ひと》に隨《したが》ひ浮沒《ふぼつ》し、時《とき》に隨《したが》ひ消長《せうちやう》なして來《き》た處《ところ》に、我《われ》々の、考察《かうさつ》とか、研究《けんきう》とかする方面《はうめん》が、自然《しぜん》多岐多樣《たきたやう》となり、玆《こゝ》に、或《ある》る一種《しゆ》の妙趣《めうしゆ》を覺《おぼ》え、且《か》つ百般《はん》の興味《きようみ》が湧《わ》いて來《く》るものと思《おも》はれるのである。朝鮮古貨幣《てうせんこくわへい》の問題《もんだい》の如《ごと》きは正《まさ》に、それの、代表的《だいへうてき》なる過去《くわこ》の制度《せいど》の、珍《ちん》現象《げんしやう》の、一王座《わうざ》であつたのである。布貨《ふくわ》が行《おこな》はれたかと思《おも》ふと、何時《いつ》の間《ま》にか錢幣《せんへい》が行《おこな》はれ錢幣《せんへい》が行《おこな》はれたから思《おも》へば、又《また》、布貨《ふくわ》に逆戻《ぎやくもど》り、さうかと思《おも》へば、又《また》、近代的《きんだいてき》の紙幣《しへい》の如《ごと》き楮貨《ちよくわ》が顯《あら》はれ、楮貨《ちよくわ》が行《おこな》はれたかと思《おも》ふ中《うち》に、又《また》、五綜布《そうふ》の如《ごと》き布貨《ふくわ》が行《おこな》はれ、種《しゆ》々雜多《ざつた》なる貨幣《くわへい》の制度《せいど》が、行《おこな》ひ亂《みだ》れ列《れつ》を破《やぶ》つて混沌上下《こんとんじやうげ》し乍《なが》ら、右往左往《うわうさわう》して二重奏《ぢうそう》、三重奏《ぢうそう》の、狂調亂舞《きやうてうらんぶ》の態《てい》を擅《ほ》しい儘《まゝ》に演出《えんしゆつ》したかの如《ごと》く感《かん》ぜられるのである。幾《いく》ら體系《たいけい》ある綿密《めんみつ》なる考察《かうさつ》の勞《らう》を拂《はら》つても進化性《しんくわせい》ある上昇《じやうしやう》の發達《はつたつ》は、認《みと》め得《え》られないのである。誠《まこと》に暴《ばう》風雨《ふうう》の翌朝《よくてう》に滿目蕭條《まんもくしやうでう》たる、亂《みだ》れ勝《が》ちの麻《あさ》の畑《はたけ》に今《いま》に想望《さうばう》するに均《ひと》しい感《かん》がする。併《しか》し、茲《こゝ》にその複雜《ふくざつ》多端《たん》なる想望《さうばう》の線《せん》は、奇妙《きめう》にも我々《われ〳〵》の後世《こうせい》の心目《しんもく》をば強《つよ》く引《ひ》き付《つ》けるのである。誠《まこと》に是《こ》の想望《さうばう》の線《せん》に飛乘《とびの》りして、聊《いさゝ》か懷《くわい》古《こ》の片鱗《へんりん》を運《はこ》ぶとにしよう。

百九年前の松蓄手形に似たもの「換管」

上古《じやうこ》の幣制《へいせい》

朝鮮《てうせん》の上古《じやうこ》の貨幣《くわへい》と云《い》ふものは、皮幣《ひへい》であつたのである。檀君《だんくん》が治世《ちせい》に檀弓楛矢《だんきうこや》は狩獵《しゆれふ》生活《せいくわつ》の經過《けいくわ》を、何《なに》により雄辯《ゆうべん》に物語《ものがた》るもので、狩獵《しゆれふ》時代《だい》の生活《せいくわつ》の法度《はつと》として獵肉《れふにく》は腹《はら》を醫《い》し、獵皮《れふひ》は身《み》に纏《まと》ひたるも、檀君《だんくん》一朝《てう》にして、編髮《へんはつ》衣服《いふく》の制度《せいど》を布《し》くに當《あた》り、獸皮《じうひ》は服地《ふくち》より退却《たいきやく》し、貨幣《くわへい》として登場《とうぢやう》したものである。是《こ》れは、世界各國《せかいかくこく》の貨幣發達史《くわへいはつたつし》上共通性《じやうきやうつうせい》として、類似《るゐじ》の道程《だうてい》を辿《たど》つたものである。洋《やう》の東《とう》西《さい》を問《と》はずその昔《むかし》に、或《ある》ひは貝《かひ》を或《ある》ひは龜《かめ》を、或《ある》ひは茶《ちや》を、或《ある》ひは煙草《たばこ》等《など》の如《ごと》きを、貨幣《くわへい》になしたる消息《せうそく》は、正《まさ》にその範疇《はんちう》や軌《き》道《だう》を同《おな》じくするものである。愈々《いよ〳〵》、農業《のうげふ》時代《だい》の完璧《くわんぺき》に入《はひ》るや、穀幣《こくへい》、又《また》は布幣《ふへい》、絲幣等《しへいなど》が、或《ある》ひは御額《おかほ》を揃《そろ》へ、或《ある》ひは、時《とき》を前後《ぜんご》して、出現登《しゆつげんとう》場《ぢやう》したのは、當然過《たうぜんす》ぎる當然《たうぜん》の順序《じゆんじよ》であつたのである。其《そ》の中《なか》に、鹿皮幣《かひへい》の如《ごと》き、又《また》は、羊裘幣《やうきうへい》の如《ごと》き貨幣《くわへい》は、李朝《りてう》、中葉英宗大王《ちうえふえいそうだいわう》の時代《じだい》にも使用《しよう》せられた。就中《なかんづく》、布幣《ふへい》の如《ごと》きは最《もつと》も壽命《じゆみやう》を永《なが》くして、李朝《りてう》の末期《まつき》初葉迄《しよえふまで》、貨《くわ》幣《へい》として能《よ》くその使命《しめい》を果《はた》したものであつた。

中古硬貨《ちうこかうくわ》の紀元《きげん》

斯《か》くも、皮幣《ひへい》、穀幣《こくへい》を以《もつ》て、賣買貸借《ばいばいたいしやく》の標《へう》準尺度《じゆんしやくど》としたが、經濟生活《けいざいせいくわつ》の進歩《しんぽ》に連《つ》れて、不便《ふべん》を感《かん》ずる樣《やう》になり、所謂硬貨《いはゆるかうくわ》なるものが出現《しゆつげん》したのである。是《こ》の硬貨《かうくわ》が、我朝鮮《わがてうせん》に最《さい》初《しよ》に登場《とうぢやう》した時期《じき》に就《つい》ては、說《せつ》が二三に岐《わか》れて居《ゐ》るが、私《わたし》の穿鑿《せんさく》したる處《ところ》に依《よ》ると、箕氏《きし》朝鮮時代《てうせんじだい》に發足《はつそく》したものであると思《おも》ふ。史《し》の傳《つた》ふる處《ところ》によると、興平王《諱捉《きそく》》元年《ぐわんねん》(周穆王《しうぼくわう》四十五年《ねん》、西曆紀元前《せいれききげんぜん》九百五十七年《ねん》)相《あ》ひ距《へだて》ること二千八百九十七年前《ねんぜん》に、子母錢《しぼせん》と云《い》ふ子錢《しせん》と母錢《ぼせん》とが、鑄出《ちうしゆつ》されたのが、朝《てう》鮮《せん》の硬貨《かうくわ》の鼻祖《びそ》であり、葉錢《えふせん》の紀元《きげん》であつた

古典特輯

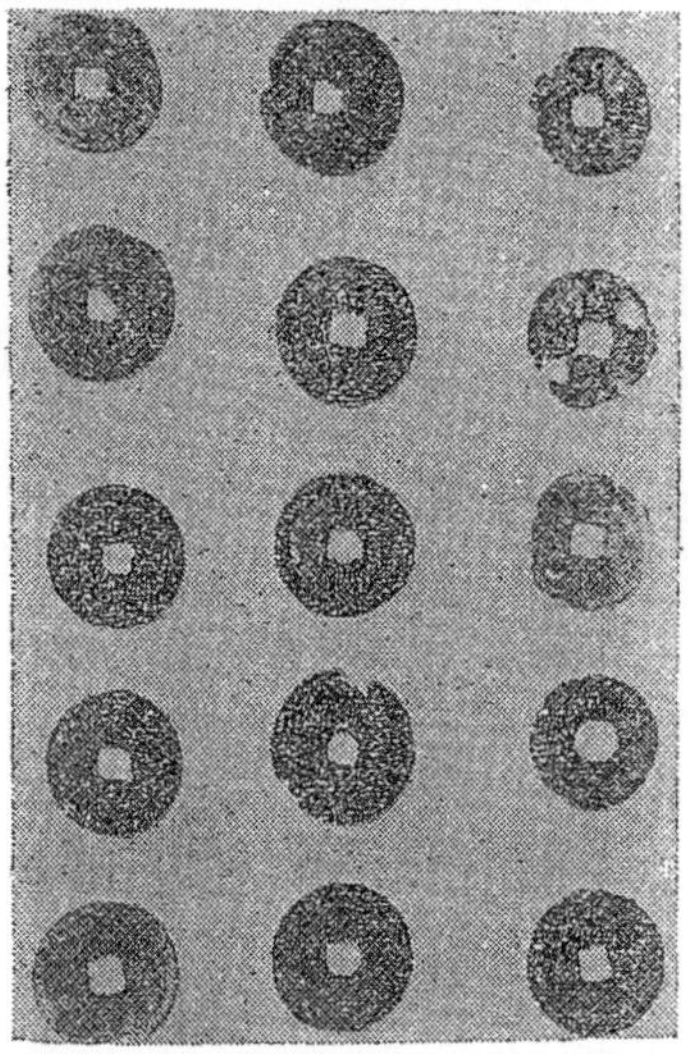

九百四十四年前頃の鑄幣。「朝鮮通寶」は二千八百九十四年前頃のもの。

のである。其《そ》の制度《せいど》の詳細《しやうさい》は知《し》る術《すべ》がないが、惟《おも》ふに、子錢《しせん》と云《い》ふものは小錢《しせん》で、母錢《ぼせん》と云《い》ふものは大錢《ぼせん》で子母《しぼ》即《すなはち》大小錢《だいせうせん》の二種《しゆ》が鑄出《ちうしゆつ》され、權衡《けんかう》即《すなは》ち相準計《さうじゆんけい》にて使用《しよう》せられるものと推定《すゐてい》せられるのである。古貨幣論《こくわへいろん》に子母權衡《しぼけんかう》は、大小錢《だいせうせん》の準計《じゆんけい》であるとの解釋《かいしやく》によれば、この興平王時代《こうへいわうじだい》の子母錢《しぼせん》は、斯《か》く解《かい》して毫《すこし》も過《あやま》りなきものだと思《おも》ふのである。此《こ》の子母錢《しぼせん》は、大小形《だいせうがた》の朝鮮通寶《てうせんつうはう》ではなかつたかと思《おも》はれるのである。

三韓時代《かんじだい》の銅錢《どうせん》と銕貨《てつくわ》

箕氏興平王元年《きしこうへいわうがんねん》に、子母錢《しぼせん》が、初《はじめ》に鑄出《ちうしゆつ》されてから七百八十八年後《ねんご》、馬韓の第《だい》二世安《せいあん》王《わう》二十一年《ねん》に至《いた》つては、銅錢《どうせん》が鑄出《ちうしゆつ》されたのである。是《こ》れは、時《とき》を前後《ぜんご》して、辰韓の國《くに》に於《お》いては銕貨《てつくわ》を用《もち》ひ、當時《たうじ》馬韓《はかん》と穢《わい》の國《くに》と並《なら》びに、海《うみ》を渡《わた》つて日本《にほん》と貿易《ぼうえき》をなしたのである。是《こ》の辰韓《しんかん》の銕貨《てつくわ》をば、或《あ》る人《ひと》は鐵片《てつぺん》の使用《しよう》にして、銕錢《てつせん》ではなかつたかの如《ごと》く主張《しゆちやう》するものがあるが、これは正《まさ》に偏見《へんけん》である。當時《たうじ》馬韓《はかん》に於《お》いて銅錢《どうせん》の鑄用《ちうよう》があつた。隣《りん》起《き》の事實《じじつ》と、又辰韓《またしんかん》には秦《しん》の始皇帝《しくわうてい》の萬里長《ばんりのちやう》城《じやう》や、阿房宮《あはうきう》の如《ごと》き重役苦役《ぢうえきくえき》に堪《た》え難《がた》くて逃《のが》れ出《い》で歸化《きくわ》したるものが多《おほ》かつた。故《ゆゑ》に、辰《しん》韓《かん》の一名《めい》を秦韓《しんかん》とも云《い》ふが、是《こ》の秦《しん》の人達《ひとたち》は永《なが》らく銕貨《てつくわ》の使用《しよう》に慣《な》れて來《き》た人達《ひとたち》で、相當《さうたう》に技巧《ぎかう》のあるものも多《おほ》かつたのである。馬韓《はかん》の治下《ちか》に居《を》つたとは云《い》へ、その文物制度《ぶんぶつせいど》は却《かへ》つて馬韓《はかん》を凌《しの》ぐの國柄《くにがら》であつたのである。是《こ》の國《くに》が、鑄錢《ちうせん》の術《すべ》が知《し》らなくて、銕片《てつぺん》を使用《しよう》したなど言語道斷《ごんごだうだん》である。常識《じやうしき》に判斷《はんだん》しても堅《けん》牢強剛《らうきやうがう》なる銕片《てつぺん》を以《もつ》て如何《いか》に、あらゆる準計《じゆんけい》の尺度《しやくど》となし得《え》たであらうか、これは索隱行《さくいんかう》怪《くわい》の引說《いんせつ》の類《るゐ》であると、私《わたし》は斷言《だんげん》するものである。卞韓の國《くに》は別《べつ》に、用幣《ようへい》の傳攷《でんこう》がないが、風俗《ふうぞく》の史《し》に其《そ》の俗《ぞく》が馬韓《はかん》よりも辰韓《しんかん》に似《に》て居《を》るものが多《おほ》い。且《か》つ是《こ》の國《くに》には辰韓《しんかん》の人《ひと》が數《かず》多《おほ》く雜居《ざつきよ》して居《を》つたと云《い》ふに徵《ちやう》すれば、辰韓《しんかん》の銕貨《てつくわ》が多《おほ》く是《こ》の國《くに》に流用《りうよう》され、且《か》つ、馬韓《はかん》の大夫《たいふ》、是《こ》の國《くに》を治《をさ》めた關係上《くわんけいじやう》、馬韓《はかん》の銅錢《どうせん》でも輸用《ゆよう》せられたことは、言《い》はずして知《し》るべきである。或《あ》る人《ひと》は、是《こ》の時代《じだい》には錢貨《せんくわ》の使用《しよう》がなかつたと主張《しゆちやう》するが、是《これ》は鑄用《ちうよう》との間《ま》違《ちが》ではないかと思《おも》ふのである。鑄用迄《ちうようまで》はないとしても、如上《じよじやう》の事實《じじつ》から、銕貨《てつくわ》や銅錢《どうせん》の使用《しよう》ありしとは、當然《たうぜん》の解釋《かいしやく》として、その異《い》說《せつ》を粉碎《ふんさい》するに、毫《がう》も、疑《うたが》ひを容《い》れる餘地《よち》はないのである。

三國時《こくじ》代《だい》の幣制《へいせい》

三國《ごく》の中《なか》に、新羅《しらぎ》は、その國《くに》を、南方《なんぱう》に建《けん》設《せつ》し、南方《なんぱう》の富《とみ》を誇《ほこ》り、高句麗《かうくり》は、その國《くに》を北方《ほくはう》に建設《けんせつ》し、北方《ほくはう》の強《つよ》い誇《ほこ》り、百濟《くだら》は、その國《くに》を中間《ちうかん》に建設《けんせつ》し、新羅《しらぎ》の文化《ぶんくわ》と高句麗《かうくり》の文化《ぶんくわ》を南窓北戸《なんそうほくと》より、共《とも》に吸收《きふしう》して折衷《せつちう》に勉《べん》勵《れい》した國柄《くにがら》であつた。今其《いまそ》の幣制《へいせい》を見《み》ても、新羅《しらぎ》と高句麗《かうくり》と、百濟《くだら》の三國《ごく》が、同時《どうじ》に鼎立《ていりつ》して居《を》つた國《くに》であつたが、幣制《へいせい》が各々異《おのおのことな》つて面白《おもしろ》き消長《せうちやう》の跡《あと》を示《しめ》して居《ゐ》るのである。

五百二十五年前の大形「朝鮮通寶」

甲《かふ》、新羅《しらぎ》は、富《とみ》の國《くに》で、藝術《げいじゆつ》を以《もつ》て雄鳴《ゆうめい》した國柄《くにがら》であつた。是《こ》の國《くに》では金銀《きんぎん》無文錢《むもんせん》なる即《すなは》ち金無《きんむ》文錢《もんせん》と銀無《ぎんむ》文錢《もんせん》の二種錢《しゆせん》を鑄用《ちうよう》すると同時《どうじ》に、布貨《ふくわ》を使用《じよう》したのである。

彼《か》の金銀無《きんぎんむ》文《もん》錢《せん》の制度《せいど》は傳《つたは》らないが、布貨《ふくわ》の使用制度《しようせいど》は、初《はじ》めは布帛《ふはく》一尋《ひろ》を以《もつ》て一匹《ひき》となされたが、新羅《しらぎ》文《ぶん》武王《ぶわう》十七年《ねん》（西《せい》曆紀《れきき》元《げん》六百七十七年《ねん》）今《いま》を距《さ》ると、一千二百六十三年前に至《いた》つては、布帛《ふはく》の長《ながさ》を七歩《ほ》に廣《ひろ》さを二尺《しやく》ものにして、是《これ》を一匹《ひき》と爲《な》し布貨《ふくわ》に使用《しよう》したのである。さうして、布帛《ふはく》の工程《こうてい》の差《さ》を定《さだ》むるに二十八升布《しようふ》、二十升布《しようふ》、十八升布《しようふ》、十五升布《しようふ》の四種《しゆ》に區別《くべつ》して居《を》つたのである。要《えう》するに、四種類《しゆるゐ》の布幣《ふへい》があつた譯《わけ》である。玆《こゝ》に、升布《しようふ》と云《い》ふのは織目《おりめ》の細荒《さいくわう》を意《い》味《み》するもので、二十八升布《しようふ》が、一番細目《はんほそめ》に善《よ》く織《お》られた、最上《さいじやう》の布貨《ふくわ》で、十五升布《しようふ》が、一番太《はんふと》く織《お》られた、最下《さいか》の布幣《ふへい》であつたものである。是《こ》の布貨《ふくわ》を織《お》り出《だ》す技師や技手は、勿《もち》論《ろん》、當時《たうじ》新羅《しらぎ》の婦女達《ふぢよたち》で、新羅《しらぎ》の全國《ぜんこく》の家庭《かてい》が、造幣局《ざうへいきよく》で、新羅《しらぎ》の全婦女達《ぜんふぢよたち》が、造幣《ざうへい》の技《ぎ》師又《しまた》は技手《しゆ》であつたのである。布貨《ふくわ》を使用《しよう》する時代《じだい》は、新羅《しらぎ》と言《い》はず、皆然《みなしか》りであつた。要《えう》するに、布貨《ふくわ》は誰《だれ》でも、國《くに》の規定通《きていどほ》り、布《ふ》帛《はく》を織出《おりだ》せば、直《たゞ》ちに、布貨《ふくわ》として使《つか》はれたものである。初《はじ》めは、成《な》る丈《たけ》、細《ほそ》く良《よ》く、織《お》つて、規則通《きそくどほ》りの布貨《ふくわ》を製造《せいぞう》して使用《しよう》し、兼《か》ねて、是《こ》れが、絲身《ししん》作用《さよう》、即《すなは》ち 着物《きもの》になるに萬遺憾《ばんゐかん》なき樣勉勵《やうべんれい》して居《を》つたが、是《こ》れが何《い》

高句麗時代。西崗、玄室北壁圖。(所在滿洲國通化省輯安縣)

時《つ》の間《ま》にか、麤布《そふ》と成《な》り變《かは》り、竟《つ》まり荒《あら》くて、悪《わ》るい粗布《そふ》が現《あら》はれ、幣《へい》としても壽命《じゆみやう》が左程《さほど》なく、絲身作用《ししんさよう》としても、應用《おうよう》することが出《で》來《き》ない。何等《なんら》利用厚生《りようこうせい》に、神益《ひえき》のないものが濫造《らんざう》されたのである。これは斯《か》くも、燦爛《さんらん》たる藝術文化《げいじゆつぶんくわ》を持《も》てる、新羅《しらぎ》の制度《せいど》の變遷史中《へんせんしちう》に、一大缺點《だいけつてん》と云《い》はざるを得《え》ないものであつた。處《ところ》が、是《こ》の麤布《ふ》の出現《しゆつげん》には、一つの大《おほ》きい深《ふか》い理由《りいう》が存在《そんざい》せることを見逃《みのが》してはならないのである。即《すなは》ち、新羅《しらぎ》の男子《だんし》は生《う》まれ好《ず》きの藝術《げいじゆつ》に沒頭《ぼつとう》する上《うへ》に三國鼎立《ごくていりつ》の故《ゆゑ》に百濟《くだら》の侵亂《しんらん》又《また》は北方《ほくはう》の强高句麗《きやうかうくり》の虎視眈々《こしたんく》に備《そな》ふ可《べ》く、軍國《ぐんこく》の事《こと》に携《たづさ》はり、毫《がう》も經濟生活《けいざいせいくわつ》を擔當《たんたう》する暇《ひま》がなかつたのである。於是乎《ここにおいてか》、新羅《しらぎ》の婦女達《ふぢよたち》は男子《だんし》の藝術《げいじゆつ》を完成《くわんせい》せしむべく、男子《だんし》の軍國《ぐんこく》の事《こと》に、銃後《じゆうご》の任務《にんむ》を果《はた》す可《べ》く、男《だん》子《し》に取《と》つて代《かは》り經濟《けいざい》の支配權《しはいけん》を掌握《しやうあく》した。心身《しんしん》を獻《けん》じて活動《くわつどう》せざるを得《え》なくなり、家《うち》に居《を》り、布貨《ふくわ》を念入《ねんい》つて善《よ》く織《お》ることが出來《でき》なかつたものではないかと、熟々《つくづく》思《おも》はれるのである。且《か》つ、布貨《ふくわ》の原料《げんれう》が、軍需品《ぐんじゆひん》に吸收《きふしう》されて、上等《じやうとう》の布貨《ふくわ》を織《お》り出《だ》すに困難《こんなん》を來《き》たした結果《けつくわ》ではなかつたかと思《おも》はれる節《ふし》もあるのである。兎角《とかく》、新羅《しらぎ》の婦女達《ふぢよたち》が、家《うち》に蟄伏《ちつぷく》して、念入《ねんいり》に紡績《はうせき》をなしたとすれば、新羅《しらぎ》の歴史《れきし》に、麤布《そふ》なる布貨《ふくわ》の文字《もじ》は染《そ》めなかつた筈《はず》である。各史《かくし》が異管《いくわん》同文《どうぶん》で、新羅《しらぎ》の市販《しはん》即《すなは》ち市場《しぢやう》の交易賣買《かうえきばいばい》は是《こ》れ皆《み》な、新羅《しらぎ》の婦女《ふぢよ》が行《おこな》つたと傳《つた》ふるを見《み》ると、上述《じやうじゆつ》の理由《りいう》の下《もと》に、麤布《ふ》が萬止《はんや》むを得《え》ず、出現《しゆつげん》せられたることを、明白《めいはく》に證明《しようめい》して餘《あま》りあると云《い》はねばならないのである。朝鮮《てうせん》の婦女《ふぢよ》の歴史《れきし》を通《つう》じて、新羅《しらぎ》の婦女《ふぢよ》の如《ごと》く勤勉《きんべん》活動《くわつどう》したものはなかつた。麤布は實《じつ》に斯《か》くの如《ごと》き理由《りいう》の下《もと》に於《お》いて、手易《たやす》く織《お》り出《だ》されたものがなければ、十分恕《ぶんゆる》すべき歴史《れきし》の事情《じじやう》と申《まを》さなければならないものである。更《さら》に、一方《はう》から考《かんが》へて見《み》ると確《たし》かに新羅《しらぎ》の婦女達《ふぢよたち》が、男子《だんし》に代《かは》り、經濟活動《けいざいくわつどう》を成《な》し遂《と》げた結果《けつくわ》が、新羅《しらぎ》が、斯《か》くも有名《いうめい》な藝術《げいじゆつ》の國《くに》となり、且《か》つ軍國《ぐんこく》の威武《ゐぶ》を發揮《はつき》する樣《やう》になつたとも思《おも》へるのである。新羅《しらぎ》の造幣《ざうへい》の技師《ぎし》たる地位《ちゐ》にあつた、新羅《しらぎ》の婦女達《ふぢよたち》が、麤布《ふ》を織出《おりだ》したのは、遊手《いうしゆ》の罪禍《ざいくわ》ではなく、實《じつ》に、家《いへ》の爲《た》め、國《くに》の爲《た》めに經濟權《けいざいけん》を掌握《しやうあく》して、市場迄管理《しぢやうまでくわんり》支配《しはい》する樣《やう》になつてから、内外《ないぐわい》の仕事《しごと》に忙殺《ばうさつ》され、その結果《けつくわ》、布幣《ふへい》を細善《さいぜん》に織《お》る暇《ひま》がなかつたとに原因《げんいん》するものと見《み》る外《ほか》は、その理由《りいう》の據《きよ》索《さく》する處《ところ》がないのである。更《さら》に、是《こ》れが古典《こてん》的《てき》に考證《かうしよう》して見《み》ると、新羅《しらぎ》の婦女《ふぢよ》は市販《しはん》に於《お》いて、稗米《ひまい》、卽《すなは》ち、精白《せいはく》したる穀幣《こくへい》を以《もつ》て、市場《しぢやう》の凡謂物價《あらゆるぶつか》を評定《ひやうてい》して、貿易《ばうえき》したとの句《く》あるを讀《よ》むに至《いた》つては、愈々《いよいよ》麁布《ふ》すら多《おほ》く織《おり》出《だ》して、貨幣《くわへい》が使命《しめい》を潤澤《じゆんたく》にすることが出來《でき》なかつたのは、何《な》によりの證據《しようこ》である。(増補《ぞうほ》文獻備考巻《ぶんけんびかうまき》一百六十三市條《しでう》一頁參照《ページさんせう》)

乙《おつ》、高句麗《かうくり》は、尙武《しやうぶ》の國《くに》で、好戰國《かうせんこく》であつた。新羅《しらぎ》に較《くら》べて自然《しぜん》に惠《めぐ》まれて居《ゐ》なかつたが、その強健《きやうけん》なる精神《せいしん》は、一歩《ぽ》進《すゝ》んだ觀《くわん》があつた。殊《こと》に、唐《たう》の國《くに》と境《さかひ》し唐《たう》の文物《ぶんぶつ》を吸收《きふしう》するには、新羅《しらぎ》や、百濟《くだら》より便宜《べんぎ》が多《おほ》かつたので、貨幣《くわへい》の制度《せいど》にも、唐《たう》の影響《えいきやう》を他《た》の二國《こく》より、優《いう》に享《う》けて居《を》つたと思《おも》はれるのである。是《こ》の國《くに》では、布貨《ふくわ》、布幣《ふへい》、穀幣《こくへい》、又《また》は錢幣《せんへい》が交々《こもごも》使用《しよう》されたが、その錢幣《せんへい》たるや、新羅《しらぎ》の如《ごと》く、金《きん》銀無文錢《ぎんむもんせん》であつたか、毫《がう》もその種類《しゆるゐ》や、制度《せいど》は傳《つた》はらないが、金銀無文錢《きんぎんむもんせん》ではなかつた樣《やう》である。思《おも》ふに、銅鐵《どうてつ》の葉錢《えふせん》にして、その錢貨《せんくわ》の通行《つうかう》に至《いた》つては確《たし》かに、新羅《しらぎ》を凌駕《りようが》したものと思《おも》はれる。その理由《りいう》とする處《ところ》は、史《し》に傳《つた》ふる處《ところ》によると、この國《くに》の婚姻《こんいん》には、頓錢《とんせん》の法《はふ》が行《おこな》はれて居《を》つた事《こと》から證據《しようこ》を立《た》てることが出來《でき》るのである。然《しか》らば、頓錢《とんせん》の法《はふ》は何《ど》んなものであつたかと申《まを》せば、其《そ》の俗《ぞく》に婚約《こんやく》があれば、女《をんな》の家《うち》卽《すなは》ち新婦《しんぷ》となる可《べ》き家《うち》では、自家《じか》の大屋《おほや》の後《あと》に小屋《こや》を造《つく》つて、是《これ》が婿部屋《むこべや》と云《い》ふ名《な》を付《つ》けて置《お》くのであつた。さうすると、婿《むこ》となる可《べ》き男子《だんし》は、選《えら》び定《さだ》めたる吉日《きちじつ》の日暮《ひぐれ》を待《ま》つて、妻《つま》となる可《べ》き女《をんな》の家《うち》に參《まゐ》り、其《そ》の戸外《こぐわい》に立《た》つて自分《じぶん》の名《な》を宣《なの》り、婿部屋《むこべや》に宿《やど》りたしと願《ねが》ひを申出《まをしいで》たものである。かういふ風《ふう》にすると、再三《さい》の後《のち》、女《をんな》の父母《ふぼ》

新羅時代。慶州佛國寺東塔。(多寶塔)

は、その願を納《い》れて、婿部屋《むこべや》なる小屋《こや》に婿《むこ》たる可《べ》き男子《だんし》を就《つ》かしめるのであつた。處《ところ》が、是《こ》の時《とき》、女《をんな》の家《うち》では、婿《むこ》たらんとする男子《だんし》に向《むか》つて、それ相應《さうおう》の錢帛《せんはく》を請求《せいきう》したものである。婿《むこ》となるべき男子《だんし》は、その請求《せいきう》の通《とほ》り錢《せん》帛《はく》を納《をさ》めなくては、婿部屋《むこべや》なる小屋《こや》に入《はひ》ることが出來《でき》なかつたのである。是《こ》の婿部屋《むこべや》に入《はひ》るときに支拂《はら》ふ錢貨《せんくわ》が、卽《すなは》ち頓錢《とんせん》の法《はふ》であつたのである。斯《か》の如《ごと》く、婚姻《こんいん》に頓錢《とんせん》の法《はふ》が行《おこな》はれるのは、云《い》ふ迄《まで》もなく、廣範圍《くわうはんゐ》の行錢國《かうせんこく》であつた證左《しようさ》である。

元來《ぐわんらい》、高句麗《かうくり》の婚姻制度《こんいんせいど》に、財物《ざいぶつ》の聘幣《へいへい》が行《おこな》はれなかつたのであるが、是《こ》の頓錢《とんせん》の法《はふ》が行《おこな》はれたことは、何《な》にかの理由《りいう》がなければならないのである。考《かんが》ふるに、當時《たうじ》隣接《りんせつ》の唐《たう》の國《くに》では、錢貨《せんくわ》を盛《さかん》に鑄用《ちうよう》し、貨幣經濟《くわへいけいざい》の妙用《めうよう》を發揮《はつき》して居《を》つたに拘《かゝ》はらず、高句麗《かうくり》の一般《はん》民衆《みんしう》は、一體《たい》錢貨《せんくわ》と云《い》ふ奴《やつ》は、何等《なんら》自分達《じぶんたち》の穀腹《こくふく》絲《し》身《しん》卽《すなは》ち、衣食《いしよく》の急《きふ》を、直接《ちよくせつ》に解決《かいけつ》するものでないとて錢幣《せんぺい》の運用《うんよう》を餘《あ》まり好《この》まないから、國《くに》を擧《あ》げて、行錢國《かうせんこく》に仕向《しむ》ける爲《た》めに、斯《か》くも婚姻《こんいん》に頓錢《とんせん》の法《はふ》を設《まう》けて、誰《だれ》しも、錢《ぜに》がなければ、嫁《よめ》を貰《もら》へない樣《やう》にしたのではなからうかと思《おも》はれるのである。或《あ》る人《ひと》は、是《こ》の頓錢《とんせん》の法《はふ》は、高句麗《かうくり》の最下級《さいかきふ》の民草《たみくさ》の間《あひだ》に於《お》いてのみ行《おこな》はれたもので、高貴《かうき》階級《かいきふ》には、斯《か》る風習《ふうしふ》がなかつたものの如《ごと》く云《い》ふものもあるが、私《わたし》の據解《きよかい》する處《ところ》には決《けつ》して、左《さ》樣《やう》に思《おも》はれないのである。何故《なぜ》ならば、女《をんな》の家《いへ》で小屋《こや》を自分《じぶん》の大屋《おほや》の後《うしろ》に作《つく》つたと云《い》ふことから考《かんが》へますと、大屋《おほや》とは、貧乏《びんばふ》或《ある》ひは下賤《げせん》の家《いへ》ではないのである。大屋《おほや》と云《い》ふからには確《たし》かに、高句麗《かうくり》の大《たい》家《け》、卽《すなは》ち高貴階級《かうきかいきふ》の家屋《かをく》と解釋《かいしやく》して間違《まちが》ひはない筈《はず》である。斯《か》く解釋《かいしやく》すれば、然《しか》らばとの高句麗《かうくり》の頓錢《とんせん》の法《はふ》は、大家《たいけ》に限《かぎ》つて行《おこな》はれたものであると、或《ある》ひは抗辯《かうべん》を申入《まうしい》れるかも知《し》れないが、上行下效《じやうかうかかう》とは、是《こ》の場合《ばあひ》の合言葉《あひことば》で、大《たい》家《け》なる高貴《かうき》階級《かいきふ》に於《お》いてすら、頓錢《とんせん》の法《はふ》を行《おこな》つたとすれば、物資《ぶつし》の欲求《よくきう》が、高貴《かうき》階級《かいきふ》より

新羅時代。純金製寶冠。

切《せつ》なる一般下《はんか》層階級《そうかいきふ》の間《あひだ》には、もつともはげしく行《おこな》はれて居《を》つたことは言《い》はずとも知《し》れる事《こと》と云《い》はなければならないのである。要《えう》するに、是《こ》の頓錢《とんせん》の法《はふ》は、高句麗《かうくり》の上下貴賤《じやうげきせん》を問《と》はず、貨幣通用《くわへいつうよう》の習慣《しふくわん》を、深《ふか》く廣《ひろ》く、涵養《かんやう》させる爲《た》めの通貨政策《つうくわせいさく》から出來《でき》たものであつたとも思《おも》はれるのである。竟《つ》まり、嫁《よめ》を貰《もら》ふには錢《ぜに》が入《い》る、錢《ぜに》を儲《まう》けるには、仕事《しこと》をしなければならない。錢《ぜに》を儲《まう》ける爲《た》めに仕事《しこと》を盛《さかん》にすると、行錢《かうせん》は普及《ふきふ》され、國《くに》は富《と》める譯《わけ》である。この高句麗《かうくり》の婚姻《こんいん》の頓錢《とんせん》の政策《せいさく》は、所謂《いはゆる》一矢兩鳥《しりやうてう》の效果《かうくわ》を收《をさ》めんが爲《た》めに勵行《れいかう》せられたものと見《み》た方《はう》が、正當《せいたう》の解釋《かいしやく》ではないかと思《おも》はれるのである。

高麗時代。青磁象嵌雲鶴牧丹文瓢形注子。

丙《へい》、百濟《くだら》は、高句麗《かうくり》と、新羅《しらぎ》との間《あひだ》に於《お》いて、長短《ちやうたん》を取捨《しゆしや》した制度《せいど》が多《おほ》かつたので幣制《へいせい》も、その中間《ちうかん》を取《と》つて居《を》つた樣《やう》であるが、錢《せん》幣《へい》の使用《しよう》は、右兩國《みぎりやうこく》に比較《ひかく》し、不熱心《ふねつしん》であつた樣《やう》である。是《こ》の國《くに》の幣制《へいせい》に最《もつと》も特色《とくしよく》あるものは、絲幣《しへい》であつて、この絲幣《しへい》は勿論麻《もちろんあさ》の絲《いと》の事《こと》である。思《おも》ふに、布貨《ふくわ》を並用《へいよう》して、或《あ》る物品《ぶつぴん》を賣買《ばいばい》するときに、端數《たんすう》が出來《でき》る場合《ばあひ》に、布貨《ふくわ》を裂取《さきと》ると云《い》ふことは、もつたひないから、其《そ》の時《とき》には、麻絲《あさいと》を以《もつ》て支拂《しはら》つた樣《やう》である。即《すなは》ち、布貨《ふくわ》を母貨《ぼくわ》即《すなは》ち大錢《たいせん》の如《ごと》く用《もち》ひ絲《し》幣《へい》をば子貨《しくわ》即《すなは》ち小錢《こせん》の如《ごと》く使用《しよう》したものである。

東沃沮時代《じだい》の幣制《へいせい》

東沃沮では、新羅《しらぎ》と同樣《どうやう》、金銀無文錢《きんぎんむもんせん》を使《し》用《よう》し、高句麗《かうくり》の頓錢《とんせん》の法《はふ》に類似《るゐじ》せる、責錢《せきせん》の法《はふ》が行《おこな》はれて居《を》つたのである。責錢《せきせん》の法《はふ》と云《い》ふのは、東沃沮の人達《ひとたち》は、その嫁娶《よめとり》の方法《はうはふ》として、女子《ぢよし》が十歳位《さいぐらゐ》いになると、婚姻《こんいん》を豫約《よやく》して、將來《しやうらい》、婿《むこ》となるべき男子《だんし》の家《いへ》から、將《しやう》來《らい》、妻《つま》となるべき、小女《せうぢよ》をば迎入れるのであつた。さうして成長《せいちやう》させて、相當《さうたう》の嫁齢《かれい》に達《たつ》し成人《せいじん》になつたら、是《こ》れを新婦《しんぷ》にした後《のち》、直《たゞ》ちに、是《こ》の新婦《しんぷ》を、一旦《たん》、女《をんな》の家《いへ》即《すなは》ち里《さと》の家《いへ》に送《おく》り返《かへ》すのであつた。すると女《をんな》の家《いへ》では娘《むすめ》を

高麗時代。　智光國師玄妙塔。

引取《ひきと》つて、婿《むこ》の家《いへ》に對《たい》して、責錢《せきせん》即《すなは》ち、それ相《さう》當《たう》の錢幣《せんぺい》を請求《せいきう》するのである。この場合《ばあひ》に婿《むこ》の家《いへ》では、その請求《せいきう》されるに金額《きんがく》の足《あし》を揃《そろ》へて、禮《れい》を盡《つく》し、更《さら》に新婦《しんぷ》を迎《むか》へに來《く》るのであつた。若《も》し萬《まん》が一にも、責錢《せきせん》の數額《すうがく》を揃《そろ》へることが出來《でき》なかつたならば、それで全部《ぜんぶ》支拂《しはら》ふ迄《まで》、新婦《しんぷ》を女《をんな》の家《いへ》に預《あづ》けて置《お》くのであつた。故《ゆゑ》に、是《こ》の責錢《せきせん》の法《はふ》を、預婦《よふ》の制度《せいど》とも云《い》つたものである。兎角《とかく》、是《こ》の東沃沮の責錢《せきせん》の法《はふ》は高句麗《かうくり》の頓錢《とんせん》の法《はふ》と同《おな》じく、森嚴《しんごん》にして、男《だん》子《し》として、預婦《よふ》を取《と》り戻《もど》すに、何《ど》うしても、それ相應《さうおう》の責錢《せきせん》の準備《じゆんび》がなくてはならなかつたのである。是《これ》を推《お》して、東沃沮の全般《ぜんぱん》が、能《よ》くも行錢國《かうせんくに》であつたことは、想像《さうぞう》に難《かた》くないのである。(海東繹史十八巻《くわん》昏禮篇《こんれいへん》八頁《ページ》士庶《ししよ》昏禮條《こんれいでう》、同《どう》二十五巻《くわん》市易篇《しえきへん》七頁《ページ》—八頁《ページ》互市條《ごしでう》同《どう》十二頁《ページ》錢貨條《せんくわでう》、大東史《だいとうし》二巻《くわん》十五頁《ページ》—同《どう》四巻《くわん》八頁《ページ》、文獻備考《ぶんけんびかう》百五十九巻《くわん》一頁《ページ》、同《どう》百六十三巻《くわん》一頁《ページ》、同《どう》百六十四巻《くわん》一頁《ページ》、周書《しうしよ》四十九巻《くわん》異《い》域篇《ゐきへん》參照《さんせう》)

(筆者は考古學者)

朝《てう》鮮《せん》古《こ》代《だい》の美《び》術《じゆつ》工《こう》藝《げい》

高裕燮

朝鮮《てうせん》の美術工藝《びじゆつこうげい》は、千六百年前後《ねんぜんご》の昔《むかし》の高《かう》句麗《くり》・百濟《くだら》・新羅《しらぎ》・三國鼎立時《こくていりつじ》代《だい》から始《はじ》まる。時《とき》は、民族興隆期《みんぞくこうりうき》であり、文化發生期《ぶんくわはつせいき》であつて、すべての美術工藝《びじゆつこうげい》は新興《しんこう》の意氣《いき》に燃《も》え、建設的《けんせつてき》な、構築的《こうちくてき》な、特色《とくしよく》をもつ。その構造《こうざう》は骨組的《ほねぐみてき》であり、色彩《しきさい》は、原感覺的《げんかんかくてき》であり、線條《せんでう》は、抽象的《ちうしやうてき》である。彼等《かれら》の、世界觀《せかいくわん》には、アニミズムが主流《しゆりう》をなしてゐて、靜止《せいし》してゐる筈《はず》の物理的《ぶつりてき》なものですら、流動的《りうどうてき》に表現《へうげん》されてゐる。かれらの構築的《こうちくてき》な點《てん》は勢《いきほ》ひ空想的《くうさうてき》なものに活《い》かされ、原感覺的《げんかんかくてき》な點《てん》は、光明《くわうみやう》なるものを追《お》ひ、そして抽象性《ちうしやうせい》は、空想的《くうさうてき》な特《とく》質《しつ》と相俟《あひま》つて、原始神祕主義《げんししんぴしゆぎ》へと導《みちび》かれてゐる。かのアニミズムもとの神祕主義《しんぴしゆぎ》への重要《ぢうえう》なる一素因《そいん》をなしてゐるのであるが、それと同時《どうじ》にとれは又意力《またいりよく》の自由《じいう》なる發揚《はつやう》をも意味《いみ》してゐた。

ところが、新羅《しらぎ》によつてとの民族《みんぞく》の間《あひだ》に單《たん》一國家《こくか》の成立《せいりつ》をみるや(約《やく》千二百七十年前《ねんまへ》)分《ぶん》立不均衡《りつふきんかう》の狀態《じやうたい》にあつた社會的諸勢力《しやくわいてきしよせいりよく》は統制《とうせい》ある中心勢力《ちうしんせいりよく》からの整合《せいがふ》を得《え》てきた。即《すなは》ち、前代《ぜんだい》に於《お》ける構築的組立的骨組的特色《こうちくてきくみたててきほねぐみてきとくしよく》は、その內實性《ないじつせい》をえてきて形態《けいたい》に更《さら》に、彫塑的《てうそてき》な、モデルリイエルング(立體的《りつたいてき》な盛上《もりあ》げ)を發揮《はつき》するやうになつた。いはば外面的《ぐわいめんてき》なものと內面《ないめん》的《てき》なもののとの合致均《がつちきん》衡《かう》の成《せい》功《こう》であつて、とゝに吾々《われ〱》は所謂古典的《いはゆるこてんてき》なるものをみうける。のみならず、かの抽象的象徵的線條《ちうしやうてきしやうちようてきせんでう》は勢《いきほ》ひ、理想主義的《りさうしゆぎてき》なものへ傾《かたむ》き、原感覺的《げんかんかくてき》光明色彩《くわうみやうしきさい》は、物心兩面《ぶつしんりやうめん》の合致《がつち》からくる、ポリクローム的《てき》(複色《ふくしよく》)なものとなることによつて、いよ〱自信《じしん》の立《た》つた裝飾上《さうしよくじやう》の繁褥《はんじよく》さとなつて現《あら》はれてきた。由來《ゆらい》、フアンタスティク(空想的《くうさうてき》)な點《てん》と裝飾上《さうしよくじやう》の繁褥《はんじよく》さは朝鮮美術《てうせんびじゆつ》工藝《こうげい》に於《お》ける、夫々《それ〱》の傳統的《でんとうてき》な特色《とくしよく》として、持續《ぢぞく》されてゐる面《めん》である。高句麗古墳天井《かうくりこふんてんじやう》に

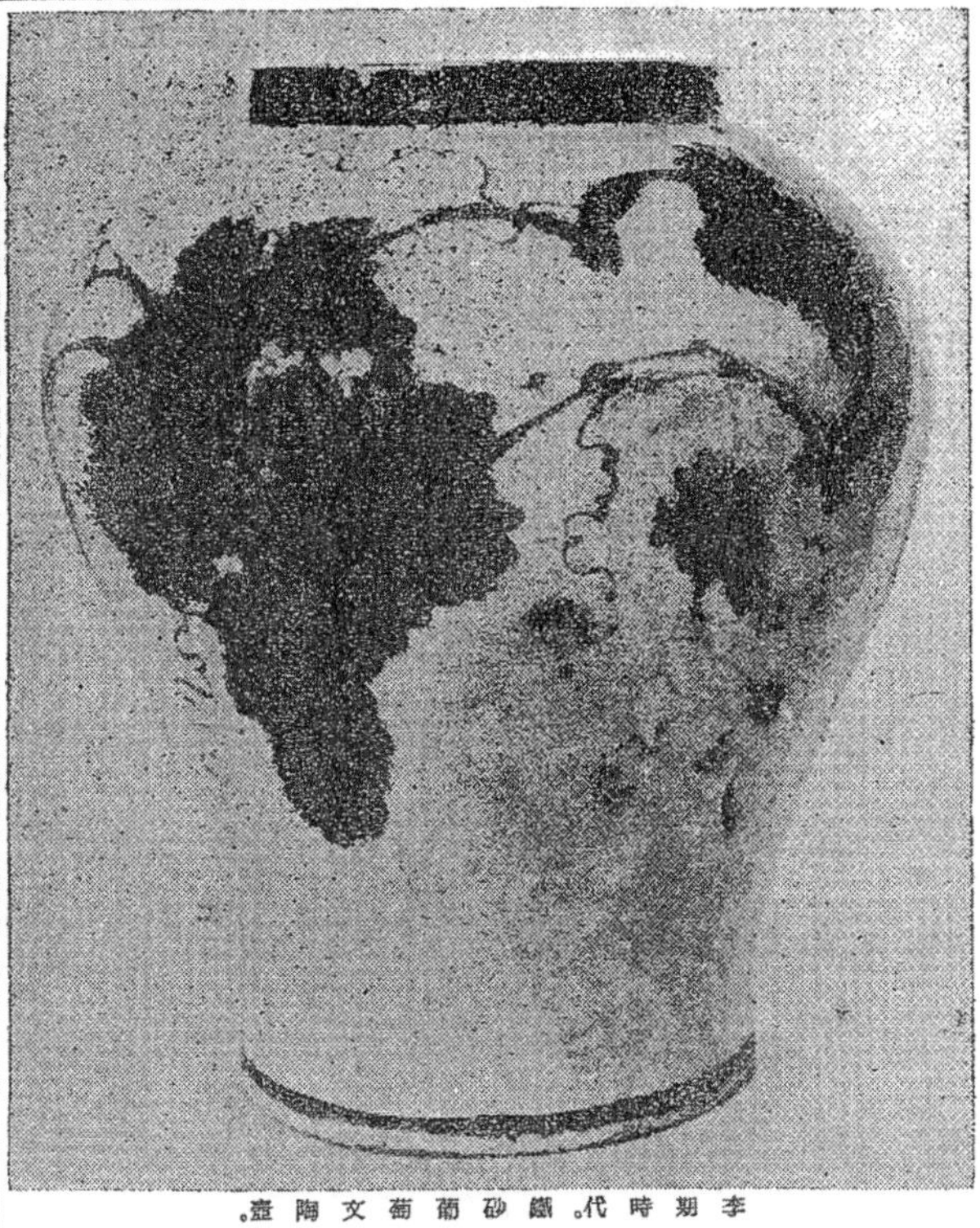

李期時代。鐵砂葡萄文陶壺。

於《お》ける、八角隅入《かくぐうにふ》、又《また》は穹窿《きゆうりゆう》・蛙股等《かへるまたとう》の層々《そうそう》變化《へんくわ》、古《こ》新羅時代《しららじだい》の素燒《すやき》に於《お》ける、空想形《くうさうけい》態《たい》、百濟《くだら》博畫《はくぐわ》に於《お》ける空想空間《くうさうくうかん》（これはまた高句麗《かうくり》の古墳壁畫《こふんへきぐわ》に於《おい》てもみられるものである）統《とう》一時代《じだい》の佛《ぶつ》寺《じ》、佛塔《ぶつたふ》等《など》にみられる空想《くうさう》性《せい》、高麗《こま》時代《じだい》の滿《まん》月臺《げつだい》王宮《わうきう》址內《しない》に於《お》ける空想的構造建築址《くうさうてきこうざうけんちくし》（これはそのプランによつて復原的《ふくげんてき》に立體《りつたい》が考《かん》へられるのであつて、その一部《ぶ》には宇治《うぢ》平等院《びやうどうゐん》の鳳凰堂《ほうわうだう》の如《ごと》き空想的建築《くうさうてきけんちく》のあつたことが知《し》られる）、さうして李氏朝鮮時代《りしてうせんじだい》の多《おほ》くの建築《けんちく》（殊《こと》にその花《くわ》壇《だん》、墻壁煙家《しやうへきえんか》、欄窓等《れんそうなど》に於《おい》て）一般工藝《はんこうげい》（殊《こと》にその木工品《もくこうひん》に於《おい》て）等《など》に於《お》ける種《しゆ》々なる空《くう》想性《さうせい》。と同時《どうじ》にまた、高句麗《かうくり》古墳壁畫《こふんへきぐわ》に於《お》ける龜甲紋《きつかうもん》、アンテミオン紋《もん》の繁縟《はんじよく》さ、古《こ》新羅《しらぎ》古墳發見品《こふんはつけんひん》に於《お》ける、金冠《きんくわん》、飾履《しよくり》、耳環《みゝわ》、馬《は》具《ぐ》、鈴鐸《れいたく》、その他《た》の懸垂飾《けんすゐしよく》、佩飾等《はいしよくとう》に至《いた》るまでの心葉形金板《しんえふけいきんはん》、玉飾《たまかざり》、フイリグラナの裝飾《さうしよく》等《など》、統《とう》一期《き》に於《お》ける瓦當《ぐわたう》、博《はく》甓、陶磁《たうじ》の紋《もん》樣《やう》、高麗《こま》にはいるに從《したが》つて益々發展《ますますはつてん》してゆく佛塔《ぶつたふ》、墓塔《ぼたふ》に於《お》ける彫飾《てうしよく》、陶磁《たうじ》に於《お》ける象嵌《ざうがん》飾《しよく》、金泥飾《きんでいしよく》、金銀器《きんぎんき》への鏤《る》彫飾《てうしよく》、金銀寫經《きんぎんしやきやう》の流行《りうかう》、李朝《りてう》に於《お》ける建築《けんちく》への工藝的裝飾《こうげいてきさうしよく》の過《くわ》剩《じやう》さ、華角工《くわかくこう》、螺細漆工、フイリグラナ、七寶藍《はうらん》。

　この裝飾上《さうしよくじやう》の繁縟《はんじよく》さ、絢爛《けんらん》さはしかしながらかの幻想的《げんさうてき》な特色《とくしよく》とは異《こと》なり高麗以降《こまいかう》（約《やく》千年前《ねんぜん》から以後《いご》）その絕對的《ぜつたいてき》であつた意味合《いみあ》ひのものから相對的《さうたいてき》な矛盾的《むじゆんてき》な性格《せいかく》として一面《めん》に押《お》しやられてしまひ、それと同時《どうじ》に別《べつ》なる一面《めん》が現《あら》はれてきてそれと對立《たいりつ》するやうになつたのである。といふのは、新羅統《しらぎとう》一期《き》に於《お》ける特色《とくしよく》としての古典的《こてんてき》といふもの、理想《りさう》主義的《しゆぎてき》といふものもそれがかく性格的《せいかくてき》なものとなつたその瞬間《しゆんかん》からして已《すで》にそれは物《もの》と心《こゝろ》との均衡《きんかう》から離《はな》れてより多《おほ》く心《こゝろ》の世界《せかい》に向《むか》つて何《なに》かを求《もと》めざるをえないものとして、即《すなは》ち、内向的《ないかうてき》な志向《しかう》を運命的《うんめいてき》に荷《にな》へるものとして働《はたら》き出《だ》し、それが禪宗《ぜんしう》の發生期《はつせいき》たる統《とう》一後《ごう》半期《はんき》から別《べつ》なる一傾向《けいかう》として高麗《こま》に入《はい》るに從《したが》つて益々《ますます》發展《はつてん》し出《だ》してきてゐるからであつた。即《すなは》ち浪漫性《らうまんせい》の生成《せいせい》がそこにあるのであつて、それは自我《じが》に對《たい》する絶對的《ぜつたいてき》な信念《しんねん》の動搖《どうえう》として、または、反省《はんせい》されたる自我意識《じがいしき》のより高《たか》く、より清《きよ》きものへの憧《あこが》れとして、または、より有限《いうげん》なるものの、より無限《むげん》なるものへの謙譲《けんじやう》なる求愛《きうあい》として働《はたら》いてゐるのである。故《ゆゑ》にそれからの形態的《けいたいてき》なものには、もはや力《ちから》の自信《じしん》をなくしてゐる。即《すなは》ちものの立體《りつたい》感《かん》を浮立《うきた》たせるやうな輪廓線《りんくわくせん》はない。あるものは、ただ情緒的《じやうちよてき》に、律動的《りつどうてき》に流《なが》れてゐる主《しゆ》情的《じやうてき》な線《せん》のみである。形態《けいたい》の輪廓線《りんくわくせん》なるものは、とのやうなものに歸納《きなふ》されてしまつてゐる。故《ゆゑ》に存在論的《そんざいろんてき》な形態《けいたい》はない。のみならず、物心兩面《ぶつしんりやうめん》の二元的《げんてき》なポリクロームも心《こゝろ》へのモノクロームに還元《くわんげん》されて、單色調《たんしきてう》そのものの、一元的積極《げんてきせききよく》さが强調《きやうてう》されて、精神的《せいしんてき》に深奥《しんあう》な深《ふか》さへの表徴《へうちよう》として働《はたら》いてゐる。それは恰《あだか》も墨色《ぼくしよく》一點《てん》を以《もつ》て、形而上的《けいじじやうてき》な一面《めん》を表《へう》徵《ちよう》せしめやうとする宋元《そうげん》の水墨畫《すゐぼくぐわ》と同趣《どうしゆ》のものである。とゝに前代《ぜんだい》にみない主智性《しゆちせい》の萌芽《はうが》があるのであつて、とれが高麗《こま》の美術工《びじゆつこう》

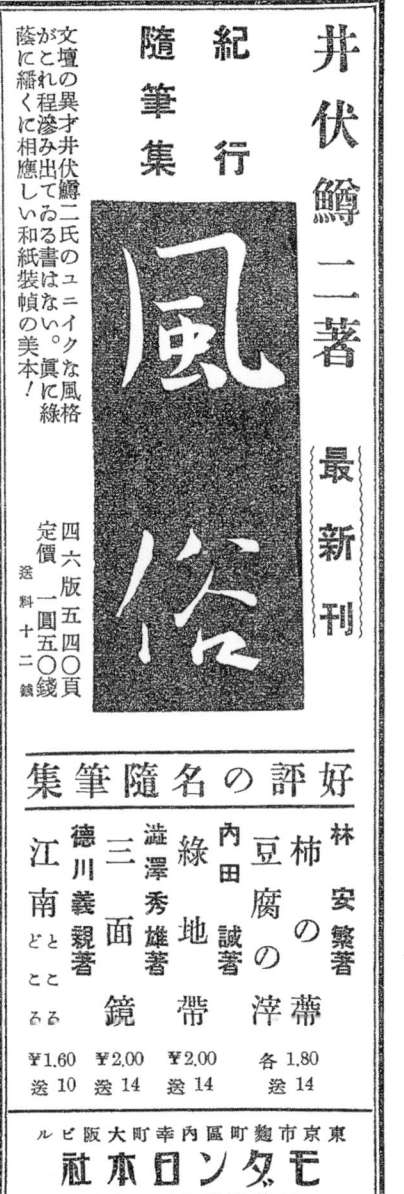

藝《げい》に於《お》ける、主《おも》なる特色《とくしよく》となつたと同時《どうじ》に又《また》李《り》朝《てう》の美《び》術工藝《じゆつこうげい》にも通《つう》ずる特色《とくしよく》ともなつたのである。この意《い》味《み》に於《おい》てはかの、高麗《こま》青瓷《せいぐわ》も後《のち》の李《り》朝《てう》白磁《はくじ》も、互《たがひ》に相通《あひつう》じてゐるものといふてよい。ただ、兩者《りやうしや》の異《こと》なる所《ところ》は、この一元《げん》なるものが高麗《こま》に於《おい》ては憧《あこが》られてゐるものとして、又《また》は慈悲《じひ》なる恩寵《おんちやう》を授《さづ》ける所《ところ》の、一面人情的《めんにんじやうてき》な主體《しゆたい》として、そこにあつたが故《ゆゑ》に、かくの如《ごと》きものに抱《いだ》かれてゐる人々《ひとびと》から作《つく》り成《な》された美術品《びじゆつひん》には、一種《しゆ》の潤《うるほ》ひのある溫《をん》かき情味《じやうみ》が滴《しただ》つてゐたに對《たい》し、かくの如《ごと》き、情味的《じやうみてき》なものでなく、峻嚴《しゆんげん》なる命令《めいれい》として、嚴肅《げんしゆく》なる規範《きはん》として、形而上的純理性《けいじじやうてきじゆんりせい》として性情《せいじやう》の上《うへ》に臨《のぞ》んでゐたものが即《すなは》ち李《り》朝《てう》期《き》に於《お》ける、一元的《げんてき》なものであつた。從《したが》つて、そこにあるものは倫理的《りんりてき》な、あまりに倫理的《りんりてき》な道《だう》義性《ぎせい》のみであり、それが要求《えうきう》するものはやゝもすれば形式性《けいしきせい》のみであつて、とゝに固化《こくわ》された線條《せんでう》と觀念的《くわんねんてき》な一律的《りつてき》なものの見方《みかた》と、潤《うるほひ》なき單色《たんしき》と、マンネリツクな形式性《けいしきせい》が文《も》字階級《じかいきふ》の藝術意想《げいじゆついさう》を構成《こうせい》するやうになつたのである。と同時《どうじ》にかくの如《ごと》き階級《かいきふ》から區別《くべつ》され、卑下《ひげ》されてゐた、何等《なんら》の憧《あこが》るべきものをもたなかつたしかし外部的羈絆《ぐわいぶてききはん》のうちで自由《じいう》に野性的《やせいてき》でありえた民衆《みんしう》共《ども》には粗《そ》獷《わう》さと無頓着《むとんちやく》ななげやり的《てき》な所《ところ》と、い、びつな心情《しんじやう》と詠嘆的《えいたんてき》な哀調《あいてう》と、かういふいろんな複雜《ふくざつ》な心境《しんきやう》が藝術意思《げいじゆついし》として働《はたら》いてゐた。とゝにとぢい、れたやうで妙《めう》にのび〲とした、陰影《いんえい》の多《おほ》い作品《さくひん》となつて現《あら》はれたのである。かの李《り》朝陶磁《てうたうじ》は、そのモツトモ分《わか》り易《やす》い例《れい》であるかもしれない。（五月《ぐわつ》三十日稿《にちかう》）

（筆者は開城博物館々長）

胃《ゐ》腸《ちやう》病《びやう》の治《なほ》る場《ば》合《あひ》と治《なほ》らぬ場《ば》合《あひ》

醫學博士　大島　靖

内地《ないち》と同《おな》じ様《やう》に半島《はんたう》でも胃腸病《ゐちやうびやう》が壓倒的《あつたふてき》に多《おほ》い。元來《ぐわんらい》との病氣《びやうき》は症狀《しやうじやう》が複雜《ふくざつ》であり、その進行《しんかう》も概《がい》して急激《きふげき》でないし、直《たゞ》ちに生命《せいめい》に拘《かゝ》はることも稀《まれ》ですから、治療《ちれう》の時機《じき》を逸《いつ》し、慢性化《まんせいくわ》させて數年《すうねん》若《もし》くは半生《はんせい》を之《これ》が爲《ため》に惱《なや》み續《つゞ》ける人《ひと》も少《すくな》くありません。

症狀《しやうじやう》と原因《げんいん》

まづ空腹時《くうふくとき》に胸《むね》がやけて、ゲップがこみ上《あ》げて來《く》る胃酸過多症《ゐさんくわたしやう》は胃液《ゐえき》の分泌腺《ぶんぴつせん》が機能《きのう》に異狀《いじやう》を來《き》たしてゐるのであつて、胃腸病中最《ゐちやうびやうちゆうもつと》も多《おほ》く、放《はう》つて置《お》くと胃潰瘍《ゐくわいやう》になる場合《ばあひ》があります。

食後《しよくご》に食《た》べ物《もの》が胸《むね》にもたれ不快《ふくわい》の著《いちじる》しい胃《ゐ》アトニー、胃下垂《ゐかすゐ》、胃弱等《ゐじやくなど》はビタミンB缺乏《けつぱふ》などの榮養失調《えいやうしつてう》から來《く》るもので、胃筋肉《ゐきんにく》が弛緩《ちくわん》して縮收力《しゆくしうりよく》が弱《よわ》い爲《ため》に消化《せうくわ》が後《おく》れるのです。胃擴張《ゐくわくちやう》も同類《どうるゐ》に入《はひ》ります。

腹痛《ふくつう》と下痢《げり》を繰返《くりかへ》す胃腸《ゐちやう》カタルは胃腸内《ゐちやうない》の粘膜《ねんまく》が炎症《えんしやう》を起《おこ》してゐるのですが、腸《ちやう》の故障《こしやう》は榮養《えいやう》の攝《せつ》取《しゆ》を妨《さまた》げますので、慢性胃腸《まんせいゐちやう》カタルの人《ひと》はゲッソリ瘦《や》せてしまひます。之《これ》と症狀《しやうじやう》が反對《はんたい》な便秘《べんぴ》は腸管《ちやうくわん》の蠕動運動《ぜんどううんどう》の狂《くる》ひから起《おこ》り、常習的《じやうしふてき》になりますと、普通下劑《ふつうげざい》では癖《くせ》になり秘結《ひけつ》と下痢《げり》が交互《かうご》にやつて來《き》ますので甚《はなは》だ厄介《やくかい》です。

從來《じうらい》の療法《れうはふ》

これ等《ら》の胃腸病《ゐちやうびやう》に對《たい》して、從來《じうらい》どんな療法《れうはふ》が行《おこな》はれてゐたかと申《まを》しますと、例《たと》へば胃酸過多《ゐさんくわた》には重曹《ぢうさう》を用《もち》ひて酸《さん》を中和《ちうわ》する、胃《ゐ》アトニー系統《けいとう》のものにはヂアスターゼの如《ごと》き消化劑《せうくわざい》を與《あた》へる、胃腸《ゐちやう》のカタルには水分《すゐぶん》を吸着《きふちやく》する炭末劑《たんまつざい》乃《ない》至《し》は消化劑《せうくわざい》、便秘《べんぴ》には下劑《げざい》を用《もち》ひるといふ有樣《ありさま》でした。ところが此《こ》の種《しゆ》の化學製劑《くわがくせいざい》による對症療法《たいしやうれうはふ》は症狀《しやうじやう》を一時《じ》緩和《くわんわ》する働《はたら》きはあつても、胃腸《ゐちやう》の根本實質《こんぽんじつしつ》から病變《びやうへん》を取《と》り除《のぞ》くことは出來《でき》ないのです。

それればかりでなく、濫用《らんよう》しますと胃腸《ゐちやう》に惡《わる》い刺戟《しげき》を與《あた》へるとか、段々量《だん〳〵りやう》を增《ま》さないと効果《かうくわ》が薄《うす》くなるとか、衰弱《すゐじやく》を喰止《くひと》め得《え》ないとか、いろ〳〵な缺點《けつてん》があります。

細胞賦活《さいはうふくわつ》の新療法《しんれうはふ》

右《みぎ》の如《ごと》き化學藥《くわがくやく》に代《かは》つて胃腸病《ゐちやうびやう》の原因治療法《げんいんちれうはふ》を開拓《かいたく》したのは「錠劑《ぢやうざい》わかもと」です。胃腸《ゐちやう》は、消化《せうくわ》腺《せん》も筋肉《きんにく》も粘膜《ねんまく》も、凡《すべ》て細胞《さいはう》から組織構成《そしきこうせい》されてゐますが「錠劑《ぢやうざい》わかもと」は之《これ》は強力《きやうりよく》な復活力《ふくくわつりよく》を注入《ちうにふ》し病弱細胞《びやうじやくさいはう》を健全《けんぜん》に立直《たちなほ》らせますので、胃腸全體《ゐちやうぜんたい》が、内面《ないめん》から恢復《くわいふく》し各々《おの〳〵》本來《ほんらい》の機能《きのう》を正常《せいじやう》に營《いとな》むやうになるのです。故《ゆゑ》に各症《かくしやう》に對《たい》して異《こと》なつた藥《くすり》を用《もち》ひなくとも「錠劑《ぢやうざい》わかもと」一劑《ざい》で各種《かくしゆ》の胃腸障害《ゐちやうしやうがい》を原因的《げんいんてき》に治療出來《ちれうでき》ます。

消化劑《せうくわざい》としてもヂアスターゼばかりでなく、蛋白消化《たんぱくせうくわ》のプロテアーゼ、脂肪消化《しはうせうくわ》のラーブ以下《いか》十數《すう》種《しゆ》の酵素《かうそ》を含《ふく》み、專門《せんもん》の消化劑《せうくわざい》以上《いじやう》の實効《じつかう》があり、榮養《えいやう》も又《また》ビタミンB以下《いか》各種《かくしゆ》豐富《ほうふ》に保存《ほぞん》されてゐます。故《ゆゑ》に本劑《ほんざい》を用《もち》ひられます時《とき》は、食慾《しよくよく》、消化《せうくわ》、便通《べんつう》が揃《そろ》つて好調《かうてう》となり、衰弱《すゐじやく》は肥胖《ひはん》に轉《てん》じます。

（右の錠劑「わかもと」は廿五日量一圓六十錢の廉價で全鮮各地藥店にあり）

朝鮮の今昔

牧野　ちよつと御《ご》挨拶《あいさつ》を申上《まをしあ》げます。大變《たいへん》お忙《いそが》しい所《ところ》を枉《ま》げて御出席《ごしゆつせき》くださいまして、洵《まこと》に有難《ありがた》うございました。
　今度《こんど》本社《ほんしや》で「朝鮮版《てうせんはん》」を出《だ》すことになりまして、内地《ないち》に朝鮮《てうせん》の有《あら》ゆる方面《はうめん》の紹介《せうかい》を致《いた》したいと考《かんが》へて居《を》ります。實《じつ》は昨年《さくねん》の秋《あき》に出《だ》しました朝鮮《てうせん》の特輯號《とくしふがう》が大變御《たいへんご》好評《かうひやう》を得《え》ましたので、今度《こんど》も皆様《みなさま》の在鮮《ざいせん》當時《たうじ》のお話《はなし》や、これからの朝鮮《てうせん》に對《たい》する御高説《ごかうせつ》を伺《うかゞ》ひまして、一層《そう》この第《だい》二次《じ》「朝鮮版《てうせんはん》」を有意義《いういぎ》にさせて戴《いたゞ》きたいと思《おも》ひます。
　下村《しもむら》先生《せんせい》に今晩《こんばん》の司會《しくわい》をお願《ねが》ひすることに致《いた》しました。どうか、よろしくお願《ねが》ひ致《いた》します。

(下村海南氏)

下村　僕《ぼく》は朝鮮《てうせん》に在勤《ざいきん》したこともなし、司會《しくわい》だけは斷《こと》はると言《い》つたところが、僕《ぼく》はモダン日本《につぽん》の定連《ぢやうれん》になつてゐるのだからといふので、すゝめられるまゝに一應引受《おうひきう》けることにしました。
　まづ思《おも》ひ出話《でばなし》といふと、古《ふる》い方《はう》から話《はな》したはうがいいだらう。僕《ぼく》が初《はじ》めて朝鮮《てうせん》へ行《い》つたのは明治《めいぢ》三十二年《ねん》だが、高濱《たかはま》さんは。

高濱　三十三年《ねん》か四年《ねん》です。

下村　あなたの「朝鮮《てうせん》」ネ、若《わか》い人《ひと》は殆《ほとん》ど知《し》らんでせうネ。(記者《きしや》に)君等《きみら》は憶《おぼ》えてゐるですか。

牧野　最近《さいきん》拜見《はいけん》したばかりで・・・・。

下村　僕《ぼく》らの時分《じぶん》には、ずいぶん知《し》れて居《を》つたんだがナ。大同江《だいどうかう》やお牧《まき》の茶屋《ちやや》(平壤《へいじやう》)なんかゞ出《で》て來《く》るので・・・・。

弓削　私《わたし》は朝鮮《てうせん》へ行《ゆ》く前《まへ》にあの本《ほん》を讀《よ》みまして、お牧《まき》の茶屋《ちやや》、柳屋《やなぎや》といふ宿屋《やどや》、それから朝鮮人《てうせんじん》が料理《れうり》の上手《じやうず》なこと、さういふ豫《よ》備知識《びちしき》を得《え》たわけで、大變《たいへん》參考《さんかう》になりました。

赤星　虚子《きよし》先生《せんせい》は一時《じ》小説《せうせつ》ばかりを書《か》かうとされたことがあつて、その時《とき》書《か》かれたのが「朝鮮《てうせん》」なんです。あまり大衆《たいしう》向《む》きでないものですから、さう知《し》られてはゐませんが、

を語る座談會

中央協和會理事 貴族院議員 下村海南
貴族院議員 中央朝鮮協會理事 關屋貞三郎
拓殖協會理事 貴族院議員 丸山鶴吉
俳人 高濱虛子
朝鮮高周波重工業社長 貴族院議員 有賀光豊
前朝鮮銀行理事 木村雄次
三菱地所株式會社取締役會長 赤星陸治
中央朝鮮協會理事 弓削幸太郎
拓務省管理局長 副島勝
本社側 牧野英二

確《たし》かにいゝものですヨ。私《わたし》はこの頃又讀《ごろまたよ》み直《なほ》したけれども、三十年前《ねんまへ》に書《か》かれたことが、今日《こんにち》見て少《すこ》しも誤《あやま》つて居《を》らない。殊《こと》に今《いま》も牡丹臺《ぼたんだい》にあるお牧《まき》の茶屋《ちやや》は、先生《せんせい》がこれを……。

牧野 お牧《まき》の茶屋《ちやや》は先生《せんせい》とどういふ關係《くわんけい》があるのですか。

赤星 先生《せんせい》は默《だま》つて居《を》られるから知《し》られないけれども、お牧《まき》の茶屋《ちやや》は先生《せんせい》によつて發見《はつけん》され、有名《いうめい》になつたんですヨ。

高濱 そのことは「朝鮮《てうせん》」に書《か》いてありますがネ、元《もと》は小《ちひ》さい茶店《ちやみせ》だつたんですヨ。腰掛茶屋《こしかけぢやや》でした。そこへ行《ゆ》きましたところが、そこの女《をんな》の人《ひと》がお牧《まき》といふ人《ひと》で、自分《じぶん》の身《み》の上話《うへばなし》をしましてネ、大變面白《たいへんおもしろ》かつたんです。その歸《かへ》りがけに振返《ふりかへ》つて見《み》ると、夕靄《ゆふもや》の中《なか》にその茶店《ちやみせ》がボンヤリ見《み》えましたから、アヽ、お牧《まき》の茶《ちや》屋《や》だナと言《い》つたんです。それが源《みなもと》で「お牧《まき》の茶屋《ちやや》」と呼《よ》ばれるやうになりました。

牧野 場所《ばしよ》は今《いま》と同《おな》じですか。

高濱 さうです。たゞその後建築《ごけんちく》をし直《なほ》して大《おほ》きくしたわけです。元《もと》は上野《うへの》の公園《こうゑん》にあるやうな小《ちひ》さな茶屋《ちやや》でした。

牧野 お牧《まき》といふ人《ひと》は。

高濱 もう死《し》にました。私《わたし》が昭和《せうわ》四年《ねん》に行《い》つた時《とき》には、お牧《まき》さん大變喜《たいへんよろこ》んで、三四日《か》泊《とま》つて、京城《けいじやう》へ歸《かへ》る時《とき》にズッと隨《つ》いて來《き》ました。その時《とき》が別《わか》れになつて、一年後《ねんご》に死《し》にました。

赤星 あれは娘《むすめ》さんが繼《つ》いだのかネ。

高濱 孫娘《まごむすめ》に當《あた》る者《もの》にお牧《まき》といふ名前《なまへ》を付《つ》けまして、それを第《だい》二

(高濱虛子氏)

(右から副島勝、高濱虚子、赤星陸治、丸山鶴吉の諸氏)

世《せ》のお牧《まき》にするつもりであつたのです。ところが、養女《やうぢよ》でしたから、親父《おやぢ》といふのが頑固《ぐわんこ》で、うまく行《ゆ》かなかつたんで、お牧《まき》は店《みせ》を他人《ひと》手《で》に渡《わた》したんです。それが今《いま》の經《けい》營者《えいしや》の久《く》保《ほ》虹城《こうじやう》といふ、これは俳人《はいじん》です。

赤星　先生《せんせい》のお弟子《でし》ですヨ。

高濱　去年《きよねん》東京《とうきやう》へ來《き》て、私《わたし》の所《ところ》も訪《たづ》ねたらしかつたけれども、留《る》守《す》で、會《あ》ひませんでした。

牧野　あちらの俳句《はいく》の會《くわい》は盛《さか》んでございますか。

高濱　盛《さか》んにやつてますネ。

赤星　向《むか》ふでは虚子《きよし》先生《せんせい》を非《ひ》常《じやう》に慕《した》つてゐて句碑《くひ》を建《た》てるとかいふことです。私《わたし》は觀光《くわんくわう》局《きよく》にも關係《くわんけい》がありますが、朝鮮《てうせん》は一面《めん》に於《おい》て今後《こんご》は觀光地《くわんくわうち》としても發展《はつてん》するだらうと思《おも》ひます。さう考《かんが》へると、先生《せんせい》がお牧《まき》の茶《ちや》屋《や》を發見《はつけん》されたり、畫舫《ぐわはう》を計畫《けいくわく》されたりした功績《こうせき》は大《おほ》きいと思《おも》ひます。

牧野　あの畫舫《ぐわはう》は元《もと》から朝鮮《てうせん》にあつたものぢやないのですか。

高濱　エヽ、昔《むかし》、支《し》那《な》に秦淮《しんわい》の畫舫《ぐわはう》といふのがありましたネ、あれを倣《なら》つて拵へたんです。大同江《だいどうかう》の景《け》色《しき》はよろしうございますからネ、私《わたし》が畫舫《ぐわはう》でも浮《うか》べたらよからうといふ話《はなし》をしたんです。

(丸山鶴吉氏《まるやまつるきちし》出席《しゆつせき》)

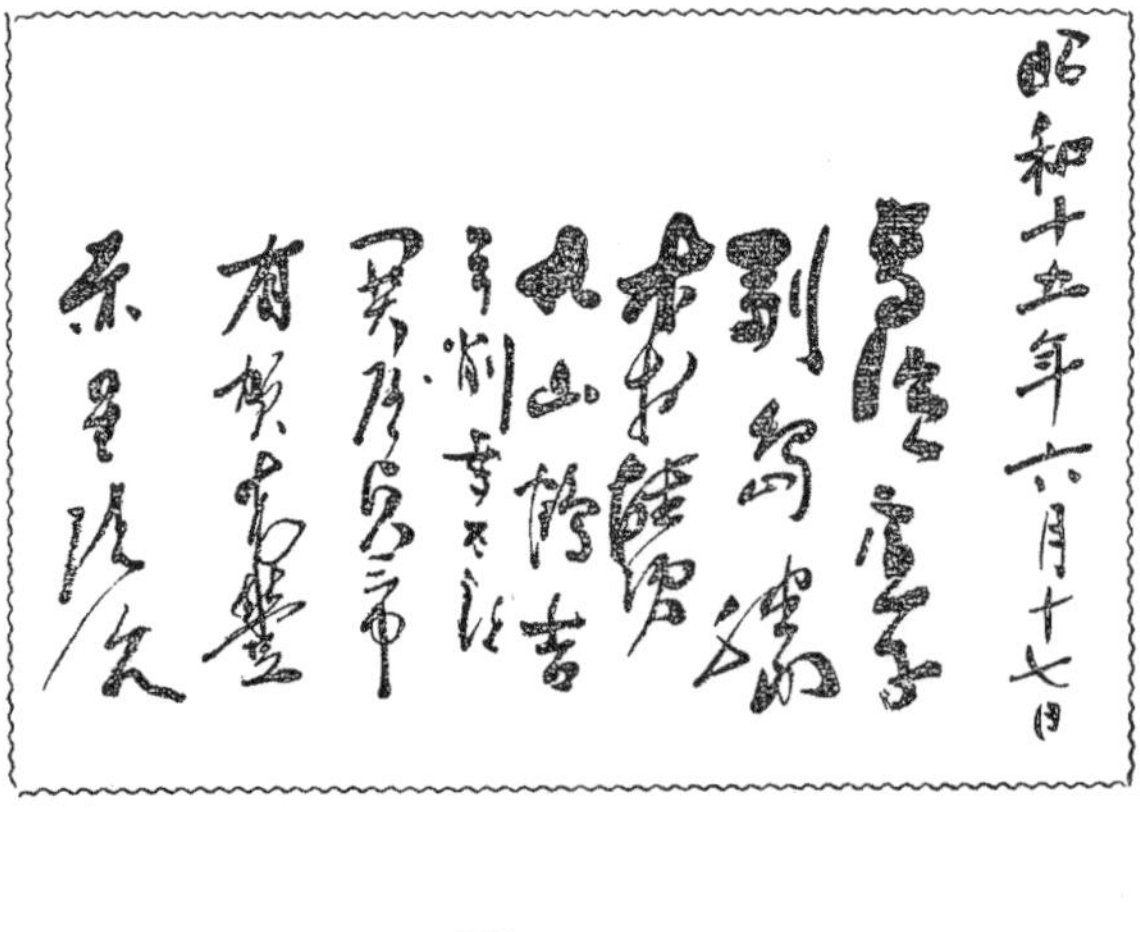

丸山 いゝ雨《あめ》が降《ふ》つて結構《けつこう》ですナ。

赤星 朝鮮《てうせん》も降《ふ》つたやうで、よかつた。

丸山 この間《あひだ》からズッと降《ふ》つたやうですネ。

赤星 南《みなみ》さんが東京《とうきやう》へ來《き》て雨《あめ》のことばかり心《しん》配《ぱい》して話《はな》されてゐたのが、丁度《ちやうど》雨《あめ》が降《ふ》つたもんだから……向《むか》ふの人《ひと》も喜《よろこ》んでますヨ。麥作《むぎさく》は非常《ひじやう》にいゝやうだ。

丸山 いついおいでになりました。

赤星 ツイこの間《あひだ》。丁度《ちやうど》池田《いけだ》秀雄《ひでを》君《くん》と京城《けいじやう》で會《あ》つたですヨ。

丸山 さう、清津《せいしん》へ行《い》つたとか……。

赤星 愉快《ゆくわい》でしたヨ。茂山《もざん》から清津《せいしん》と見《み》て來《き》ました。精錬所《せいれんじよ》は大《たい》したものですネ。

丸山 もう火《ひ》は入《はひ》つてますか。

赤星 盛《さか》んにやつて居《を》りました。

有賀 丸山《まるやま》さんも行《い》つて御覽《ごらん》なさい。面白《おもしろ》いですヨ。

赤星 あの邊《へん》まで有賀《ありが》さんがゐると思《おも》つたら心強《こゝろづよ》く感《かん》じましたヨ。

下村 有賀《ありが》さんは朝鮮《てうせん》は。

有賀 私《おたし》は古《ふる》いですヨ。伊《い》藤統監《とうとうかん》の時分《じぶん》から行《い》つて居《を》ります。

赤星 それぢやチャン〳〵バラ〳〵の時分《じぶん》からだ。

丸山 弓削《ゆげ》さんは。

弓削 私《わたし》は併合《へいがふ》の翌年《よくねん》です。

赤星 話《はなし》は飛《と》ぶけれども、向《むか》ふへ永住《えいぢう》する人《ひと》がドン〳〵出《で》て來《こ》ないといかんですヨ。私《わたし》の親類《しんるゐ》の者《もの》が行《ゆ》く時《とき》にも、郷里《きやうり》の家《いへ》は潰《つぶ》して行《ゆ》けと言《い》つたけれども、やつぱり日本人《にっぽんじん》根性《こんじやう》で内地《ないち》へ歸《かへ》つて來《き》ます。臺灣《たいわん》でも朝鮮《てうせん》でも、成功者《せいこうしや》が歸《かへ》つて來《く》るからいかんですヨ。

丸山 私《わたし》はもつと米《こめ》を作《つく》らせなきやいかんと思《おも》ふ。それが前《まへ》には米《こめ》を作《つく》つて困《こま》るといふ議《ぎ》論《ろん》があつた。米《こめ》が高《たか》過《す》ぎるから米《こめ》ばかり作《つく》る、米《こめ》を安《やす》くして、あまり利益《りえき》でないやうにしたら、他《ほか》の物《もの》を作《つく》るだらう。だから、米《こめ》一石《こく》について二圓《えん》だけ頭《あたま》を撥《は》ねて、その金《かね》を全體《ぜんたい》の農事《のうじ》改良費《かいりやうひ》に充《あ》てよう。さういふ議論《ぎろん》があつたんですがネ、私《わたし》は大《だい》反對《はんたい》をして、そんなことはいかんと言《い》つたけれども、この間《あひだ》の議會《ぎくわい》でもそれを突込《つゝこ》んだ。

（有賀光豐氏）

有賀 高濱《たかはま》さん、私《わたし》はお牧《まき》を非常《ひじやう》な美人《びじん》のやうに思《おも》つてゐましたヨ。

高濱 別《べつ》に美人《びじん》でもありませんネ。

弓削 「朝鮮《てうせん》」には柳屋《なぎや》を大分《だいぶ》紹介《せうかい》してありましたネ。

丸山 あの女將《おかみ》も偉《えら》いものだナ。

赤星 感《かん》じのいゝ人《ひと》でしたネ。

弓削 エヽ、自分《じぶん》の家《うち》へ歸《かへ》つたやうな氣《き》がしましてネ。

赤星 私《わたし》なんか一晩《はん》か二晩《はん》泊《とま》つたきりだのに、平壤《へいじやう》の向《むか》うまでズッと送《おく》つて來《き》たんだから。

下村 高濱《たかはま》さん、あれは朝鮮《てうせん》で書《か》かれたんですか。

高濱 朝鮮《てうせん》に友人《いうじん》が付《い》つて居《を》りまして誘《さそ》ふものですから行《い》つて見《み》ました。歸《かへ》つて暫《しばら》くすると、ヒヨッと朝鮮《てうせん》といふ所《ところ》に興味《きようみ》を感《かん》じて又《また》行《ゆ》きましてネ、いろ〳〵な材料《ざいれう》を得《え》て內地《ないち》に歸《かへ》つてから書《か》いたんです。初《はじ》めは大《おほ》阪毎日《さかまいにち》と東京日日《とうきやうにちにち》の兩方《りやうはう》に連載《れんさい》して居《を》つたんですが、取次店《とりつぎてん》が抗義《かうぎ》を申込《まをしこ》んで來《く》るといふんで困《こま》りました。あの小説《せうせつ》を出《だ》し始《はじ》めてから讀者《どくしや》が減《へ》るといふんです。

下村　成程《なるほど》小説《せうせつ》にしちや色《いろ》つぽくないからナ。

（赤星陸治氏）

高濱　どうかして止《や》めて貰《もら》ひたいと言《い》はれたけれども、新聞社《しんぶんしや》としても中斷《ちうだん》する譯《わけ》にも行《ゆ》きませんから、二つに分《わ》けて、上篇《じやうへん》は毎日《まいにち》だけ、下篇《かへん》は日《にち》日《にち》だけに載《の》せるといふことで、やつと解決《かいけつ》したんです。續《つゞ》き物《もの》としては甚《はなは》だ不首尾《ふしゆび》でしてネ。

下村　その時分《じぶん》の情勢《じやうせい》では、さうかも知《し》れんナ。今《いま》であつたら、よほど違《ちが》ふ。けれどもその頃《ころ》のインテリの女性《ぢよせい》なんかは、あれを非常《ひじやう》に評判《ひやうばん》にしてましたヨ。

赤星　寺內《てらうち》さんからお禮《れい》が來《き》たのは、いつかナ。

高濱　あれは書物《しよもつ》になつて後《のち》です。高濱虛子《たかはまきよし》の「朝鮮《てうせん》」といふ小説《せうせつ》は、大變結構《たいへんけつこう》なものである。朝鮮總督《てうせんそうとく》として感謝《かんしや》の意《い》を表《へう》する。さういふ手紙《てがみ》が來《き》ました。

下村　寺內《てらうち》さんは非常《ひじやう》に氣《き》を遣《つか》ふ人《ひと》であつたからナ。

高濱　私《わたし》は別《べつ》にお禮《れい》にも行《ゆ》かず、そのまゝにして置《お》きましたが、あれが殖民政策《しよくみんせいさく》の爲《ため》になるとかいふことで、そんな手紙《てがみ》を戴《いたゞ》きました。

赤星　それは大《おほ》いになるでせう。あの小説《せうせつ》の中《なか》の、日本民族《につぽんみんぞく》がだん〳〵北《きた》へ北《きた》へと流《なが》れて行《ゆ》くといふ論《ろん》や、排日《はいにち》をやつた國《くに》は結局《けつきよく》亡《ほろ》びる。日本《につぽん》と手《て》を携《たづさ》へた民族《みんぞく》はだん〳〵榮《さか》えるといふことを、朝鮮人《てうせんじん》の口《くち》から言《い》はせたりした所《ところ》は、確《たし》かにその通《とほ》りですネ。あの小説《せうせつ》は一遍《ぺん》は人《ひと》に認《みと》められなかつたけれども、必《かなら》ず光《ひか》るものですヨ。

弓削　もう一遍讀《ぺんよ》んだら面白《おもしろ》いでせうネ。

下村　お牧《まき》の茶屋《ちやや》はこの小説《せうせつ》で馴染《なじみ》になつて平壤《へいじやう》へ行《ゆ》きさへすれば、お牧《まき》の茶屋《ちやや》へ必《かなら》ず行《ゆ》く。

高濱　あの柳屋《やなぎや》のはうは、柳屋《やなぎや》と書《か》かずに桝《ます》屋《や》として置《お》いたのです。

弓削　それを實際《じつさい》を知《し》つてるもんですから、柳屋《やなぎや》と憶《おぼ》えてるんです。

下村　高濱《たかはま》さん、その當時《たうじ》の思《おも》ひ出《で》はありませんか。

高濱　旅行中《りよかうちう》に感《かん》じたこととか見《み》たことは、「朝鮮《てうせん》」に全部書《ぜんぶか》いたものですから、その外《ほか》にはありません。朝鮮《てうせん》にも大分以前《だいぶいぜん》から俳句《はいく》をやる人《ひと》が居《ゐ》る。ホトトギス派《は》の朴魯《ぼくろ》植《そく》と云《い》ふなかなか上手《じやうず》な俳人《はいじん》がゐた。この人《ひと》は死《し》んだけれど、今《いま》でも李永鶴《りえいかく》などと云《い》ふ俳句《はいく》をやる人《ひと》がゐる。アメリカ人《じん》などでも俳句《はいく》を作《つく》る人《ひと》がゐるので朝鮮《てうせん》にはもつと俳句《はいく》をひろめればそうゆう文藝《ぶんげい》の方《はう》からも內鮮融和《ないせんゆうわ》に益《えき》することが出來《でき》る。

弓削　その後《ご》には、おいでにならぬのですか。

高濱　滿洲《まんしう》へ行《ゆ》く途中《とちう》に寄《よ》つたくらゐのものです。

丸山　最近もう一度《ど》歩《ある》いて御覽《らん》になつたら、きつといゝでせう。

下村　今度《こんど》は北鮮《ほくせん》がいゝ。ずいぶん變《かは》りましたからネ。工業《こうげふ》なんていふものは、僕《ぼく》は畑《はたけ》が違《ちが》ふけれども、兎《と》に角《かく》、鴨綠江《あふりよくかう》の水《みづ》を貯《た》めて、それを今度《こんど》は逆《ぎやく》に、日本海《につぽんかい》側《がは》へ落《おと》して動力《どうりよく》を出《だ》す。これは世界《せかい》にないんですヨ。だから、朝鮮《てうせん》の人々《ひとびと》も驚《おどろ》いてゐるだらうが、われ〳〵も驚《おどろ》く。外國《ぐわいこく》にかういふ例《れい》があるから、その例《れい》によつてやらうといふのではない。自分達《じぶんたち》が思《おも》ひついて始《はじ》めたんですヨ。つまり信濃川《しなのがは》の上流《じやうりう》の筑摩川《ちくまがは》の水《みづ》を輕井澤《かるゐざは》の所《とこ》でダムを作《つく》つてその水《みづ》をトンネルで碓氷《うすひ》の峠《たうげ》を越《こ》して横川《よこがは》へ落《おと》すんです。

(右から弓削幸太郎、下村海南、有賀光豊の諸氏)

赤星　それが面白《おもしろ》いんだ。あれは抑々野口《そもそものぐち》(遵《じゆん》)君《くん》がやつてゐるが、その仕事《しごと》は久保田《くぼた》といふ工學士《こうがくし》がやつてゐるんで、その設計《せつけい》たるや、元《もと》三菱《びし》で調査《てうさ》して、或《あ》る事情《じじやう》の下《もと》で三菱《びし》が止《や》めることになつた、その後《ご》を野《の》口君《ぐちくん》がやつてゐる。奥村《おくむら》といふ、僕《ぼく》の弟《おとうと》分《ぶん》みたいな者《もの》が全部《ぜんぶ》やつてゐて、この間《あひだ》、奉天《ほうてん》で出會《でくは》して、詳《くは》しく話《はなし》を聽《き》いて來《き》た。それによると、朝鮮《てうせん》の川《かは》といふものはまん中《なか》に脊骨《せぼね》がズーッとあつて、南鮮《なんせん》へ出《で》るはうはスロープ、日本海《につぽんかい》のはうへ落《お》ちるのは、これは傾斜《けいしや》が急《きふ》なんだ。だから、ダムを作《つく》つて鴨綠江《あふりよくかう》の水《みづ》を堰止《せきと》めて、それを傾斜《けいしや》の急《きふ》なはうへ落《おと》したら、必《かなら》ずや非常《ひじやう》なる馬力《ばりき》が出《で》るだらう。さういふ考《かんが》へから計畫《けいくわく》したものだといふことですヨ。

(弓削幸太郎氏)

下村　ダムが幾《いく》つもあつてネ、下《した》のダムから上《うへ》のダムへ順々《じゆん〳〵》に揚《あ》げて行《い》つて、一番上《はんうへ》のダムからトンネルで拔《ぬ》けてゐるんだ。湖畔《こはん》にクラブ・ハウスがあつて、人造湖水《じんざうこすゐ》が霞《かすみ》ケ浦《うら》ぐらゐの大《おほ》きさはある。その邊《へん》はいはゆる火田民《くわでんみん》などの居《を》つた場所《ばしよ》です。だから、内地《ないち》と違《ちが》つて大《たい》した金《かね》が要《い》るわけぢやない。彼等《かれら》も勞銀《らうぎん》が貰《もら》へて喜《よろこ》んでゐる。兎《と》に角《かく》それだけの大《おほ》きな湖水《こすゐ》だけれども、沿岸《えんがん》に一つも家《うち》があるわけぢやなし、非常《ひじやう》に變《かは》つた風景《ふうけい》ですヨ。だから、私《わたし》は高濱《たかはま》さんがあの邊《へん》を旅行《りよかう》されたら、大分《だいぶ》作品《さくひん》が出來《でき》るんぢやないかと思《おも》ふナ。

もう一つ見《み》て戴《いたゞ》きたいのは、釜山《ふざん》から木浦《もつぽ》まで、まア、朝鮮《てうせん》の瀨戸內海《せとないかい》ですネ、あれを船《ふね》で通《とほ》ると、小鹿島《せうろくたう》といふのがある。そこは約《やく》四、五千人《にん》の癩患者《らいくわんじや》を收容《しうよう》してゐる。これは世界《せかい》一でせう、大《たい》したものですヨ。フィリッピンでもずいぶん收容《しうよう》してゐるが、小鹿島《せうろくたう》は實《じつ》に結構《けつこう》なものですヨ。これは主觀的《しゆくわんてき》だから、俳句《はいく》に向《む》くかどうか判《わか》らんけれども、小說《せうせつ》を書《か》くとすれば、幾《いく》らでも題材《だいざい》があるだらうと思《おも》ふ。

赤星　下村《しもむら》さんはあのダムを霞《かすみ》ヶ浦《うら》と言《い》はれたけれども、もう少《すこ》し誇大《こだい》に言《い》ふと、琵琶湖《びはこ》ぐらゐだナ。

下村　琵琶湖《びはこ》ぐらゐといふのは、吉林《きちりん》に出來《でき》た今度《こんど》のダムです。白頭山《はくとうざん》から落《おと》す、六十萬馬《まんば》力《りき》出《だ》す……。

高濱　朝鮮《てうせん》と內地人《ないちじん》の感情《かんじやう》はどうなつてゐますかネ。

（右から副島勝、木村雄次、赤星陸治の諸氏）

下村　さア、僕《ぼく》は局外《きよくぐわい》でよく知《し》らないナ、近頃《ちかごろ》は殆《ほとん》ど毎年《まいねん》のやうに行《ゆ》きますがネ。滿洲事《まんしうじ》變《へん》、支那事變《しなじへん》、歐洲事變《おうしうじへん》、かういふ事變《じへん》が勃發《ぼつぱつ》すると、臺灣《たいわん》でも朝鮮《てうせん》でも、どこでもさうですが、僅《わづ》かの者《もの》で獨立《どくりつ》して行《ゆ》かうなんといふことは出來《でき》ぬ話《はなし》だといふことが、みな判《わか》つて來《く》るんです。そこで、どうしてお互《たがひ》に眞《しん》に日本《につぽん》と手《て》を握《にぎ》つて行《ゆ》けるかといふことが問題《もんだい》になるわけで、外國《ぐわいこく》だと、例《たと》へばイタリーはエチオピヤ人《じん》との結婚《けつこん》を禁《きん》ずるとか、ずいぶん差別的《さべつてき》にやつてますがネ、こちらは人種《じんしゆ》が一緒《しよ》だから、今度《こんど》のやうな機會《きくわい》にはお互《たがひ》に融合《ゆうがふ》の速度《そくど》が早《はや》くなつてくるわけだと思《おも》ふんです。

高濱　確《たし》かにさうでせうネ。

下村　今度《こんど》の歐洲戰爭《おうしうせんさう》がどういふことになるかは別《わか》らないが、兎《と》に角《かく》、千萬《まん》や二千萬《まん》、三千萬《まん》の數《すう》の者《もの》がどうかう言《い》つて見《み》たところが、齒《は》が立《た》たぬといふことが判《わか》つたわけだ。一體《たい》、この前《まへ》の歐洲戰爭《おうしうせんさう》であれだけの戰《たゝか》ひをした後《あと》で、あんなに小《ちひ》さな國《くに》を澤山《たくさん》拵《こしら》へたことが間違《まちが》ひですヨ。僕《ぼく》は今度《こんど》はきつと國《くに》が減《へ》ると思《おも》ふ。

副島　只今《たゞいま》高濱《たかはま》さんからお尋《たづ》ねのことで、ちよつと申上《まをしあ》げたいと思《おも》ひます。この間《あひだ》、私《わたし》の所《ところ》へ或《あ》る朝鮮人《てうせんじん》が參《まゐ》りまして、かういふことを言《い》うて居《を》りました。日淸戰爭《につしんせんさう》、或《あるひ》は日露戰爭《にちろせんさう》に萬《まん》一日本《につぽん》が敗《ま》けて居《を》つたらどうなるだらうか。朝鮮《てうせん》の民衆《みんしう》は恐《おそ》らく非常《ひじやう》にみじめな生活《せいくわつ》をしなければならなかつたに違《ちが》ひない。それを考《かんが》へれば、どうしたつて日本人《につぽんじん》に本當《ほんたう》になり切《き》つて、今度《こんど》の支那事《しなじ》變《へん》についても皇民《くわうみん》の一人《ひとり》として極力國策遂《きよくりよくこくさくすゐ》行《かう》に寄與《きよ》しなくちやならぬといふやうなととを言《い》うて居《を》りました。これは本當《ほんたう》の躾ぢやないかと思《おも》ひます。

皆《みな》さん私《わたし》よりよく御承知《ごしようち》でせうが、一昨《さく》年《ねん》から朝鮮人《てうせんじん》の志願兵制度《しぐわんへいせいど》を採《と》りまして、京城《けいじやう》に志願兵訓練所《しぐわんへいくんれんじよ》を造《つく》つて一昨年《さくねん》が四百人《にん》、昨年《さくねん》が六百人《にん》、今年《ことし》は數《すう》千人《にん》の生徒《せいと》を養成《やうせい》することになつて居《を》ります。半年《はんとし》づゝ養成《やうせい》して、その訓練所《くんれんじよ》を出《で》ると軍隊《ぐんたい》に入《はひ》つて第《だい》一線《せん》に出《で》て働《はた》きますが、非常《ひじやう》に立派《りつぱ》な兵隊《へいたい》さんになりまして、既《すで》に戰死《せんし》した者《もの》も居《を》ります。今《いま》まで訓練中《くんれんちう》の者《もの》が數回《すうくわい》東京《とうきやう》へ參《まゐ》りましたが、實《じつ》によく出來《でき》て居《を》りまして、規律《きりつ》が正《たゞ》しくて立派《りつぱ》なものでございます。

もう一つは、去年《きよねん》の秋《あき》から、內地《ないち》の勞働《らうどう》力《りよく》不《ふ》足《そく》について朝鮮人《てうせんじん》の勞働者《らうどうしや》を內地《ないち》に連《つ》れて來《き》て、炭坑《たんかう》その他《た》で働《はたら》かして居《ゐ》ります。殊《こと》に九州地方《しうちはう》へ行《い》つた勞働者《らうどうしや》は、能率《のうりつ》は擧《あが》るし、規率《きりつ》も正《たゞ》しいといふので、非常《ひじやう》に評判《ひやうばん》がよろしいのです。どうも良《よ》いことばかり申上《まをしあ》げたやうですが、內地《ないち》との關係《くわんけい》は、下村博士《しもむらはかせ》が仰《おつ》しやつたやうに、非常《ひじやう》によくなつてゐるんぢやないかと考《かんが》へて居《を》ります

赤星　確《たし》かによくなつてゐるでせうネ。

副島　訓練所《くんれんしよ》の生徒《せいと》が東京《とうきやう》へ來《き》て「海行《うみゆ》かば」を唱《うた》ひながらボロ〳〵涙《なみだ》をとぼしてゐるやうな狀況《じやうきやう》を見《み》ますと、非常《ひじやう》に嬉《うれ》しいといふか、愉快《ゆくわい》な氣持《きも》ちになります。

下村――僕《ぼく》は明治《めいぢ》三十五年《ねん》に團匪事件《だんひじけん》の歸《かへ》りに朝鮮《てうせん》に寄《よ》つたのが一番初《はんはじ》めですが、有賀《ありが》さんは何年《なんねん》です。

（副島勝氏）

有賀　私《わたし》は明治《めいぢ》三十九年《ねん》、日露戰爭《にちろせんさう》の直後《ちよくご》です。

下村　支那《しな》の歸《かへ》りに大連《たいれん》から朝鮮《てうせん》を廻《まは》つて歸《かへ》りたいと思《おも》つて、許可《きよか》も乞《こ》はずに出掛《でか》けちやつた。まづ營口《えいこう》へ上《のぼ》つて、それから大連《たいれん》へ行《ゆ》かうと思《おも》つたら、ロシアが査證《きしよう》してくれない。二日《か》待《ま》つても三日《か》待《ま》つてもくれない。仕樣《しやう》がないので又《また》芝罘《チーフー》へ行《い》つて、芝罘《チーフー》から仁川《じんせん》へ上《のぼ》つた。さうしたら、日本語《につほんご》は使《つか》へるし、日本《につぽん》の紙幣《さつ》は通用《つうよう》してゐるし、あんな嬉《うれ》しいことはなかつた。僕《ぼく》はそれから間《ま》もなく洋行《やうかう》して、日露戰爭《にちろせんさう》のために戾《もど》つて來《き》たのだが、あの時《とき》は釜山《ふざん》で露國《ろこく》の船《ふね》が押《おさ》へられても仁川《じんせん》のコリローツ、ワリヤークには知《し》れない。近《ちか》頃《ごろ》の戰爭《せんさう》ではベルリンから、ロンドンから、國々《くにぐに》の宣傳《せんでん》とか通知《つうち》が卽刻《そくこく》に來《く》るだらう。それがあの時分《じぶん》には無電《むでん》といふものがないから、電報《でんぽう》を全部《ぜんぶ》押《おさ》へることが出來《でき》たんだ。隔世《かくせい》の感《かん》があるネ。

弓削　それぢやロシアぢや何《なん》にも知《し》らないでダンスでもやつてゐたんでせうネ。

下村　通信《つうしん》の點《てん》だけでも大變《たいへん》な違《ちが》ひだナ。

赤星　僕《ぼく》は朝鮮《てうせん》に長《なが》く滯在《たいざい》したこともないから、何《なん》とも言《い》へんけれども、滿洲事變《まんしうじへん》の起《おこ》つた當時《たうじ》と朝鮮《てうせん》の倂合當時《へいがふたうじ》を較《くら》べて見《み》ますと、倂合當時《へいがふたうじ》は、これは伊藤《いとう》さんの採《と》られた政策《せいさく》かも知《し》れませんが、昔《むかし》の殿樣《とのさま》とか富《ふ》豪《がう》に呼《よ》びかけて、やれ、土地《とち》を買《か》へ、未開《みかい》地《ち》を開《ひら》けと言《い》つて、東拓《とうたく》と一緒《しよ》にずいぶんやらせられたやうに思《おも》ひますがネ。それで澁澤《しぶさは》さんが率先《そつせん》して韓國興業《かんこくこうげふ》を起《おこ》されて、

廣州《くわうしう》に本據《ほんきよ》を置《お》かれました。岩崎家《いはさきけ》でも水《すゐ》田《でん》を約《やく》五千町歩《ちやうぶ》買收《ばいしう》したし、住友《すみとも》さんも、みんなやつたわけです。ところが、滿洲事變《まんしうじへん》になると、今度《こんど》は富豪《ふがう》が土地《とち》を買《か》ふのは怪《け》しからんといふわけで、全《まつた》く反對《はんたい》の行《ゆ》き方《かた》だつたやうです。その是非《ぜひ》の論《ろん》を今日《こんにち》言ふわけぢやないけれども、今昔《こんじやく》の感《かん》に堪《た》えません。

有賀　あの時代《じだい》に朝鮮《てうせん》の土地《とち》に目《め》を著《つ》けた人《ひと》は、みんな成功《せいこう》してゐます。大成功《だいせいこう》ですヨ。然《しか》し、朝鮮人《てうせんじん》が數《すう》百年《ねん》以前《ぜん》に開墾《かいこん》した土地《とち》を安《やす》く買込《かひこ》んでそのまゝ經營《けいえい》しただけだ。相當《さうたう》農事《のうじ》の改良《かいりやう》もして居《ゐ》るが、然《しか》し終始《しうし》一貫《くわん》してさういふ朝鮮人《てうせんじん》の土地《とち》を買收《ばいしう》せずして新《あたら》しい土地《とち》を開拓《かいたく》した人《ひと》もある。例《たと》へば不《ふ》二興業會社《こうげふくわいしや》朝鮮開拓會社等《てうせんかいたくくわいしやなど》を始《はじ》め、幾多《いくた》の事業《じげふ》を擧《あ》げることが出來《でき》る。實《じつ》に偉《えら》い功《こう》勞《らう》で、敬意《けいい》を表《へう》さなければならぬ。內地《ないち》でも農業《のうげふ》の開拓《かいたく》は難《むつ》かしいもので、さういふ人《ひと》は殆《ほとん》ど破產《はさん》してゐます。徳川時代《とくがはじだい》に開拓《かいたく》に努力《どりよく》して破產《はさん》して、數代後《すうだいご》の明治大正《めいぢたいしやう》の世《よ》になつて表彰《へうしやう》され、贈位《ぞうゐ》を受《う》けたやうな人《ひと》は澤山《たくさん》あるけれども、さういふやうに苦《くる》しいものです。朝鮮《てうせん》でもその通《とほ》りで、ずいぶん苦《くる》しんだと思《おも》ふ。

赤星　さういふわけでもないだらう。私《わたし》の言《い》ふ趣意《しゆい》は、韓國併合《かんこくへいがふ》と滿洲事變《まんしうじへん》では、資力《しりよく》のある者《もの》を招《まね》いた、招《まね》かんの相違《さうゐ》があるといふので、その結果《けつくわ》は別《べつ》です。招《まね》かれたつて、あなたのお話《はなし》のやうな眞面目《まじめ》な方方《かたがた》はこの頃《ころ》になつて成功《せいこう》されたわけで、一番《はん》表《へう》彰《しやう》すべき人《ひと》だと思《おも》ふ。それからわれ〳〵のやうに安全主義《あんぜんしゆぎ》で今日《こんにち》まで賣《う》らずに土地《とち》を持《も》つてゐる者《もの》は、米粒《こめつぶ》は殖《ふ》えぬかも知《し》れんが、小作人《こさくにん》も現《げん》に喜《よろこ》んでゐるから、多少《たせう》は貢獻《こうけん》してゐるかも知《し》れん。

有賀　それは貢獻《こうけん》してますヨ。

赤星　それから荒地《あれち》を安物買《やすものか》ひした人《ひと》。藤井《ふぢゐ》さんみたいに根氣《こんき》よくやつた人《ひと》は成功《せいこう》したが、成功《せいこう》せぬ人《ひと》が大分《だいぶ》ありますヨ。だから、三つの流儀《りうぎ》があるわけで、安全第《あんぜんだい》一主義《しゆぎ》——一番《はん》いゝ土地《とち》を値切《ねぎ》らずに高《たか》く買《か》つて、向《むか》ふにも利益《りえき》を與《あた》へ、とつちも今《いま》に至《いた》るまで小作人《こさくにん》を使《つか》つて農事《のうじ》をやつてゐるもの。その次《つぎ》が安物買《やすものか》ひ——甚《はなは》だ言葉《ことば》が惡《わる》いけれども、とれはなか〳〵苦勞《くらう》で、今《いま》だに困《こま》つてゐる人《ひと》がある。その次《つぎ》が何《なに》も出來《でき》ぬ土地《とち》を開墾《かいこん》して努力《どりよく》して成功《せいこう》した人《ひと》。藤井《ふぢゐ》さんのやつて居《を》られる場所《ばしよ》は。

有賀　鴨綠江《あふりよくかう》の河口《かこう》の干拓《かんたく》鐵原大平野《てつげんだいへいや》の開墾《かいこん》全北《ぜんほく》の干拓等合《かんたくとうあは》せて約《やく》一萬町歩《まんちやうぶ》です。

赤星　偉《えら》いものだナ。

有賀　たゞ經理《けいり》の方面《はうめん》は放漫《はうまん》な點《てん》があるんで、傍《そば》にゐる者《もの》がいろ〳〵しなければいかんのです。

下村　君《きみ》の所《ところ》の殖產銀行《しよくさんぎんかう》もずいぶん苦《くる》しんだのでせうね。

有賀　不當貸付《ふたうかしつけ》をしたなんて、ずいぶん言《い》はれた。然《しか》し終始《しうし》捨《す》てずに保護《ほご》したところが今日《こんにち》からいふ大成功《だいせいこう》を收《をさ》むることになつた。

丸山　あの人《ひと》は米《こめ》の問題《もんだい》には實《じつ》に眞劍《しんけん》ですネ

牧野　半島《はんたう》の隱《かく》れた人物《じんぶつ》といふやうな人《ひと》はありませんか。

赤星　金玉均《きんぎよくきん》ぐらゐしか知《し》らないナ。

有賀　あれは歷史《れきし》の人《ひと》だ。

丸山　との間、頭山先生《とうやませんせい》の芝居《しばゐ》で金玉均《きんぎよくきん》を見《み》た。

下村　われ〳〵より年《とし》とつた人《ひと》に訊《き》かなきや……(笑聲《せうせい》)

丸山　副島《そへじま》さんは朝鮮《てうせん》へ度々《たび〳〵》行《ゆ》かれましたか

副島　ちよつと行《い》つたばかりで、足《あし》が地《ち》に著《つ》きません。

牧野　第《だい》一銀行《ぎんかう》は昔《むかし》李王家《わうけ》と御《ご》關係《くわんけい》があつたといふことですネ。

有賀　それは銀行《ぎんかう》ですから、關係《くわんけい》はあつたでせうが、さう深《ふか》いことはない。

牧野　李《り》王家《わうけ》の財産《ざいさん》を管理《くわんり》なさつたとか‥。

有賀　さうぢやないでせう。大倉《おほくら》喜《き》八郎《らう》さんが澁《しぶ》澤《さは》さんに勸誘《くわんいう》して、たしか明治《めいぢ》十一年《ねん》に第《だい》一銀《ぎん》行《かう》が釜《ふ》山《ざん》へ支《し》店《てん》を出《だ》して、それから大分《だいぶ》經《た》つて、紙《し》幣《へい》の發行權《はつかうけん》を委託《ゐたく》されて、第《だい》一銀行《ぎんかう》が出《だ》して居《を》つた。その後《ご》、明治《めいぢ》四十年頃《ねんごろ》に韓國銀行《かんこくぎんかう》といふものが出來《でき》て、それに紙幣《しへい》の發行權《はつかうけん》を讓《ゆづ》つて、普通《ふつう》の銀行《ぎんかう》として今日《こんにち》まで至《いた》つてゐる。韓《かん》國銀行《こくぎんかう》は併合《へいがふ》によつて朝鮮銀行《てうせんぎんかう》となつた。さういふ關係《くわんけい》です。

(木《き》村雄次《むらゆうじ》氏《し》出席《しゆつせき》)

いゝ所《とこ》へ來《き》てくれた。今第《いまだい》一銀行《ぎんかう》の話《はなし》が出《で》たから、ちよつと代辯《だいべん》したがネ。

下村　早速《さつそく》だが、京城《けいじやう》に支店《してん》を出《だ》したのは何《なん》年《ねん》でしたか。

木村　京城《けいじやう》は遲《おそ》いですヨ。釜山《ふざん》が十一年《ねん》で、ズッと仁川《じんせん》が中心《ちうしん》でした。

下村　今《いま》は仁川《じんせん》は忘《わす》れられたがネ。

有賀　この頃《ごろ》の仁川《じんせん》も大變《たいへん》なものですヨ。

下村　今《いま》、李《り》王家《わうけ》の金《かね》を何《なん》とかしたといふ話《はなし》があつたが、そんなことがあつたのかネ。

木村　宮内府《くないふ》の金《かね》を李《り》王家《わうけ》の名前《なまへ》で第《だい》一銀行《ぎんかう》が預《あづ》かつて居《を》つたのです。ところが、三輪《わ》田《だ》さんが李《り》王家《わうけ》の改革《かいかく》を圖《はか》つた時《とき》に、それは公《おほや》けの金《かね》だからといふので、林《はやし》(權助《ごんすけ》)公《こう》使《し》に話《はなし》をして、沒收《ぼつしう》といふか、取《と》つたわけです。ところが、その當座預金《たうざよきん》の通帳《つうちやう》が李《り》王家《わうけ》にあつて、それに殘《のこ》があるといふので訴訟《そしよう》を起《おこ》した。ツイとの間《あひだ》まで法廷《はふてい》で爭《あらそ》つて、最近解決《さいきんかいけつ》しましたがネ。林《はやし》さんが證人《しようにん》で喚出《よびだ》されたりしたんです。つまり當座預《たうざよ》金《きん》で、小切手《こぎつて》で全部出《ぜんぶだ》しちやつたけれども、通帳《つうちやう》を持《も》つて來《こ》んから、通帳《つうちやう》には記入出來《きにふでき》ない、それがために殘《のこ》りがあるやうに見《み》えてゐるんです。

丸山　李王家《りわうけ》の物《もの》を日本《につぽん》が横取《よこど》りしたなんて言《い》はれた事件《じけん》は、ずいぶんありますナ。

木村　ありますナ。

有賀　副島《そへじま》さん、現在朝鮮《げんざいてうせん》には内地人《ないちじん》が七十萬《まん》ぐらゐ居《を》りますか。

副島　七十萬《まん》にはちよつと手《て》が屆《とゞ》きませんが、かれとれ七十萬《まん》です。

有賀　とにかく内地《ないち》に朝鮮人《てうせんじん》がゐる數《かず》よりは少《すくな》い。

副島　さうでせう。實際《じつさい》もう百萬《まん》を超《こ》えて居《を》りませうから。

赤星　人口問題《じんこうもんだい》として大《おほ》きな問題《もんだい》ですネ。内《ない》地《ち》へ來《き》てゐる朝鮮人《てうせんじん》は、妻君《さいくん》から何《なに》から多《た》數携帶《すうけいたい》して來《き》て、生《う》めや、生《う》めやでやつてゐるから、今來《いまき》てゐるだけでも多《おほ》いのに、ドン〳〵殖《ふ》えて行《ゆ》く。それで私《わたし》は内鮮融和《ないせんゆうわ》にはドン〳〵雜婚《ざつこん》をして、民族《みんぞく》の相違《さうゐ》を消《け》して行《ゆ》くやうにせぬと、本當《ほんたう》の平和《へいわ》は保《たも》てぬやうに思《おも》ひますネ。それも外國《ぐわいこく》までは及《およ》ぼさぬけれども、少《すくな》くとも東洋《とうやう》だけでも親《しん》類《るゐ》づきあひをするやうに、その初《はじ》めには朝《てう》鮮《せん》が一番《ばん》やりいゝんですヨ。本當《ほんたう》の同胞《どうはう》になるんです。今《いま》でも妓生《キーサン》なんか見《み》たら、とつちの姐《ねえ》さんよりいゝと思《おも》ふくらゐだ。(笑聲《せうせい》)雜婚《ざつこん》を盛《さか》んにしたらばいゝと思《おも》ひますが、どうですかネ。

(木村雄次氏)

丸山　結構《けつこう》ですナ。然《しか》しなか〳〵實行《じつかう》しないんでネ。まづ以《もつ》て赤星《あかぼし》さんから……。

赤星　もう少《すこ》し若《わか》い頃《ころ》に氣《き》がつけば、よかつたんですがネ。(笑聲《せうせい》)

丸山　息子《むすこ》さんや娘《むすめ》さんに、どうぞ。私《わたし》も朝《てう》鮮《せん》の人《ひと》から緣談《えんだん》なんかずいぶん相談《さうだん》されるんですが、なか〳〵うまく行《ゆ》きません。親《おや》が承知《しようち》しても親戚《しんせき》が肯《き》かなかつたりするんです。朝鮮《てうせん》の男《をとこ》の人《ひと》でどうしても日本《につぽん》の娘《むすめ》をお嫁《よめ》に貰《もら》ひたいといふ希望《きばう》があつて、ずいぶん骨《ほね》を折《を》るんですが、なか〳〵理解《りかい》してくれませんナ。

赤星　姓氏《せいし》が變《か》へられるとになつたから、今後《こんご》はよほどいゝでせう。

丸山　さうですネ。

下村　日本《につぽん》の名前《なまへ》を見《み》ると、とれは朝鮮《てうせん》から來《き》たといふ名前《なまへ》がずいぶんある。金田《かねだ》とか馬淵《まぶち》とか、現在《げんざい》の人口《じんこう》の何割《なんわり》かはさうなんだ。だから、今度姓氏《こんどせいし》を變《か》へることを認《みと》めて全部變《ぜんぶかは》つちやふと、よほどよくなる。

赤星　われ〳〵の先祖《せんぞ》は殆《ほとん》ど向《むか》ふから來《き》てゐるんだからネ。

副島　雜婚奬勵《ざつこんしやうれい》といふことは、内鮮融和《ないせんゆうわ》のために非常《ひじやう》にいゝと思《おも》ひます。たゞ現在《げんざい》でも一部《ぶ》には民族《みんぞく》の純潔性《じゆんけつせい》といふやうなことを言《い》ふ向《む》きがありましてネ。

赤星　それですヨ。厚生省《こうせいしやう》あたりもう少《すこ》し太《ふと》つ腹《はら》でやつて貰《もら》ひたいと思《おも》ふんです。私《わたし》は民族《みんぞく》を生殖力《せいしよくりよく》で征服《せいふく》することが一番大切《ばんたいせつ》な事《こと》だと思《おも》ふんです。これが一番強《ばんつよ》いんです。民族性《みんぞくせい》なんてヒトラー總統《そうとう》の言《い》ふ樣《やう》な事《こと》を眞似《まね》したりすると、戰爭《せんさう》がいつまでも絶《た》えん。私《わたし》は親《しん》類《るゐ》の者《もの》にも勸《すゝ》めたし、息子《むすこ》にも實《じつ》は貰《もら》はんかと言《い》つたことがあるけれども、厭《いや》ですヨと言《い》はれたんで、駄目《だめ》だつたけれども、韓相龍《かんさうりう》の息子《むすこ》が今私《いまわたし》の所《とこ》へ來《き》てゐるからこれには何《なん》とか世話《せわ》したいと思《おも》つてゐる。いゝ息子《むすこ》ですヨ。私《わたし》は常《つね》にさういふことに氣《き》をつけてゐるんです。現に一昨日《さくじつ》なんか、前《まへ》に行《い》つた時《とき》に世話《せわ》になつた、平壤と京城の妓生《キーサン》にバッグをプレゼントしてやつたし……。

有賀　妓生《キーサン》にばかりやつとるナ。(笑聲《せうせい》)

赤星　やつぱりさういふ方面《はうめん》からやらぬといかんヨ。僕《ぼく》はもうその能力を失つてゐるけれども、若《わか》い人《ひと》は大《おほ》いにおやんなさい。後《あと》始末《しまつ》はとつちがしてやる。(笑聲《せうせい》)そこまで行《ゆ》かぬといかん。

（右）弓削幸太郎氏（左）關屋貞三郎氏

木村　雜婚《ざつこん》の數《すう》は殖《ふ》えとるでせう。

副島　殖《ふ》えて居《を》りません。

丸山　內地《ないち》に來《き》て內地《ないち》の娘《むすめ》と一緒《しよ》になつてゐる人《ひと》は、だんだん殖《ふ》えつゝある。

有賀　妻《つま》は內《ない》地人《ちじん》といふのが多《おほ》いですネ。

下村　どの國《くに》でもさうだナ。

赤星　下層《かそう》の者《もの》には大分《だいぶ》行《おこな》はれてゐるけれども、もう少《すこ》し有識階級《いうしきかいきふ》にやらせたいと思《おも》ふんです。死《し》んだ小村君《こむらくん》が盛《さか》んに支那《しな》のことを講談《かうだん》したあとで、何《なに》か御質問《ごしつもん》があつたら……と言《い》つたから、私《わたし》はすぐ立《た》つて、あなたはしきりに日支親善《につししんぜん》を說《と》いたが、支那《しな》と日本《につぽん》の御親類筋《ごしんるゐすぢ》はどのくらゐありますかと訊《き》いたところが、いや、それはどうですかネと言《い》つて面《めん》くらつてゐた。これからはもつと〳〵さういふ方面《はうめん》に力《ちから》を入《い》れなければいかんナ。そのことも朝鮮《てうせん》とは具合《ぐあひ》がいゝんですヨ。滿洲《まんしう》なんかの人《ひと》はどうも傲慢《がうまん》なやうな氣《き》がしますがネ。どうですか、下村《しもむら》さん。

下村　朝鮮《てうせん》で歡迎《くわんげい》されて、滿洲《まんしう》で撥《は》ねられたのかい。(笑聲《せうせい》)

赤星　內鮮融和《ないせんゆうわ》といつても、內地人《ないちじん》、朝鮮人《てうせんじん》といふやうに分《わ》けるんぢや駄目《だめ》ですヨ。これを一色《しよく》にしちやはなくちや……。

弓削　それは急《きふ》にやれといつても、とても實《じつ》行出來《かうでき》ないでせうが、自然《しぜん》にさうなつて行《ゆ》きますネ。

赤星　私《わたし》の友人《いうじん》に太田道寛《おほただうくわん》といふ醫者《いしや》がありますがネ……。

弓削　珍《めづら》しい名前《なまへ》ですネ。

赤星　あの太田《おほた》道灌《だうくわん》の子孫《しそん》ですヨ。これが朝《てう》鮮《せん》の娘《むすめ》さんを奥《おく》さんにしてゐる。その結婚《けつこん》式《しき》に私《わたし》も行《ゆ》きましたが、向《むか》ふのお父《とう》つあんが正装《せいさう》で來《き》ましてネ。

牧野　木《き》村《むら》さんが初《はじ》めて行《ゆ》かれたのは、いつ頃《ころ》ですか。

木村　明治《めいぢ》三十七年《ねん》に釜《ふ》山《ざん》に行《い》つたんです。尤《もつと》もその前《まへ》にも三十五年《ねん》に行《い》つて、あちこち廻《まは》つてゐますが、三十七年《ねん》に行《い》つた時分《じぶん》には、まだ連絡船《れんらくせん》なんかないし、更《さら》に三十五年《ねん》の時《とき》には、汽車《きしや》が下《しも》の關《せき》まで行《ゆ》かない。朝鮮《てうせん》も鐵道《てつだう》がないんで、釜《ふ》山《ざん》から又船《またふね》に乘《の》つて、木浦《もつぽ》、群山《ぐんざん》、仁川《じんせん》を經《へ》て京城《けいじやう》へ入《はひ》つたんです。京城《けいじやう》と仁川《じんせん》の間《あひだ》の京仁鐵道《けいじんてつだう》だけが漸《やうや》く出來《でき》た時代《じだい》です。その開通式《かいつうしき》に行《い》つたんです。

弓削　京仁鐵道《けいじんてつだう》の開通式《かいつうしき》とは、古《ふる》いですネ。

木村　それから三十七年《ねん》の時《とき》も、京釜線《けいふせん》は出《で》來《き》て居《を》りません。やつぱり釜《ふ》山《ざん》から船《ふね》で行《ゆ》くんです。五百トンぐらゐの船《ふね》で、天候《てんこう》を見《み》て出《で》るんです。一日《にち》置《お》きに行《ゆ》くとになつてゐるけれども、天候《てんこう》の都合《つがふ》で三日《か》も四日《か》も出《で》ない。だから、內地《ないち》との交通《かうつう》は電信《でんしん》以外《いぐわい》は何《なん》にも來《こ》ない。新聞《しんぶん》が來《こ》ないから四五日《にち》ぐらゐ何《なん》にも判《わか》らん。さういふ時代《じだい》がありましたヨ。

それから伊藤公《いとうこう》が來《こ》られましたが、その時分《じぶん》から有賀《ありが》さんは活躍《くわつやく》されてゐた。その前《まへ》は目賀田《めがた》さんが居《を》られたのです。朝鮮《てうせん》の貨幣制度《くわへいせいど》は、いはゆるグレシヤムの「惡貨《あくくわ》が良貨《りやうくわ》を驅逐《くちく》する」といふ法則《はふそく》の通《とほ》りで、良貨《りやうくわ》は引込《ひきこ》んで補助貨《ほじよくわ》が橫行《わうかう》したんです。それで大體《だいたい》、京釜線《けいふせん》のまん中《なか》ぐらゐにある永同《えいどう》から京城《けいじやう》よりのはうは「二錢《せん》五分《ふん》」と書《か》いた白銅《はくどう》が通用《つうよう》して、それからこつちの田舍《ゐなか》は、葉錢《えふせん》と稱《しよう》する一厘若《りんもし》くは二厘《りん》の錢《ぜに》、これは寬永通寶《くわんえいつうはう》とか文久通寶《ぶんきうつうはう》と同《おな》じやうなものです。これが流通《りうつう》してゐた、釜《ふ》山《ざん》あたりで田舍《ゐなか》へ買《か》ひ物《もの》に行《ゆ》くには、これを澤山《たくさん》持《も》つて行《ゆ》かなけやならない、これを倉《くら》に積《つ》んで置《お》くんですが、五十圓《えん》ぐらいしか一つの倉《くら》に積《つ》めない。(笑聲《せうせい》)それを馬《うま》の鞍《くら》に乘《の》せて買《か》ひ出《だ》しに行《い》つたやうなわけです。との葉錢《えふせん》にも困《こま》りましたが、向《むか》ふは白銅《はくどう》で、これが僞造《ぎざう》と贋造《がんざう》、山《やま》の如《ごと》くあるんです。

有賀　全部《ぜんぶ》僞造《ぎざう》です。(笑聲《せうせい》)

木村　千何《なん》百種《しゆ》もある。みんな私《わたし》の所《ところ》に見本《みほん》がありますヨ。

有賀　ほんとに全部《ぜんぶ》が僞造《ぎざう》でした。

木村　全島《ぜんたう》さういふわけで、これは整理《せいり》しなきや仕様《しやう》がない。それに目賀田君《めがたくん》が目《め》を著《つ》けて、貨幣《くわへい》の整理《せいり》をやられた。これが順序《じゆんじよ》よく行《い》つて、まづ第《だい》一銀行《ぎんかう》が中央銀行《ちうあうぎんかう》、發行《はつかう》銀行《ぎんかう》になつて、澁澤《しぶさは》さんの像《ざう》の入《はひ》つてゐる紙幣《しへい》を發行《はつかう》して、更《さら》に五十錢《せん》、二十錢《せん》、十錢《せん》の銀貨《ぎんくわ》と五錢《せん》の白銅《はくどう》を造《つく》つてやつたわけです。ところが、初《はじ》めの中《うち》はおかしいんですヨ。京釜鐵道《けいふてつだう》の工事《こうじ》中《ちう》でしたから、早《さつ》速《そく》それに使《つか》つて、五十錢銀貨《せんぎんくわ》を出《だ》して拂《はら》つたんですが、それが銀行《ぎんかう》へそのまゝ返《かへ》つて來《く》る。箱《はこ》へ入《い》れて出《だ》すと箱《はこ》のまゝ返《かへ》つて來《く》る。ずいぶん苦心《くしん》して使《つか》つて貰《もら》つたわけです。

葉錢《えふせん》の整理《せいり》は容易《ようい》に出來《でき》たんですが、その主《おも》なる原因《げんいん》は銅《どう》の値上《ねあが》りなんです。現在《げんざい》と同《おな》じやうに日本《につぽん》で銅《どう》の値《ね》が上《あが》つたので、みんな内地《ないち》へ輸出《ゆしゆつ》されたんです。それで自《し》然《ぜん》に整理《せいり》されたわけです。白銅《はくどう》のはうは非《ひ》常《じやう》に苦勞《くらう》しましたが、それでも三十九年頃《ねんごろ》から始《はじ》まつて四十一年頃《ねんごろ》には整理《せいり》されたんです。

そこへ伊藤《いとう》さんが來《こ》られて、他國《たこく》の銀行《ぎんかう》が中央銀行《ちうあうぎんかう》たることはいかん。日本《につぽん》の第《だい》一銀行《ぎんかう》が韓國《かんこく》の紙幣《しへい》を發行《はつかう》するのはいかんといふので、韓國銀行《かんこくぎんかう》といふものを作《つく》つて中《ちう》央銀行《あうぎんかう》にされた。ところが、事實上《じじつじやう》は第《だい》一銀行《ぎんかう》がやつてやらなければ、韓國銀行《かんこくぎんかう》は成《なり》立《た》たぬのですから、伊藤《いとう》さんは朝鮮《てうせん》にある第《だい》一銀行《ぎんかう》の店全體《みせぜんたい》、營業權《えいげふけん》一切《さい》、人間《にんげん》までも韓國銀行《かんこくぎんかう》に引繼《ひきつ》がれたんです。これは澁《しぶ》澤《ざは》さんと伊藤《いとう》さんが話《はな》し合《あ》つて決《き》められた。われわれは引繼《ひきつ》ぎ條件《でうけん》に對《たい》して非常《ひじやう》に不服《ふふく》だつたけれども偉《えら》い人《ひと》と偉《えら》い人《ひと》が話《はな》して、國家《こくか》のために手《て》を握《にぎ》つちやつたんだから仕樣《しやう》がない。その時《とき》に第《だい》一銀行《ぎんかう》の受《う》けた賠償《はいしやう》は非常《ひじやう》に少《すくな》いものだつたけれども、泣《なき》寢《ね》入《い》りになつちやつた。私《わたし》はその時《とき》、京城《けいじやう》の店《みせ》の營業部長《えいげふぶちやう》をしてゐました。京城《けいじやう》の店《みせ》は第《だい》一銀行韓國總支店《ぎんかうかんこくそうしてん》といふ名前《なまへ》で、資本《しほん》金《きん》も日本《につぽん》の本店《ほんてん》とは別《べつ》にしてあつたんです。その時《とき》の總支配人《そうしはいにん》が重役《ぢうやく》で市原盛弘《いちはらもりひろ》といふ人《ひと》で、この人《ひと》を伊藤《いとう》さんが韓國銀行《かんこくぎんかう》の總裁《そうさい》にされました。私《わたし》はその下《した》で營業《えいげふ》をやり、有賀《ありが》さんとか、後《のち》に朝鮮殖産銀行《てうせんしよくさんぎんかう》の頭《とう》取《どり》になられた水間《みづま》といふ人《ひと》などが、韓國銀《かんこくぎん》行《かう》の理事《りじ》になられました。

それから四十三年《ねん》になつて併《へい》合《がふ》されて、今度《こんど》は朝鮮銀行《てうせんぎんかう》といのふもが出來《でき》た。その邊《へん》までが古《ふる》い話《はなし》です。大分《だいぶ》手短《てみじ》かに話《はな》しましたがネ。

丸山 木村《きむら》さんはお若《わか》いんだと思《おも》つてゐたら、今《いま》の話《はなし》でスツカリ年《とし》が判《わか》つちやつた。（笑聲《せうせい》）

牧野 最近《さいきん》はおいでになりませんか。

木村 私《わたし》はあつちに仕事《しごと》を持《も》つてますから、

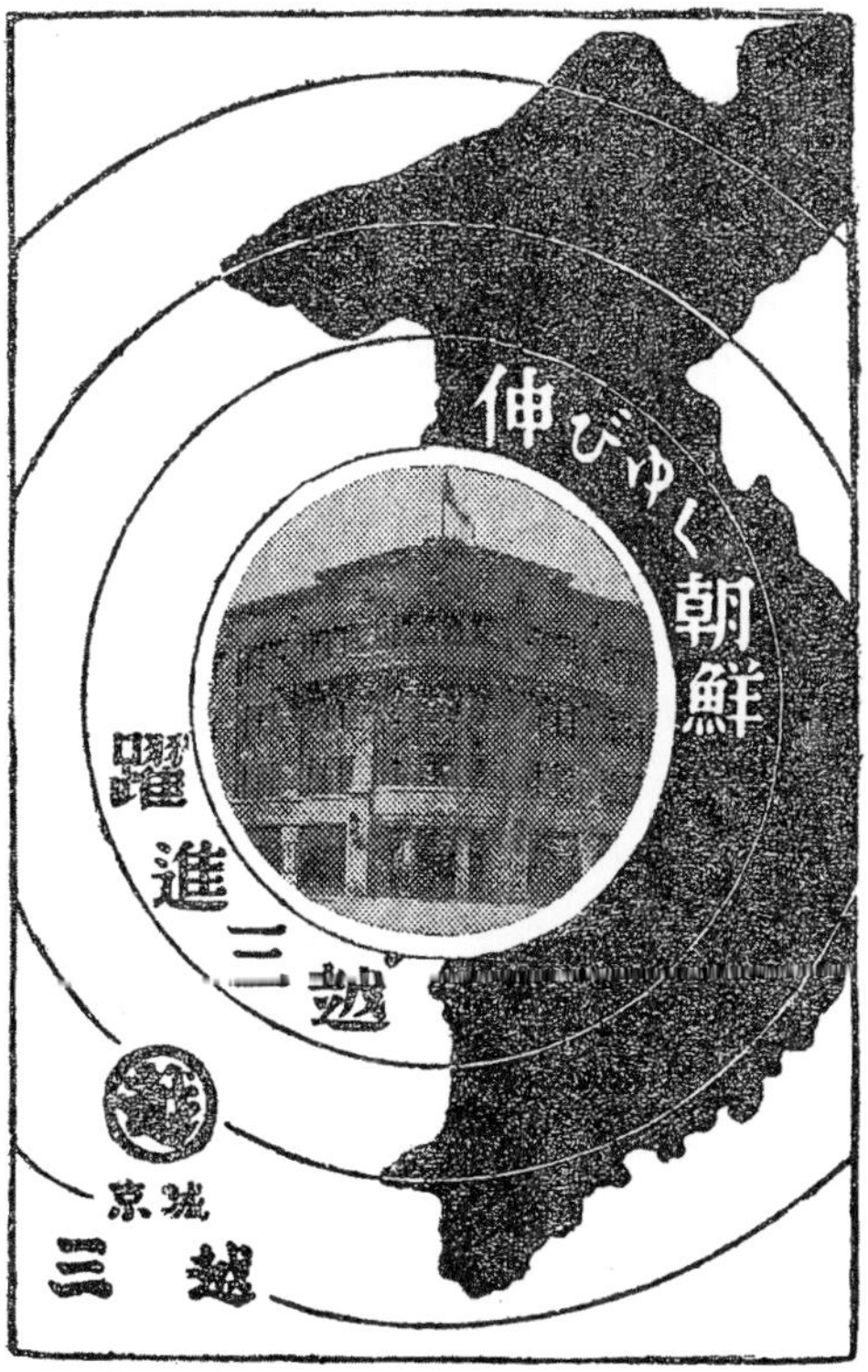

ちよいちよい行《ゆ》きます。一番最近《はんさいきん》は去年《きよねん》の九月《ぐわつ》に行《ゆ》きました。

牧野 その時分《じぶん》とはどうです。

木村 雲泥《うんでい》の差《さ》です。問題《もんだい》になりません。何《なに》を較《くら》べたつて、較《くら》べ物《もの》になりません。

有賀 葉錢《えふせん》といふ錢《ぜに》はネ、例《たと》へば釜山《ふざん》から朝《てう》鮮《せん》まで旅行《りよかう》するとして、葉錢《えふせん》を馬《うま》に積《つ》んで行《ゆ》くんです。さうして途中《とちう》で休《やす》んだり泊《とま》つたりして行《ゆ》くと、京城《けいじやう》へ著《つ》いた時《とき》には丁度《ちやうど》一枚《まい》もなくなつてゐる。さういふわけだから、葉錢《えふせん》を遠《とほ》くへ輸送《ゆそう》するなんていふことは出來《でき》なかつた。さういふ不便《ふべん》な狀態《じやうたい》だつたのです。

木村 目賀田《めがた》さんといふ方《かた》は、朝鮮《てうせん》の金融經《きんゆうけい》濟《ざい》の改善《かいぜん》をされた方《かた》で、その後《ご》、產業組合《さんげふくみあひ》みたいなもの、農工銀行《のうこうぎんかう》みたいなものも作《つく》られた。それが基礎《きそ》になつて今日《こんにち》まで來《き》てゐるのです。

有賀 目賀田《めがた》さんは朝鮮《てうせん》に一年《ねん》か二年計《ねんはか》りしか居《を》られなかつたけれども、朝鮮《てうせん》に對《たい》する功績《こうせき》としては、伊藤《いとう》さんに次《つ》ぐものだナ。

(關屋貞三郎氏)

弓削 偉《えら》い方《かた》ですネ。

有賀 あの人《ひと》を忘《わす》れて朝鮮《てうせん》のことは語《かた》れない。

弓削 金融組合《きんゆうくみあひ》の前《まへ》に銅像《どうざう》がありますネ。

有賀 金融組合《きんゆうくみあひ》もあの人《ひと》が作《つく》つたものだけれども、あの人《ひと》の仕事《しごと》の中《なか》の極《ご》く一部《ぶ》のものだ。あのくらゐ仕事《しごと》を速《はや》くやつた人《ひと》はないネ。鈴木穆《すゞきぼく》君《くん》に、農工銀行《のうこうぎんかう》の案《あん》を書《か》けといふ。一生懸命《しやうけんめい》に內地《ないち》の例《れい》なんかを調《しら》べてゐると、まだ出來《でき》んかと言《い》はれる。急《いそ》いで書《か》いて持《も》つて行《ゆ》くと、無雜作《むざふさ》にポケットへ突込《つきこ》んで、どこかへ行《い》つちやつた。それから一時間《じかん》と經《た》たぬ中《うち》に歸《かへ》つて來《き》て、この通《とほ》りすぐ執行《しつかう》しろといふ。訊《き》いて見《み》ると、伊藤統監《いとうとうかん》の所《とこ》へ行《い》つて承《しよう》認《にん》を經《へ》て來《き》た。伊藤統監《いとうとうかん》も勿論內《もちろんな》容《か》を見《み》やせん。目賀田《めがた》といふ人《ひと》は、案《あん》を書《か》かせたつて案《あん》を見《み》やせん。さういふわけで仕事《しごと》が速《はや》い。

赤星 非常《ひじやう》に細《こま》かなお方《かた》かと思《おも》つてゐたけれども、さうぢやありませんか。

有賀 非常《ひじやう》に太《ふと》つ腹《はら》の人《ひと》だ。天日鹽《てんぴえん》のことなんかも、朝鮮《てうせん》で天日鹽《てんぴえん》をやつたらよからうといふので、夙《つと》に着眼《ちやくがん》せられ朱安《しゆあん》に試驗田《しけんでん》を設置《せつち》したのです。

其時分《そのじぶん》私《わたし》は鎭南浦稅關長《ちんなんぽぜいくわんちやう》をして居《を》りましたが、大同江口《だいどうかうこう》の廣梁灣《くわうりやうわん》を天日鹽田《てんぴえんでん》の適地《てきち》と認《みと》め、半紙《はんし》半枚位《はんまいぐらゐ》書《か》いて建言《けんげん》したところ、一週間《しうかん》たゝぬのに農學士《のうがくし》塚本道遠《つかもとみちとほ》君《くん》を派遣《はけん》せられ、直《たゞち》に其事業《そのじげふ》に着手《ちやくしゆ》せられたのです。

之《これ》が、朝鮮《てうせん》に於《お》ける天日製鹽《てんぴせいえん》の發端《ほつたん》です。

之《これ》は其《その》一例《れい》に過《す》ぎないのですが、目賀田《めかた》氏《し》の仕事《しごと》の超《てう》スピード振《ぶ》りと、朝鮮《てうせん》に於《お》ける足跡《そくせき》の偉大《ゐだい》なるを想《おも》ひ起《おこ》して、朝鮮《てうせん》の大《だい》恩人《おんじん》として追慕《つゐぼ》の情《じやう》を禁《きん》ずることが出來《でき》ません。

木村　土地《とち》を買《か》ふのが面白《おもしろ》いんだ。朝鮮人《てうせんじん》は金《かね》を見《み》せないと賣《う》つてくれない。だから、本當《ほんたう》の金貨《きんくわ》を澤山《たくさん》持《も》つて來《き》て、机《つくゑ》の中《なか》に入《い》れて置《お》いて、土地《とち》を持《も》つてゐる百姓《しやう》を呼《よ》んで來《き》て、机《つくゑ》の中《なか》を見《み》せて、賣《う》らんかといふと、よろしい、賣《う》りませうといふ。

弓削　葉錢《えふせん》の時分《じぶん》にはどうしたんです。土地《とち》でも買《か》ふことになつたら大變《たいへん》でせう。

有賀　土地《とち》が安《やす》かつたから、何《なん》とか出來《でき》たんだ。

弓削　馬《うま》で持《も》つて行《ゆ》けば、よかつたわけだナ。

有賀　丸山《まるやま》さん、あなたのおいでになる前《まへ》は、朝鮮《てうせん》の警察《けいさつ》は憲兵制度《けんぺいせいど》で、それを普通《ふつう》の警《けい》察《さつ》に改《あらた》められたのでせう。その時《とき》の御苦心《ごくしん》談《だん》を伺《うかゞ》ひたいナ。

丸山　私《わたし》が初《はじ》めて朝鮮《てうせん》に行《い》つたのは、警視廳《けいしちやう》の特高課長《とくかうくわちやう》をしとる時《とき》で、御大禮《ごたいれい》の取締《とりしまり》の關係《くわんけい》で、一度《ど》朝鮮《てうせん》を見《み》て置《お》いたらいゝだらうといふので行《い》つたのです。約《やく》一箇月《かげつ》の豫《よ》定《てい》で可《か》なり廣《ひろ》く朝鮮《てうせん》を歩《ある》きました。丁度《ちやうど》元《げん》山《ざん》まで行《い》つた時《とき》に内閣《ないかく》の一部改造《ぶかいざう》があつて警視總監《けいしそうかん》も迭《かは》るといふので、歸《かへ》つて來《こ》ないでもいゝといふ電報《でんぱう》を貰《もら》つたけれども、歸《かへ》つて來《き》た。

歸《かへ》る時《とき》に京城《けいじやう》でお別《わか》れの挨拶《あいさつ》に寺内總督《てらうちそうとく》の所《ところ》へ行《い》つたら、君《きみ》は非常《ひじやう》に熱心《ねつしん》に見《み》てくれたさうだ。君《きみ》の話《はなし》を聽《き》きたい。誰《だれ》も他《た》の人《ひと》を呼《よ》ばぬから、ゆつくり話《はなし》をしてくれと言《い》はれる。三十二、三歳《さい》の一警視《けいし》であつた私《わたし》は非常《ひじやう》に感激《かんげき》して、晝飯《ひるはん》を御馳走《ごちそう》になつたわけです。寺内《てらうち》さんは、近頃《ちかごろ》朝鮮《てうせん》へ視察《しさつ》に來《き》た人間《にんげん》の中《なか》では君《きみ》は非常《ひじやう》に熱心《ねつしん》に見《み》てくれたさうだ。何《なん》でもいゝから君《きみ》の意見《いけん》を述《の》べろと言《い》はれた。その時《とき》に私《わたし》は主《しゆ》として憲兵制度《けんぺいせいど》のことを話《はな》した。自分《じぶん》が警視廳《けいしちやう》で警察《けいさつ》をやつてゐる目《め》から見《み》て、憲兵警察《けんぺいけいさつ》の特長《とくちやう》はかういふ點《てん》だといつて四つ擧《あ》げて、弊害《へいがい》はかうだといつて五つ擧《あ》げた。さうして今《いま》は普通警察《ふつうけいさつ》に轉《てん》換《くわん》される時機《じき》だと思《おも》ふといふことを思《おも》ひ切《き》つて話《はな》した。寺内總督《てらうちそうとく》は非常《ひじやう》に熱心《ねつしん》に聽《き》いて居《を》られて、成程《なるほど》、實《じつ》によく見《み》てくれた。大抵《たいてい》の人《ひと》は朝鮮《てうせん》では御馳走《ごちそう》になつて朝鮮《てうせん》のお世辭《せじ》を言《い》ひ、下《しも》ノ關《せき》まで行《ゆ》くと朝鮮《てうせん》の惡《わる》口《くち》を言《い》ふものだか、君《きみ》のやうな徹底的《てつていてき》な論《ろん》議《ぎ》をした人間《にんげん》は今《いま》までない。君《きみ》の論《ろん》は傾聽《けいちやう》に値《あたひ》するものだと思《おも》ふが、君《きみ》と僕《ぼく》とは意《い》見《けん》が違《ちが》ふ。私《わたし》はまだ憲兵警察《けんぺいけいさつ》は廢《はい》すべき時《じ》機《き》ぢやないと思《おも》ふ。さういふ話《はなし》をして別《わか》れましたが、私《わたし》は寺内《てらうち》さんに對《たい》して、それまでビリケンだとか、武斷政治家《ぶだんせいぢか》だとか、いろいろな批評《ひひやう》を受《う》けてゐるのに、こんなにまで眞劍《しんけん》に朝鮮《てうせん》のことを考《かんが》へてゐる人《ひと》かと思《おも》つて、非常《ひじやう》に敬意《けいい》を表《へう》したわけです。

(丸山鶴吉氏)

それから四年《ねん》ばかり經《た》つて、齋藤總督《さいとうそうとく》の時代《じだい》になつて、その頃《ころ》は内地《ないち》でも朝鮮《てうせん》の憲《けん》兵警察《ぺいけいさつ》のことが盛《さか》んに研究《けんきう》されて居《を》つて、これを改革《かいかく》されることが一つの眼目《がんもく》になつて居《を》つた。私《わたし》は當時《たうじ》靜岡縣《しづをかけん》の内務部長《ないむぶちやう》で、知事《ちじ》が赤池濃《あかいけのう》さん。ところが、赤池《あかいけ》さんが朝鮮《てうせん》の内務局長《ないむきよくちやう》に行《ゆ》かれることになつて、どうしても私《わたし》に來《き》て助《たす》けて貰《もら》ひたいといふので、無理《むり》やり内務《ないむ》局《きよく》の何《なに》かの課長《くわちやう》として行《ゆ》くことになつた。それが警務《けいむ》局長《きよくちやう》で行《ゆ》かれる筈《はず》の野口君《のぐちくん》が神戸《かうべ》で病氣《びやうき》のために亡《な》くなつた。そこへ九月《ぐわつ》二日《か》に齋藤總督《さいとうそうとく》が南大《なんだい》門《もん》の驛《えき》へ乘込《のりこ》んだところが　投《な》げられて、　大事件《だいじけん》が起《お》きた。これは容易《ようい》ならぬことで、治安《ちあん》といふことを第《だい》一にしなくちやいかんといふので、缺員中《けつゐんちう》の警務《けいむ》局長《きよくちやう》を赤池《あかいけ》さんが兼《けん》任《にん》することになつた。私《わたし》も赤池《あかいけ》さんに隨《つ》いて警務《けいむ》局《きよく》に勤《つと》めることになつた。ところが警務《けいむ》局の陣容《ぢんよう》は全部《ぜんぶ》決《きま》つてゐて、結局《けつきよく》、一課《くわ》を持《も》たない無任所《むにんしよ》事務官《じむくわん》——この頃《ころ》は無《む》任所《にんしよ》大臣《だいじん》といふものがあるけれども、無《む》任《にん》所《しよ》事務官《じむくわん》は私《わたし》が初《はじ》めてせう。それでいよいよ憲兵警察《けんぺいけいさつ》を廢止《はいし》して普通警察制度《ふつうけいさつせいど》にするといふので、内容《ないよう》を檢討《けんたう》して見《み》たら、えらいことなんです。私《わたし》の經驗《けいけん》から考《かんが》へると殆《ほとん》ど不可能《ふかのう》と思《おも》ふくらゐだつた。私《わたし》が警視廳《けいしちやう》にゐる頃《ころ》に一度《ど》に二千五百人《にん》ばかり警察官《けいさつくわん》の大增員《だいぞうゐん》をしたことがあるが、非常《ひじやう》な苦心《くしん》を拂《はら》つたものです。それが今度《こんど》は少《すくな》くとも六千八百人《にん》ばかりの新《あたら》しい警察官《けいさつくわん》が要《い》る。それで計畫《けいくわく》としては、在來警察《ざいらいけいさつ》に從事《じうじ》して居《を》つた憲兵《けんぺい》から轉換《てんくわん》して來《く》る人《ひと》、それから内地《ないち》の現職《げんしよく》の警察官《けいさつくわん》を千五百人《にん》ばかり、内《ない》務省《むしやう》にお賴《たの》みして各縣《かくけん》に割當《わりあ》てゝ寄越《よこ》して貰《もら》ふ、それに新《あたら》しく三千何《なん》百人《にん》かの人間《にんげん》を募集《ぼしふ》して、それを訓練《くんれん》して警察官《けいさつくわん》を作《つく》る。かういふことであつた。私共《わたしども》、警察《けいさつ》のことを知《し》つてゐる者《もの》から見《み》ると、全《まつた》く大膽《だいたん》だと思《おも》ふやうな事業《じげふ》であつたのですが、それから非常《ひじやう》に苦心《くしん》して、幸《さいは》ひに皆《みな》さんの非常《ひじやう》な努力《どりよく》で、比較的《ひかくてき》スムースに普通警察《ふつうけいさつ》に轉換《てんくわん》することが出來《でき》たんです。

然《しか》し内地《ないち》から寄越《よこ》して貰《もら》ふ時《とき》には成《なる》べく質《しつ》のいゝ巡査《じゆんさ》をと賴《たの》んだんですが、自分《じぶん》の縣《けん》から出《だ》すのに、あんまりいゝ者《もの》は出《だ》してくれない、屑《くづ》ばかりで、ずいぶん困《こま》りました。それに當時《たうじ》は財界《ざいかい》の景氣《けいき》のいゝ時《とき》でしたから、なか／＼志願者《しぐわんしや》がなくて、募集《ぼしふ》に應《おう》ずる者《もの》は少《すく》いし、非常《ひじやう》に質《しつ》の惡《わる》い者《もの》が來《く》る。それでも採《さ》らぬと人員《じんゐん》が足《た》りない。その訓練《くんれん》なんかも、三千何《なん》百人《にん》もを容《い》れるやうな教育機關《けういくきくわん》もないものですから、しまひには各道《かくだう》に分《わ》けて、各道《かくだう》でも困《こま》つて警察署《けいさつしよ》に十人《にん》二十人《にん》と分《わ》けて訓練《くんれん》するやうにしたところが、服《ふく》は勿論《もちろん》のこと間《ま》に合《あ》はないし、劍《けん》とか帽子《ばうし》もない。内地《ないち》から來《き》たまゝで、鳥打《とりうち》を冠《かぶ》つたり、中《なか》には和服《わふく》で教習《けうしふ》を受《う》けるといふわけで、百鬼夜行《きやかう》といふことはあるが、朝鮮《てうせん》の警察《けいさつ》は百鬼晝行《きちうかう》だなんて言《い》はれたくらゐ、急造《きふざう》に骨《ほね》を折《を》つたものです。

それでもいよ／＼始《はじ》めてから三月《つき》かそこらで、比較的短《ひかくてきみじか》い期間《きかん》に、無理《むり》をして轉換《てんくわん》することが出來《でき》たんです。一時《じ》はまだ憲兵《けんぺい》の首腦部《しゆなうぶ》がゐて、警察部長《けいさつぶちやう》が赴任《ふにん》しても官《くわん》舍《しや》がないとか、今《いま》まで努力《どりよく》した憲兵《けんぺい》として無理《むり》もありませんが、多少感情《たせうかんじやう》の問題《もんだい》が起《おこ》つたりしましたが、その後《ご》だん／＼よくなつたわけです。

（關屋《せきや》貞《てい》三郎《らう》氏《し》出席《しゆつせき》）

有賀　關屋《せきや》さんが見《み》えたから、今度《こんど》は朝鮮《てうせん》の教育《けういく》のことを伺《うかゞ》ひませう。關屋《せきや》さんは朝鮮《てうせん》の教育《けうれく》の功勞者《こうらうしや》ですから。

關屋 いや、弓削君《ゆげくん》がよく知《し》つてるから、まづ弓削君《ゆげくん》に話《はな》して貰《もら》はう。

弓削 それでは私《わたし》から簡單《かんたん》に申上《まをしあ》げることに致《いた》しませう。併合《へいがふ》の時《とき》に、朝鮮《てうせん》の教育《けういく》のことは愼重《しんちよう》にやらなければならぬことだといふので、併合《へいがふ》して直《たゞ》ちにいろ／＼な仕事《しごと》に著手《ちやくしゆ》しましたが、教育《けういく》のことだけは暫《しばら》くお預《あづ》けといふことで、大《おほ》いに研究《けんきう》をして、併《へい》合《がふ》の翌年《よくねん》に漸《やうや》く制度《せいど》が出來上《できあが》つたんです。當時《たうじ》の總督《そうとく》は寺內《てらうち》さん、學務局長《がくむきよくちやう》が關屋《せきや》さんで、熱心《ねつしん》に研究《けんきう》された、寺內《てらうち》さんが非常《ひじやう》な教育熱心《けういくねつしん》で、文部省《もんぶしやう》でやつとる教育《けういく》なんぞは滿足《まんぞく》だと思《おも》はない、自分《じぶん》は朝鮮《てうせん》で本當《ほんたう》の教育方針《けういくはうしん》を樹《た》てて、國家《こくか》百年《ねん》の計《けい》を立《た》てると言《い》はれまして、教育《けういく》の規則《きそく》を拵《こしら》へる會《くわい》議《ぎ》の席《せき》には必《かなら》ず出《で》て來《き》て、萬年筆《まんねんひつ》を出《だ》して書《か》きながら、こゝはどうだ、あそとはどうだと言《い》はれて、なか／＼熱心《ねつしん》にやられました。

さうやつて出來上《できあが》つた方針《はうしん》といふのが朝《てう》鮮人《せんじん》を教育勅語《けういくちよくご》の趣旨《しゆし》に從《したが》つて忠良《ちうりやう》なる國《こく》民《みん》に育成《いくせい》する、とれが朝鮮《てうせん》の教育《けういく》の目的《もくてき》です。當時《たうじ》、朝鮮人《てうせんじん》を如何《いか》に教育《けういく》すべきかといふことが日本朝野《にツぽんてうや》の非常《ひじやう》な議論《ぎろん》になつてゐたのですが、それに對《たい》して內地《ないち》で內地人《ないちじん》を教育《けういく》する目的《もくてき》と少《すこ》しも變《かは》らない、つまり朝鮮人《てうせんじん》を將來內地人《しやうらいないちじん》と變《かは》らない帝國臣民《ていこくしんみん》に仕上《しあ》げるのだといふことをハッキリ決《き》められたのです。

その次《つぎ》の條文《でうぶん》には、但《たゞ》し時勢民度《じせいみんど》に從《したが》はなければならぬ。つまり教《けう》育勅《いくちよく》語《ご》の趣旨《しゆし》によつて內地《ないち》に於《おい》て內地人《ないちじん》を教育《けういく》すると同《おな》じ方針《はうしん》で教育《けういく》はするが、朝鮮《てうせん》の時勢《じせい》とか民度《みんど》、主《おも》たる點《てん》は經《けい》濟《ざい》ですが、それに適合《てきがふ》する教育《けういく》をする。終《しう》局《きよく》の目的《もくてき》は內地《ないち》と少《すこ》しも變《かは》らないが、時勢《じせい》とか民度《みんど》が違《ちが》つてゐる以上《いじやう》、方法《はうはふ》とか手段《しゆだん》は內地《ないち》と同《おな》じやうにやるわけに行《ゆ》かない。さういふ方針《はうしん》が決《きま》つたわけです。

それで當時《たうじ》最《もつと》も力《ちから》を注《そゝ》いだことは、讀《よ》み書《か》き算盤《そろばん》を簡單《かんたん》に實用的《じつようてき》に教《をし》へる。殊《こと》に國《こく》語《ご》を普及《ふきふ》する。國語《こくご》は國民精神《こくみんせいしん》の宿《やど》る所《ところ》であるといふ意味《いみ》から、これに非常《ひじやう》に力《ちから》を注《そゝ》いだのです。

爾來《じらい》およそ八年《ねん》ばかり、その教育制度《けういくせいど》で、細《こま》かな規則《きそく》なんかも改正《かいせい》することとなく、たゞ内容《ないよう》を充實《じうじつ》して來《き》ましたが、齋藤總督《さいとうそうとく》の時代《じだい》になつて、時勢《じせい》の非常《ひじやう》な變化《へんくわ》があつたために、教育制度《けういくせいど》の一部分《ぶぶん》を改正《かいせい》され、更《さら》に今《いま》の南總督《みなみそうとく》の時代《じだい》になつて、今《いま》では内地《ないち》と同《おな》じにやつていゝといふ南總督《みなみそうとく》の解釋《かいしやく》によつて、目的《もくてき》も手段《しゆだん》もスッカリ内地《ないち》と同《おな》じになつた。ごく大雜把《おほざつぱ》にいふと朝鮮教育《てうせんけういく》の經過《けいくわ》はかういふ次第《しだい》です。

牧野　關屋《せきや》先生《せんせい》のお話《はなし》を一つ。

關屋　大體《だいたい》今弓削君《いまゆげくん》がお話《はなし》した通《とほ》りですが、最初《さいしよ》われわれの行《おこな》つた時《とき》も、すぐ義務教育《ぎむけういく》をやつてくれといふ希望《きばう》をした人《ひと》もあつた。ところが、義務教育《ぎむけういく》といふやうなことはオイソレとは出來《でき》ない。學校《がくかう》も澤山要《たくさんい》るし、教員《けうゐん》も揃《そろ》へなければならない。これは朝鮮《てうせん》として非常《ひじやう》に苦痛《くつう》です。今日《こんにち》でも義務《ぎむ》教育《けういく》になつては居《を》らない。もし義務教育《ぎむけういく》を行《おこな》ふとすれば、ずゐぶん澤山《たくさん》の租税《そぜい》も取《と》らなければならぬし、今日《こんにち》でも少《すこ》し無理《むり》ぢやないかと思《おも》ふ。當時《たうじ》としては勿論《もちろん》のことでその點《てん》では寺内《てらうち》さんのやり方《かた》は極《きは》めて親切《しんせつ》であつた。例《たと》へば四年《ねん》で卒業《そつげふ》することにした。これは内地《ないち》が六年《ねん》だから四年《ねん》で簡單《かんたん》に教《をし》へようといふのではなくて、四年《ねん》で六年《ねん》のことが出來《でき》るといふ寺内《てらうち》さんの意見《いけん》なんだ。朝鮮《てうせん》には書堂《しよだう》といふものが澤山《たくさん》あつて、それを當時《たうじ》すぐ禁止《きんし》してしまへば、書《しよ》堂《だう》の先生《せんせい》の仕事《しごと》を奪《うば》ふことにもなるし、又《また》學校《がくかう》のないやうな所《ところ》では、書堂《しよだう》へ行《ゆ》くだけでも教育《けういく》としては結構《けつこう》なんだから、これは廢止《はいし》しないで置《お》く。だから、書堂《しよだう》で或《あ》る程《てい》度《ど》教《をそ》はつた者《もの》が學校《がくかう》へ入《はひ》つて來《き》て、入《はひ》つたばかりで相當字《さうたうじ》の巧《うま》い者《もの》がある。内地《ないち》とは非常《ひじやう》に違《ちが》つて、四年《ねん》で六年《ねん》のことが出來《でき》るといふ意見《いけん》なんです。

それから朝鮮《てうせん》は農業《のうげふ》が主《しゆ》だから、普通學《ふつうがく》校《かう》には必《かなら》ず農地《のうち》が附《つ》いてゐる、これは朝鮮《てうせん》の一つの特色《とくしよく》です。内地《ないち》の小學校《せうがくかう》には必《かなら》ずしも農地《のうち》が附《つ》いてないが、朝鮮《てうせん》の公立普通《こうりつふつう》學校《がくかう》には必《かなら》ず農地《のうち》が附《つ》いてゐて、簡易《かんい》な百姓業《しやうわざ》を教《をし》へたものです。これは一つには、兩班《ヤンバン》なんかは勞働《らうどう》を嫌《いや》がる。さういふ者《もの》に、勞働《らうどう》は神聖《しんせい》なものだといふことを教《をし》へなければならない。額《ひたひ》に汗《あせ》することを教《をし》へなければならぬ。けれども、それは動《やゝ》もすると誤解《ごかい》されて、農民《のうみん》ばかり作《つく》るやうに言《い》はれた。然《しか》し貧乏《びんばふ》な朝鮮《てうせん》を實力《じつりよく》あるものにし、民《たみ》を富《と》ますことが必要《ひつえう》で、それには農業《のうげふ》が一番先《ばんさき》だといふ考《かんが》へで、學校園《がくかうえん》といふか、農業實習地《のうげふじつしふち》を必《かなら》ず持《も》たしたんです。

それについて、かういふ面白《おもしろ》い話《はなし》がある。忠清北道《ちうせいほくだう》かどとかの學校《がくかう》に地主《ぢぬし》の子供《こども》が來《き》て居《を》つた。ところが、地主《ぢぬし》の番頭《ばんとう》みたいな者《もの》が學校《がくかう》へ來《き》て見《み》ると、自分《じぶん》の所《ところ》の若旦那《わかだんな》が農業《のうげふ》をやつてるといふので、驚《おどろ》いて家《いへ》へ歸《かへ》つて、あんな學校《がくかう》へ入《い》れといちや大變《たいへん》だといつて大騷《おほさわ》ぎをしたやうな次第《しだい》だつた。

いろ〳〵誤解《ごかい》もされたけれども、弓削君《ゆげくん》の話《はなし》された通《とほ》り、時勢《じせい》と民度《みんど》の進《すゝ》むに從《したが》つて、教育《けういく》もだん〳〵進《すゝ》んで、大學《だいがく》も專門學《せんもんがく》校《かう》も出來《でき》たし、公立普通學校《こうりつふつうがくかう》も名前《なまへ》を變《か》へて、今《いま》では小學校《せうがくかう》といふ、さういふやうになつて來《き》た。これは自然《しぜん》の進步《しんぽ》であらうと思《おも》ひますが、將來《しやうらい》はどうしても義務《ぎむ》教育《けういく》の行《おこな》はれるやうな時代《じだい》が來《く》るだらうと思《おも》ふんです。

それからもう一つ、朝鮮《てうせん》は私立學校《しりつがくかう》がなか〳〵多《おほ》かつた。その中《なか》にはキリスト教《けう》の宣教師《せんけうし》の關係《くわんけい》してゐるのがあつて、それも惡《わる》いことではないが、外國《ぐわいこく》の宣教師《せんけうし》のやることだから、日本《につぽん》の教育《けういく》といふ點《てん》からいふとピツタリ合《あ》はない。忠良《ちうりやう》なる國民《こくみん》を作《つく》るといふわけには行《ゆ》かない。いつまでも、さういふ學校《がくかう》があることは困《こま》ることだと考《かんが》へて、公立學校《こうりつがくかう》の內容《ないよう》をよくしたり、數《かず》も殖《ふ》やしたりしてゐると、だん〳〵さういふ學《がく》校《かう》はなくなつて來《き》た。われ〳〵は決《けつ》してそれを壓迫《あつぱく》してどうといふことはなかつたけれども、自然《しぜん》に少《すくな》くなつて、われ〳〵の時《じ》代《だい》に千ぐらゐになつたネ。

弓削 さうです。二千ぐらゐあつたのが、千ぐらゐになりましたネ。

閔屋 西洋人《せいやうじん》の宣教師《せんけうし》から見《み》ると、何《なん》となしに自《じ》分《ぶん》の權益《けんえき》を侵《をか》されるやうに考《かんが》へて、多《た》少《せう》の異論《いろん》もあつたけれども、自然《しぜん》に少《すくな》くなつた。勿論《もちろん》西洋人《せいやうじん》が教育《けういく》に貢獻《こうけん》したことは少《すくな》くない。これはわれ〳〵も認《みと》めるけれども、小學校《せうがくかう》の教育《けういく》まで外國人《ぐわいこくじん》に任《まか》すことは出來《でき》ない。この點《てん》も初期《しよき》の時代《じだい》にいくらか骨《ほね》を折《を》つた一つの事件《じけん》なのです。

牧野 去年《きよねん》朝鮮《てうせん》へ行《ゆ》かれて、どういふ感《かん》じをお持《も》ちになりましたか。

閔屋 僕《ぼく》は去年《きよねん》も一昨年《さくねん》も行《い》つたから、特《とく》に去年感《きよねんかん》じたこともありませんが、誰《だれ》でも感服《かんぷく》するのは、產業《さんげふ》が非常《ひじやう》に盛《さか》んになつたことですネ。その結果《けつくわ》として朝《てう》鮮人《せんじん》も、生活《せいくわつ》の上《うへ》に於《おい》ても思想《しさう》の上《うへ》に於《おい》ても非常《ひじやう》な變化《へんくわ》を受《う》けて來《き》てゐるだらうと思《おも》ふ。それは要《えう》するに歷代《れきだい》の爲《ゐ》政者《せいしや》の骨折《ほねを》りなのです。偶《ぐう》然《ぜん》かうなつたのではなくして、だん〳〵と實《み》を結《むす》んで來《き》たわけで、現《げん》に農業《のうげふ》の如《ごと》きも、われ〲の行つた當時と較べると、米の產額《がく》は倍《ばい》ぐらゐになつて居《を》りませう。內地《ないち》のはうは最近《さいきん》の十年《ねん》なり二十年《ねん》なりを採《と》つて見《み》ると、それほど進步《しんぽ》して居《を》らぬ。米の一段步《たんぶ》の產額《さんがく》の如《ごと》きは、朝鮮《てうせん》のはうがズツと進步《しんぽ》してゐる。本年《ほんねん》は施政《しせい》三十年《ねん》、臺灣《たいわん》は三十五年《ねん》ですが、臺灣《たいわん》とは大《たい》した違《ちが》ひです。

ヨ。兎《と》に角《かく》われ〳〵の行《い》つた時《とき》の豫算《よさん》が四千萬圓《まんえん》、今《いま》ぢや八億《おく》ですからネ。

木村　米《こめ》の話《はなし》が出《で》ましたが、富士興業《ふじこうげふ》といふ會社《くわいしや》では一萬町歩《まんちやうぶ》ぐらゐの田地《でんち》を持《も》つてゐるのです。これは干拓地《かんたくち》と荒蕪地《くわうぶち》を新《あたら》しく開墾《かいこん》したんです。干拓地《かんたくち》は五千町歩《ちやうぶ》ぐらゐの非常《ひじやう》に大《おほ》きなもので、附近《ふきん》の堤防《ていばう》なんか、見《み》たこともないくらゐ大《おほ》きなものです。實《じつ》はその農場《のうぢやう》で出來《でき》る陸羽《りくう》百三十二號《がう》といふ米《こめ》が、日本全體《にっぽんぜんたい》の米《こめ》の中《なか》で一番《ばん》いゝ米《こめ》で、一番高《ばんたか》いんです。さういふやうに、確《たし》かに發達《はつたつ》して來《き》てゐるんです。

牧野　副島《そへじま》さんは朝鮮《てうせん》について何《なに》か……。

副島　私《わたし》はたゞ拓務省《たくむしやう》にゐて朝鮮關係《てうせんくわんけい》の仕事《しごと》をしてゐるだけですから……。たゞ、日本《にっぽん》も八紘《くわう》一宇《う》とか東亞《とうあ》の盟主《めいしゆ》とか、大《おほ》きな理想《りさう》は大變結構《たいへんけつこう》だと思《おも》ふんですが、それには、單《たん》に、朝鮮《てうせん》とのみ限《かぎ》りません、東洋《とうやう》の全部《ぜんぶ》に對《たい》して、もつと大《おほ》きな廣《ひろ》い度量《どりやう》を持《も》つてみんなを抱擁《はうよう》してやる、愛《あい》の心《こゝろ》を以《もつ》て包《つゝ》んでやる、さういふ氣持《きも》ちで行《ゆ》かなくちやいかんのぢやないかと思《おも》ひます。差別的《さべつてき》な考《かんが》へを持《も》つて接《せつ》して居《を》つたんぢや、いつまで經《た》つても内地《ないち》は内地《ないち》、朝鮮《てうせん》は朝鮮《てうせん》で、結局《けつきよく》、内鮮《ないせん》一體《たい》融和《ゆうわ》といふことは實現困難《じつげんこんなん》ぢやないか。かういふ感《かん》じを抱《いだ》いてゐるわけです。

赤星　私《わたし》はかういふことを感《かん》じたんですがネ。成程《なるほど》、北鮮《ほくせん》は産業《さんげふ》は非常《ひじやう》に發展《はつてん》してゐます。清津《せいしん》を見《み》ただけでビックリする。鮎川君《あゆかはくん》の事業《じげふ》、野口君《のぐちくん》の事業《じげふ》、實《じつ》に大《たい》したものです。ところが、それを受《う》ける日本《にっぽん》の狀態《じやうたい》はどうか。北鮮《ほくせん》を受《う》けるのは、新潟《にひがた》、敦賀《つるが》でせう。その受《う》け方《かた》はどうですか。向《むか》ふは非常《ひじやう》な勢《いきほ》ひで發展《はつてん》するのに對《たい》して大分《だいぶ》立《た》ち遲《おく》れをして居《を》りはせんかと思《おも》ふが、どうだらう。

丸山　それは私《わたし》、昨年《さくねん》の五月《げつ》に朝鮮《てうせん》へ行《い》つて歸《かへ》りに羅津《らしん》から清津《せいしん》へ行《い》つて、船《ふね》で新潟《にひがた》へ來たんですが、お話《はなし》の通《とほ》りの感《かん》じです。殊《こと》にこれから滿洲《まんしう》がドン〳〵開《ひら》けて來《く》るのに、日本《にっぽん》の受《う》ける力《ちから》が非常《ひじやう》に足《た》りないんぢやないかといふ感《かん》じを抱《いだ》いたので、歸《かへ》つてからその話《はなし》をしたんです。それを石山賢吉君《いしやまけんきちくん》が聽《き》いて、あの人《ひと》が新潟《にひがた》の出身《しゆつしん》だもんですから、そのことを「ダイヤモンド」に書《か》いて、新潟《にひがた》あたりには非常《ひじやう》な反響《はんきやう》を與《あた》へたやうです。然《しか》し新潟縣《にひがたけん》だけで出來《でき》る問題《もんだい》ぢやない。國家《こくか》が方針《はうしん》を決《き》めるべきぢやないかと思《おも》ふ。殊《こと》に政黨關係《せいたうくわんけい》なんかで諸方《しよはう》に小《ちひ》さい金《かね》をバラ撒《ま》いたんぢや、どこにもあれを受《う》けるだけの設備《せつび》が日本《にっぽん》に出來《でき》はしない。私《わたし》は去年《きよねん》新潟《にひがた》によつた時《とき》に、亡《な》くなつた中村《なかむら》さんに、君《きみ》は一體《たい》對岸《たいがん》へ行《い》つて見《み》たか。新潟《にひがた》港《かう》の築港《ちくかう》の必要《ひつえう》なんかを説《と》いても、對岸《たいがん》を見《み》て來《こ》ないで言《い》つたのぢや、熱《ねつ》も何《なん》にもない。譯《わけ》はないんだから、ちよいと行《い》つて、清津《せいしん》の山《やま》の上《うへ》から港《みなと》の設備《せつび》を見《み》ておいでなさいと言《い》つたら、いや、管外出張《くわんぐわいしゆつちやう》がむづかしくなつたから……なんて言《い》つてゐた。それでも結局行《けつきよくい》つたんで、私《わたし》も期待《きたい》してゐたけれども、歸《かへ》る途中《とちゆう》で腦溢血《なういつけつ》で亡《な》くなつたんで殘念《ざんねん》です。あなたの仰《おつしや》る通《とほ》りですヨ。

赤星　實際《じつさい》、受《う》ける關門《くわんもん》だけはチヤンと備《そな》へて置《お》かないと、内地《ないち》の威信《ゐしん》に關係《くわんけい》する。

弓削　咸鏡北道《かんきやうほくだう》から東京《とうきやう》へ來《く》るのに、新潟經《にひがたけい》由《ゆ》のはうが半日早《はんにちはや》いし、夏《なつ》は非常《ひじやう》にいゝ航《かう》路《ろ》ですネ。

牧野　時間《じかん》も大分《だいぶ》經《た》つたやうですから、最後《さいご》の結《むす》びとして、この雑誌《ざつし》を通《とほ》して内地人《ないちじん》或《あるひ》は朝鮮人《てうせんじん》に一言《げん》したいといふお言葉《ことば》がありましたら、伺《うかゞ》ひたいと思《おも》ひます。朝鮮《てうせん》は興《こう》亞《あ》の兵站基地《へいたんきち》とか、いろ〳〵言《い》はれてゐるんですが、この際《さい》、朝鮮人《てうせんじん》にどういふことをやつて貰《もら》ひたいとか、或《あるひ》は内地人《ないちじん》にどういふ氣持《きも》ちを持《も》つて欲《ほ》しいとかいふやうなことを……。

弓削　いづれ皆《みな》さんからお話《はなし》が出《で》るでせうが、内地人《ないちじん》に朝鮮人《てうせんじん》をよく理解《りかい》さすことが必要《ひつえう》ですネ。

副島　同感《どうかん》ですネ。もつと朝鮮《てうせん》を理解《りかい》して欲《ほ》しい。朝鮮人《てうせんじん》をもつと可愛《かあい》がつて欲《ほ》しい。

木村　私《わたし》も同感《どうかん》です。

赤星　どつちも優越感《いうゑつかん》を持《も》たずに、本當《ほんたう》に兄《きやう》弟《だい》として助《たす》け合《あ》つて行《ゆ》きたい、率直《そつちよく》に言《い》ひますがネ、例《たと》へば踊《をど》りの偉《えら》い人《ひと》……。

牧野　崔承喜《さいしようき》ですか。

赤星　あゝいふ人《ひと》とか、オリムピックの偉《えら》い人《ひと》なんかゞ出《で》ると、内地《ないち》の若《わか》い人《ひと》は喜《よろこ》ぶ。喜《よろこ》ぶけれども、なアんだといふわけでどうもやりにくさうだ。内地人《ないちじん》は内地人《ないちじん》が偉《えら》いと思《おも》つてゐるし、朝鮮人《てうせんじん》は、元《もと》は俺達《おれたち》が敎《をし》へた人種《じんしゆ》ぢやないかと思《おも》ふ。お互《たがひ》にそんなことは言《い》はずに助《たす》け合《あ》はなければいかんと思《おも》ひますネ。

關屋　要《えう》するに、敬愛《けいあい》でせう。互《たが》ひに敬《けい》し合《あ》ひ愛《あい》し合《あ》ふのが理想《りさう》でせうネ。私《わたし》は菊池《きくち》さんのやつた朝鮮藝術賞《てうせんげいじゆつしやう》なんかは、非常《ひじやう》に意《い》義《ぎ》のあることだと思《おも》ふ。私《わたし》は朝鮮《てうせん》の學生《がくせい》とか若《わか》い者《もの》に言《い》つてゐるのだが、まだ何《なん》といつても朝鮮《てうせん》は文化《ぶんくわ》の程度《ていど》に於《お》いても遲《おく》れてゐる。經濟《けいざい》、財政《ざいせい》の方面《はうめん》も遲《おく》れてゐる。もつと〳〵學者《がくしや》なり、藝術家《げいじゆつか》なり、或《あるひ》は文學者《ぶんがくしや》なり、音學家《おんがくか》なり、美術家《びじゆつか》なり、いろいろな方面《はうめん》に相當《さうたう》な人《ひと》が出《で》て來《こ》なければ駄目《だめ》だ。それでなければ、いくら平等《へいとう》とか何《なん》とか言《い》つても、内地《ないち》と差《さ》がある中《うち》は無理《むり》なんです。昔《むかし》は日本《につぽん》に敎《をし》へるくらゐの勢《いきほ》ひだつたけれども、それが中絶《ちうぜつ》したり遲《おく》れたりした。例《たと》へば繪畫《くわいぐわ》とか陶器《たうき》なんかを見《み》ても、よく判《わか》りますネ。今《いま》ぢや、いくら高麗燒《かうらいやき》を作《つく》れと言《い》つたつて出來《でき》ない。ところが、今《いま》の日本人《につぽんじん》はそれに負《ま》けないやうな陶器《たうき》を現《げん》に作《つく》つてゐるんだから、この差《さ》といふものは非常《ひじやう》にある。この差《さ》がなくならなければいけない。朝鮮人《てうせんじん》が何《なん》でもいゝから、貢獻《こうけん》することが必要《ひつえう》です、産業《さんげふ》の方面《はうめん》でも、文化《ぶんくわ》の方面《はうめん》でも、或《あるひ》は學問《がくもん》の方面《はうめん》でもいい、或《あるひ》は金持《かねも》ちは金《かね》の點《てん》で貢獻《こうけん》してもいゝ、何《なん》でもいいから朝鮮人《てうせんじん》が朝鮮《てうせん》のために、大《おほ》きくいへば日《につ》本《ぽん》のために貢獻《こうけん》することが大切《たいせつ》です。勿論《もちろん》日本人《につぽんじん》もまだ〳〵足《た》りない。日本人《につぽんじん》ももつと世界《せかい》に貢獻《こうけん》しなければ、世界《せかい》に對《たい》して大《おほ》きな顔《かほ》は出來《でき》ない。それと同《おな》じで、朝鮮《てうせん》の人《ひと》も大《おほ》いに貢獻《こうけん》するやうに、これは政府《せいふ》の人《ひと》もさういふやうに指導《しだう》しなければならないし、朝鮮人自身《てうせんじんじしん》も大《おほ》いに謙遜《けんそん》な態度《たいど》で自《じ》分《ぶん》らは駄目《だめ》だから、これから大《おほ》いに勉強《べんきやう》するんだといふ考《かんが》へで行《ゆ》かなければなるまいと思《おも》ふ。

牧野　それでは、どうも長《なが》い間《あひだ》いろ〳〵有難《ありがた》うございました。

（於星ケ岡茶寮）

江 漢……118

漢江

石井柏亭

去年《きよねん》の秋《あき》十月《ぐわつ》久《ひさ》しぶりで觀《み》た京城《けいじやう》は私《わたし》の眼《め》には大分《だいぶ》違《ちが》つたものに見《み》えた。

第《だい》一永登浦《えいとうほ》が南京城《なんけいじやう》と云《い》ふ名《な》に變《かは》つて居《ゐ》て、其處《そこ》らが工場地帶《こうぢやうちたい》として發展《はつてん》しつゝある姿《すがた》もはじめて見《み》たのであつた。南京城《なんけいじやう》に對《たい》して清涼里《せいりやうり》が東京城《ひがしけいじやう》となつたのであるが、其方《そちら》へは行《い》つて見《み》る暇《ひま》がなかつた。

昔西氷庫《むかしせいひようこ》の邊《ほとり》の河岸《かはぎし》にチゲなどの休《やす》む爲《た》めに造《つく》られたと見《み》える假《かり》どしらへの張《は》り出《だ》しを借《か》りて漢江《かんかう》を望《のぞ》む一枚《まい》の油畫《あぶらゑ》を描《か》いたことがあるが、其畫《そのゑ》は横濱《よこはま》で震火災《しんくわさい》の爲《た》めに消失《せうしつ》した。汚《きたな》いのを辛抱《しんばう》してそんな所《ところ》でも借《か》りなければならぬ程《ほど》あの邊《へん》の足場《あしば》はよくないのである。

同《おな》じ西氷庫《せいひようこ》の近《ちか》くの丘《をか》の上《うへ》——何里《なんり》と云《い》ふのか其部落《そのぶらく》の名《な》を忘《わす》れた。——で畫材《ぐわざい》を求《もと》めたこともあるが、それももう十年《ねん》の昔《むかし》である。

朝鮮部落《てうせんぶらく》は其畫的《そのぐわてき》なことに引《ひき》づられてつひ傍《そば》まで行《い》つて見《み》ると、其部落《そのぶらく》に入《はい》つて了《しま》ふと眼界《がんかい》を遮《さへぎ》られてどうにもならない。それで私《わたし》は其時《そのとき》小學校《せうがくかう》の校庭《かうてい》に畫架《ぐわか》を立《た》てたりした。

去年《きよねん》の秋《あき》は其反對側《そのはんたいがは》の漢江畔《かんかうはん》をさぐつた。其邊《そのへん》は前《まへ》に、行《い》つたことがなかつた。漢江神社《かんかうじんじや》から今少《いますこ》し遡《さかのぼ》つた上《かみ》の方《はう》であるが、其邊《そのへん》にも新《あたら》しい住宅地《ぢうたくち》が次々《つぎ〳〵》に拓《ひら》かれて段々《だん〳〵》舊態《きうたい》を無《な》くして行《ゆ》くらしい。私《わたし》は崖《がけ》に臨《のぞ》む或家《あるいへ》のうしろ、洗濯《せんたく》ものなどの乾《ほ》してある所《ところ》から漢江《かんかう》の上《かみ》を望《のぞ》む一圖《つ》を作《つく》つた。漢江《かんかう》の水《みづ》はあまり多《おほ》からず、廣《ひろ》い洲《す》が出來《でき》て居《ゐ》るのを、前景畑《ぜんけいはたけ》の際《きは》に併立《へいりつ》するポプラの幹《みき》の縱線《じうせん》でとれを截《き》つて居《ゐ》る。遠《とほ》い山《やま》なみはよく晴《は》れた秋《しう》陽《やう》に青《あを》く、より近《ちか》い山々《やま〳〵》は朝鮮《てうせん》特有《とくいう》のまだら剝《は》げを露《あら》はにしてゐる。

世祖《せいそ》時代《じだい》に一人《ひとり》の宰相《さいしやう》があつて、姓《せい》を「洪《こう》」といひ、代々《だいく》名門豪族《めいもんがうぞく》で、官位《くわんゐ》が吏《り》曹判書《さうはんしよ》にまで達《たつ》した。

或《あ》る夜《よ》、宰相《さいしやう》は不思議《ふしぎ》な夢《ゆめ》を見《み》た。突然天《とつぜんてん》上《じやう》に雷《かみなり》が鳴《な》り、青龍《せいりう》が髭《ひげ》を立《た》てて、公《こう》に飛《と》びかゝつて來《き》た。公《こう》は驚《おどろ》いて目《め》が醒《さ》めた。公《こう》は不思議《ふしぎ》な青龍《せいりう》の夢《ゆめ》をみたのは必《かなら》ず貴公子《きこうし》が生《うま》れる前徴《ぜんちよう》に違《ちが》ひないと思《おも》ひながら、内堂《ないだう》に入《はひ》つて夫人《ふじん》柳化《りうくわ》に話《はな》した。けれども柳化《りうくわ》は公《こう》の話《はなし》を本氣《ほんき》にしなかつた。公《こう》は妻《つま》の無知《むち》を寂《さび》しく思《おも》ひながら内庭《うちには》に佇《たゝず》んで、なほも不思議《ふしぎ》な夢《ゆめ》を考《かんが》へつゞけてゐた。ふと公《こう》は美貌《びぼう》の侍婢《じひ》「春纖《しゆんせん》」をみつけて己《おのれ》の心情《しんじやう》を打《うち》あけた。かうして春纖《しゆんせん》との間《あひだ》に一人《ひとり》の玉童子《ぎよくどうじ》をもうけることが出來《でき》た。名《な》づけて「吉童《きちどう》」と云《い》つた。吉童《きちどう》は體格《たいかく》が頑丈《ぐわんぢやう》で、英雄豪傑《えいゆうがうけつ》のおもかげがあり、大《おほ》きくなるにつれてますます聰明《そうめい》人《ひと》に秀《すぐ》れ、一を聞《き》けば十を知《し》る神童《しんどう》であつたが、賤女《せんぢよ》を母《はゝ》に持《も》つた吉童《きちどう》は父《ちゝ》を父《ちゝ》と呼《よ》べず、兄《あに》を兄《あに》と呼《よ》べず、その日《ひ》その日《ひ》を痛恨《つうこん》の中《うち》に過《すご》した。

或《あ》る秋《あき》のこと、明月《めいげつ》は澄《す》み渡《わた》り、さわやかな風《かぜ》が吹《ふ》きわたる夜《よる》であつた。吉童《きちどう》は書堂《しよだう》で本《ほん》を讀《よ》んでゐたが、何《なに》か感《かん》じたことがあつたのか、急《きふ》に本《ほん》を投《な》げ捨《す》てゝ、嘆息《たんそく》して云《い》ふには、

「男《をとこ》一匹《ぴき》、　世《よ》に生《うま》れ出《で》て孔孟《こうまう》の教《をしへ》を學《まな》び得《う》ることが出來《でき》ないからには、兵法《へいはふ》を學《まな》んで東征西伐《とうせいせいばつ》して、國家《こくか》に大功《たいこう》をたてて、萬世《ばんせい》にその名《な》を輝《かゞや》かせるのが、男子《だんし》の本懐《ほんくわい》ではないか！」

吉童《きちどう》はその日《ひ》から劍術《けんじゆつ》を學《まな》ぶことに志《こゝろざ》し、夜中《やちう》に人目《ひとめ》をしのんで劍《けん》を空中《くうちう》に振《ふ》り廻《まは》して技《わざ》を磨《みが》いた。

公《こう》の本妻《ほんさい》「初蘭《しよらん》」は、吉童《きちどう》の非凡《ひぼん》なことを恐《おそ》れて、ひそかに吉童《きちどう》を亡《な》くさうと決心《けつしん》した。巫女《みこ》に大金《たいきん》をやつて、この計劃《けいくわく》を話《はな》すと巫女《みこ》は金《かね》に目《め》がくらみ、初蘭《しよらん》を興仁門外《こうじんもんぐわい》にある一等觀相女《とうくわんさうぢよ》に紹介《せうかい》した。

觀相女《くわんさうぢよ》は吉童《きちどう》の觀相《くわんさう》が非凡《ひぼん》すぎて、家門《かもん》を汚《けが》すうれひのあることをまことしやかに公《こう》に告《つ》げたが、公《こう》は最初《さいしよ》はこれを信《しん》じなかつたがついに觀相女《くわんさうぢよ》の口車《くちぐるま》に乘《の》つてしまつた。

そんなことは露知《つゆし》らぬ吉童《きちどう》は周易《しうえき》を讀《よ》みながら、何《な》んとなく寢《ね》つかれないまゝに夜《よ》を更《ふ》かしてゐた。すると一羽《は》の黑《くろ》い鳥《からす》が三度《ど》裏庭《うらには》

で泣いた。鳥獣類《てうじうるゐ》は昔《むかし》から夜《よ》を避《さ》けるのに今《いま》時黒鳥《ときくろがらす》が泣《な》くとは！ 何事《なにごと》か大事《だいじ》が起《おこ》る前《まへ》ぶれではないか、と身《み》を固《かた》めてゐた。はたして數名《すうめい》の刺客《しかく》が彼《かれ》におそひかゝつた。忽《たちま》ち起《おこ》つた一陣《ぢん》の陰風《いんぷう》刺客《しかく》はことごとく吉童《きちどう》の手《て》に殺《ころ》されてしまつた。

こゝに居《ゐ》るべきでないと悟《さと》つた吉童《きちどう》は旅裝《りよさう》を整《とゝの》へ、先《ま》づ母《はゝ》の許《もと》へ行《い》つて旅立《たびだち》の悲《かな》しい決《けつ》心《しん》を告《つ》げた。母《はゝ》は泣《な》きながら、獨子《ひとりご》である吉《きち》童《どう》の後姿《うしろすがた》を見送《みおく》つた。

吉童《きちどう》は果《はて》しなく、北《きた》へ北《きた》へと歩《ほ》を進《すゝ》めた。或《あ》る景概絶勝《けいがいぜつしよう》の地《ち》に來《き》た。宿《やど》をとろうと思《おも》ひ人家《じんか》を求《もと》めたが、人家《じんか》は見當《みあた》らなかつた。探《さが》すうちにふと大《おほ》きな岩《いは》の下《した》に石門《せきもん》があつて、その門《もん》を開《あ》けると廣《ひろ》い天地《てんち》が展《ひら》けた。そとは花咲《はなさ》き、さわやかな風《かぜ》が吹《ふ》いてゐた。入《はひ》つて見《み》ると、百戸《こ》餘《あま》りの人家《じんか》が軒《のき》を竝《なら》べて建《た》つてゐた。しかし、そこに住《す》んでゐる人々《ひとびと》は皆《みな》、盜《たう》賊《ぞく》であることを知《し》つて、吉童《きちどう》は驚《おどろ》いてしまつた。今《いま》、川《かは》の畔《ほとり》に數《すう》百名《めい》の盜賊《たうぞく》が集《あつま》り、首魁《しゆくわい》の選定《せんてい》に迷《まよ》つてゐる最中《さいちう》であつた。
議論《ぎろん》百出《しゆつ》の中《うち》、遂《つひ》に衆議《しうぎ》が決《きま》り側《かたは》にある大《だい》岩石《がんせき》を持《も》ち上《あ》げた者《もの》に、彼等《かれら》の首魁《しゆくわい》の名譽《めいよ》を與《あた》へ、絶對服從《ぜつたいふくじう》、一切《さい》の權利《けんり》を與《あた》へるといふことになつた。

腕《うで》におぼえのある者《もの》が次々《つぎつぎ》とかの大岩《おほいは》を持《も》ち上《あ》げようとしたが、誰《だれ》も持《も》ち上《あ》げることが出來《でき》なかつた。そこで吉童《きちどう》はどび入《い》りをしてではおれがやつてみようと衆人看視《しうじんかんし》の前《まへ》で大《おほ》岩《いは》にとつつき、えいとその大岩石《だいがんせき》を持《も》ち上《あ》げ、餘裕《よゆう》しやく／＼と賊達《ぞくたち》の廻《まは》りを一周《しう》してもとの位置《ゐち》においたのであつた。

かうして吉童《きちどう》は盜賊《たうぞく》の首魁《しゆくわい》となつた。彼《かれ》は手下共《てしたども》にうんと武藝《ぶげい》を練習《れんしふ》させ、軍規《ぐんき》を嚴格《げんかく》にしたので彼等《かれら》は數《すう》ケ月《げつ》の間《あひだ》にみちがへる樣《やう》な強《つよ》く立派《りつぱ》な一團《だん》となつた。吉童《きちどう》は先《ま》づ最初《さいしよ》に陝川海印寺《けうせんかいいんじ》の寶《たから》を奪取《だつしゆ》することに決《き》めた。吉童自《きちどうみづか》ら青袍黑帶《せいはうこくたい》の駿馬《しゆんめ》に打《う》ちまたがり、從《じう》者數人《しやすうにん》を側《かたはら》にして、海印寺《かいいんじ》を訪《たづ》ねた。民衆《みんしう》の愚昧《ぐまい》を利用《りよう》して私腹《しふく》を太《ふと》らせてゐた僧侶《そうりよ》は、吉童《きちどう》の威勢《ゐせい》におそれをなし、官吏《くわんり》と見間違《みまちが》へて、白米《はくまい》を炊《た》いて御馳走《ごちそう》をした。吉童《きちどう》は時《とき》をみはからつてあらかじめ準備《じゆんび》してゐた沙を口《くち》に入《い》れて、かみ碎《くだ》くと、その音《おと》は天地《てんち》をゆるがした。僧《そう》は自分《じぶん》の不注意《ふちうい》な待遇《たいぐう》を怒《いか》つたのかと思《おも》ひ頭《あたま》を地面《ぢめん》につけて平《ひら》あやまりにあやまつたが、吉童《きちどう》が豫《あらかじ》め潜伏《せんぷく》させておいた部下《ぶか》は、それを合圖《あひづ》に飛《と》び込《こ》んで來《き》て海印寺《かいいんじ》の財寶《ざいはう》をたちまちにして奪取《だつしゆ》した。

この事件《じけん》は朝廷《てうてい》の安逸《あんいつ》な睡《ねむ》りを醒《さ》ました。朝廷《てうてい》は吉童討捕《きちどうたうほ》命令《めいれい》を大將《たいしやう》李洽に下《くだ》した。しかし、神出鬼沒《しんしゆつきぼつ》、吉童《きちどう》は地《ち》を踏《ふ》むかと思《おも》へば宙《ちう》に飛《と》び廻《まは》り、つばめのやうな早業《はやわざ》で手《て》がつけられなかつた。

さて、困《こま》つたことに吉童《きちどう》の異腹《いふく》の兄《あに》が、とれは家門《かもん》の名譽《めいよ》にかゝることだと、父《ちゝ》の命令《めいれい》を受《う》けて吉童《きちどう》を捕捉《ほそく》しやうとした事《こと》である。彼《かれ》は書《しよ》を發《はつ》し曰《いはく》、
「洪家《こうけ》は代々《だいだい》の名家《めいか》である。家門《かもん》を考《かんが》へて一身《しん》をすていさぎよく我《わ》が縄《なは》にかゝれ」と云《い》つて來《き》た。

ところが不思議《ふしぎ》なことに朝鮮《てうせん》八道《だう》の各道《かくだう》に一人《ひとり》づつの洪吉童《こうきちどう》が出沒《しゆつぼつ》し、八人《にん》ともその容《よう》貌《ばう》は洪吉童《こうきちどう》そつくりなので、彼《かれ》を捕《とら》へようとする官吏《くわんり》を苦《くる》しめた。朝廷《てうてい》では吉童《きちどう》の兄《あに》、洪某《こうばう》を慶尚監司《けいしやうかんし》にして、一年《ねん》を期間《きかん》として吉童《きちどう》の

自首《じしゆ》を待《ま》つことにした。父《ちゝ》は心痛《しんつう》の餘《あま》りに病《やまひ》を得《え》、今日《けふ》か明日《あす》かと死《し》を待《ま》つ狀態《じやうたい》にまでなつた。

朝廷《てうてい》では最後《さいご》の手段《しゆだん》として吉童《きちどう》に「兵曹下《へいさうか》屬《ぞく》」といふ官名《くわんめい》を與《あた》へることにして、呼《よ》びかけ、何《なん》とか處理《しより》しやうとした。

吉童《きちどう》は宮内《くない》に肅拜《しゆくはい》し、上書《じやうしよ》して曰《い》ふのには「罪科《ざいくわ》の重《おも》い小臣《せうしん》にかういふ高官《かうくわん》を賜《たまは》りまして、身《み》にあまる光榮《くわうえい》でありますが、私《わたし》はお惠《めぐ》みを辭退《じたい》いたしませう」と姿《すがた》を隱《かく》してしまつた。

吉童《きちどう》はもとの巢窟《さうくつ》へ歸《かへ》つてくると、部下《ぶか》に暫《しばら》く出《で》かけてくると云《い》つて、懷《なつか》しい古巢《ふるす》を後《あと》にして「南京《ナンキン》」へ向《むか》つた。途中《とちう》「硉島國《たうこく》」に至《いた》り、周圍《しうゐ》を見《み》ると山川《さんせん》は淸麗《せいれい》、人口《じんこう》が繁盛《はんせい》でこゝこそ安住《あんぢう》し得《え》るところだと考《かんが》へ、五峯《ほう》山《ざん》に行《い》つてみると、これまたすばらしいのですつかり感服《かんぷく》してしまつた。吉童《きちどう》は周圍《しうゐ》七十里《り》沃野《よくや》水田《すゐでん》が展開《てんかい》されたこの地《ち》に腰《こし》をすゑ、ここに隱居《いんきよ》して大事《だいじ》を企《くはだ》てることにした。

彼《かれ》は京城《けいじやう》の王樣《わうさま》に正租《せいそ》一千石《こく》をいたゞかうと願《ねが》ひ天恩《てんおん》を得《え》て正租《せいそ》一千石《さく》を得《え》、南京《ナンキン》の「堤《てい》島《たう》」に入《はひ》り、數《すう》千戸《こ》の家《いへ》を建《た》てた。農業《のうげふ》を營《いとな》み、武《ぶ》器《き》を作《つく》り、兵《へい》法《はふ》を練《れん》習《しふ》した軍隊《ぐんたい》は精鋭《せいえい》となり、物資《ぶつし》は頗《すこぶ》る豊《ゆた》かになつた。

或日《あるひ》吉童《きちどう》は矢《や》の先《さき》につける藥《くすり》を得《え》やうとして芒搪山《はうたうざん》に入《はひ》つた。その土地《とち》に萬石《まんごく》の富者《ふしや》がゐた。姓名《せいめい》を「白龍《はくりう》」といつて、一人《ひとり》の娘《むすめ》を持《も》ち、天下《てんか》の英雄《えいゆう》を婿《むこ》にしやうと選《えら》んでゐたが、ある風雪《ふうせつ》の激《はげ》しい日《ひ》に娘《むすめ》が行方《ゆくへ》不明《ふめい》になつてしまつた。

——白龍夫婦《はくりうふうふ》は晝夜《ちうや》痛哭《つうこく》し、方々《はう〴〵》へ人《ひと》をやつて、娘《むすめ》を連《つ》れて來《く》る者《もの》には萬金《まんきん》をやるのみでなく、婿《むこ》に迎《むか》へるといつた。

吉童《きちどう》は途中《とちう》でこの話《はなし》を訊《き》いて、娘《むすめ》一家《か》を憐《あはれ》みながら、芒搪山《はうたうざん》の奥深《おくふか》くへ入《はひ》つて行《い》つた。日《ひ》は暮《く》れて邊《あた》りは靜《しづ》かだつたが、不意《ふい》に人聲《ひとごゑ》があり、前方《ぜんぱう》から燈火《とうくわ》がかすかにみえた。吉童《きちどう》はその燈《あかり》を目《め》ざして進《すゝ》んだ。無數《むすう》の妖怪《えうくわい》が——人間《にんげん》の形《かたち》には似《に》てゐるが、千變萬化《せんぺんばんくわ》の動物《どうぶつ》が集《あつま》りざわめいてゐた。吉童《きちどう》は矢《や》を取《と》り出《だ》し、ひゆーッと一發《はつ》射《い》た。しかし彼《かれ》はこの獸物達《けものたち》と爭《あらそ》ふことを避《さ》けて、藥《くすり》を探《さが》しまわつてゐた。心身《しんしん》疲《つか》れ果《は》てて、或《あ》る人家《じんか》を見《み》つけて入《はひ》ると、そこには先刻《さつき》の化者達《ばけものたち》が病氣《びやうき》に苦《くる》しん

でゐる自分達《じぶんたち》の大將《たいしやう》をとりかこんで、ざわめいてゐた。先刻《さつき》吉童《きちどう》が射《い》た矢《や》にあたつたものと見《み》えて、化物《ばけもの》の大將《たいしやう》は全身《ぜんしん》が血《ち》みどろになつてゐた。吉童《きちどう》が近《ちか》づくと、彼等《かれら》はこの大將《たいしやう》の命《いのち》の救《すく》ひを吉童《きちどう》に哀願《あいぐわん》するのだつた。吉童《きちどう》はすぐ承知《しようち》したふりをして、大將《たいしやう》に毒藥《どくやく》を飲《の》ませて殺《ころ》してしまつた。怒《いか》つた化者達《ばけものたち》は猛然《まうぜん》と彼《かれ》にとびかゝつて來《き》た。一大血戰《だいけつせん》の後數《のちすう》千の妖怪《えうくわい》を斬《き》りたほし、やつと身《み》を引《ひ》き上《あ》げやうとした時《とき》、目《め》の前《まへ》に現《あらは》れた二人《ふたり》の美女《びぢよ》、一人《ひとり》は途中《とちう》で聞《き》いた白龍夫妻《はくりうふさい》の娘《むすめ》だといふことが分《わか》ると、吉童《きちどう》は彼女達《かのぢよたち》を救《すく》つて妻《つま》にした。

乙丑正月初《しやうぐわつしよ》九日《か》、洪吉童《こうきちどう》は王位《わうゐ》につき、滿朝《まんてう》百官《くわん》を呼《よ》んで賀禮《がれい》し、遠近《ゑんきん》の百姓《しやう》が集《あつま》つて來《き》て誠忠《せいちう》を誓《ちか》つた。白氏《はくし》趙氏《てうし》を王妃《わうひ》とし、父《ちゝ》を追尊《つゐそん》して賢德王《けんとくわう》に奉《たてまつ》り、母《はゝ》を大妃《たいひ》に奉《たてまつ》り、白龍《はくりう》と趙鐵《てうてつ》を府院君《ふゐんくん》に奉《たてまつ》つて、父《ちゝ》の陵《りやう》號《がう》を「先陵《せんりやう》」とした。白氏《はくし》から男《をとこ》の子《こ》を得《え》、趙氏《てうし》から女《をんな》の子《こ》を得《え》た。各々《おのおの》美男《びだん》淑女《しゆくぢよ》だつた。

この樂土《らくど》は代々《だいだい》榮《さか》へ、平和《へいわ》が續《つゞ》いた。

（李承萬畫）

　世宗《せいそう》の御代《みよ》慶尙道安東《けいしやうだうあんとう》に白尙宮《はくしやうきう》と云《い》ふ士族《しぞく》がゐた。夫人鄭氏《ふじんていし》を迎《むか》へ二十年《ねん》になるのに膝《しつ》下《か》には一人《り》の子供《こども》もゐなかつた。それを寂《さび》しく思《おも》つて名山古刹《めいざんこさつ》を尋《たづ》ねて天地《てんち》の神々《かみ〴〵》に祈《いの》つた。その效有《かひあ》つてか或日《あるひ》夢《ゆめ》を見《み》て玉《たま》の樣《やう》な男《をとこ》の子《こ》が生《うま》れた。名《な》を在善《ざいぜん》と名付《なづ》けた。生長《せいちやう》するにつれ在善《ざいぜん》は眉目秀麗《びもくしうれい》で學問《がくもん》が良《よ》く出來《でき》たので夫婦《ふうふ》の喜《よろこ》びは一通《ひととほり》ではなかつた月日《つきひ》は經《た》つてもう成年《せいねん》になつたので親《おや》は早《はや》く在善《ざいぜん》にいゝ嫁《よめ》をもらひたいと願《ねが》ひ、廣《ひろ》く良《よ》き配遇者《はいぐうしや》をさがした。しかしなかなか見《み》つからないので、それが心配《しんぱい》の種《たね》だつた。

　ある春先《はるさき》の晝盛《ひるざかり》りだつた。在善《ざいぜん》が書堂書齋《しよだうしよさい》にて讀書《どくしよ》に疲《つか》れた身《み》を横《よこ》にして居眠《ゐねむり》をしてゐた。すると忽然《こつぜん》と一人《り》のみめ麗《うる》はしき盛裝《せいさう》の少女《せうぢよ》が入《はひ》つて來《き》て前世《ぜんせ》の緣《えん》が有《あ》つてお尋《たづ》ねしたと云《い》つた。在善《ざいぜん》は驚《おどろ》き自分《じぶん》は塵世《ぢんせい》の俗客《ぞくきやく》にすぎない、貴方《あなた》は天上《てんじやう》の仙女《せんによ》なのにどうして緣《えん》などあり得《え》ようかと云《い》つた。仙女《せんによ》は自分《じぶん》は天上《てんじやう》にて雨《あめ》を降《ふ》らせる仙官《せんくわん》をしてゐたが間違《まちが》つて雨《あめ》を降《ふ》らせたかどで人間世界《にんげんせかい》に降《おろ》されてしまつたのです。何《いつ》れまたお逢《あ》ひ出來《でき》る日《ひ》が來《く》るでせうと言《い》ひ殘《のこ》し姿《すがた》を消《け》した。在善《ざいぜん》は實《じつ》に不思議《ふしぎ》に思《おも》つた。しかし、氣《き》が付《つ》いて見《み》るとそれは夢《ゆめ》であつた。

　夢《ゆめ》から覺《さ》めた彼《かれ》はそれからと云《い》ふものは仙《せん》女《によ》の事《こと》ばかりが思《おも》ひ出《だ》され仙女《せんによ》の美《うつく》しい顏《かほ》がまぶたにちらつき其聲《そのこゑ》は耳《みゝ》もとに聞《きこ》える樣《やう》だつた。

　かうして彼《か》の仙女《せんによ》の事《こと》ばかり思《おも》ひ寢《ね》ても覺《さ》めても仙女《せんによ》のあの美《うつく》しい姿《すがた》ばかりを描《えが》いてくらす身《み》となつた。

　悩《なや》みに悩《なや》んで遂《つひ》に病床《びやうしやう》に寢付《ねつ》いた。そしてすつかり顏《かほ》がやつれ果《は》ててしまつた。吾《わ》が子《こ》の只《たゞ》ならぬ樣子《やうす》に親達《おやたち》は驚《おどろ》いて色々《いろ〳〵》と譯《わけ》を尋《たづ》ねたが在善《ざいぜん》はそれに答《こた》へず一人《り》病床《びやうしやう》でかの仙《せん》女《によ》のことばかりを思《おも》ひ續《つゞ》けるのだつた。或《あ》る時又夢《ときまたゆめ》に仙女《せんによ》が現《あら》はれ妾《わたし》の爲《ため》にそのやうに病《やまひ》になつてほんとに貴君《あなた》にはお氣《き》の毒《どく》に思《おも》ひます。妾《わたし》の畫像《ぐわざう》一幅《ぷく》に金童子《きんどうし》(金《きん》で造《つく》つた人形《にんぎやう》)一對《つゐ》を上《あ》げますから此《こ》の畫像《ぐわざう》を部屋《へや》に掛《か》けて自分《じぶん》を眺《なが》めて下《くだ》さる樣《やう》にと云《い》ひ殘《のこ》して何處《どこ》へか姿《すがた》をかくした。

　覺《めざ》めた在善《ざいぜん》は殘《のこ》していつた畫像《ぐわざう》を眺《なが》め自《みづか》ら慰《なぐさ》めてみたものゝやはり思《おも》ひ出《だ》されるのはかの仙女《せんによ》の事《こと》ばかりであつた。

病勢《びやうせい》は重《おも》くなるばかりであつた。またまた或《ある》夜《よ》の夢《ゆめ》にかの仙女《せんによ》が現《あら》はれて云《い》ふのには妾如《わたしごと》きものの爲《ため》にそれ程《ほど》お苦《くる》しみになる貴方《あなた》が氣《き》の毒《どく》でなりません。お宅《たく》の侍女《じぢよ》梅月《はいげつ》を妾《めかけ》に迎《むか》へ苦《くる》しさをまぎらす樣《やう》にと言《い》ひ殘《のこ》して消《き》え去《さ》つてしまつた。

在善《ざいぜん》は仕方《しかた》なく梅月《はいげつ》を妾《めかけ》にしたが想《おも》ひはやり仙女《せんによ》ばかりであつた。

再《ふたゝ》び春《はる》が來《き》ても病勢《びやうせい》は募《つの》るばかりで親《おや》の心《しん》配《ぱい》もひととほりではなく、天下《てんか》の名藥名醫《めいやくめいい》にすがる一方《はう》、神《かみ》に祈《いの》りをさゝげたが、其《そ》の效《かう》なく涙《なみだ》で日《ひ》を暮《く》らすばかりであつた。

仙女《せんによ》は在善《ざいぜん》を氣《き》の毒《どく》に思《おも》ひ又々《またまた》夢《ゆめ》に現《あら》はれて、貴君《あなた》と相逢《あひあ》ふべき日《ひ》までにはまだ間《ま》があるので一緒《しよ》になるわけには行《ゆ》きませんが、若《も》し逢《あ》ひたければ玉緣洞《ぎよくえんどう》(仙境《せんきやう》)に尋《たづ》ねてくるやうにと云《い》つた。

「在善《ざいぜん》」は喜《よろこ》んで親達《おやたち》の反對《はんたい》を押切《おしき》り玉緣洞《ぎよくえんどう》を訪《たづ》ねることにした。馬《うま》に跨《また》がり天《てん》に「玉緣洞《ぎよくえんどう》の行《ゆ》く道《みち》を示《しめ》させたまへ」と祈《いの》りを乞《こ》ひながら玉緣洞《ぎよくえんどう》に向《むか》つた。

× ×

訪《たづ》ね訪《たづ》ねて行《ゆ》く中《うち》に或《あ》る幽幻《いうげん》なる深山《しんざん》の中《なか》に一堂《だう》があつた。懸板《かけいた》に金文字《きんもじ》で玉緣洞《ぎよくえんどう》とあつた。

在善《ざいぜん》の喜《よろこ》びはたとへやうもなく戸《と》を開《あ》ければ彼《か》の仙女《せんによ》が仙境《せんきやう》を敢《あ》えて侵《をか》したのは誰《だれ》ぞと嚴《おごそ》かに言《い》つた。

そして仙女《せんによ》が言《い》ふには妾如《わたしごと》き一少女《せうぢよ》の爲《ため》に病《やまひ》にまでなつたあなたではあるけれども二人《ふたり》が逢《あ》ふべき時《とき》まではまだ三年《ねん》あるのです。若《も》し此處《ここ》で二人《ふたり》が一緒《しよ》になつたらば必《かな》らず天《てん》罰《ばつ》がありませう。

貴君《あなた》は安心《あんしん》して時機《じき》の至《いた》るを待《ま》つてくれるやうにと賴《たの》むのであつた。

在善《ざいぜん》は若《も》し今《いま》このまゝに歸《かへ》つたらもう生《い》きてゐられはしない。我《わ》が身《み》をどうか救《すく》ひ給《たま》へと涙《なみだ》ながらにかきくどいた。

仙女《せんによ》も遂《つひ》に心《こゝろ》を動《うご》かされ一緒《しよ》に歸《かへ》ることに心《こゝろ》を決《き》め二人《ふたり》連《つ》れだつて歸宅《きたく》した。

白尙宮夫婦《はくしやうきうふうふ》は夢《ゆめ》かとばかり喜《よろこ》び仙女《せんによ》を見《み》れば此《こ》の世《よ》に又《また》とあらうかと思《おも》はれるその美《うつく》しい姿《すがた》に呆然《ばうぜん》として見《み》ほれてゐるばかりであつた。

寢所《しんじよ》を東別堂《とうべつどう》に定《さだ》め二人《ふたり》は百年《ねん》の契約《ちぎり》を結《むす》んだ。

八年《ねん》の月日《つきひ》は流《なが》れ、一男《だん》一女《ぢよ》をもうけ、女《むすめ》は春鶯《しゆんあう》男《をとこ》は東春《とうしゆん》と名付《なづ》けた。春鶯《しゆんあう》は芳年《はうねん》七歳《さい》、非常《ひじやう》に聰明《そうめい》な子《こ》であつた。東春《とうしゆん》は父《ちゝ》に似《に》て秀才《しうさい》であつた。家《うち》の中《なか》は和《わ》氣《き》靄々《あいあい》として在《ざい》善夫婦《ぜんふうふ》は朝《あさ》に夕《ゆふ》に山亭《さんてい》に七絃琴《けんきん》を弄《もてあそ》び歌《うた》を詠《よ》み、たのしみの中《うち》に幸福《かうふく》な日《ひ》を送《おく》り迎《むか》へた。

丁度《ちやうど》そうした頃《ころ》京《きやう》に於《おい》て文化試驗《ぶんくわしけん》が行《おこな》はれるを聞《き》いて父《ちゝ》は在善《ざいぜん》に文科試驗《ぶんくわしけん》を勸《すゝ》めるのであつたが在善《ざいぜん》は一向《かう》其《そ》の氣《き》にならず試《し》驗《けん》に通《とほ》り任官《にんくわん》したとてそれが何《なん》になるかと言《い》つて聞《き》かなかつた。が、夫人淑英《ふじんしゆくえい》に熱心《ねつしん》に勸《すゝ》められると澁々《しぶしぶ》とその氣《き》にならざるを得《え》なかつた。

彼《かれ》は旅裝《りよさう》を整《とゝの》へ別《わか》れを惜《を》しみながら京《きやう》に發《た》つた。在善《ざいぜん》は淑英夫人《しゆくえいふじん》のことばかり思《おも》ひながらやうやくたどり着《つ》いた處《ところ》が僅《わづ》か三里《り》、宿《やど》をとり夕餉《ゆふげ》に向《むか》つたが一口《ひとくち》もノドを通《とほ》らずそのまゝ引《ひ》き下《さ》がつた。宿《やど》の暗《くら》い部屋《へや》で一人《ひとり》になるとたまらなく夫人《ふじん》の事《こと》が戀《こひ》しくてならなかつた。

そうなるともう我慢《がまん》が出來《でき》なくて夜中《よなか》の道《みち》

を又《また》引《ひ》き返《かへ》すのであつた。

我《わ》が家《いへ》の塀《へい》を乗《の》り越《こ》え夫人《ふじん》の部屋《へや》(東別堂《とうべつだう》)に忍《しの》び込《こ》んだ。淑英《しゆくえい》は驚《おどろ》き、譯《わけ》を尋《たづ》ねて色々《いろ〳〵》といさめ、にぶる在善《ざいぜん》の心《こゝろ》をはげました。

夫人《ふじん》は外《そと》で父君《ちゝぎみ》が立聞《たちぎ》きしてゐたのを知《し》り父君《ちゝぎみ》が貴方《あなた》の歸《かへ》りをおわかりになればどれ程《ほど》お怒《いか》りになるでせうと忠告《ちうこく》して夜《よ》も明《あ》けぬに又京《またきやう》へ在善《ざいぜん》を送《おく》り出《だ》した。

次《つぎ》の夜《よる》、又《また》も京《きやう》に向《むか》つた筈《はず》の夫《をつと》が夫人《ふじん》の部屋《へや》に入《はひ》つて來《き》た。もうどうしても夫人《ふじん》を離《はな》れて京《きやう》には行《ゆ》けぬと哀願《あいぐわん》した。

夫人《ふじん》は夫《をつと》を色々《いろ〳〵》と說《と》き聞《き》かし若《も》し妾《わたし》と離《はな》れるのが辛《つら》かつたら此《こ》の畫像《ぐわざう》をお持《も》ちになつて若《も》し此《この》の畫像《ぐわざう》の色《いろ》が變《かは》れば妾《わたし》の身《み》の上《うへ》に何《なに》事《こと》か起《お》きたのだと思《おも》つて下《くだ》さいと云《い》ひ乍《なが》ら夫《をつと》を送《おく》り出《だ》した。

梅月《ばいげつ》は平素《へいそ》から夫人《ふじん》を心《こゝろ》よく思《おも》はなかつたし淑英夫人《しゆくえいふじん》が在善《ざいぜん》の妻《つま》になつてからは妾《めかけ》である自分《じぶん》に寄《よ》り付《つ》かぬ在善《ざいぜん》をにくんでゐた。

何時《いつ》か機會《きくわい》があればこのうらみを晴《は》らさうとねらつてゐたのである。

梅月《ばいげつ》がこの機會《きくわい》を摑《つか》んで自分《じぶん》のうらみを晴《はら》さうとして下僕《げぼく》の吾伊《い》を金《かね》で誘惑《いうわく》して悪謀《わるだくみ》を計《はか》つた。

梅月《ばいげつ》は白公《はくこう》の前《まへ》で、今夜《こんや》夫人《ふじん》の部屋《へや》に或《あ》る男《をとこ》が忍《しの》んで來《く》ると告《つ》げた。

公《こう》は大《おほ》いに怒《いか》り、外《そと》へ飛《と》び出《で》ると案《あん》の定《ぢやう》一人《ひとり》の男《をとこ》が夫人《ふじん》の部屋《へや》から、出《で》て垣《かき》を乗《の》り越《こ》えて姿《すがた》を消《け》した。

翌日公《よくじつこう》は梅月《ばいげつ》に夫人《ふじん》を連《つ》れて來《こ》させ、その他全下僕《たぜんげぼく》を呼《よ》び集《あつ》めて、夫人《ふじん》をせめた。夫人《ふじん》は悲憤《ひふん》に堪《た》えず、自分《じぶん》のカンザシを取《と》り出《だ》して、云《い》ふには、「もしそれが事實《じじつ》だつたらこのカンザシを空《そら》に投《な》げれば私《わたし》の胸《むね》を突《つ》きさすでせう。もし又事實《またじじつ》でなかつたらあの石《いし》を貫《つらぬ》くでせう。」

と言《い》ひざま、カンザシを空《そら》に投《な》げた。カンザシは見事《みごと》に石《いし》を貫《つらぬ》いた。

一同《どう》は大《おほ》いに驚《おどろ》き、その中《なか》でも公《こう》の驚《おどろ》きは非常《ひじやう》なもので、夫人《ふじん》の手《て》を取《と》つて云《い》ふには、

「お前《まへ》の潔白《けつぱく》は認《みと》める。わるかつた」

と、兩眼《りやうがん》から大粒《おほつぶ》の涙《なみだ》を流《なが》した。

夫人《ふじん》は

「この恥《はぢ》はもう淸《きよ》めることが出來《でき》ません。良人《をつと》が歸《かへ》りましたら、私《わたし》はもう良人《をつと》に合《あ》はせる顏《かほ》がございません。私《わたし》は死《し》んでお詫《わ》びをします」

と、二人《ふたり》の子供《こども》を側《そば》に呼《よ》んで、寢《ね》かせ、自分《じぶん》は匕首《あいくち》を胸《むね》に刺《さ》して自殺《じさつ》を遂《と》げた。

さて、良人在善《をつとざいぜん》は京《きやう》で文科試驗《ぶんくわしけん》に及第《きふだい》し、いよいよ歸鄉《ききやう》の途《と》につかうとした時《とき》、悪夢《あくむ》を見《み》、妻《つま》からもらつた畫像《ぐわざう》をひらいて見《み》ると、色《いろ》がすつかりかわつてゐた。これは一大事《だいじ》が起《おこ》つたと、馬《うま》を走《はし》らせた。

一方家《うち》では、息子《むすこ》が歸《かへ》つて來《く》るといふことに喜《よろこ》びかつ心配《しんぱい》して、息子《むすこ》が家《うち》へ入《はひ》る前《まへ》に林《りん》進士《しんし》の娘《むすめ》と結婚《けつこん》させやうとした。

しかし在善《ざいぜん》はこれを聞《き》き入《い》れず、家《うち》へ急《いそ》ぎ歸《かへ》つた。

あゝしかし在善《ざいぜん》は何《なに》を見《み》たであらうか。在善《ざいぜん》は妻《つま》の胸《むね》から匕首《あいくち》を拔《ぬ》いた。

すると、そこから一羽《は》の青《あを》い鳥《とり》が飛《と》び立《だ》ちながら、「梅月《ばいげつ》のために、梅月《ばいげつ》のために」と、

啼《な》いた。

公《こう》は仕方《しかた》がなく、事實《じじつ》を息子《むすこ》に話《はな》した。

かうして梅月《ばいげつ》は殺《ころ》され、乭伊《い》は島流《しまなが》しにされた。すると淑英夫人《しゆえいふじん》の死體《したい》は再《ふたゝ》び生《い》きかへり、一家《か》は樂《たの》しくその日《ひ》その日《ひ》を送《おく》ることが出來《でき》た。

一方《ぽう》、白公《はくこう》が在善《ざいぜん》と婚約《こんやく》をしておいた林進《りんしん》士《し》の娘《むすめ》は、他《ほか》のところへお嫁《よめ》に行《ゆ》くことを嫌《きら》ひ、毎日毎日《まいにちまいにち》を悲《かな》しみと憂《うれ》ひで過《すご》した。在善《ざいぜん》は娘《むすめ》を憐《あは》れみ夫人《ふじん》にそのことを話《はな》したら、夫《ふ》人《じん》はその娘《むすめ》の心《こゝろ》を愛《あい》し、三人《にん》で睦《むつま》しく一家庭《かてい》を作《つく》ることにした。かくして平和《へいわ》が續《つゞ》いた。

或日《あるひ》夫人《ふじん》は良人《をつと》に向《むか》つて、

「あたしはあの時《とき》、天上《てんじやう》に上《あが》りましたの。すると天上《てんじやう》の玉皇上帝《ぎよくわうじやうてい》がおつしやるには、お前《まへ》は不屆者《ふとゞきもの》ぢや、どうしてお前《まへ》は地上《ちじやう》に降《お》りて行《い》つたのだと責《せ》めますのよ。そうして、天《てん》に來《き》てはならん、地上《ちじやう》にかへれと云《い》はれてかへつて來《き》ましたの。」

三人《にん》は顔《かほ》を合《あは》せて微笑交《ほゝゑみかは》したのであつた。

（李承萬畫）

朝鮮の小島の春

C記者

人類《じんるゐ》で最《もつと》も悲惨《ひさん》な癩《らい》といふ業病《ごふびやう》を植《う》ゑつけられた不幸《ふかう》な人々《ひとびと》が、永年《ながねん》の世《よ》の迫害《はくがい》から救《すく》はれて朝鮮半島南部《てうせんはんたうなんぶ》、多島海《たたうかい》の一孤島《ことう》、全羅《ぜんら》南道錦山面小鹿島《なんだうきんざんめんせうろくたう》に収容《しうよう》されてゐる。

昭和《せうわ》九年《ねん》以來《らい》朝鮮總督府《てうせんそうとくふ》は朝鮮總督府癩療《てうせんそうとくふらいれう》養所《やうじよ》の官制公布《くわんせいこうふ》を行《おこな》つてから癩患者《らいくわんじや》の慰安事《ゐあんじ》業《げふ》に絶大《ぜつだい》な力《ちから》をそゝぎ、世界無比《せかいむひ》なる理想郷《りさうきやう》小鹿島《せうろくたう》「更生園《かうせいゑん》」をこの小島《こじま》に現出《げんしゆつ》させた。

今《いま》、その樂土《らくど》に六千人《にん》の患者《くわんじや》が如何《いか》なる平《へい》和《わ》な生活《せいくわつ》を營《いとな》みつゝあるであらう。

五月六日《か》、京城《けいじやう》を出發《しゆつぱつ》、湖南線《こなんせん》で順天《じゆんてん》に至《いた》り、慶全西部線《けいぜんせいぶせん》を利《り》して筏橋《はつけう》に着《ちやく》、それよりバスで高興《かうきやう》を經《へ》、七日《か》の夕暮《ゆふぐれ》、高興半島《かうきやうはんたう》の南《なん》端鹿洞《たんろくとう》に着《つ》いた。目指《めざ》す小鹿島《せうろくたう》は風光明媚《ふうくわうめいび》な瀬戸内海《せとないかい》を髣髴《はうふつ》させる多島海《たたうかい》の前面《ぜんめん》に松樹《しようじゆ》に蔽《おほ》はれ、長汀《ちやうてい》、曲浦《きよくほ》、白砂《はくさ》の見《み》るからに清淨《せいじやう》な姿《すがた》で横《よこた》はつてゐた。鹿洞《ろくとう》の棧橋《さんばし》でしばらく待《ま》つ中《うち》、白鳥《はくてう》のやうにスマートな小鹿島《せうろくたう》の白《しろ》いランチが輕快《けいくわい》にモーターを響《ひゞ》かせ水煙《みづけむ》りを上《あ》げてやつて來《き》た。十分後《ぷんご》には小鹿島《せうろくたう》の人《ひと》となる。

海岸監視所《かいがんかんしじよ》に刺《し》を通《つう》じると、監視人《かんしにん》は事務《じむ》本館《ほんくわん》に電話《でんわ》をかける、しばらくすると銀色《ぎんいろ》の小型《こがた》のバスが上《うへ》の方《はう》から下《お》りて來《き》た。一人《ひとり》の事務員《じむゐん》が下《お》りて來《き》て、記者《きしや》にすぐ乘《の》るやうにすゝめた。

バスは記者《きしや》をのせて、崖《がけ》の上《うへ》に高《たか》く建《た》てられたセメント煉瓦建《れんぐわだて》の發電所《はつでんじよ》とその高壓線《かうあつせん》を仰《あふ》ぎみる間《ま》もなく、ググーッと砂利道《じやりみち》を大《おほ》きくカーヴして登《のぼ》り初《はじ》めた。新緑《しんりよく》ののびきつた枝《えだ》が、車窓《しやさう》をなでる、やがて事務本館《じむほんくわん》の近代《きんだい》的《てき》な建物《たてもの》の玄關《げんくわん》にすべり込《こ》んだ。左下《ひだりした》の養魚《やうぎよ》池《ち》の方《はう》から鍬《くわ》や鋤《すき》をかついだ國防服《こくばうふく》を着《き》た男《だん》裝《さう》の女達《をんなたち》が三々伍々《さんさんごゞ》夕霞《ゆふがすみ》の中《なか》を此方《こつち》に向《むか》つて上《あが》つて來《く》るのがみえた。

「今日《けふ》は、奉仕日《ほうしび》なので、看護婦達《かんごふたち》があんな格好《かくかう》をして、働《はたら》きに出《で》たのです。」

と事務員《じむゐん》が云《い》つた。毎週火曜日《まいしうくわえうび》と金曜日《きんえうび》の午《ご》後には、全職員《ぜんしよくゐん》は必《かなら》ず、あのやうな姿《すがた》で勞働《らうどう》することになつてゐるさうである。

本館《ほんくわん》のひろびろとした事務室《じむしつ》に通《とほ》される。

「やあ、よくいらつしやいました。」

事務官《じむくわん》、庶務課《しよむくわ》長《ちやう》吉崎達夫《よしざきたつを》氏《し》が、和服姿《わふくすがた》で入《はひ》つて來《こ》られた。

「もう、勤務時間《きんむじかん》がすんだのでこんな恰好《かつかう》で失禮《しつれい》」と挨拶《あいさつ》された。

「周防園長《すはゑんちやう》が居《を》られるといふんですが、生憎《あいにく》東京《とうきやう》へ出張《しゆつちやう》されましたので・・・・」

と云《い》つて本館《ほんくわん》の屋上《をくじやう》に案内《あんない》した。屋上《をくじやう》からながめる多島海《たたうかい》の美《うつく》しさ！　吉崎氏《よしざきし》は東西南《とうざいなん》北《ぼく》を指《さ》しながら、島《しま》の官舎村《くわんしやむら》、小學校《せうがくかう》、クラブ、グラウンド、牧場《ぼくぢやう》、貯水池《ちよすゐち》、小鹿島神社《せうろくたうじんじや》等々《とうとう》をくわしく熱心《ねつしん》に説明《せつめい》して呉《く》れた。

小鹿島更生園略圖

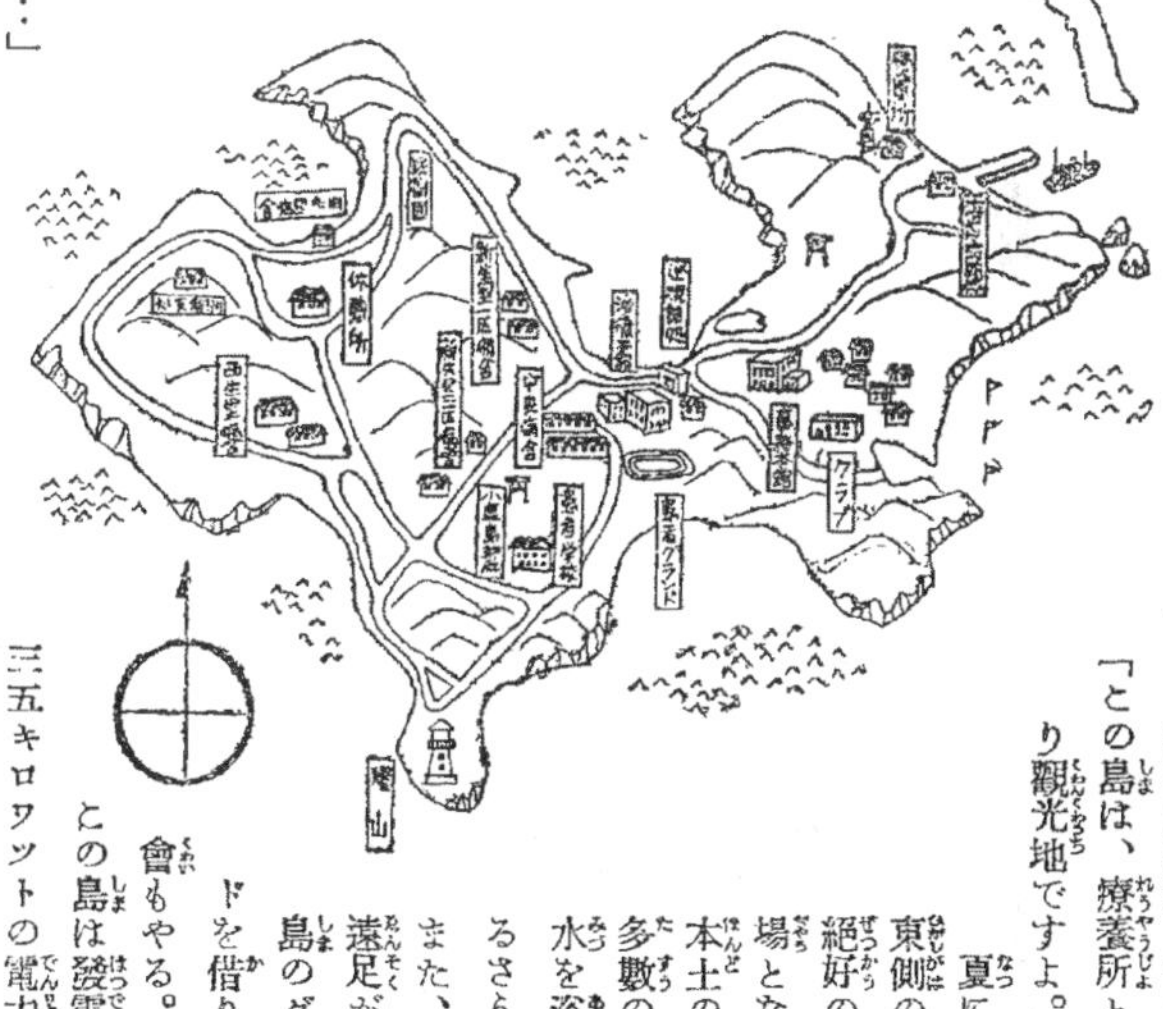

「この島《しま》は、療養所《れうやうじよ》といふより觀光地《くわんくわうち》ですよ。」

夏《なつ》になると東側《ひがしがは》の海岸《かいがん》は絶好《ぜつかう》の海水浴《かいすゐよく》場《ぢやう》となつて、本土《ほんど》の方《はう》から多數《たすう》の人々《ひとびと》が水《みづ》を浴《あ》びに來《く》るさうである また、團體《だんたい》の遠足《ゑんそく》があるし島《しま》のグラウンドを借《か》りて運動《うんどう》會《くわい》もやる。また、この島《しま》は發電所《はつでんじよ》から三五キロワットの電力《でんりよく》が全島《ぜんたう》に供給《きようきふ》され、對岸《たいがん》の鹿洞《ろくとう》あたりでは、未《いま》だにランプを使用《しよう》してゐるのにくらべて文化《ぶんくわ》の程度《ていど》に格段《かくだん》の相違《さうゐ》があるので、公會堂《こうくわいだう》で映畫《えいぐわ》をやれば、海《うみ》を渡《わた》つて見物《けんぶつ》に來《く》る、島《しま》の小學校《せうがくかう》に通《かよ》つて來《く》る子供《こども》もかなりあると云《い》ふ有様《ありさま》だ。また普《ふ》通《つう》の病人《びやうにん》が、わざわざ島《しま》に通《かよ》つて本館《ほんくわん》の診療室《しんれうしつ》で島《しま》の醫者《いしや》から診察《しんさつ》を受《う》けるので、毎日《まいにち》、醫務官《いむくわん》は朝《あさ》の八時《じ》から四時《じ》まで治療本《ちれうほん》館《くわん》で癩患者《らいくわんじや》の診療《しんれう》をやり、四時《じ》以後《いご》は事務所《じむしよ》の本館《ほんくわん》で一般外來患者《いつぱんぐわいらいくわんじや》を診察《しんさつ》することになつてゐる。時《とき》には、島《しま》の醫者《いしや》は、島《しま》の外《そと》に出《で》て診察《しんさつ》もするのでとても忙《いそが》しいといふことだ。

島《しま》は眠《ねむ》るやうに暮《く》れた。記者《きしや》は、倶樂部《くらぶ》の廣《ひろ》い立派《りつぱ》な部屋《へや》に通《とほ》された。潮《しほ》を含《ふく》んだ爽《さわや》かな風《かぜ》が來《く》る。

「この部屋《へや》に南總督《みなみそうとく》が來《こ》られて、いゝ部屋《へや》だ何時《いつ》までもこゝにゐたいとおつしやつてましたよ。さ、お風呂《ふろ》が沸《わ》いてますからお入《はひ》り下《くだ》さい。」

倶樂部《くらぶ》のおばあさんが、まめ／＼しくもてなして呉《く》れる。天井《てんじやう》の額《がく》に

海《うみ》しづか松《まつ》みどりなるこの島《しま》を
ともに手《て》をとり明《あき》らけくとそ
小鹿島《せうろくたう》にて　下村海南《しもむらかいなん》

とあざやかに書《か》いてあつた。風呂《ふろ》を浴《あ》び、在鮮中初《ざいせんちうはじ》めて白米《はくまい》の食事《しよくじ》をいたゞいて就寢《しうしん》。

○

島《しま》で夜《よ》が明《あ》けた、光《ひかり》も海《うみ》も靜《しづ》かだ。靜《しづ》けさに耳《みゝ》をすませば小鳥《ことり》の鳴聲《なきごゑ》がする、牧場《ぼくぢやう》から牛《うし》の鳴《な》き聲《こゑ》がかすかに聞《きこ》える、それが島《しま》の谷間《たにま》に反響《はんきやう》して美《うつく》しい交響樂《かうきやうがく》となる。クラブの芝生《しばふ》の庭《には》に陽炎《かげらふ》が立《た》ちのぼつてゐた。

八時《じ》に事務本館《じむほんくわん》に行《い》くと、ウーツとサイレンが島《しま》の空《そら》に鳴《な》つた。職員達《しよくゐんたち》は一齊《せい》に立《た》つて講堂《かうだう》に集《あつま》つた。吉崎庶務課長《よしざきしよむくわちやう》が先頭《せんとう》に立《た》つて力《ちから》づよい聲《こゑ》で「皇國臣民《くわうこくしんみん》の誓詞《せいし》」を唱《とな》へる、全職員《ぜんしよくゐん》はそれに和《わ》して唱《とな》へた。誓詞《せいし》が終《をは》ると庶務課長《しよむくわちやう》はハイヤーを命《めい》じて記者《きしや》を乘《の》せ、小《せう》鹿島神社下《ろくたうじんじやした》から西《にし》へ折《を》れて患者地帶《くわんじやちたい》に向《むか》つた。立派《りつぱ》に開《ひら》かれた道路《だうろ》を海岸《かいがん》に下《くだ》つて行《い》くと行手《ゆくて》に門《もん》があつて、側《かたわら》の巡視詰所《じゆんしつめしよ》の中《なか》から國防服《こくばうふく》の青年《せいねん》が出《で》て來《き》て、吉崎課長《よしざきくわちやう》に敬禮《けいれい》した。

先《ま》づ最初《さいしよ》に島《しま》を一巡《じゆん》することにした。

自動車《じどうしや》は治療本館《ちれうほんくわん》、中央病舍《ちうあうびやうしや》の横《よこ》を通《とほ》つて島《しま》の北側《きたがは》の、新生里《しんせいり》一區病舍《くびやうしや》に着《つ》いた。

車《くるま》から下《お》りると患者《くわんじや》の男《をとこ》も女《をんな》も、老人《らうじん》、子供《こども》まで丁寧《ていねい》に叩頭《おじぎ》した。病舍《びやうしや》といつても皆《み》んな自活《じくわつ》してゐるので、一つの部落《ぶらく》である。部落《ぶらく》の棟《むね》は獨身者《どくしんしや》四十人《にん》收容《しうよう》と二十人《にん》收容《しうよう》と、夫婦者《ふうふもの》十二人《にん》收容《しうよう》に分《わか》れてゐる。棟《むね》の作《つく》りは平家建《ひらやだて》で皆同《みなおな》じであるが、各棟《かくむね》は、本土《ほんど》の部落《ぶらく》に見《み》られる樣《やう》に、自然《しぜん》の地形《ちけい》に應《おう》じて、住《す》みよく建《た》てられてゐた。煉瓦作《れんぐわづく》りで、溫突《をんどる》が敷《し》かれた立派《りつぱ》なもので、朝鮮《てうせん》の中流以上《ちうりういじやう》の作《つく》りだと云《い》ふ。夫婦病舍《ふうふびやうしや》は二人《ふたり》づゝ住《すま》へるやうに同《おな》じ大《おほ》きさの六疊敷位《でふじきぐらゐ》の部屋《へや》だが、獨身者《どくしんもの》の方《はう》は大《おほ》きい部屋《へや》で十四人《にん》、四五名《めい》づゝの大小《たいせう》の部屋《へや》に分《わか》れてゐた。各部屋《かくへや》に當番《たうばん》を置《お》いて炊事《すゐじ》一切《さい》自《じ》分達《ぶんたち》でやつてゐる。朝鮮風俗特有《てうせんふうぞくとくいう》の大甕《おほかめ》はどの部屋《へや》でも用意《ようい》してあり、各自《かくじ》、大豆《たいづ》をゆでて醱酵《はつかう》させ、味噌《みそ》、醬油《しやうゆ》を作《つく》り、畑《はたけ》や、草花《くさはな》、魚類《ぎよるゐ》をほすもの、樣々《さまざま》であつた。調度品《てうどひん》なども、ぜいたくに整《とゝの》へてゐる患者《くわんじや》がかなりあるのに驚《おどろ》かされた。

各病舍部落《かくびやうしやぶらく》には理髪所《りはつじよ》と賣店《ばいてん》、或《あるひ》は自轉《じてん》車修繕所《しやしうぜんじよ》がある。自轉車《じてんしや》が島《しま》の唯《ゆゐ》一の交通機《かうつうき》關《くわん》である。

島《しま》の患者達《くわんじやたち》の生活《せいくわつ》は、それに必要《ひつえう》なものは原品給與《げんぴんきふよ》される上《うへ》に、島《しま》の色々《いろいろ》な工事《こうじ》をして働《はたら》くと作業料《さげふれう》二錢《せん》—五錢《せん》を支給《しきふ》されるので、衣食住《いしよくぢう》に困《こま》る者《もの》は一人《ひとり》もない。

各病舍《かくびやうしや》には職員《しよくゐん》の看護主任《かんごしゆにん》と數名《すうめい》の看護手《かんごしゆ》、看護婦《かんごふ》、患者側《くわんじやがは》から優良《いうりやう》な助手《じよしゆ》が選《えら》ばれて統制《とうせい》してゐる。

海岸寄《かいがんよ》りの精米《せいまい》、煉炭工場《れんたんこうぢやう》を見學《けんがく》した。本土《ほんど》で白米《はくまい》がないと騷《さわ》がれてゐるとき、島《しま》では精米所《せいまいじよ》で籾《もみ》から作《つく》るので、自給自足《じきふじそく》で白米《はくまい》が食《た》べられるのだ。

そこから自動車《じどうしや》で北上《ほくじやう》、半島《はんたう》をドライヴすれば素晴《すば》らしい觀光地《くわんくわうち》を行《ゆ》く氣分《きぶん》とちつとも變《かは》らない。おひ繁《しげ》つた松《まつ》の木《き》から松《まつ》ヤニを取《と》る工作《こうさく》が方々《はうぼう》にほどこされてゐる。果樹園《くわじゆゑん》を拔《ぬ》けて、舊北里《きうほくり》病者《びやうしや》を通過《つうくわ》、この部落《ぶらく》は昔《むかし》、海賊《かいぞく》が住《す》んでゐたといふ、こゝから更《さら》に西《にし》に登《のぼ》りつめると刑務支所《けいむししよ》がある。

「自慢《じまん》することは出來《でき》ないが、療養所《れうやうじよ》に刑務《けいむ》所《しよ》があるなんて、世界《せかい》に類《るゐ》がないでせう。」

吉崎課長《よしざきくわちやう》は苦笑《くせう》しながら言《い》つた。

西生里《せいせいり》病舍《びやうしや》、舊南生里《きうなんせいり》、南生里《なんせいり》を廻《まは》り、プ

ラタナスの並木《なみき》を通《とほ》り東生理《とうせいり》の一區《く》二區《く》を見《み》て、再《ふたゝ》び中央病舍《ちうあうびやうしや》に歸《かへ》つて來《き》た。

　中央病舍《ちうあうびやうしや》で、醫務課長權寧億氏《いむくわちやうごんねいおくし》に挨拶《あいさつ》し研《けん》究室《きうしつ》、細菌室《さいきんしつ》、藥理學研究室《やくりがくけんきうしつ》、手術室及《しゆじゆつしつおよ》び病室《びやうしつ》を見《み》せていただいた。頂度正午《ちやうどしやうご》のリンが鳴《な》つた。飯《めし》が出來《でき》た知《し》らせである。中央病舍《ちうあうびやうしや》千二百人分《にんぶん》の飯《めし》が出來《でき》たのだ。炊事場《すゐじば》では一度《ど》に四斗《と》炊《た》ける大釜《おほがま》が三つもあつて、電氣仕掛《でんきじか》けで三十分《ぷん》で出來上《できあが》るといふ。島內食糧單價《たうないしよくりやうたんか》一覽《らん》五月現在《ぐわつげんざい》の揭示《けいじ》が出《で》てゐる。鹽《しほ》一等《とう》九錢《せん》、大豆《だいづ》一升《しよう》五十二錢《せん》、樱麥一升《しよう》三十五錢《せん》、白米《はくまい》一升《しよう》四十三錢《せん》とある。

　繃帶《ほうたい》ガーゼ洗濯室乾燥室《せんたくしつかんさうしつ》は倉庫《さうこ》のやうに大《おほ》きい。繃帶材料《ほうたいざいれう》だけで年《ねん》に五萬圓《まんえん》もかゝる島《しま》では、純綿不足《じゆんめんふそく》の今日《こんにち》は、洗濯《せんたく》が非常《ひじやう》に忙《いそ》がしくなつた。これが島《しま》として一番惱《ばんなや》みの種《たね》だといふことだ。

　養鷄所《やうけいじよ》に行《ゆ》くと皇太后陛下《くわうたいこうへいか》御下賜《ごかし》の鷄卵《けいらん》が孵《ふ》化《くわ》し成長《せいちやう》して立派《りつぱ》な白色《はくしよく》レグオホン雄雌《をすめす》六十羽《ば》が生々《いき〳〵》と活動《くわつどう》してゐた。

　實驗中《じつけんちう》の白鼠《しろねずみ》、モルモットの部屋《へや》、製濟室《せいざいしつ》を一わたり見學《けんがく》して、中央詰所《ちうあうつめしよ》に挨拶《あいさつ》に行《ゆ》くと島《しま》の患者《くわんじや》が贈《おく》つた慰問恤兵金《ゐもんじゆつぺいきん》に對《たい》する感狀《かんじやう》が一面《めん》に張《は》られ、患者《くわんじや》の熱誠《ねつせい》を無言《むごん》の中《うち》に現《あら》はしてゐた。

　それからこの島《しま》の唯《ゆゐ》一の詩人《しじん》平在勳君《へいざいくんくん》に會《あ》つた。同君《どうくん》は謙遜《けんそん》しながら無學《むがく》なので北條民《ほうでうたみ》雄《を》や明石海人《あかしかいじん》のやうにはとてもいかないと云《い》ひながら、次《つぎ》の樣《やう》な詩《し》を示《しめ》して吳《く》れた。

　空《そら》よ　かぎりなき天《てん》の御惠《みめぐみ》を感謝《かんしや》せよと命《めい》じながら何故《なにゆゑ》にとゞかぬ高《たか》さにかくれてしまふのか

　海《うみ》よ　わだつみの深《ふか》き愛《あい》を悟《さと》れと命《めい》じながら何故《なにゆゑ》にはてしなく遠《とほ》ざかつて行《ゆ》くのか

　記者《きしや》はそれからグラウンドに出《で》て患者數千《くわんじやすう》名《めい》が血《ち》と汗《あせ》をたゝき込《こ》んで自發的《じはつてき》に活動《くわつどう》する周防園長《すはゑんちやう》に對《たい》する感謝《かんしや》の奉仕作業《ほうしさげふ》を見學《けんがく》した。石《いし》をはこぶ者《もの》、道《みち》をひらくもの、木《き》を伐《き》る者《もの》、職員《しよくゐん》、患者《くわんじや》一團《だん》となつて堀切三郎氏《ほりきりさぶらうし》の設計《せつけい》になる周防園長《すはゑんちやう》の銅像《どうぞう》とそれをめぐる十數萬坪《すうまんつぼ》の一大記念公園《だいきねんこうゑん》を建設《けんせつ》してゐるのであつた。病《や》んで手足《てあし》の不自由《ふじいう》な身體《からだ》をかへりみず懸命《けんめい》に誠心《せいしん》をこめて作業《さげふ》する幾千《いくせん》の人々《ひとびと》を目擊《もくげき》して、感動《かんどう》しない者《もの》はあるまい。

　看護長《かんごちやう》の永田喜平氏《ながたきへいし》、職員《しよくゐん》の海部巖氏《うみべいはほし》等《ら》は園長《ゑんちやう》が再三辭退《さいさんじたい》してもきゝ入《い》れずにこのやうな美《うつく》しい奉仕作業《ほうしさげふ》を起《おこ》した患者達《くわんじやたち》の眞心《まごゝろ》を世《せ》界《かい》に向《むか》つて誇《ほこ》りたいと交々語《こもごもかた》つた。

　小學校《せうがくかう》や、未感兒童《みかんじどう》をたづねて有《あり》あまる有《いう》意義《いぎ》な見學《けんがく》を終《を》へ、ハイヤーでクラブに歸《かへ》る。島《しま》に二日《か》目《め》の靜《しづ》かなる夜《よ》が來《き》た。

「よく來《き》て下《くだ》さいました。」

　と看護婦長《かんごふちやう》さんの池田《いけだ》コマさんが記者《きしや》の部《へ》屋《や》に挨拶《あいさつ》に來《き》た。この島切《しまき》つての看護婦《かんごふ》さんで、半生《はんせい》を患者《くわんじや》のために捧《さゝ》げ、弟《おとうと》さんを醫《い》學博士《がくはかせ》に育《そだ》てあげた女神《めがみ》のやうな人《ひと》である。

「初《はじ》め、癩病患者《らいびやうくわんじや》がゐることなんて知《し》らないで來《き》ましたが、患者《くわんじや》さん達《たち》を一目《め》みると、名《めい》譽《よ》も地位《ちゐ》もすてて一生《しやう》この不幸《ふかう》な人達《ひとたち》のために盡《つく》したいと感《かん》じました。」

　と云《い》つて、島《しま》と患者《くわんじや》の變遷史《へんせんし》を熱心《ねつしん》に夜《よ》の更《ふ》けるまで語《かた》つて吳《く》れた。記者《きしや》は十年《ねん》もとの島《しま》にゐるやうな氣持《きもち》がしてならなかつた。

葉書回答

朝鮮人が内地人に誤解され易い点

♣李孝石

一二の例《れい》から類推《るゐすゐ》して、すぐ朝鮮人全部《てうせんじんぜんぶ》の習性《しふせい》とか性格《せいかく》とか、しかもその悪《わる》い點《てん》だけを抽象誇張《ちうしやうこちやう》して言《い》ひふらす傾《かたむ》きがあるやうです。やれ半島《はんたう》人《じん》はエゴイスティックだとか、物質《ぶつしつ》に汚《きたな》いとか、責任觀念《せきにんくわんねん》が乏《とぼ》しいとか、と何《なん》かの一つ覺《おぼ》えで千變《ぺん》一律《りつ》の如《ごと》く繰《く》り返《かへ》す。如何《いか》にもさういふ一面《めん》がないとは言《い》はぬが、言《い》ふ御《ご》本人《ほんにん》はどうでせう。それ以上《いじやう》の醜《みにく》い面《めん》を見《み》せつけられる場《ば》合《あひ》だつてあるのです。半《はん》島人自身《たうじんじしん》の中《なか》に、自己《じこ》の利益《りえき》のために進《すゝ》んでさういふ人知慧《いれぢゑ》をする卑《いや》しい輩《やから》もゐるにはゐるのですが、むきになつて言《い》はれる場合《ばあひ》、言《い》ふ人《ひと》の品格《ひんかく》が疑《うたが》はれてならないのです。

♣金臺俊

背恩忘德《はいおんばうとく》の辨《べん》

日本人《にっぽんじん》は朝鮮人《てうせんじん》をとかく背《はい》恩忘德《おんばうとく》な者《もの》と評《ひやう》する。一般識《はんしき》者《しや》の中《なか》でさへ左樣輕《さやうかる》く評《ひやう》しがちである。勿論李朝末《もちろんりてうまつ》から社《しや》會的紀綱《くわいてききかう》が弛《ゆる》み最近《さいきん》は環境《くわんきやう》の著《いちじる》しき淪落《りんらく》と一般社會的文《はんしやくわいてきぶん》化水準《くわすゐじゆん》の低位化《ていゐくわ》と市民道德《しみんだうとく》の未普及《みふきふ》に加《くは》ふるに個人的《こじんてき》に一身多役《しんたやく》の複雑《ふくざつ》なる生活《せいくわつ》をする朝鮮青年《てうせんせいねん》の常《つね》として小恩小節《せうおんせうせつ》を顧《かへり》る暇《ひま》が無《な》いのだ、幸《さいはひ》にして善良《ぜんりやう》な裕福《ゆうふく》な日本《にっぽん》の市《し》民《みん》を朝鮮《てうせん》の青年《せいねん》の現《げん》に置《お》かれた環境《くわんきやう》に置《お》いてもそれ以上《いじやう》の効果《かうくわ》を現《あら》はし得《え》ないであらう。また朝鮮《てうせん》の青年《せいねん》が感泣《かんきふ》する大恩大德《だいおんだいとく》が….

♣金東仁

係統《けいとう》が違《ちが》ひ風俗《ふうぞく》が違《ちが》ひ傳説《でんせつ》が違《ちが》ひ、その他衣服《たいふく》、生活状態《せいくわつじやうたい》、體質《たいしつ》、容貌《ようばう》、等々《とうとう》、凡《あら》ゆる點《てん》に於《お》てお互《たが》ひに違《ちが》つてゐるから萬事《ばんじ》チグハグになるのは當然《たうぜん》でせう。其《そ》の處《ところ》を承知《しようち》し理解《りかい》し合《あ》つたら誤解《ごかい》は無《な》からうと思《おも》ひます。

♣申南澈

私《わたし》は日頃《ひごろ》次《つぎ》のやうな事《こと》を考《かんが》へる。

即《すなは》ち朝鮮在住《てうせんざいぢう》の内地人《ないちじん》がもつと淡白《たんぱく》に自分《じぶん》の所見《しよけん》を腹臓《ふくざう》なく話《はな》しそして我々朝鮮人特《われわれてうせんじんとく》に教養《けうやう》ある知識人《ちしきじん》の志向《しかう》を我《われ》々の立場《たちば》になつて一應考《おうかんが》へて欲《ほ》しいと云《い》ふことである。實際彼等《じつさいかれら》には我々《われわれ》の生活《せいくわつ》と思考《しかう》の成行《なりゆき》と云《い》ふものに對《たい》して深《ふか》く考《かんが》ふることなしに或《あ》る先入見《せんにふけん》を以《もつ》て塗《ぬ》りつぶして了《しま》ふ嫌《きらひ》がないかと云《い》ふことをして、動《やゝ》もすれば淺薄《せんぱく》な優《いう》越感《えつかん》を以《もつ》て否應《いやおう》なしに素直《すなほ》に談《だん》じ合《あ》はうとすることを故意《こい》に避《さ》けやうとするのではないかと、時々感《ときどきかん》ずるのである。これはこちらのひがみであると云《い》ふなら別《べつ》だがどうも親《した》しかるべき同窓《どうそう》の家柄《いへがら》においてさへこのことは本當《ほんたう》だから仕《し》様《やう》がない。そしてお互《たが》ひに腹《はら》に一物《もつ》を置《お》いて通《とほ》り一遍《ぺん》のた

わいもない話《はな》しに時間《じかん》をつぶして仕舞《しま》ふ。

残念《ざんねん》なことだ。それのみでない――。何《なに》か一つ事態《じたい》の眞相《しんさう》を撃《う》つやうなことを云《い》ふと直《す》ぐに「あいつはどうかしてゐる」とでも思《おも》つてそろ〳〵敬《けい》遠《えん》して了《しま》ふのではないかと感《かん》ぜられる時《とき》がある。これではいけないと思《おも》ふが、なんとかならぬものか。理《り》解《かい》だけでは物事《ものごと》は解決《かいけつ》されないものであるけれども先《ま》づ相互《さうご》の理解《りかい》が必要《ひつえう》だと思《おも》ふ。

♣呉　本　雄

私《わたし》は昭和《せうわ》八年春《ねんはる》、東京《とうきやう》に於《お》ける學窓生活《がくそうせいくわつ》を卒《を》へて京城《けいじやう》に歸《かへ》つてからはあまりに彼方《あちら》の方《かた》とは付合《つきあひ》がありません。而《しか》して學窓當時《がくそうたうじ》の事《こと》は忘《わす》れましたので不幸《ふかう》にも御質問《ごしつもん》に答《こた》ふべき用意《ようい》を持合《もちあ》ひません。

♣朴　景　嬉

最近《さいきん》内地《ないち》の方《かた》の朝鮮《てうせん》に對《たい》する認識《にんしき》も相當《さうたう》深《ふか》くなつて來《き》たと思《おも》ひます。然《しか》し一部《ぶ》の人《ひと》は朝鮮《てうせん》と云《い》へば生活樣式《せいくわつやうしき》がナイーブで文化的《ぶんくわてき》感受性《かんじゆせい》も比較的《ひかくてき》低《ひく》いと誤解《ごかい》してゐるらしいです。これは例《たと》へば素通《すどほ》りのツーリストが車窓《しやそう》に映《うつ》る山間《さんかん》の貧家《ひんか》を見《み》て朝鮮《てうせん》全體《ぜんたい》を想像《さうざう》する樣《やう》なもので誤《あやま》つた見方《みかた》だと思《おも》ひます。今日《こんにち》の朝鮮《てうせん》の姿《すがた》は凡《あら》ゆる部門《ぶもん》に於《お》いて躍進《やくしん》を續《つゞ》けて居《を》ります。特《とく》に藝術方面《げいじゆつはうめん》は世界的水準《せかいてきすゐじゆん》を目《め》指《ざ》して研究《けんきう》して居《ゐ》るのも相當《さうたう》居《を》ります。結果《けつくわ》は兎《と》も角《かく》眞摯《しんし》な努力《どりよく》は買《か》ふべきと思《おも》ひます。嘗《かつ》ての禿山《はげやま》が今《いま》は木《き》が茂《しげ》つて其《そ》の中《なか》で子供達《こどもたち》が國旗《こくき》を持《も》つて兵隊《へいたい》どつこをしてゐる位《くらゐ》ですから明朗朝鮮《めいらうてうせん》ももつと高《たか》く評價《ひやうか》して戴《いたゞ》き度《た》いです。

♣徐　光　霽

人間《にんげん》又《また》は或《あ》る地方《ちはう》に對《たい》して誤解《ごかい》をしてゐる點《てん》があると云《い》ふのは結局《けつきよく》その人間《にんげん》その地方《ちはう》をよく知《し》らないところから生《うま》れると思《おも》ひます。内地《ないち》と朝鮮《てうせん》が同《おな》じ政治型態《せいぢけいたい》にあつても永《なが》らくの異《こと》つた傳統《でんとう》と風習《ふうしふ》の爲《た》め日常生活《にちじやうせいくわつ》から衣類言語《いるゐげんご》に至《いた》るまでちがふからややもすると誤解《ごかい》を生《しやう》ずる事《こと》が多《おほ》いと思《おも》ふが結局《けつきよく》内地《ないち》の人《ひと》が『朝鮮《てうせん》及《およ》び朝鮮《てうせん》の人《ひと》』を本當《ほんたう》の意味《いみ》でよく知《し》つてゐないのではなからうか？僕《ぼく》はことで内地《ないち》の人《ひと》が數々《かず〳〵》の誤解《ごかい》をしてゐる點《てん》を具體的《ぐたいてき》にあげるよりも、要《えう》はお互《たがひ》の雅量《がりやう》の問題《もんだい》で内地《ないち》の人《ひと》は滿洲北支《まんしうほくし》へ行《い》く前《まへ》に朝鮮《てうせん》をよく知《し》つておくべきで朝鮮《てうせん》の人《ひと》はあらゆる機會《きくわい》に朝鮮《てうせん》と云《い》ふものを内地《ないち》の人《ひと》に知《し》らすべきである。他人扱《たにんあつか》ひはお互《たがひ》の不幸《ふかう》である。内鮮文化人《ないせんぶんくわじん》はこの點眞《てんしん》に努力《どりよく》すべきである。

♣兪　鎭　午

朝鮮《てうせん》の青年《せいねん》の世話《せわ》をみてやつたりした内地人《ないちじん》が後年《こうねん》朝鮮《てうせん》人《じん》は恩知《おんし》らずだなどゝ不滿《ふまん》を云《い》ふのをよく聞《き》くが、とんなのは少《すこ》し謹愼《きんしん》して貰《もら》ひたいと思《おも》ふ。第《だい》一見《み》も知《し》らぬ人《ひと》の門《もん》を叩《たゝ》いて世話《せわ》になるやうな人《ひと》は始《はじ》めから山氣《やまけ》のある人《ひと》だと云《い》はねばならぬし（中《なか》には純《じゆん》眞《しん》な人《ひと》も勿論《もちろん》ゐやうが）それに或《あ》る特殊《とくしゆ》の個人《こじん》に裏切《うらぎ》られたからといつて直《たゞ》ちに「朝鮮《てうせん》人《じん》は」などと全體《ぜんたい》を云々《うんぬん》するのは輕卒《けいそつ》なことである。

♣柳子厚

私《わたし》は書室《しよしつ》に籠《ろう》居生活《きよせいかつ》をして居《を》りますもので室《じつ》外《ぐわい》の事《こと》に就《つ》いては『鈍感不知《どんかんふち》』誠《まこと》に無關心《むくわんしん》なものです。それ故《ゆゑ》にあれは誤解《ごかい》だなと斯《か》く思《おも》つたことも、感《かん》じた事《こと》もありません。併《しか》し聞《き》く處《ところ》によると間々《まゝ》誤解《ごかい》がある樣《やう》です。それは大體腹違《だいたいはらちが》ひの兄《あに》たる優先觀《いうせんくわん》念《ねん》から生《う》まれる向《む》きが多《おほ》い樣《やう》です。事實《じじつ》だとすれば友愛《いうあい》の眼《め》と雅量《がりやう》が欲《ほ》しいのです。すると誤解《ごかい》は生《しやう》じ得《え》ないものと思《おも》ひます。

♣李淑鍾

一、內地人《ないちじん》が優越感《いうえつかん》を持《も》つことにお互《たが》ひの誤解《ごかい》が出來《でき》るものではないでせうか。

二、お互《たが》ひの人情《にんじやう》、風俗《ふうぞく》、その文化《ぶんくわ》に付《つい》て我物《わがもの》として眞劍《しんけん》に研究《けんきう》し啓蒙《けいもう》し助成《じよせい》することに凡《すべ》ては美《うつく》しくなります。今迄《いままで》はその努力《どりよく》が足《た》りないために、その風習道德《ふうしふだうとく》を深《ふか》く知《し》らない故《ゆゑ》にすつきり出《で》來《き》ないものが有《あ》つたのではないんでせうか。

♣朴基采

內地《ないち》の人達《ひとたち》の間《あひだ》に於《おい》て朝鮮《てうせん》の人達《ひとたち》に誤解《ごかい》と云《い》ふよりもむしろ認識不足《にんしきふそく》と云《い》ふ感《かん》がないでせうか。こゝに具體的《ぐたいてき》な例《れい》をあげることは出來《でき》ませんがとかく內地《ないち》の人達《ひとたち》が朝鮮或《てうせんあるひ》は朝鮮《てうせん》の人達《ひとたち》を全面的《ぜんめんてき》に知《し》らないのが大《おほ》きな原因《げんいん》でせう。內《ない》鮮人間《せんにんげん》に於《おい》て誤解《ごかい》が生《しやう》じると云《い》へばむしろ朝鮮人《てうせんじん》の方《はう》が誤《ご》解《かい》を買《か》つてゐる方《はう》でせう。

♣安東赫

忘恩《はうおん》・懶怠《らんだ》・盜癖《たうへき》は朝鮮《てうせん》の民族性《みんぞくせい》として深《ふか》く朝鮮《てうせん》を知《し》ると自稱《じしよう》してゐる內地人間《ないちじんかん》に屢《しば》〳〵高調《かうてう》されてゐる。又語學《またごがく》が達者《たつしや》だなんてヘンな褒《ほ》め方《かた》も餘《あま》りに皮相的《ひさうてき》で議論《ぎろん》するのも馬鹿《ばか》〳〵しい。近頃大陸《ちかごろたいりく》の民《みん》族性《ぞくせい》へもこれと全《まつた》く同《おな》じ淺見《せんけん》が漂《たゞよ》ひつゝあるは誠《まこと》に歎《なげか》はしいことだ。眞理《しんり》や愛《あい》は近代人《きんだいじん》に取《と》つては流行遲《りうかうおく》れかも知《し》れぬが、さかしく振舞《ふりま》ふのみで足《た》れりとせず心《こゝろ》から觸《ふ》れ合《あ》ふことが最《もつと》も必要《ひつえう》であるまいか。東亞《とうあ》の協同《けふどう》も先《ま》づ茲《こゝ》から出發《しゆつぱつ》しなければ本物《ほんもの》にならないことは誰《だれ》も知《し》つてゐることだが……

♣宋今璇

一、朝鮮《てうせん》ではお部屋《へや》に坐《すわ》つてゐた人達《ひとたち》でも、目上《めうへ》の方《かた》が入《はひ》つて來《こ》られると皆立上《みなたちあが》ります。內地《ないち》の坐《すわ》るのと凡《およ》そ反對《はんたい》ですから無禮《ぶれい》だと思《おも》はないで下《くだ》さい。

二、朝鮮《てうせん》ではお客樣《きやくさま》の履物《はきもの》は、向《む》け直《なほ》さない習慣《しふくわん》です。先《さき》を外《そと》へ向《む》け變《か》へるのは死《し》んだ人《ひと》の履物《はきもの》だけですから在來《ざいらい》はかうなつてゐますが、段々變《だん〳〵かは》ると思《おも》ひます。

三、婦人達《ふじんたち》は坐《すわ》り方《かた》が片膝《かたひざ》立《だち》になつてゐますので、內地《ないち》婦人《ふじん》のやうに坐《すわ》る練習《れんしふ》が出來《でき》てゐません。行儀《ぎやうぎ》が惡《わる》いので

なく風俗習慣《ふうぞくしふくわん》が違《ちが》ふのですから諒解《りやうかい》して下《くだ》さい。

四、お客様《きやくさま》が見《み》える毎《ごと》にお茶《ちや》を出《だ》すのは近代《きんだい》の事《こと》で朝鮮《てうせん》ではお茶《ちや》は餘程《よほど》のお客様《きやくさま》でないと一々出《だ》しません。

五、良家《りやうけ》の婦人《ふじん》が夫《をつと》のお送《おく》り出迎《でむか》へに一切《さい》人目《ひとめ》に立《た》つ處《ところ》ではしない事《こと》になつてゐます。お妾《めかけ》さんは此限《このかぎ》りに非《あら》ず。

六、七去《きよ》、三從《じゆう》の一節《せつ》に、多辯《たべん》は去《さ》る、と云《い》ふのがあります。婦人達《ふじんたち》がペチヤクチヤしやべるのは婦徳《ふとく》のある婦人《ふじん》とは云《い》へないので一體《たい》が無表《むへう》情《じやう》、無言《むごん》です、之《これ》が朝鮮婦人《てうせんふじん》の婦徳《ふとく》です。

♣李家源甫

内地《ないち》の人達《ひとたち》が朝鮮《てうせん》或《あるひ》は朝鮮《てうせん》の人達《ひとたち》に對《たい》して誤解《ごかい》をして居《ゐ》るよりも、内地《ないち》に居《ゐ》る人々《ひとびと》は朝鮮及朝鮮《てうせんおよびてうせん》の人《ひと》に對《たい》して認識《にんしき》が足《た》らないと思《おも》ふのであります。之《これ》は無理《むり》もない事《こと》でありますが、朝鮮《てうせん》に居《ゐ》る内地人《ないちじん》の内《うち》にも同様《どうやう》の人《ひと》が間《ま》々居《を》ります。

要《えう》は今《いま》より三十年前《ねんまへ》　明治《めいぢ》大帝陛下《たいていへいか》より仰《おほ》せられた一視同仁《しどうじん》の御聖旨《ごせいし》に副《そ》ひ奉《たてまつ》り又朝鮮統治《またてうせんとうぢ》の根本原理《こんぽんげんり》たる内《ない》鮮《せん》一體《たい》の精神《せいしん》を神前《しんぜん》に於《お》ける拍手佛前《はくしゆぶつぜん》に於《お》ける合掌《がつしやう》の氣持《きもち》で堅持《けんぢ》し、朝鮮及朝鮮《てうせんおよびてうせん》の人《ひと》に對《たい》して優越感《いうえつかん》を排除《はいぢよ》する事《こと》が肝要《かんえう》であります。

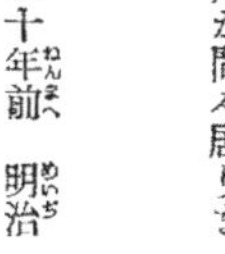

我が交友錄

我が交友錄

李　光　洙

交友錄《かういうろく》を書《か》けとの仰《あふ》せであるが、何《なに》を何《ど》う書《か》いて好《よ》いのかさつぱり見當《けんたう》が付《つ》きませぬ。それは或《あるひ》は私《わたし》に取《と》り立《た》てゝ云《い》ふ程《ほど》の友人《いうじん》がないためかも知《し》れませぬ。私自身《わたしじしん》が立派《りつぱ》な人間《にんげん》になりませぬと、立派《りつぱ》な人物《じんぶつ》が私《わたし》を友《いう》人《じん》にして吳《く》れない筈《はず》です。

私《わたし》は內心《ないしん》友情《いうじやう》といふものに大《たい》變《へん》あこがれをもつてはゐるのですが、これこそは其《そ》の友情《いうじやう》だと感《かん》じたことは、殆《ほと》んどありませぬ。私《わたし》は孤兒《こじ》として、貧乏書生《びんぼふしよせい》として種々《いろ〳〵》な方《かた》から恩誼《おんぎ》を蒙《かうむ》つたのであるが、恩誼《おんぎ》と友情《いうじやう》とは必《かな》らずしも同《どう》一だとは申《まを》されますまい。

私《わたし》の中學生活《ちうがくせいくわつ》は東京《とうきやう》で始《はじ》められたのでありますが、私《わたし》と同級《どうきふ》に**山崎俊夫**君《くん》といふ人《ひと》がありました。山崎君《やまざきくん》は今《いま》は松竹少女歌劇《しやうちくせうぢよかげき》の文藝部《ぶんげいぶ》を受持《うけも》つてゐられるらしいが、隨分長《ずゐぶんなが》く音信《おんしん》が絕《た》えてゐます。

山崎君《やまざきくん》は私《わたし》より一つ上《うへ》で、たしか今年《ことし》取《と》つて五十と思《おも》ひます。私達《わたしたち》が親《した》しくなつたのは中《ちう》學《がく》三年《ねん》からで、二人《ふたり》ともまだ小《こ》供《ども》でしたが、山崎君《やまざきくん》は實《じつ》に私《わたし》を大事《だいじ》にして下《くだ》さいました。二本《にほん》榎《えのき》の山崎君《やまざきくん》の御宅《おたく》へ遊《あそ》びに行《い》つてお母《かあ》さまやお兄《にい》さまにお會《あひ》したこともあります。山崎君《やまざきくん》はトルストイが好《す》きで、また星《ほし》が好《す》きでした。夜《よる》は星空《ほしぞら》を仰《あふ》いでは泣《な》いたりしたものでしたが、君《きみ》は宗教的《しうけうてき》であつたやうでした。私《わたし》がトルストイの作品《さくひん》に接《せつ》したのは實《じつ》に山崎君《やまざきくん》を通《とほ》してゞあつて、加藤直士《かとうなほし》譯《やく》のトルストイの本《ほん》など片端《かたはし》から讀《よ》んだものでした。

當時《たうじ》私達《わたしたち》と同級《どうきふ》のものには**松田四郎**、**尾崎義兵**、**岩永一郎**等《とう》の秀才《しうさい》がありましたが、松田君《まつだくん》は南米《なんべい》へ行《い》つて、馬車《ばしや》に乘《の》つて廻《まは》るのに一日《にち》かゝるだけの大《おほ》きな地主《ぢぬし》になつたといふことを聞《き》いたのが今《いま》では十數年《すうねん》になります。岩永《いはなが》一郎《らう》、尾崎義兵《をざきぎへい》の兩君《りやうくん》は私《わたし》と敎室《けうしつ》で肩《かた》を並《なら》べてゐた人《ひと》たちであるが、中學《ちうがく》を出《で》てからは一度《ど》も會《あ》ひませぬ。たゞ山崎《やまざき》君《くん》に對《たい》しては、何《な》んだか初戀仲《はつこひなか》のやうで生涯忘《しやうがいわす》れられず、始終《しじう》懷《なつか》しみをもつてゐるにはゐるものゝ、お會《あひ》してからもう二十年《ねん》以上《いじやう》になります。昭和《せうわ》十二年《ねん》でしたか、君《きみ》は改造社《かいざうしや》から私《わたし》の住《ぢう》所《しよ》を聞《き》かれて、御家族《ごかぞく》の寫眞《しやしん》も送《おく》つて戴《いただ》きましたが、もう頭《あたま》が見事《みごと》に禿《は》げ上《あが》つてゐたのですから、それより五年後《ねんご》の今日《こんにち》では隨分禿《ずゐぶんは》げられたんではないかと思《おも》ひます。今度《こんど》東京《とうきやう》へ出《で》られたら眞先《まつさき》に訪《たづ》ねようかと思《おも》ひます。

　私《わたし》が早稻田《わせだ》の文科《ぶんくわ》に居《ゐ》る時《とき》の友人《いうじん》では改造社《かいざうしや》の**鈴木一意**と今《いま》朝鮮《てうせん》にゐられる**山本高春**君《くん》と格《かく》別《べつ》に懇意《こんい》にしてゐたのですが、鈴木《すゞき》君《くん》も私《わたし》と同樣教師《どうやうけうし》上《あが》りの苦《く》勞人《らうにん》で級《きふ》では最年長者《さいねんちやうしや》で、當時《たうじ》の吉田《よしだ》絃《げん》二郎先生《らうせんせい》や、日高《ひだか》、桂《かつら》川先生《がはせんせい》など、年齡《ねんれい》に於《お》いては、四五年《ねん》の違位《ちがひぐらゐ》だつたと思《おも》ひます。鈴木《すゞき》君《くん》は今尚改造《いまなほかいざう》の編輯《へんしふ》で健鬪《けんとう》せられてゐるのですが、時《とき》折音信《をりおんしん》もあります。

　但君僕《たゞしきみぼく》といつてゐたのが何時《いつ》からともなく叮嚀《ていねい》な物言振《ものいひぶ》りになつてしまひました。とれも歲《とし》のせゐでせうか。しかし、そんなに、水臭《みづくさ》い用語《ようご》を使《つか》ひ出《だ》した責任《せきにん》は斷然鈴木《だんぜんすゞき》君《くん》にあつて私《わたし》にはありませぬ。

　學校《がくかう》で教《をそ》はつた先生《せんせい》も友人《いうじん》と言《い》つて好《よ》いものでせうか。假《か》りにそれが許《ゆる》されるものでしたら、私《わたし》が今日《こんにち》まで懷《なつか》しく慕《した》はしく思《おも》つてゐるのは**吉田絃二郎**先生《せんせい》です。

私《わたし》は先生《せんせい》からバーンズの詩《し》を教《をそ》はつたゞけではあるが、何故《なぜ》か知《し》ら、先生《せんせい》が好《す》きで、千駄木《せんだぎ》の先《せん》生《せい》のパチニラー住《ずまひ》のお宅《たく》に伺《うかゞ》つたこともあります。その時先生《ときせんせい》はミケランゼロのことを書《か》いた大《おほ》きな英文《えいぶん》の本《ほん》を出《だ》して、大層《たいそう》熱情的《ねつじやうてき》にミケランゼロ禮讃《らいさん》をなさつたことを記憶《きおく》して居《を》ります。

　私《わたし》が大正《たいしやう》八年《ねん》早稻田《わせだ》を去《さ》つてからずつと、お目《め》に掛《か》かる機會《きくわい》もなかつたのですが、昭和《せうわ》六七年頃《ねんころ》、私《わたし》が東京《とうきやう》に行《い》つた時《とき》、改《かい》造社《ざうしや》の山本實彦《やまもとさねひこ》社長《しやちやう》の御好意《ごかうい》で星《ほし》ヶ岡茶寮《をかされう》で**久米正雄**、**佐藤春夫**、**里見弴**諸氏《しよし》と御一緒《ごいつしよ》に吉田《よしだ》絃《げん》二郎先生《らうせんせい》も私《わたし》をお迎《むか》へ下《くだ》さつて一夕歡談《せきくわんだん》したことがあり、それより四年後《ねんご》、昭和《せうわ》十一年《ねん》、私《わたし》は先生《せんせい》の玉川《たまがは》の御宅《おたく》をお訪《たづ》ねしたことがありました。

　その折始《をりはじ》めて、今《いま》は故人《こじん》になられた奧樣《おくさま》にも紹介《せうかい》して頂《いただ》き、茶《ちや》と苺《いちご》の御馳走《ごちそう》になり、子供《こども》もなく淋《さび》しいばかりに、犬《いぬ》を飼《か》つてゐるのだが、犬《いぬ》は人間《にんげん》より壽《じゆ》命《みやう》が短《みじか》いので、先立《さきだ》たれては悲《かな》しむといふことなど、聞《き》かされたのでした。

　また大先輩《だいせんぱい》も友人《いうじん》といふことを假《かり》に許《ゆる》されるとしたら、阿部《あべ》無佛《むぶつ》、德富蘇峰《とくとみそほう》、副島道正伯爵《そへじまみちまさはくしやく》の御《ご》三人《にん》は、私《わたし》としては、忘《わす》れられないお方《かた》です。

　無佛阿部充家先生《せんせい》は、已《すで》に故《こ》人《じん》になられたのであるが、實《じつ》に稀《まれ》に見《み》る人格者《じんかくしや》でありました。劍道師範《けんだうしはん》のお家柄《いへがら》だと聞《き》いてゐるが、恐《おそ》らく劍《けん》と禪《ぜん》で鍛《きた》へた腹《はら》といふものでせう。全然慾《ぜんぜんよく》もとだはりもない方《かた》で、隨分種々《ずゐぶんいろいろ》な人《ひと》のために盡《つく》された方《かた》です。私《わたし》は大正《たいしやう》の初期《しよき》先生《せんせい》が德富蘇峰先《とくとみそほうせん》生《せい》の同志《どうし》として京城日報《けいじやうにつぽう》の社長《しやちやう》をして居《を》られた時《とき》から知遇《ちぐう》を忝《かたじけな》うしたのであるが、先生《せんせい》が私《わたし》に求《もと》めるものもなく、私《わたし》から先生《せんせい》にお願《ねが》ひするとともなく、實《じつ》に淡々《たんたん》たる交《まじ》はりでありました。私《わたし》が黃海道《くわうかいだう》の山寺《やまでら》で重病《ぢうびやう》を患《わづら》つてゐた時《とき》、先生《せんせい》は態々《わざわざ》私《わたし》を見舞《みま》つた位《くらゐ》に私《わたし》を大事《だいじ》にされたのでしたが、私《わたし》は一つも先生《せんせい》のお役《やく》に立《た》 たことはありませんでした。先生《せんせい》の最後《さいご》の病牀《びやうしやう》を訪《おとづ》れた時《とき》には、先生《せんせい》は酸素吸入《さんそきふにふ》をされて、唯《たゞ》微笑《びせう》されるのみで、もう口《くち》も利《き》けなかつたのでした。それから三四日後《のち》先生《せんせい》は逝《ゆ》かれたのであるが、芝《しば》の増上寺《ぞうじやうじ》で行《おこな》はれた先生《せんせい》の葬式《さうしき》に連《つら》なつたのがせめてもの、義理立《ぎりだて》と申《まを》しませうか。

私《わたし》を徳富蘇峰先生《せんせい》にお引合《ひきあ》はせしたのも阿部《あべ》無佛先生《むぶつせんせい》であつたのです。私《わたし》が京城日報《けいじやうにつぽう》や毎日申報《まいにちしんぽう》の特《とく》派員《はゐん》として、南鮮旅行《なんせんりよかう》の途次《とじ》、釜山《ふざん》で偶《たま》ゝ來鮮《らいせん》の途《と》にあつた蘇《そ》峰先生《ほうせんせい》を阿部《あべ》先生《せんせい》と共《とも》に埠頭《ふとう》に出迎《でむか》へ、ステーションホテルの樓上《ろうじやう》で朝飯《あさめし》の御馳走《ごちそう》に預《あづか》りながら、いろ〳〵とお話《はなし》を承《うけたま》はつたのが、そも〳〵の私《わたし》の先生《せんせい》に對《たい》する交《まじ》はりの始《はじ》まりでした。それより二十五年間《ねんかん》、先生《せんせい》は渝《かは》らぬ眷顧《けんこ》を私《わたし》に賜《たま》うて居《を》られます。

折《を》りもをり私《わたし》が此《こ》の文《ぶん》を草《さう》してゐる今日《けふ》(五月《ぐわつ》二十八日《にち》)は、京城《けいじやう》の先生《せんせい》の舊居《きうきよ》、鵲巣居《せきすゐ》の詩《し》碑《ひ》の除幕式《ぢよまくしき》があります。先生《せんせい》の詩《し》は——

「清風溪上白雲泊。洞裏蝸廬傍水斜。老樹萬門門擁石。鵲巣高處是吾家」

といふのであるが、實景《じつけい》もその通《とほ》りでありますが今日《こんにち》京城《けいじやう》の蘇峰會《そほうくわい》の人々《ひと〴〵》によつてさゝやかな紀念《きねん》の會合《くわいがふ》がある筈《はず》です。

數年前《すうねんぜん》私《わたし》が或事業《あるじげふ》に蹉跌《さてつ》致《いた》して居《を》りました時《とき》、蘇峰先生《そほうせんせい》は御《ご》自分《じぶん》の苦《くる》い經驗《けいけん》などお書《か》きになつた手紙《てがみ》や、「天生我才戈有用」の額《がく》を贈《おく》つて下《くだ》さいましたが、今度《こんど》私《わたし》が香山光郎《かやまみつらう》と創氏《さうし》改名《かいめい》したことや國民《こくみん》として態度《たいど》表明《へうめい》のことをお聞《き》きになつて、

「日鮮本是同根族忘小我殉大義欣快曷勝」といふ額《がく》を贈《おく》つて下《くだ》さいました。蘇峰先生《そほうせんせい》や無佛先《むぶつせん》生《せい》に關《くわん》したことは昨年京城日報《さくねんけいじやうにつぽう》にも書《か》いたことがありますのでこれだけにします。

副島道正伯爵《はくしやく》とは勿論親交《もちろんしんかう》といふ程《ほど》ではないが、白面一書《はくめんいつしよ》生《せい》たる私《わたし》に示《しめ》されて下《くだ》さつた御芳情《ごはうじやう》に對《たい》していつも感激《かんげき》して居《を》ります。私《わたし》が伯《はく》に始《はじ》めてお目《め》にかゝつたのはもう二十年《ねん》にもなりませう。伯爵《はくしやく》が京城日報社長《けいじやうにつぽうしやちやう》になつてゐられた時《とき》かその前《まへ》かはつきりしませぬ。私《わたし》は東京《とうきやう》で、伯爵《はくしやく》が自《じ》動車《どうしや》をもつて、御自身《ごじしん》で私《わたし》の旅《りよ》館《くわん》に迎《むか》ひに來《こ》られたのには恐縮《きようしゆく》致《いた》しました。私《わたし》は伯爵《はくしやく》につれられて、東郷元帥邸《とうがうげんすゐてい》にお見舞《みまひ》を申《まを》し上《あ》げたのですが、私《わたし》も玄關《げんくわん》まで這入《はい》つたものかどうか迷《まよ》つたので、車内《しやない》に腰掛《こしか》けたまゝで居りましたが、それが心《こゝろ》ならずも故《こ》元帥《げんすゐ》や伯爵《はくしやく》に對《たい》して甚《はなは》だ失禮《しつれい》ではなかつたかと今《いま》に不安《ふあん》で堪《た》まりませぬ。

これはまた何年《なんねん》か後《のち》だつたと思《おも》ひますが私《わたし》は一夕伯爵《せきはくしやく》の御招《ごせう》待《たい》に與《あづ》かつて、代々幡《よゝはた》の邸《やしき》で晩《ばん》餐《さん》の饗應《きやうおう》を忝《かたじけな》うしたことがありました。當日《たうじつ》は私《わたし》の友人《いうじん》として山本改造社長《やまもとかいぞうしやちやう》に御同行《ごどうかう》を願《ねが》つたのでした。私《わたし》は明治大帝《めいぢたいてい》が先《せん》代《だい》の種臣伯《たねをみはく》に賜《たま》はつた御宸翰《ごしんかん》にも拜《はい》したてまつり、また李鴻章《りこうしやう》の手紙《てがみ》も見《み》せて頂《いたゞ》いたし、種臣《たねをみ》伯《はく》の肉筆《にくひつ》の日記《にき》や歌《うた》など見《み》せて頂《いたゞ》き、その尊皇愛國《そんのうあいこく》の至情《しじやう》と高《かう》邁《まい》な御識見《ごしきけん》とに今更感服致《いまさらかんぷくいた》しました。そして、大宮御所《おほみやごしよ》から伯《はく》爵《しやく》へ御下賜《ごかし》のお菓子《くわし》を頒《わ》けて頂《いたゞ》いたことには誠《まこと》に恐縮致《きようしゆくいた》しました。

副島伯爵《そへじまはくしやく》が歐洲《おうしう》へお立《た》ちになるといふので私《わたし》は法經華《ほけきやう》の英譯《えいやく》

本《はん》を一本《ほんもと》購めて差上《さしあ》げましたがお讀《よ》みになつたかどうかは知《し》りませぬ。

山本實彦社長《しやちやう》は實《じつ》に私《わたし》に御好《こかう》意《い》をお示《しめ》し下《くだ》さいました。私《わたし》のために文壇《ぶんだん》の大家方《たいかがた》に引《ひき》合《あ》はせる宴會《えんくわい》を催《もよほ》して下《くだ》さつたり、お宅《たく》に呼《よ》んで下《くだ》さつたり、改造社發行《かいぞうしやはつかう》の書《しよ》籍《せき》を隨意《ずゐい》に取《と》らせて下《くだ》さつたりしました。

双葉山《ふたはやま》の相撲《すまふ》を見《み》せて下《くだ》さつたのも山本社長《やまもとしやちやう》で、大正《たいしやう》十一年《ねん》の夏場《なつは》所《しよ》だつたのですが、吉田《よしだ》絃《げん》二郎《らう》先生《せんせい》、藤森成吉《ふぢもりせいきち》、林芙《はやしふ》美《み》子《こ》氏《し》等《とう》と一緒《しよ》に私《わたし》を呼《よ》んで下《くだ》さつて生《う》まれて初《はじ》めて相撲《すまふ》といふものを見《み》たのでした。その日《ひ》は近衛《このゑ》公爵《こうしやく》、徳川公爵《とくがはこうしやく》のお顔《かほ》等《とう》も雙眼鏡《さうがんきやう》で覗《のぞ》かして頂《いただ》きました。

藤森成吉さんには、一度《ど》お宅《たく》に呼《よ》ばれて、お孃《ぢやう》さんのお給仕《きふじ》で、お手料理《てれうり》やビールの御馳走《ごちそう》になつたことがあります。「佐《さ》久間象山《くましやうざん》」をお書《か》きになつてゐた時《とき》らしく、飾氣《かざりけ》のない壁《かべ》には象山《しやうざん》の肖《せう》像畫《ざうぐわ》が貼《は》つてあつて、酒《さけ》が廻《まは》ると大《おほ》いに佐久間象山禮讃《さくましやうざんらいさん》をなさるのでした。初印象《はついんしやう》では、西洋《せいやう》式《しき》の四角《かく》ばつた紳士《しんし》のやうに思《おも》はれたが、どうして〳〵やつぱり東洋人《とうやうじん》でした。且《か》つ飲《の》み且《か》つ語《かた》りました。

最後《さいご》に私《わたし》は唯一《ゆゐ》のお役人《やくにん》さまの友人《いうじん》として**土師盛貞**氏《し》を擧《あ》げなければなりませぬ。朝鮮《てうせん》に來《こ》られ十五年《ねん》になられるさうであるが、私《わたし》がお知合《しりあひ》を願《ねが》つたのも御來鮮《ごらいせん》と略同時《ほゞどうじ》だつたと思《おも》ひます。大學教授《だいがくけうじゆ》たるべき方《かた》と思《おも》はれるやうな、非常《ひじやう》に冷靜《れいせい》で理知《りち》的《てき》でしかも非常《ひじやう》に友情《いうじやう》に厚《あつ》い方《かた》と私《わたし》は視《み》て居《を》ります。正《たゞ》しき一點張《てんば》りで所謂清濁併《いはゆるせいだくあは》せ呑《の》む底《てい》の處世家《しよせいか》ではありませぬ。官界《くわんかい》は道知事《だうちじ》でお止《や》めになつて朝鮮《てうせん》放送協會《はうそうけふくわい》の第《だい》一代會長《だいくわいちやう》が今月《こんげつ》終期滿了《しうきまんれう》ださうで、若《も》し朝鮮《てうせん》をお放《はな》れになるやうなことにでもなれば朝鮮《てうせん》のために誠《まこと》に惜《を》しいことゝ思《おも》ひます。

朝鮮交友錄

池田林儀

『朝鮮交友錄《てうせんかういうろく》』を書《か》けといふ指《し》令書《れいしよ》を受《う》け取《と》つた瞬間《しゆんかん》、僕《ぼく》の眼《め》をかすめて、さつと消《き》えて行《い》つた人《ひと》の姿《すがた》は、故《こ》**朴榮喆**氏《し》であつた。生《い》きてゐる友《とも》の姿《すがた》が浮《うか》ばずに、亡《な》くなつた人《ひと》の影《かげ》が記憶《おく》に甦《よみがへ》る不思議《ふしぎ》さを不審《ふしん》に思《おも》はずにはゐられなかつた。

僕《ぼく》の家《うち》の玄關《げんくわん》の入口《いりぐち》に、『丈蓮《ぢやうれん》』といふ額《がく》がかゝつてゐる。樟《くすのき》の厚《あつ》い板《いた》に彫《ほ》り込《こ》んだもので緑色《みどりいろ》で埋《うづ》めてある。多山《たざん》朴榮《ぼくえい》喆氏《し》が心《こゝろ》を籠《こ》めて揮毫《きがう》したものである。『丈蓮《ぢやうれん》』の二字《じ》は『太華峰上玉井蓮。開花十丈藕如船』から選《えら》んだもので『あなたの雅號《がごう》にしなさい』といふことであつた。

朴氏《ぼくし》は『朝鮮巨人會《てうせんきよじんくわい》』の創立《さうりつ》者《しや》であり、名譽總裁《めいよそうさい》であつた。『身長《しんちやう》五尺《しやく》七寸《すん》以上《いじやう》、體重《たいぢう》二十貫《くわん》以上《いじやう》』といふのが同會《どうくわい》の有資格《いうしかく》者《しや》である。朴氏《ぼくし》は會員《くわいゐん》を自邸《じてい》に招《せう》じ、玄關《げんくわん》で身長《しんちやう》と體重《たいぢう》とを審査《しんさ》した上《うへ》で奥《おく》へ通《とほ》す。巨人連《きよじんれん》の親《しん》睦懇談會《ぼくこんだんくわい》で、事變前《じへんまへ》には食《く》ふは飲《の》むは、興《きよう》が乘《の》つて來《く》ると、歌《うた》が出《で》る、踊《をどり》が出《で》る、手品《てじな》奇術《きじゆつ》が出《で》る、地味《ぢみ》なところでは揮毫《きがう》や詩作《しさく》もあり、その彩《いろど》りに妓生《キーサン》も混《まじ》るといふ風《ふう》で、朗《ほが》らかな半日《はんにち》が費《つひや》された。

相當《さうたう》の費用《ひよう》もかゝつたことであつたが、『内鮮融和《ないせんゆうわ》』のスローガンが高唱《かうしやう》されてゐた當時《たうじ》の一朝景《らうけい》であり、『内鮮融和《ないせんゆうわ》』から『内《ない》鮮《せん》一體《たい》』への橋渡《はしわた》し工作《こうさく》ともなつた。支那事變勃發《しなじへんぼつぱつ》後は總裁《そうさい》にばかり迷惑《めいわく》をかけるでないとし、會費《くわいひ》制度《せいど》で會場《くわいぢやう》も銀行倶樂部《ぎんかうくらぶ》とか、さうした地道《ぢみち》なところで開《ひら》くことにした。

朴氏《ぼくし》は朝鮮商業銀行《てうせんしやうげふぎんかう》の頭取《とうどり》、温厚《をんこう》な紳士《しんし》、半島實業界《はんたうじつげふかい》の重鎭《ぢゆうちん》であり、稀《まれ》に乞《こ》はれて滿洲國名《まんしうこくめい》譽總領事《よそうりやうじ》となつてゐた。士官學《しくわんがく》校出身《かうしゆつしん》の佐官《さくわん》であり、たしか、川島大將《かはしまたいしやう》などゝ同期《どうき》頃《ころ》とか聞《き》いてゐた。日露戰爭《にちろせんさう》の時《とき》にうんと働《はた》らいたさうである。

朝鮮《てうせん》で**朴榮喆**氏《ぼくえいてつし》といへば、誰《だれ》しも必《かな》らず **韓相龍**氏《し》を連想《れんさう》する。との二人《ふたり》はまるで双兒《ふたご》のやうに併稱《へいしよう》され、また二頭《とう》馬車《ばしや》のやうに車《しや》臺《だい》に何時《いつ》でも二人《ふたり》引《ひ》つ張《は》り出《だ》されるのが常《つね》であつた。韓氏《かんし》は朝《てう》鮮生命保險會社《せんせいめいほけんくわいしや》々長《しやちやう》で、朴氏《ぼくし》と共《とも》に半島實業界《はんたうじつげふかい》の大立物《おほだてもの》、性格《せいかく》から云《い》へば、朴氏《ぼくし》を温厚《をんこう》といへば韓氏《かんし》は重直《ぢうちよく》とでも云《い》はうか。碁《ご》が強《つよ》く、雄辯家《ゆうべんか》である。その演説《えんぜつ》はなか〱ユーモアに富《と》み、座談《ざだん》も同樣人《どうやうひと》を魅《み》する力《ちから》は大《だい》したものである。

韓氏《かんし》の邸宅《ていたく》は、朝鮮家屋《てうせんかをく》と朝《てう》鮮料理《せんれうり》の見本《みほん》を見《み》せるために酷《こく》使《し》されてゐるかの感《かん》があるほど、それほど左樣《さやう》に、内地《ないち》からの千客萬來《せんきやくばんらい》である。客人《じん》も士農《しのう》工商《こうしやう》千差萬別《せんさばんべつ》で、僕《ぼく》が最後《さいご》に招《よ》ばれた時《とき》の客人《きやくじん》は、双葉山《ふたばやま》と小《こ》島川《じまがは》であつた。

實業人《じつげふじん》といへば和信《わしん》社長《しやちやう》**朴興植**氏《し》がある。二十代《だい》にして百貨店《くわてん》和信《わしん》を興《おこ》し、三十九歳《さい》の今日《こんにち》百萬圓《まんゑん》の大會社《だいくわいしや》に仕上《しあ》げ、全鮮《ぜんせん》に連鎖店《れんさてん》を設《まう》け、外《ほか》に製絲《せいし》化學工業會社《くわがくこうげふくわいしや》を經營《けいえい》してゐる。白晳《はくせき》スマートな好紳士《かうしんし》、酒《さけ》も煙草《たばこ》も嗜《たしな》まず、事業《じげふ》一徹《てつ》の精進《しやうじん》、氏《し》の將來《しやうらい》は刮《くわつ》目《もく》に値《あたひ》する。

半島航空界《はんたうかうくうかい》の第《だい》一人者《にんしや》**愼鏞頊**君《くん》、その航空技術《かうくうぎ》、航空時間《かうくうじかん》、航空距離《かうくうきより》において半島人中第《はんたうじんちうだい》一人者《にんしや》であるばかりでなく、半島鳥人《はんたうてうじん》の

養成《やうせい》、半島航空路《はんたうかうくうろ》の開發《かいはつ》についての功績《こうせき》は偉大《ゐだい》なもの、一時《じ》事《じ》業費《げふひ》のため非常《ひじやう》に苦《くる》しんだとともあつたが、萬難《はんなん》を排《はい》して今日《こんにち》の成功《せいこう》は、友人《いうじん》なればこそ『うまくやつたなあ』位《ぐらゐ》の冗談《じやうだん》で表面《へうめん》はすましてゐるか、内心《ないしん》は頭《あたま》が下《さが》る。

金錫源中佐《ちうさ》は南苑《なんゑん》の勇者《ゆうしや》、城《じやう》壁突破《へきとつぱ》の前兵《ぜんぺい》を集《あつ》め、草梁《さうりやう》の中《なか》で軍歌《ぐんか》を高唱《かうしやう》して心氣《しんき》を一新《しん》し、自《みづか》ら先頭《せんとう》に立《た》つて突撃《とつげき》武勳《ぶくん》を樹《た》てた今《こん》事變中《じへんちう》半島最初《はんたうさいしよ》の將校《しやうかう》である。この時脚部《とききやくぶ》に負傷《ふしやう》一時《じ》後方《こうはう》に退《しりぞ》き治療中《ちれうちう》であつたが全快後《ぜんくわいご》再《ふたゝ》び第《だい》一線《せん》に活躍中《くわつやくちう》と聽《き》く。

半島青年《はんたうせいねん》の指導《しだう》に熱心《ねつしん》し、梨《り》泰院小學校《たいゐんせうがくかう》や梨《り》泰院青年訓練所《たいゐんせいねんくんれんじよ》は中佐《ちうさ》の指導《しだう》によつて成《な》れるものである。

半島《はんたう》の操觚界《さうこかい》は多士濟々《たしさいさい》である。崔麟氏《さいりんし》、李《り》相協氏《さうけふし》、伯寛珠《はくくわんじゆ》氏《し》、方應謨氏《はうおうぼし》、宋鎭禹氏《そうちんうし》等々《とう〳〵》の大立物中《おほたてものちう》、崔麟先生《さいりんせんせい》はわれらの友人《いうじん》とは云《い》ひ難《がた》く、その學識人《がくしきじん》格共《かくとも》に大先輩《だいせんぱい》として仰《あふ》ぐところ、**宋鎭禹**は思想的《しさうてき》に色々《いろ〳〵》云々《うんぬん》さるゝも、その剛腹隱忍《がうふくいんにん》の性格《せいかく》は、腹《はら》を割《わ》り心《こゝろ》を打《う》ち開《あ》けて協力《けふりよく》するところあれば、半島民衆指導《はんたうみんしうしだう》に貢獻《こうけん》するところ大《だい》なるべきを信《しん》じて疑《うたが》はぬ。明敏《めいびん》なる氏《し》の頭腦《づなう》は世《せ》界《かい》の大勢《たいせい》、東亞《とうあ》の動向《どうかう》につき、皇國新聞人《くわうこくしんぶんじん》としての認識《にんしき》に到達《たうたつ》せぬといふ筈《はず》はない。もししなければ我等《われら》友人《いうじん》として到達《たうたつ》せしめなければならぬと思《おも》つてゐる。

李相協氏《し》は半島新聞界《はんたうしんぶんかい》の第《だい》一人者《にんしや》、スワンソンの言葉《ことば》を藉《か》りて云《い》へば、氏《し》の地位《ちゐ》は『城壁《じやうへき》の上《うへ》を渡《わた》る軍人《ぐんじん》の如《ごと》く、城壁《じやうへき》の兩面《りやうめん》から彈丸《だんぐわん》を浴《あ》びる』やうなものである。しかもよくとの至難《しなん》の業《わざ》を

成《な》し遂《と》げて、大毎日新報《だいまいにちしんぽう》を築《きづ》き上《あ》げた。

支那事變勃發《しなじへんぼつぱつ》の當初《たうしよ》、國民使《こくみんし》節《せつ》なるものが續々海外《ぞくぞくかいぐわい》に出《で》かけたことがある。その頃僕《ころぼく》は**尹致**昊氏《し》を國民使節《こくみんしせつ》として米國《べいこく》に派《は》遣《けん》すればいゝと云《い》つたことがある。氏《し》は船《ふね》に弱《よわ》くお氣《き》の毒《どく》ではあるが、使節《しせつ》としては氏以上《しいじやう》の適任者《てきにんしや》は一寸《ちよつと》あるまい。この間《あひだ》大《だい》尹致昊の名《な》を棄《す》てゝ、創氏《さうし》したといふことであるが、僕《ぼく》は矢《や》張《は》り『尹致昊先生《いんちこうせんせい》』を呼《よ》びたい。

ポーランド駐在滿洲國總領事《ちうざいまんしうこくそうりやうじ》**朴錫胤**君《くん》は語學《ごがく》の天才《てんさい》であり、才氣縱横《さいきじうわう》と云《い》つた感《かん》がある。風采《ふうさい》もよく外《ぐわい》交官《かうくわん》には以《もつ》て來《こ》いと云《い》つた人《ひと》、ポーランドを去《さ》つてパリーとかイタリーとかに行《い》つたといふ話《はなし》であるが、その後消息《ごせうそく》を聽《き》かぬ。若《わか》い時《とき》には才人《さいじん》にあり勝《がち》な相當奔放無軌道《さうたうほんぱうむきだう》のところがあつたらしいが、これから大人朴《だいじんぼく》錫胤《じやくいん》の面目《めんぼく》が現《あら》はれ出《で》て來《こ》やう。

若《わか》いところに、**金晟鎭**醫學博《いがくはか》士《せ》、金衡翼醫學博士《きんかうよくいがくはかせ》、權寧禹《ごんねいう》、金乙漢《きんおつかん》などいふ人々《ひとびと》がある。金《きん》乙漢君《おつかんくん》は鋭氣友愛《えいきいうあい》の好漢《かうかん》、この人時運《ひとじうん》に惠《めぐ》まれず、事志《ことこゝろざし》と違《ちが》ふと相重《あひかさ》なつて來《き》てゐるが、その美《うつく》しき環境《くわんきやう》の友愛《いうあい》と、天《てん》の公正《こうせい》は必《かな》らずや君《きみ》を大成《たいせい》せしめずには措《お》かぬであらう。

鄭僑源精動副總裁《せいどうふくそうさい》、この人《ひと》ほど仕事《しごと》を悅《たの》しみ、仕事《しごと》に熱心《ねつしん》で本務《ほんむ》に忠實《ちうじつ》なる人《ひと》は稀《まれ》である。常《つね》に身《み》を以《もつ》て事《こと》に當《あた》る誠意《せいい》を推《お》さねばならぬ。

崔南善先生《せんせい》の若《わか》さ、その人《ひと》を壓《あつ》する氣《き》力《りよく》、われらは、その人《ひと》の學問《がくもん》の故《ゆゑ》を以《もつ》てのみ尊《そん》敬《けい》すべきでないことを常々思《つねづねおも》つてゐる。

彌陀敎主《みだけうしゆ》**李象龍**氏《し》は本年《ほんねん》九十七歳《さい》。九十四歳《さい》にして六十年《ねん》の信仰水雲敎主《しんかうすゐうんけうしゆ》としての位置《ゐち》を離《はな》れ、佛敎《ぶつけう》に歸依《きえ》し、彌陀敎主《みだけうしゆ》となり、五千の信徒《しんと》を率《ひき》ゐて東本《ひがしほん》願寺《ぐわんじ》に歸屬《きぞく》した英斷《えいだん》は非凡《ひぼん》といはねばならぬ。非常《ひじやう》に元氣《げんき》で健《けん》脚《きやく》、壯者《さうしや》も及《およ》ばぬ。その長命法《ちやうめいはふ》を聞《き》けば、

『六十になるまで山《やま》の中《なか》で寢《ね》起《お》きし、身體《からだ》を鍛《きた》へたからだらうよ』

紹介《せうかい》したい人《ひと》は山々《やまやま》ある。**閔奎植**氏《し》、**方台榮**氏《し》、**金年洙**氏《し》、**金時權**氏《し》、**尹泰彬**氏《し》、**金東勳**氏《し》、**李範益**氏《し》、**金潤晶**氏《し》等《とう》も一言《ごん》したい人々《ひとびと》である。**曹秉相**氏《し》の辯《べん》舌《ぜつ》、**白象圭**氏《し》の快活《くわいくわつ》、**宋星鎭**氏《し》の接客好《せつきやくず》き、**金允鎭**氏《し》の子女訓《じぢよくん》練《れん》、なか〳〵面白《おもしろ》い人々《ひとびと》がある。

李光洙は半島思想界《はんたうしさうかい》に重《おも》き役《やく》目《め》を負《お》つてゐる人《ひと》、いろ〳〵の重《おも》さ、いろ〳〵の甘《あま》さ、いろ〳〵の辛《から》さが次々《つぎつぎ》に身《み》にせまつたり去《さ》つたりすることであらうが、大《おほ》きな人《ひと》の歩《あゆ》みは東西古今《とうざいここん》みなさうしたものだ。にこ〳〵してゐるか默々《もくもく》としてゐるかすることである。

半島舞踊界《はんたうぶようかい》に**趙澤元**君《くん》と**崔承喜**君《くん》がゐる。兩者共《りやうしやとも》にその天分《てんぶん》については既《すで》に定評《ていひやう》があり、われら素人《しろうと》が口《くち》を容《い》るべき筋《すぢ》でないが、その將來《しやうらい》の大《だい》を期《き》するためには、趙君《てうくん》はもつと〳〵勉強《べんきやう》すべく、崔君《さいくん》は道義人情《だうぎにんじやう》について反省《はんせい》することが大切《たいせつ》であると思《おも》ふ。

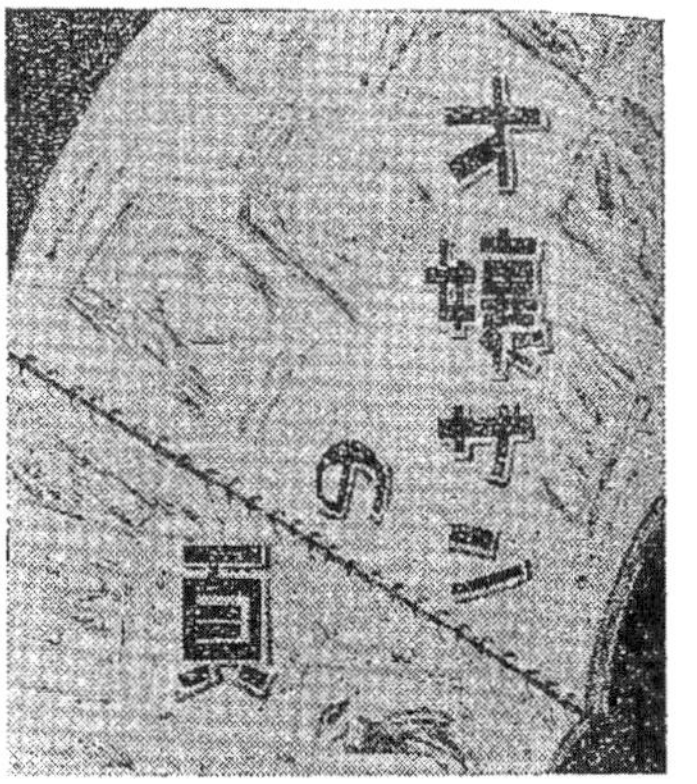

お洒《しや》落《れ》心《しん》理《り》學《がく》

お洒落《しやれ》の外觀《ぐわいくわん》、即《すなは》ちお化粧《けしやう》だの、洋服《やうふく》の作《つく》り方《かた》だの、着物《きもの》の着方《きかた》だのは、方々《はう〴〵》でお讀《よ》みになり、諸姉《ミナサン》の方《はう》が委《くは》しいと思《おも》ふのでとゝでは專《もつぱ》ら、それを實行《じつかう》する時《とき》の氣構《きがま》へみたいなものを御披露《ごひろう》し様《やう》と思《おも》ふ。

『スフは國策《こくさく》なり』とか、「純毛《じゆんもう》はアリマセン」とか盛《さか》んに、宣傳《せんでん》されてともすると、本物《ほんもの》より代用品《だいようひん》の方《はう》が上等《じやうとう》らしいネ、と思《おも》ひ込《こ》み度《た》くなる様《やう》な、世《よ》の中《なか》なんであるが、事實《じじつ》はやつぱり、代用品《だいようひん》は代用品《だいようひん》で、本物《ほんもの》時代《じだい》の使用精神《しようせいしん》で代用品《だいようひん》を使《つか》ふと、タビが二日《か》で切《き》れちやつたり、皺中 洋服《やうふく》だらけ、の様《やう》な代物《しろもの》を悲《かな》しまなければならなくなるのである。

代用品《だいようひん》の近代精神《きんだいせいしん》

そこでどうすれば、それらのワヅラワシサから逃《のが》れられるか？と云《い》ふと、先《ま》づ第《だい》一に代用品《だいようひん》を愛《あい》しませう、と言《い》ふ格言《かくげん》から始《はじ》めなければならない。

實《ゲ》に代用品《だいようひん》なるものは、廿世紀《せいき》にハツラツと、時代《じだい》の支持《しぢ》を受《う》けて生《うま》れ出《で》た近代兒《きんだいじ》なんだから、貴女方《ミナサンがた》が從來《じうらい》の舊《ふる》い考《かんが》へ方《かた》を當《あ》てハメて、これを扱《あつか》はふとしても所詮《しよせん》敵《カナ》ふものではない。新兵器《しんへいき》には新兵器《しんへいき》をもつて對抗《たいかう》しないと、英佛の様《やう》に慘《みじ》めな敗北《はいぼく》に終《をは》ることは當《あた》り前《まへ》なのである。

例《たと》へばタビの場合《ばあひ》、木綿《もめん》のものだと、相當《さうたう》酷使《こくし》されてヘト〳〵になつた時《とき》でも、「折角縁《せつかくえん》あつて使《つか》つて頂《いただ》くんだから、もう一《ひと》がんばり、がんばりませう」と言《い》ふので、中々《なか〳〵》保《も》つのであるが、とれがスフとなると、然《さ》うは行《ゆ》かない「シドイ人《ひと》だわ、との人《ひと》、エ、イ切《き》れてやれ」つてんでビリ〳〵のボロ〳〵と來《く》るのである。紙《かみ》の如《ごと》く薄《うす》き人情《にんじやう》かなと、嘆《なげ》いても仕様《しやう》がない、これが近代《きんだい》兒特有《じとくいう》の個性《こせい》なのであるから。

近代兒中《きんだいじちう》の優良兒《いうりやうじ》

しかし、近代兒《きんだいじ》といへども、右《みぎ》の様《やう》な逞《たく》ましきものばかりとは限《かぎ》らない。中《なか》には化《くわ》學的《がくてき》に合成《がふせい》された眞《しん》の意味《いみ》の近代兒《きんだいじ》もあるのである。

又例《またれい》で恐縮《きようしゆく》だが、女性專用綿《ぢよせいせんようめん》の〃レデーペックス〃これ等《など》は、脫脂綿不足《だつしめんぶそく》、と聞《き》くと直《たゞ》ちに準備萬端《じゆんびばんたん》、飛《と》び出《だ》した新鋭機《メツサシユミツト》で、發賣早々《デンゲキサクセン》、その戰果《せんくわ》をオサメ、今《いま》や全女性《ゼンセンセン》間《かん》に絕大《ぜつだい》な人氣《にんき》を獲ち得《え》た近代兒《きんだいじ》である。吸收力物凄《きふしうりよくものすご》く、保持時間《ほぢじかん》廿四時間《じかん》、激《はげ》しい運動《うんどう》にも適《てき》し、處置後《しよちご》はそれと判《わか》らぬ様《やう》に變色《カムフラーヂユ》されて、水洗式《すゐせんしき》にも溶《と》けて流《なが》せる、と云《い》ふ素晴《すば》らしい性能《せいのう》は、脫脂綿不用時代《だつしめんふようじだい》を來《きた》さうとして居《ゐ》る程《ほど》、綿《わた》を持《も》たざる國《くに》の本當《ほんたう》の意味《いみ》の近代兒《きんだいじ》であらう。

因《ちなみ》にとれは、東京市日本橋區小舟町《とうきやうしにほんはしくこふねまち》二の七、上村禮三商店發賣《かみむられいしやうてんはつばい》。全國《ぜんこく》デパート藥局《やくきよく》等《とう》にもあるが、日本《につぽん》で始《はじ》めて發賣《はつばい》され、未《ま》だ日《ひ》も淺《あさ》いので、品切《しなぎれ》の時《とき》は直接本舗迄《ちよくせつほんぽまで》御註文《ちうもん》を乞《こ》ふとの事《こと》である。乞御使用の程。

展覽會場前景福宮の一部

朝鮮の現代美術

伊原宇三郎

私《わたし》は今《いま》朝鮮《てうせん》へ行《ゆ》く車中《しやちう》に在《あ》る。毎年《まいねん》同《おな》じ時期《じき》に今度《こんど》で四年續《ねんつゞ》けて行《ゆ》くのであるが、用事《ようじ》は總督府《そうとくふ》主催《しゆさい》の朝鮮美術展覽會《てうせんびじゆつてんらんくわい》の審査《しんさ》、といふと誰《だれ》しも一寸驚《ちよつとおどろ》いた顔《かほ》をする。それ程朝鮮《ほどてうせん》の現代美術《げんだいびじゆつ》は内地《ないち》に知《し》られて居《ゐ》ない。音樂《おんがく》、舞踊《ぶよう》、體育《たいいく》方面《はうめん》には有名《いうめい》な人《ひと》が出《で》て居《ゐ》るが、美術《びじゆつ》も、特《とく》に油繪《あぶらゑ》と工藝《こうげい》とは内地《ないち》の相當《さうたう》な展覽會《てんらんくわい》に劣《おと》らぬ内容《ないよう》を持《も》つて居《ゐ》る。

鮮展《せんてん》は今年《ことし》第《だい》十九回《くわい》、朝鮮《てうせん》の文展《ぶんてん》で、其組織《そのそしき》も大體似《だいたいに》て居《を》り、審査員《しんさゐん》は毎年《まいねん》四五人東京《にんとうきやう》から出《で》かけるが、準審査員《じゆんしんさゐん》たる參與《さんよ》が半島《はんたう》に十人餘《にんよ》、推薦《すゐせん》、特選《とくせん》もある。毎年《まいねん》の搬入數《はんにふすう》は東洋畫《とうやうぐわ》約《やく》百五十、油繪《あぶらゑ》約《やく》千、彫塑《てうそ》工藝《こうげい》約《やく》二百、入選率《にふせんりつ》は低《ひく》くも三割《わり》、油繪《あぶらゑ》は一割強《わりきやう》、内鮮《ないせん》人別《じんべつ》は東洋畫《とうやうぐわ》三對《たい》二、油繪《あぶらゑ》半々《はんく》、工藝《こうげい》二對《たい》三。半島人《はんたうじん》に仲々有望《なかくいうばう》なのがあつて、油繪《あぶらゑ》では李《り》仁星《じんせい》、金《きん》仁承《じんしよう》、沈亨求《ちんきやうきう》等文展《とうぶんてん》の常連《じやうれん》が居《ゐ》る。總督《そうとく》が顧問《こもん》で、政務《せいむ》長官《ちやうくわん》が委員長《ゐゐんちやう》、朝野《てうや》の名士《めいし》卅數人《すうにん》から成《な》る評議員《ひやうぎゐん》會《くわい》があり、學務局《がくむきよく》の管轄《くわんかつ》で充實《じうじつ》したものである。最近新裝成《さいきんしんさうな》つた展《てん》覽會場《らんくわいぢやう》は景福宮《けいふくきう》の一隅《ぐう》に在《あ》り、一寸《ちよつと》内地《ないち》で見《み》られぬ立派《りつぱ》さである。

半島《はんたう》の美術《びじゆつ》で更《さら》に誇《ほこ》るべきは李《り》王家《わうけ》美術館《びじゆつくわん》で、博物館《はくぶつくわん》でない純粹《じゆんすゐ》の美術館《びじゆつくわん》としては日本唯《にほんゆゐ》一のものである。有名《いうめい》な石造殿《せきざうでん》がそれで、それに一昨年《さくねん》出來《でき》た新館《しんくわん》に博物館《はくぶつくわん》のものを移《うつ》し更《さら》に堂々《だうく》たるものになつた。又《また》一方《はう》美術學校設立《びじゆつがくかうせつりつ》の計畫《けいくわく》もあり、事變《じへん》で中止《ちうし》して居《ゐ》るが既《すで》に基金《ききん》の調達《てうたつ》は出來《でき》てゐるといふ。指導《しだう》獎勵《しやうれい》兩機關《りやうきくわん》が完備《くわんび》すれば將來《しやうらい》の朝鮮美術《てうせんびじゆつ》には隨分大《ずゐぶんおほ》きな期《き》

妓生

チゲ

待《たい》がかけられると思《おも》ふ。

私達油繪畫家《わたしたちあぶらゑぐわか》に朝鮮《てうせん》が特《とく》に面白《おもしろ》く感《かん》じられるのは、例《たと》へば風景《ふうけい》にしても、内地《ないち》は濕氣《しつけ》の關係《くわんけい》でものが皆平面《みなへいめん》に見《み》えるが、大陸的《たいりくてき》な朝《てう》鮮《せん》では、家《いへ》も木《き》も山《やま》もづつしりした立體《りつたい》に見《み》えるし、自然《しぜん》に大《おほ》きな調《トン》子があつて總《すべ》てが油繪《あぶらゑ》である。

又嘗《またかつ》て祖先《そせん》が持《も》つてゐた大《おほ》きな朝《てう》鮮《せん》の文化《ぶんくわ》や美術《びじゆつ》が、今工藝《いまこうげい》を通《つう》じて新《あらた》らしい芽《め》を出《だ》さうとして居《ゐ》る。もう十年《ねん》もすれば堂々《だうく》たる作《さく》家《か》が出《で》て來《く》るに違《ちが》ひない。

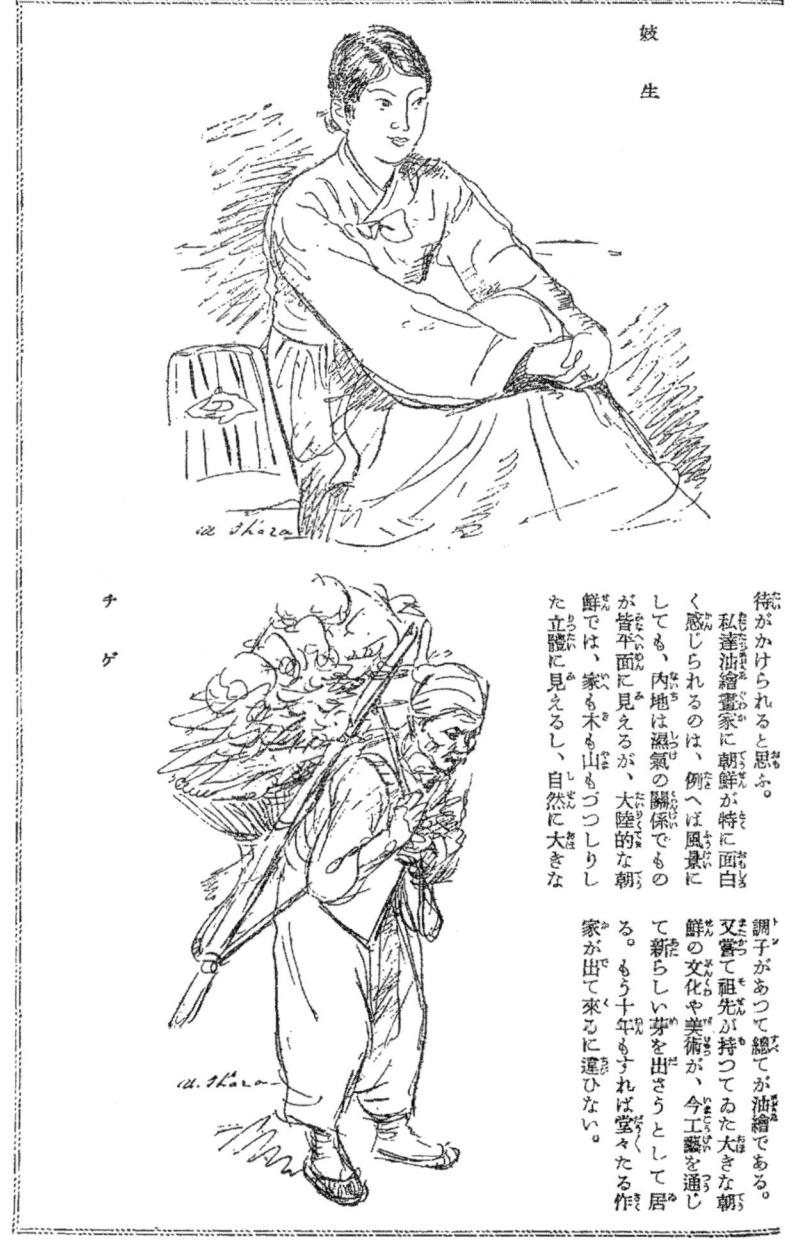

歷代朝鮮總督を語る

井上 收

武斷《ぶだん》政治《せいぢ》の寺内《てらうち》

歷代總督《れきだいそうとく》の行績《ぎやうせき》を書《か》けとの註文《ちうもん》であるが保護《ほご》政治《せいぢ》、統監政治《とうかんせいぢ》の時代《じだい》を除《のぞ》いても、今《いま》の南總督《みなみそうとく》まで總督《そうとく》の數《すう》七代《だい》三十年間《ねんかん》、限《かぎ》られたスペースに納《をさ》めるのは難《むつ》かしい。

今《いま》を時《とき》めく寺内壽《てらうちじゆ》一大將《たいしやう》の嚴父《げんぷ》正毅元帥《げんすゐ》が、統監《とうかん》から初代總督《しよだいそうとく》となつたのは、明治《めいぢ》四十三年《ねん》十月《ぐわつ》一日《じつ》で、今日朝鮮《こんにちてうせん》で始政記念《しせいきねん》日《び》と稱《しよう》せらるゝ日《ひ》である。

寺内總督《てらうちそうとく》は、四年《ねん》五月《ぐわつ》三十日《にち》、三代統監《だいとうかん》として曾根荒助統監《そねあらすけとうかん》の後《あと》を受《う》け、大正《たいしやう》五年《ねん》十月長谷川好道總督《ぐわつはせがはよしみちそうとく》と代《かは》るまで、前後《ぜんご》八年《ねん》間《かん》を朝鮮《てうせん》の爲《ため》に働《はたら》いた。その行績《ぎやうせき》といふ觀《くわん》點《てん》からすれば、地均《ぢなら》し時代《じだい》であり、基礎工《きそこう》作工程《さくこうてい》の最《もつと》も難行《なんかう》な役割《やくわり》を勤《つと》めた。不幸《ふかう》にして私《わたし》はこの初代及《しよだいおよ》び二代長谷川好道總督《だいはせがはよしみちそうとく》の實績《じつせき》を知《し》らない。が朝日新聞時代《あさひしんぶんじだい》の先輩《せんぱい》中野正剛君《なかのせいごうくん》は、私《わたし》の前任者《ぜんにんしや》であり、寺内統《てらうちとう》治《ぢ》については、可《か》なり深刻《しんこく》な批判《ひはん》を下《くだ》し、終始寺内總督《しうしてらうちそうとく》とは相容《あひい》れなかつたやうであり、當時《たうじ》ジヤーナリズムの上《うへ》によく用《もち》ゐられた、軍閥意識《ぐんばついしき》といつたものから、朝日新《あさひしん》聞《ぶん》といふものが、寺内《てらうち》イデオロギーとはおよそ距離《きより》のある方向《はうかう》を目標《もくへう》としてゐた樣《やう》であり、ビリケン政治《せいぢ》、武斷政策《ぶだんせいさく》といつた一聯《れん》のフレーズが、朝日新聞紙上《あさひしんぶんしじやう》によく出沒《しゆつぼつ》した。

前後《ぜんご》八年間《ねんかん》の朝鮮《てうせん》に於《お》ける彼《かれ》の行績《ぎやうせき》は、荒削《あらけづ》りの仕事《しごと》が多《おほ》かつたやうである。彼《かれ》の謂《いは》ゆる武斷政策《ぶだんせいさく》といふものは、決《けつ》して評判《ひやうばん》の好《この》ましいものではなかつた。依《よ》らしむべく知《し》らしむべからず、が彼《かれ》が統治《とうぢ》の全貌《ぜんばう》である。行政事務的《ぎやうせいじむてき》の記錄《きろく》からすれば、その八年間《ねんかん》には、思《おも》ひ切《き》つて諸般《しよはん》の仕事《しごと》をした寧《むし》ろ收學《しうがく》に遑《いとま》ないといふ程制度改正《ほどせいどかいせい》などの新施設《しんしせつ》を行《おこな》つた。

先輩中野《せんぱいなかの》正剛君《せいごうくん》は、この寺内統治《てらうちとうち》を善意《ぜんい》の惡政《あくせい》といつたが、この語《ご》は今《いま》もなほ當《あた》つてゐると世人《ひと》の記憶《きおく》に殘《のこ》つてゐるごとく、彼《かれ》は眞《しん》に日本帝國《にっぽんていこく》の爲《ため》、また一面《めん》には朝鮮《てうせん》民衆《みんしう》の爲《ため》、出來得《できう》る限《かぎ》り併合《へいがふ》の眞髓《しんずゐ》に徹《てつ》しやうと、それこそ不斷《ふだん》に努力《どりよく》した。表現形《へうげんけい》式《しき》は惡政《あくせい》となつても善意《ぜんい》の存《そん》する所以《ゆゑん》である。

朝鮮總督府《てうせんそうとくふ》として、彼《かれ》がその部下《ぶか》の役人《やくにん》に向《むか》つて、奏任官《そうにんくわん》を將校《しやうかう》、判任官《はんにんくわん》を下士卒《かしそつ》の稱呼《しやうこ》をもつてした。洒落《しやれ》でも冗談《じようだん》でもない、軍隊精神《ぐんたいせいしん》を飽《あ》くまでも事務《じむ》の上《うへ》まで持《も》ち運《はこ》んだ。そして彼《かれ》の罵聲《はせい》といふものは、いかな奏任官《そうにんくわん》をも二束《そく》三文《もん》に呶鳴《どな》りつけ、眉尻《まなじり》を逆立《さかだ》てゝ力《りき》むだ。とりつき惡《にく》く親《した》しみ難《がた》い、軍閥《ぐんばつ》の權化《ごんげ》はこれかと想《おも》はるゝまでの、典型的性格者《てんけいてきせいかくしや》だつた。

ところが、近《ちか》づき難《がた》いこの寺内《てらうち》もその胸《むね》奧《あう》には、何時《いつ》も善意《ぜんい》の溫《あたゝか》い血潮《ちしほ》が脈《みやく》を打《う》つてゐた。今《いま》でも朝鮮《てうせん》の老兩班達《らうヤンバンたち》が、このことを追想《つゐさう》して、怖《こわ》い總督《そうとく》だつたが、有《あり》難《がた》い爺《ぢい》さんだつた。彼《かれ》が陸相兼務《りくしやうけんむ》から專任《せんにん》の總督《そうとく》となつて着任《ちやくにん》の際《さい》、夫人《ふじん》とそれこそ花《はな》の如《ごと》き令孃《れいぢやう》とを伴《ともな》つて來《き》た。夫人《ふじん》は容色《ようしよく》は優《すぐ》れた婦人《ふじん》ではなかつたが、令孃《れいぢやう》こそはまことに紅《こう》一點《てん》深窓育《しんそうそだ》ちの姫君《ひめぎみ》であり、今《いま》の兒玉内相《こだまないしやう》の澤子夫人《さはこふじん》である。

世俗《せぞく》に眼《め》の中《なか》に入《い》れても痛《いた》くない娘《むすめ》とはこれである。彼寺内《かれてらうち》ほど、人《ひと》に頭《あたま》を下《さ》げることの嫌《きら》ひな武人《ぶじん》も、秘書官兒玉秀雄夫人《ひしよくわんこだまひでをふじん》澤子《さはこ》の身《み》の上《うへ》には、親心《おやごゝろ》の通《かよ》はぬ日《ひ》とてはなかつた。

ともあれ誰《だれ》が總督《そうとく》であつても、あの時代《じだい》には、一應《おう》はあの形式《けいしき》を政治《せいぢ》の上《うへ》に驅使《くし》しなければならぬ時代《じだい》の要求《えうきう》に迫《せま》られたであらう。

文化政治《ぶんくわせいぢ》の本尊《ほんぞん》

二代總督《だいそうとく》は伯爵長谷川好道大將《はくしやくはせがはよしみちたいしやう》である。寺内初代總督《てらうちしよだいそうとく》は、大隈重信内閣《おほくましげのぶないかく》の後《あと》を承《う》け内閣首班《ないかくしゆはん》として東京《とうきやう》に去《さ》つたのは、大正《たいしやう》五年《ねん》の十月《ぐわつ》であり、總督長谷川《そうとくはせがは》は、これから八年《ねん》八月《ぐわつ》まで約《やく》三年間勤《ねんかんつと》めたが、この三年《ねん》間治績《かんぢせき》よりも失政《しつせい》の行績《ぎやうせき》を遺《のこ》して挂冠《けいくわん》しなければならぬといふ、歴代總督中《れきだいそうとくちう》の一番貧《はんびん》乏籤《はふくじ》に見舞《みま》はれた。

今《いま》でも京城《けいじやう》の龍山《りうざん》に、通稱阿房宮《つうしようあはうきう》と呼《よ》ばるゝ總督官邸《そうとくくわんてい》がある。その名《な》の示《しめ》す如《ごと》く、だだつ廣《ぴろ》くて仕末《しまつ》にをへないところから、歴代總督《れきだいそうとく》は之《これ》を使用《しよう》しない、國際的《こくさいてき》な大宴《だいえん》會《くわい》でもある外《ほか》は、殆《ほとん》と無用《むよう》の阿房宮的存在《あはうきうてきそんざい》であるが、總督長谷川《そうとくはせがは》はこゝにみ腰《こし》を据《す》えて嘯《うそぶ》いてゐた。といふところから、稱《しよう》して阿房宮《あはうきう》などと口賢《くちさが》ない稱呼《しようこ》を敢《あへ》てする向《む》きもあつた。

統治《とうぢ》はやがて謂《いは》ゆる三代目《だいめ》の段階《だんかい》に入《はひ》り時《とき》の首相原敬《しゆしやうはらけい》の推擧《すゐきよ》による、海軍大將齋藤《かいぐんたいしやうさいとう》實男《まことだん》が總監水野錬太郎《そうかんみづのれんたらう》といふ女房役《にようばうやく》を帶同《たいどう》し、有名《いうめい》なる齋藤文化政策《さいとうぶんくわせいさく》、差別撤廢《さべつてつぱい》、一視同仁《しどうじん》、日鮮融和《にっせんゆうわ》の金看板《きんかんばん》を提《ひつさ》げて、大正《たいしやう》八年《ねん》八月《ぐわつ》十二日京城《にちけいじやう》に着任《ちやくにん》した。

南大門驛頭《なんだいもんえきとう》の○○事件《じけん》といふものが、この三代目《だいめ》の出鼻《でばな》を見舞《みま》つた。が海洋育《かいやうそだ》ちの齋藤《さいとう》は動《うご》かざる事山《ことやま》の如《ごと》く、悠揚《いうやう》として倭城臺《わいじやうだい》の官邸《くわんてい》に到着《たうちやく》したとは、尠《すく》からず騷擾《さうぜう》後《ご》の朝鮮同胞《てうせんどうはう》の膽《きも》を寒《さむ》からしめた。爾來《じらい》昭和《せうわ》二年《ねん》四月《ぐわつ》まで、實《じつ》に八年間《ねんかん》を、朝鮮《てうせん》の慈《じ》父《ふ》として文化政治《ぶんくわせいぢ》の本尊《ほんぞん》として、内鮮間《ないせんかん》の好評《かうひやう》を受《う》けた。この文化政策《ぶんくわせいさく》の筋書《すぢがき》は、首相原敬《しゆしやうはらけい》の策《さく》したものを總監水野《そうかんみづの》が携行《けいかう》し總督齋藤《そうとくさいとう》とのコンビに於《おい》て完成《くわんせい》された、その筋書《すぢがき》なるものは今猶水野《いまなほみづの》の手許《てもと》にある。

總督齋藤《そうとくさいとう》が、八年間《ねんかん》に遺《のこ》した治績《ちせき》を事務《じむ》的《てき》に繰《く》り返《かへ》す煩《はん》を省《はぶ》くが、この八年《ねん》の前半《ぜんはん》は、決《けつ》して時局靜謐《じきよくせいひつ》とはいへなかつた。前《ぜん》述《じゆつ》の某大官《ぼうたいくわん》が、當年治安維持《たうねんちあんゐぢ》の爲《ため》に日夜奔《にちやほん》命《めい》した、といふのはこの時代《じだい》のことである政務總監《せいむそうかん》は、水野錬太郎《みづのれんたらう》、有吉忠一《ありよしちういち》、下岡《しもをか》忠治《ただはる》、湯《ゆ》淺倉平《あさくらへい》と四人《にん》も交替《かうたい》した。この間《あひだ》齋藤《さいとう》が、昭和《せうわ》二年《ねん》四月現職《ぐわつげんしよく》のまゝ軍縮會《ぐんしゆくくわい》議《ぎ》の全權委員《ぜんけんゐゐん》として、ゼネバに赴《おもむ》いた八ヶ月間《げつかん》を、陸《りく》軍大將宇垣《ぐんたいしやううがき》一成《せい》が、臨時代《りんじだい》理《り》總督《そうとく》を勤《つと》めた。宇垣《うがき》が後年《こうねん》六代目《だいめ》總督《そうとく》として朝鮮《てうせん》に來《く》る際《さい》の小手調《こてしら》べとなつたことは言《い》ふまでもない。

(南　次郎)　(宇垣一成)

齋藤《さいとう》は昭和《せうわ》十二年《ねん》の暮《くれ》ゼネバから還《かへ》ると間《ま》もなく總督《そうとく》を辭《じ》し、四代總督《だいそうとく》として、陸《りく》軍大將山梨半造《ぐんたいしやうやまなしはんざう》が、昭和《せうわ》二年《ねん》十二月《ぐわつ》の押詰《おしつま》つた年《とし》の暮《くれ》に着任《ちやくにん》した。山梨《やまなし》の總督《そうとく》となつたのは、總理田中義一《そうりたなかぎいち》大將《たいしやう》が、友誼《いうぎ》の引出《ひきで》物《もの》であり、その女房役《にようばうやく》たる池上四郎《いけがみしらう》もまた田中《たなか》の友情《いうじやう》から割出《わりだ》された政治的演出《せいぢてきえんしゆつ》であることは、當時相當《たうじさうたう》な話題《わだい》となつた。

山梨《やまなし》はまことに惡《にく》めない善人《ぜんにん》であつた。

彼《かれ》は二代總督長谷川《だいそうとくはせがは》と共《とも》に、その出處進《しゆつしよしん》退《たい》の明朗《めいらう》を缺《か》いた。立場《たちば》は違《ちが》つてゐたが、暗《くら》い引揚《ひきあ》げを餘儀《よぎ》なくした最後《さいご》は同樣《どうやう》である。任期《にんき》は僅《わづ》かに一年《ねん》八ヶ月《げつ》であり『政治《せいぢ》には金《かね》が要《い》る』とか『酬《むく》ひませう』とかの不用意《ふようい》な珍語《ちんご》を遺《のこ》し、百日鬘《にちかつら》の周圍《しうゐ》に笑物《わらひもの》にされ女房役《にようばうやく》の池上《いけがみ》には先立《さきだ》たれ、折角《せつかく》の男《をとこ》の友情《いうじやう》を臺《だい》なしにしてしまつた。とはいふものゝ、彼《かれ》も無爲《むゐ》にして化《くわ》した譯《わけ》ではなく、短《みじか》い任期中《にんきちう》にも齋藤《さいとう》が遺《のこ》した文化政治《ぶんくわせいぢ》の積極的運用《せききよくてきうんよう》に努力《どりよく》したことは買《か》つてやらなければならない。然《しか》し今日《こんにち》では山梨《やまなし》といふ聲《こゑ》もないのは同情《どうじやう》に値《あたひ》する。

骨《ほね》を埋《うづ》む宇垣《うがき》

山梨《やまなし》が去《さ》ると、五代目總督《だいめそうとく》として、三代《だい》總督《そうとく》の齋藤實《さいとうまこと》が再來《さいらい》した。昭和《せうわ》四年《ねん》八月《ぐわつ》である。

統治上《とうちじやう》といふよりは、朝鮮《てうせん》の民心《みんしん》に及《およ》ぼす新味《しんみ》は勿論期待《もちろんきたい》されなかつたけれども、模《も》糊としてさつた前總督《ぜんそうとく》の不評《ふひやう》の後《あと》を受《う》けたハンデーもあり、朝鮮《てうせん》の慈父《じふ》再《ふたゝ》び來《きた》る、のオバーチュアに迎《むか》へられ、殊《こと》に寺内時代《てらうちじだい》よりの馴染《なじみ》ある伯爵兒玉秀雄《はくしやくこだまひでを》が政務總監《せいむそうかん》として親任《しんにん》された明朗《めいらう》さは、政治的《せいぢてき》には多少《たせう》疲《つか》れを覺《おぼ》えたかの感《かん》がある。二度《ど》の勤《つと》めの齋藤《さいとう》にもまだ人氣《にんき》は去《さ》らなかつた。とはいふものゝその任《にん》は僅《わづ》か二年足《ねんた》らずであつた爲《ため》劃期的《くわくきてき》の治績《ちせき》を遺《のこ》すには到《いた》らずして、昭《せう》和《わ》六年《ねん》六月《ぐわつ》、六代總督陸軍大將宇垣《だいそうとくりくぐんたいしやううがき》一成《せい》と交替《かうたい》した。

後年《こうねん》彼《かれ》が内閣《ないかく》を主宰《しゆさい》し、また内府《ないふ》の大任《たいにん》

（山梨半造）　（齋藤實）　（長谷川好道）　（寺內正毅）

に着《つ》いたが、あゝした悲慘《ひさん》な最後《さいご》に終《をは》つたのは運命力《うんめいりよく》の不可抗《ふかかう》ともいへるが、彼《かれ》は當年海軍大《たうねんかいぐんだい》臣時代《じんじだい》、シーメンス事件《じけん》の責《せめ》を引《ひ》き、鄕《きやう》里《り》水澤《みづさは》に引退《いんたい》し、閑寂《かんじやく》な晩《ばん》年《ねん》の營《いとな》みに世《よ》を捨《す》てゝゐたが、原敬《はらけい》の知《ち》遇《ぐう》に感《かん》じ、草《さう》廬《ろ》を出《で》た。個《こ》人《じん》の最後《さいご》としては諦《あきら》め難《がた》からうが、公人《こうじん》としての彼《かれ》の足跡《そくせき》は、內鮮《ないせん》の何《いづ》れにも明確《めいかく》に印《しる》されて居《を》り、朝鮮總督《てうせんそうとく》の大《だい》ホールには寺內初代總督《てらうちしよだいそうとく》のそれと對《たい》して、燦《さん》たる銅像《どうぞう》となり、朝鮮統治史上《てうせんとうちしじやう》の異《い》彩《さい》となつて永遠《えいえん》の光《ひかり》を放《はな》つてゐる。

　六代總督《だいそうとく》宇垣《うがき》一成《せい》は、昭和《せうわ》六年《ねん》六月《ぐわつ》から同《どう》十一年《ねん》八月《ぐわつ》まで五ケ年間《ねんかん》を、朝鮮統治《てうせんとうち》最《さい》近史上《きんしじやう》に活躍《くわつやく》した。

　宇垣《うがき》は朝鮮《てうせん》に骨《ほね》を埋《うづ》める、との氣構《きがま》へを屢口《しばしくち》にし、墓地《ぼち》をさへ創《さう》したといはれる程《ほど》、朝鮮《てうせん》に執着《しふちやく》し、事務的《じむてき》には歴代總督中《れきだいそうとくちう》最《もつと》も多《おほ》くの仕事《しごと》をした。閑《ひま》さへあれば南船《なんせん》北馬《ほくば》の旅《たび》に、津《つ》々浦《うら》々の隅《すみ》々まで行脚《あんぎや》の草《わら》鞋《ぢ》を穿《は》き續《つゞ》けた。

　彼《かれ》がその着任《ちやくにん》の第一聲《だいせい》として放《はな》つたことばに『朝鮮人《てうせんじん》を樂《らく》に食《く》はせる』といふのがあつたが、在任《ざいにん》五ケ年間《ねんかん》、彼《かれ》はこれを把握《はあく》しつゞけた。そして農山漁村《のうさんぎよそん》の振興《しんこう》、自力《じりき》更生《かうせい》にまでこの語《ご》を發展《はつてん》させて倦《う》むことを知《し》らなかつた。その一面《めん》にはまた心田開發《しんでんかいはつ》運動《うんどう》を提唱《ていしやう》し、物心兩面《ぶつしんりやうめん》の圓滿具足《ゑんまんぐそく》を力說《りきせつ》し、南棉北羊《なんめんほくやう》、產金增殖《さんきんぞうしよく》より、その抱負《はうふ》は大和民族《やまとみんぞく》の北進策《ほくしんさく》となり、內鮮《ないせん》一體《たい》より鮮《せん》滿《まん》一如《じよ》等《とう》々、五ケ年間《ねんかん》の經綸《けいりん》は枚擧《まいきよ》に遑《いとま》ないほど、あらゆる視野《しや》、多角理想《たかくりさう》に鋭意《えいい》日《ひ》もこれ足《た》らぬ努力《どりよく》振りと、治績《ちせき》とを着《ちやく》々として印《のこ》した。

　寺內《てらうち》を大總督《だいそうとく》といひ、齋藤《さいとう》を名總督《めいそうとく》といふならば、彼《かれ》宇垣《うがき》は强總督《きやうそうとく》とでも敬稱《けいしよう》すべきであらう程《ほど》、絕倫《ぜつりん》な迫力《はくりよく》を持《も》つてゐた。

　朝鮮《てうせん》に骨《ほね》を埋《うづ》むる覺悟《かくご》、決心《けつしん》で統治《とうち》に鋭《えい》意《い》した宇垣《うがき》も、昭和《せうわ》六年《ねん》の夏《なつ》、任《にん》を辭《じ》して東京《とうきやう》に引揚《ひきあ》げた。中央《ちうあう》の政變《せいへん》には必《かなら》ず問題《もんだい》の種《たね》となる彼《かれ》は、政機《せいき》の見《み》透《とう》しがついたからである。果《はた》せるかな、彼《かれ》は間《ま》もなく組閣《そかく》の大命《たいめい》を拜《はい》した、けれども時到《ときいた》らずか、陸《りく》軍大將《ぐんたいしやう》をも拜辭《はいじ》しやりと決意《けつい》せしむる迄《まで》、その組閣工作《そかくこうさく》は失敗《しつぱい》に終《をは》つた。まことに氣《き》の毒《どく》な事《こと》である。今後《こんご》の宇垣《うがき》に關《くわん》しては、こゝに述《の》ぶべきでない。

南現統治《みなみげんとうぢ》の安打《ヒット》

　陸軍大將南次郎《りくぐんたいしやうみなみじらう》は、七代總督《だいそうとく》として昭和《せうわ》十一年《ねん》八月大命《ぐわつたいめい》を拜《はい》した。朝鮮《てうせん》の現總督《げんそうとく》であり、內鮮《ないせん》一體《たい》の具現者《ぐげんしや》としてその名《な》が高《たか》い。着任《ちやくにん》より今日《こんにち》まで、既《すで》に滿《まん》四年近《ねんちか》くを朝鮮統治《てうせんとうぢ》に捧《さゝ》げてゐる。南總督《みなみそうとく》はわが軍部《ぐんぶ》に於《お》ける長老《ちやうらう》である。二、二六事變《じへん》の際《さい》、軍《ぐん》の先輩《せんぱい》として滿洲駐屯《まんしうちうとん》の現職《げんしよく》から責《せめ》を引《ひ》いた。彼《かれ》は嘗《かつ》て朝鮮軍司令官《てうせんぐんしれいくわん》として、朝鮮《てうせん》には淺《あさ》らぬ因緣《いんねん》と理解《りかい》とを持《も》つてゐる點《てん》は初代寺內總督《しよだいてらうちそうとく》が、統監《とうかん》から轉《てん》じた程《ほど》の、朝《てう》鮮事情《せんじじやう》の把握人《はあくじん》であり、武人《ぶじん》ではあるが、內鮮滿《ないせんまん》を一貫《くわん》した東亞新秩序《とうあしんちつじよ》への經綸抱負《けいりんはうふ》は自《おのづか》ら持合《もちあは》せに不足《ふそく》はしない。

ところが前總督《ぜんそうとく》宇垣《かき》の多角綱領統治《たかくかうりやうとうぢ》は、あらゆる統治《とうぢ》の全局《ぜんきよく》に亘《わた》つて殆《ほとん》ど餘《あま》すところなく政策《せいさく》されてゐた。言《い》はゞ南《みなみ》イデオロギーとかスローガンの窺《うかゞ》ふ餘地《よち》がなかつた統治者《とうぢしや》の看板《かんばん》が變《かは》れば、必《かなら》ずそこに何物《なにもの》かの新味《しんみ》を大向《おほむか》ふは期待《きたい》する。片唾《かたづ》をのまぬまでも、何《なに》か新《あたら》しく飛出《とびだ》すであらうことは二千三百餘萬大衆《よまんたいしう》ばかりでなく、在住內地《ざいぢうないち》人《じん》も待構《まちかま》へてゐるのは何《いつ》れの場合《ばあひ》にも常識《じやうしき》とされてゐる。

彼《かれ》は南統治《みなみとうぢ》の五綱領即《かうりやうすなは》ち國體明徵《こくたいめいちよう》、鮮滿《せんまん》一如《じよ》、農工併進《のうこうへいしん》、敎學振作《けうがくしんさく》、庶政刷新《しよせいさつしん》を高《たか》らかに揭《かゝ》げて行進《かうしん》の旋律《せんりつ》を奏《かな》でた。

折《をり》しも着《ちやく》任後《にんご》一年《ねん》の七月《ぐわつ》には、日支《につし》事變《じへん》が勃發《ぼつぱつ》し、朝《てう》鮮《せん》はその兵站基地《へいたんきち》として重要《ぢうえう》な立場《たちは》に立《た》つに至《いた》り、鮮滿《せんまん》の一如《じよ》は更《さら》に內鮮《ないせん》一體《たい》の銃後《じうご》强調《きやうてう》に拍車《はくしや》をかけ、そこに特別志願兵制度《とくべつしぐわんへいせいど》が新制《しんせい》され、朝鮮同《てうせんどう》胞《はう》の時《じ》局認識《きよくにんしき》は急轉廻《きふてんくわい》するに至《いた》つた。將來《しやうらい》大《おほ》きな役割《やくわり》を持《も》つこの志願兵制度《しぐわんへいせいど》の創設《さうせつ》は、南統治《みなみとうぢ》のピットとして、永遠《えいゑん》に統治《とうぢ》史《し》上《じやう》に光彩《くわうさい》を添《そ》ふるであらう。南總督《みなみそうとく》は今年《ことし》に入《はひ》り、更《さら》に內鮮《ないせん》一體《たい》の結實《けつじつ》を期《き》する爲《ため》に、朝鮮同胞《てうせんどうはう》への創氏《さうし》を行《おこな》つた。これまた內鮮《ないせん》の差別《さべつ》を撤《てつ》すべき劃期的《くわつきてき》の政策《せいさく》として、多《た》大《だい》の好評《かうひやう》を受《う》けてゐる。

川島義之大將《かはしまよしゆきたいしやう》を總裁《そうさい》とする朝鮮精動運動《てうせんせいどううんどう》には兎《と》角《かく》の批判《ひはん》もあるが、その全朝鮮同胞《ぜんてうせんどうはう》への皇國臣民化《くわうこくしんみんくわ》の熱意《ねつい》に至《いた》つては、必《かなら》ずや近《ちか》き將來《しやうらい》に多《た》大《だい》の收穫《しうくわく》するものがあらうとは、疑《うたがひ》を容《い》れない。

以上光明面《いじやうくわうみやうめん》のブライトのみに觸《ふ》れて、側《そく》面《めん》のダークを逸《いつ》した嫌《きら》ひがないといへないが、今日《こんにち》はさうした重箱《ぢうはこ》の隅《すみ》を、引《ひ》つかき廻《まは》す秋《とき》ではない。（筆者は國民新報社主筆）

補陰補陽
高貴なる芳香！
嶄新なる味覺！
神祕なる靈効！
定價 參圓 五圓
近代人の味覺に便乘して千古不朽の靈藥人蔘と鹿茸とを普及せしめ以て興亞國民の體力增進に盡さんとす。來れ！ 味覺の三味境に！
而して心身の健全を圖れ！
製造元 天一製藥株式會社
發賣元 天一藥房
振替京城一九八四三番
蔘茸強壯水

志願兵訓練所訪問記

記者

我國國防《わがくにこくぼう》の前衛地《ぜんゑいち》區《く》朝鮮《てうせん》に志願兵制《しぐわんへいせい》がしかれ、志願兵訓練《しぐわんへいくんれん》所《じよ》に於《お》いて忠勇無双《ちうゆうむさう》なる人的資源《じんてきしげん》の培養《ばいやう》が實施《じつし》されるや、全《ぜん》鮮《せん》に絶大《ぜつだい》なる反響《はんきやう》を呼《よ》び起《おこ》し、血書《けつしよ》を以《も》つて志願兵《しぐわんへい》たらんと願《ねが》ふ赤誠《せきせい》あふるる美《び》談《だん》、或《ある》ひは早《はや》くも聖《せい》戰《せん》に參加《さんか》して壯烈《さうれつ》に護國《ごこく》の鬼《おに》と化《くわ》した勇《ゆう》士達《したち》が生《うま》れ、とれらに對《たい》して、國民《こくみん》は如何《いか》ばかりの力《ちから》強《づよ》さを感《かん》じたか計《はか》り知《し》れない。

志願兵《しぐわんへい》が如何《いか》にしてかくの如《ごと》き立派《りつぱ》な國家《こくか》の干城《かんじやう》に訓育《くんいく》されるのであらうか？　五月《ぐわつ》二十八日《にち》、志《し》願兵訓練所《ぐわんへいくんれんじよ》を見學《けんがく》すべく、京城《けいじやう》の東方《とうはう》、京城春川間《けいじやうしゆんせんかん》に最近敷《さいきんし》かれた私《し》設鐵道《せつてつだう》の城東驛《じやうとうえき》で、八時《じ》二十分《ぷん》墨洞《ぼくどう》往《ゆ》きを待《ま》つ、驛《えき》の食堂《しよくだう》のテーブルで地圖《ちづ》を開《ひら》けば、朝鮮總督府《てうせんそうとくふ》陸軍兵志願者訓練所《りくぐんへいしぐわんしやくんれんじよ》は、京畿道《けいきだう》楊《やう》州郡蘆海面北德里《しうぐんろかいめんほくとくり》にある。

城東驛《じやうとうえき》から三十分《ぷん》もかゝれば孔《こう》德里《とくり》の入口墨洞驛《いりぐちぼくどうえき》に着《つ》くやうになつてゐる。とんな事《こと》をしらべてゐると、高麗映画《かうらいえいぐわ》の名監督方漢駿氏《めいかんとくはうかんしゆんし》がやつて來《き》た。

「どちらへ？」

「訓練所《くんれんじよ》です。〃勝利《しようり》の庭《には》〃（志願兵《しぐわんへい》の生活《せいくわつ》を描《えが》いた映画《えいぐわ》）の今日《けひ》は最《さい》後《ご》の仕上《しあ》げです。」

と云《い》つた。記者《きしや》は方漢駿氏《はうかんしゆんし》のお伴《とも》して行《ゆ》くことにした。方氏《はうし》は訓《くん》練所《れんじよ》の主任教授《しゆにんけうじゆ》の海田大佐《うみだたいさ》は剛直《がうちよく》嚴格《げんかく》な人《ひと》で、志願兵達《しぐわんへいたち》から大《たい》へん尊敬《そんけい》されて居《ゐ》るとか、訓練所創立《くんれんじよさうりつ》當時《たうじ》からの教官《けうくわん》で森本《もりもと》、田中《たなか》の兩《りやう》氏《し》は車《くるま》の兩輪《りやうりん》の如《ごと》く氣《き》の合《あ》つた人《ひと》達《たち》だなどと話《はな》して呉《く》れた。

時間《じかん》が來《き》た。方氏《はうし》と記者《きしや》は車中《しやちう》の人《ひと》となる。町度《ちやうど》、噂《うはさ》の海田大佐《うみだたいさ》が軍服姿《ぐんぷくすがた》で乘《の》つてゐた。さつそく方漢駿氏《はうかんしゆんし》に紹介《せうかい》して貰《もら》つて

「今度《こんど》の東京迄《とうきやうまで》の旅《たび》は如何《いかゞ》でした？」

と質問《しつもん》する。海田大佐《うみだたいさ》は顔《かほ》をほころばせて氣嫌《きげん》よく答《こた》へて呉《く》れた

「イヤ、實《じつ》によかつたです。到《いた》る所《ところ》で、感激的《かんげきてき》な場面《ばめん》にぶつかりました。殊《こと》に内地《ないち》にゐる半島《はんたう》の方々《かたがた》の喜びは全《まつた》く大變《たいへん》でしたよ。獻金《けんきん》をしたり、紀念品《きねんひん》を贈《おく》つて呉《く》れたり、涙《なみだ》ぐましいばかり激勵《げきれい》の言葉《ことば》

瀏喨たるラツパをふく志願兵ラツパ士

を寄《よ》せて呉れ、大阪《おほさか》に行《い》つた時《とき》などは感激《かんげき》した群衆《ぐんしう》が宿舎《しゆくしや》まで、押《お》しかけて來《き》て、應對《おうたい》にいとまなくて困《こま》つたことがあります。半島《はんたう》から志願兵《しぐわんへい》を出《だ》して呉《く》れたので、內地《ないち》にゐる我々《われ/\》は、今《いま》やつと立派《りつぱ》な日本國民《につぽんこくみん》になり得《え》た誇《ほこり》を持《も》つことが出來《でき》た、出征軍人《しゆつせいぐんじん》を送《おく》るたびに自分達《じぶんたち》は送《おく》るばかりで、送《おく》られる身《み》になれないものかと、肩身《かたみ》もせまい思《おも》ひをしたが、志願兵出身《しぐわんへいしゆつしん》で李仁錫《りじんしやく》上等兵《じやうとうへい》が立派《りつぱ》な手柄《てがら》を立《た》ててくれたのでやつと皇國臣民《くわうこくしんみん》としての面《めん》目《ぼく》が出來《でき》た、今後共《こんごとも》、どし／＼志《し》願兵《ぐわんへい》から忠君愛國《ちうくんあいこく》の士《し》が出《で》て呉《く》れるやうに、と交々激勵《こも/\げきれい》した。

志願兵《しぐわんへい》は、體格《たいかく》は立派《りつぱ》だし、訓《くん》練《れん》もよく出來《でき》た蔭《かげ》で、銀座《ぎんざ》を行《かう》進《しん》した時《とき》など、到《いた》る所絶讚《ところぜつさん》の聲《こゑ》を聽《き》くことが出來《でき》ました。」

語《かた》る大佐《たいさ》、聽《き》く筆者《ひつしや》も思《おも》ひは一つだ。興亞聖業達成《こうあせいげふたつせい》の念願《ねんぐわん》に胸《むね》の血《ち》は沸《わ》き立《た》つ、今《いま》や、志願兵《しぐわんへい》は半島《はんたう》二千五百萬《まん》の總意《そうい》を代表《だいへう》して、興亞建設《こうあけんせつ》のため、戰《せん》場《ぢやう》に立《た》ち、日章旗《につしやうき》の下《もと》に立派《りつぱ》に奮戰死鬪《ふんせんしとう》するにちがひない。

半島《はんたう》の若人《わかうど》は、素《す》直《なほ》で情熱家《じやうねつか》だ。胸《むね》に祕《ひ》めた愛《あい》國《こく》の精《せい》を思《おも》ひきり發揚《はつやう》する時《とき》が來《き》たのだ。

墨洞《ぼくどう》は小《ちひ》さな、簡易《かんい》な驛《えき》だつた訓練所《くんれんじよ》のために建《た》てられたと云《い》つていゝであらう。

驛《えき》の南方《なんぱう》十町《ちやう》ばかり先《さき》の小高《こだか》い丘《をか》の上《うへ》の、赤煉瓦建《あかれんぐわだ》ての平屋《ひらや》が訓《くん》練所《れんじよ》だといふ。高《たか》い二つの煙突《えんとつ》から白《しろ》い煙《けむ》りが眞直《まつす》ぐたち登《のぼ》つてゐる。みちすがら萩《はぎ》の花《はな》が滿開《まんかい》で、娘達《むすめたち》が葉《は》を摘《つ》んでゐたが、馬《うま》に乘《の》つて行《ゆ》く海田大佐《うみだたいさ》に氣《き》がつくと立《た》ち上《あが》つて遠《とほ》くから禮《れい》をした。海田《うみだ》大佐《たいさ》はニコ／＼しながらそれに答《こた》へた。

ほゝゑましい風景《ふうけい》である。

訓練所《くんれんじよ》には三百人《にん》の生徒《せいと》がゐた此度《こんど》が四回目《くわいめ》の訓練生《くんれんせい》で、第《だい》一第《だい》二回《くわい》が二百人《にん》。三回目《くわいめ》と今回《こんくわい》が三百人《にん》、合計《がふけい》一千名《めい》の兵《へい》を送《おく》り出《だ》したことになる。

丁度《ちやうど》訓練所《くんれんじよ》は明日《あす》が卒業式《そつげふしき》だといふので、志願兵達《しぐわんへいたち》は大《おほ》はしやぎだつた。散髪《さんぱつ》をするもの、掃除《さうぢ》をするもの、身《み》のまはりの品《しな》を整理《せいり》するもの等《とう》、晴《は》れの日《ひ》を控《ひか》へて、朗《ほが》らかな笑《わら》ひ聲《こゑ》が所內《しよない》に滿《み》ち溢《あふ》れてゐた。

大講堂《だいかうだう》には、先輩《せんぱい》にして、戰場《せんぢやう》の華《はな》と散《ち》つた、李《り》仁錫《じんしやく》、李《り》亨洙上《きやうしゆじやう》等兵《とうへい》の寫眞《しやしん》が志願兵《しぐわんへい》の規範《きはん》として飾《かざ》つてあり、正面《しやうめん》には南總督《みなみそうとく》の「義勇奉公《ぎゆうほうこう》」の四字《じ》が目《め》にしみる。講堂《かうだう》の裏手《うらて》は兵營《へいえい》そのまゝの宿《しゆく》舍《しや》である。一班《はん》を五十人《にん》に、六班《はん》に分《わか》れてゐる。こゝでは先《さき》の志願《しぐわん》兵《へい》が出《で》てから、新《あたら》しく次《つぎ》の志願兵《しぐわんへい》が入所《にふしよ》するのでいはゆる初年兵《しよねんへい》の苦勞《くらう》といふものがなく、皆《みな》一樣《やう》に伸《の》び伸《の》びと訓練《くんれん》されて一等兵《とうへい》になれるから兵隊《へいたい》より有難《ありがた》いと云《い》ふことである。

志願兵《しぐわんへい》は毎日《まいにち》、朝《あさ》六時《じ》起《き》床《しやう》、宮《きう》城《じやう》と伊勢《いせ》大神宮《だいじんぐう》遙拝《えうはい》、皇國臣民《くわうこくしんみん》の誓詞《せいし》齊唱《せいしやう》海行《うみゆ》かば合唱《がつしやう》、皇國臣民《くわうこくしんみん》體操《たいさう》を終《を》へて朝《あさ》の食卓《しよくたく》に向《むか》ふ。

「イタヾキマス」と勇《いさま》しく挨拶《あいさつ》して、麥御飯《むぎごはん》に「榮養《えいやう》おかず」で腹《はら》をこしらへる。そうして、身《み》も心《こゝろ》も立派《りつぱ》な帝國軍人《ていこくぐんじん》となるやうに嚴格《げんかく》な規《き》律正《りつたゞ》しい訓練《くんれん》を受《う》けるのである。

訓育精神《くんいくせいしん》は——肇國《けいこく》ノ本義《ほんぎ》ト國體《こくたい》ノ尊嚴《そんげん》ナル所以《ゆゑん》ヲ會得《ゑとく》セシメ皇國臣民《くわうこくしんみん》タルノ信念《しんねん》ヲ鞏固《きようこ》ナラシム——とある。

これには指導者《しだうしや》が、本當《ほんたう》に立派《りつぱ》な軍人精神《ぐんじんせいしん》を持《も》つた尊敬《そんけい》すべき人《じん》格者《かくしや》でなければならない。

海田《うみた》大佐《たいさ》は「全《まつた》く責任《せきにん》ある仕《し》事《こと》ですから、めつたな人《ひと》に志願《しぐわん》兵《へい》をまかせられませんよ」としみじみと語《かた》つた。

(榮養食をかつこむ志願兵達)

訓練所《くんれんじよ》では今《いま》の第《だい》四回《くわい》の生徒《せいと》を送《おく》り出《だ》してから、更《さら》に一千名《めい》の志《し》願兵《ぐわんへい》を收容《しうよう》し得《う》る様《やう》に、大增《だいぞう》築《ちく》するさうである。

「今《いま》までは二年《ねん》かゝつてやつと一千名《めい》の志願兵《しぐわんへい》を出《だ》しましたがこれからは一度《ど》に一千名《めい》入れて年《ねん》に三回《くわい》、三千名《めい》の志願兵《しぐわんへい》を作《つく》る計畫《けいくわく》です。そのためには少《すくな》くとも今《いま》の四倍位《ばいくらゐ》の建物《たてもの》が必要《ひつえう》です。」第《だい》五期生《きせい》一千名《めい》の入所《にふしよ》期《き》も日《ひ》がないので、今《いま》から盛《さか》んに地《ち》ならしをしてゐる。八月迄《ぐわつまで》に晝《ちう》夜《や》兼行《けんかう》で七十三萬圓《まんゑん》の大工事《だいこうじ》を竣《しゆん》工《こう》さす豫定《よてい》だといふことだつた。

これまでの三千名《めい》の志願兵《しぐわんへい》に對《たい》して八萬《まん》三千人《にん》の志願者《しぐわんしや》が殺到《さつたう》した事實《じじつ》を思《おも》へば、增築《ぞうちく》もまだまだ行《おこな》はれることであらう。海田《うみだ》大佐《たいざ》は質素《しつそ》な教官室《けうくわんしつ》で更《さら》に語《かた》る。

「今教官《いまけうくわん》は十一人《にん》ですが、次期《じき》には三十人《にん》に增員《ぞうゐん》しなければならんのです。今《いま》からその人選《じんせん》について苦心《くしん》をしてますよ。ハハハハ」

と云《い》つた。その時《とき》、裏庭《うらには》から志《し》願兵達《ぐわんへいたち》の力強《ちからづよ》い「愛國行進曲《あいこくかうしんきよく》」の合《がつ》唱《しやう》が聞《きこ》えて來《き》た。

明日《あす》の卒業《そつげふ》を前《まへ》にした、喜《よろこ》びのコーラスなのだ。

鮮滿に雄飛する
三中井の百貨店網
三中井は經濟國策に協力し
配給使命の選成に最善の
努力を續けて居ります
三中井
支店營業所
本店 京城
釜山 大邱 平壤 元山 咸興 興南 淸津 大田 木浦 群山 光州 新京 奉天

朝鮮の地下資源を衝く！
瓮津鑛山見学記

B記者

現地編輯

今《いま》や全鮮《ぜんせん》鑛業界《くわうげふかい》は時局《じきよく》の要求《えうきう》に應《おう》じて、官《くわん》民《みん》一致《ち》協力《けふりよく》、目《め》まぐるしき活動《くわつどう》の最高潮《さいかうてう》にある、一攫《くわく》千金《きん》の儲《まう》け仕事《じごと》でなく、地下資源《ちかしげん》の獲得《くわくとく》こそ興亞建設《こうあけんせつ》の原動力《げんどうりよく》となる自覺《じかく》は鑛業《くわうげふ》界全體《かいぜんたい》の傾向《けいかう》であると云《い》つてい〻であらう。鑛夫《くわうふ》の一人《ひとり》一人《ひとり》が、第《だい》一線《せん》の兵士《へいし》の如《ごと》く、勇《ゆう》敢《かん》で眞劍《しんけん》である。その狀況《じやうきやう》を見學《けんがく》すべく、日《につ》本鑛業《ほんくわうげふ》の紹介《せうかい》を得《え》て、記者《きしや》は、朝鮮黃海道《てうせんくわうかいだう》の瓮津鑛山《おうしんくわうざん》に向《むか》つた。

鑛夫の舍宅

京城《けいじやう》を午後《ごご》三時《じ》半《はん》の大陸行《たいりくゆき》の列車《れつしや》に乘《の》り、土城《どじやう》で黃海線《くわうかいせん》に乘換《のりか》へ、鶴《つる》やサギの遊《あそ》ぶ水田《すゐでん》を走《はし》つて海州《かいしう》に着《つ》く、海州《かいしう》から、輕便鐵道《けいべんてつだう》で瓮津《おうしん》に向《むか》つた。

あやめもわからぬ暗《やみ》の中《なか》を數時《すうじ》間《かん》走《はし》ると、突然《とつぜん》、空中《くうちう》に素晴《すば》しく燦然《さんぜん》とイルミネーションのかゞやいてるのが見《み》えた。

「おゝ、綺麗《きれい》だ。何《な》んだらう。」と思《おも》はず聲《こゑ》をあげると

「あれが瓮津鑛山《おうしんくわうざん》の灯《あか》りです」

と側《そば》の人《ひと》が説明《せつめい》して吳《く》れた。晝夜《ちうや》兼行《けんかう》で活《くわつ》動《どう》する、力强《ちからづよ》さが、この深夜《しんや》にまばゆいばかりの灯《ひ》にありありと映《うつ》つてゐるではないか、

十時《じ》七分《ふん》、瓮津驛《おうしんえき》で下《お》りると、驛《えき》のまわりはまつくらで人家《じんか》がない。鑛山《くわうざん》まで二粁《キロ》の夜《よ》道《みち》はやめにして、宿《やど》をとることをす〻められて來《き》たが、宿屋《やどや》の片隣《へんりん》すら見《み》えないのだ。折《をり》よくとほりが〻りのお巡《まは》りさんがゐたのでたづねると

鑛山《くわうざん》と反對《はんたい》の方向《はうかう》に記者《きしや》を案内《あんない》して吳《く》れた。しばらくゆくと街《まち》の灯《ひ》が見《み》え出《だ》した。田舍《ゐなか》にしては廣《ひろ》い道路《だうろ》と、整然《せいぜん》たる街《まち》が現《あら》はれた。陽信閣《やうしんかく》ホテルといふ日本式《にほんしき》の宿《やど》に案内《あんない》される。

宿屋《やどや》は、滿員《まんゐん》で、三味《み》線《せん》や、長鼓《ちやうこ》の音《おと》が各《かく》部屋《へや》から聞《きこ》えて來《き》て大《たい》へんにぎやかだつた。

「今日《けふ》は、鑛山《くわうざん》の人《ひと》の會《くわい》があるもんで……」と宿屋《やどや》の女中《ぢよちう》が言《い》つた。初《はじ》めてわかつたのだが、こゝは溫泉地《をんせんち》だつた。思《おも》はぬ溫泉《をんせん》に、記者《きしや》は喜《よろこ》んで、京城市內《けいじやうしない》を汗《あせ》を流《なが》して走《はし》り廻《まは》つてゐる同僚《どうれう》にすまないみたいだつた。くすぐつたい氣持《きもち》で透明《とうめい》な湯《ゆ》に思《おも》ひ切《き》りつかつて寢《ね》る。

朝《あさ》、五時半《じはん》、晴朗《せいらう》な天氣《てんき》の中《なか》を出發《しゆつぱつ》した。甕津邑桃源里《おうしんゆうたうげんり》の空高《そらたか》く、朝《あさ》の陽光《やうくわう》を一面《めん》に浴《あ》びた鑛山《くわうざん》が、灰色《はひいろ》の肌《はだ》を赤《あか》くそめて、くつきりと立《た》つてゐる。道《みち》は一直線《ちよくせん》に山《やま》に通《つう》じてゐる。

山《やま》が近《ちか》づくにつれて、山《やま》の麓《ふもと》にも鑛山《くわうざん》の人《ひと》々を相手《あひて》のタバコ屋《や》、理髮屋《りはつや》、食料品店《しよくれうひんてん》がならんでゐた。そこを通《とほ》り拔《ぬ》けると右手《みぎて》に鑛山《くわうざん》からの排水《はいすゐ》(撰鑛《せんくわう》のカス)をためるダムがあり、それを數《すう》百人《にん》の人夫《にんぷ》が擴張工事《くわくちやうこうじ》の最中《さいちう》だつた。ダムの山側《やまがは》に鮮人鑛夫《せんじんくわうふ》の舍宅《しやたく》が、整然《せいぜん》と一千個《こ》近《ちか》くもならんでゐる。路《みち》をへだてた左側《ひだりがは》には廣《ひろ》い運動場《うんどうば》を持《も》つた甕津鑛山技能者養成所《おうしんくわうざんぎのうしややうせいじよ》が、學校《がくかう》みたいに建《た》つてゐる。

路《みち》々に、自警團《じけいだん》の防火《ばうくわ》、防疫《ばうえき》、防諜《ばうてう》、或《ある》ひは國體明徵《こくたいめいちよう》のスローガンが張《は》り出《だ》してある。舍宅《しやたく》、ダムを足下《あしもと》にながめる位登《くらゐのぼ》つて行《ゆ》くと、突如《とつじよ》目《め》の前《まへ》の見張所《みはりじよ》から、國防服《こくばうふく》を着《き》た、青年《せいねん》が二三名《めい》バラ〱と馳《か》け寄《よ》つて來《き》た。記《き》者《しや》の前《まへ》に來《く》るとハット敬禮《けいれい》して、

「もし〱、どちらに行《ゆ》くんですか」と訊《たづ》ねた。

そこで、來意《らいい》をつげると、中《なか》の一人《ひとり》が傳令《でんれい》となつて、彼方《かなた》の事務所《じむしよ》に飛《と》んで行《い》つた。

かうして初《はじ》めて、甕津鑛山《おうしんくわうざん》の門《もん》をくゞれたわけである。

數《すう》十米《メートル》先《さき》にある事務所《じむしよ》の應接間《おうせつま》で、庶務《しよむ》課《くわ》の木船哲氏《きぶねてつし》に會《あ》ふ、應接間《おうせつま》のガラス戶棚《とだな》に色々《いろ〱》の鑛物《くわうぶつ》の標本《へうほん》がならべてあり、一つ一つに、金《きん》、銀《ぎん》、亞鉛《あえん》、の含有量《がんいうりやう》が%で示《しめ》してあつた。限《かぎ》られた時間《じかん》に見學《けんがく》するコースを打合《うちあは》せして、所長室《しよちやうしつ》に行《ゆ》き板橋謹治《いたはしきんぢ》所長《しよちやう》に挨拶《あいさつ》し、木船氏《きぶねし》について事務所《じむしよ》の外《そと》に出《で》た。

先《ま》づ事務所《じむしよ》の左《ひだり》の道路《だうろ》にある調度課《てうどくわ》の供給所《きようきふじよ》に行《い》つてみた。こゝは鑛夫《くわうふ》の家族《かぞく》の生活《せいくわつ》に必要《ひつえう》な日用品《にちようひん》、米《こめ》、麥《むぎ》、大豆《たいづ》を初《はじ》め色々《いろ〱》なものを供給《きようきふ》されるところで、米《こめ》などは一キロ十八錢《せん》の安價《あんか》で配給《はいきふ》されてゐた。市價《しか》が高《たか》くなつても、會社側《くわいしやがは》が負擔《ふたん》して、値《ね》を上《あ》げない。配給《はいきふ》も家族《かぞく》の人數《にんず》によつてキロ數《すう》が決《き》められてあるから、買溜《かひだ》めなぞは出來《でき》ない。供給所《きようきふじよ》は品物《しなもの》の種類《しゆるゐ》によつて窓《まど》にゐる係《かゝ》りの少女《せうぢよ》から受《う》け取《と》るのであるが、皆通《みなかよ》ひ帳《ちやう》をもつてゐる。通《かよ》ひ帳《ちやう》は十日《か》毎《ごと》に精算《せいさん》するやうになつてゐる。會社側《くわいしやがは》では、鑛夫《くわうふ》のために物資《ぶつし》不足《ふそく》は能率《のうりつ》にさしさわりがあるからといふ親心《おやごころ》で、ありあまる位《くらゐ》、用意《ようい》してゐると云《い》つて窓《まど》の中《うち》側《がは》を見《み》せて呉《く》れた。窓《まど》の中《なか》は供給所《きようきふじよ》より數倍《すうばい》廣《ひろ》く品物《しなもの》が天井《てんじやう》までつみ上《あが》つてゐた。

そこを出《で》ると、まづ伊勢大神《いせたいじん》と鑛山《くわうざん》の神《かみ》樣《さま》、金山彥《かなやまひこ》をまつゝた神社《じんじや》に參拜《さんぱい》する。鳥居《とりゐ》に行《ゆ》くまでに、マキが四角《かく》に重《かさ》ねられた山《やま》が美事《みこと》に整頓《せいとん》されてつゞいてゐた。

「マキ一本《ぽん》でも、ちやんと數《かぞ》へられてゐます。かうして整理《せいり》して置《お》けば夜《よる》など灯《ひ》がなくても所在場所《しよざいばしよ》も數《かず》も間違《まちが》ひなく持《も》ちはこびが

上 供給所
下 八紘館

出來《でき》るのです。鑛山《くわうざん》は何《なに》から何《なに》まで整頓主義《せいとんしゆぎ》なので、何處《どこ》に何《なに》があつて、量《りやう》がどれくらひあるかすつかりわかるやうになつてゐます。不用《ふよう》なものは一つもありません。」

木船氏《きぶねし》はつめゑりの制服《せいふく》を着《き》て、ハキ／＼と説明《せつめい》する。

神社《じんじや》の丘《をか》に上《のぼ》ると半島鑛夫《はんたうくわうふ》の舍宅《しやたく》、ダム、内地人鑛夫《ないちじんくわうふ》の舍宅《しやたく》、事務員《じむゐん》の舍宅《しやたく》、運動場《うんどうぢやう》、浴場《よくぢやう》、病院《びやうゐん》が見渡《みわた》せるばかりではなく、南方《なんぱう》遠《とほ》く馬山平野《ばざんへいや》をへだてゝ甕津灣《おうしんわん》が一望《ばう》の下《もと》にながめられる。しかも氣《き》候温和《こうをんわ》にして風光明媚《ふうくわうめいび》な温泉地《をんせんち》と來《き》てるから、記《き》者《しや》はこんなもつたいない鑛山《くわうざん》は聞《き》いたことがないとつくづく素晴《すば》しい景色《けしき》を見《み》ながら感服《かんぷく》した。

昭和《せうわ》四年以來《ねんいらい》の新進鑛《しんしんくわう》山《ざん》だからすべての設備《せつび》が、近代的《きんだいてき》で明朗《めいらう》である。

神社《じんじや》を下《くだ》つて從業員《じうげふゐん》の舍宅《しやたく》、鑛夫《くわうふ》の舍宅《しやたく》を見《み》せてもらつた。鑛夫《くわうふ》の舍宅《しやたく》でも玄關《げんくわん》と上《あが》り口《ぐち》、三疊《でふ》、六疊《でふ》、八疊《でふ》と臺所《だいどころ》があつて五坪位《つぼぐらゐ》の庭《には》があるぜいたくさ。何處《どこ》か立派《りつぱ》な都會《とくわい》の文化住宅地《ぶんくわぢうたくち》を歩《ある》いてゐる樣《やう》である。甕津《おうしん》の街《まち》はランプなのに、この山《やま》は水道《すゐだう》がしかれ電氣《でんき》が通《つう》じ、倶樂部《くらぶ》も、所員《しよゐん》、内地人鑛夫《ないちじんくわうふ》、鮮人《せんじん》鑛夫《くわうふ》のために一つづつ設《まう》けられ、立派《りつぱ》な撞球《どうきう》臺《だい》、麻雀《マージヤン》、圍碁《ゐご》、將棋《しやうぎ》と娯樂機關《ごらくきくわん》も滿點《まんてん》である。體育運動場《たいいくうんどうぢやう》は綜合運動場《そうがふうんどうぢやう》、庭球《ていきう》コート、武道場《ぶだうぢやう》、弓道場《きうだうぢやう》があり、庭球《ていきう》コートは冬《ふゆ》はスケート場《ぢやう》になるやうに出來《でき》てゐる。現在增築《げんざいぞうちく》中《ちう》の病院《びやうゐん》を見學《けんがく》して、事務所前《じむしよまへ》にかへり、八紘館《くわうくわん》といふ鑛山自慢《くわうざんじまん》の講堂《かうだう》を拜見《はいけん》する、收容《しうよう》人員《じんゐん》千五百名《めい》と云《い》へば東京《とうきやう》の中流所《ちうりうどころ》の講堂《かうだう》に匹敵《ひつてき》するだらう。舞臺《ぶたい》が廣《ひろ》くて、かなり大《おほ》がゝりな演劇《えんげき》も可能《かのう》である。マイクロホンやライトの設備《せつび》も本格的《ほんかくてき》である、しかも、映畫《えいぐわ》のためにトーキーの大映寫機《たいえいしやき》が二臺《だい》備《そな》へつけてあつて、海州《かいしう》あたりの映畫館《えいぐわくわん》も顔負《かほま》けだといふことである。これらが、五年前《ねんまへ》までは家《いへ》が一軒《けん》もなかつたといふ山《やま》の中《なか》に建設《けんせつ》されたのだから驚《おどろ》く。一通《とほ》り施設《しせつ》を見學《けんがく》したのでいよいよ、急勾配《きふこうばい》の山路《やまみち》を登《のぼ》つて採鑛係《さいくわうがかり》の事務所《じむしよ》に向《むか》ふ。

「鑛夫《くわうふ》は日給《につきふ》いくらですか」

「最低《さいてい》一圓《ゑん》九十錢《せん》で、夜業《やげふ》には手當《てあて》がつくから、樂《らく》ですよ。」

事務所《じむしよ》に着《つ》いて係長《かかりちやう》の庄田氏《しやうだし》に紹介《せうかい》された。

一通《とほ》りこの鑛山《くわうざん》が行《おこな》つてゐる撰鑛方法《せんくわうはうはふ》即《すなは》ち、優先浮遊撰鑛法《いうせんふいうせんくわうはふ》の説明《せつめい》を聞《き》いて、こんどは庄田氏《しやうだし》の案内《あんない》で現場《げんぢやう》に向《むか》つた。山《やま》は活動《くわつどう》する粉碎機《ふんさいき》の振動《しんどう》で地《ぢ》ひびきを立《た》ててゐる。途《と》

中《ちう》で木《もく》のトヨを傳《つた》はつて灰色《はひいろ》の水《みづ》が流《なが》れて來《く》るので

「この水《みづ》は何《なん》ですか？」

と聞《き》くと

「これが金《きん》ですよ。」と云《い》つた。

「この鑛山《くわうざん》は他《た》の鑛山《くわうざん》と違《ちが》つて平氣《へいき》で金《きん》を、こんなトヨを通《とほ》して流《なが》してゐます。他《た》の鑛山《くわうざん》では、鑛夫《くわうふ》がよくこの流《なが》れに足《あし》をつつこんで足袋《たび》や、ゲートルに金《きん》をしみ込《こ》まして、それをかくれて賣《う》つたりすることがよくあるんですが、こゝではこんなふうに誰《だれ》でも見《み》えるやうな處《ところ》に流《なが》して置《お》いてもそんなことをする鑛《くわう》夫《ふ》は一人《ひとり》もゐません」

目指《めざ》す〇〇米《メートル》の地點《ちてん》の坑口《かうこう》に來《き》た。頻繁《ひんぱん》に往來《わうらい》するトロッコの間《あひだ》を縫《ぬ》つて眞暗《まつくら》な坑內《かうない》に入《はひ》り、エレヴエターで鑛物《くわうぶつ》がトロッコに山《やま》とつまれて上《あが》つて來《く》る處《ところ》まで行《ゆ》く、坑外《かうぐわい》に運《はこ》び出《だ》して、「ブレーキ・ラッシャー」にあけた空《から》のトロッコと次々《つぎつぎ》に交代《かうたい》で運《はこ》ばれて行《ゆ》く。再《ふたゝ》び外《そと》に出《で》て、工場《こうぢやう》の中《なか》に入《はひ》り込《こ》む、早《はや》くも耳《みゝ》をロウするばかりの世界《せかい》である。庄田《しやうだ》さんの說明《せつめい》の言葉《ことば》なんか聞《きこ》えない。最初《さいしよ》の粉碎機《ふんさいき》から、油撰原鑛《ゆせんげんくわう》となるまで、山《やま》の斜面《しやめん》に立《た》てられた工場《こうぢやう》を、下《くだ》る一方《はう》で見學《けんがく》することになる。トロッコであけられた塊鑛《くわいくわう》は「ブレーキラッシャー」にかけられて、コブシ大《だい》の大《おほ》きさにくだかれてベルトにのせられて出《で》て來《く》る。その一部《ぶ》に、數十名《すうじうめい》の女工《ぢよこう》が動《うご》くベルトの前《まへ》で感《かん》よく捨石《すていし》とゑり分《わ》けてゐる。

この工場《こうぢやう》の中《なか》で人間《にんげん》の臭《にほ》ひのするのは撰鑛《せんくわう》婦《ふ》がゐるこの部屋《へや》だけだ、あとは、「コーンクッシヤー」「クラシッククロール」等《とう》の機械《きかい》に一人《ひとり》か二人《ふたり》位看視人《ぐらゐかんしにん》がゐるだけである。「ボールミル」「ドールクラッシフアイヤー」「クローズサーツキット」の機械《きかい》を通過《つうくわ》するときは文字《もじ》通《どほ》り粉微塵《こなみぢん》である。

最後《さいご》の磨鑛《まくわう》が終《をは》り、いよいよ油撰原《ゆせんげん》鑛《くわう》となる。油撰《ゆせん》は先《ま》づ油《あぶら》の泡《あわ》を立《た》たせて鉛《なまり》を浮《う》かして取《と》り、次《つぎ》に亞鉛《あえん》、金銀《きんぎん》の順《じゆん》で取《と》り去《さ》り、美事《みごと》に、各種《かくしゆ》の精鑛《せいくわう》に分《わ》けてしまふのであつた。

かくして、精鑛《せいくわう》は各種《かくしゆ》のトヨを傳《つた》はつて、爐過乾燥《ろくわかんさう》されて荷造《にづく》りの上《うへ》、こゝから九粁南《キロみなみ》の碑石浦《ひせきうら》から舟《ふね》で鎭南浦製鍊所《ちんなんぽせいれんじよ》に送《おく》られる。時間《じかん》から言《い》へばほんとにまたゝく間《ま》の出來事《できごと》であつた。目擊《もくげき》して來《き》ても噓《うそ》のやうである。併《しか》しモーターは瞬時《しゆんじ》も休《やす》まず全山《ぜんざん》を鳴動《めいどう》させ、鑿岩機《さくがんき》工作所《こうさくじよ》では火《ひ》花《はな》をちらし、電氣《でんき》作業所《さぎやうじよ》では力一杯《せいいつぱい》の電力《でんりよく》を活動《くわつどう》させてゐる。かくして甕津鑛山《おうしんくわうざん》がもつ能力《のうりよく》の三倍《ばい》の仕事《しごと》をひるまずつゞけて時局《じきよく》の要望《えうばう》に應《こた》へてゐた。

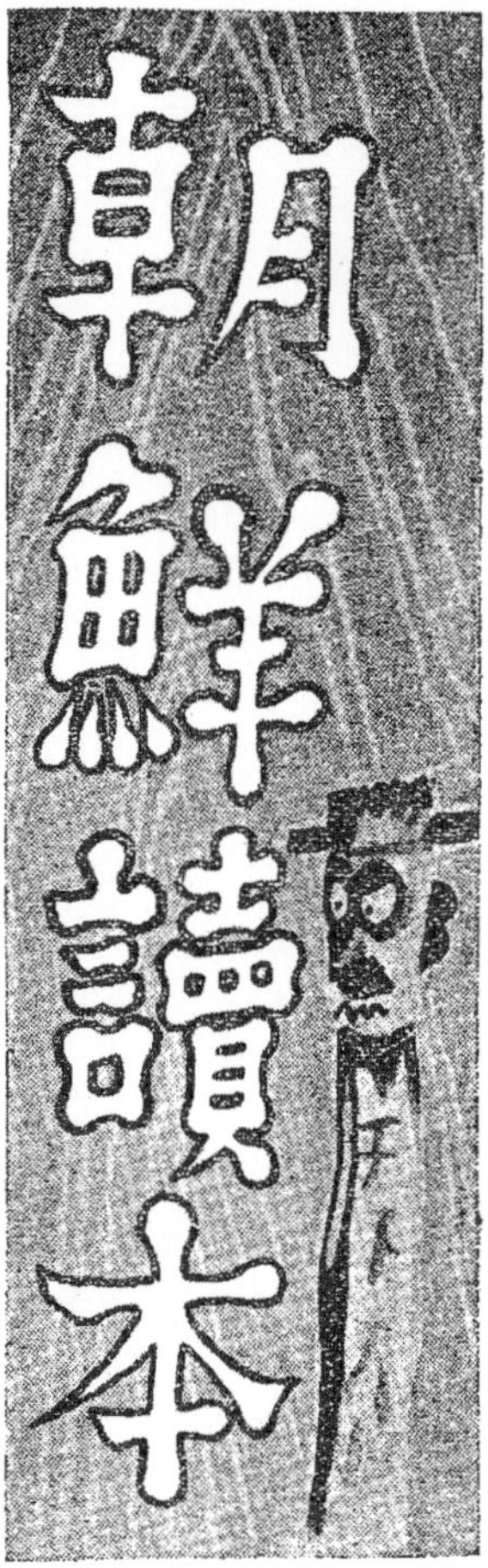

産米增殖計畫

朝鮮《てうせん》で最大《さいだい》の產物《さんぶつ》は米《こめ》である年《ねん》に二千四、五百萬石《まんごく》穫《と》れて、その內《うち》八百萬石《まんごく》から一千萬石位《まんごくぐらゐ》內地《ないち》や滿洲《まんしう》へ送《おく》り出《だ》される。輸移出物《ゆいしゆつぶつ》としても第《だい》一位《ゐ》だ。

更《さら》に今《いま》や朝鮮產米增殖計畫《てうせんさんまいぞうしよくけいくわく》が立《た》てられ、十一年間《ねんかん》に六百八十萬石增收《まんごくぞうしう》して年產《ねんさん》三千萬石《まんごく》を確保《かくほ》しやうといふ事《こと》になつた。

支那事變《しなじへん》の勃發《ぼつぱつ》は、內地農村《ないちのうそん》の生產力《せいさんりよく》を減退《げんたい》させると共《とも》にかへつて消費力《せうひりよく》を增加《ぞうか》させて來《き》たため、再《ふたゝ》び朝鮮米《てうせんまい》の增產《ぞうさん》が必要《ひつえう》になつて來《き》た。

更《さら》に今回《こんくわい》の第《だい》三次《じ》の增殖計畫《ぞうしよくけいくわく》となつたわけだ。新計畫《しんけいくわく》では效《かう》を速《すみや》かにする爲《ため》と、米以外《こめいぐわい》の有《いう》用《よう》作物《さくぶつ》の奬勵《しやうれい》もしなくてならん關係上《くわんけいじやう》、第《だい》一回《くわい》の時《とき》のやうに土《と》地《ち》改良《かいりやう》に主力《しゆりよく》を注《そゝ》がず、耕作法《かうさくはふ》の改良《かいりやう》で反當收穫《たんあたりしうくわく》を高《たか》める事《こと》に主力《しゆりよく》を注《そゝ》ぐ事《こと》になつてゐる。その方《はう》で五百十一萬石增收《まんごくぞうしう》し、土《と》地改良《ちかいりやう》も從《じう》として行《おこな》ひそれで百六十九萬石合《まんごくあは》せて六百八十萬石《まんごく》增《ふ》やし、總年產高《そうねんさんだか》三千萬石《まんごく》といふ計畫《けいくわく》にしたのだ。

耕作法《かうさくはふ》の改良《かいりやう》は、今迄《いままで》も金肥《きんぴ》の使用《しよう》、品種改良等《ひんしゆかいりやうとう》やつて來《き》たが、今度《こんど》のはもつと全面的《ぜんめんてき》なもので、中心人物《ちうしんじんぶつ》の養成《やうせい》指導員《しだうゐん》の設置《せつち》、苗代《なへしろ》の改良《かいりやう》、共同苗代《きようどうなへしろ》の奬勵《しやうれい》、深耕《しんかう》、適期植付《てきゝうゑつけ》の奬勵《しやうれい》、病蟲害對策《びやうちうがいたいさく》、堆肥製造《たいひせいざう》、共同作業《きようどうさげふ》とあらゆる角度《かくど》から改良《かいりやう》をやらうといふので、その爲《ため》には講習會《かうしふくわい》や印刷物《いんさつぶつ》の外《ほか》トーキー幻燈《げんとう》を持《もち》まわる計畫《けいくわく》だ。

勿論愛國班《もちろんあいこくはん》を多《おほ》いに活用《くわつよう》して、この趣旨《しゆし》を徹底《てつてい》させ、實行《じつかう》させるわけだ。

豫算《よさん》も十五年度分《ねんどぶん》として耕作《かうさく》法改良《はふかいりやう》に二百八十八萬圓《まんゑん》、土地《とち》改良《かいりやう》に四百卅八萬圓《まんゑん》を決定《けつてい》したが、耕作法改良《かうさくはふかいりやう》の豫算《よさん》は半分《はんぶん》以上《いじやう》が指導技術員《しだうぎじゆつゐん》の人件費《じんけんぴ》で、又《また》計畫遂行上最大《けいくわくすゐかうじやうさいだい》の困難《こんなん》は必要《ひつえう》なだけの技術員《ぎじゆつゐん》をうまく揃《そろ》へ得《う》るかといふ點《てん》にある。ここに敎育《けういく》といふ事《こと》が產業政策《さんげふせいさく》の前提《ぜんてい》として改《あらた》めて考慮《かうりよ》を促《うなが》してゐるのだ。

日滿輸送陣

大陸開發《たいりくかいはつ》の凄《すさ》まじい躍動《やくどう》はまづ交通運輸部門《かうつううんゆぶもん》に集約表現《しふやくへうげん》されてゐる。凡《およ》そ大陸《たいりく》に通《つう》ずる交通路《かうつうろ》といふ交通路《かうつうろ》は海《うみ》と云《い》はず陸《りく》と云《い》はず空《そら》と云《い》はず人《ひと》と物《もの》の洪水《こうずゐ》氾濫《はんらん》でごつた返《かへ》してゐる。港々《みなとみなと》の山《やま》を築《きづ》いた滯貨《たいくわ》も旅客《りよかく》の積殘《つみのこ》しも昨今《さくこん》はもうまるで當《あた》り前《まへ》のことのやうに新聞《しんぶん》でさへ振《ふ》り向《む》かなくなつた。物凄《ものすご》い貨客《くわきやく》のラッシュであり、日滿《にちまん》ルート開設《かいせつ》以來《いらい》未《いま》だかつてみない大混雜《だいこんざつ》ぶりだ。釜山《ふざん》の狀況《じやうきやう》は唄《うた》で名高《なだか》い關釜《くわんぷ》連絡《れんらく》八時間《じかん》、入船《いりふね》出船《でふね》で運《はこ》ばれた旅客《りよかく》は昨年《さくねん》だけでざつと二百萬人《まんにん》、貨物《くわもつ》が四十萬《まん》トン、現在《げんざい》七千トン級《きふ》二隻《せき》、三千五百トン級《きふ》三隻《せき》の連絡船《れんらくせん》が朝晝夜《あさひるよる》の三回《くわい》にわたつて旅客《りよかく》輸送《ゆそう》に當《あた》り、旅客《りよかく》氾濫期《はんらんき》には應《おう》々乘船切《じやうせんきつ》符《ぷ》の統制《とうせい》まで實施《じつし》された。それでも年末年始《ねんまつねんし》の旅客《りよかく》洪水期《こうずゐき》には一日《にち》なんと一千六十名《めい》の積殘《せきざん》記錄《ろく》をつくるといふ有樣《ありさま》、一方《ぱう》プラットフォームには〃のぞみ〃〃ひかり〃の新京行《しんきやうゆき》北支《ほくし》に直行《ちよくかう》する〃興亞《こうあ》〃〃大陸《たいりく》〃の各特別急《かくとくべつきふ》行列車《かうれつしや》が上下《じやうげ》往復《わうふく》十本《ぽん》、滿員《まんゐん》すしづめの旅客《りよかく》を間斷《かんだん》なく大陸《たいりく》へ或《あるひ》は內地《ないち》へ運《はこ》ばれてゐる。

關釜《くわんぷ》連絡《れんらく》による安義《あんぎ》ルートの輸送力《ゆそうりよく》はギリギリ一杯《ぱい》まで來《き》て結《しま》ひ何等《なんら》か根本的《こんぽんてき》な打開策《だかいさく》を講《かう》じない限《かぎ》りこの大混雜《だいこんざつ》を緩和《くわんわ》することは所詮《しよせん》不可能《ふかのう》である。そこで關釜《くわんぷ》連絡《れんらく》を避《さ》けた旅客《りよかく》が今《いま》更《さら》のやうに發見《はつけん》したルートこそ北鮮《ほくせん》ルートだつた。地圖《ちづ》の上《うへ》でこそ日滿《にちまん》最捷路《さいせふろ》だが、黑潮《くろしほ》渦卷《うづま》く日本海上《にほんかいじやう》二日間《かかん》の航海《かうかい》は一般《ぱん》旅客《りよかく》にとつては矢張《やは》り苦手《にがて》だつた。それがどうだ、いつの間《ま》にやら時代《じだい》の脚光《きやくくわう》を浴《あ》びて名實共《めいじつとも》に新《あたら》しい大陸《たいりく》ルートとして登場《とうぢやう》してゐる。既《すで》に大陸貨客《たいりくくわきやく》はことにも殺倒《さつたう》集中《しふちう》して清津《せいしん》も羅津《らしん》も港《みなと》は貨物《くわもつ》の氾濫《はんらん》で足《あし》の踏《ふ》み場《ば》もない。魔《ま》の海《うみ》として怖《おそ》られた時代《じだい》は過《す》ぎ去《さ》つて湖水《こすゐ》日本海時代《につぽんかいじだい》の訪《おとづ》れだ。日本海《につぽんかい》航路《かうろ》各船會社《かくせんくわいしや》でも時機到來《じきたうらい》とばかり從來《じうらい》の消《せう》極經營《きよくけいえい》から一轉《てん》して積極方針《せききよくはうしん》をとり船舶《せんぱく》の增配《ぞうはい》に大型船《おほがたせん》の採用《さいよう》に務《つと》めた結果《けつくわ》、船客《せんきやく》も昨今《さくこん》出船《でふね》入船《いりふね》ともに滿員《まんゐん》、貨物《くわもつ》も昨年《さくねん》に比《くら》べるとざつと三倍乃至四倍《ばいないしばい》の急增《きふぞう》である。殊《こと》に我國《わがくに》不動《ふどう》の國策《こくさく》たる二十ヶ年百萬戶《ねんまんこ》の對滿開《たいまんかい》拓民《たくみん》の通過經路《つうくわけいろ》もこの北鮮《ほくせん》ルートであることは餘《あま》りに有名《いうめい》だ。

最後《さいご》に空路《くうろ》だが現在《げんざい》日本航空《につぽんかうくう》による東京新京間《とうきやうしんきやうかん》及京城大連間《およびけいじやうだいれんかん》を連絡《れんらく》する急行便《きふかうびん》の每日運航《まいにちうんかう》と京城清津《けいじやうせいしん》を結《むす》ぶ北鮮定期空路《ほくせんていきくうろ》があり、この北鮮空路《ほくせんくうろ》は滿洲航空《まんしうかうくう》の新京清津間定期航空《しんきやうせいしんかんていきかうくう》と連絡《れんらく》、大陸航空路《たいりくかうくうろ》の一環《くわん》をなしてゐるが各航空路《かくかうくうろ》とも利用者激增《りようしやげきぞう》し現在《げんざい》一週間《しうかん》も前《まへ》に申込《まをしこ》まねば切符《きつぷ》が手《て》に入《はい》らぬといふ狀態《じやうたい》である。

世界一の鴨江水電

黃海《くわうかい》に注《そゝ》いでゐる鴨綠江《あふりよくかう》の上《じやう》支流《しりう》を堰《せ》き止《と》めこれを日本海《につぽんかい》に逆流《ぎやくりう》せしめ所謂《いはゆる》流域變更式《りうゐきへんかうしき》水力發電所《はつでんしよ》を建設《けんせつ》してアッと言《い》はせた電力王國朝鮮《でんりよくわうこくてうせん》に今度《こんど》は我國最《わがくにさい》大《だい》の河川《かせん》たるこの鴨綠江《あふりよくかう》の本流《ほんりう》を七ヶ所《しよ》で堰《せ》き止《と》め百六十萬《まん》キロワットにのぼる大電源開發計《だいでんげんかいはつけい》畫《くわく》の工事《こうじ》が着々《ちやく／＼》と進《すゝ》められてゐるこれは滿洲國《まんしうこく》と朝鮮《てうせん》の共同企《きようどうき》畫《くわく》で過《す》ぐる昭和《せうわ》十二年《ねん》八月《ぐわつ》、滿《まん》洲國側《しうこくがは》は滿洲鴨綠江水力發電株《まんしうおうりよくかうすゐりよくはつでんかぶ》式會社《しきくわいしや》を、朝鮮鴨綠江水力發電《てうせんおうりよくかうすゐりよくはつでん》株式會社《かぶしきくわいしや》を設立《せつりつ》いづれも資本金《しほんきん》五千萬《まん》を共同出資《きようどうしゆつし》し同年秋《どうねんあき》まづ四ヶ年計畫《ねんけいくわく》で第《だい》一期工事《きこうじ》として鴨綠《おうりよく》江下流《かうかりう》水豐《すゐほう》といふところにダムを建設《けんせつ》することになり前代未聞《ぜんだいみもん》のどえらい工事《こうじ》に着手《ちやくしゆ》したのであつた。何《なに》しろ悠久《いうきう》數千年《すうせんねん》恐《おそ》らく白頭山《はくとうざん》が火《ひ》を吹《ふ》いてゐた頃《ころ》から黃《くわう》海《かい》に流《なが》れ注《そゝ》いでゐるであらう大河川《だいかせん》

朝鮮讀本

朝鮮讀本

を途中《とちゆう》で堰《せ》き止《と》めやうといふのだから無謀《むぼう》と言《い》へば無《む》謀《ぼう》、當初《たうしよ》はいろんなデマのタネともなつたが爾來工事《じらいこうじ》を進《すゝ》めること五ケ年《ねん》、滿洲鴨江水電《まんしうおうかうすゐでん》は滿洲側《まんしうがは》から、朝鮮鴨江水電《てうせんおうかうすゐでん》は朝鮮側《がは》から着々《ちやく〳〵》と工事《こうじ》を進《すゝ》めた結果《けつくわ》、來《きた》る十一月《ぐわつ》には愈《いよ》よダム完成《くわんせい》の見透《みとう》しがつき人々《ひと〳〵》を再《ふたゝ》びアツと言《い》はせるであらう。そして明年《みやうねん》五月《ぐわつ》には十萬《まん》キロ發《はつ》電機《でんき》一基《き》が据付《すゑつ》けられ後《あと》の六基《き》は發電機《はつでんき》が到着次第《たうちやくしだい》据付《すゑつ》け完成《くわんせい》の曉《あかつき》はこの水豐發電所《すゐふはつでんしよ》だけで總出力《そうしゆつりよく》七十萬《まん》キロワツトの電《でん》力《りよく》が得《え》られるといふ。このダムの高《たか》さは九十四米《メートル》長《なが》さ九千五百米《メートル》、コンクリート容積《ようせき》三百萬立方米《まんりつぱうメートル》これに使用《しよう》するセメントがなんと七十萬《まん》トンといふから豪勢《がうせい》である。ダム建設《けんせつ》が完《くわん》成《せい》するとほゞ琵琶湖《びはこ》大《だい》の一大人《だいじん》工湖水《こうこすゐ》が出現《しゆつげん》するが、そうなると鴨綠江《おうりよくかう》は最早《もはや》流《なが》れる河《かは》でなくなり七ツの人工湖水《じんこうこすゐ》の階段《かいだん》が出《で》來上《きあが》る。

ダムが次々《つぎ〳〵》に建設《けんせつ》され豫定通《よていどほ》り七ケ所《しよ》の水力發電所《すゐりよくはつでんしよ》が完成《くわんせい》すれば總出力《そうしゆつりよく》百六十萬《まん》キロワツトの大電力《だいでんりよく》が創出《さうしゆつ》されるのだ、その電力《でんりよく》は直《たゞ》ちに近代重化學工業《きんだいぢゆうくわがくこうげふ》の動力《どうりよく》となつて素晴《すば》しい富《とみ》と文《ぶん》化《くわ》をわれわれに齎《もたら》してくれる。鴨綠江《おうりよくかう》は流《なが》れる河《かは》ではなくなるかも知《し》れないがその代《かは》り電氣文《でんきぶん》化《くわ》の流《なが》れが今度《こんど》は逆《ぎやく》に下流《かりう》から上流《じやうりう》に徐々《じよ〳〵》に逆流《ぎやくりう》を始《はじ》める。これこそ今日《こんにち》まで文化《ぶんくわ》に全《まつた》く隔絶《かくぜつ》されてゐた鴨綠江水域《おうりよくかうすゐゐき》の秘境《ひきやう》に新《あたら》しい産業文化《さんげふぶんくわ》の黎明《れいめい》をもたらすものでなくて何《なん》であらう。既《すで》に新義州《しんぎしう》から多獅島港《たしたうかう》につらなる廣大《くわうだい》なる地域《ちゐき》にはこの鴨綠江《おうりよくかう》水電《すゐでん》の電力消化《でんりよくせうくわ》を豫定《よてい》した幾《いく》十の電氣《でんき》エネルギー企業《きげふ》の基礎工《きそこう》事《じ》がどんどん進《すゝ》んでゐる、鴨綠《おうりよく》江時代《かうじだい》がもう直《す》ぐ間近《まぢか》に迫《せま》つてゐるのだ。

話題の北鮮三港

極《ご》く最近《さいきん》、滿鐵《まんてつ》と朝鮮總督府《てうせんそうとくふ》との間《あひだ》に北鮮《ほくせん》三港《かう》とその背後《はいご》鐵《てつ》道《だう》の經營分野《けいえいぶんや》の確立《かくりつ》について協《けふ》定《てい》が行《おこな》はれた。北鮮《ほくせん》三港《かう》とその背後《はいご》北鮮鐵道《ほくせんてつだう》の經營《けいえい》が朝鮮總督《てうせんそうとく》府《ふ》から滿鐵《まんてつ》に委任《ゐにん》されたのが過《す》ぐる昭和《せうわ》八年《ねん》のこと、それが七年後《ねんご》の今日《こんにち》再《ふたゝ》び鐵道《てつだう》と港灣《かうわん》の一部《ぶ》が七月《ぐわつ》一日《にち》を期《き》して朝鮮總督《てうせんそうとく》府《ふ》に返還《へんくわん》された。北鮮《ほくせん》が日滿最《にちまんさい》短交通路《たんかうつうろ》の國策的要地《こくさくてきえうち》として今《こん》後《ご》ますますその重要性《ぢゆうえうせい》を加重《かぢゆう》せんとしてゐる時《とき》に際《さい》し今回《こんくわい》の突《とつ》如《じよ》たる經營機構《けいえいきかう》の修訂《しうてい》は一見《けん》甚《はなは》だ奇異《きい》の感《かん》を與《あた》へるやうであるが、實《じつ》は決《けつ》してそうではない。抑々《そも〳〵》北鮮《ほくせん》三港《かう》と鐵道《てつだう》が滿鐵《まんてつ》にその經營《けいえい》の全權《ぜんけん》が委《ゆだ》ねられたのは當時《たうじ》における北鮮《ほくせん》の港灣《かうわん》と鐵道《てつだう》とが我大陸國策遂行《わがたいりくこくさくすゐかう》の上《うへ》に極《きは》めて必要《ひつえう》であつたからだ。しかしながら其後《そのご》における北鮮《ほくせん》の情勢《じやうせい》は目《め》まぐるしい變化《へんくわ》を遂《と》げた。就中《なかんづく》清津港地域《せいしんかうちゐき》における鐵工業《てつこうげふ》を中心《ちうしん》とする重工業《ぢゆうこうげふ》の建設《けんせつ》その他各種産業《たかくしゆさんげふ》の開發《かいはつ》は總督府《そうとくふ》の積《せき》極的指導《きよくてきしだう》によつて飛躍的《ひやくてき》に進展《しんてん》した。こうなつてみると總督府《そうとくふ》が今後《こんご》既定《きてい》の方針《はうしん》に則《のつと》つて大《おほ》がかりな北鮮《ほくせん》の産業開發《さんげふかいはつ》を進《すゝ》める上《うへ》に肝腎要《かんじんかなめ》の港《みなと》と鐵道《てつだう》が滿鐵《まんてつ》の經營下《けいえいか》に置《お》かれてゐるのでは何《なに》かと不便《ふべん》でならなかつた。これが今度《こんど》の清津港《せいしんかう》とその背後鐵道《はいごてつだう》の一部《ぶ》を滿鐵經營《まんてつけいえい》から切《き》りはなし改《あらた》めて朝鮮總督府《てうせんそうとくふ》に返還《へんくわん》せしむるに至《いた》つたそもそもの動機《どうき》であつた。從《したが》つて今囘《こんくわい》の協定《けふてい》は北《ほく》鮮《せん》三港《かう》の經濟《けいざい》分野《ぶんや》を二分《ぶん》した點《てん》に特別《とくべつ》の意味《いみ》が認《みと》められるが同《どう》時《じ》に港《みなと》の本來的使命《ほんらいてきしめい》からみれば三港《かう》それぞれ一應《おう》收《をさ》まるところに收《をさ》まつたものとみねばならない。卽《すなは》ち清津港《せいしんかう》は背後《はいご》鐵道《てつだう》と共《とも》に專《もつぱ》ら北鮮地帶《ほくせんちたい》における產業開《さんげふかい》發《はつ》の據點《きよてん》となり他《た》の羅津《らしん》、雄基《いうき》の二港《かう》は奥地《おくち》の廣大《くわうだい》なる東北滿《とうほくまん》洲《しう》の大資源《だいしげん》を擁《よう》する大陸港灣《だいりくかうわん》としてそれ〳〵その獨自《どくじ》の使命《しめい》と役割《やくわり》とが改《あらた》めて確認《かくにん》された譯《わけ》で初《はじ》めからむしろこうなることは當然《たうぜん》の歸結《きけつ》であつたらう。

創氏

半島《はんたう》に施《し》かれた劃期的制度《かくきてきせいど》は志願兵制度《しぐわんへいせいど》と創氏《さうし》である。

朝鮮《てうせん》二千三百萬民衆《まんみんしう》が事變《じへん》以來精神的《らいせいしんてき》には潑剌《はつらつ》ほとばしる愛《あい》國心《こくしん》に燃《も》え、東亞新秩序建設《とうあしんちつじよけんせつ》に兵站基地《へいたんきち》としての役割《やくわり》を感《かん》じ、銃後《じうご》の奉公《ほうこう》に獻身的努力《けんしんてきどりよく》を續《つゞ》けて來《き》た。志願兵《しぐわんへい》として大陸《たいりく》に散《ち》つた切々《せつ〳〵》胸《むね》を衝《つ》く愛國心《あいこくしん》にその發露《はつろ》を見《み》ることが出來《でき》る。

南總督《みなみそうとく》は半島人《はんたうじん》が眞《しん》の日本人《につぽんじん》として自覺《じかく》するためには、あらゆる精神的發露《せいしんてきはつろ》と共《とも》に形《かたち》の上《うへ》においても日本人《につぽんじん》としての資格《しかく》を併有《へいいう》させんとして『氏《うぢ》の創設《さうせつ》』を許《ゆる》すことになつたのである。卽《すなは》ち從來《じうらい》半島人《はんたうじん》が支那式姓名《しなしきせいめい》であつたものを日本的姓名《につぽんてきせいめい》を名乘《なの》ることが出來《でき》るやうにしたのである。この劃期的創氏制度《かくきてきさうしせいど》は二千六百年《ねん》の輝《かゞや》く年《とし》を迎《むか》へて二月《ぐわつ》十一日紀元節《にちきげんせつ》の佳《よ》き日《ひ》を期《き》して、向《むか》ふ六ケ月《げつ》の間《あひだ》たゞ單《たん》に戸《こ》主《しゆ》が内地的姓名《ないちてきせいめい》を名乘《なの》ることによつて日本人《につぽんじん》たるの形《かたち》を備《そな》へることが出來《でき》るといふのである。

勿論《もちろん》六ケ月間《げつかん》は手續《てつゞき》の上《うへ》において簡易《かんい》に屆出《とゞけで》ることが出來《でき》るといふので、今後創氏《こんごさうし》の期間《きかん》は永久《えいきう》に續《つゞ》くのである。

創氏《さうし》は一部落《ぶらく》、一村《そん》、一會社《くわいしや》、一町内《ちやうない》とあらゆる機會《きくわい》に增加《ぞうか》して行《い》つた。滿《まん》三ケ月《げつ》を經《へ》た五月《ぐわつ》中旬《ちうじゆん》には早《はや》くも戸數《こすう》にして廿一萬戸《まんこ》、約《やく》百七十萬《まん》の半島民《はんたうみん》が續《ぞく》々創氏《さうし》の名乘《なの》りを上《あ》げた。

創氏《さうし》は民衆《みんしう》の指導者《しだうしや》たちから始《はじ》められたことは特記《とくき》すべきである。一部落《ぶらく》は愛國班長《あいこくはんちやう》から、一村《そん》は面長《めんちやう》から、一會社《くわいしや》は社長《しやちやう》からと次第《しだい》に擴《ひろ》まり、道會《だうくわい》では道《だう》會議員《くわいぎゐん》たちが道民《だうみん》に先《さき》んじて創《さう》氏《し》すべしと決議《けつぎ》しまた半島青年《はんたうせいねん》指導者《しだうしや》として各階級《かくかいきふ》に隱然重《いんぜんおも》きをなす尹致昊氏《いんちこうし》は日本人《につぽんじん》として生《い》きるには先《ま》づ創氏《さうし》からと五月《ぐわつ》二十三日改名《にちかいめい》した。同氏《どうし》はこのとき半島《はんたう》千萬《まん》の若人《わかうど》に呼《よ》びかけ『半島民衆《はんたうみんしう》が形容共《けいようとも》に皇國臣民《くわうこくしんみん》として内鮮一體《ないせんいつたい》となる日《ひ》を到來《たうらい》せしむる大理想《だいりさう》のため、吾々《われ〳〵》は先《ま》づ理窟拔《りくつぬ》きで創氏《さうし》しやう』と絕叫《ぜつけう》した。

今《いま》や半島《はんたう》二千三百萬民衆《まんみんしう》の心《しん》底《てい》に横《よこた》はるものは單《たん》なる創氏制《さうしせい》度《ど》だけではない。今次世界第《こんじせかいだい》二次《じ》戰《せん》の各國混亂《かくこくこんらん》を眼前《がんぜん》に見《み》た半《はん》島人《たうじん》ははじめて『日本人《につぽんじん》』として生《い》きる喜《よろこ》びを體得《たいとく》したのである。この創氏《さうし》によつて生《うま》れ出《い》づる愛國心《あいこくしん》こそ萬代不易《ばんだいふえき》の國體《こくたい》を堅持《けんぢ》する帝國《ていこく》が東洋《とうやう》に雄飛《ゆうひ》せんとする出發點《しゆつぱつてん》となるのである。

文人協會

押《お》しよせる時局《じきよく》の嵐《あらし》、愛國《あいこく》の波《なみ》に今《いま》や朝鮮文壇《てうせんぶんだん》は從《じう》來《らい》の偏見《へんけん》を一擲《てき》、新《あたら》しい出發點《しゆつぱつてん》に皇《くわう》國的新文化創造《こくてきしんぶんくわさうざう》なる道《みち》を求《もと》めたのである。昨年《さくねん》十月《ぐわつ》二十九日朝鮮《にちてうせん》に在住《ざいぢう》

朝鮮讀本

朝鮮讀本

ずる内鮮人《ないせんじん》たちは從來《じゆうらい》の一切《さい》の行《ゆ》き掛《が》りを棄《す》てゝ大同《だいどう》團結《だんけつ》、こゝに朝鮮《てうせん》文人協會《ぶんじんけふくわい》をうち建《た》てた。この目的《もくてき》は『國民精神總動員《こくみんせいしんそうどういん》の趣旨《しゆし》を達成《たつせい》し、且《か》つ文人相互間《ぶんじんさうごかん》の親睦向上《しんぼくかうじやう》を圖《はか》る』とあるが同時《どうじ》に次《つぎ》のやうな聲明《せいめい》を發《はつ》し實行《じつかう》に着手《ちやくしゆ》した

『今《いま》や我《わ》が帝國《ていこく》は國力《こくりよく》を賭《と》して興亞《こうあ》の大業《たいげふ》に驀進《ばくしん》してゐる。この國家《こくか》の非常時《ひじやうじ》に當《あた》つて國民《こくみん》たるものすべて和衷協力《わちうけふりよく》、その能《のう》により、その才《さい》を盡《つく》して國策《こくさく》の線《せん》に沿《そ》ひ、奮勵努力《ふんれいどりよく》すべきことは言《い》ふまでもない。私共文筆《わたしどもぶんぴつ》に與《あづ》かる者《もの》はかゝる時《とき》まづ筆《ふで》によつてその任《にん》を盡《つく》すべきである。乃《すなは》ち朝鮮《てうせん》にあつては眞《しん》に時局《じきよく》の重大性《ぢゆうだいせい》を認識《にんしき》する同志《どうし》が相集《あひあつま》つて、こゝに〃朝鮮文人協會《てうせんぶんじんけふくわい》〃を結成《けつせい》し、興亞《こうあ》の大業《たいげふ》を完成《くわんせい》せしむべき皇國的新文化創造《くわうこくてきしんぶんくわさうざう》のために勇往邁進《ゆうわうまいしん》しなければならぬ』

との聲明《せいめい》を發《はつ》し、戰線《せんせん》には文人《ぶんじん》たちの慰問文《ゐもんぶん》、著書《ちよしよ》を入《い》れた慰《ゐ》問品數百個《もんぴんすうこ》を發送《はつそう》、全鮮各地《ぜんせんかくち》に〃文藝《ぶんげい》の夕《ゆふべ》〃〃時局文藝《じきよくぶんげい》〃講演會《かうえんくわい》を開催《かいさい》して大衆《たいしゆう》に呼《よ》びかけた。

次《つぎ》に朝鮮文壇興隆《てうせんぶんだんこうりゆう》に拍車《はくしや》をかけたのは今春《こんしゆん》『モダン日本社』が設定《せつてい》した朝鮮藝術賞《てうせんげいじゆつしやう》である。一年《ねん》に一度《ど》朝鮮藝術最優秀作品《てうせんげいじゆつさいいうしうさくひん》にこの藝術賞《げいじゆつしやう》が授與《じゆよ》されるのである。これは次第《しだい》に内地文壇《ないちぶんだん》と交流《かうりう》して來《き》た朝鮮文壇《てうせんぶんだん》が新《あら》しき希望《きぼう》と光明《くわうみやう》を與《あた》へられたものであり、朝鮮文壇《てうせんぶんだん》のためには將《まさ》に劃期的《くわくきてき》な賞金制度《しやうきんせいど》であつた。

第一回受賞者《だいいくわいじゆしやうしや》は『無明《むみやう》』の作《さく》者《しや》李光洙《りくわうしゆ》氏と香山光郎《かやまみつらう》氏に授《じゆ》與《よ》され、半島文壇《はんたうぶんだん》が日本文壇《にっぽんぶんだん》の一角《かく》に第一歩《だいほ》を印《しる》し、やがて來《きた》る東洋文學《とうやうぶんがく》のために大《おほ》きな地位《ちゐ》を築《きづ》き得《う》るといふ約束《やくそく》が出來上《できあが》つたのである。

美術方面《びじゆつはうめん》では『鮮展《せんてん》』が今夏《こんか》第《だい》十九回《くわい》を迎《むか》へて繪畫《くわいぐわ》に、工藝《こうげい》に。彫刻《てうこく》に素晴《すば》らしい躍進《やくしん》を遂《と》げてゐる。

朝鮮演劇界《てうせんえんげきかい》はどうか、京城東《けいじやうとう》洋劇場《やうげきぢやう》に根城《ねじろ》を有《いう》する青春座《せいしゆんざ》、豪華船劇團《がうかせんげきだん》がわづかに大衆物《たいしゆうもの》を上演《じやうえん》してゐるだけで、その現狀《げんじやう》は舊態依然《きうたいいぜん》なるものがあり、その發展《はつてん》は遲《ち》々としてゐる。これは内地演劇《ないちえんげき》の半島進出《はんたうしんしゆつ》で壓倒的《あつたうてき》に朝鮮劇團《てうせんげきだん》を押《お》しつぶしたとも言《い》ひ得《う》るが、半島人《はんたうじん》の内地化《ないちくわ》がその最《もつと》も大《おほ》きな原因《げんいん》となつてゐる、たゞこゝに朝鮮樂劇團《てうせんがくげきだん》が半《はん》島《たう》の持《も》つローカル・カラーを巧《たく》みに近代演劇《きんだいえんげき》、音樂《おんがく》の中《なか》にアレンヂして獨《ひと》り半島興行界《はんたうこうぎやうかい》を壓倒《あつたふ》してゐるのは偉《ゐ》とするに足《た》りる。この樂劇《がくげき》は今《いま》や半島《はんたう》のみならず内地各大都市《ないちかくだいとし》の大劇場《だいげきぢやう》に進《しん》出《しゆつ》、素晴《すば》しい成果《せいくわ》を擧《あ》げたことは朝鮮劇壇《てうせんげきだん》の進《すゝ》むべき道《みち》を示唆《しさ》してゐる。

朝鮮映畫界《てうせんえいぐわかい》を見《み》れば、從來《じゆうらい》研究的範圍《けんきうてきはんゐ》を出《い》でず、内地映畫《ないちえいぐわ》界《かい》にはたゞその異色《いしよく》を買《か》はれてゐただけであつたが軍用列車《ぐんようれつしや》、圖生錄《づせいろく》、漢江《かんかう》、無情《むじやう》、愛戀頌《あいれんしよう》、城隍堂《じやうくわうだう》、新《あたら》しき出發《しゆつぱつ》と續《つゞ》きつひに授業料《じゆげふれう》に至《いた》つて始《はじ》めて藝術的《げいじゆつてき》にも水準《すゐじゆん》に達《たつ》し、興行的《こうぎやうてき》にも一應《おう》の成功《せいこう》を得《え》たのは望外《ばうぐわい》の喜《よろこ》びとなつて今後《こんご》に期待《きたい》するものがある。この映畫《えいぐわ》には名《めい》シナリオ・ライター八木保太郎《やぎやすたらう》氏、薄田《すゝきだ》研《けん》二氏《し》の客演《かくえん》を得《え》てゐるものゝ兒童映畫《じどうえいぐわ》としても出色《しゆつしよく》の出來榮《できばえ》を示《しめ》してゐた。目下《もくか》志願兵《しぐわんへい》の生《せい》活《くわつ》をテーマとする勝利《しようり》の庭《には》が着《ちやく》々進行中《しんかうちう》であり、その成功《せいこう》は各《かく》方面《はうめん》から期待《きたい》されてゐるが半島《はんたう》

映畫界《えいぐわかい》は將に今後《こんご》にかけられてゐる。

スポーツ

半島《はんたう》はスポーツ王國《わうこく》である。半島《はんたう》スポーツの我《わ》が國《くに》における地位《ちゐ》は餘《あま》りにも大《おほ》きく、各種目《かくしゆもく》に亙《わた》つて殆《ほと》んど獨占的地歩《どくせんてきちほ》を占《し》めてゐる。

伯林《ベルリン》オリンピック大會《たいくわい》に雌伏《しふく》四十年《ねん》、待望《たいばう》のマラソン征覇《せいは》をとげ、大日章旗《だいにつしやうき》を掲《かゝ》げた孫基禎《そんきてい》選手《せんしゆ》、三着《ちやく》に入《はい》つた南昇龍選手《なんしやうりうせんしゆ》重量擧世界記録《ぢゆうりやうあげせかいきろく》を保持《はぢ》する南壽逸選手《なんじゆいつせんしゆ》の名《な》はあまりにも名高《なだか》い。さらに田島直人選手《たじまなほんとせんしゆ》なき後《のち》、跳躍陣《てうやくじん》に大《おほ》きくクローズアップされた金源權選手《きんげんけんせんしゆ》の三段跳《だんとび》、走《はしり》幅跳《はゞとび》。バスケツトには全普成《ぜんふせい》が全日本《ぜんにつぽん》の覇權《はけん》を三度《ど》握《にぎ》れば、ア式蹴球《しきしうきう》には全普成《ぜんふせい》、全延禧《ぜんえんき》、咸興蹴球團《こうしうきうだん》あり、咸興《かんこう》は昨秋明治《さくしうめいぢ》神宮大會《じんぐうたいくわい》に優勝《いうしよう》の榮《えい》を擔《にな》つてゐる。

氷上界《ひようかい》ではスピート王國《わうこく》の榮《えい》を堅持《けんぢ》、全日本《ぜんにつぽん》の覇者《はしや》、金正淵《きんせいえん》、李聖德《りせいとく》、崔龍振《さいりうしん》、張祐植《ちやういうしよく》、安重怨《あんぢゆうゑん》の名選手《めいせんしゆ》を續出《ぞくしゆつ》し、日本《につぽん》スピート記録《きろく》を更新《かうしん》した。

一方《ぱう》リンクでは拳闘王國《けんとうわうこく》を誇《ほこ》つてをり、職業選手《しよくげふせんしゆ》にはピストン堀口《ほりぐち》の王座《わうざ》を奪還《だつくわん》した玄海男《げんかいをとこ》徐廷權《じよていけん》兩選手《りやうせんしゆ》の名《な》は未《いま》だ新《あたら》しいことだが、さらにアマチュア拳闘界《けんとうかい》に眼《め》を轉《てん》ずれば各《かく》クラスを通《つう》じて第《だい》一人者《にんしや》を占《し》めてゐるのが半島人《はんたうじん》である。自轉《じてん》車競技《しやきやうぎ》における半島《はんたう》の躍進《やくしん》は素晴《すば》らしきものがあり、軟式庭《なんしきてい》球《きう》に至《いた》つてはこゝ七年間《ねんかん》、前《ぜん》古未曾有《こみぞう》の連覇《れんぱ》を續《つゞ》けてゐる。各種目《かくしゆもく》に亙《わた》るとの王者《わうじや》は枚擧《まいきよ》するに遑《いとま》がない程《ほど》である。半島人《はんたうじん》が如何《いか》にスポーツに適《てき》した體軀《たいく》を所持《しよぢ》してをり、その孜々《しゝ》として精進《せいしん》する努力《どりよく》は尊敬《そんけい》に値《あたい》する。

大陸的氣候《たいりくてききこう》に育《そだ》つた半島人《はんたうじん》は百度《ど》を超《こ》す猛暑《まうしよ》、零下《れいか》二十度《ど》の酷寒《こくかん》に訓練《くんれん》され　粗食《そしよく》になれ、このスポーツ界《かい》における輝《かゞや》かしき業績《げふせき》を成《な》し遂《と》げたことは全《まつた》く忍苦鍛練《にんくたんれん》の　賜《たまもの》　である。

古來半島《こらいはんたう》には脚《あし》を使《つか》ふことが發達《はつたつ》し、恰度內地《ちやうどないち》のお手玉《てだま》のやうな、幼兒《えうじ》たちが紙《かみ》を結《むす》んだ古《こ》錢《せん》を足《あし》で蹴《け》り上《あ》げる競技《きやうぎ》やら、女子《ぢよし》には板飛《いたと》び、鞦韆《ぶらんこ》などがある、朝鮮獨特《てうせんどくとく》のものにはこの他《ほか》に力道《りきだう》と呼《よ》ぶ朝鮮相撲《てうせんすまう》があり、足道《そくだう》（タクケン）と稱《しよう》する足《あし》だけで闘《たゝか》ふ競技《きやうぎ》もある。

愛國班

事變下《じへんか》に變貌《へんばう》した新《あたら》しい朝鮮《てうせん》を端的《たんてき》に表現《へうげん》してゐるのは精動《せいどう》

くさ・おできに
早く効く
ビタミン療法
ビタミンADを應用した榮養軟膏で、常に傷面に濕潤度と溫度とを與へてその保護の下に肉芽と表皮の新生を促進します。
五十錢・一円
ハリバ軟膏

朝鮮讀本

聯盟《れんめい》愛《あい》國《こく》班《はん》である。

朝鮮《てうせん》精動《せいどう》は内地《ないち》のとは異《こと》つて一種《しゆ》の國民《こくみん》組織《そしき》で愛國《あいこく》班《はん》はその細胞《さいはう》なのである。

各部落《かくぶらく》には五戸《こ》單位《たんゐ》の愛國班《あいこくはん》が隈《くま》なく結成《けつせい》され、これが幾《いく》つか集《あつま》つて部落聯盟《ぶらくれんめい》となり、更《さら》に面聯盟《めんれんめい》、郡聯《ぐんれん》盟《めい》と統轄《とうかつ》されてゐる。

都會地《とくわいち》では十戸《こ》單位《たんゐ》に愛國班《あいこくはん》が作《つく》られ、これが町聯盟《ちやうれんめい》、府聯《ふれん》盟《めい》となり、これ等《ら》が集《あつま》つて道聯《だうれん》盟《めい》、更《さら》に朝鮮聯盟《てうせんれんめい》となる。

愛國班《あいこくはん》は徳川《とくがは》時代《だい》の五人組《にんぐみ》を近代化《きんだいくわ》したやうなもので、これが全鮮的《ぜんせんてき》に行政系統《ぎやうせいけいとう》に沿《そ》うて組《そ》織《しき》されてゐるのだ。

その外《ほか》官廳《くわんちやう》學校《がくかう》、會社《くわいしや》、工場《こうぢやう》には夫々《それぞれ》職場《しよくば》單位《たんゐ》に愛國班《あいこくはん》があり、獨自《どくじ》の聯盟《れんめい》を構成《こうせい》し、又《また》各愛國團體《かくあいこくだんたい》即《すなは》ち愛婦《あいふ》、國婦《こくふ》、儒道聯盟《じゆだうれんめい》、文人協《ぶんじんけふ》會《くわい》、思想報國聯盟《しさうはうこくれんめい》等《とう》が精動聯盟《せいどうれんめい》に團《だん》體《たい》加入《かにふ》をしてゐる。妓生聯盟《キーサンれんめい》などいふ艶《なま》めかしいのも加入《かにふ》してゐる。人《ひと》によつては二重《ぢう》三重《ぢう》に精動《せいどう》に加入《かにふ》してゐるわけで、形《かたち》の上《うへ》では實《じつ》に整然《せいぜん》と徹底《てつてい》的《てき》に組織《そしき》されてゐる。

これが國策《こくさく》と國民《こくみん》を結《むす》びつける紐帶になつてゐるわけで、官《くわん》廳《ちやう》の方針《はうしん》を徹底《てつてい》させるには頗《すこぶ》る都合《つがふ》がいい。これを實際政治《じつさいせいぢ》の上《うへ》で眞《しん》に效果的《かうくわてき》に活用《くわつよう》して行《ゆ》く爲《ため》には、細胞《さいばう》たる愛國班《あいこくはん》の活動《くわつどう》如何《いかん》にかゝつてゐるわけだ。

こうした聯盟組織《れんめいそしき》が結成《けつせい》されたのは十三年《ねん》の七月七日《か》で、十三年《ねん》一ぱいかゝつて形式《けいしき》を整《ととの》へ十四年《ねん》から色々《いろいろ》な行事《ぎやうじ》を始《はじ》めた。月《つき》一回《くわい》乃至《ないし》二回《くわい》の例會《れいくわい》を開《ひら》き、その度《たび》に、當面《たうめん》の國策《こくさく》を班員《はんゐん》に吹《ふ》きこむ。例會《れいくわい》では先《ま》づ國旗《こくき》を掲《かゝ》げ宮城《きうじやう》を遙拜《えうはい》し君《きみ》ケ代《よ》を歌《うた》ひ、皇國臣民《くわうこくしんみん》の誓詞《せいし》を唱《とな》へ神社《じんじや》參拜《さんぱい》や勤勞奉仕《きんらうほうし》をやる。その外《ほか》廢品回收《はいひんくわいしう》、節約《せつやく》、貯蓄《ちよちく》と、その時々《ときどき》國家《こくか》がきめた事《こと》を班員《はんゐん》に徹《てつ》底《てい》させ實行《じつかう》を促《うなが》すわけだ。

農村《のうそん》ではこうした運動《うんどう》が豫期《よき》以上《いじやう》の效果《かうくわ》を擧《あ》げてゐる。優秀《いうしう》な愛國班《あいこくはん》になると、自發《じはつ》的《てき》に共同作業《きようどうさげふ》をやつて地下水《ちかすゐ》を掘《ほ》り出《だ》し、灌漑《かんがい》して旱魃《かんばつ》と戰《たゝか》ふ等《など》目覺《めざま》しいのもあつた。

こんな工合《ぐあひ》で農村《のうそん》では頗《すこぶ》る功《こう》

を奏《そう》して來《き》たが、都會《とくわい》になるとさうは行《ゆ》かない。

十四年《ねん》九月頃《ぐわつごろ》から盛《さか》んに愛國《あいこく》行事《ぎやうじ》を奬勵《しやうれい》したが上滑《うはすべ》りな形式《けいしき》ばかりのものになりがちで、自《じ》肅《しゆく》自《じ》戒《かい》と言《い》つてもやはり權力《けんりよく》が乘《の》り出《だ》さないと實效《じつかう》を擧《あ》げない仕末《しまつ》であつた。

それでも十五年《ねん》に入《はい》つて京城《けいじやう》の飯米《はんまい》が不足《ふそく》し、府民《ふみん》が大恐慌《だいきようくわう》を來《きた》した時《とき》、食糧在高《しよくりやうざいだか》の一齊《せい》調《てう》査《さ》や米《こめ》の配給票制度《はいきふひやうせいど》等《とう》で愛國班《あいこくはん》を動員《どうゐん》して多《おほ》いに功《こう》を奏《そう》した。

何《なん》と言《い》つても生活《せいくわつ》とヂカに結《むす》びついた問題《もんだい》や、實益《じつえき》を伴《ともな》ふ問《もん》題《だい》には人《ひと》は熱心《ねつしん》になるものだ。

農村《のうそん》で精動運動《せいどううんどう》が成功《せいこう》するのも、こゝでは生産活動《せいさんくわつどう》や實生活《じつせいくわつ》と直《たゞ》ちに結《むす》びつく要素《えうそ》があるからで、この點《てん》どうも都會《とくわい》では、單《たん》なる精神運動《せいしんうんどう》であるだけに長《なが》續《つゞ》きしない傾《かたむ》きがあるのだ。

こうして國民的組織《こくみんてきそしき》である愛《あい》國班《こくはん》が、今後《こんご》、生産擴充《せいさんかくじう》、單價《たんか》引下《ひきさ》げ等積極的《とうせききよくてき》な生産面《せいさんめん》の活動《くわつどう》の上《うへ》に活用《くわつよう》されるか否《いな》かは大《おほ》きな問題《もんだい》であるが、内地《ないち》と異《こと》つて、組織《そしき》があるといふ事《こと》は朝鮮《てうせん》の大《おほ》きな强味《つよみ》であらう。

金剛山地下資源

金剛山《こんがうさん》と言《い》へば、朝鮮《てうせん》の自然《しぜん》美《び》を代表《だいへう》する世界的景勝《せかいてきけいしよう》である。

周圍《しうゐ》二百餘里《より》に亘《わた》る大地域《だいちゐき》に、一萬《まん》二千の峰々《みねく》が紫紺色《しこんしよく》の肌《はだ》を濃《こ》い紫外線《しぐわいせん》に輝《かゞや》かして色《いろ》も鮮《あざや》かに、直立《ちよくりつ》した大《だい》一枚岩《まいがん》となり、奇岩怪岩《きがんくわいがん》となり、その間《あひだ》を清洌《せいれい》な急湍《きふたん》が奔《ほとばし》つて溪谷《けいこく》の幽《いう》美《び》を作《つく》り、豐《ゆた》かな森林美《しんりんび》と由緒《ゆゐしよ》ある古刹《こさつ》を擁《よう》しあゆらる美《び》を集《あつ》めて金剛山《こんがうさん》の名《な》をなしてゐる。

總督府《そうとくふ》でもこの大自然《だいしぜん》の寶域《はうゐき》を保存《ほぞん》し、探勝《たんしよう》の施設《しせつ》を講《かう》じやうと、社會教育課《しやくわいけういくくわ》の管轄《くわんかつ》に置《お》き國費《こくひ》を以《も》つて調査《てうさ》や施設《しせつ》を行《おこな》つてゐる。

所《ところ》がこの天下《てんか》の名山《めいざん》の地下《ちか》にはタングステン、水鉛黑鉛等特《すゐえんこくえんとうとく》殊《しゆ》鑛物《くわうぶつ》がうんとこさ埋《う》まつてゐるといふ事《こと》が解《わか》つたので、資源《しげん》開發《かいはつ》か永遠《えいゑん》の美《び》か、とここに經《けい》濟《ざい》と藝術《げいじゆつ》の相剋《さうこく》を生《う》むに至《いた》つた。

不屆《ふとゞき》な連中《れんちう》は、鑛山景氣華《くわうざんけいきはな》やかな時局《じきよく》に乘《じよう》じて一儲《まう》けしやうと恣《ひそか》に山中《さんちう》に忍《しの》び入《い》つて、タングステン盜掘《たうくつ》をやり、その精煉《せいれん》のために、あたら美林《びりん》を盜伐《たうばつ》するといふ暴擧《ばうきよ》をやり出《だ》した。

何《なん》しろ廣《ひろ》い地域《ちいき》なので取締陣《とりしまりじん》も手《て》がまわり兼《か》ね增長《ぞうちやう》した盜掘《たうくつ》團《だん》は盛《さか》んに荒《あ》らしまわつた擧句《あげく》遂《つひ》に昨年《さくねん》十二月《ぐわつ》卅日《にち》大山火事《おほやまくわじ》を惹《ひ》き起《おこ》してしまつた。

「金剛山燒《こんがうさんや》ける」の報《はう》に人々《ひとびと》は愕然《がくぜん》とした。しかし火《ひ》は餘《あま》りにも速《はや》い風《かぜ》に乘《の》つたために、成程《なるほど》火《ひ》のまわりも速《はや》かつたが、燒《や》けたのは下枝下草《かしかさう》、樹表《じゆへう》だけで、樹身《じゆしん》まで燒《や》かれたのは案外少《あんぐわいすく》なく名勝金剛《めいしようこんがう》は健在《けんざい》であつた。

この事《こと》あつて以來盜掘團《いらいたうくつだん》を擊《う》つべしといふ輿論《よろん》が大《おほ》いに喚起《くわんき》されて、江原道警察部《かうげんだうけいさつぶ》では大捲《だいま》き狩《が》りをやつて金剛山《こんがうさん》を守《まも》つた。

一方《はう》正式《せいしき》に金剛山《こんがうさん》を掘《ほ》らして頂《いたゞ》きたいと願《ねが》ひ出《で》る數《すう》も相當多《さうたうおほ》く、金剛山保存調査委員會《こんがうさんほぞんてうさゐゐんくわい》ではあたら天下《てんか》の名山《めいざん》を損《そこな》ふわけにはいかんと頑張《ぐわんば》り續《つゞ》けてゐたが時局《じきよく》柄《がら》、鑛物資源《くわうぶつしげん》を必《ひつ》要《えう》とする國策《こくさく》もあり、鑛山當局《くわうざんたうきよく》の希《き》望《ばう》もあつて結局《けつきよく》十一ヶ所《しよ》を限定《げんてい》して採掘《さいくつ》が許下《きよか》された。

とに角時局《かくじきよく》は金《こん》剛山《がうさん》にもくひ込《こ》む事《こと》になつたわけである。

朝鮮讀本

朝鮮産業界十人男

李允鍾

韓相龍（朝鮮生命社長）

半島財界《はんたうざいかい》に於《お》ける韓相龍氏《かんさうりうし》は有名《いうめい》すぎる程有名《ほどいうめい》だ。今更《いまさ》ら紹介《せうかい》や批評《ひひやう》はかへつて可笑《をか》しくも見《み》える。しかしから云《い》ふ機會《きくわい》に氏《し》の名《な》が漏《も》れたとしたら何《な》んとなく寂《さび》しく感《かん》ずるのは筆者《ひつしや》ばかりぢやなからう。ところで少《すくな》くとも京城《けいじやう》に於《お》ける目《め》だつた事業《じげふ》に氏《し》の名《な》が漏《も》れるとしたら丁度《ちやうど》同《おな》じ感《かん》じだ。だが實際《じつさい》にはそんな懸念《けねん》はなし、名《な》ある事業會社《じげふくわいしや》には殆《ほと》んど氏《し》の名《な》が見出《みいだ》されるんだから半島財界長老《はんたうざいかいちやうらう》の面目躍如《めんぼくやくじよ》たるものと云《い》ふべし。氏《し》が曾《かつ》て漢城銀行《かんじやうぎんかう》の頭取《とうどり》であつたとか現在朝鮮生命《げんざいてうせんせいめい》の社長云々《しやちやううんぬん》は喋《てふ》々くもいらん、氏《し》を指《さ》して半島《はんたう》の澁澤翁《しぶさはをう》とまで一部《ぶ》から謳《うた》はれるのを見《み》ても、氏《し》が半島財界《はんたうざいかい》に於《お》ける先覺者《せんかくしや》にして且《か》つ功勞者《こうらうしや》たることが肯定《こうてい》される。氏《し》が現《げん》に主宰《しゆさい》してゐる朝鮮實業俱樂部《てうせんじつげふくらぶ》は一種《しゆ》の社交《しやかう》團體《だんたい》に過《す》ぎないが、廣《ひろ》く内鮮《ないせん》の名士《めいし》を網羅《まうら》した關係上内地人士《くわんけいじやうないちじんし》の半島《はんたう》に對《たい》する認識《にんしき》を深《ふか》めた貢獻《こうけん》は高《たか》く評價《ひやうか》してよからう。先《まづ》はこのあたりで半島財界《はんたうざいかい》の老先覺者《らうせんかくしや》に敬意《けいい》を表《へう》しておかう。

閔奎植（東一銀行取締役會長）

閔奎植氏《びんけいしよくし》が東《とう》一銀行《ぎんかう》の取締役《とりしまりやく》會長《くわいちやう》だと云《い》へば或《あるひ》は株主總會議長《かぶぬしそうくわいぎちやう》用《よう》と即斷《そくだん》する人《ひと》があるかも知《し》らんが、氏《し》の會長《くわいちやう》たるや世間《せけん》なみのものとはけたが違《ちが》うんだ。代表取締役《だいへうとりしまりやく》を兼《か》ねてゐるばかりぢやない。事實上《じじつじやう》の頭取《とうどり》だ、況《いは》んや同行《どうかう》の株《かぶ》の七八割《わり》は氏《し》一門《もん》によつて占《し》められてゐるにおいてをやだ。これ丈《だけ》でも半島財界《はんたうざいかい》における氏《し》の存在《そんざい》が想像《さうざう》され得《う》る。氏《し》は名門《めいもん》に生《うま》れ貴公子《きこうし》の風貌《ふうばう》を備《そな》へてゐる上《うへ》に、又《また》ケンブリッチ本場《ほんば》仕上《しあ》げのベッチユラア・オブ・アーツ學位《がくゐ》の所持者《しよぢしや》だから、正《まさ》に典型的《てんけいてき》ゼントルマンで銀行家《ぎんかうか》としてはもつてこいのタイプだ。との點《てん》が世間《せけん》に誤解《ごかい》もされて閔《びん》は決斷力《けつだんりよく》がないとか積極性《せききよくせい》に乏《とぼ》しいとも云《い》ふ人《ひと》もあるが、併《しか》し曾《かつ》て韓《かん》一銀行《ぎんかう》と湖西銀行《こせいぎんかう》が合併《がつぺい》して東《とう》一銀行《ぎんかう》になる時《とき》、これに反對《はんたい》して氏《し》の令兄《れいけい》が頭取《とうどり》であつたにもかゝはらず斷然同行《だんぜんどうかう》

の常務《じやうむ》の席《せき》から身《み》を引《ひ》いたのを見《み》れば信念《しんねん》のない人《ひと》とは云《い》へんし、又閔家《またびんけ》は人《ひと》も知《し》る半島《はんたう》一の富《ふ》豪《がう》だから新興財閥《しんこうざいばつ》の樣《やう》に新事《しんじ》業《げふ》を興《おこ》す餘地《よち》もそうはないだらうから、强《あなが》ち消極《せうきよく》とも云《い》へないだらう。實際現《じつさいげん》に永保合名《えいほがふめい》を中《ちう》心《しん》にして閔《びん》コンツエルン內《ない》の事《じ》業《げふ》は相當部《さうたうぶ》門《もん》を備《そな》えてゐるのだ。半島《はんたう》の三井《ゐ》の別稱《べつしよう》を受《う》けるのも故《ゆゑ》なきにあらずだ。とれ丈《だけ》の大部《だいぶ》門《もん》の事《じ》業《げふ》を能《よ》く背負《せお》つてゆくのも氏《し》の德望《とくはう》の產物《さんぶつ》と云《い》へやう。

金季洙（京城紡織社長）

金《きん》季洙氏《しゆし》は半島人《はんたうじん》の中《うち》、唯一人《たゞひとり》の紡績業者《はうせきげふしや》だ。氏《し》の社長《しやちやう》たる京《けい》城紡織《じやうばうしよく》は設立《せつりつ》は氏《し》の令兄《れいけい》の手《て》に成《な》つたがものにしたのは氏《し》によつてである。氏《し》は寢《ね》ても覺《さ》めても京紡《けいはう》の事《こと》で一杯《ぱい》だ、かくも熱《ねつ》愛《あい》する京紡《けいはう》（資《し》本《ほん》五百萬圓《まんえん》）が昨《さく》年《ねん》には南滿紡績《なんまんはうせき》（資《し》本《ほん》一千萬《まん》圓《えん》）と云《い》ふ仔會社《こがいしや》を設《まう》けた。子《こ》は父《ちゝ》に優《まさ》れば其家興《そのいへおこ》るとの諺通《ことわざとほ》り萬事《ばんじ》甚《はなは》だ好調《かうてう》だ。氏《し》は一時《じ》全《ぜん》鮮《せん》の質屋《しちや》の綽名《あだな》までついた海東《かいとう》銀行《ぎんかう》を經營《けいえい》した事《こと》があつたが、それも京紡《けいはう》に專心《せんしん》する爲《ため》手《て》を引《ひ》いて仕《し》舞《ま》つた。今《いま》は京紡《けいはう》と苦樂《くらく》を共《とも》にする決心《けつしん》と熱意《ねつい》だけに生《い》きてゐる樣《やう》だ。氏《し》は寡言《くわげん》にして實行《じつかう》に富《と》み、一度事業《たびじげふ》に着手《ちやくしゆ》すれば誰《だれ》がなんと云《い》つても動《うご》かん鐵《てつ》の如《ご》き決心《けつしん》の所有者《しよいうしや》だ。氏《し》は京都《きやうと》出《で》の經濟學《けいざいがく》士《し》、教養《けうやう》もあるが常《つね》に氏《し》曰《いは》く、一事業《じげふ》が相當前途《さうたうぜんと》の見込《みこみ》立《た》たぬ中《うち》は危險《きけん》負《ふ》擔《たん》を自《じ》分一人《ぶんひとり》がする積《つも》りで株《かぶ》の引受《ひきう》けは人《ひと》に勸《すゝ》めぬと、この點確《てんたしか》に良心的事《りやうしんてきじ》業家《げふか》だ。又氏《またし》は現在第二《げんざいだい》代目《だいめ》の滿洲國京城駐在總領事《まんしうこくけいじやうちうざいそうりやうじ》の職《しよく》にあつて鮮滿《せんまん》一如《じよ》の大使命《だいしめい》に盡瘁中《じんすゐちう》だ、氏《し》の信望《しんばう》の厚《あつ》さは推《お》して知《し》るべし。

李鍾萬（大同鑛業社長）

七轉《てん》八起《き》と云《い》ふ言葉《ことば》が噓《うそ》でない證據《しようこ》は李鍾萬氏《りしようまんし》の經歷《けいれき》を見《み》れば判《わか》る。氏《し》は慶南《けいなん》の裕福《ゆうふく》な家庭《かてい》に生《うま》れたが成長《せいちやう》した頃《ころ》は次第《しだい》に沒落《ぼつらく》し一時《じ》は商業《しやうげふ》に從事《じうじ》し或《あ》る時《とき》は職《しよく》を失《うしな》ひ各處《かくしよ》に流浪《るらう》したと云《い》ふ。又或《またあ》る時《とき》は理《り》想農村建設《さうのうそんけんせつ》運動《うんどう》、啓蒙運動《けいもううんどう》に從事《じうじ》したが資《し》金《きん》なくしては無理《むり》なるを悟《さと》り、氏《し》が鑛山界《くわうざんかい》に足《あし》を入《い》れたのもこれを得《え》んが爲《ため》だと云《い》ふ。而《しか》して鑛業《くわうげふ》に從事《じうじ》すると三十餘《よ》年《ねん》、失敗《しつぱい》を重《かさ》ねると無慮《むりよ》廿八回《くわい》とのことである、ところが氏《し》の持《ぢ》論《ろん》の如《ごと》く、天《てん》は自《みづか》ら助《たす》くる者《もの》を助《たす》けたのか、かの永平《えいへい》（咸南《かんなん》）金《きん》山《ざん》の發見《はつけん》によつて氏《し》の宿望達成《しゆくはうたつせい》の土臺《どだい》が出來《でき》たのだ。今《いま》や氏《し》は數《すう》百萬《まん》の資《し》本《ほん》を背景《はいけい》として、自《じ》作農助長《さくのうじよちやう》、農村《のうそん》と鑛山《くわうさん》における啓蒙機關《けいもうきくわん》を設《まう》けており、かの大《だい》同鑛業專門《どうくわうげふせんもん》の經營《けいえい》には二百萬圓《まんえん》の財團《ざいだん》を結成中《けつせいちう》だ。氏《し》は漢學《かんがく》に長《ちやう》じ佛經《ぶつきやう》に親《した》しんだと云《い》ふが、その爲《せい》でもなからうが百折《せつ》不《ふ》屈《くつ》の勇《ゆう》あると同時《どうじ》に仁慈《じんじ》に富《と》み、かの永平鑛《えいへいくわう》山《ざん》を百五十萬圓《まんえん》で賣渡《うりわた》した時《とき》には十萬圓《まんえん》を從業鑛夫《じうげふくわうふ》に分《わ》けて樂《たの》しみを共《とも》にしたと云《い》ふので、氏《し》の經營《けいえい》する大同鑛業《だいどうくわうげふ》には多《た》數《すう》の鑛《くわう》夫《ふ》が株主《かぶぬし》になつてゐると云《い》ふ、是等《これら》は云《い》ふには易《やす》いかも知《し》らんが行《おこな》ひ難《がた》いことだ。云《い》はば氏《し》は產業人《さんげふじん》よりも社會事業《しやくわいじげふ》家型《かがた》である。確《たしか》に尊敬《そんけい》すべき變《かは》り種《だね》だ。

崔昌學（大昌產業社長）

崔昌學氏《さいしやうがくし》は別稱鑛山王《べつしようくわうざんわう》で通《とほ》つてゐる。それもその筈《はず》だ、曾《かつ》て氏《し》の朔州金鑛《さくしうきんくわう》が百廿萬圓《まんえん》で賣渡《うりわた》された當時《たうじ》は半島開闢《はんたうかいびやく》この方初《かたはじ》めてのととだつたからさう云《い》はれるのも無理《むり》ぢやない。とれが又氏《またし》を實力以上《じつりよくいじやう》に評價《ひやうか》される結《けつ》果《くわ》にもなつた。責任《せきにん》なき第《だい》三者《しや》の目《め》から見《み》れば、崔昌學《さいしやうがく》と云《い》ふ人《ひと》は金《かね》がありあまつて困《こま》るものと盲斷《まうだん》し易《やす》かつた。御本人《ごほんにん》の爲《ため》には迷惑《めいわく》との上《うへ》なしだ。つまり

氏《し》が教育《けういく》、社會《しやくわい》事業等《じげふとう》に投《とう》じた、十萬《まん》や二十萬《まん》の寄附《きふ》はざらにあつても先入觀《せんにふくわん》の強《つよ》い世間《せけん》の人《ひと》は一向承《かうしやう》知《ち》しない。大抵《たいてい》はケチな人《ひと》だらうと推察《すゐさつ》する。しかし氏《し》の性格《せいかく》を云《い》へば、先《ま》づ極《きは》めて聰明《そうめい》且《か》つ勤勉《きんべん》にして思慮《しりよ》深《ぶか》く、自分《じぶん》の信《しん》念《ねん》によつて一旦決意《たんけつい》したが最後《さいご》挺《てこ》でも動《うご》かない。との點《てん》が世間《せけん》に誤解《ごかい》され易《やす》いところだらう。氏《し》の知友《ちいう》の側《がは》から聞《き》けば、二流《りう》や三流的事業《りうてきじげふ》は氏《し》でなくつてもいい、氏《し》は相當纏《さうたうまと》つた事業《じげふ》を考《かんが》へてゐるに違《ちが》ひないと、恐《おそ》らくとれが眞相《しんさう》だらう。如斯彼《かくのごとくかれ》の思《し》慮《りよ》と準備《じゆんび》と機會《きくわい》に惠《めぐ》まれて大事《だいじ》業《げふ》の完成《くわんせい》する日《ひ》を期《き》して待《ま》たう

河駿錫(朝鮮工作社長)

河駿錫氏《かしゆんしやくし》は慶南昌寧《けいなんしやうねい》の生《うま》れ、故郷《こきやう》においては慶南道議員《けいなんだうぎゐん》を始《はじ》め各公職《かくこうしよく》や事業會社方面《じげふくわいしやはうめん》の重役《ぢうやく》等《とう》の經驗《けいけん》は相當《さうたう》あつたとしても京城《けいじやう》への進出《しんしゆつ》は昭和《せうわ》十二年頃《ねんごろ》だつたから僅《わづ》か三、四年《ねん》の間《あひだ》に今《いま》では京城財界《けいじやうざいかい》の押《お》しも押《お》されもせぬ地位《ちゐ》だ。先《ま》づ氏《し》の設立《せつりつ》にかゝる特殊工業《とくしゆこうげふ》の朝鮮工作社長《てうせんこうさくしやちやう》を始《はじ》め、大抵《たいてい》の新設會社《しんせつくわいしや》の重役陣《ぢうやくぢん》には氏《し》の名《な》が漏《も》れない。最近設《さいきんせつ》立《りつ》された鮮支貿易《せんしぼうえき》の重大使命《ぢうだいしめい》をもつ東華産業《とうくわさんげふ》の社長《しやちやう》に推《お》される等愈々貫録《とういよいよくわんろく》を加《くは》へた。

他《た》の方面《はうめん》と云《い》へば中樞院參議《ちうすうゐんさんぎ》は論外《ろんぐわい》として朝鮮總督府税制調《てうせんそうとくふぜいせいてう》査委員委囑《さゐゐんゐしよく》だけでも大《たい》した貫録《くわんろく》に違《ちが》ひない。氏偶々嘆《したまたまたん》じて曰《いは》く京城《けいじやう》で取引《とりひき》して見《み》れば義俠心《ぎけふしん》の乏《とぼ》しいのには驚《おどろ》いたと、さもあらう！　氏《し》は財《ざい》

界人中孝心《かいじんちうがうしん》の深《ふか》いとで名《な》高《だか》いし、又氏《またし》は教育《けういく》を中學《ちうがく》より内地《ないち》で受《う》け早稻田《わせだ》の經濟學部《けいざいがくぶ》を出《で》たと等《とう》から推《お》して見《み》ても信義《しんぎ》あり教養《けうやう》ある人《ひと》だ。

氏《し》は嶺南《れいなん》より京城《けいじやう》に、更《さら》に大《たい》陸《りく》(東華産業《とうくわさんげふ》、滿洲藥業等《まんしうやくげふとう》を中《ちう》心《しん》として)に着目《ちやくもく》した等《とう》、朝鮮《てうせん》産業《さんげふ》の飛躍的發展《ひやくてきはつてん》に最《もつと》も貢獻《こうけん》せる人物《じんぶつ》と言《い》へよう。

朴興植(和信社長)

古《ふる》い言葉《ことば》ではあるが支那《しな》三國《ごく》時《じ》代《だい》の趙子龍《ちやうしりう》は『滿身《まんしん》とれ總《すべ》て膽《たん》なり』と評《ひやう》されたと云《い》ふが朴《ぼく》興植氏《こうしよくし》は『滿身《まんしん》とれ總《すべ》て事業熱《じげふねつ》なり』と云《い》へよう。酒《さけ》も飲《の》まず烟《たば》草も吸《す》はない、娯樂《ごらく》に親《した》む事《こと》もなく、朝《あさ》から晩《はん》まで事業《じげふ》の爲《た》め厭《いと》はず嫌《きら》はず驅《か》け廻《まは》つてゐる、のみならず事業計畫《じげふけいくわく》には確《たし》かに凡《ぼん》ならざる天才肌《てんさいはだ》だ。氏《し》の經營《けいえい》する和信《わしん》百貨店《くわてん》も一部《ぶ》の人《ひと》は『何《なあ》に××銀行《ぎんかう》の不良貸出《ふりやうかしだし》を殖《ふ》やす位《くらゐ》だらう』とまで輕蔑《けいべつ》したが、冗談《じやうだん》ぢやない、いつのまにか今《いま》は一割以上《わりいじやう》の配當《はいたう》を悠々《いう〳〵》やつてゐるんだから驚《おどろ》く外《ほか》はない。今《いま》もやつて

はゐるが、往《わう》年氏《ねんし》が新聞捲《しんぶんまき》取紙《とりし》を各社《かくしや》へ供給《きようきふ》する時日本《ときにつぽん》最初《さいしよ》での瑞西紙《スイスし》を輸入《ゆにふ》し市價《しか》より一二割安《わりやす》く賣出《うりだ》して業界《げふかい》を驚《おどろ》かせたのは實《じつ》に鮮《あざや》かなものだつた。

玄俊鎬(湖南銀行頭取)

玄俊鎬氏《げんしゆんこうし》が湖南銀行頭取《こなんぎんかうとうどり》と云《い》ふとと丈《だけ》でも全南《ぜんなん》における重鎭《ぢうちん》だと言《い》ふ感《かん》が深《ふか》い。しかも同行《どうかう》

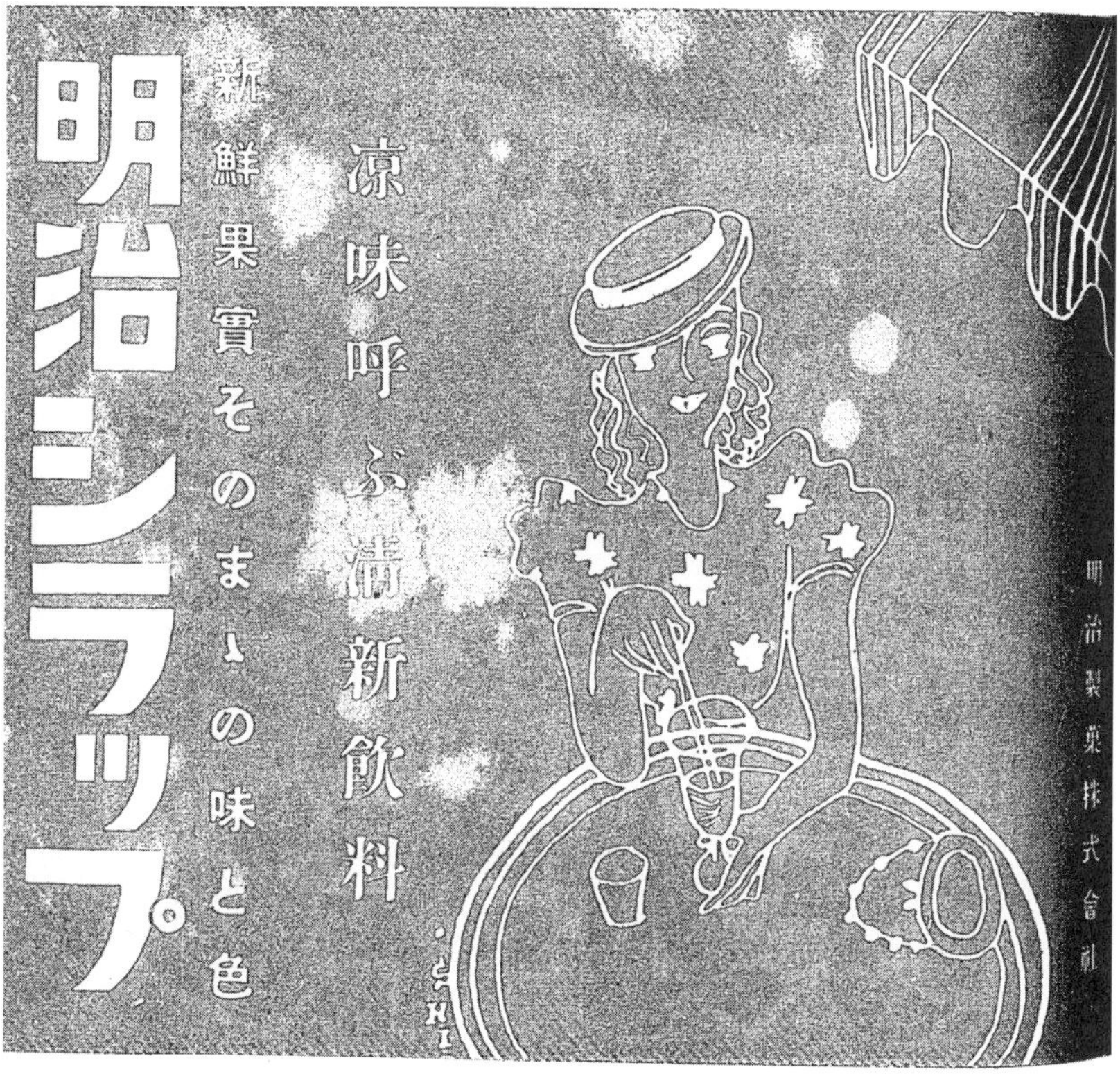
明治製菓株式會社
涼味呼ぶ清新飲料
新鮮果實そのまゝの味と色
明治シラップ

ZAOKIN
凡ゆる化濃症に！
短期奏効
多角的効果
○ザオキンは日本に於けるスルフアミン劑の先驅者たる光榮と開拓者たる榮譽を有する純良度の高い最高規格品である。
○ザオキンは有効根基（−NH₂SO₂）を最も高率に含有してゐるから滅菌抗毒作用が強く、効果が極めて迅速である。
○ザオキンは、淋疾、感冒その他凡ゆる化膿症に奏効じ、而も高度の純良品であるから副作用に對する懸念を要しない。
○ザオキンは價格が最も低廉である。
急性及慢性淋疾・中耳炎・扁桃腺炎・感冒・歯槽膿漏・婦人病・面皰・其他各種化膿性疾患
藥價低廉
50錠 ￥1.50
100錠 ￥2.80
180錠 ￥4.80
250錠 ￥6.50
全國藥店にあり
東京アルス藥品部
最高度の純正化學療法劑
ザオキン

設立者《せつりつしや》だ。裕福《ゆうふく》な家庭《かてい》に生《うま》れて坦々《たん〳〵》たる生活《せいくわつ》を續《つゞ》けてはゐるが心持《こゝろもち》は苦勞人《くらうにん》以上《いじやう》だ。親類間《しんるゐかん》には勿論《もちろん》知人間《ちじんかん》の世話《せわ》には寢食《しんしよく》を忘《わす》れる程《ほど》だと云《い》ふから、萬事《ばんじ》敬《けい》遠《えん》にしかず主義《しゆぎ》の金持心理《かねもちしんり》とは型違《かたちが》ひだ。氏《し》は交際《かうさい》廣《ひろ》く氏《し》の本《ほん》住地《ぢうち》たる光州《くわうしう》に來《く》る名士《めいし》にして氏《し》と遇《あ》はない內《うち》は全南《ぜんなん》を語《かた》る勿《なか》れと云《い》ひたい位《くらゐ》だ。氏《し》の事業《じげふ》關《くわん》係《けい》は湖南銀行《こなんぎんかう》以外《いぐわい》には之《こ》れと云《い》ふ纒《まとま》つたものはないが、敎育《けういく》社會事業《しやくわいじげふ》方面《はうめん》に重要《ぢうえう》な働《はたら》きをした例《れい》は枚擧《まいきよ》

に遑《いとま》なき程《ほど》で、との點《てん》確《たしか》に全南《ぜんなん》の代表格《だいへうかく》だ。氏《し》の性格《せいかく》たるや寧《むし》ろ緻密徹底《ちみつてつてい》すぎて此《こ》れが往々《わう〳〵》世《せ》間《けん》から誤解《ごかい》されることがある樣《やう》だ。又社交關係《またしやかうくわんけい》もあらうが、地《ち》方財人《はうざいじん》として中央《ちうあう》(京城《けいじやう》)に知名《ちめい》されたのは氏《し》を以《もつ》て筆頭《ひつとう》と云《い》ふべきだらう。かの海東《かいとう》、湖南《こなん》兩銀行合同交涉《りやうぎんかうがふどうかうせふ》までやつたのがこれを雄辯《ゆうべん》に語《かた》るのだ。海銀合《かいぎんがふ》同《どう》(實《じつ》は買收《ばいしう》)の是非《ぜひ》については筆者《ひつしや》の喋々《てふ〳〵》の限《かぎ》りではないが、氏《し》をして京城進出《けいじやうしんしゆつ》の機會《きくわい》遂《つひ》に至《いた》らしめなかつた丈《だけ》は好漢惜《かうかんをし》むべきを嘆《たん》ぜしめる。

方義錫(咸興タクシー社長)

方義錫《はうぎしやく》氏は咸南《かんなん》の自動車王《じどうしやわう》だ。さうは云《い》つてもアメリカのフォードにはあらず、線路《せんろ》を占《せん》有《いう》すること卽《すなは》ち自動車運輸業《じどうしやうんゆげふ》においてのことである。

現在咸南《げんざいかんなん》で極《ご》く一部《ぶ》の業者《げふしや》を除《のぞ》けば氏《し》の經營《けいえい》する咸興《かんこう》タクシー(公稱《こうしよう》五百萬圓《まんゑん》)に依《よ》つて統制《とうせい》されてゐる。氏《し》は元貧困《もとひんこん》に生《うま》れ自動車會社《じどうしやくわいしや》の事務員《じむゐん》から身《み》を起《おこ》して今日《こんにち》の大《だい》をなした。本業以《ほんげふい》外《ぐわい》にも木材《もくざい》、倉庫《さうこ》、釀造《ぢやうざう》曾《かつ》ては電氣事業《でんきじげふ》にまで手《て》を延《の》べてゐた。確《たし》かに咸南《かんなん》になくてはならぬ人物《じんぶつ》の一人《ひとり》だ。然《しか》も氏《し》の經營《けいえい》會社《くわいしや》の株《かぶ》はその全部《ぜんぶ》が氏《し》を中心《ちうしん》に氏一族及《しぞくおよ》び從業員《じうげふゐん》に依《よ》つて占《し》められてゐると云《い》ふから底力《そこぢから》の強《つよ》い事業家《じげふか》だ。咸南《かんなん》に於《お》ける多額納稅者《たがくなふぜいしや》としてはかの怪《くわい》物野口《ぶつのぐち》(遵《じゆん》)氏《し》の

次位《つぎくらゐ》だと云《い》ふんだから正《まさ》に巨物《おほもの》だ。氏《し》の性格《せいかく》たるや緻密《ちみつ》にして潤達《くわつたつ》、記憶力《きおくりよく》は帳簿《ちやうぼ》を備《そな》へる必《ひつ》要《えう》なしと云《い》ふんだから凄《すご》い。公《こう》共事業等《きようじげふとう》に對《たい》する寄附《きふ》は一度《ど》も文句《もんく》を云《い》つたことがなかつたので向《むか》ふが遠慮《ゑんりよ》する位《くらゐ》、儲《まう》かるコツもわかれば使《つか》ふ途《みち》も知《し》つてゐる。氏《し》は元來宣傳嫌《ぐわんらいせんでんぎら》ひで現在《げんざい》も數多《かずおほ》い靑年學徒《せいねんがくと》の育英費《いくえいひ》を辨擔《べんたん》しておるが絕對自慢等《ぜつたいじまんなど》しない。

金基鴻

國境名物《こくきやうめいぶつ》は鴨綠江《あふりよくかう》だけではない。わが金基《きんき》鴻氏《こうし》とそ國境《こくきやう》における名物的大《めいぶつてきおほ》きな存在《そんざい》だ。別稱《べつしよう》國境總督《こくきやうそうとく》と謳《うた》はれたかの多田榮《ただえい》吉氏《きちし》の如《ごと》き大物《おほもの》もあるが、今《いま》は內鮮人《ないせんじん》を通《つう》じて新義州《しんぎしう》きつての實力家《じつりよくか》た。氏《し》は元微《もとび》々たる商人《しやうにん》より身《み》を起《おこ》し、何《なに》を感《かん》じたか新《しん》義州近郊《ぎしうきんかう》の土地買入《とちかひいれ》に着手《ちやくしゆ》したが、當《あた》るも當《あた》つて第《だい》一次《じ》歐洲大《おうしうたい》戰《せん》、續《つゞ》いで大正《たいしやう》十一年《ねん》平北道廳《へいほくだうちやう》の新義州《しんぎしう》移轉《いてん》となつたから大《だい》成功大當《せいこうおほあた》りだつた。とう云《い》ふ投《とう》機的成功《きてきせいこう》をとげた後《のち》も氏《し》は新義《しんぎ》州《しう》一圓《えん》を舞臺《ぶたい》にして市街地《しがいち》建《たて》物《もの》、市場《いちば》、大開《だいかい》墾事業《こんりげふ》に參劃《さんくわく》して遂《つひ》には今日《こんにち》

の大《だい》をなし故鄕新義州《こきやうしんぎしう》も氏《し》の力《ちから》を借《か》りることが多《おほ》かつた。氏《し》を指《さ》して新義州發展《しんぎしうはつてん》の父《ちゝ》と云《い》ふのも過讃《くわさん》でなからう。氏《し》は太《ふと》つ肚《はら》で對人接衝《たいじんせつしよう》に絕對魅力《ぜつたいみりよく》がある。

(筆者は每日新報社經濟部長)

内地の知識階級に訴へる

宋今璇

今朝鮮《いまてうせん》では内鮮《ないせん》一體《たい》、創氏《さうし》改正《かいせい》など上下《じやうげ》を問《と》はず、大童《おほわらわ》になつておりますのに、わづか玄海灘《げんかいなだ》を越《こ》えれば、もう朝鮮《てうせん》とは凡《およ》そ遠《とほ》い所《ところ》で、風俗《ふうぞく》、習慣《しふくわん》を異《こと》にした近《ちか》づく事《こと》の出來《でき》ない距離《きより》にあるもののやうにお考《かんが》へになる方《かた》が多《おほ》いのではございませんでせうか？ たま〳〵東京《とうきやう》の〇〇大學《だいがく》を卒業《そつげふ》したとおつしやるインテリ青年達《せいねんたち》が紹介《せうかい》狀《じやう》を持《も》つて來《こ》られるのでお逢《あ》ひしてみると、『朝鮮《てうせん》と云《い》へば何《なに》か非常《ひじやう》にかけ離《はな》れた住《す》み難《にく》い所《ところ》で始《はじ》めて行《い》つてどうしやうかと、本當《ほんたう》に心配《しんぱい》して來《き》たが來《き》てみると案外《あんぐわい》なのに驚《おどろ》かされました』褒《ほ》めるのか、くさすのかわかりませんが、要《えう》するに、朝鮮《てうせん》と云《い》へば言葉《ことば》も通《つう》ぜず事毎《ことごと》に不便《ふべん》であらうと不安《ふあん》に思《おも》つたらしい。

『まさか、今時《いまどき》、朝鮮《てうせん》に虎《とら》が出《で》るとも思《おも》はないでせうね』と冗談《じようだん》に云《い》つてみると、

『それがゐるのですよ、朝鮮《てうせん》に行《い》つたら、寒《さむ》いから風邪《かぜ》を引《ひ》かないことと、虎《とら》に氣《き》をつけなさいなど本氣《ほんき》で手紙《てがみ》で注意《ちうい》して來《く》るのですからね』

『おや〳〵それは隨分今時《ずゐぶんいまどき》認識不《にんしきふ》足《そく》ですね。まさかインテリ層《そう》ではさうでないでせう』

『いや所《ところ》が皆《みな》インテリで僕等《ぼくら》の友《いう》人達《じんたち》ですよ。僕《ぼく》も來《き》てみて、吃驚《びつくり》して再《さい》認識《にんしき》してゐるやうなわけで、もつと〳〵皆《みな》に朝鮮《てうせん》を認識《にんしき》させる必要《ひつえう》が大《おほ》いにあるですね』

『勿論《もちろん》ですよ、今《いま》は歿《な》くなられましたが東京《とうきやう》から市川源《いちかはげん》三さんが而《しか》もこちらの愛國婦人會《あいこくふじんくわい》からの招待《せうたい》でゐらして各地《かくち》を巡回講演《じゆんくわいかうえん》をなさつて、東京《とうきやう》にお歸《かへ》りになつてから、「朝鮮《てうせん》の若《わか》き母親《はゝおや》を語《かた》る」と題《だい》してかゝれた文《ぶん》などみると、その認識不足《にんしきふそく》に腹《はら》が立《た》つあまり情《なさけ》なくなつてしまひますよ。朝鮮《てうせん》を蠻地《ばんち》漫遊氣取《まんいうきど》りの不親切《ふしんせつ》な態度《たいど》に腹《はら》が立《た》ち、それでゐて平氣《へいき》でゐられる程《ほど》の認識不足《にんしきふそく》なのに情《なさけ》なくなりますよ。西瓜《すゐくわ》の皮《かは》だけなめて中味《なかみ》の味《あぢ》がわかりませうか？ それをわからうともしない誠意《せいい》なさにあきれるばかりです。大抵《たいてい》お偉《えら》い方《かた》々がゐらつしやると、おきまりの御案内《ごあんない》で而《しか》もお定《きま》りの人々《ひとびと》の話《はなし》だけで朝鮮《てうせん》をわかつたつもりで大《おほ》きな顔《かほ》して吹聽《ふいちやう》されてはたまりませんよ。もつと〳〵朝鮮《てうせん》に近《ちか》づきわからうと云《い》ふ親切《しんせつ》な態度《たいど》だけでも持《も》つて戴《いただ》けないでせうか？ 無《む》教養《けうやう》な勞働者達《らうどうしやたち》をみて朝鮮人《てうせんじん》はあゝだ、朝鮮服《てうせんふく》はきれいだときいたのにあんなものかとか、一部《ぶ》の不《ふ》良學生《りやうがくせい》をみてすぐ朝鮮人全體《てうせんじんぜんたい》を評《ひやう》す事《こと》は亂暴《らんばう》よりも言語道斷《ごんごだうだん》な不親《ふしん》切《せつ》ですね。

現在朝鮮《げんざいてうせん》の飯《めし》を何《なん》十年《ねん》喰《た》べたと

云ふ人《ひと》さへもが間違《まちが》つた見解《けんかい》を持つてゐてそれで通《つう》ぶつてゐるから困《こま》つたものですね。』

『いけませんね、大《おほ》いにこれから奮鬪《ふんとう》しますよ。』

『是非《ぜひ》お願《ねが》ひします。ところが朝《てう》鮮《せん》の飯《めし》を長《なが》く喰《た》べると、神經《しんけい》が鈍《にぶ》くなるのでね、氣《き》をつけて下《くだ》さいね』

『大丈夫《だいぢやうぶ》ですよ』

と云《い》つた例《れい》はいくらもあります。

どうか朝鮮《てうせん》の飯《めし》を召上《めしあが》つてゐらつしやる方《かた》は猶更《なほさら》のこと朝鮮《てうせん》の飯《めし》を召上《めしあが》らない遠《とほ》くの方々《かた〴〵》でもありとあらゆる機會《きくわい》をつかんで朝鮮《てうせん》を研究《けんきう》し認識《にんしき》して仲良《なかよ》く手《て》を携《たづさ》へて進《すゝ》むだけの親切《しんせつ》がおありでせうか？　いゝえ之《これ》は國民《こくみん》としての當然《たうぜん》の義務《ぎむ》だと思《おも》ふのですけど・・・・。

麻生久先生足下

八峰　金　基　鎭

私《わたし》は今《いま》二十年前《ねんまへ》の貴下《あなた》の風貌《ふうばう》を眼前《がんぜん》に描《ゑが》きながらこの「内鮮問答《ないせんもんだふ》」の筆《ふで》をとりました。貴下《あなた》は勿論《もちろん》私《わたし》を記憶《きおく》して居《を》られる筈《はず》がないと思《おも》ひます。けれども私《わたし》の短《みじか》かつた大正《たいしやう》九年《ねん》から十二年《ねん》までの東京《とうきやう》在學《ざいがく》期間《きかん》に於《お》いて貴下《あなた》は私《わたし》にとつて最《もつと》も印象深《いんしやうぶか》いといふよりも感化《かんくわ》を與《あた》へられた先輩《せんぱい》のお一人《ひとり》でありましたしこれからも長《なが》く忘《わす》れ得《え》られぬ魂《たましひ》の中《なか》の存在《そんざい》であるでしよう。貴下《あなた》が本郷大學《ほんがうだいがく》通《どほ》りの裏《うら》で佐野《の》氏《し》の名義《めいぎ》で借《か》りた借家《しやくや》住《ずま》ひをして居《ゐ》た頃《ころ》、貴下《あなた》の著書《ちよしよ》「濁流《だくりう》に泳《およ》ぐ」が重版《ぢゆうはん》に重版《ぢゆうはん》を重《かさ》ね洛陽《らくやう》の紙《し》價《か》を高《たか》めてゐた頃《ころ》、私《わたし》は立教大學《りつけうだいがく》英文科豫科《えいぶんくわよくわ》二年生《ねんせい》でした。その頃《ころ》三四回《くわい》お宅《たく》へ訪問《はうもん》した時《とき》に貴下《あなた》は私《わたし》にツルゲネフの「處女地《しよぢよち》」のことを話《はな》され、ソロミンの時代《じだい》について多《おほ》くの言葉《ことば》を語《かた》られたやうに記《き》憶《おく》して居《を》ります。そして今《いま》も尙《な》ほはつきりと私《わたし》の腦裡《なうり》に刻《きざ》まれてゐるお言葉《ことば》は「半島《はんたう》の處女地《しよぢよち》は貴君《きくん》のやうな青年《せいねん》が今《いま》は何《なに》よりも切實《せつじつ》に必要《ひつえう》な時代《じだい》だ』といふ言葉《ことば》であります。

この一言《ごん》の下《もと》に行動《かうどう》をとつたのではありませんが私《わたし》は大正《たいしやう》十二年《ねん》大學《だいがく》の本科《ほんくわ》に進《すゝ》むのを廢止《はいし》して半《はん》島《たう》に歸《かへ》つて以來《いらい》十餘《よ》年間《ねんかん》微力《びりよく》をつくす弱卒《じやくそつ》として働《はたら》いて來《き》たつもりです。そしてこの期間中《きかんちう》いつも私《わたし》は貴下《あなた》を見《み》まもる注意《ちゆうい》を怠《おこた》らずに來《き》たことは私《わたし》にもその理由《りいう》がはつきりしません。その間《あひだ》社會情勢《しやくわいじやうせい》は激流《げきりう》の如《ごと》く移《うつ》り變《かは》り人々《ひと〴〵》の腦味噌《なうみそ》の働《はたら》き工合《ぐあひ》も大分《だいぶ》變《かは》つてしまひました。吾々《われ〳〵》は大正《たいしやう》十一二年《ねん》から昭《せう》和《わ》四、五年《ねん》までの約《やく》十年間《ねんかん》の生々《なま〳〵》しい出來事《できごと》を記憶《きおく》してゐます。貴《あな》下《た》はこの期間中《きかんちう》その昔《むかし》の同志《どうし》の人《ひと》々から嚴《きび》しく指彈《しだん》されました。「改《かい》良主義者《りやうしゆぎしや》」――勿論《もちろん》これは悅《よろこ》ばしい名前《なまへ》ではありません。

しかし貴下《あなた》は敢然《かんぜん》と自分《じぶん》の途《みち》を動搖《どうえう》せずに歩《ある》いて來《き》ました。勿論《もちろん》これは貴下《あなた》の頑丈《がんぢやう》な體軀《たいく》の中《なか》にやどつてゐる强靭《きやうじん》な意志力《いしりよく》のつよさを物語《ものがた》るものでしやう。この前《まへ》「齋藤事件《さいとうじけん》」を契機《けいき》として大衆黨《たいしうたう》の分裂《ぶんれつ》を餘儀《よぎ》なくせしめた時分《じぶん》病《びやう》床《しやう》に居《を》りながら新總裁《しんそうさい》に推《お》された貴下《あなた》の寫眞《しやしん》と談話《だんわ》が新聞《しんぶん》に載《の》つてゐるのを眺《なが》めながらも私《わたし》は貴下《あなた》のその體軀《たいく》から意志力《いしりよく》が絕《た》えず發散《はつさん》されてゐるかのやうな感《かん》じに打《う》たれたものでした。

この頃《ごろ》擧國政治體制《きよこくせいぢたいせい》の必要《ひつえう》とそれがための强力新黨組織《きやうりよくしんたうそしき》が叫《さけ》ばれて國民《こくみん》の關心《かんしん》をここに集中《しふちう》してをるやうですがそれについての纏《まと》まつた組織理論《そしきりろん》は見當《みあた》りませんのは如何《どう》いふわけでしやうか。國民《こくみん》の再編成《さいへんせい》は新《あたら》しい哲學《てつがく》に立脚《りつきやく》せる具《ぐ》體的《たいてき》な指《し》

内鮮問答

導《だう》理論《りろん》の確立《かくりつ》なくして不可能《ふかのう》なことだらうと思《おも》ひます。

大正《たいしやう》十年前後《ねんぜんご》から今日《こんにち》までの約《やく》廿年間《ねんかん》に亘《わた》る半島民衆《はんたうみんしう》の現實生活《げんじつせいくわつ》もそれこそ世紀的轉變《せいきてきてんぺん》を經《へ》て今《いま》や『内鮮《ないせん》一體《たい》』にまで進《すゝ》んで來《き》て居《を》ります。吾々《われ〱》は目《め》まぐるしくあつた過去《くわこ》への追憶《つゐおく》よりも將來《しやうらい》への希望《きばう》と躍進《やくしん》に燃《も》えてゐる大衆《たいしう》を見《み》てゐます。國民再編成《こくみんさいへんせい》は隅《すみ》から隅《すみ》までの地域《ちいき》を引《ひ》つくるめて、そして全國民《ぜんこくみん》が熱意《ねつい》を持《も》つて參加《さんか》しなければ所期《しよき》の效果《かうくわ》を收《をさ》め難《がた》いことであると信《しん》じます。この點《てん》既成政治家《きせいせいぢか》にどれほどの準備《じゆんび》が出來《でき》てゐるか伺《うかゞ》ひ度《た》いものです。

内外《ないぐわい》、名實《めいじつ》とも重大時局《ぢゆうだいじきよく》に直面《ちよくめん》してゐる吾々國民《われ〱こくみん》の指導的立場《しだうてきたちば》に在《あ》る貴下方《あなたがた》の熱意《ねつい》ある御意見《いけん》を拜聴《はいちやう》する機會《きくわい》に惠《めぐ》まれないことを寂《さび》しく思《おも》ひつゝ貴下《あなた》の自重《じちよう》、奮闘《ふんとう》を祈《いの》つて居《を》ります。

親愛なる内地の作家へ

崔貞熙

菊池寛《きくちくわん》、久米正雄《くめまさを》、中野實《なかのみのる》、火野葦平《ひのあしへい》、吉川英治《よしかはえいぢ》諸氏《しよし》が、傷病兵慰問講演行脚《しやうびやうへいゐもんかうえんあんぎや》のついでに、朝鮮《てうせん》にも寄《よ》ると云《い》ふことを、新聞《しんぶん》でうかゞひました。

その方々《かた〲》は、私《わたし》を全然《ぜんぜん》、御存《ごぞん》じないでせうが、私《わたし》は遠《とほ》い昔《むかし》からの知《し》り合《あ》ひの樣《やう》な氣《き》がします。

殊《こと》に、菊池寛氏《きくちくわんし》の、「受難華《じゆなんげ》」等《など》は女學校時代《ぢよがくかうじだい》、何度《なんど》も讀《よ》み直《なほ》しては、主人公《しゆじんこう》のすみ子《こ》がひどく、氣《き》になつて、いかにも自分《じぶん》がすみ子《こ》にでもなつた氣持《きもち》で、夢中《むちう》になつて葉《は》が風《かぜ》に揺《ゆ》れそよいでゐる樹《き》のいつぱい並《なら》んだ靜《しづ》かな寄宿舍《きしゆくしや》の庭《には》を一人《ひとり》歩《ある》きながら、靄《もや》の樣《やう》な夢《む》想《さう》にふけつてゐた少女時代《せうぢよじだい》のことが未《いま》だ記憶《きおく》の奧《おく》に殘《のこ》つてゐます。樹《き》の上《うへ》には始終《しじう》、青《あを》い美《うつく》しい空《そら》があつたのです。私《わたし》は、長《なが》いこと立《た》ち止《どま》つて、その青《あを》い美《うつく》しい空《そら》を眺《なが》めました。そうしてゐると「受難華《じゆなんげ》」を書《か》いた方《かた》の息吹《いぶき》まで感《かん》じられる樣《やう》で、胸《むね》が一杯《はい》になつて來《き》ました。

その方々《かた〲》が今《いま》いらつしやるとする。ほんとになつかしい人《ひと》の歸《かへ》りでも待《ま》つかの氣持《きもち》で、その日《ひ》の來《く》るのが待《ま》たれます。

早《はや》くいらしつて下《くだ》さい。もつと大勢《おほぜい》いらしつて欲《ほ》しいんですけど――。武者小路實篤《むしやこうぢさねあつ》さんも、佐藤春夫《さとうはるを》さんも、森田《もりた》たまさんも、林芙美子《はやしふみこ》さんも、宇野千代《うのちよ》さんも、堀辰雄《ほりたつを》さんも‥‥。

いらつして朝鮮《てうせん》をよく視察《しさつ》して欲《ほ》しい。朝鮮《てうせん》の文化《ぶんくわ》を、眞《しん》の意味《いみ》からそこのそこまで知《し》りつくして欲《ほ》しいのです。知《し》らないところにどうして理解《りかい》が生《しやう》じませう、理解《りかい》のないところにどうして親愛《しんあい》が望《のぞ》まれませう。今《いま》まで貴方方《あなたがた》が持《も》つていらした、態度《たいど》を捨《す》てていたゞきたいのです。

大衆藝術に就て

濱本浩

李瑞求君《りずゐきうくん》、私達《わたしたち》の親睦《しんぼく》には、汎《ひろ》い意味《いみ》で云《い》ふ情操《じやうさう》の交流《かうりう》が、絶對《ぜつたい》に必要《ひつえう》だと僕《ぼく》は考《かんが》へて居《ゐ》る。貴方《あなた》達《たち》の興味《きようみ》を持《も》ち美《び》を感《かん》ずるものに私達《わたしたち》も同感《どうかん》し、私達《わたしたち》が愉快《ゆくわい》とし樂《たの》しむものに、貴方方《あなたがた》も共鳴《きようめい》することである。さう云《い》ふ意味《いみ》で、劇《げき》や文學《ぶんがく》に活動《くわつどう》すると共《とも》に、多年《たねん》放送局《はうそうきよく》にあつて、大衆娛樂《たいしうごらく》の實際《じつさい》に携《たづさわ》つて居《ゐ》る貴兄《きけい》に特《とく》に左《さ》の感想《かんさう》を求《もと》めるわけである。

一、內地《ないち》の大衆讀物《たいしうよみもの》を何《ど》う思《おも》ふか？

僕《ぼく》は朝鮮《てうせん》の大衆讀物《たいしうよみもの》を知《し》らぬ。だが、內地《ないち》の讀物《よみもの》の中《なか》には、隨分《ずゐぶん》馬鹿《ばか》〳〵しい、恥《はづ》かしいものが多《おほ》いと思《おも》つて居《ゐ》る。敢《あへ》て今日《こんにち》の時局《じきよく》下《か》でなくても、こんな愚劣《ぐれつ》な讀物《よみもの》が發表《はつぺう》されていゝか何《ど》うかと考《かんが》へさせられるものが少《すく》くない。

二、內地《ないち》の流行歌《りうかうか》を何《ど》う思《おも》ふか？

數年前《すうねんぜん》、京城《けいじやう》からの中繼放送《ちうけいはうそう》で、金駿泳作曲《きんしゆんえいさくきよく》の「半島義勇隊《はんたうぎゆうたい》の歌《うた》」を聞《き》き、歌詞《かし》は解《わか》らなかつたが、メロデーに感動《かんどう》し、その後《ご》京城《けいじやう》に行《い》つた際《さい》、貴兄《きけい》に賴《たの》んで、そのレコードを探《さが》して貰《もら》つた事《こと》があつたらう。この春《はる》、朝鮮《てうせん》へ行《い》つた文藝春秋社《ぶんげいしゆんじうしや》の香西《かうざい》、桔梗雨君《ききやうりゆうくん》が、知友《ちいう》への土產《みやげ》に、金松奎作曲《きんしようけいさくきよく》の「連絡船《れんらくせん》の歌《うた》」のレコードを買《か》つて來《き》て配《くば》つた。これは僕《ぼく》も三年前《ねんまへ》から愛好《あいかう》して居《ゐ》たメロデーだが、雜誌《ざつし》「日《ひ》の出《で》」の記者《きしや》M君《くん》は、內地《ないち》では、こんな樂《たの》しい流行歌《りうかうか》を今《いま》まで一度《ど》も耳《みゝ》にしたことがなかつた、と云《い》つて、ひどく感動《かんどう》して居《ゐ》た。これ等《ら》の流行歌《りうかうか》は、何《いづ》れも三四年前《ねんまへ》のものだし、また必《かなら》ずしも朝鮮獨得《てうせんどくとく》の藝術《げいじゆつ》であるとは云《い》へないであらうが、最近朝鮮樂劇團《さいきんてうせんがくげきだん》の諸君《しよくん》によつて歌《うた》はれた流行歌《りうかうか》を通《つう》じて考《かんが》へても、僕達《ぼくたち》も朝鮮《てうせん》のメロデーに心《こゝろ》を動《うご》かされ、また慰《なぐさ》められることは事實《じじつ》である。その意味《いみ》で內地《ないち》の流行歌《りうかうか》を語《かた》るとき、僕《ぼく》は朝鮮《てうせん》の諸兄《しよけい》に恥《は》ぢざるを得《え》ないのである。

一、內地《ないち》の映畫《えいぐわ》を何《ど》う見《み》るか？

僕《ぼく》は曾《かつ》て「旅路《たびぢ》」「漢江《かうこう》」の二篇《へん》を觀《み》て、それらの朝鮮映畫《てうせんえいぐわ》が、極《きは》めて惠《めぐ》まれざる條件《でうけん》のもとに製作《せいさく》されたことを知《し》ると同時《どうじ》に、その作品《さくひん》の持《も》つ、素朴《そぼく》な美《うつく》しさと、スクリーンに再現《さいげん》された製作關係者《せいさくくわんけいしや》の熱意《ねつい》に、悉《こと〴〵》く心《こゝろ》を擊《う》たれたものであつた。もちろん外國映畫《ぐわいこくえいぐわ》とは比較《ひかく》にならぬ機構《きこう》の下《もと》に製作《せいさく》されて居《ゐ》る內地映畫《ないちえいぐわ》ではあるが、それを考慮《かうりよ》して且《か》つ、貴兄《きけい》は現代《げんだい》の內地映畫《ないちえいぐわ》を何《ど》う觀《み》られるか。遺憾《ゐかん》ながら僕《ぼく》は、絶體的《ぜつたいてき》に觀《み》て、ひどく悲觀《ひくわん》しし居《ゐ》るのだが。以上《いじやう》。

朴雪中月君へ

東郷青兒

朝鮮《てうせん》の妓生《きいさん》は半島人《はんたうじん》の良《よ》いところと惡《わる》いところをはつきり代表《だいへう》してゐるやうだ。私《わたし》は何時《いつ》も、單《たん》なる旅行者《りよかうしや》だから、ほんとの妓生情緒《きいさんじやうちよ》と云《い》ふものを味合《あぢあ》つたことは無《な》いが、宴席《えんせき》に現《あらは》れて來《く》るさまざまな妓生《きいさん》を見《み》てゐると、一見《けん》して大別出來《だいべつでき》る種屬的《しゆぞくてき》な良《よ》さと惡《わる》さを感《かん》じるのである。大體昔《だいたいむかし》の妓生《きいさん》と云《い》ふものは、一

內鮮問答

種《しゆ》の文化的《ぶんくわてき》な存在《そんざい》で、立派《りつぱ》な見識《けんしき》を持《も》つてゐた者《もの》だと聞《き》いてゐるが、そのやうな高度《かうど》の種族的《しゆぞくてき》優秀《いうしう》さを今《いま》でも持《も》つてゐる一群《ぐん》の妓生《きいさん》と、そんなものとは關係《くわんけい》なしに、無《む》敎養《けうやう》のまゝ綺羅《きら》を飾《かざ》つて客席《きやくせき》に現《あらは》れる別《べつ》の一群《ぐん》がある。私《わたし》はその優《すぐ》れた方《はう》の妓生《きいさん》に、その態度《たいど》や顏《かほ》の優美《いうび》さから、朝鮮本來《てうせんほんらい》の高《たか》い文《ぶん》化《くわ》を感《かん》じ、二千年昔《ねんむかし》の極《きは》めて高度《かうど》な藝術《げいじゆつ》を感《かん》じるのだが、この良《よ》さも、大《おほ》きな時代《じだい》の波《なみ》に何時《いつ》かは呑《の》まれて行《い》つて了《しま》ふのではないかと心配《しんぱい》するのである。内地《ないち》でもずつと以前《いぜん》は藝者《げいしや》が女《をんな》の文化的代表《ぶんくわてきだいへう》らしく見《み》えた時代《じだい》があつた。しかし、朝鮮《てうせん》の妓生《きいさん》の持《も》つてゐるスペリオリテはもつともつと理《き》肌《め》の細《こまか》い、智的《ちてき》なものであると私《わたし》は思《おも》ふのだが、どんなものだらう。私《わたし》の見《み》た妓生《きいさん》の數《かず》は、京城《けいじやう》、平壤《へいじやう》にゐる妓生《きいさん》の何百分《なんびやくぶん》の一にも過《す》ぎないだらうが、君《きみ》や都月仙《とげつせん》や、高英蘭《かうえいらん》のやうな人《ひと》たちが、私《わたし》の云《い》つた妓生《きいさん》の本《ほん》質的《しつてき》なものを自覺《じかく》して呉《く》れることが朝鮮《てうせん》の優秀《いうしう》さを内地人《ないちじん》に知《し》らせる一番簡易《ばんかんい》な方法《はうはふ》だと私《わたし》は思《おも》ふのである。内地《ないち》の旅行《りよかう》者《しや》は朝鮮《てうせん》に來《き》てまづ妓生《きいさん》と云《い》ふことになるだらう。それらの内地人《ないちじん》に、高麗《かうらい》の白《はく》磁《じ》の手觸《てざはり》を感《かん》じさせ、世界《せかい》に比類《ひるゐ》なき古《ふる》い文化《ぶんくわ》を感《かん》じさせることが君《きみ》らの態度《たいど》一つで出來《でき》ると私《わたし》は斷《だん》言《げん》して憚《はゞか》らない。

私《わたし》は今回《こんくわい》の朝鮮旅行《てうせんりよかう》で、下等《かとう》な酌婦《しやくふ》に少《すこ》しも變《かは》らないやうな妓生《きいさん》が實《じつ》に多《おほ》くなつたことを感《かん》じた。そんな中《なか》で、君等數人《きみらすうにん》の姿《すがた》が、清《せい》冽《れつ》な氣品《きひん》を持《も》つて、優《すぐ》れた朝鮮《てうせん》を感《かん》じさせて呉《く》れたことに喜《よろこ》びを感《かん》じると共《とも》に將來《しやうらい》の危惧《きぐ》を感《かん》じない譯《わけ》にはゆかないのである。

君《きみ》が私《わたし》の個展《こてん》に來《き》て、私《わたし》の藝術《げいじゆつ》の最《もつと》も難解《なんかい》な點《てん》に說明《せつめい》もなくすらすらと這入《はい》り込《こ》んだことにも驚《おどろ》きを感《かん》ずるし、ヘルマン・ヘッセの文學《ぶんがく》のやうな、地味《ぢみ》なものに深《ふか》い熱情《ねつじやう》を持《も》つてゐる點《てん》にも敬意《けいい》を感《かん》じた。君《きみ》たちが宴席《えんせき》で、ただにこやかに笑顏《ゑがほ》を造《つく》つてゐるだけで悠《いう》久《きう》な朝鮮《てうせん》を感《かん》じさせるのには、本《ほん》質的《しつてき》なスペリオリテの他《ほか》に、豐富《ほうふ》な趣味生活《しゆみせいくわつ》が背後《はいご》に惠《めぐ》まれてゐるからだらう。

躍進朝鮮《やくしんてうせん》の重要《ぢゆうえう》な齒車《はぐるま》の一つである君《きみ》たちの自重《じちよう》を祈《いの》る。

內鮮問答

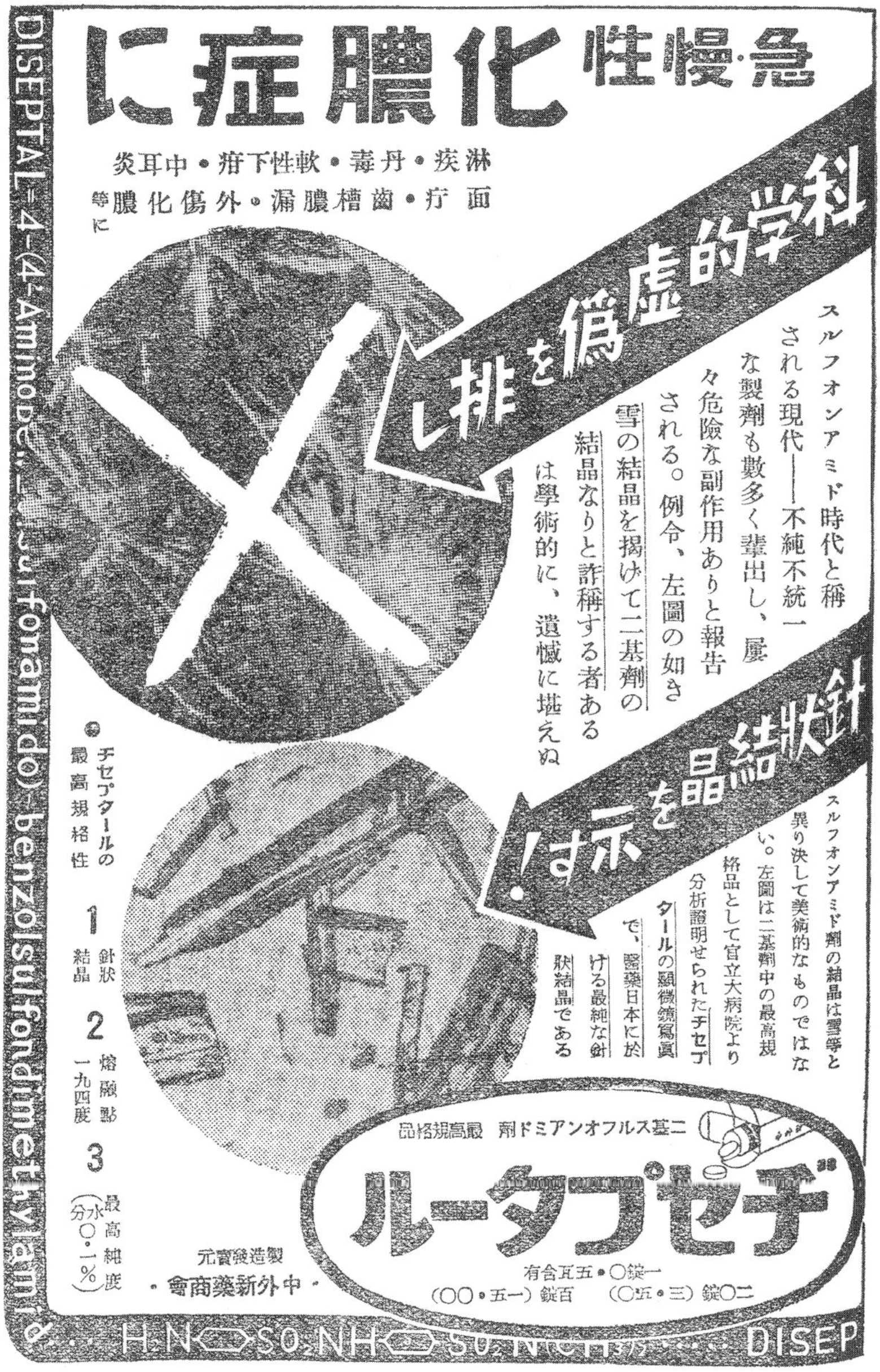

急慢性化膿症に
淋疾・丹毒・軟性下疳・中耳炎
面疔・歯槽膿漏・外傷化膿等に
科学的虚偽を排し
スルフオンアミド時代と稱される現代――不純不統一な製劑も數多く輩出し、屢々危險な副作用ありと報告される。例令、左圖の如き雪の結晶なりと掲げて二基劑の結晶なりと許稱する者あるは學術的に、遺憾に堪えぬ
針狀結晶を示す！
スルフオンアミド劑の結晶は雪等と異り決して美術的なものではない。左圖は二基劑中の最高規格品として官立大病院より分析證明せられたチセプタールの顯微鏡寫眞で、醫藥日本に於ける最純な針狀結晶である
●チセプタールの最高規格性
1 針狀結晶
2 熔融點 一九四度
3 最高純度（水分〇・一％）
二基スルフオンアミド劑 最高規格品
チセプタール
一錠〇・五瓦含有
二〇錠（三・五〇） 百錠（一五・〇〇）
製造發賣元
中外新藥商會
DISEPTAL=4-(4'-Amino ... sulfonamido)-benzolsulfondimethylamid
H₂N SO₂NH SO₂N(CH₃)₂ DISEP

京城学生活

紳士的な京城帝國大學生

京城帝大《けいじやうていだい》の學生《がくせい》は、醫學部《いがくぶ》豫科《よくわ》甲類《かうるゐ》(理科《りくわ》)一二〇人《にん》、乙類《おつるゐ》(醫學部《いがくぶ》)二四〇人《にん》の三年制《ねんせい》で、理工學部《りこうがくぶ》には大學部《だいがくぶ》がなくて來年《らいねん》から開設《かいせつ》することになつてゐる。大學《だいがく》の醫學部《いがくぶ》は一年《ねん》八〇名《めい》つゞ三百二〇名《めい》で三年制《ねんせい》である。

法文學科《はふぶんがくくわ》の豫科《よくわ》は一年《ねん》二四〇名《めい》つゞの三年制《ねんせい》、大學部《たいがくぶ》は一年《ねん》八〇名《めい》つゞ二四〇名《めい》の三年制《ねんせい》、學費《がくひ》は豫科《よくわ》七十五圓《えん》、大學《たいがく》百圓《えん》で、學究《がくきう》にいそしんでゐる。

さすがに彼等《かれら》は最高學府《さいかうがくふ》の誇《ほこ》りを以《もつ》て、帝大生共通《ていだいせいきやうつう》の紳士的《しんしてき》な態度《たいど》で通學《つうがく》してゐるやうにみえる。

しかし、内面《ないめん》をさぐれば必《かなら》ずしも彼等《かれら》はプライドをもつて彼等《かれら》の天下《てんか》を謳歌《おうか》はしてゐないやうである。

現在《げんざい》では、醫學部《いがくぶ》の學生《がくせい》が一番《はん》活潑《くわつぱつ》に見《み》える。

昨年《さくねん》も有志《いうし》の學生達《がくせいたち》が蒙疆北支《もうきやうほくし》方面《はうめん》に出《で》かけ現地《げんち》の土人《どじん》、風土病《ふうどびやう》病菌其他《びやうきんそのた》について、人類學的《じんるゐがくてき》、醫學的《いがくてき》に貢獻《こうけん》する幾多《いくた》の報告《はうこく》をもたらして、學界《がくかい》から絶讃《ぜつさん》を浴《あ》び大《おほ》いに氣《き》を吐《は》いてゐる。ひきつゞき今夏《こんか》の休暇《きうか》を利《り》して勇躍遠征《ゆうやくゑんせい》する計畫《けいくわく》だそうだ。學生達《がくせいたち》は普段《ふだん》でも眞摯《しんし》な研究《けんきう》を怠《おこた》らず、總督府《そうとくふ》衞生豫《ゑいせいよ》防醫《はうい》學會《がくくわい》と共力《きようりよく》して京城《けいじやう》のドン底《ぞこ》生活《せいくわつ》、いはゆる土幕生活者《どまくせいくわつしや》の生活《せいくわつ》狀態《じやうたい》を彼等《かれら》も共《とも》に土幕《どまく》の中《なか》に入《い》り込《こ》んで徹底的《てつていてき》にしらべ上《あ》げ社會科《しやくわいくわ》學《がく》の研究《けんきう》に力《ちから》を盡《つく》してゐる。

醫學部《いがくぶ》の學生《がくせい》がこのやうにピチピチとして活動的《くわつどうてき》なのに反《はん》して、教授達《けうじゆたち》は十年《ねん》一日《じつ》の如《ごと》く、古《ふる》くさい講義《かうぎ》をやつて指導能力《しだうのうりよく》があるのかしらと疑《うたが》はれる位退嬰的《くらゐたいえいてき》だといふ。唯一《たゞひとり》人類學《じんるゐがく》の今井博士《いまゐはかせ》だけ

夏向きの朝鮮料理

京城・梨花女專講師　宋今璇

蛤《はまぐり》の煎油魚(揚物)

材料(五人分)

大蛤　十五個
玉子　三個
メリケン粉大匙五杯位
鹽、胡椒少〻
胡麻油大匙五杯

大蛤《おほはまぐり》の砂《すな》を吐《は》かせて、むきみ二枚《まい》に下《おろ》します。ほんの少〻《せう〳〵》鹽胡椒《しほこせう》を振《ふ》り、メリケン粉《こ》をまぶし、玉子《たまご》をといて、粉《こな》にまぶせた蛤《はまぐり》をくぐらせます。

フライパンに胡麻油《ごまあぶら》をひき

ルポルタージュ E記者

が學生《がくせい》の信望《しんばう》を集《あつめ》てゐるやうだ。

法文學部《はふぶんがくぶ》の方《はう》はとれと反對《はんたい》で、教授《けうじゆ》の方《はう》が何事《なにごと》にも積極的《せききよくてき》で、社《しや》會的《くわいてき》に活動《くわつどう》をつゞけてゐる人達《ひとたち》ばかりなのに、生徒《せいと》は何《なに》もしないでたゞ、ノートにかじりついてゐるのが多《おほ》いそうだ。

學校《がくかう》のアカデミックな教育《けういく》のおかげで學生《がくせい》一般《はん》はペダンティスムスの徒《と》が多《おほ》い。とれは全國《ぜんこく》の帝大《ていたい》系《けい》の通例《つうれい》だから止《や》むを得《え》まい。


全學生《ぜんがくせい》の三分《ぶん》の一が苦學《くがく》してゐる現象《げんしやう》は注目《ちうもく》に値《あたひ》する。苦學《くがく》の大《たい》部分《ぶぶん》は家庭教師《かていけうし》である。しかし、やむを得《え》ざる必要《ひつえう》からの者《もの》は、數《かぞ》へる程《ほど》ないと云《い》はれるから帝大學《ていだいがく》生《せい》に家庭教師《かていけうし》の口《くち》が多《おほ》いことを證《しよう》明《めい》してゐると云《い》へよう。

學校《がくかう》には學生《がくせい》に對《たい》して消費組合《せうひくみあひ》組織《そしき》の共濟部《きようさいぶ》が設《まう》けられ、學用品《がくようひん》その他《た》を經濟的《けいざいてき》に助《たす》けてゐる。

一體《たい》に半島《はんたう》の學生《がくせい》は人數《にんづう》も多《おほ》いし、金持《かねもち》の家《いへ》の息子《むすこ》が多《おほ》く、内地《ないち》から來《き》た學生《がくせい》に苦學生《くがくせい》が多《おほ》いやうである。その差《さ》によつて從來協調《じうらいけふてう》をかくきらひがあつたが、事變《じへん》以來學生《らいがくせい》の中《なか》から應召者《おうせうしや》を出《だ》すやうになつてから互《たが》ひに目覺《めざ》めて、現《げん》在《ざい》は文字《もじ》通《どほ》り内鮮《ないせん》一體《たい》で勉學《べんがく》にいそしんでゐる。

スポーツは盛《さか》んで全國帝大關係《ぜんこくていだいくわんけい》と歩調《ほてう》を合《あは》せて行《おこな》ひ、九州帝大《しうていだい》とは特別《とくべつ》に定期戰《ていきせん》がある、鮮内《せんない》の各《かく》專門學校《せんもんがくかう》と運動《うんどう》の交換《かうくわん》をしないのは不思議《ふしぎ》だ。たゞアイスホッケーだけが、延禧專門《えんきせんもん》や、普成專門《ふせいせんもん》と運動交換《うんどうかうくわん》を行《おこな》つてゐる。

音樂部《おんがくぶ》、美術部《びじゆつぶ》、寫眞部《しやしんぶ》等《とう》もそれぞれ内容的《ないようてき》には充實《じうじつ》してゐるが學生《がくせい》らしく學内《がくない》だけで、校外《かうぐわい》に働《はたら》きかけてはゐないようである。

青春謳歌の延禧專門

延禧專門《えんきせんもん》は文科《ぶんくわ》、商科《しやうくわ》、數物科《すうぶつくわ》(理科《りくわ》)に分《わか》れ、文科《ぶんくわ》と數物科《すうぶつくわ》は四年《ねん》修了《しうれう》、商科《しやうくわ》は三ケ年《ねん》で修了《しうれう》する。

とゝの學生達《がくせいたち》は、内地《ないち》で云《い》へば慶應《けいおう》の學生《がくせい》の如《ごと》くスマートで、やる事《こと》が派手《はで》である。校舍《かうしや》が新村《しんそん》の美《うつく》しい松林《まつばやし》の丘《をか》の上《うへ》にあり、梨花《りくわ》專門《せんもん》が丘《をか》を越《こ》えた彼方《かなた》にロマンチックに配《はい》されたところなぞ、惠《めぐ》まれすぎて、妬《ねた》ましい位《くらゐ》である。延《えん》

熱した時前《ときまへ》の玉子《たまご》にくぐらせた蛤《はまぐり》をひろげ、焦《こ》げない様《やう》に兩面燒《りやうめんや》きます。
別《べつ》に酢《す》醤油《じやうゆ》をこしらへ、これをつけて戴《いただ》きます。(松《まつ》の實《み》があればこれを紙《かみ》の上《うへ》で細《こまか》く刻《きざ》み、酢《す》醤油《じやうゆ》に浮《う》かせます)
鰄、その他《た》白身《しろみ》の魚《さかな》のうすく下《おろ》したものなど以上《いじやう》の様《やう》にこしらへ盛合《もりあは》せます。

豆乳《とうにう》うどん

(夏の清涼食物)

材料

うどん(手打ならなほよし)
白大豆二合
食鹽少々
氷少し、あればなほよし。

白大豆《しろだいづ》を水《みづ》に浸《つ》け、ふやけた頃《ころあひ》柔かくゆでる。本當《ほんたう》は挽《ひき》臼《うす》で挽《ひ》くのですが、なければ挽肉機《ひきにくき》でもよく、又擂鉢《またすりばち》で叮嚀《ていねい》に擂《す》り、粒《つぶ》のない位細《くらゐこまか》くな

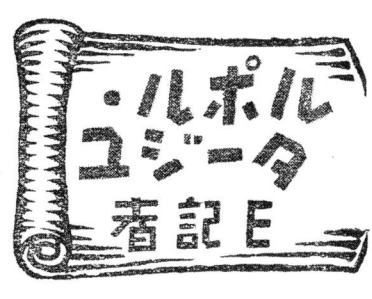

禧《き》專門《せんもん》の學生《がくせい》と梨花專門《りくわせんもん》の學生《がくせい》とが仲《なか》がいゝのは自然《しぜん》の理《り》である。

スポーツマンと音樂家《おんがくか》と藝術家《げいじゆつか》を盛《さか》んに生《う》み出《だ》すところなぞはかうした惠《めぐ》まれた環境《くわんきやう》によると解釋《かいしやく》してもいゝであらう。

彼等《かれら》はアメリカの學生《がくせい》みたいに幸福《かうふく》である。青春《せいしゆん》をせい一杯樂《たの》しんでゐる。

この學校《がくかう》の得意《とくい》なスポーツは日本代表《にほんだいへう》のオリムピック選手《せんしゆ》を多數《たすう》おくり出《だ》したバスケットボールを筆頭《ひつとう》に蹴球《しうきう》、サイクル、他《ほか》、全般《ぜんぱん》に亙《わた》つてゐる。運動場《うんどうぢやう》もすべて完備《くわんび》し實《じつ》に盛大《せいだい》である。

スポーツで延禧專門《えんきせんもん》の好敵手《かうてきしゆ》は普成專門《ふせいせんもん》であるが、兩者《りやうしや》が相《あひ》まみえるときには、延禧《えんき》の方《はう》では統制《とうせい》のとれた應援團《おうえんだん》が繰《く》り出《だ》し、學校《がくかう》自慢《じまん》の素《す》晴《はら》しいバンドが入《はひ》つて派《は》手《で》に敵方《てきがた》を壓倒《あつたう》する。

そこに梨花女子專門《りくわぢよしせんもん》の華《はな》やかなのが加《くは》はれば氣《き》の弱《よわ》いのは「もういけません」と戰《たゝか》はざる中《うち》に兜《かぶと》をぬぐであらう。

音樂《おんがく》は他《た》にボーカル・オーケストラをアメリカ歸《かへ》りの有名《いうめい》な音樂《おんがく》博士《はかせ》玄濟明氏《げんさいめいし》が親《した》しく指導《しだう》してゐるから、どうして素人《しろうと》の團體《だんたい》とは思《おも》へぬ位立派《くらゐりつぱ》である。このオーケストラから現在《げんざい》、新響《しんきやう》に二人《ふたり》も參《さん》加《か》してゐる。

李仁籠君《りじんろうくん》などは音樂《おんがく》コンクールに幾度《いくど》か入選《にふせん》してゐる。

音樂部《おんがくぶ》では年《ねん》に二回京城《けいじやう》の府民《ふみん》館《くわん》あたりで音樂會《おんがくくわい》を有料《いうれう》で開《ひら》くし屢々《しばしば》、地方巡業《ちはうじゆんげふ》に出《で》かける。別《べつ》に教會《けうくわい》では梨花專門《りくわせんもん》と合同《がふどう》のコーラス團《だん》を組織《そしき》してると云《い》つた具合《ぐあひ》である。

演劇《えんげき》も盛《さか》んで、殊《こと》に飜譯物《ほんやくもの》、英《えい》語劇《ごげき》はこの學校《がくかう》の獨壇場《どくだんぢやう》である。五千名收容《めいしうよう》の露天劇場《ろてんげきぢやう》は全學生《ぜんがくせい》ばかりではなく京城府民《けいじやうふみん》の娛樂場《ごらくぢやう》となつてゐる。演劇部《えんげきぶ》では今《いま》、英語《えいご》劇《げき》の春香傳《しゆんかうでん》を稽古中《けいこちう》である。イブセンの海《うみ》の夫人《ふじん》、ダンセニイのアラビアの天幕《テント》、トルストイの闇《やみ》の力等《ちからなど》は演劇部《えんげきぶ》の十八番《ばん》だ。女優役《ぢよいうやく》も、男《をとこ》の學生《がくせい》がなるのであるが、なか／＼名優《めいいう》がゐて、女學生《ぢよがくせい》の憧《あこが》れの的《まと》になつてるさうだ。

學校《がくかう》は實際的《じつさいてき》で、卒業《そつげふ》して社會《しやくわい》に立《た》てばそのまゝ役《やく》に立《た》つやうな學問《がくもん》をやるのが特徴《とくちよう》である。例《たと》へば英語《えいご》なら語學《ごがく》そのものより會話《くわいわ》を主《おも》にするといふ式《しき》である。

豪傑肌の普成專門

普成專門《ふせいせんもん》の學生《がくせい》は、延禧專門《えんきせんもん》と對稱的《たいしやうてき》な色彩《しきさい》を持《も》つてる學校《がくかう》である。破《やぶ》れ帽子《ぼうし》にボロ服《ふく》をまとひ、剛然《がうぜん》と天下《てんか》を濶歩《くわつぽ》するといふ氣風《きふう》を帶《お》びてゐる。延禧《えんき》が慶應《けいおう》なら普《ふ》成《せい》は早稻田《わせだ》か、明治型《めいぢがた》である。

つたら、丈夫《ぢやうぶ》な木綿《もめん》の袋《ふくろ》に入《い》れ、約《やく》七コップ程《ほど》の水《みづ》を入《い》れて漉《こ》します。

その漉《こ》し汁《じる》に鹽味《しほみ》をつけ、氷《こほり》で冷《ひ》やすか、氷《こほり》を浮《う》かすかして冷《つめ》たい汁《しる》をうどんにかけて供《きよう》します。

殘《のこ》つた滓《かす》は卯《う》の花代りに御《ご》利用《りよう》下《くだ》さい。

スヂエビ（すゐとん汁の様なもの）

材料

わかめ　十匁（干したもの）
牛肉　參拾匁
葱二本。ニンニク一粒
メリケン粉山盛丼一杯位
胡麻油半杯　醬油　胡椒

鍋《なべ》に胡麻油《ごまあぶら》を少々引《ひ》き、牛《ぎう》肉《にく》とニンニクと葱《ねぎ》の刻《きざ》んだものを一諸《しよ》に入《い》れていため、後《あと》から洗《あら》つて笊《ざる》に上《あ》げておいたわかめを入《い》れてきつといため學生《がくせい》は如何《いか》なる場合《ばあひ》でも先輩《せんぱい》、上級生《じやうきふせい》に對《たい》して絶對服從《ぜつたいふくじう》だ。

こゝは商科《しやうくわ》と法科《はふくわ》の二部《ぶ》に分《わか》れ三年制《ねんせい》である。全校《ぜんかう》の生徒《せいと》の數《すう》は六百名《めい》、上下《じやうげ》一丸《ぐわん》となつて母校《ぼかう》を愛《あい》し、厚《あつ》い友情《いうじやう》で結《むす》ばれてゐるところは他校《たかう》に見《み》られぬ美《うつく》しい特徴《とくちやう》である。

たとへば、普成專門《ふせいせんもん》の一學生《がくせい》が何《なに》かのはずみで、校外《かうぐわい》で侮辱《ぶじよく》を受《う》けたり、危害《きがい》を加《くは》へられたりしたら、學生達《がくせいたち》はたゞちに徒黨《とたう》を組《く》んで、必《かなら》ず復讐《ふくしう》をするといふ。コワイ學校《がくかう》である。

この學校《がくかう》も、スポーツが盛《さか》んで、バスケットが天下無敵《てんかむてき》であることは衆知《しうち》のところだ。

蹴球《しうきう》なども延禧《えんき》と好敵手《かうてきしゆ》で兩校《りやうかう》が相《あひ》まみえる時《とき》は、野球《やきう》の早慶戰《さうけいせん》の如《ごと》く壯觀《さうくわん》で、觀衆《くわんしう》は全國《ぜんこく》から集《あつま》るといふ。

學生《がくせい》はスポーツ、演劇《えんげき》、音樂《おんがく》の中《うち》、何《なに》か必《かなら》ずやらなければならぬ義務《ぎむ》がある。

校内《かうない》に共濟部《きようさいぶ》といふものが設立《せつりつ》されてゐる。共濟部《きようさいぶ》は全校《ぜんかう》の學生《がくせい》の金《かね》をつみたてて、食堂《しよくだう》を經營《けいえい》し、日用品《にちようひん》、學用品《がくようひん》を扱《あつか》つてゐる。學生《がくせい》に當番《たうばん》が決《き》められて交替《かうたい》に共濟部《きようさいぶ》の店員《てんゐん》となつて盛《さか》んに活動《くわつどう》してゐる。

學生會《がくせいくわい》といふものがあつて一年《ねん》に二三十回各方面《くわいかくはうめん》の名士《めいし》に講演《かうえん》をたのんでゐる。これらは皆《みな》、學生《がくせい》の手《て》で一切《さい》が取行《とりおこな》はれてゐる。

剛毅《がうき》な氣風《きふう》は學生《がくせい》に徹底的《てつていてき》にしみ込《こ》んで、女性《ぢよせい》と一緒《しよ》に歩《ある》くこともいさぎよしとしないといふこと

適量《てきりやう》(七コップ位《ぐらゐ》)の水《みづ》を入《い》れ醬油《しやうゆ》で味《あぢ》をつけ、鍋《なべ》の蓋《ふた》をしつゞけて火《ひ》にかけ、よく沸騰《ふつとう》したら蓋《ふた》を取《と》り、といておいたメリケン粉《こ》を匙《さじ》でうすくのばす樣《やう》な氣持《きもち》で沸騰《ふつとう》した汁《しる》の中《なか》に少《すこ》しづゝ落《おと》し入《い》れ、全部《ぜんぶ》入《い》れたら蓋《ふた》をし、メリケン粉《こ》が煮《に》えた頃《ころ》火《ひ》を引《ひ》く。熱《あつ》いう

である。

半島《はんたう》の全學校《ぜんがくかう》になくて、普成《ふせい》にあるもので、ハイキング部《ぶ》のいふのがある。

これなどもなか〳〵組織的《そしきてき》で、毎日曜《まいにちえうび》必《かなら》ず行《おこな》はれ、學生自身《がくせいじしん》で體《たい》育向上《いくかうじやう》を計《はか》つてゐる。

現在《げんざい》、學校《がくかう》の裏手《うらて》の丘《をか》に廣大《くわうだい》な體育館《たいいくくわん》のための敷地《しきち》が盛《さか》んにならされてゐる。今後《こんご》ますます精神肉《せいしんにく》體共《たいとも》に健全《けんぜん》なる學生《がくせい》がこの學校《がくかう》から數多《かずおほ》く生《う》み出《いだ》されることであらう。

樂園の處女達

京城郊外新村《けいじやうかうぐわいしんそん》の綠《みどり》の丘《をか》に、優美《いうび》と愛《あい》の殿堂《でんだう》のやうに存在《そんざい》する梨花《りくわ》女子專門《ぢよしせんもん》、こゝには四百名《めい》の制服《せいふく》の處女達《しよぢよたち》が、この世《よ》のものとは思《おも》へない位《くらゐ》、幸福《かうふく》なる花園《はなぞの》の中《なか》で平和《へいわ》に育《はぐ》くまれてゐる。

音樂科《おんがくくわ》、家事科《かじくわ》、文科《ぶんくわ》、保育科《ほいくくわ》專修科《せんしうくわ》、に分《わか》れ、(保育科《ほいくくわ》三年《ねん》、專《せん》修科《しうくわ》一年《ねん》は今年《ことし》から新設《しんせつ》された)二百人《にん》は寄宿舍《きしゆくしや》で、あとの二百人《にん》が各家庭《かくかてい》から通學《つうがく》してゐる。

學校《がくかう》の教育《けういく》のモットーは眞善美《しんぜんび》といふことであつて、情操教育《じやうさうけういく》が理想的《りさうてき》に行《おこな》はれてゐる。

音樂科《おんがくくわ》の豪華版《がうくわはん》は恐《おそ》らく日本《につぽん》一であらう。

數十臺《すうだい》のピアノが生徒《せいと》一人《ひとり》々々の自習《じしふ》のためにそなへつけられ、音樂《おんがく》に關《くわん》する研究資料《けんきうしれう》、なども完《くわん》璧《ぺき》にそなはつてゐる。惠《めぐ》まれた生《せい》徒《と》は、自由《じいう》に樂《たの》しく研樂《けんがく》にいそしんでゐる。

音樂科《おんがくくわ》は餘裕《よゆう》があるので、他《た》の科《くわ》の生徒《せいと》でも希望者《きばうしや》があれば、特《とく》別《べつ》に個人教授《こじんけうじゆ》に加《くは》はることが出來《でき》るから、全校《ぜんかう》の生徒《せいと》の殆《ほと》んどが音《おん》樂《がく》をやると云《い》つてもいゝであらう。

體位向上《たいゐかうじやう》のために、立派《りつぱ》な體育《たいいく》館《くわん》と芝生《しばふ》のグラウンドがある。バレー、バスケツト、庭球《ていきう》、ベースボール、ピンポン、潑剌《はつらつ》たる乙女《をとめ》が胡蝶《こてふ》の如《ごと》くグラウンドに、體育《たいいく》館《くわん》に一人《ひとり》殘《のこ》らず舞《ま》ふ姿《すがた》はさながら天國《てんごく》の觀《くわん》がする。

クリスチヤン・スクールなので月水金《げつすゐきん》の第《だい》一時間目《じかんめ》に教員《けういん》、生徒《せいと》全員《ぜんゐん》揃《そろ》つて禮拜堂《らいはいだう》で禮拜《らいはい》をする。木曜日《もくえうび》には放課後《はうくわご》七時《じ》半《はん》まで全員《ぜんゐん》運動場《うんどうぢやう》に出《で》てレコードによつて皇《くわう》國臣民體操《こくしんみんたいさう》をする。しかし、學生《がくせい》の規律《きりつ》は嚴格《げんかく》で、授業時間《じゆげふじかん》は音樂《おんがく》科《くわ》、文科《ぶんくわ》、保育科《ほいくくわ》が六時間《じかん》、家事《かじ》科《くわ》が七時間《じかん》が正確《せいかく》に施行《しかう》されてゐる。

乙女《をとめ》の夢《ゆめ》と自由《じいう》が、學校《がくかう》そのものに實現《じつげん》されてゐるとすれば、寄《き》宿舍《しゆくしや》の二回《くわい》の時間制限《じかんせいげん》の外出許可《ぐわいしゆつきよか》にも滿足《まんぞく》して、この學校《がくかう》では制服《せいふく》の處女《しよぢよ》の悲劇《ひげき》も、格子《かうし》なき牢獄《らうごく》も起《おこ》らないであらう。

ちに丼《どんぶり》に盛《も》り胡椒《こせう》を振《ふ》りかけ供《きよう》す。

花《はな》煎《いり》(花餅)

材料

餅粉一袋
よもぎ(芽の所一摑み位)
躑躅の花(食用に出來る花なら何でも)
胡黄油五勺位
砂糖(蜂蜜ならなほよし)

餅粉《もちこ》を水《みづ》を入《い》れ耳《みゝ》たぶ位《くらゐ》の柔《やはら》かさにこねたら、大《おほ》きな團《だん》子《ご》位《くらゐ》に丸《まる》め、臺《だい》の上《うへ》に乘《の》せて手《て》のひらで輕《かる》くおして薄《うす》くしその上《うへ》によく洗《あら》つたよもぎの葉《は》と躑躅《つゝじ》の花《はな》とで色《いろ》どりよくのせ落《お》ちない樣《やう》に押《お》しておく

フライパンに胡麻油《ごまあぶら》を引《ひ》き熱《ねつ》した頃《ころ》餅《もち》をのせ兩面《りやうめん》を燒《や》く

別《べつ》に皿《さら》か丼《どんぶり》に燒《や》いた餅《もち》を一列並《れつなら》べ、砂糖《さたう》か蜂蜜《はちみつ》を振《ふ》りかけ、また一列並《れつなら》べては砂糖《さたう》を振《ふ》りかけ、形よく盛《も》り小皿《こざら》に取《と》りわけ戴《いただ》く。

オーケーグランド・ショウ
オーケーシンギング・チーム
アリラン・ボーイズ
チョゴリ・シスター
C・M・C管絃樂團
朝鮮樂劇團
京城府南大門通一丁目
電本局② 七六四八 〇三七四

移り變る京城の街

エミール・マーテル

一八九四年《ねん》（今《いま》から四十六年《ねん》前《ぜん》）朝鮮《てうせん》には鐵道《てつだう》もなにもなかつたので、京城《けいじやう》に行《ゆ》くには仁川《じんせん》から、馬《うま》で行《ゆ》くのが道順《みちじゆん》であつた。

朝《あさ》、仁川《じんせん》を出發《しゆつぱつ》すると十二時《じ》頃《ごろ》梧柳洞《ごりうどう》に着《つ》く。こゝで一休《ひとやす》みして、牛馬《ぎうば》も、人《ひと》も食事《しよくじ》をすることになつてゐた。路《みち》の兩側《りやうがは》に飲《のみ》屋《や》、宿屋《やどや》が並《なら》んでゐた。日本《につぽん》の宿屋《やどや》は一軒《けん》しかなかつた。

馬子達《まごたち》は酒《さけ》と煙草《たばこ》が大好《だいす》きなので、僅《わづ》か一時間位《じかんぐらゐ》の休憩《きうけい》の間《あひだ》に大部分《だいぶぶん》の人《ひと》がぐでんぐでんに醉《よ》つぱらつてしまひ、いざ出發《しゆつぱつ》の時《とき》には馬子《まご》が醉《よ》つぱらつてゐなくなる、牛馬《ぎうば》がとりかへられる、手《て》がつけられない混亂《こんらん》におち入《い》つてしまふ。

だから、旅《たび》に馴《な》れてる人《ひと》は、決《けつ》して馬子《まご》に金《かね》を持《も》たせない。煙草《たばこ》を欲《ほし》がるときに二錢位《せんぐらゐ》は與《あた》へるが、とにかく梧柳洞《ごりうどう》で、馬《ま》子《こ》に酒《さけ》を飲《の》ませない樣《やう》にする。馬子《まご》に拂《はら》ふ金《かね》は、宿《やど》の主人《しゆじん》にあづけてしまふ。

そうしないと、馬子達《まごたち》は馬《うま》に食《く》はせる分《ぶん》まで飲《の》んでしまふので、馬《うま》が腹《はら》が減《へ》つて動《うご》けない。他《た》の馬《うま》をやとはなければならぬ始末《しまつ》になる。かうして京城《けいじやう》まで一日《にち》がかりで、嚴密《げんみつ》に云《い》へば八里《り》の路《みち》を九時間《じかん》かゝつて行《ゆ》くのであつた。

一八九九年《ねん》に仁川《じんせん》から永登浦《えいとうほ》（今《いま》の南京城《みなみけいじやう》）まで鐵道《てつだう》が通《つう》じた。今日《こんにち》では、もう一日《にち》に二三回往復《くわいわうふく》出來《でき》る。

その頃《ころ》の京城《けいじやう》は、城壁《じやうへき》の中《なか》に同《おな》じ大《おほ》きさの村《むら》がある感《かん》じで景《けい》福宮《ふくきう》が王城《わうじやう》であつた。王城《わうじやう》の近《ちか》くの水標橋《すゐへうけう》附近《ふきん》の川《かは》つぷちに役《やく》人達《にんたち》の瓦屋根《かはらやね》の家《いへ》があつた。その外《ほか》は皆《みな》、わら葺《ぶき》で、二階家《かいや》は一軒《けん》もなかつた。

二階家《かいや》を作《つく》ると王城内《わうじやうない》がみえるからといふので禁《きん》じられてゐたのである。

大通《おほどほ》りと云《い》へば、今《いま》の黄金町《こがねまち》通《どほ》りと、南大門通《なんだいもんどほ》りが少《すこ》し廣《ひろ》い位《くらゐ》のもので、その外《ほか》の通《とほ》りは駕《か》籠《ご》が二つ並《なら》んで通《とほ》ることが出來《でき》ない程狹《ほどせま》かつた。

南大門通《なんだいもんどほ》りは廣《ひろ》かつたけれども普段《ふだん》、路《みち》の兩側《りやうがは》にバラック建《だて》の商店《しやうてん》が並《なら》んでゐたので通《とほ》り路《みち》はずいぶん狹《せま》かつた。

王樣《わうさま》が、王城《わうじやう》から東大門外《とうだいもんぐわい》のお墓參《はかまゐ》りをするとき、官報《くわんぽう》で一ケ月前《げつまへ》から發表《はつぺう》があつて、その一週間前《しうかんまへ》に行列《ぎやうれつ》の豫行演習《よかうえんしふ》がある。

そんな時《とき》に南大門通《なんだいもんどほ》りのバラック建《だて》の商店《しやうてん》はすべて拂《はら》ひのけられてしまふ。ところが行列《ぎやうれつ》が通《とほ》りすぎるとこのバラックの店《みせ》々《ぐ》は一夜《や》の中《うち》に元通《もとどほ》り出來《でき》上《あが》つてしまふのだつた。この時《とき》も場所《ばしよ》の爭《あらそ》ひで喧嘩《けんくわ》が起《お》きて大騷《おほさわ》ぎになつた。

明治《めいぢ》三十年《ねん》から三十一年《ねん》にかけて、初《はじ》めて南大門通《なんだいもんどほ》りに電車《でんしや》が通《かよ》ふやうになつてバラックはとりのぞかれてしまつた。電車《でんしや》はアメリカのコール・ブラン・ボストウイツク電氣會社《でんきぐわいしや》の電車《でんしや》だつた。

二十六年前の南大門附近

その年《とし》まで京城《けいじやう》の夜《よる》は外燈《ぐわいとう》も何《なに》もなかつたが、初《はじ》めて石油《せきゆ》ランプの外燈《ぐわいとう》が鐘路通《しようろどほ》りの角《かど》や、目《め》抜《ぬ》きの場所《ばしよ》に出來《でき》た。しかしまだまだ街《まち》は明《あか》るいとは云《い》へなかつた。

日清戰爭《につしんせんさう》が起《おこ》る頃《ころ》までは、京城《けいじやう》の街《まち》の店《みせ》々《ぐ》は朝《あさ》五時頃《じごろ》に起《お》き、夜《よる》の九時頃《じごろ》に店《みせ》をしまふ慣《なら》はしで店《みせ》を明《あ》けるときと閉《し》める時刻《じこく》を、鐘路《しようろ》の吊鐘《つりがね》がゴーン、ゴーン鳴《な》つて知《し》らせたものである。

その時分《じぶん》は京城《けいじやう》も内地人《ないちじん》は僅《わづ》かで、店《みせ》が五六軒《けん》だけで、その中宿屋《うちやどや》が巴城館《くわん》、浦尾館《うらをくわん》、料理屋《れうりや》は藤井《ふぢゐ》(今《いま》の菊水《きくすゐ》)都《みやこ》亭《てい》、花月《くわげつ》などがあつた。

龜屋《かめや》や、辻屋《つじや》は貞洞町《ていどうちやう》のロシア公使館隣《こうしくわんとな》りにあつたのだが、あとで本町《ほんまち》に移《うつ》つて來《き》た。

各國《かくこく》の公使館《こうしくわん》には歩兵《ほへい》或《ある》ひは水兵《すゐへい》の兵隊《へいたい》ががんばつてゐた。

日本《につぽん》からは、日本公使館《につぽんこうしくわん》、日《につ》本町《ほんまち》のために大隊《だいたい》があつた。日《につ》本《ぽん》の大隊《だいたい》のゐたところは、今《いま》の專賣局《せんばいきよく》(永樂町《えいらくちやう》)の附近《ふきん》だつた。

その後《ご》、京城《けいじやう》の街《まち》はどんどん變《かは》つて行《い》つた。

西大門《せいだいもん》、東小門《とうせうもん》、西小門《せいせうもん》、光《くわう》熈門《きもん》が取潰《とりつぶ》され、門《もん》と云《い》へば東《とう》大門《だいもん》と南大門《なんだいもん》だけが殘《のこ》されてしまひ、昔《むかし》の隘小《わいせう》な路《みち》を廣《ひろ》くする爲《ため》に大部分《だいぶぶん》の城壁《じやうへき》が取拂《とりはら》はれた。

又新《またあら》しく太平通《たいへいどほ》りを作《つく》るために朝鮮《てうせん》の道具屋町《だうぐやまち》として知《し》られてゐた毛橋がなくなつてしまつた。

城外《じやうぐわい》は南大門《なんだいもん》の他《ほか》は今《いま》の蓬萊《ほうらい》町《ちやう》の上《うへ》の部分《ぶぶん》と吉野町《よしのちやう》に家《いへ》が建《た》つてゐただけで、漢江《かんかう》までは朝《てう》鮮《せん》セリの畑《はたけ》がつゞいてゐた。

日露戰爭《にちろせんさう》のあとで、古市《ふるいち》、岡《をか》崎《ざき》吉野《よしの》の山《やま》をくづして、低地《ていち》のセリ畑《ばたけ》を盛《も》り上《あ》げて今《いま》の新龍山《しんりうざん》を作《つく》つたのであつた。

南大門《なんだいもん》や京城驛《けいじやうえき》なども畑《はたけ》のまんなかにあつて、毎年《まいとし》、入梅《にふばい》の時分《じぶん》に、漢江《かんかう》の水《みづ》が溢《あふ》れて水《みづ》びたしになつたものである。

蓬萊町《ほうらいちやう》は舊龍山《きうりうざん》へ行《ゆ》く道《みち》だつたし、吉野《よしの》の方《はう》は水原《すゐげん》に通《つう》ずる路《みち》だつた。

京城《けいじやう》は大《おほ》きな建物《たてもの》を作《つく》る度《たび》に路《みち》を廣《ひろ》くしたり新《あらた》に作《つく》つたりして、發展《はつてん》して來《き》た。

今《いま》では銀行《ぎんかう》、保險會社《ほけんぐわいしや》、商店《しやうてん》、各《かく》デパート、府民館《ふみんくわん》、郵便局《いうびんきよく》などが次々《つぎつぎ》に建《た》つて、すつかり近《きん》代都《だいと》市《し》の形相《ぎやうさう》を呈《てい》してしまつたが、私《わたし》は今更《いまさら》のやうに時代《じだい》と文《ぶん》化《くわ》の發展《はつてん》に驚《おどろ》いてゐる次第《しだい》である。(筆者は佛人、京城帝大講師)

農村現地報告

北鮮から南鮮へ

岩島二郎

北鮮へ北鮮へ大陸ラッシュの波に乗つて北鮮は今人と機械と金に渦巻いてゐる。南總督も或會合の席上で『朝鮮を視察するならば先づ東海岸及び北鮮を視察せよ、北鮮及び東海岸を知らずして朝鮮を語る資格なし』と語られてゐるが、赤煉瓦やコンクリートの工場街が次々と煙を吐くにつれて、カーキ色の勞働服に颯爽とペダルを踏んで口笛を吹きながらこれ等工場の門にすひ込まれて行く農村青年の姿もチラホラ見える樣になつて、茲にも農工併進の過渡期に於ける朝鮮の一斷層を畫いてゐる。

このブーム的北鮮景氣は果して農村にどんな影響をあたへてゐるであらうか。

クロントン イリオブソヨ

咸北《かんほく》は地勢《ちせい》からして一般《はん》に山《さん》間僻地《かんへきち》が多《おほ》いが慶源《けいげん》の一帯《たい》は朝《てう》鮮《せん》でも名高《なだか》い平原地帯《へいげんちたい》で一望《ばう》千里と迄《まで》はゆかぬが見渡《みわた》す限《かぎ》りの大平原《だいへいげん》である。この地《ち》に着《つ》いて驚《おどろ》いたことには驛《えき》から邑門《いふもん》まで約《やく》一里《り》の間《あひだ》を荷物運搬《にもつうんぱん》の爲《ため》に牛《ぎう》車《しや》を傭《やと》はうとした處《ところ》が片道《かたみち》三圓《えん》くれとの事《こと》、南鮮中鮮地方《なんせんちうせんちはう》なら一里《り》一圓《えん》でも喜《よろこ》んでゆくのが普《ふ》通《つう》だから三圓《えん》ではちと高過《たかすぎ》ると思《おも》つて値切《ねぎ》ると『クロントンイリオブソヨ』(そんな金《かね》はいりません)とこちらが度膽《どぎも》を拔《ぬ》かれ相《さう》な鼻息《はないき》の荒《あら》さである。これは變《へん》だと調《しら》べて見《み》るとこの邊《へん》では木材《もくざい》、荷造《にづくり》、運搬《うんぱん》、筏流《いかだなが》し、鐵道工事《てつだうこうじ》等年中《とうねんぢう》何《なに》か仕事《しごと》がありその賃金《ちんぎん》も人夫賃《にんぷちん》、木材伐採等《もくざいばつさいとう》二圓以上《えんいじやう》、パフプ(筏流《いかだなが》し)七—八圓《えん》、牛曳《うしひ》き人夫《にんぷ》一〇——一二圓《えん》の稼《かせ》ぎがあるとの事《こと》であるが、然《しか》し之等《これら》の高賃銀《かうちんぎん》にも拘《かゝは》らず農《のう》民《みん》の懐《ふところぐ》工合《あひ》は思《おも》つた程豐《ほどゆたか》ではないらしい。と云《い》ふのは牛曳人《うしひきにん》夫等牛《ぶなどうし》の値段《ねだん》が現在《げんざい》一八〇圓《えん》もするのに飼料《しれう》が日《ひ》に二、三圓《えん》はかゝるらしく草鞋《わらぢ》、ボソン等從《などじう》前《ぜん》に比《ひ》し幾倍《いくばい》もの諸雜費《しよざつぴ》がかゝるので差引《さしひき》はいくらも殘《のこ》らぬとの事《こと》である。然《しか》し牛《うし》と言《い》へば咸《かん》北《ほく》は牧畜《ぼくちく》が盛《さか》んで牛《うし》は農家《のうか》百戸《こ》當《あた》り全鮮平均《ぜんせんへいきん》で五十六頭《とう》であるが咸北《かんほく》は百十二頭《とう》となつて居《を》り、金融組合等《きんゆうくみあひなど》でも殖牛契《しよくぎうけい》を作《つく》つて無畜農家《むちくのうか》に牛《うし》を持《も》たす樣絶《やうた》えず努力《どりよく》してゐるので本道《ほんだう》でも昭和《せうわ》七年以來組合《ねんいらいくみあひ》から購牛資金《こうぎうしきん》として出《で》た金額《きんがく》が六十數萬圓《すうまんえん》、約《やく》一千頭《とう》の畜牛購入《ちくぎうこうにふ》を斡旋《あつせん》してゐると言《い》ふ風《ふう》で、農家《のうか》の畜牛熱《ちくぎうねつ》はいよ〳〵あふられてゐるのは何《なん》としても喜《よろこ》ばしい事《こと》である。

豚《ぶた》は全鮮平均《ぜんせんへいきん》四十九頭《とう》なのが咸北《かんほく》は百十九頭《とう》となつて居《を》つて上述《じやうじゆつ》の樣《やう》に家畜《かちく》の値段《ねだん》が高《たか》く、農家《のうか》によると牛《うし》を三頭《とう》も五頭《とう》も所有《しよいう》してゐるのがあるので少々《せう〳〵》の借金位《しやくきんぐらゐ》は牛《うし》一頭《とう》賣《う》れば吹《ふ》きとんで了《しま》ふと云《い》ふ悲喜劇《ひきげき》もあるが、苦《くる》しい〱と云《い》ひ乍《なが》ら現金《げんきん》收入《しうにふ》に相當惠《さうたうめぐ》まれてゐる事《こと》は事實《じじつ》である。この樣《やう》に畜産《ちくさん》が盛《さかん》であると云《い》ふのもこの道《だう》は大地主《おほぢぬし》もない代《かは》りに小作農《こさくのう》も少《すく》なく、農家《のうか》の大部分《だいぶぶん》が平均《へいきん》五―六千坪《つぼ》を有《いう》する自作兼小作農《じさくけんこさくのう》が大多數《だいたすう》なので自然家畜《しぜんかちく》の飼育數《しいくすう》も多《おほ》くなり、勢《いきほ》ひ農家《のうか》に粘《ねば》り強《づよ》い底力《そこぢから》を持《も》たす原因《げんいん》となつてゐるのである。又所謂南綿北羊《またいはゆるなんめんほくやう》のスローガンが掲《かゝ》げられて久《ひさ》しくなるがこの地《ち》一帶《たい》は丘陵地《きうりようち》で天然《てんねん》の牧畜場《ぼくちくぢやう》を形作《かたちづく》つてゐるので附近《ふきん》には東拓《とうたく》の大牧羊場《だいぼくやうぢやう》が二ケ所《しよ》あり各《おのおの》二千頭《とう》からの羊《ひつじ》を飼畜《しちく》してゐる他《ほか》〇〇補充《ほじう》部等《など》あつて一團《だん》となつて移《うつ》りゆく緬《めん》羊《やう》の群《むれ》は朝鮮農村《てうせんのうそん》の特殊《とくしゆ》な風景《ふうけい》を畫《ゑが》いてゐる。

(上) 朝金聯の前庭に聳え立つ金組の創始者故目賀田種太郎男爵の銅像

(右) 朝鮮金融組合聯合會會長松本誠氏

移りゆく人々

豆滿江《づまんかう》の上流《じやうりう》に沿《そ》つて白頭山《はくとうざん》に程近《ほどちか》い茂山《もざん》から延社《えんしや》、惠山鎭《けいざんちん》、新乫坡《しんかは》と廻《まは》つて見《み》たがこの邊《へん》一帶《たい》は山嶽重疊《さんがくぢうでふ》たる密林地帶《みつりんちたい》で木材《もくざい》の一大寶庫《だいはうこ》である。バスが幾《いく》つかの山腹《さんぷく》を縫《ぬ》つてゆく間《あひだ》にも平地《へいち》らしい處《ところ》は殆《ほとん》どなく、たまにあつても一面《めん》の河原《かはら》でとても農耕《のうかう》に適《てき》し相《さう》もない、相當峻嶮《さうたうしゆんけん》な山《やま》が頂上《ちやうじやう》から綺麗《きれい》に耕《たがや》されてゐる。何《なに》しろ交通不便《かうつうふべん》人口稀薄《じんこうきはく》の地《ち》であり舊韓國時代《きうかんこくじだい》の流刑地《りうけいち》だつた處《ところ》なので今《いま》の住民《ぢうみん》にもその子孫《しそん》が多《おほ》く國有林《こくいうりん》を燒《や》いては山猿《やまざる》の樣《やう》に流《なが》れ歩《ある》いた習性《しふせい》は容易《ようい》に拔《ぬ》けきらぬものがあつて住《ぢう》民《みん》は火田《くわでん》又《また》は準火田的性格《じゆんくわでんてきせいかく》を以《もつ》て移動性《いどうせい》が強《つよ》く夏《なつ》は村《むら》に歸《かへ》り冬《ふゆ》は出稼《でかせぎ》すると云《い》ふ風《ふう》である。主《しゆ》食物《しよくぶつ》は馬鈴薯《じやがいも》、燕麥《えんばく》で從來《じうらい》百姓《しやう》をしてゐたものはどうやら自給《じきふ》自足《じそく》してゐたが、昨年《さくねん》は之等《これら》が不作《ふさく》であつた上《うへ》に雜穀《ざつこく》の値《ね》が高《たか》いので食糧《しよくりやう》の配給《はいきふ》が若《も》し圓滑《ゑんくわつ》を缺《か》く樣《やう》なことがあれば端境期《たんきやうき》には相當困窮《さうたうこんきう》する者《もの》も出《で》て來《く》るだらうとのことであつた。この點《てん》に就《つい》て道《だう》の石垣農務課長《いしがきのうむくわちやう》は混作《こんさく》二毛作《もうさく》の奬勵《しやうれい》を主張《しゆちやう》してゐたが確《たし》かに効果《かうくわ》ある施策《しさく》であらう。

それに朝鮮《てうせん》では農村振興《のうそんしんこう》といつてもどうしても官其他《くわんそのた》農業團體《のうげふだんたい》の上《うへ》からの手厚《てあつ》い保護育成《ほごいくせい》が必要《ひつえう》であり現在郡《げんざいぐん》、面《めん》、農會《のうくわい》、金融組合等《きんゆうくみあひとう》が農振運動《のうしんうんどう》の第《だい》一線《せん》に立《た》つて活躍《くわつやく》してゐるが、そのうち金融組合《きんゆうくみあひ》は内地《ないち》の人々《ひとびと》が想像《さうぞう》も及《およ》ばぬ程農村《ほどのうそん》とは切《き》つても切《き》れぬ關係《くわんけい》にあつて組合理事者《くみあひりじしや》に對《たい》する農民《のうみん》の信頼《しんらい》と親《した》しみは殆《ほとん》ど信仰《しんかう》に近《ちか》いものがあるのである。現在全鮮各道《げんざいぜんせんかくだう》に亘《わた》つて本支所《ほんししよ》合《あは》せて九百三十八ケ所《しよ》の組《くみ》合《あひ》が網《あみ》の目《め》の樣《やう》に組織《そしき》されてゐて然《しか》も理事者《りじしや》は官選《くわんせん》、專門學校《せんもんがくかう》以上《いじやう》の出身者《しゆつしんしや》であるので之等《これら》知識階級《しきかいきふ》の人々《ひと〴〵》が地位《ちゐ》も名譽《めいよ》も抛《はう》つて農村《のうそん》の爲《ため》にひたむきに働《はたら》いてゐる姿《すがた》には思《おも》はず頭《あたま》の下《さが》るものがある。

南鮮の春

山《サン》の向《むか》ふから
　馬《マル》が、春《ボム》を脊《せ》負《お》つて來《ワッ》た
小《こ》鳥《とり》が、野《ドル》に山《サン》に
跳《は》ねて、踊《をど》つて
父《アボヂ》さんの、煙草《クンベ》も
ゆらゆらと
　途《キル》に舞《ま》うてる、朝《アツァム》だつた

北鮮《ほくせん》と南鮮《なんせん》では約《やく》一ケ月《げつ》の相違《さうゐ》がある。南鮮《なんせん》の麥《むぎ》はすく〳〵と伸《の》び苗代《なへしろ》も七分《ぶ》通《どほ》り植付《うゑつけ》がすんで旱害《かんがい》でいためつけられた農民《のうみん》達《たち》の顏《かほ》にも今《いま》やつと安堵《あんど》の色《いろ》が漂《たゞよ》つてゐる。

旱害《かんがい》の復興狀態《ふくこうじやうたい》を見《み》乍《なが》ら晉州《しんしう》咸陽《かんたう》、居昌《きよしやう》、狹川《けふせん》と慶南《けいなん》の主《おも》な農村《のうそん》を一巡《じゆん》して見《み》た。同《おな》じ朝鮮《てうせん》でも北鮮《ほくせん》と南鮮《なんせん》、山間地帶《さんかんちたい》と平《へい》野地帶《やちたい》とでは農民《のうみん》の狀態《じやうたい》が大違《おほちが》ひである。殊《こと》に南鮮《なんせん》は集約的《しふやくてき》な我國《わがくに》の農村《のうそん》のうちでも最《もつと》も集約《しふやく》的《てき》な地方《ちはう》だけあつて利用《りよう》し得《う》る限《かぎ》りの土地《とち》はとごとく利用《りよう》し盡《つく》されてゐるが、然《しか》し、北鮮《ほくせん》と比較《ひかく》して見《み》ると確《たし》かに天惠《てんけい》には惠《めぐ》まれてゐるし、水田《すゐでん》の55%が二毛作《もうさく》で將來《しやうらい》は八割位迄《わりぐらゐまで》二毛作《もうさく》が可能《かのう》とのことだから旱害《かんがい》の痛手《いたで》を完全《くわんぜん》に克服《こくふく》するのもそう遠《とほ》いことではあるまい。

昨年《さくねん》の旱害《かんがい》に對《たい》する當局《たうきよく》の救《きう》濟策《さいさく》には自力更生《じりきかうせい》及《およ》隣保《りんぽ》相助《さうじよ》、勞働斡旋《らうどうあつせん》、地主《ぢぬし》の救濟《きうさい》、滿洲《まんしう》及《およ》び北鮮開拓移住《ほくせんかいたくいぢう》の奬勵《しやうれい》、勞銀撒《らうぎんさん》布《ぷ》によるものなどあげられてゐるが、このうち金融組合《きんゆうくみあひ》は農村《のうそん》振興運動《しんこううんどう》の金融部門《きんゆうぶもん》を擔當《たんたう》して例《たと》へば農家《のうか》の癌《がん》と迄《まで》云《い》はれてゐる高利舊債《かうりきうさい》の整理《せいり》などは殆《ほとん》ど組合《くみあひ》の擔當部分《たんたうぶぶん》で昭和《せうわ》七年以來《ねんいらい》大藏省預金部《おほくらしやうよきんぶ》から特《とく》に金融組合《きんゆうくみあひ》に對《たい》し高利負債整理資金《かうりふさいせいりしきん》が融通《ゆうづう》せられ朝鮮金融組合聯合會《てうせんきんゆうくみあひれんがふくわい》でも之《これ》と同額《どうがく》の自己資金《じこしきん》を加《くは》へて手厚《てあつ》い指導《しだう》を加《くは》へ乍《なが》ら肩替貸付《かたかへかしつけ》を行《おこな》つてゐるが、特《とく》に昨年《さくねん》は旱害《かんがい》の機《き》を逸《いつ》せずに積極的《せききよくてき》に働《はたら》きかけたので慶南《けいなん》だけで昭和《せうわ》十一年《ねん》十一月《ぐわつ》から昨年《さくねん》九月末迄《ぐわつすゑまで》の累計《るゐけい》は口數《くちかず》にして八四一四七口《くち》、金額《きんがく》にして六、〇〇四、六三〇圓《ゑん》に達《たつ》してゐる。然《しか》し旱害《かんがい》と云《い》つても惡《わる》いことばかりはないものと見《み》へて內地《ないち》向《む》け勞働者《らうどうしや》の借出《かりだし》も之《これ》が爲《ため》に捗《はかど》り又滿洲移民《またまんしういみん》もうまく進《すゝ》むと云《い》ふわけで、農作關係《のうさくくわんけい》でも晉州地方《しんしうちはう》では大麻《おほあさ》が非常《ひじやう》によく出來《でき》從來《じゆうらい》一貫《くわん》一圓位《ゑんぐらゐ》の相場《さうば》であつたものが四圓《ゑん》にも暴騰《ばうとう》し然《しか》も段當籾《だんあてもみ》の二倍《ばい》もの收穫《しうくわく》があつた。南海地方《なんかいちはう》では裸麥《はだかむぎ》が非常《ひじやう》に豐作《ほうさく》で然《しか》も値《ね》がよかつたとか、最《もつと》も旱害《かんがい》の慘《みじめ》だつた山間地《さんかんち》帶《たい》ですら栗《くり》、柿《かき》、なつめ等例年《などれいねん》にない大豐作《だいほうさく》だつたりした上《うへ》に砂防工事等《さばうこうじなど》で撒布《さんぷ》される勞銀《らうぎん》によつて農家《のうか》は相當《さうたう》の現金收入《げんきんしうにふ》を得《え》てゐるので罹災農民《りさいのうみん》の心理《しんり》は一般《ぱん》に平靜《へいせい》であり農村《のうそん》の以外《いぐわい》な彈力性《だんりよくせい》と耐久力《たいきうりよく》の强靭《きやうじん》さには今《いま》更《さら》の樣《やう》に一驚《きやう》を喫《きつ》した。

然《しか》し旱害地《かんがいち》は小作料《こさくれう》が免除《めんぢよ》されたので地主階級《ぢぬしかいきふ》にはかへつて相當痛手《さうたういたで》を被《かうむ》つたものが多《おほ》く土《と》地《ち》の賣物等《うりものなど》も出《で》た樣《やう》であるが金《きん》融組合《ゆうくみあひ》では之等《これら》を買收《ばいしう》して大量《たいりやう》の自作農創定《じさくのうさうてい》にも相當馬力《さうたうばりき》をかけたのである。とまれ各地《かくち》の第《だい》一線指導者達《せんしだうしやたち》が農民精神作興《のうみんせいしんさくこう》の爲《ため》に遮《しや》二無《む》二働《はたら》いてゐる姿《すがた》は一《ちよ》寸《つと》都會《くわい》などでは想像外《さうざうぐわい》のもので農民達《のうみんたち》も皆相應《みなさうおう》に復興《ふくこう》への熱意《ねつい》に燃《も》えてゐる有樣《ありさま》は賴母《たのも》しい限《かぎ》りである。

朝鮮と共に躍進する
言論界の最高峰

朝夕刊 十二頁
購讀料 一圓二十錢
朝鮮・滿洲・海外・支分局一千餘

朝鮮日報

最大の發行部數と最良の讀者層を有し、最新の設備をなして、斷然斯界に君臨し、絕對に他の追從を許さぬ大新聞は、朝鮮に『朝鮮日報』あるのみ

★★★

大衆雜誌 **朝光** 定價四十錢 ◇ 少年雜誌 **少年** 定價十錢

婦人雜誌 **女性** 定價二十錢

大家の執筆と最良の讀者層を有する、朝鮮日報出版部刊行の四大雜誌！

本社 朝鮮京城府太平通
東京支社 芝區神谷町十八ノ七十 電話芝(43)〇八九八番
大阪支社 西區京町堀上通三丁目 電話土佐堀 八〇〇九番

★朝鮮民衆の居る所、必らず朝鮮日報あり
★朝鮮民衆の意思は、朝鮮日報が表現す。

現地特輯

京城盛り場探訪記

A記者

京城《けいじやう》で「おい、一杯《はい》飲《の》みに行《ゆ》かう。」「OK南村《なんそん》でやらうか、北村《ほくそん》でやらうか」といふのが先決問題《せんけつもんだい》になる。南村《なんそん》、北村《ほくそん》とは京城《けいじやう》の盛《さか》り場《ば》本町《ほんまち》と、鐘路《しようろ》のことで、京城《けいじやう》の街《まち》の中央《ちゆうおう》を流《なが》れる清溪川《せいけいがは》を距《へだ》てて南側《みなみがは》に本町《ほんまち》、北側《きたがは》に鐘路《しようろ》の盛《さか》り場《ば》がある。本町《ほんまち》は、内地人街《ないちじんまち》で鐘《しよう》路《ろ》は純粹《じゆんすゐ》の朝鮮街《てうせんまち》である。東京《とうきやう》で「川《かは》を渡《わた》る」とか「川向《かはむか》ふへ行《い》かう」と云《い》へば惡所通《あくしよがよ》ひを意味《いみ》するが、京城《けいじやう》では鐘路《しようろ》と本町《ほんまち》の河岸《かし》をかへる時《とき》に「川《かは》を渡《わた》らう」と云《い》ふ言葉《ことば》がよく使《つか》はれる。

朝鮮銀行《てうせんぎんかう》と三越《こし》の間《あひだ》の廣場《ひろば》を横《よこ》切《き》つて、郵便局《いうびんきよく》のわきから本町《ほんまち》一丁目《ちやうめ》が初《はじ》まる。町《まち》の入口《いりぐち》の白《しろ》い電《でん》燈《とう》がアーチになつた下《した》をくゞつてぶら〳〵歩《ある》き初《はじ》めると、もう神樂《かぐら》坂《ざか》か、澁谷《しぶや》の道玄坂《だうげんざか》あたりとちつとも變《かは》らない。三中井《なかゐ》のショウウインド、明治屋《めいぢや》、江戸川《えどがは》のうなぎ屋《や》、鐘紡《かねぼう》のパーラー、丸善等《まるぜんとう》はものめずらしくもなんともない。金《こん》剛山《がうざん》といふ飴屋《あめや》は新宿《しんじゆく》の中村屋《なかむらや》みたいに豪華《がうくわ》な喫茶部《きつさぶ》などを開《ひら》いてゐる。明治製菓《めいぢせいくわ》で二丁目《ちやうめ》に入《はい》る。右《みぎ》の角《かど》に宮田《みやた》朝鮮物産館《てうせんぶつさんくわん》があるのでちよつとひかれるが、もう數軒《すうけん》先《さき》に朝鮮風《てうせんふう》の四階建《かいだて》の建物《たてもの》でお土《みや》産《げ》專門《せんもん》の朝鮮館《てうせんくわん》がみえるから、朝《てう》鮮館《せんくわん》めがけて急《いそ》がうとすると、左《ひだり》側《がは》に鐵《てつ》の格子《かうし》のはまつた異樣《いやう》な石《いし》の門《もん》があつて、石《いし》の門《もん》には「萬《ばん》歳門《ざいもん》」と云《い》ふ字《じ》が彫《ほ》つてある。古《こ》城重《じやうしげ》といふ標札《へうさつ》がかゝつたお醫者《いしや》さんの家《うち》だつた。お醫者《いしや》さんの門《もん》の前《まへ》でポカンとしてゐたのをみかねたのだらう。通《とほ》りがゝりの人《ひと》が

「あの萬歳門《ばんざいもん》といふ字《じ》は今《いま》の李王《りわう》殿下《でんか》がお書《か》きになつた字《じ》をこゝに移《うつ》したんです。このお醫者《いしや》さんは、こゝの草分《くさわ》けの方《かた》ですよ。」とわざ〳〵おしへて呉《く》れた。

眼指《めざ》す朝鮮館《てうせんくわん》は外觀《ぐわいくわん》の割合《わりあひ》に中《なか》がひつそり閑《かん》として、おみやげものもあまり澤山《たくさん》なくて期待《きたい》がはずれた。がつかりしたとたんに草臥《くたびれ》が出《で》たので、三丁目《ちやうめ》の方《はう》に行《ゆ》かずに、精華《せいくわ》で生《なま》ビールをひつかけてやすむ。内地人街《ないちじんまち》だからお客《きやく》さんも内地人《ないちじん》が多《おほ》い。家族《かぞく》づれ、兵隊《へいたい》さん、和服《わふく》、洋裝等《やうさうとう》千差《さ》萬別《ばんべつ》だが中《なか》にはドテラ姿《すがた》で、晝間《ひるま》からビフテキを肴《さかな》に日本酒《につぽんしゆ》を飲《の》んでるやうな失禮《しつれい》なのがゐた。

記者《きしや》と同《おな》じテーブルにモダンタイプの朝鮮《てうせん》の學生《がくせい》がライスカレーを食《た》べてゐたので何《なん》となく街《まち》の樣《やう》子《す》を聞《き》いてみた。するとその學生《がくせい》は笑《わら》ひながら、

「本町《ほんまち》を歩《ある》いて、朝鮮《てうせん》の若《わか》い男女《だんぢよ》のアベックの多《おほ》いのに氣《き》がつきませんでしたか？」

と云《い》つた。

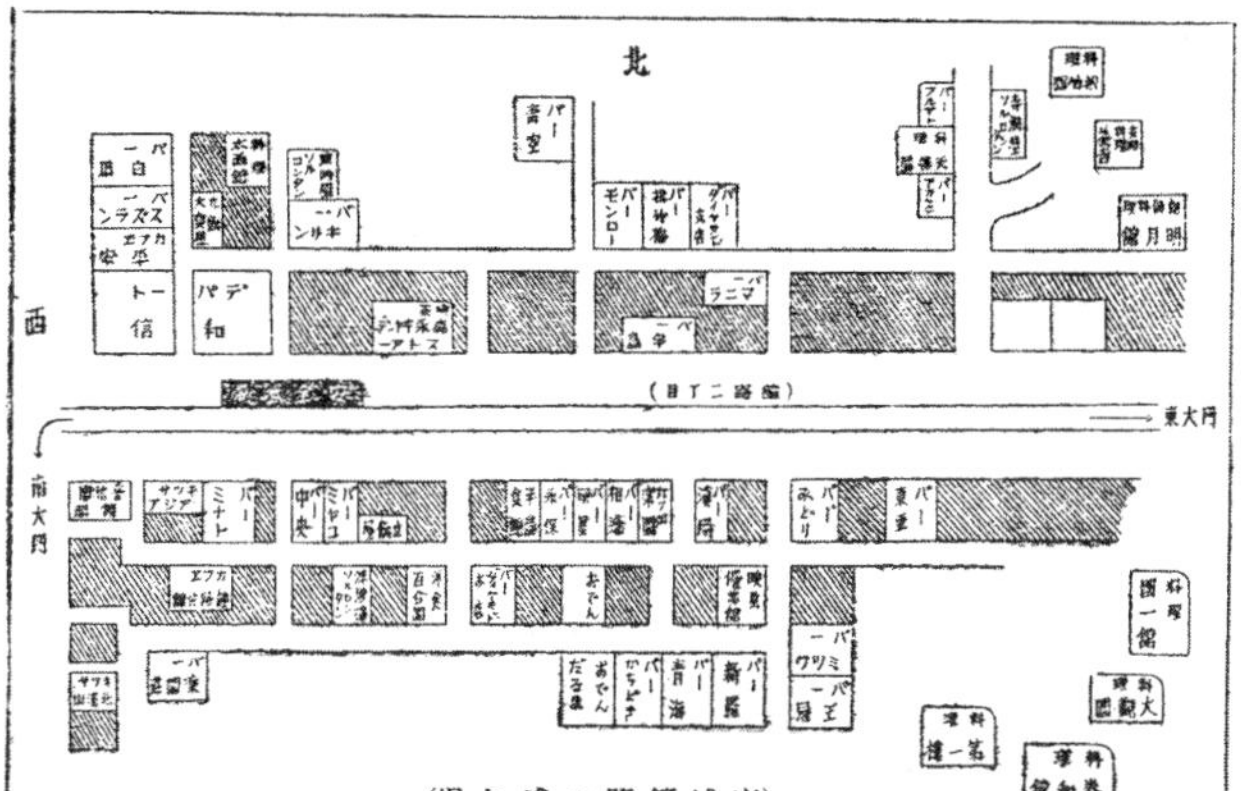

（京城鐘路の盛り場）

「鐘路《しようろ》の方《はう》を歩《ある》くと朝鮮人《ちようせんじん》が多《おほ》いので人目《ひとめ》につきやすいから朝鮮人《ちようせんじん》のアベックは大抵本町《たいていほんまち》の方《はう》に來《く》るんです。それに鐘路《しようろ》の方《はう》は朝鮮《てうせん》人同志《じんどうし》が互《たが》ひに氣《き》を許《ゆる》し合《あ》つてるので、女《をんな》なんてつれてあるいてると、あん畜生《ちくしやう》、生意氣《なまいき》だと、つつか丶つて來《く》ることがありがちなので、アベックは皆本《みなほん》町《まち》の方《はう》に集《あつま》つてしまふのです。」

さう云《い》はれて通《とほ》りの方《はう》をみてゐると、なるほど、アベックのラヴパレードだ。

その學生《がくせい》と別《わか》れてから、記者《きしや》の第六感《だいろくかん》で、本町通《ほんまちどほ》りを嗅《か》ぎあるいた所《ところ》によれば昭和通《せうわどほ》り寄《よ》りの奥《おく》まつた三徳餅《さんとくもち》の隣《となり》にある南山湯《なんざんゆ》の二階《かい》、高級茶房南嶺《かうきうさばうなんれい》は旭町《あさひまち》の藝者《げいしや》と有閑《いうかん》マダムの溜《たま》り場所《ばしよ》、反對《はんたい》に映畫館明治座《えいぐわかんめいちざ》の方《はう》に向《むか》つて行《ゆ》くと、冬《ふゆ》の宿《やど》がある。これは名曲《めいきよく》を聞《き》かせる好樂家《かうがくか》、文學青年《ぶんがくせいねん》のたまり場所《ばしよ》、明治座《めいぢざ》から丁字屋《ちやうじや》に向《むか》ふ、右側《みぎがは》の第一茶房《だいいちさばう》は、劇映畫《げきえいぐわ》、美術家《びじゆつか》、妓《キー》生等《サンら》の華《はな》やかな連中《れんちう》が集《あつま》る場所《ばしよ》らしい。明治座《めいぢざ》の向側《むかひがは》のトスカーニーの額《がく》をかけた美松《みまつ》なども文化人《ぶんくわじん》の愛《あい》する高級喫茶《かうきふきつさ》だ。

これだけまわるともう夜《よる》が近《ちか》づいて來《き》た。

カフエーに急《いそ》がう。こ丶で一番《ばん》古《ふる》くて、大《おほ》きいカフエーが「丸《まる》ビル」である。東京《とうきやう》の丸《まる》ビルの大《おほ》きさを考《かんが》へちやいけない。まず二階《かい》も計算《けいさん》に入《い》れて新宿《しんじゆく》のタイガー位《ぐらゐ》造花《ざうくわ》の花《はな》を咲《さ》かせたり、ボンボリをぶらさげたりして、にぶい光《ひかり》の照明《せうめい》をあしらつたりする趣味《しゆみ》は淺《あさ》草《くさ》あたりのそれによく似《に》てゐる。こ丶の女給《ぢよきふ》さんは皆内地人《みなないちじん》で關西《くわんさい》が壓倒的《あつたうてき》だが北海道《ほくかいだう》あたりから來《き》てゐるのがある。

女給頭《ぢよきふがしら》のお弓《ゆみ》さんは子供一人《こどもひとり》をか丶へて、二十年《ねん》も女給《ぢよきふ》をつとめてゐる京城《けいじやう》カフエー界《かい》の草分《くさわ》け女《ぢよ》給《きふ》だ。その姐御振《あねごぶ》りもあざやかなもので、毎度《まいど》お客同志喧嘩《きやくどうしけんくわ》がはじまつた、爆發《ばくはつ》する客《きやく》の中《なか》に飛《と》び込《こ》んで母親《はゝおや》の如《ごと》くなだめすかして騷《さう》動《どう》を一歩手前《ぽてまへ》で防《ふせ》ぎとめた。お弓《ゆみ》さんが汗《あせ》をかき／＼記者《きしや》のところに歸《かへ》つて來《き》たので「大《たい》へんだつたね」と云《い》つてやると「毎日《まいにち》、一つや二つこんなことがあるんで、わしや、かなわんよ」と云《い》つた。この外本町裏通《ほかほんまちうらどほ》りのカフエーハーは無數《むすう》で、皆《みな》お客《きやく》で滿員《まんゐん》だつた。それらを敬遠《けいえん》して、いよ／＼川《かは》を渡《わた》ることにした。專賣局《せんばいきよく》の前《まへ》を通《とほ》つて黄金町《こがねまち》二丁目《ちやうめ》をつつきり暗《くら》い屋根《やね》の低《ひく》い家々《いへ／＼》の露路《ろぢ》をくぐりな拔《ぬ》け、今《いま》はうめたて工事《こうじ》をしてゐる川《かは》とは名《な》ばかりの清溪川《せいけいがは》を渡《わた》つて鐘路《しようろ》に出《で》る。

鐘路《しようろ》の普信閣《ふしんかく》の前《まへ》に立《た》ちどまり和信《わしん》のビルデイングを仰《あふ》いで、喫《きつ》茶店《さてん》亞細亞《アジア》に寄《よ》つてプレンソーダをのみ、魂《たましひ》のゲートルを巻《ま》きかへて出發《しゆつぱつ》した。

　鐘路《しようろ》通《どほ》りは夜店《よみせ》がズラリとならんでゐる。京城《けいじやう》の夜店《よみせ》はどんなものがあるかと思《おも》つて、ひやかして歩《ある》いたが、東京《とうきやう》の夜店《よみせ》と變《かは》つてゐなかつた。

　まづバナナ屋《や》だ。しかし、向《むか》ふ鉢卷《はちまき》でたゝき賣《うり》はしてゐない。あごひげをはやしたぢいさんが悠々《いうく》と長《なが》ぎせるを啣《くわ》へて、欲《ほ》しけりや買《か》ひなといふ態度《たいど》である。まめ屋《や》は南京豆《ナンキンまめ》が山《やま》の樣《やう》につんである。リンゴと夏《なつ》ミカンの店《みせ》、シャツ屋《や》はもう夏物《なつもの》を賣《う》つてゐた。アイスクリーム屋《や》は淺草《あさくさ》を思《おも》ひ出《だ》す、ガマグチ屋《や》にネクタイ屋《や》などは客《きやく》を呼《よ》ばないから素通《すどほ》りだ。インキケシ屋《や》が、只《たゞ》一つ朝鮮語《てうせんご》で口上《こうじやう》をのべたててゐた。布地屋《ぬのぢや》や骨董屋《こつとうや》をにらんでも掘《ほ》り出《だ》しものはなさそうだ。朝鮮碁《てうせんご》がある、五目《もく》ぢやないらしい。

　かうしてひやかしてゐる中《うち》にこれらの店《みせ》を突《つ》つ立《た》つたまゝ馬鹿面《ばかづら》して店《みせ》のものをながめてるのは記《き》者《しや》ばかりで、他《た》のお客《きやく》は、店《みせ》の前《まへ》にしやがんでじつくり品物《しなもの》をながめまわしてゐる。

　夜店《よみせ》ぢやない方《はう》の店々《みせく》の中《なか》には道路《だうろ》より低《ひく》い店《みせ》が數軒《すうけん》あつた。

　少《すこ》しほこりつぽくなつたので呼《い》吸《き》拔《ぬ》きに夜《よる》のバコタ公園《こうゑん》に入《はい》つて見《み》る、花壇《くわだん》にはチューリップが芳《はう》香《かう》を發《はつ》して、美《うつく》しく咲《さ》き揃《そろ》つてゐた。

　ベンチや、木蔭《こかげ》を私服巡査《しふくじゆんさ》のやうにうかゞつてあるいたが、じれつたいほど人目《ひとめ》を忍《しの》ぶ光景《くわうけい》にぶつからない。京城《けいじやう》マンは品行方正《ひんかうはうせい》すぎるぞ！心地《こゝち》よい公園《こうゑん》の砂地《すなち》をふんで、八角塔《かくたふ》や、圓覺寺址《ゑんかくじし》多《た》層《そう》石塔《せきたふ》をぐるりとまわつて、再《ふたゝ》び鐘《しよう》路《ろ》二丁目《ちやうめ》邊《へん》の裏通《うらどほ》りへもぐり込《こ》んだ。ネオンの光《ひかり》が、東京《とうきやう》つ子《こ》に魅《み》惑的《わくてき》である。小松《こまつ》おでん、バー東《とう》亞《あ》、みどり、白水《はくすゐ》おでん、天《てん》一、豐美《ほうび》などがある。いゝ氣《き》になつて迷路《めいろ》を好《この》んでまわり歩《ある》くと、たちまちにして、行《ゆ》けども行《ゆ》けども暗《くら》がりになり、清溪川《せいけいがは》にぶつかつてびつくりしてもどつて來《く》ることが二三回《くわい》あつた。

　さて、いつまでぶらつくのも能《のう》なしだ。と、とあるバーに飛《と》び込《こ》んでみた。

　ダイヤモンド本館《ほんくわん》。濛々《もうく》たる紫《し》烟《えん》、朝鮮語《てうせんご》の大交響樂《だいかうきやうがく》、初《はじ》めて遠《えん》方《ぱう》の土地《とち》に來《き》たことを感《かん》じる。女《ぢよ》給《きふ》さん達《たち》は洋裝《やうさう》、朝鮮服《てうせんふく》とりどりで、綺麗《きれい》なのが澤山《さはさん》ゐる。女給《ぢよきふ》さんの名《な》がキヨミさん、トシ子《こ》さんと皆日本名《みなにつぽんめい》だ。

　ビールを前《まへ》にしてボンヤリ朝鮮《てうせん》の雰圍氣《ふんゐき》をながめまわしてゐると、可愛《かあ》い女給《ぢよきふ》さんがビールをとりあげて
「ツーセヨー」

（召《め》し上《あ》りなさい）と云《い》つた。これはおしやくする身振《みぶ》りですぐわかつたが、あとつゞけて言《い》ふ言葉《ことば》はさつぱりわからない。

「君《きみ》、國語《こくご》で話《はな》して吳《く》れよ。」

記者《きしや》がたのむと、

「フン、國語《こくご》？　國語《こくご》ばかり使《つか》ふのなんかキザだわ。」

と云《い》つてそつぽをむいた。レコードがかゝつてゐる、朝鮮語《てうせんご》のブルース古《ふる》き花園《はなぞの》、雨《あめ》のブルースなどが聲《こゑ》まで內地《ないち》盤《ばん》に似《に》せて吹込《ふきこ》まれてゐる。

　それから、バーを一、二軒《けん》まわり、花山屋《くわざんや》といふ立呑屋《たちのみや》に寄《よ》つてお好《この》みのつまみものをつまんで、燒酎《せうちう》をのみ、すつかり滿喫《まんきつ》して最《さい》後《ご》に、まるで、駒形《こまがた》のどぢやう屋《や》みたいなかまへの大昌屋《たいしやうや》によつて雪濃湯《ソルロンタン》といふ雜炊《ざふすゐ》を食《た》べて引《ひ》き上《あ》げた。

京城一流妓生資産番付

蒙御免

行司 「朝鮮版」

一、金額の單位は萬圓
二、鐘路(鐘路券番)漢城(漢城券番)朝鮮(朝鮮券番)

勸進元 モダン日本社

	氏名	金額	券番	出生地
横綱	金月色	二〇	朝鮮	西鮮
大關	東綾波	一八	鐘路	西鮮
關脇	禹山玉	一〇	鐘路	京城
小結	崔弱翠	八	漢城	京城
前頭	鮮于一扇	六	朝鮮	西鮮
同	文英子	六	鐘路	南鮮
同	文山玉	六	朝鮮	京城
同	申海中月	五	漢城	京城
同	孫瓊蘭	五	朝鮮	京城
同	李暎月	五	漢城	西鮮
同	嚴山月	五	漢城	西鮮
同	盧竹心	四	漢城	西鮮
同	宋芙蓉	四	鐘路	京城

	氏名	金額	券番	出生地
横綱	康山月	一八	漢城	西鮮
大關	朴一枝紅	一〇	鐘路	京城
關脇	都月仙	八	鐘路	西鮮
小結	鄭梅花	八	鐘路	京城
前頭	金花中仙	六	鐘路	京城
同	孫香心	六	漢城	京城
同	朴眞淑	五	漢城	京城
同	文玉珠	五	鐘路	南鮮
同	洪小月	五	朝鮮	南鮮
同	卞香心	五	漢城	南鮮
同	金錦玉	五	漢城	南鮮
同	朴明玉	四	鐘路	南鮮
同	朴雪中月	三	鐘路	西鮮

	氏名	金額	券番	出生地
前頭	金愛姬	三	漢城	京城
同	金明珠	三	漢城	西鮮
同	朴又春	三	朝鮮	西鮮
同	洪彩玉	三	鐘路	京城
同	成南淑	三	朝鮮	南鮮
同	韓絲珠	三	朝鮮	京城
同	高飛燕	三	朝鮮	南鮮
同	車京子	三	漢城	南鮮
同	金彩鳳	二	朝鮮	京城
同	尹丹心	二	鐘路	西鮮
同	金山月	二	鐘路	京城
同	韓昌玉	二	鐘路	西鮮
同	裵花仙	二	鐘路	西鮮

	氏名	金額	券番	出生地
前頭	劉松月	三	鐘路	西鮮
同	趙錦玉	三	朝鮮	南鮮
同	方錦仙	三	鐘路	南鮮
同	金錦仙	三	鐘路	南鮮
同	林淳英	三	朝鮮	京城
同	申花中月	三	鐘路	京城
同	金貞淑	三	朝鮮	西鮮
同	韓山玉	二	朝鮮	西鮮
同	李德華	二	朝鮮	西鮮
同	韓英月	二	鐘路	西鮮
同	鄭錦江	二	鐘路	西鮮
同	任彩鳳	二	鐘路	京城
同	金素姬	二	朝鮮	南鮮

	氏名	金額	券番	出生地
前頭	南順寶	二	鐘路	西鮮
同	朴蘭玉	一	朝鮮	西鮮
同	金在玉	一	朝鮮	京城
同	崔桃花	一	漢城	京城
同	宋明玉	一	漢城	西鮮
同	劉碧桃	一	漢城	京城
同	鄭仁淑	一	漢城	京城
同	金蓮花	一	漢城	西鮮
同	李花仙	一	鐘路	京城
同	崔順子	一	鐘路	京城
同	李錦桃	一	朝鮮	西鮮
同	孫福春	一	鐘路	西鮮
同	田德華	一	鐘路	京城

	氏名	金額	券番	出生地
前頭	金鸚鵡	二	朝鮮	南鮮
同	嚴山月	一	朝鮮	京城
同	李銀玉	一	朝鮮	西鮮
同	崔妍妍	一	漢城	西鮮
同	崔彩仙	一	漢城	西鮮
同	金彩鳳	一	漢城	西鮮
同	姜仙	一	漢城	京城
同	李花中仙	一	鐘路	京城
同	李素英	一	鐘路	南鮮
同	崔昌仙	一	朝鮮	西鮮
同	朴椿受	一	鐘路	西鮮
同	朴瓊愛	一	鐘路	京城
同				

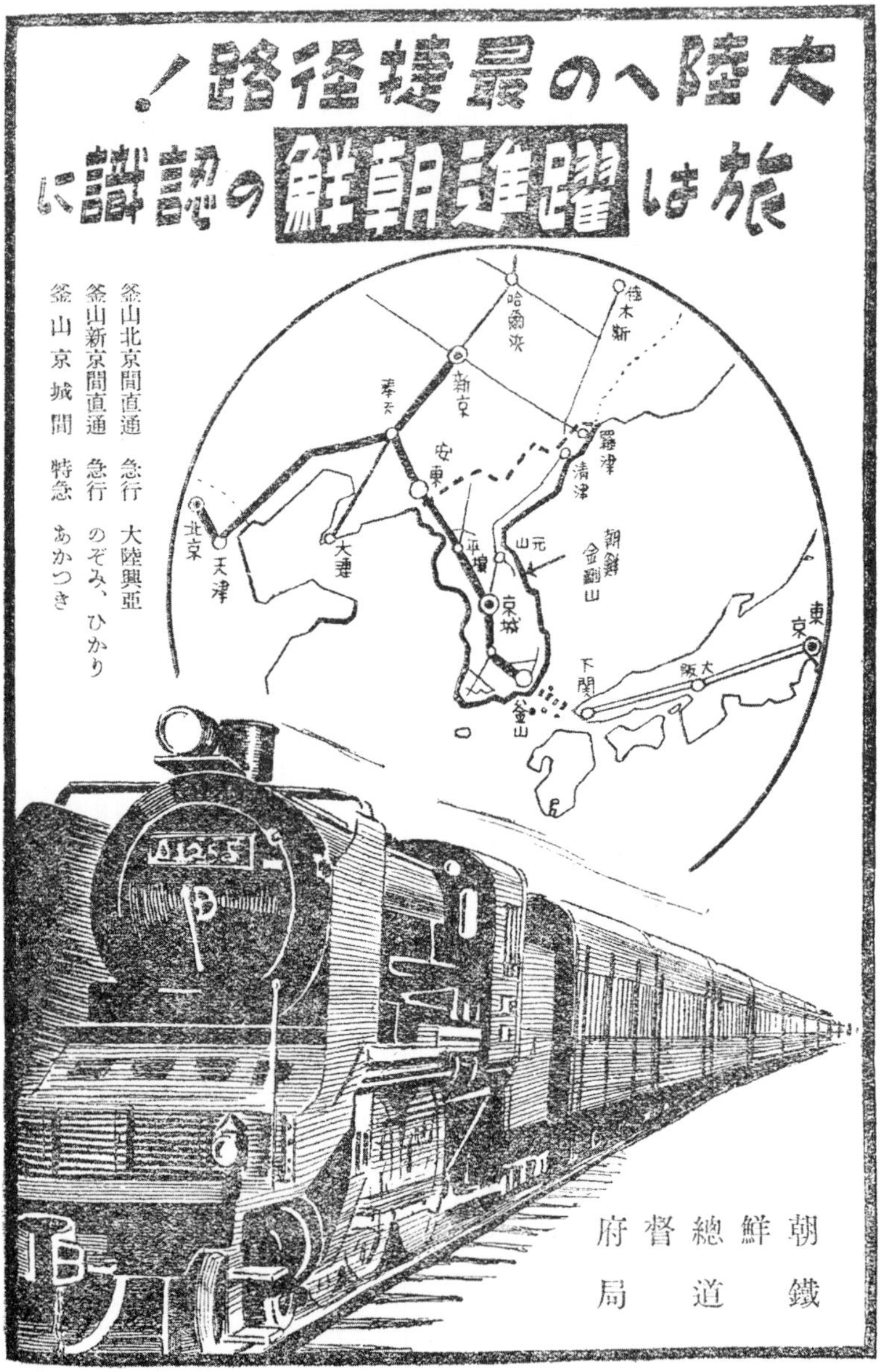
大陸への最捷徑路！
旅は躍進朝鮮の認識に
釜山北京間直通 急行 大陸興亞
釜山新京間直通 急行 のぞみ、ひかり
釜山京城間 特急 あかつき
哈爾浜
新京
奉天
安東
北京
天津
大連
平壤
京城
元山
羅津
清津
朝鮮金剛山
釜山
下關
大阪
東京
朝鮮總督府
鐵道局

特別懸賞大募集

朝鮮版

應募規定

○締切日
昭和十五年八月十二日

○用紙
官製ハガキ一人一枚

○宛名
東京市麴町區内幸町
大阪ビルモダン日本社
「朝鮮版」懸賞係

○發表
モダン日本本誌
十月號誌上

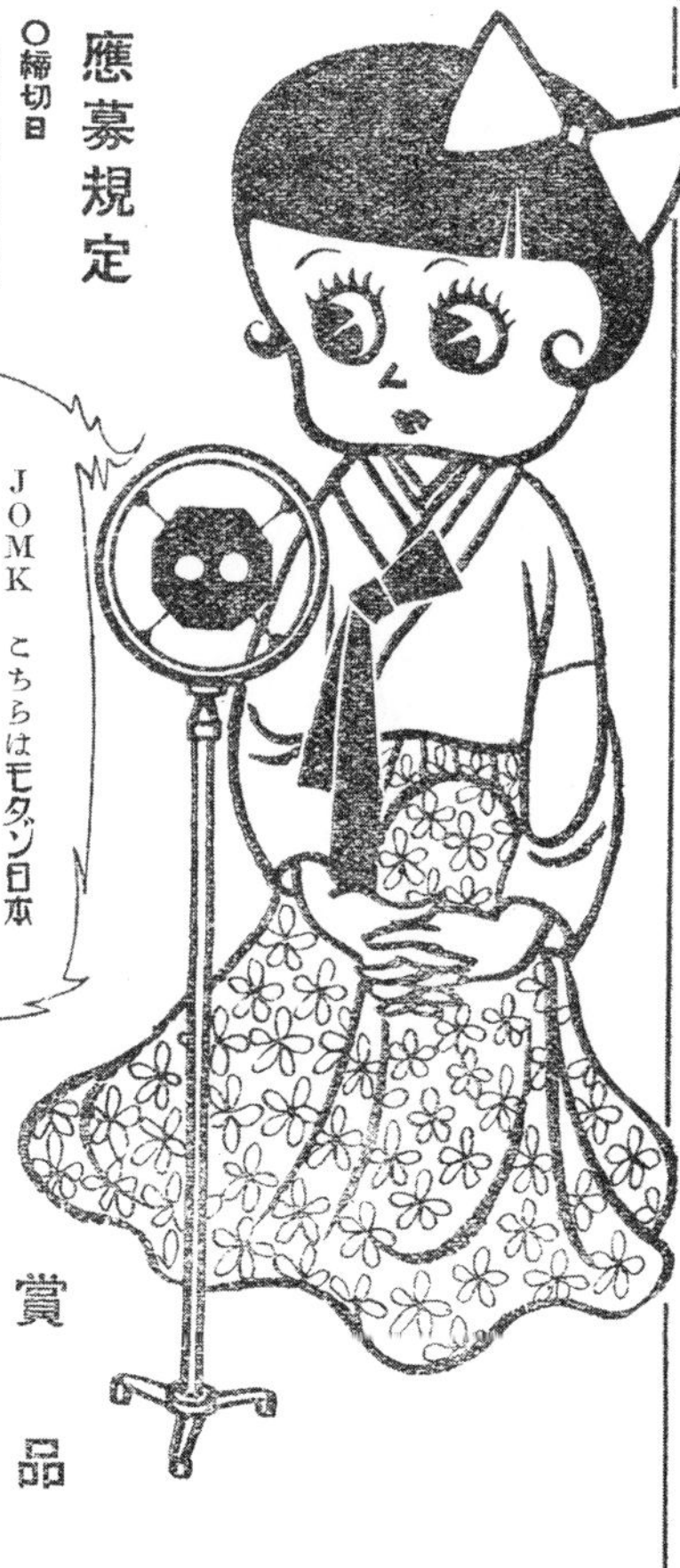

JOMK　こちらはモダン日本放送局でございます。全國の愛讀者の皆様に申上ます。皇紀二千六百年の佳き年を迎へましていよいよ躍進發展する朝鮮、その輝かしき姿を象徴する麗はしき「ミス朝鮮」が、半島二千三百萬の熱狂裡に目出度く決定いたしました。さて、この「ミス朝鮮」の榮冠を獲得したお孃さんは誰でせうか？お解りの方は答を「〇〇〇」とだけお書きになつて上記の規程御參照の上愛讀者皆樣一人殘らずこの特別大懸賞に御應募下さいませ。

賞品

○一等割增金附支那事變貯蓄債券十五圓券一枚　一名

○二等割增金附支那事變貯蓄債券七圓五十錢券一枚宛五名

○三等ウェル萬年筆一本宛百名

○四等特製繪葉書一組宛千名

小學生《せうがくせい》が日曜日《にちえうび》を待《ま》ち焦《こが》れるやうに、一つの名節《めいせつ》（節句《せつく》）が過《す》ぎると、次《つぎ》の名節《めいせつ》、また次《つぎ》の名《めい》節《せつ》といふやうに、子供達《こどもたち》の胸《むね》を躍《をど》らせ、貧乏《びんばふ》の人達《ひとたち》には重《おも》い心《しん》配《ぱい》の種《たね》となつてゐる朝鮮《てうせん》の年中《ねんぢう》行事《ぎやうじ》を、さあ、さあお聞《き》きなさいませ。

♣元旦《ソル》——年老《としお》ひたお祖父《ぢい》さん、お祖母《ばあ》さんを持《も》つてゐる人《ひと》は、先《ま》づ一苦勞《くらう》だ。朝《あさ》から晩《ばん》までおしよせてくる歳拜廻《さいはいまは》りの人《ひと》達《たち》、一人《ひとり》々々に御馳走《ごちそう》をさせるこの風習《ふうしふ》は（子供達《こどもたち》には歳拜《さいはい》としてお菓子代《くわしだい》をやる）、實《じつ》に麗《うる》はしいことに違《ちが》ひないが、年《ねん》長者《ちやうじや》をもつてゐる人《ひと》には、先《ま》づ一苦勞《くらう》だ。元旦《ソル》の朝早《あさはや》く、祖先《そせん》の祭壇《さいだん》に祭《まつ》りを上《あ》げることは、上《じやう》・下《げ》各階《かくかい》級《きふ》において、貧富《ひんぷ》を問《と》はず行《おこな》つてゐる。

♣正月十五日《ボルム》——元旦《ソル》を祖先《そせん》の日《ひ》、年《とし》のためとすれば、十五日《にち》は全《まつた》く遊《あそ》ぶがための日《ひ》。赤飯《せきはん》を食《た》べ、月《つき》を見《み》、それが昂《かう》じて賭博《とばく》の犯人《はんにん》が殖《ふ》え出《だ》して、お巡《まはり》さんにちよつと御迷惑《ごめいわく》の次第《しだい》。

♣寒食《ハンシク》（決《きま》つてゐないが二月《ぐわつ》の中旬《ちうじゆん》から下旬《げじゆん》にかけて）先祖《せんそ》のお墓參《はかまゐ》りの日《ひ》、老若男女《らうにやくだんぢよ》を問《と》はず、一家總出動《かそうしゆつどう》で、御馳《ごち》走《そう》を一ぱい入《い》れた籠《かご》を女房《にようばう》の頭《あたま》の上《うへ》に乗《の》せた、この白《しろ》い行列《ぎやうれつ》が山々《やまやま》を粧《よそほ》はせる。

♣端午《タンオ》（五月《ぐわつ》五日《か》）——お角《す》

力《りき》が始《はじ》まる。一等《とう》は大牛《おほうし》一匹《ぴき》、二等中牛《とうちゆうし》一匹《ぴき》、三等《とう》は小牛《こうし》一匹《ぴき》。田植《たうゑ》をすませて、稻《いね》の實《みの》るのを待《ま》つてゐる若者達《わかものたち》は、銅色《どうしよく》の腕《うで》を自慢《じまん》に振《ふ》り廻《まは》しながら、町《まち》へ町《まち》へと入《はひ》つて來《く》る。牛《うし》を獲得《くわくとく》して來年《らいねん》の田畑耕作《たはたかうさく》に役《やく》たゝせやう、といふよりも金參奉《きんさんぽう》の借金《しやくきん》が拂《は》らへるからだ……。

女《をんな》には、鞦韆大會《ブランコたいくわい》といふとの上《うへ》もない外出《ぐわいしゆつ》チャンス。白《しろ》い裳《チマ》が宙《ちう》になびく。一年中部屋《ねんぢうへや》の中《なか》でくさつてゐた彼女達《かのぢよたち》の顏《かほ》は、初夏《しよか》の暑《あつ》い日《ひ》とはいへ、明《あか》るい微笑《ほゝゑみ》に滿《み》ちてる。

♣秋夕《チユソク》（八月《ぐわつ》十五日《にち》）——秋《あき》の夜《よる》、それとそ澄《す》みきつた十五夜《や》の月《つき》。との日《ひ》も先祖《せんぞ》のお墓參《はかまゐ》りの日《ひ》である。收穫《とりいれ》したばかりのお米《こめ》で、御飯《ごはん》を炊《た》き、お餅《もち》を作《つく》り、先祖《せんぞ》にも差《さ》し上《あ》げたいといふ氣持《きもち》は、あの十五夜《や》の月《つき》のやうにあくまで美《うつく》しいものだ。

♣九月《ぐわつ》九日《か》——同氏《どうし》のものが集《あつま》つて、その氏《し》の頭先祖《とうせんぞ》のお墓《はか》參《まゐ》りをする日《ひ》。族譜《ぞくふ》をひろげて未來《みらい》の家長《かちやう》たるべき子供達《こどもたち》に汗《あせ》を流《なが》しながら「金氏《きんし》は代々《だいだい》の兩斑《ヤンパン》ぢや、家名《かめい》を汚《けが》さないやうに」と、說敎《せつけう》に忙《いそ》がしい。

子供《こども》は目《め》をぱちぱちさせながら「兩斑《ヤンパン》て何《なに》？」となると親爺《おやぢ》の額《ひたひ》には玉《たま》のやうな汗《あせ》、「世《よ》も末《すゑ》ぢや！」と溜息《ためいき》。

彌勒石《ミロクトル》（カットの說明）——朝鮮の子供の名前にはミロクトンヰとかミロクネといふ名が多い。彌勒石は萬病を治す神樣、大事な子供であるから彌勒石にあづけるのである。北鮮には一村に必ず一つの彌勒石がある——

노래가락《ノレカラク》 歌詞集

○唄へや　踊れ　若き日愉しく
白髪がなびけば　悔いてもをそい
赤く咲く花　十日ともたず
月も滿つれば　また缺ける

○いとしお方の窓邊を照らす
光りかゞやく　まあるい月よ
夕べあの娘《こ》はひとりゐたか
仇し男と　居やせぬか

○柚子《ユジヤ》も木だろに　實は二つ三つ
嵐が來たとて　ゆれ落ちやせぬ
ぬしと妾も　あの柚子のやう
二人一緒にくらしたい

○妾の情は　あの淸い山
ぬしのこゝろは碧の水
水は流れて　山は變らず
あゝそれなのににくいあのひと

○來たよ來ました　ようやくに
千里の他鄕《よそ》からはろ〴〵と
風に吹れて流れ雲に乘つて

風流朝鮮 1

朝鮮の嘘倶樂部

孤　帆

昔《むかし》、一國《こく》の宰相《さいしやう》が自分《じぶん》にうまい嘘《うそ》をついた者《もの》に金《きん》百兩《りやう》を與《あた》へるといふ布《ふ》れを出《だ》したので、時《とき》の有名《いうめい》な嘘《うそ》つきが出《で》掛《か》けました。

「閣下《かくか》、今《いま》から始《はじ》めます。」

「うむ、滅多《めつた》にお前《まへ》なんぞに欺《だま》される儂《わし》ではないが、まあ、やつて見《み》よ。」

「うまく欺《だま》したら賞《しやう》金《きん》の方《はう》は?」

「間違《まちが》ひない。だが失敗《しくじ》つたらお前《まへ》の鬚《ひげ》をちよんぎるぞ。」

と、かうして話《はなし》が始《はじま》りました。

「或所《あるところ》に獵師《れふし》がゐました。――」

「うん。」

「秋《あき》も暮《く》れやうとする或日《あるひ》の事《こと》、獵《れふ》に出《で》かけましたが、一日《にち》中《ちう》生憎《あいにく》不獵《ふれふ》でしたが、折《をり》よく雁《かり》の群《むれ》を發見《はつけん》、早速《さつそく》狙《ねら》ひを定《さだ》めてズドンと一發《はつ》！　すると中《なか》で大《おほ》きな雁《かり》が一羽《は》落《お》ちて來《き》ました」

「うん。」

「――そして垣根《かきね》の內側《うちがは》の櫻桃《さくらんぼ》の畑《はたけ》にふわりと落《お》ちました。恰度《ちやうど》櫻桃《さくらんぼ》の畑《はたけ》には櫻桃《さくらんぼ》が紅《あか》く實《みの》つてゐました。そとで、彼《かれ》は雁《かり》の事《こと》も忘《わす》れて櫻桃《さくらんぼ》をもり〳〵食《た》べ始《はじ》めました。大《おほ》きな櫻桃《さくらんぼ》でした。拳位《こぶしくらゐ》の奴《やつ》でして――。」

「ちよいと待《ま》て。櫻桃《さくらんぼ》が拳位《こぶしくらゐ》だ

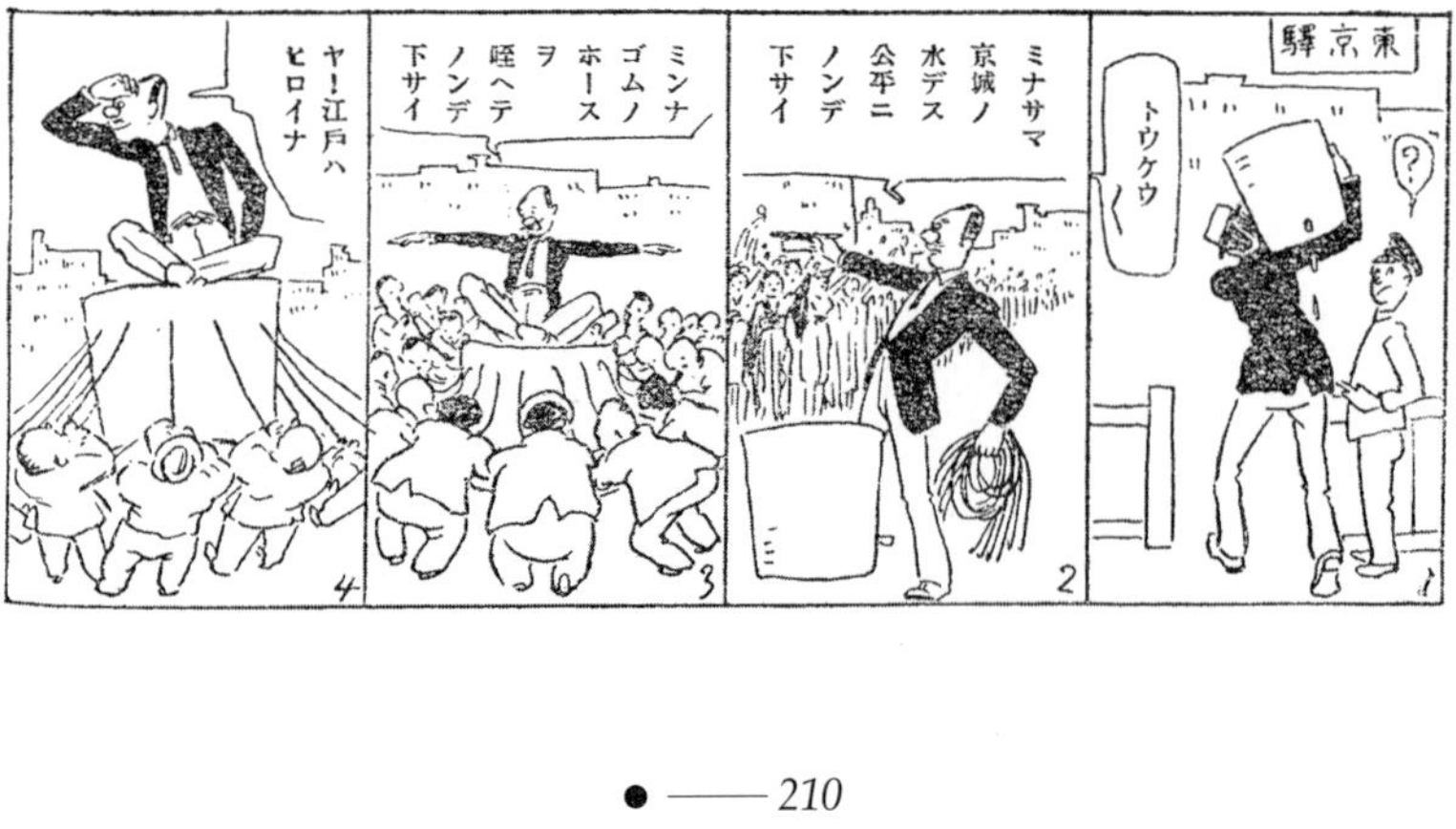

いとしおまへを見に來たよ

○秋風寒き夕まぐれ
鳴いて空ゆく　かりがねよ
龍門鶴關の北の國
たえて久しき　彼の君に
やるせなき身の　かなしさを
とゞかぬ君につたへてよ

○おごれる春の夢をすて
木枯すさぶ荒野原
降りたつ霜を身に受けて
ひとり花咲く小菊かな

○天地《あめつち》氷る冬の日に
雪は野山にみちみちて
梅も開かぬきびしさを
伸びゆく竹の靑さかな

○私の情は淸い山
あなたの心は碧の水よ
碧の水は流れるけれど
山の情は變らない
とめるにとまらぬ碧の水よ
どうしてとめよう　あなたの心

○歸へる　私はかへります
あなたを殘してかへります
心を置いてかへりませう
歸りはするけど　あなたのことを
忘れられよか　わすられぬ

つて？　嘘《うそ》をつくな。」

「はい、では幼兒《えうじ》の拳位《こぶしくらゐ》としませう。」

「何《なに》を云《い》ふか。」

「では、親指位《おやゆびくらゐ》にしませう。」

「駄目《だめ》だ〱。そんな嘘《うそ》では駄《だ》目《め》だ。どうだ。參《まゐ》つたか。」

「はい閣下《かくか》。」

「約束通《やくそくどほ》り、その鬚《ひげ》を切《き》らう。」

「いや閣下《かくか》、勝《かち》は私でございます。それ、俗《ぞく》に古老《ころう》が次《つぎ》の様《やう》な歌《うた》を唄《うた》ひます。」

……雁《かり》は初秋《しよしう》に飛來《ひらい》し
櫻桃《さくらんぼ》は初夏《しよか》に實《みの》るなり……

朝鮮の俚諺集

○へまな奴は、仰向に引ツクリ返つても、鼻が傷く。
○瓦一枚惜んで棟を腐らす。
○手綱が長ければ馬に踏まれる。
○いくら忙しくても、針の腰に絲を結付けては使はれない。
○夫婦喧嘩は刀で水を斬る如し。
○睡眠中に他人の足を搔く。
○鷹の兒は親鷹を捕へて食ふ。
○鍾路で人に頰を打たれて、小路に入つてから目を剝き出す。
○大きな鯉が躍ると目高も躍る。
○井戸へ行つて湯をくれといふか。
○牛の耳に經を讀む。
○十尺の水の底は分るが、一尺の人心の底は分らぬ。
○仰臥して唾を吐く。
○臍が腹より大きい。
○憎らしい子供には餠一切餘計やる。
○乞食に物はやらんで、乞食の出した椀を毀す。
○走る馬も鞭を加へよ。
○馬鹿にした草で目を突かれる。
○火に驚いた奴は火搔棒にも驚く。
○男やもめに虱が三升、女やもめに銀が三升。
○愚者は多言なり。
○魚網を張つたら鴻鳥が罹つた。
○一女怨みを呑めば、六月に霜を降らす。
○一魚水を濁す。
○雉は頭許り草に隱す。

朝鮮物知り大学

妓《キー》生《サン》と藝《げい》者《しや》

朝鮮《てうせん》といつたらすぐ聯想《れんさう》されるまでに有名《いうめい》な妓生《キーサン》は、普通《ふつう》に内地語《ないちご》で「キーサン」と云《い》つてゐるが、正確《せいかく》な發音《はつおん》で「ギイシæン」であつて、相憎《あひにく》、内地語《ないちご》ではæの發音《はつおん》がない。すると「ギイシæン」と、藝者《げいしや》の發音《はつおん》はほとんどぴつたりとまで似《に》てゐる。昔《むかし》は上流階級《じやうりうかいきふ》に、現代《げんだい》では古典的《こてんてき》藝《げい》をもつとも保持《はぢ》してゐる「妓《キー》生《サン》」と「藝者《げいしや》」の發音《はつおん》がかうまで似《に》てゐるといふことは面白《おもしろ》くもあり、意味《いみ》ありげなこと。

竈《かま》について

竈《かま》の發音《はつおん》は、内地語《ないちご》では「カマ」或《あるひ》は「カマド」であるが、

風流朝鮮 2

女房がこわい

李瑞求

李《り》浣《くわん》李《り》大將《たいしやう》は、外《そと》ではいつも威張《ゐは》りちらしてゐたが、家《いへ》ではてんで女房《にようばう》に頭《あたま》が上《あが》らなかつた。そのため女房《にようばう》は威張《ゐは》りほうだいで、時《とき》には餘《あま》りにも亂暴《らんばう》すぎて、流石《さすが》の李《り》大將《たいしやう》もムッとして思《おも》はずなぐりつけたくなる事《こと》もあつたが、家門《かもん》のことを思《おも》ふと常人《サンノム》のやうに、女房《にようばう》をなぐりつけるやうな、はしたない眞似《まね》は出來《でき》ず、明《あ》けても暮《く》れても憂《いう》鬱《うつ》でならなかつた。

或日《あるひ》、李《り》大將《たいしやう》は手下《てした》の兵卒《へいそつ》を數《すう》百名《めい》あつめ、左《ひだり》に白旗《しろはた》、右《みぎ》に赤旗《あかはた》を立《た》てゝ、應揚《おうやう》な態度《たいど》で曰《いは》く、

「お前達《まへたち》は、家《いへ》に歸《かへ》つて女房《にようばう》が言《い》ふこともきかず、亂暴《らんばう》を働《はたら》くやうな場合《ばあひ》は、どうしてをるか。もしその樣《やう》な場合《ばあひ》、この中《なか》で女《にょう》房《ばう》をなぐりつける者《もの》は赤旗《あかはた》のところへ集《あつま》り、女房《にようばう》に對《たい》して全然《ぜんぜん》、頭《あたま》の上《あが》らん者《もの》は白旗《しろはた》のところへ集《あつま》れ！」

と命令《めいれい》をかけた。

兵卒達《へいそつたち》は李《り》大將《たいしやう》の命令《めいれい》であるから、否《いな》やはなかつた。命令《めいれい》一下《か》、パラ〳〵と白旗《しろはた》の下《した》へ集《あつま》つてキョトンとしてゐた。李《り》大將《たいしやう》は我《わ》が意《い》を得《え》たりと言《い》はんばかりに、思《おも》はず洩《も》れてくる微笑《びせう》を押《おさ》へきれず、この光景《くわうけい》に滿足《まんぞく》しきつてゐた。

と、不思議《ふしぎ》や、兵卒《へいそつ》の中《なか》でも

朝鮮語《てうせんご》でも「カマ」であつて實《じつ》にこれは！これは！である。

戀人《こひびと》の代名詞《だいめいし》

萬葉《まんえふ》の歌人達《かじんたち》がよくつかつた「キミ」といふ言葉《ことば》には奥《おく》ゆかしい魅力《みりよく》がある。朝鮮《てうせん》の時調《じてう》(短《たん》歌《か》によく似《に》たもの）には、戀人《こひびと》を呼《よ》んで「ニミ」と云《い》つてゐる。さて、問題《もんだい》は「キ」と「ニ」になるのであるが、「キ」は「貴《き》」で尊敬《そんけい》の意《い》を示《しめ》し、「ニ」は朝鮮《てうせん》語《ご》で「王様《わうさま》」を「ニムキミ」と云《い》つて絶對的《ぜつたいてき》な尊敬《そんけい》を示《しめ》すもの。

一番《ばん》小《こ》柄《がら》な男《をとこ》が一人《ひとり》、悠然《いうぜん》と赤《あか》旗《はた》のところにつゝ立《た》つてゐるではないか！　李《り》大將《たいしやう》は思《おも》はず腹《はら》をかゝへて大笑《たいせう》一番《はん》、あんなに弱蟲《よわむし》な小《こ》男《をとこ》めが、女房《にようぼう》を堂々《だうく》と征服《せいふく》するとは、とりや大笑《おほわら》ひの種《たね》だとばかりに、

「こら、貴様《きさま》は何《なに》を間違《まちが》へて、赤旗《あかはた》のところに立《た》つてゐるんぢや。女房《にようぼう》がこはくはないんか、オイ、一體《たい》どうやつて、とはいい女房《にようぼう》を征服《せいふく》するのか？答《こた》へて見《み》い。」と怒鳴《どな》つた。

兵卒《へいそつ》は李《り》大將《たいしやう》の命令《めいれい》なので直《ちよく》立不動《りつぷどう》の姿勢《しせい》をくずさず、答《こた》へて曰《いは》く、

「閣下《かくか》、それは違《ちが》ふんであります。自分《じぶん》の女房《にようぼう》はいつもから言《い》ふんであります。――あなたといふ人《ひと》は、人《ひと》さまより小《こ》柄《がら》なんだから、みつともないから、あんまり人《ひと》さまの集《あつま》つてゐる場所《ばしよ》には近《ちか》よらず、なるべく離《はな》れてゐなさいよ、閣下《かくか》、自分《じぶん》の女房《にようぼう》は、毎日《まいにち》のやうに自分《じぶん》にから言《い》つてをるのであります。」

一口噺

嘘《うそ》で妻《つま》を娶《めと》る

昔大變嘘《むかしたいへんうそ》の好《す》きな宰相《さいしやう》が、「儂《わし》の氣《き》に入《い》る様《やう》な嘘《うそ》を云《い》つた者《もの》には儂《わし》の獨《ひと》り娘《むすめ》をやる」と布《ふ》れたので朝鮮全道《てうせんぜんだう》から我《われ》も我《われ》もと嘘《うそ》つき達《たち》が集《あつま》つて來《き》た。けれども、誰《だれ》も宰相《さいしやう》の氣《き》に入《い》る様《やう》な嘘《うそ》をつくものが出《で》て來《こ》なかつた。と、或《あ》る日《ひ》一人《ひとり》の利潑《りはつ》な若者《わかもの》が心中期《しんちうき》する所《とこ》あつて宰相《さいしやう》に面會《めんくわい》を求《もと》めて來《き》た。若者《わかもの》は腰《こし》の巾着《きんちやく》からうや／＼しく古證文《ふるしやうもん》を一枚引出《まいひきだ》して「これは先大監《せんたいかん》が亡《な》くなられる前《まへ》に私《わたし》から借《か》りた十萬兩《まんりやう》の借用《しやくよう》證文《しやうもん》です。是非《ぜひ》これを返《かへ》して下《くだ》さい。」とつめよつた。嘘《うそ》の好《す》きな宰相《さいしやう》は心《こゝろ》の中《なか》で「これを嘘《うそ》だといふと娘《むすめ》をやらねばならないし、本當《ほんたう》だと云《い》へば十萬兩拂《まんりやうはら》はねばならないし――」。到頭娘《たうとうむすめ》をその若者《わかもの》にとられて仕舞《しま》つたといふ話《はなし》。

朝鮮千夜 アラビア

蝴蝶《こてふ》の由來《ゆらい》

昔《むかし》ある所《とこ》に一人《ひとり》の娘《むすめ》が居《を》りました。娘《むすめ》には親《おや》の定《さだ》めた夫《おつと》がをりましたが、不幸《ふかう》にも結婚前《けつこんまへ》にその夫《おつと》に先《さき》だゝれてしまひました。娘《むすめ》は泣《な》く／＼白布《しろぬの》で覆《おほ》はれた轎《くるま》に乘《の》つて夫《おつと》の實家《じつか》へ行《ゆ》き、髮《かみ》をといて泣《な》き崩《くづ》れました。それからといふもの朝《あさ》な夕《ゆふ》なに夫《おつと》の墓《はか》を訪《たづ》ね、亡《な》き夫《おつと》の名《な》を呼《よ》びつゝ墓《はか》の周《まは》りを泣《な》き彷《さまよ》ふ哀《あは》れな娘《むすめ》となりました。娘《むすめ》は顏《かほ》さへ知《し》らぬ夫《おつと》の名《な》を呼《よ》び戀慕《れんぼ》の情《じやう》にくれるのでした。兩班《ヤンバン》の家《いへ》ではきつい掟《おきて》があつて夫《おつと》に先立《さきだ》たれた妻《つま》は、再婚《さいこん》など思《おも》ひもよらぬ事《こと》で、或《あ》る家門《かもん》に年若《としわか》い寡婦《くわふ》が出《で》ると、毒《どく》を飮《の》ませて殺《ころ》してしまふやうな恐《おそ》ろしい事《こと》さへ行《おこな》はれたやうな昔《むかし》のことですからどうして再婚《さいこん》など望《のぞ》めませう。

あの世《よ》でゞも夫婦《めをと》にさせ給《たま》へ娘《むすめ》は、毎日《まいにち》祈《いの》るのでした。或《あ》る日《ひ》、娘《むすめ》がかうして祈《いの》りを捧《さゝ》げてゐると、祈《いの》りの甲斐《かひ》あつてか墓《はか》が眞《ま》二ツに割《わ》れました。娘《むすめ》は我《われ》と我身《わがみ》をその中《なか》へ躍《をど》り込《こ》ませました。これを見《み》た召使《めしつかひ》の女《をんな》が驚《おどろ》いて娘《むすめ》の裳《ちま》を捕《とら》へましたが、その時《とき》は遲《おそ》く既《すで》に娘《むすめ》の體《からだ》は墓《はか》の中深《なかふか》く入《はい》つてしまひ、たゞはかなくも裳《ちま》の裾《すそ》が僅《わづ》かに殘《のこ》されたゞけでした。召使《めしつかひ》の女《をんな》がその殘《のこ》された裾《すそ》に手《て》を掛《か》け強《つよ》く引《ひ》きましたと、裾《すそ》はピリツと裂《さ》け、見《み》る間《ま》に美《うつく》しい蝴蝶《こてふ》と化《くわ》し、ひらひらと舞《ま》ひながら、空高《そらたか》く飛《と》んで行《ゆ》きました。今《いま》、花《はな》から花《はな》へ舞《ま》ふ蝶々《てふてふ》もみな、この時《とき》の蝶々《てふてふ》から生《うま》れたものと言《い》はれます。

一夜

ンナイト

朝《てう》鮮《せん》の大岡越前守《めいはんぐわん》

1

或《あ》る人《ひと》が近所《きんじよ》の若者《わかもの》に一寸《ちよつと》といふので自分《じぶん》の長煙管《ながきせる》を貸《か》した所《ところ》、半日經《はんにちた》つても返《かへ》して呉《く》れないので、催促《さいそく》すると、「冗談《じようだん》を云《い》ひなさんな。これは私《わたし》の煙管《きせる》だよ。」と心臓強《しんざうつよ》く云《い》ひ張《は》るので到頭争《とうとうあらそ》ひが官廳《くわんちやう》に持出《もちだ》された。名判官《めいはんぐわん》の譽高《ほまれたか》い時《とき》の郡守《ぐんしゆ》は兩者《りやうしや》を宥《なだ》めて、「高《たか》が煙管《きせる》一本《ぽん》の事《こと》ではないか、つまらぬ事《こと》で争《あらそ》ふより、儂《わし》が長煙管《ながきせる》を一本《ぽん》やるから、これで煙草《たばこ》でも吸《す》ひ乍《なが》ら和解《わかい》したらどうだ。」と云《い》つたので、彼等《かれら》は大《おほ》いに喜《よろこ》び、煙《たば》草《こ》を吸《す》ひ始《はじ》めた。所《ところ》が、若者《わかもの》は煙草《たばこ》の火《ひ》が弱《よわ》くなると、雁首《がんくび》を灰皿《はひざら》の中央《まんなか》の突出《つきで》た所《ところ》に當《あ》てて煙草《たばこ》の灰《はひ》を歷《お》さうともせずわざ〳〵煙管《きせる》より短《みじか》い手《て》を延《の》ばして拇指《おやゆび》の裏《うら》でこれを歷《お》さうとした。これは普段《ふだん》、短《みじか》い煙管《きせる》を使《し》用《よう》する者《もの》の癖《くせ》なので、すぐさま郡守《ぐんしゆ》はその若者《わかもの》を捕《とら》へて投獄《とうごく》して仕舞《しま》つたといふ事《こと》である。

2

又或《またあ》る時《とき》、二人《ふたり》の商人《しやうにん》が一疋《ぴき》の白布《もめん》をお互《たが》ひに自分《じぶん》の物《もの》だと云《い》ひ争《あらそ》ふ訴《うつた》へに接《せつ》して、「こんな事件《じけん》は判決《はんけつ》の仕様《しやう》がないからお前達二人《まへたちふたり》で力《ちから》任《まか》せにその白布《もめん》を引張《ひつぱ》り合《あ》つて、勝《か》つた者《もの》の所有《しよいう》としたがよい。」と云《い》つた。すると盗《ぬす》んだ方《はう》の者《もの》は慾《よく》に眼《め》が眩《くら》んで一生懸命《いつしやうけんめい》に引《ひつ》張《ぱ》り、その白布《しろもめん》の持主《もちぬし》は自分《じぶん》の品物《しなもの》に傷《きず》が付《つ》くのを恐《おそ》れて、餘《あま》り力《ちから》が入《はい》らず負《ま》けて仕舞《しま》つた。これを見《み》た郡守《ぐんしゆ》は、早速盗《さつそくぬす》んだ者《もの》を判別《はんべつ》してこれを獄《ごく》に下《くだ》したといふ話《はなし》。

一口噺

犬《いぬ》を畫《か》いて飲《の》む

「どうもお腹《なか》の中《なか》がさつばりしない。」と或《あ》る男《をとこ》が云《い》ふと、そこに居合《ゐあは》せた世間《せけん》の物識《ものし》りが教《をし》へて云《い》ふには、

「それは腹《はら》の中《なか》にいろ〳〵不潔《きたな》いものが溜《たま》つてゐるからだ。だから、犬《いぬ》を畫《か》いて飲《の》めばその犬《いぬ》が不潔物《ふけつぶつ》を皆喰《みなく》つて仕舞《しま》ふだらう。」と。

「では、その犬《いぬ》はどうして出《だ》すんだ」と尋《たづ》ねると、

「それは虎《とら》を畫《か》いて飲《の》めばよい犬《いぬ》が追《お》はれて出《で》るだらう。」

「その虎《とら》はどうするんだ？」

「砲手《ぼす》（鐵砲打《てつぽううち》）を畫《か》いて飲《の》めば出《で》る。」

「砲手《ぼす》は？」

「砲手《ぼす》は密獵《みつれふ》をよくするから、捕盗《ぼど》（警官《けいくわん》）を畫《か》いて飲《の》めばよい。」

「それなら捕盗《ぼど》は？」

「郡守《ぐんしゆ》の呼出命令書《よびだしめいれいしよ》を飲《の》めば出《で》る。」

鷄林

さ霧あさ霧、
今ほのぼのの黎明かな。
旭に映ゆ嶺、興、槐よ、
あゝ汝は尊き王を卽しめたり。
（展けゆく新羅！）

佛國寺

巖の櫻、紅の殿
花崗の棧は白れり。
釋迦、多寶塔の祕む美よ
鏤む佛と誇りあれ。
玉なす石の一つ一つこそ、
築ける文化の跡象ぞかし。

石窟庵

丈六の輝きも傑し
窟なる石尊、
八萬四千の御光もて、
慈悲新羅を法都と
集めたるなり。
——陽は堕ちたれど
庵は明るし。

朝鮮の

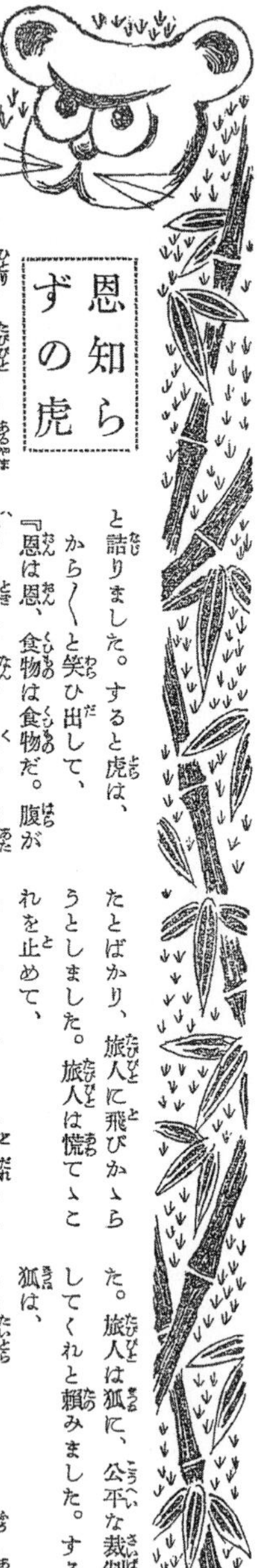

恩知らずの虎

一人《ひとり》の旅人《たびびと》が、或山《あるやま》奥《おく》の峠《たうげ》にさしかゝると、陷穽《おとしあな》に大《おほ》きな虎《とら》が一匹《ぴき》落《お》ち込《こ》んでゐました。虎《とら》は旅人《たびびと》を見《み》ると、

『どうか助《たす》けて下《くだ》さい。その御《ご》恩《おん》は決《けつ》して忘《わす》れません。』

と、泣《な》き出《だ》しさうな聲《こゑ》で云《い》ひました。旅人《たびびと》は可哀想《かあいさう》になつて、穴《あな》の中《なか》に棒《ぼう》をおろして虎《とら》を救《すく》ひ出《だ》してやりました。すると虎《とら》は、穴《あな》から出《で》るなり、大《おほ》きな口《くち》を開《あ》けて、ひと嚙《か》みに食《く》ひ殺《ころ》さうとしました。旅《たび》人《びと》はびつくりして、

『まあまて、まて。ひどいぢやないか。命《いのち》の恩人《おんじん》に飛《と》びかゝつて來《く》るとは。』

と詰《なじ》りました。すると虎《とら》は、から〱と笑《わら》ひ出《だ》して、

『恩《おん》は恩《おん》、食物《くひもの》は食物《くひもの》だ。腹《はら》が減《へ》つた時《とき》には何《なん》でも喰《く》ふのが當《あた》り前《まへ》だ。』

と云《い》ひました。旅人《たびびと》は側《そば》に立《た》つてゐる松《まつ》の木《き》に、どちらの云《い》ふことが正《たゞ》しいか聞《き》いて見《み》ました。すると松《まつ》の木《き》は、

『それは虎《とら》さんの云《い》ふことが正《たゞ》しいにきまつてゐる。私《わたし》なぞ、小《ちひ》さい時《とき》から人間《にんげん》に隨分《ずゐぶん》恩《おん》をきせてゐる。葉《は》や枝《えだ》は焚《た》き料《れう》にやつて溫突《おんどる》を暖《あたゝ》めてやつたり、松露《しようろ》や松茸《まつたけ》を生《は》やして人間《にんげん》に甘《うま》いものを食《た》べさしてやつたりしてゐるのに、折角《せつかく》大《おほ》きくなるとすぐ伐《き》り倒《たふ》して命《いのち》を奪《うば》つてしまふ。虎《とら》さんのいふ方《はう》が實《じつ》にもつともだ。』

と云《い》ひました。虎《とら》は、我心《わがこゝろ》を得《え》たとばかり、旅人《たびびと》に飛《と》びかゝらうとしました。旅人《たびびと》は慌《あわ》てゝこれを止《と》めて、

『まて、まて。もう一度《ど》誰《だれ》かに聞《き》いて見《み》よう。』

と云《い》つて、通《とほ》り懸《かゝ》る牛《うし》に、わけを話《はな》し、どちらが正《たゞ》しいか裁《さば》いてくれと賴《たの》みました。すると牛《うし》はすぐ樣《さま》、

『それは虎《とら》さんの云《い》ふことが正《たゞ》しいにきまつてゐる。一體《たい》人間《にんげん》は私達《わたしたち》に重《おも》い荷《に》を負《おは》せたり、車《くるま》を牽《ひ》かせたり、目《め》が廻《まは》る程《ほど》こき使《つか》つてゐる。そればかりか、私《わたし》達《たち》の乳《ちゝ》を搾《しぼ》り取《と》つたり、その上《うへ》なぐり殺《ころ》しては肉《にく》まで食《く》ふ。虎《とら》に食《く》はれる位《くらゐ》は當《あた》り前《まへ》のことだ。』

と云《い》ひました。虎《とら》はいよ〱得《とく》意《い》になつてしまひました。丁度《ちやうど》その時《とき》、狐《きつね》が一匹《ぴき》走《はし》つて來《き》ました。旅人《たびびと》は狐《きつね》に、公平《こうへい》な裁判《さいばん》をしてくれと賴《たの》みました。すると狐《きつね》は、

『一體《たい》虎《とら》さんはどんな風《ふう》に穴《あな》の中《なか》におつこつてゐたのですか。』

と聞《き》きました。虎《とら》は、陷穽《おとしあな》に大《たい》した元氣《げんき》でピヨンと飛《と》び込《こ》んで見《み》せました。それを見《み》ると狐《きつね》はから〱と笑《わら》ひ出《だ》して、

『一體《たい》お前《まへ》さんは虎《とら》を助《たす》けたからこんな面倒《めんだう》なことが起《おこ》つたのです。虎《とら》をあのまゝにして捨《す》てゝおけばそれでいゝのです。さあお前《まへ》さん、こんなところにぐづ〱してゐないで、さつさと自分《じぶん》の家《うち》へお歸《かへ》りなさい。』

と云《い》ひました。

童話

脚折燕

むかし、怒夫《ノルブ》と興夫《フンブ》と云《い》ふ二人《ふたり》の兄弟《きやうだい》がゐました。兄《あに》の怒夫《ノルブ》は意地悪《いぢわる》で慾張《よくば》りでしたが大金持《おほがねもち》なのに引《ひ》きかへて弟《おとうと》の興《フン》夫《ブ》は正直《しやうぢき》で情深《なさけぶか》いたちでしたがひどい貧乏《びんぼふ》でした。

或時《あるとき》、一羽《は》の雛燕《ひなつばめ》が巣《す》から零《こぼ》れ落《お》ちて、脚《あし》を折《を》りました。興《フン》夫《ブ》はそれを見《み》つけて、すぐ脚《あし》に藥《くすり》を塗《ぬ》つて、絲《いと》で括《くゝ》り巣《す》に戻《もど》してやりました。翌年《よくねん》の春《はる》、燕《つばめ》は江南《かうなん》の國《くに》から瓢《へうたん》の種子《たね》を一粒《ひとつぶ》口《くち》に銜《くは》へて來《き》ては興夫《フンブ》の家《うち》におとしてやりました。

興夫《フンブ》はその種子《たね》を庭《には》の隅《すみ》に蒔《ま》いて置《お》きました。

暫《しばら》くすると芽《め》が出《で》て、ぐん〳〵大《おほ》きくなつて花《はな》が咲《さ》き大《おほ》きな瓢《へうたん》が四つ實《な》りました。それをちぎつて一《ひと》つ〳〵割《わ》りますと、死《し》んだものを活《い》かす藥《くすり》や、盲目《めくら》を治《なほ》す藥《くすり》や、啞《おし》や聾《つんぼ》を治《なほ》す藥《くすり》や、不老《ふらう》の草《くさ》等《など》が入《はい》つてゐる瓶《びん》を持《も》つた童子《どうじ》が現《あらは》れるやら、大《おほ》きな木《き》や石《いし》が出《で》るやら、大勢《おほぜい》の大工《だいく》が飛《と》び出《だ》して家《うち》を建《た》てゝくれるやら、穀物《こくもつ》や寶《たから》物《もの》が出《で》るやら、興夫《フンブ》は忽《たちま》ちのうちに、すつかり大物持《おほものもち》になりました。

兄《あに》の怒夫《ノルブ》は、それを見《み》ると羨《うらやま》しくてたまりません。怒夫《ノアル》は大急《おほいそ》ぎで自分《じぶん》の家《いへ》の軒先《のきさき》に巣《す》をこしらへて、長《なが》い竿《さを》に木《き》の葉《は》を結《むす》びつけ、そこらを通《とほ》る燕《つばめ》どもを無理耶理《むりやり》に自分《じぶん》の家《うち》へ逐込《おひこ》まうとしました。燕《つばめ》どもは皆《みな》逃《に》げてしまひましたが、片眼《かため》の燕《つばめ》が一羽《は》、家《うち》の中《なか》に逐込《おひこ》まれてドウヤラ巣《す》の中《なか》へ入《はい》りました。間《ま》もなく三四羽《は》の雛燕《ひなつばめ》が生《うま》れました。怒夫《ノルブ》は大《たい》そう喜《よろこ》んで、燕《つばめ》が巣《す》からころげ落《お》ちるのを今《いま》か〳〵と待《ま》つてゐましたが、なか〳〵落《お》ちません。怒夫《ノルブ》はいまいましくなつて梯子《はしご》をかけて巣《す》のところに登《のぼ》つて行《い》つて、いきなり一羽《は》の燕《つばめ》を摑《つか》み出《だ》しては、わざと脚《あし》を折《を》りました。怒夫《ノルブ》はすぐに藥《くすり》を塗《ぬ》つて絲《いと》で括《くゝ》り懇《ねんご》ろに介抱《かいはう》してやりました。翌年《よくねん》の春《はる》、この燕《つばめ》も一粒《ひとつぶ》の種子《たね》を銜《くは》へて來《き》ては怒夫《ノルブ》の前《まへ》にポトンと落《おと》しました。怒夫《ノルブ》はすぐそれを蒔《ま》きました。すると、やつぱり芽《め》が出《で》てぐん〳〵大《おほ》きくなつて花《はな》が咲《さ》きブラリブラリと大《おほ》きな瓢《へうたん》が十一實《な》りました。怒夫《ノルブ》は大得意《だいとくい》で、十一の瓢《へうたん》をちぎつて、急《いそ》いで割《わ》つてみました。するとこれは何と驚《おどろ》いたことでせう。乞食《こじき》や、坊主《ばうず》や、喪服《もふく》を着《き》た男《をとこ》や、巫女《みこ》や、大男《おほをとこ》たちが次《つぎ》から次《つぎ》へと出《で》て來《き》ては、怒夫《ノルブ》をさん〴〵苛《せ》めました。怒夫《ノルブ》は澤山《たくさん》のお金《かね》を出《だ》して、やつとのことで追《お》ひやつてしまひました。慾深《よくふか》い怒夫《ノルブ》はそれでもまだ止《や》めやうとはせず、最後《さいご》の瓢《うたん》を割《わ》りますと、何《なに》やら黄金色《こがねいろ》のものが見《み》えました。怒夫《ノルブ》は「今度《こんど》こそは黄金《こがね》だ」と有頂天《うちやうてん》になつてザクリと割《わ》りますと、黄金色《こがねいろ》の糞《くそ》や小便《せうべん》が川《かは》のやうに迸《ほとばし》り出《だ》して、怒大《ノルブ》の家《うち》を押《お》し流《なが》してしまひました。怒夫《ノルブ》は命《いのち》からがら弟《おとうと》の家《うち》へ逃《のが》れて來《き》ました。

興夫《フンブ》は、新《あたら》しく家《うち》を建《た》てゝやり、兄《あに》の怒夫《ノルブ》を生涯樂《しやうがいらく》に暮《くら》させてやりました。

朝鮮服の活し方

朱月瓊

朝鮮服《てうせんふく》と云《い》ふと、白衣《はくい》を想像《さうざう》する程《ほど》、古來《こらい》から色服《いろふく》はあまり用《もち》ひられませんでしたが、現在《げんざい》は大分《だいぶん》洋装趣味《やうさうしゆみ》も取《と》り入《い》れられて來《き》た様《やう》です。

服《ふく》そのものゝ型《かた》が單純《たんじゆん》で、和《わ》服《ふく》の様《やう》に型《かた》が定《きま》つて居《を》りますのと、色物《いろもの》、模様物《もやうもの》をあまり用《もち》ひなかつた爲《ため》に、一體《たい》に清楚《せいそ》、淡《たん》白《ぱく》な感《かん》じが致《いた》しましたが、それも現在《げんざい》では大分《だいぶん》變革《へんかく》されまして、色物《いろもの》、模様物等《もやうものとう》を用《もち》ひて洋《やう》服《ふく》に接近《せつきん》し、和服地《わふくぢ》なども使用《しよう》する様《やう》になつて來《き》ましたから、これからの朝鮮服飾界《てうせんふくしよくかい》の進歩《しんぽ》も豫想《よさう》されるものがあります。

現代《げんだい》の婦人服《ふじんふく》は二つの様式《やうしき》を持《も》つてゐると思《おも》ひます。一つは朝鮮古來《てうせんこらい》のもの、今《いま》一つは洋服《やうふく》化《くわ》された所謂現代風《いはゆるげんだいふう》のものがあります。今後《こんご》、この朝鮮服《てうせんふく》を如《い》何《か》に活《いか》して改良《かいりやう》させるべきか、特《とく》に改善《かいぜん》と云《い》ふ立場《たちば》から述《の》べて見《み》たいと思《おも》ひます。

現在《げんざい》のまゝの服《ふく》も、ほんの一《ちよ》寸《つと》の改良《かいりやう》、又《また》その用向《ようむき》によつて着《き》分《わ》ければ相當《さうたう》の效果《かうくわ》が擧《あ》げられる事《こと》と思《おも》ひます。既《すで》に一部《ぶ》のインテリ女性《ぢよせい》なぞに、これを實《じつ》行《かう》されていらつしやる方々《かたがた》もずい分《ぶん》見受《みう》けました、次《つぎ》に二、三例《れい》を擧《あ》げてみませう。

一、型

イ、古來《こらい》の婦人服《ふじんふく》（幅《はゞ》の廣《ひろ》い丈《たけ》の長《なが》い、廻《まは》し裳《ちま》と襦《ちよごり》）は優《いう》美《び》で靜的《せいてき》な美《び》を持《も》つてゐます。これは禮服或《れいふくあるひ》は訪問服《はうもんふく》として用《もち》ひます。

ロ、改善《かいぜん》された現代風《げんだいふう》の服《ふく》、これは下着《したぎ》も洋服《やうふく》の下着《したぎ》をそのまゝ用《もち》ひ、裳《ちま》は角裳《かくちま》にして、ウエストをつけてゐますが、これを長《なが》くすることゝ襞《ひだ》を細《ほそ》く取《と》ることによつて、洋服《やうふく》のイヴニングドレス、ウエディングドレス、アフタヌーンドレス等《とう》に相當《さうたう》させる事《こと》が出來《でき》ます。襦《ちよごり》(上衣《うはぎ》)は紐《ひも》つけのものにし、その着丈《きだけ》は各自《かくじ》のウエストラインを標準《へうじゆん》にした長《なが》さが身體《からだ》によく合《あ》つてよいと思《おも》ひます。裳《ちま》を適宜《てきぎ》短《みじ》かくする事《こと》によつて洋服《やうふく》のホームドレス、スポーツドレス、散歩《さんぽ》服等《ふくとう》に用《もち》ひること、襦《ちよごり》は釦止《ぼたんどめ》にするともつと活動的《くわつどうてき》で便利《べんり》だと思《おも》ひます。

二、色　合

古來《こらい》から單純《たんじゆん》な色《いろ》が多《おほ》く用《もち》ひられて來《き》ました。黄色《きいろ》の襦《ちよごり》に濃海老茶色《こいえびちやいろ》を衿《えり》、紐《ひも》、袖口《そでぐち》にあしらひ、紺《こん》の裳《ちま》、赤《あか》い裳《ちま》などを千本襞《ほんひだ》に取《と》つて着《き》たものを、今《いま》でも朝鮮婦人服《てうせんふじんふく》の代表的《だいへうてき》のものゝ様《やう》に、思《おも》つてゐる方《かた》が多《おほ》い様《やう》です。この海老茶色《えびちやいろ》の衿《えり》、袖口《そでぐち》等《など》も配合《はいがふ》のよい襦《ちよごり》に用《もち》ひれば、いつまでも捨《す》てがたいものだと思《おも》ひます。服飾美《ふくしよくび》にこの色《いろ》の配合《はいがふ》は一番大切《ばんたいせつ》な事《こと》です。京城《けいじやう》などの都會地《とくわいち》では洋服《やうふく》のそれに一歩《ぽ》も譲《ゆづ》らぬ程《ほど》の、高尚《かうしやう》優美《いうび》な色彩《しきさい》の服裝《ふくさう》を發見《はつけん》しますが、用向《ようむき》をはつきり認識《にんしき》することによつて、一段《だん》と良結果《りやうけつくわ》をもたらす事《こと》と存《ぞん》じます。

三、柄、模様物の取り入れ方

二十年程前《ねんほどまへ》まで、模様物《もやうもの》は用《もち》ひられず、色物《いろもの》に變《かは》り織《おり》の物位《ものぐらゐ》しか用《もち》ひられませんでしたが、最近《さいきん》では大分取《だいぶんと》り入《い》れて參《まゐ》りました。和服地《わふくぢ》はあまり使《つか》はれて居《を》りません。と云《い》ふのは襦《ちよごり》は袖巾《そではゞ》も狭《せま》く、着丈《きだけ》も短《みじか》いので、大柄《おほがら》のものは似合《にあ》はないからです。和服地《わふくぢ》でも小模様《こもやう》のもの單《たん》純《じゆん》な柄《がら》のものは裳《ちま》に使用出來《しようでき》ますし、特《とく》に銘仙《めいせん》などいゝと思《おも》ひます。

何《いづ》れにしても、清楚《せいそ》、淡白《たんぱく》な傳統《でんとう》はあくまでも活《い》かして行《ゆ》きたいと思《おも》ひます。

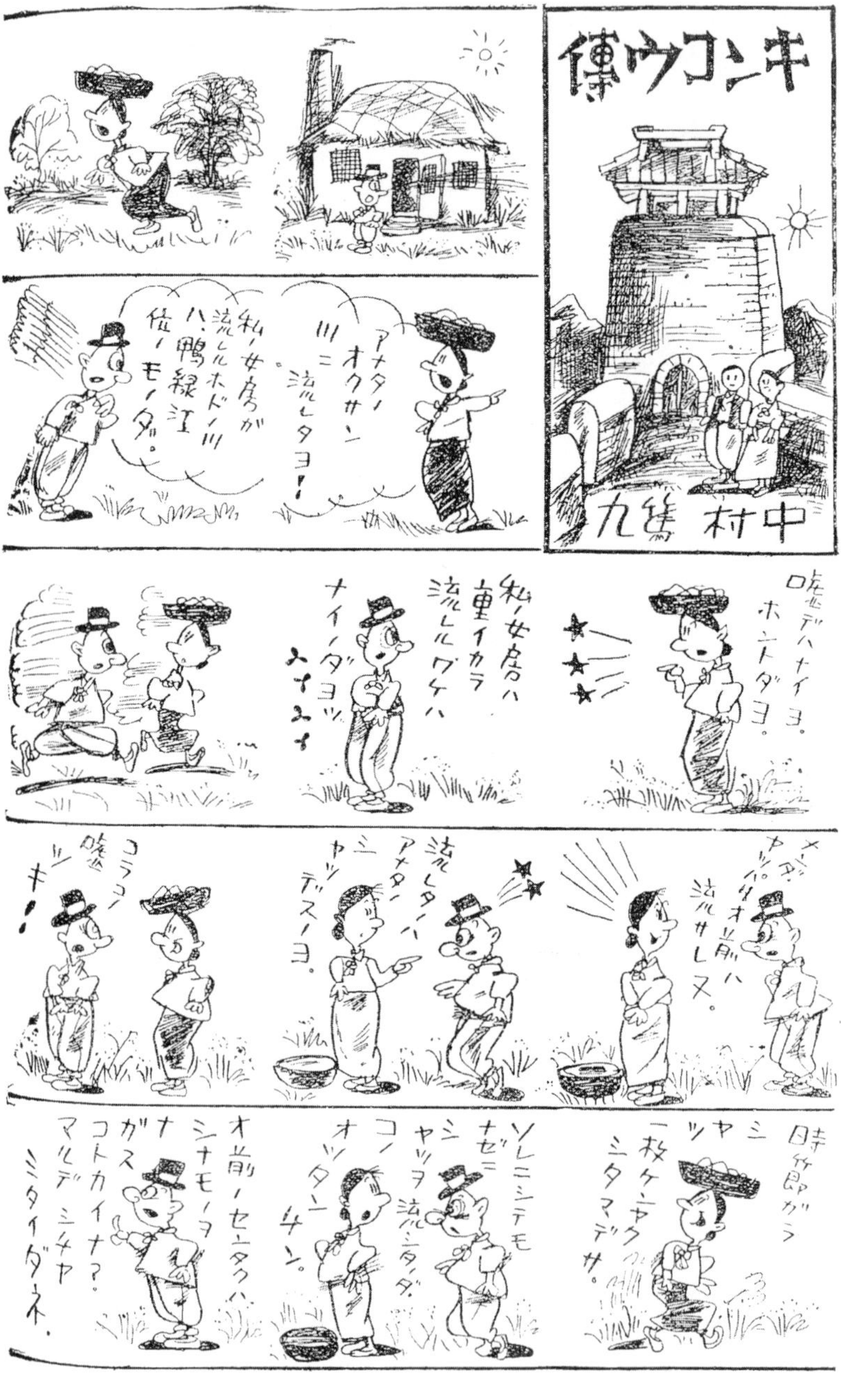
キンコウ傳
中村篤九
アナタノオクサンハ川ニ流レタヨ！
私ノ女房ガ流レルホドノ川ハ鴨緑江位ノモノダ。
嘘デハナイヨ。ホントダヨ。
私ノ女房ハ重イカラ流レルワケハナイノダヨッ
ヘイヘイ
ヤッパリオ前ハ流サレヌ。
流レタノハアナタノシャツデスノヨ。
コラコノ嘘ツキ！
時節ガラシャツ一枚ケンヤクシタマデサ。
ソレニシテモナゼニシャツヲ流シタノダ。
コノオッタンチン。
オ前ノセンタクハシナモノヲナガスコトカイナ？マルデシナヤミタイダネ。

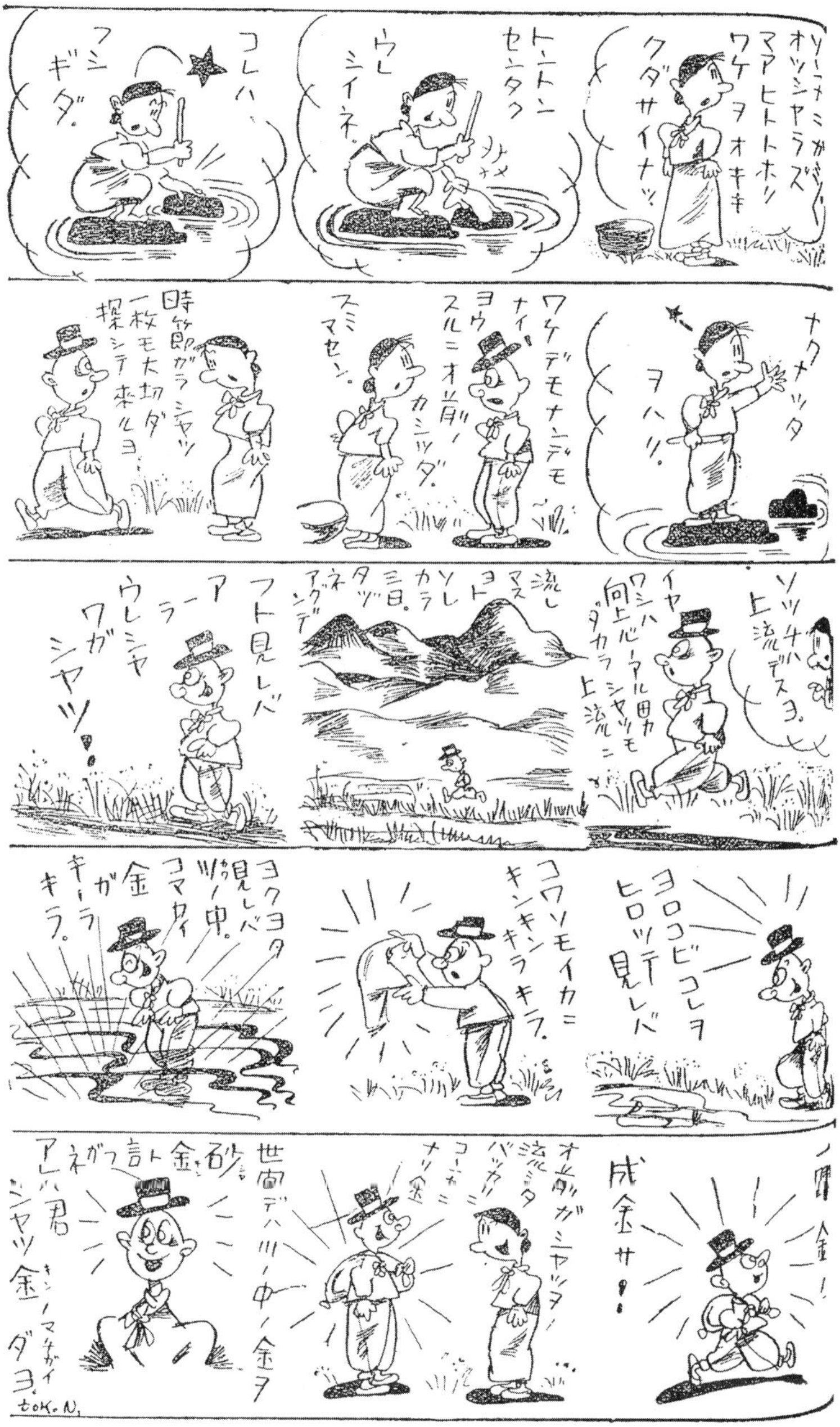
ソンナニガバガバシヤラズ
マアヒトトホリ
ワケヲオキキ
クダサイナッ。
トントン
センタク
ウレシイネ。
コレハ、
フシ
ギダ。
ナクナッタ
ヨハッ。
ワケデモナンデモ
ナイ。
ヨウ
スルニオ前ノ
カシッタダ。
スミ
マセーン。
時節ガラ シャツ
一枚モ大切ダ
探シテ来ルヨ。
ソッチハ
上流デスヨ。
イヤ
ワシハ
向上ヲ心ガケル男ダカラ
シャツモ
上流ニ
流シ
マス
ト
ソレカラ
カラ
三日。
タッタ
アネ
グデ
ン
フト見レバ
アーラ
ウレシヤ
ワガ
シャツ！
ヨロコビコレヲ
ヒロッテ見レバ
コワソモイカニ
キンキンキラキラ。
ヨクヨク
覗見レバ
ソノ中
コマカイ
金ガ
キーラ
キラ。
一攫金！
成金サ！！
オ前ガシャツヲ
流シタ
バッカリニ
コーガニ
ナリ金
世間デハ川ノ中ノ金ヲ
砂金ト言ッテネガ
アレハ君
シャツ金《キン》ノマチガイダヨ。
tok. N.

朝鮮に關する書籍案內

- 京城帝大法文學會編 **朝鮮支那文化の研究** 刀江書院發行 昭和四年度
- 忽滑谷快天著 **朝鮮禪教史** 春秋社發行 昭和五年度
- 朝鮮總督府朝鮮史編修會編 **高麗史節要** 同府發行 昭和七年度
- 聚樂社編 **朝鮮名畫集** 同社發行 昭和八年度
- 佐藤種治編 **朝鮮歷史地理辭典** 富山同人發行 昭和八年度
- 金素雲譯篇 **朝鮮童謠集** 岩波書店發行 昭和八年度
- 內山省三著 **朝鮮陶磁** 寶雲舍發行 昭和八年度
- 白南雲著 **朝鮮社會經濟史** 改造社發行 昭和八年度
- 白南雲著 **朝鮮社會經濟史研究** 刀江書院發行 昭和八年度
- 濱田耕作、梅原末治著 **新羅古瓦の研究** 刀江書院發行 昭和九年度
- 朝鮮總督府朝鮮史編修會編 **朝鮮史料叢刊**（全四十四卷） 同府發行 昭和九年度
- 稻葉岩吉、矢野仁一著 **朝鮮・滿洲史**（世界歷史大系十一卷） 平凡社發行 昭和十年度
- 高橋亨著 **朝鮮思想史大系** 寶文館發行 昭和十年度
- 細井肇著 **朝鮮叢書** 朝鮮問題研究會發行 昭和十一年度
- 李清源著 **朝鮮社會史讀本** 白揚社發行 昭和十一年度
- 工藤文哉著 **朝鮮書道史** 昭和十一年度
- 山本實彥著 **滿鮮** 改造社發行 昭和十一年度
- 李清源著 **朝鮮讀本** 學藝社發行 昭和十一年度
- 大屋德城著 **高麗續藏雕造攷**（全三冊） 京都便利堂發行 昭和十二年度
- 東京美術青年會編 **高麗茶碗次第錄** 同會發行 昭和十二年度
- 市立函館圖書館編 **新羅之記錄** 同館發行 昭和十二年度
- 白南雲著 **朝鮮封建社會經濟史** 改造社發行 昭和十二年度
- 朝鮮總督府編 **朝鮮人名辭典** 同府發行 昭和十二年度
- 朝鮮總督府編 **朝鮮總督府施政年報** 同府發行 昭和十二年度
- 朝鮮總督府朝鮮史編修會編 **高麗史節要補刊**（五冊） 同府發行 昭和十三年度
- 朝鮮文化普及會編 **朝鮮大觀** 同會發行 昭和十三年度
- 下村宏著 隨筆評論集 **朝鮮・滿洲・支那** 第一書房發行 昭和十四年度
- 小倉進平著 **朝鮮語學史** 刀江書院發行 昭和十五年度
- 秋田雨雀、張赫宙、村山知義、兪鎭午編輯 **朝鮮文學選集**（全三卷） 赤塚書房 昭和十五年度
- 申建譯編 **朝鮮小說代表作集** 教材社 昭和十五年度
- 李光洙著 **嘉實** モダン日本社 昭和十五年度
- 李光洙著 **有情** モダン日本社發行 昭和十五年度
- 金素雲譯編詩集 **乳色の雲** 河出書房 昭和十五年度

ミス朝鮮審査

ミス朝鮮朴温實

第二次「朝鮮版」刊行を記念して本社が募集したミス朝鮮は果然内鮮よりの應募山積し、ミス朝鮮審査員の間で嚴選を重ね茲に榮あるミス朝鮮を決定した。選ばれたる麗人こそは全朝鮮を代表する女性である。審査員諸家の推薦の辭に聞かれよ。

菊池寛

僕《ぼく》は、朴温實《はくをんじつ》をミス・朝鮮《てうせん》に推薦《すゐせん》する。朝鮮《てうせん》の古典美《こてんび》と言《い》ふやうな清楚《せいそ》な美《うつく》しさが好《この》ましい。鄭温女《ていをんぢよ》も内地《ないち》の女性《ぢよせい》と全《まつた》く變《かは》りない美人《びじん》だと思《おも》ふ。

久米正雄

朴温實《はくをんじつ》と、鄭温女《ていをんぢよ》の兩孃《りやうぢやう》を並《なら》べておいて随分迷《ずゐぶんまよ》つた。鄭孃《ていぢやう》の理智的《りちてき》な美《び》、しかしどことなく作《つく》つた感《かん》じがしたのは惜《を》しい。全體《ぜんたい》が清楚《せいそ》、淡紅《たんこう》に包《つゝ》まれた朴温實《はくをんじつ》を推《お》す。眉《まゆ》と眉《まゆ》との間《あひだ》が廣《ひろ》いところに、かへつて抱擁性《はうようせい》があつて、誰《だれ》にでも好《す》かれそうなところがいい。

山川秀峰

私《わたし》は李《り》順珍《じゆんちん》さんを推《お》します。明《あか》るくていゝ清浄《せいじやう》な美《うつく》しさがある方《かた》だと思《おも》ひます。みてゐる中《うち》に朝鮮《てうせん》の山《やま》や空《そら》が浮《うか》んで來《く》るやうな氣《き》がします。近代文明《きんだいぶんめい》の進展《しんてん》して行《ゆ》く朝鮮《てうせん》がはつきりと李《り》順珍《じゆんちん》さんの美《うつく》しい姿《すがた》に象徴《しやうちよう》されてゐます。

伊原宇三郎

「ミス朝鮮《てうせん》」候補《こうほ》の麗《うる》はしい寫眞《しやしん》を届《とゞ》けて下《くだ》すつた日《ひ》、丁度《ちやうど》私《わたし》は鮮展《せんてん》の用《よう》を濟《す》ませて、二十日《か》餘《あま》りの朝鮮旅行《てうせんりよかう》から歸《かへ》つて來《き》ました。それだけに、まだ朝鮮《てうせん》に居《ゐ》る様《やう》な氣持《きもち》で寫眞《しやしん》を繰《く》り返《かへ》し見《み》たことですが、與《あた》へられた數《すう》の中《なか》では、相當迷《さうたうまよ》つた揚句《あげく》朴温實《ぼくをんじつ》さんに最高點《さいかうてん》を差上《さしあ》げることに決心《けつしん》しました。

朝鮮《てうせん》の美人《びじん》の中《なか》には、一寸内地人《ちよつとないちじん》に見《み》られない様《やう》な細《こま》かい肌理《きめ》と高《たか》い氣品《きひん》を持《も》つた女《ひと》が居《ゐ》ますが、此朴《このはく》さんも、寫眞《しやしん》で

準ミス朝鮮　李順珍

ミス朝鮮・朴温實孃

住所　平壤府牡丹臺お牧の茶屋方
年齡　十九歲
身長　一米五七糎
體重　四五瓩
推薦者　久保虹城氏

準ミス朝鮮・鄭温女孃

住所　東京市杉並區和田本町八九九　鎌田五郎方
年齡　二十二歲
身長　一米五五糎
體重　四七瓩

準ミス朝鮮・李順珍孃

住所　品川區北品川四ノ七二二
年齡　二十三歲
身長　一米五六糎
體重　四四、九瓩

準ミス朝鮮・金永愛孃

住所　全南木浦府竹橋里
年齡　十九歲
身長　一米六〇糎
體重　五五瓩

員の辭

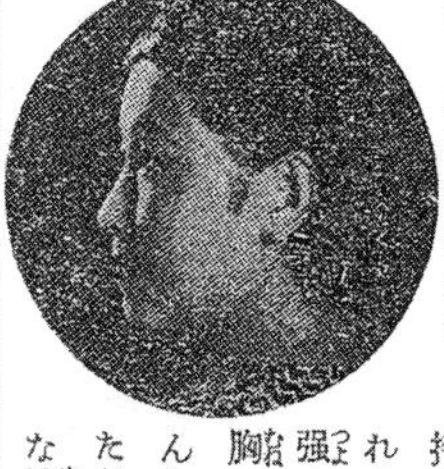

準ミス朝鮮鄭温女

は一寸《ちよつと》窺《うかゞ》ひかねますが、さういふ天質《てんしつ》の持主《もちぬし》らしく思《おも》はれるし、誰《だれ》もが強《つよ》く結《むす》びたがる胸《むね》のリボンをふんわりさせたあたりにも和《なご》やかな性格《せいかく》が偲《しの》ばれます。髪《かみ》に故意《わざ》とらしいコテ等《など》あてゝない處《ところ》にも好意《かうい》が持《も》てます。

♧ 城戸四郎

鄭温女《ていをんぢよ》の眼《め》は鋭《するど》く智性《ちせい》の耀《かゞや》きを持《も》つてゐる。顔《かほ》は丸顔《まるがほ》で、頰《ほゝ》は豐《ゆた》かである。頰《ほゝ》がふくよかなのは健康《けんかう》の象徴《しようちよう》である。この意味《いみ》で私《わたし》は鄭温女《ていをんぢよ》をミス・朝鮮《てうせん》に推《お》したい。

♧ 森岩雄

朴温實嬢《ぼくをんじつぢやう》は朝鮮《てうせん》の古《ふる》き陶《す》えもののうるはしさ。

鄭温女嬢《ていをんぢよぢやう》は朝鮮《てうせん》の新《あたら》しき庭《には》に咲《さ》く新《あたら》しき花《はな》かと如何《いか》にも新鮮《しんせん》な、生々《いき〳〵》とした感《かん》じがした。

ミス朝鮮《てうせん》としては朝鮮《てうせん》の傳統的《でんとうてき》な美《うつく》しさを具現《ぐげん》してゐる朴温實嬢《ぼくをんじつぢやう》だと思《おも》ふ。

♧ 安夕影

朴温實嬢《ぼくをんじつぢやう》は撮影技術《さつえいぎじゆつ》が實物《じつぶつ》を幾分傷《いくぶんきず》つけたようですが朝鮮《てうせん》の女《をんな》として、恥《はづ》しくない美《び》を持《も》つて居《ゐ》ると思《おも》ひます。

朝鮮《てうせん》の空《そら》のように何時《いつ》も晴《は》れた氣持《きもち》、その土地《とち》の微笑《ほゝゑ》みを持《も》つて居《ゐ》る、ただ耳《みゝ》が氣《き》になるが…

「第二位《だいゐ》」鄭温女嬢《ていをんぢよぢやう》

部分的《ぶぶんてき》には綺麗《きれい》な女《をんな》です洗練《せんれん》された表情《へうじやう》が反《かへ》つて自分《じぶん》の感情《かんじやう》表現《へうげん》を高《たか》くさせなかつたと思《おも》ふ

「第三位《だいゐ》」李順珍嬢《りじゆんちんぢやう》

街《まち》で見《み》た女《をんな》としたら平凡《へいぼん》でない印象《いんしやう》は殘《のこ》るでせう。

「第四位《だいゐ》」金永愛嬢《きんえいあいぢやう》

麗人《れいじん》です。特色《とくしよく》がないのが惜《を》しい。

♧ 朴基采

第一位《だいゐ》は李順珍嬢《りじゆんちんぢやう》が當《あた》るべきだと思《おも》ひます。現代的《げんだいてき》な魅力《みりよく》ある女性《ぢよせい》として、強《し》いて映畫的《えいぐわてき》に云《い》へば一《ひと》つのタイプを持《も》つ女性《ぢよせい》として。

一位《ゐ》、李順珍《りじゆんちん》。二位《ゐ》、金永愛《きんえいあい》。三位《ゐ》、朴温實《ぼくをんじつ》。四位《ゐ》、鄭温女《ていをんぢよ》。

ミス・朝鮮賞贈呈

躍進朝鮮《やくしんてうせん》の「ミス朝鮮《てうせん》」は全鮮《ぜんせん》二千萬《まん》の昂奮《かうふん》裡《り》に、別項《べつかう》の如《ごと》く麗《うる》はしい朴温實《ぼくをんじつ》さんが最高點《さいかうてん》を以《も》つて決定《けつてい》いたしました。本社《ほんしや》はこの榮《はえ》あるミス朝鮮《てうせん》に對《たい》して輝《かゞや》かしい銀製《ぎんせい》カツプミス朝鮮賞《てうせんしやう》を授與《じゆよ》いたします。この他《ほか》に、和信《わしん》、カネボウの好意《かうい》によりミス朝鮮《てうせん》のために特製《とくせい》した自慢《じまん》の朝鮮衣裝《てうせんいしやう》の寄贈《きぞう》がありました。美《うつく》しいミス朝鮮《てうせん》が麗《うる》はしい衣裝《いしやう》によつて花《はな》と飾《かざ》られた時《とき》はどんなに素晴《すば》らしいことでせう。

準ミス朝鮮　金永愛

朝鮮女学生座談會

出席者

中央保育學校 金鳳珠(一九)
梨花女子專門(家事科) 趙英淑(二二)
梨花女子專門(音樂科) 金順愛(二二)
梨花女子專門(文學部) 崔鍾玉(二三)
京城女子醫學專門學校 林命順(二五)
京城保育學校 崔順姫(一九)
京城保育學校 韓順澤(一九)
淑明女子專門學校 韓寧姫(二二)
本誌記者

記者 此度《このたび》は第《だい》二回《くわい》の朝鮮版《てうせんはん》を出《だ》す事《こと》となり、現地《げんち》編輯《へんしふ》の新企劃《しんきくわく》で東京《とうきやう》からこちら迄《まで》やつて參《まゐ》りました。此方《こちら》の仕事《しごと》の第《だい》一番《ばん》に皆様方《みなさまがた》若《わか》いインテリ女性《ぢよせい》にお集《あつま》りを願《ねが》ひました次第《しだい》であります。この座談會《ざだんくわい》はモダン日本獨得《にっぽんどくとく》の、フレッシュな明朗溌剌《めいらうはつらつ》たるものであり度《た》く思《おも》ひます。學校《がくかう》の教室《けうしつ》の肩苦《かたくる》しさから開放《かいはう》された自由《じいう》な氣持《きもち》で、お話《はな》し下《くだ》さるやうに願《ねが》ひます。

では、まづ皆様《みなさま》の趣味《しゆみ》からお聞《き》きすることにしませう。音樂《おんがく》などはお好《す》きぢやないですか、何《なに》か樂器《がくき》などをおやりになりませんか?

金鳳珠 「オルガン」をいぢくるだけですけど——。

趙英淑 私《わたし》もオルガンをいたします。精々《せいぜい》讃美歌《さんびか》位《ぐらゐ》のものを彈《ひ》くだけですの。ヴアイオリンも少《すこ》しいたします。

金順愛 私《わたし》は音樂《おんがく》が專門《せんもん》なんですけど、聲樂《せいがく》が下手《へた》なのです。作曲《さくきよく》を勉强《べんきやう》して居《を》ります。

私《わたし》は「チャイコフスキー」の作品《さくひん》は特《とく》にいゝと思《おも》ひます。日本《にっぽん》の作曲家《さくきよくか》では山田《やまだ》耕作《かうさく》さんがいゝと思《おも》ひます。

崔鍾玉 私《わたし》は音樂《おんがく》は何《なに》もいたしませんが、自分《じぶん》で聞《き》くのは大《だい》好《す》きです。洋樂《やうがく》ではヴアイオリンがいゝと思《おも》ひます。しかし、一番《ばん》いゝのは朝鮮《てうせん》の音樂《おんがく》です。朝鮮《てうせん》の音樂《おんがく》は聞《き》いてゐてほんとに樂《たの》しいですわ。

學校《がくかう》で朝鮮音樂《てうせんおんがく》を教《をし》へますから、自然《しぜん》、親《した》しんでしまひますの。歌《うた》も朝鮮《てうせん》の歌《うた》を習《なら》ひます。でも、私《わたし》は性質《せいしつ》が非《ひ》音樂的《おんがくてき》ですから聞《き》くだけですわ。(笑聲《せうせい》)朝《てう》鮮《せん》の音樂《おんがく》は情緒的《じやうちよてき》でいゝと思《おも》ひます。

韓寧姫　私《わたし》は音樂《おんがく》なら何《なん》でも好《す》きですわ。器樂《きがく》、聲樂《せいがく》、獨唱《どくしやう》、合《がつ》唱《しやう》、然《しか》し、私《わたし》は何《な》んにも出來《でき》ません。(笑)。ベートーヴエンやシユーベルトなんかレコード、新響《しんきやう》のお蔭《かげ》でよく聞《き》くことが出《で》來《き》ます。これから、いゝ音樂《おんがく》を澤山《たくさん》聞《き》いて精々《せいぜい》勉強《べんきやう》したいと思《おも》つて居《を》ります。

林命順　私《わたし》も音樂《おんがく》は昔《むかし》から關心《くわんしん》を持《も》つて居《を》りまして、飯《めし》よりも好《す》きなんですけど、元來《ぐわんらい》私《わたし》は不器《ぶき》用《よう》で、自分《じぶん》で出來《でき》ないのがとても殘念《ざんねん》ですわ。少《すこ》しばかり聲樂《せいがく》をやりますけど聲《こゑ》が惡《わる》くて人前《ひとまへ》ぢや歌《うた》へませんの。(笑聲《せうせい》)

韓順源　ベートーヴエンの曲《きよく》なら一通《とほ》りレコードで勉強《べんきやう》しました。自分《じぶん》で出來《でき》るのは小曲《せうきよく》を下《へ》手《た》に歌《うた》ふ位《くらゐ》ですけど、聞《き》くのは得意《とくい》ですわ。

崔鐘玉　楊山道《やうさんだう》なんか朝鮮《てうせん》の代表《だいへう》的名曲《てきめいきよく》だと思《おも》ひます。

韓寧姫　朝鮮《てうせん》の民謠《みんえう》は學校《がくかう》でも教《をし》へますわ。あたしたちは教《をし》へられなくても覺《おぼ》えてしまひます。

金順愛　今《いま》までは朝鮮《てうせん》では歌《うた》は極《ご》く一部《ぶ》の人《ひと》がやつてゐたのですそのために、發達《はつたつ》どころか退歩《たいほ》したと云《い》つていゝと思《おも》ひます。歌唄《うたうた》ひは卑《いや》しい下層階級《かそうかいきふ》の人《ひと》のやる事《こと》と思《おも》はれてゐました。それで、やり度《た》くても公然《こうぜん》とやれなかつたのです。

昔《むかし》から朝鮮《てうせん》の音樂《おんがく》は器樂《きがく》が相《さう》當發達《たうはつたつ》して居《を》りました。特《とく》に琴《こと》(伽倻琴《かやきん》)なんかとても精巧《せいかう》なものですわ、それが色々《いろいろ》の環境《くわんきやう》の影響《えいきやう》で退歩《たいほ》しましたけど、これからよくなつて行《ゆ》くだらうと思《おも》ひます。私《わたし》の學校《がくかう》でも朝鮮音樂《てうせんおんがく》、特《とく》に(伽倻琴《かやきん》)や洋琴《やうきん》(ピアノに非《あら》ず)を教《をし》へてゐます。

この前《まへ》もラヂオ放送《はうそう》をやりました。來月《らいげつ》も大々的《だいだいてき》に放送《はうそう》することになつてますわ。で、今《いま》、一生懸命練習中《しやうけんめいれんしふちう》ですの。

記者　では、舞踊《ぶよう》のお話《はなし》を伺《うかゞ》ひませう。

舞踊《ぶよう》は朝鮮《てうせん》から崔承喜《さいしようき》さんのやうな世界的《せかいてき》に有名《いうめい》な人《ひと》が出《で》てゐますから、皆《みな》さんの關心《くわんしん》も深《ふか》いと思《おも》ひます。

金鳳珠　私《わたし》は別《べつ》に踊《をど》りといふのはやりませんけど、學校《がくかう》でやる童《どう》謠踊《えうをど》りはいたします。體操《たいさう》の時《じ》間《かん》には體育《たいいく》ダンス‥‥(笑聲《せうせい》)

崔承喜《さいしようき》さんのは生憎《あいにく》見《み》て居《を》りません。石井漠《いしゐばく》さんのは一回《くわい》見《み》ました。

趙英淑　先日《せんじつ》、趙澤元《てうたくげん》さんの春香《しゆんかう》傳《でん》の踊《をど》りを見《み》ました。あれは素《す》適《てき》でしたわ。特《とく》に衣裳模樣《いしやうもやう》の配《はい》調《てう》が印象《いんしやう》に殘《のこ》つてゐます。

金順愛　私《わたし》は舞踊《ぶよう》に對《たい》して何《な》んにも知識《ちしき》がないので、何《なん》とも申上《まをしあ》げられませんが、崔承喜《さいしようき》さんや、趙澤元《てうたくげん》などはどは偉《えら》い方《かた》だと思《おも》ひます。あれだけの獨創的《どくさうてき》な踊《をど》りを研究《けんきう》する事《こと》などは、普通《ふつう》の人間《にんげん》にはとても出來《でき》ないことですわ。

韓寧姫　朝鮮《てうせん》の家庭《かてい》では踊《をど》りなんか絶對《ぜつたい》に禁《きん》じてゐますので、踊《をど》

りたくても踊《をど》れませんの。でも人《ひと》の踊《をど》つてるのを見《み》るのは面白《おもしろ》いわ。

林命順　あたしも舞踊《ぶよう》は度々《たびたび》見てはゐますけど、自分《じぶん》からやつて見《み》る勇氣《ゆうき》はありませんわ。

崔順姫　崔承喜《さいしようき》さんの踊《をど》りは古典《こてん》的《てき》で藝術的《げいじゆつてき》でとてもいゝですわ。でも、私《わたし》は全然素人《ぜんぜんしろと》ですから批《ひ》判《はん》がましい事《こと》は云《い》へません。

韓順澤　崔承喜《さいしようき》さんの踊《をど》りは體育《たいいく》にとても良《よ》いさうです。學校《がくかう》で崔《さい》さんの舞踊《ぶよう》の基礎練習位《きそれんしふぐらゐ》は教《をし》へてゐますが、健康體操《けんかうたいさう》とでも云《い》ふか、效果《かうくわ》百%だと思《おも》ひます。

記者　では、とんどは美術《びじゆつ》と文學《ぶんがく》の作品《さくひん》、作家《さくか》について批判《ひはん》でも感想《かんさう》でも何《なん》でもお伺《うかゞ》ひしたく思《おも》ひます。

金鳳珠　私《わたし》は少《すこ》しばかり文學《ぶんがく》を生《なま》嚙《かじ》りしてゐます。

朝鮮《てうせん》の詩人《しじん》のものが好《す》きです。特《とく》に林學洙《りんがくしゆ》さんの作品《さくひん》はずつと愛讀《あいどく》してゐますわ。朝鮮《てうせん》の詩《し》は良《よ》いと思《おも》ひます。

内地《ないち》の作家《さくか》では夏目漱石先生《なつめそうせきせんせい》の作品《さくひん》は傑作《けつさく》だと思《おも》ひます。詩《し》は西條《さいでう》八十先生《せんせい》のが優《やさ》しくて好《す》きです。

自分《じぶん》で少《すこ》しばかり、詩《し》を研究《けんきう》してゐますが、とても難《むつ》かしくて駄目《だめ》ですわ。

趙英淑　私《わたし》はロシア文學《ぶんがく》がいゝと思《おも》ひます。

ドストエフスキーの作品《さくひん》は哲《てつ》學的《がくてき》で人生《じんせい》の機微《きび》をよく摑《つか》んでゐると思《おも》ひます。

金順愛　私《わたし》は文學《ぶんがく》ならなんでも好《す》きです。千書萬本《しよまんぼん》を讀破《どくは》してゐます(笑聲《せうせい》)朝鮮《てうせん》の人《ひと》では鄭芝鎔《ていしよう》さんにいゝものがたくさんあると思《おも》ひます。

崔鐘玉　私《わたし》も讀書《どくしよ》は嫌《きら》ひな方《はう》ぢやありませんけど、讀《よ》むひまがないのです。さつきもどなたかおつしやいましたが、ドストエフスキーの名篇《めいへん》は忘《わす》れることが出《で》來《き》ません。

韓寧姫　私《わたし》は内地《ないち》の方《かた》では阿《あ》部《べ》知《とも》二さんの「冬《ふゆ》の宿《やど》」など傑作《けつさく》だと思《おも》ひますわ。外國《ぐわいこく》ものではヘルマン・ヘツセのものが好《す》きです。

崔鐘玉　私《わたし》もヘルマン・ヘツセは斷然好《だんぜんす》きですわ。

林命順　私《わたし》は醫學專門《いがくせんもん》ですけど文《ぶん》學《がく》は全然讀《ぜんぜんよ》まないのぢやありませんわ。私《わたし》も文學《ぶんがく》のカンフル注《ちう》射《しや》をやつてゐるつもりです。その點《てん》は森鷗外先生《もりおうぐわいせんせい》を尊敬《そんけい》して居《を》りますの。文學者《ぶんがくしや》であると共《とも》に科學者《くわがくしや》として世界的《せかいてき》に有名《いうめい》な方《かた》ですから。私《わたし》の學校《がくかう》ではクラスが二つの黨《たう》に別《わか》れてゐます。一方《はう》は科學信者《くわがくしんしや》であり、片方《かたはう》は文《ぶん》學藝術崇拜者《がくげいじゆつすうはいしや》です。二派《は》に別《わか》れて談論風潑《だんろんふうはつ》させる時《とき》がありますの。

崔順姫　私《わたし》も夏目《なつめ》先生《せんせい》の草枕《くさまくら》を熟《じゆく》讀玩味《どくぐわんみ》してゐますの。學校《がくかう》でも夏目《なつめ》先生《せんせい》のやうなものは讀《よ》ませてゐます。

韓順澤　私《わたし》の學校《がくかう》では圖書部《としよぶ》を設《まう》けて文學藝術方面《ぶんがくげいじゆつはうめん》を大《おほ》いに奬勵《しやうれい》し、一學期《がくき》毎《ごと》に批評研究《ひひやうけんきう》をさせてゐますわ。特《とく》にとんどの新學《しんがく》期《き》から本式《ほんしき》にやり出《だ》しましたのですから、どうしても其方面《そのはうめん》に親《した》しくなつてしまひます。

崔鐘玉　飜譯物《ほんやくもの》はどんなによく出《で》來《き》てるものでも本當《ほんたう》のところはわからないようですわ。英文《えいぶん》の原書《げんしよ》は難《むつ》かしくてどうもよく讀《よ》めません。先生《せんせい》の解釋《かいしやく》に依《よ》るのが關《せき》の山《やま》ですわ。だからどうしても飜譯物《ほんやくもの》を讀《よ》むやうになりますの。

韓翠姬 女學校時代《ぢよがくかうじだい》には無暗《むやみ》に西《せい》洋物《やうもの》の飜譯《ほんやく》ばかし讀《よ》みましたけど、今《いま》は日本物《につぽんもの》を讀《よ》むやうになりました。その方《はう》が順序《じゆんじよ》ですし、勉強《べんきやう》になりますから、努《つと》めて國語物《こくごもの》を讀《よ》んでゐます。

記者 では、スポーツとレビユーの方《はう》に移《うつ》りませう。

金鳳珠 私《わたし》は冬《ふゆ》、ロングスケートをするのが好《す》きです。夏《なつ》はピンポンをいたします。バスケットボールと庭球《ていきう》は見《み》るのがすきです。

趙英淑 私《わたし》は女學校時代《ぢよがくかうじだい》は相當跳《さうたうは》ねました。排球《はいきう》は自分《じぶん》でも自信《じしん》があつたし、堂々《だうく》たる選手《せんしゆ》でありました。(笑聲《せうせい》)

庭球《ていきう》は女子《ぢよし》のスポーツとしては理想的《りさうてき》だと思《おも》ひますわ。今《いま》、私《わたし》は何《なに》もやつてゐませんが、ハイキングには時々出《ときぐで》かけます。女子野球《ぢよしやきう》も良《よ》いと思《おも》ひます。インデアン・ベースボールです。あの運動《うんどう》はとても面白《おもしろ》いですわ。

崔鐘玉 私《わたし》は何《なん》でも出來《でき》ますの、インデアン・ベースボールとバスケット・ボールは得意中《とくいちう》の得《とく》意《い》ですわ。

韓翠姬 私《わたし》はスケートだけは熱心《ねつしん》にやりましたわ。大體《だいたい》スポーツは一通《ひとほ》りやれますけど、特別《とくべつ》やつて見《み》たいと思《おも》ふのは自轉車競《じてんしやきやう》技《ぎ》です。でも、女《をんな》のくせに自轉《じてん》車《しや》乘《の》りもあつたもんぢやないと云《い》はれますので、晝間《ひるま》は乘《の》れません。夜分《やぶん》にとつそりと車《くるま》をひき出《だ》して愛乘《あいじやう》してますわ(笑聲《せうせい》)自惚《うぬぼ》れのやうですけど、未《いま》だ一度《ど》も、交通事故《かうつうじこ》をおとしたことありませんわ。

林命順 元來運動《ぐわんらいうんどう》は何《な》んでもござれの熱心家《ねつしんか》でしたけど、學校《がくかう》が變《かは》つてから勉強《べんきやう》に追《お》はれて今《いま》は何《なに》もやつてゐません。

私《わたし》の學校《がくかう》では日曜毎《にちえうごと》に登山《とざん》することになつてますの。十月《ぐわつ》と三月《ぐわつ》の試驗期《しけんき》にはやれませんけど、外《ほか》の月《つき》の日曜《にちえう》には必《かなら》ず登山《とざん》を勵行《れいかう》するのです。

記者 とちらの女學生仲間《ぢよがくせいなかま》で拳鬪《けんとう》ファンが居《を》りますか？

林命順 ボクシングを見《み》る女學生《ぢよがくせい》は朝鮮《てうせん》には殆《ほと》んどないと思《おも》ひます。私《わたし》も一度《ど》も見《み》たことがありません。

記者 内地《ないち》の女學生《ぢよがくせい》はレビユーファンが全部《ぜんぶ》と云《い》つていゝ位《くらゐ》ですが、とちらにも「ＯＫグランドシヨウ」といふのがありますね、あれなど相當大《さうたうおほ》きいぢやないですか。

趙英淑 あたしたちは別《べつ》に關心《くわんしん》はもつてゐません。内地《ないち》でどうしてあんなに人氣《にんき》があるのかわからないですわ。

寶塚《たからづか》なんか内地《ないち》の修學旅行《しうがくりよかう》の時《とき》一度《ど》見《み》ましたけど、本當《ほんたう》の面《おも》白味《しろみ》は分《わ》かりませんでした。

韓翠姬 私《わたし》も内地旅行《ないちりよかう》の時《とき》、演舞《えんぶ》場《ぢやう》で見《み》ましたけど、分《わか》らなかつたわ。

記者 映畫《えいぐわ》はとちらでも相當《さうたう》ファンがゐるでせう。

とちらでは專科《せんくわ》でも劇場《げきぢやう》や映《えい》畫館《ぐわくわん》に行《ゆ》くことを禁《きん》じられてるんですか。

崔順姬 私《わたし》の學校《がくかう》では禁《きん》じられてますの。でも、皆《みな》、とつそり行《い》つてますわ。(笑聲《せうせい》)

金鳳珠 私《わたし》の方《はう》はいゝ映畫《えいぐわ》が來《く》ると學校《がくかう》でつれて行《い》つて呉《く》れますから、その點《てん》で、辛棒《しんぼう》してゐます。一人《ひとり》で行《ゆ》くのは淋《さび》しいし：

崔順姬 見《み》て良《よ》いのはどし〳〵行《ゆ》かなくちや駄目《だめ》だわ。

記者 では、皆《みな》さんの御覽《ごらん》になつた映畫《えいぐわ》の作品《さくひん》、俳優《はいいう》、監督等《かんとくとう》についての感想《かんさう》や批評《ひひやう》をお願《ねが》ひしませう。

趙英淑　批評《ひひやう》なんて出來《でき》ないけどパールバック原作《げんさく》「大地《たいち》」等《など》は映畫《えいぐわ》としても傑作《けつさく》だつたわ。それから朝鮮《てうせん》のでは「新《あたら》しき出《しゆつ》發《はつ》」なんかとても良《よ》かつたと思《おも》ひます。それから、とんどの、「授業料《じゆげふれう》」も素晴《すば》らしいと思《おも》ひます。

内地《ないち》のものでは新女性問答《しんぢよせいもんたふ》、愛染《あいぜん》かつら、などが良《よ》かつたと思《おも》ひます。

韓寧姬　外國映畫《ぐわいこくえいぐわ》で「制服《せいふく》の處《しよ》女《ぢよ》」がとてもよかつたと思《おも》ひます。「格子《かうし》なき牢獄《らうごく》」も忘《わす》れられない映畫《えいぐわ》でしたわ。

金順愛　映畫《えいぐわ》をみると目《め》が痛《いた》くなるので、あんまりよくみませんの。音樂映畫《おんがくえいぐわ》なら聞《き》くだけでいゝんですけど、映畫《えいぐわ》をみると病《びやう》氣《き》になつちやふんです。(笑聲《せうせい》)

韓寧姬　椿姬《つばきひめ》を見《み》て肺病《はいびやう》になつちやつた人《ひと》もありますわよ(爆笑《ばくせう》)

趙英淑　「旅路《たびぢ》」も最近《さいきん》のヒットだと思《おも》ひますわ。

金鳳珠　「土《つち》」の出演者《しゆつえんしや》は皆揃《みなそろ》つてると思《おも》ひました。

崔鐘玉　映畫《えいぐわ》は悲劇物《ひげきもの》だからと云《い》つてすぐ泣《な》くのはいけないわ。冷靜《れいせい》に第《だい》三者《しや》の立場《たちば》から批判的《ひはんてき》に觀賞《くわんしやう》した結果《けつくわ》、泣《な》いたり笑《わら》つたりすべきですわ。(笑聲《せうせい》)

朝鮮《てうせん》の人《ひと》は内地《ないち》の人《ひと》より泣《な》かないですわ。涙腺《るゐせん》が塞《ふさ》がつてるためでせう。(大笑《たいせう》)

林命順　さうでもありませんわ。私《わたし》なんかずいぶん泣《な》く方《はう》ですの。あたしが泣《な》く時《とき》、側《そば》の人《ひと》を見《み》たらやつぱし泣《な》いてましたわ。半《はん》島《たう》の人《ひと》だつて泣《な》くわ。

金順愛　この前《まへ》、「母《はゝ》の曲《きよく》」を見《み》てハンカチを二枚《まい》ぬらしてしまつたわ。

韓寧姬　内地《ないち》の人《ひと》にしろ半島人《はんたうじん》にしろ、その時《とき》の氣持如何《きもちいかん》によつて泣《な》くんぢやないでせうか。殊《こと》に女《をんな》の場合《ばあひ》だつたら餘計《よけい》そうだと思《おも》ひますわ。

崔鐘玉　同感《どうかん》だわ。環境《くわんきやう》の支配《しはい》を受《う》けてしまふんです。

林命順　「少年《せうねん》の町《まち》」は明治座《めいぢざ》を水浸《みづひた》しにしてしまつたわ。(笑《わらひ》)

趙英淑　「少年《せうねん》の町《まち》」は中學生《ちうがくせい》に是非見《ぜひみ》せたかつたわ。とても感《かん》銘的《めいてき》な映畫《えいぐわ》でした。

記者　では、この邊《へん》で話題《わだい》をかへまして、失禮《しつれい》ですけど、皆《みな》さんは毎月《まいげつ》「お小遣《こづか》ひ」はいくら位《くらゐ》使《つか》ひますか？

韓寧姬　父《ちゝ》の氣持如何《きもちいかん》によつて毎《まい》月額《げつがく》が違《ちが》ひますわ。(笑《わらひ》)

金鳳珠　あたしは寄宿舍《きしゆくしや》にゐますので食代含《しよくだいふく》めて月《つき》三十圓以上《ゑんいじやう》かゝりますの。

記者　その内譯《うちわけ》を話《はな》して下《くだ》さいませんか？

金鳳珠　食費《しよくひ》が二十圓位《ゑんぐらゐ》で、あとの十圓《ゑん》が雜費《ざつぴ》です。授業料《じゆげふれう》は學《がく》期初《きはじ》めに、別《べつ》に納《をさ》めますけど。

趙英淑　私《わたし》は家事科《かじくわ》ですから餘計《よけい》いりますの、月《つき》四十圓《ゑん》で一寸足《ちよつとた》りません。二十五圓《ゑん》が食代《しよくだい》と家《か》事科《じくわ》の材料代《ざいれうだい》で、殘《のこ》りの十五圓《ゑん》が本其他《ほんそのた》のお小遣《こづか》ひです。寄宿《きしゆく》舍《しや》に居《を》るのですから、外出《ぐわいしゆつ》から歸《かへ》るとき、お友達《ともだち》にあげるお土《みや》產《け》などを買《か》つて歸《かへ》りますので相《さう》當嵩《たうかさ》みます。

記者　お土產《みやげ》つてチヨコレートですか？

趙英淑　ケーキとお煎餠《せんべい》なんかでチヨコレートは高《たか》いんですから食《た》べたいのは山々《やまやま》ですけど、手《て》が出《で》ませんわ。(笑聲《せうせい》)

金順愛　私《わたし》は音樂科《おんがくくわ》なので、書物《しよもつ》代《だい》が餘計《よけい》いりますの、一冊《さつ》五圓《ゑん》以上《いじやう》なんですから豫算《よさん》の三割《わり》とられますわ。間食《かんしよく》もしなくちやならないし、月額《つきがく》で定《き》めてゐませんけど、普通《ふつう》以上《いじやう》使《つか》つてゐます。約《やく》二十圓費《ゑんつか》ひますわ。

趙英淑 私《わたし》もさうですわ。書物《しよもつ》は毎月《まいげつ》必《かなら》ず買《か》ふんですけど、豫算《よさん》の大半《たいはん》かゝるのでうんざりしてしまひます。

崔鍾玉 私《わたし》は自宅《じたく》から通《かよ》つてるので、食代《しよくだい》はいりませんけど、十圓位雜費《ゑんぐらゐざつぴ》にかゝります。學校《がくかう》が遠《とほ》いものですから汽車《きしや》、電車賃《でんしやちん》が大《おほ》きいですわ。書物《しよもつ》は學校《がくかう》の圖書館《としよくわん》で間《ま》に合《あ》ひます。慈善鍋《じぜんなべ》に月何回《つきなんくわい》か一、二錢《せん》を投入《とうにふ》するのがたのしみです。

韓寧姫 私《わたし》も自宅《じたく》にゐるので、父《ちゝ》から十圓位《ゑんぐらゐ》小遣《こづかひ》として頂戴《ちやうだい》してますわ。それを母《はゝ》に預《あづ》けて居《を》ります。

記者 ぢや、祕密《ひみつ》に買《か》ひ食《ぐ》ひなんか出來《でき》ないぢやありませんか。

韓寧姫 いゝえ、それがそうぢやないんです。それからは父《ちゝ》のお天氣《てんき》を觀測《くわんそく》いたしますの、氣分《きぶん》の良《よ》い時《とき》を見計《みはか》らつて、すぐさまお小遣《こづか》ひのおねだりをするのです。運《うん》がよかつたら月《つき》、五六十圓頂戴出來《ゑんちやうだいでき》ますわ。(笑聲《せうせい》)それで、お友達《ともだち》を誘《さそ》つて食堂《しよくだう》に行《い》つたり、映畫《えいぐわ》を見《み》に行《ゆ》くんです。

林命順 私《わたし》も自宅《じたく》にゐますから食《しよく》代《だい》はかゝりません。雜費《ざつぴ》は十圓《えん》位《くらゐ》です。主《おも》にハイキング費《ひ》として積立《つみた》てて置《お》きます。月《つき》に二三回《くわい》ハイキングに出《で》かけるのが唯《ゆゐ》一の樂《たの》しみです。醫學書籍《いがくしよせき》は十圓平均《えんへいきん》かゝりますから別《べつ》に家《うち》からいたゞいてますの。

崔順姫 私《わたし》は雜費《ざつぴ》十五圓程度《ゑんていど》ですお菓子《くわし》や映畫《えいぐわ》で七割以上《わりいじやう》使《つか》つてしまひますの、ケーキが一番美味《ばんおい》しいですけど、物價《ぶつか》が騰《あが》つて

どうにもなりませんわ。(笑聲《せうせい》)

趙英淑　私達《わたしたち》は燒栗《やきぐり》を喜《よろこ》んで食《た》べます。蒲團被《ふとんかな》つてこそ〳〵喰《た》べるやうなことはしませんわ。堂《だう》堂《だう》と騷《さわ》ぎながら食《た》べるんです。

韓寧姫　興亞饅頭《こうあまんぢう》もおいしいわ。龜屋《かめや》で賣《う》つてますけど、あれ大《だい》好《す》き。

韓德澤　私《わたし》は月《つき》十二圓《ゑん》費《つか》ひます。靴下《くつした》が高《たか》いんで弱《よわ》つてますの。安《やす》いのでも一圓《ゑん》五十錢《せん》しますものね。間食《かんしよく》は家《うち》で買《か》つてくれますから助《たす》かりますけど。

記者　皆《みな》さんのお得意《とくい》のお料理《れうり》について、お話《はなし》を伺《うかゞ》ふことにいたします。

趙英淑　學校《がくかう》で一通《どほ》りは教《をそ》はりますけど、難《むつ》かしいわ。味付《あぢつけ》を失《しつ》敗《はい》すると料理《れうり》が滅茶苦茶《めつちやくちや》、味《あぢ》のカクテルになつちやつて(笑聲《せうせい》)

記者　支那《しな》料理《れうり》、日本料理《につぽんれうり》、朝鮮《てうせん》料理《れうり》の風味《ふうみ》や特徴《とくちやう》について大《おほ》いに議論《ぎろん》して下《くだ》さい。

趙英淑　今《いま》では朝鮮料理《てうせんれうり》も西洋化《せいやうくわ》されてると思《おも》ひます。食《た》べ方《かた》も食器《しよくき》も、西洋流《せいやうりう》のものが多《おほ》くなつてしまひました。調味料《てうみれう》にしても純粹《じゆんすゐ》の朝鮮物《てうせんもの》はありません。

記者　どこの料理《れうり》が一番《はん》美《お》味《い》しいですか。

趙英淑　矢張《やは》り朝鮮料理《てうせんれうり》が一番《はん》美《お》味《い》しいと思《おも》ひますわ。

　學校《がくかう》でもつけものは自分達《じぶんたち》が拵《こしら》へますの、卒業頃《そつげふごろ》は家事實習《かじじつしよ》所《じよ》で皆《みんな》で總《そう》がゝりです。大根《だいこん》も白菜《はくさい》も、味噌《みそ》、醬油《しやうゆ》など、私達《わたしたち》が拵《こしら》へます。漬物《つけもの》は分量《ぶんりやう》がとても多《おほ》いゝのですけど決《けつ》して不經濟《ふけいざい》ではありません。朝鮮《てうせん》の人《ひと》は間食《かんしよく》しない習慣《しふくわん》なのです。

記者　朝鮮料理《てうせんれうり》の代表的《だいへうてき》な自慢《じまん》なものは何《なん》ですか。

趙英淑　さうですね、あたしの考《かんが》へでは神仙爐《しんせんろ》(寄《よ》せ鍋《なべ》みたいなもの)だと思《おも》ひますわ。風味《ふうみ》がいいから誰《だれ》でも好《す》きです。

崔鐘玉　さうですわね、神仙爐《しんせんろ》が代表的《だいへうてき》ですわ。材料《ざいれう》だつて三十種類《しゆるゐ》も使《つか》ひます。

趙英淑　日本料理《につぽんれうり》はあつさりしすぎて何《な》んだかもの足《た》りない氣《き》がしますわ、もつと食《く》べたい時《とき》、もうお終《しま》ひになつちやふんですもの。

韓寧姫　全《まつた》くね。朝鮮料理《てうせんれうり》は量《りやう》があつてその點《てん》は安心《あんしん》ですわ。

　日本料理《につぽんれうり》ではおさしみが美味《おい》しかつたわ。鮪《まぐろ》の刺身《さしみ》は天下《てんか》一品《ぴん》よ(笑聲《せうせい》)それから朝鮮料理《てうせんれうり》でカルビ(牛《うし》の骨燒《はねやき》)は特別《とくべつ》の味《あぢ》がありますわ。ハーモニカを吹《ふ》くみたいにしてかじりますの。

趙英淑　嚙《かじ》る時《とき》は無上《むじやう》の快味《くわいみ》があるのね。

崔鐘玉　昆布《こんぶ》の油燒《あぶらやき》も海苔《のり》の鹽燒《しほやき》も美味《おい》しいわね。

記者　とんどはおしやれのお話《はなし》をいたしませう。

趙英淑　學校《がくかう》では薄化粧《うすげしやう》はやつてもいゝんですけど口紅《くちべに》や、眉墨《まゆずみ》なんかつけたりひいたりしてはいけないことになつてゐます。

金鳳珠　私《わたし》は學校《がくかう》に行《ゆ》くとき少《すこ》しばかりクリームをつけるだけですわ。

韓寧姫　化粧法《けしやうはふ》は昔《むかし》はどうか知《し》りませんけど、今《いま》は皆西洋式《みなせいやうしき》になつてるんぢやないでせうか。固《かた》い白粉《おしろい》なんかもう使《つか》つてはゐません。

趙英淑　化粧法《けしやうはふ》と云《い》つても各個人《かくこじん》の個性《こせい》に合《あ》つた化粧法《けしやうはふ》でないと駄目《だめ》ですわ。

金順愛　私《わたし》はお化粧《けしやう》に無關心《むくわんしん》なのですけど肌《はだ》に合《あ》つた化粧《けしやう》はやつて欲《ほ》しいですわ。

韓寧姫　私《わたし》は寢坊《ねばう》なので化粧《けしやう》どと

ろぢやありません。(笑)

記者　女《をんな》の服裝《ふくさう》はどう思《おも》ひますか

趙英淑　服裝《ふくさう》は斷然《だんぜん》朝鮮《てうせん》のがいゝと思《おも》ひます。和《わ》服《ふく》も浴衣《ゆかた》なんかは夏《なつ》は涼《すゞ》しくて良《よ》い樣《やう》ですね。

韓寧姫　浴衣《ゆかた》は着《き》たことないけど和《わ》服《ふく》の帶《おび》を締《し》めると心《こゝろ》が緊張《きんちやう》するやうな氣《き》がしますわ。

林命順　朝鮮服《てうせんふく》は健康上《けんかうじやう》にいゝと思《おも》ひます。

趙英淑　經濟的《けいざいてき》にも、實用的《じつようてき》にもよいと思《おも》ひますわ、洋裝《やうさう》は體格《たいかく》の貧弱《ひんじやく》な人《ひと》は哀《あは》れで見《み》てゐられないわ。

林命順　數年前《すうねんぜん》まではチヨゴリ、(上衣《うはぎ》)だけ「ベルベット」だつたんですけど、今《いま》はもうチマにベルベットを使《つか》ひ出《だ》しました。私《わたし》は無駄《むだ》な贅澤《ぜいたく》だと思《おも》ひますわ。

韓寧姫　昔《むかし》は絹《きぬ》ものでも無地《むぢ》だつたのに・・・・本當《ほんたう》に朝鮮婦人《てうせんふじん》の服《ふく》は虚飾《きよしよく》になつたものですわ。

崔鐘玉　實用的《じつようてき》で丈夫《ぢやうぶ》で、着心地《きごこち》のいゝ事《こと》は麻《あさ》と絹物《きぬもの》が良《よ》いと思《おも》ひます。

趙英淑　ショオト・スカートは主《おも》に職業婦人《しよくげふふじん》や女學生《ぢよがくせい》が着《き》ます、妓生《きいさん》もよく着《き》ますわ。然《しか》し矢張《やは》り長《なが》いのが本當《ほんたう》です。

記者　街《まち》で見受《みう》ける妓生《きいさん》で白《しろ》い木《も》綿服《めんふく》を着《き》てるのがありますけど、どうしたわけですか、却《かへ》つて一般家庭婦人《はんかていふじん》の方《はう》が洒落《しやれ》てるぢやありませんか。

趙英淑　それは妓生《きいさん》の見榮《みえ》ですわ今時分《いまじぶん》、木綿《もめん》が絹《きぬ》より高《たか》いからですわ・・・・。

林命順　今《いま》、家庭婦人《かていふじん》の通常服《つうじやうふく》でも絹《きぬ》を着《き》てゐます。木綿《もめん》がないから、仕様《しやう》がありません。洒落《しやれ》たくて洒落《しやれ》てるんぢやないのです。

記者 妓生《きいさん》のお話《はなし》が出《で》ましたが同《おな》じ女性《ぢよせい》としての立場《たちば》から一つ妓《き》生《さん》を御《ご》批判《ひはん》下《くだ》さい。

韓寧姫 外面的《ぐわいめんてき》にも妓生《きさん》がゐるために家庭婦人《かていふじん》の贅澤《ぜいたく》が增長《ぞうちやう》するんぢやないでせうか。

趙英淑 反面《はんめん》、妓生《きいさん》がなるべく家庭婦人《かていふじん》らしく見《み》せたがるやうですわ。殆《ほと》んど區別《くべつ》がつかない位《くらゐ》です。もう衣服《いふく》だけではどれがどれやら判別出來《はんべつでき》ませんわ。

崔鐘玉 妓生《きいさん》だつて職業婦人《しよくげふふじん》です食《た》べるために働《はたら》く一つの手段《しゆだん》だと思《おも》ひますから問題《もんだい》ないですわ。しかし、働《はたら》く職業《しよくげふ》としてはいゝとは云《い》へません。(笑)

韓寧姫 朝鮮《てうせん》でも宗教團體《しうけうだんたい》の一部《ぶ》で妓生《きいさん》の廢止運動《はいしうんどう》をやつたことがあります。兎《と》に角《かく》、妓生《きいさん》は無《む》闇《やみ》に威張《ゐば》りたがるのがいけないと思《おも》ふわ。ちつとも恥《はぢ》を知《し》らないんですもの。素直《すなほ》になつて欲《ほ》しいと思《おも》ひます。

林命順 自暴自棄《じばうじき》になるせいぢやないでせうか、でも可哀《かあい》さうね。

崔鐘玉 經濟的《けいざいてき》に父母《ふぼ》兄弟《きやうだい》を養《やしな》つて行《ゆ》かなくちやならない哀《あは》れな人達《ひとたち》だわ。

林命順 皆《みん》な、事情《じじやう》があるでせうけど、將來《じやうらい》を考《かんが》へて生活《せいくわつ》の仕直《しなほ》しをして欲《ほ》しいわね、自己認識《じこにんしき》を深《ふか》めたら妓生《きいさん》なんかしてゐられないと思《おも》ふわ。

韓寧姫 兎《と》に角《かく》、社會《しやくわい》の罪《つみ》、男性《だんせい》の罪《つみ》だと思《おも》ふわ、妓生《きいさん》の繁榮《はんえい》は皆男《みなをとこ》がしたのです。女《をんな》の妓生遊《きいさんあそ》びはまだ聞《き》いたことありませんものね。皆男《みなをとこ》の罪《つみ》です。

一同 同感《どうかん》だわ、男《をとこ》を討《う》つべし。(歡聲《くわんせい》)

林命順 女《をんな》を頑弄物《ぐわんろうぶつ》にするのは男《だん》性《せい》です。

記者 どうも、申譯《まうしわけ》ございません(爆笑《ばくせう》)

では勢《いきほ》ひのいゝところで戀愛《れんあい》問題結婚問題《もんだいけつこんもんだい》に移《うつ》りませう。男《だん》性《せい》の參考《さんかう》になるようお話《はな》し下《くだ》さい。

趙英淑 女《をんな》の人《ひと》は同權《どうけん》を主張《しゆちやう》すれば、男性《だんせい》は優權《いうけん》を主張《しゆちやう》するでせうから問題《もんだい》だわ。

韓順澤 妓生《きいさん》は男《をとこ》の妾《めかけ》みたいなものので「男《をとこ》と妾《めかけ》」の問題《もんだい》が發生《はつせい》します。だから戀愛結婚《れんあいけつこん》よりも、妾《めかけ》の問題《もんだい》を解決《かいけつ》せずに話《はなし》は進《すゝ》められませんわ。

一同 贊成々々《さんせいくく》。

林命順 みんな男《をとこ》の責任《せきにん》だわ。「社《しや》會《くわい》の秩序建設《ちつじよけんせつ》は男《をとこ》をたゝき直《なほ》す」ことからですわ。

趙英淑 男《をとこ》の八十%以上《いじやう》は一人《ひとり》の女《をんな》に滿足《まんぞく》しないと或《あ》る書物《しよもつ》に出《で》てゐました。どうして男《をとこ》は二人《ふたり》以上《いじやう》の女《をんな》を持《も》ちたがるんでせうか。

金順愛 それは意地汚《いぢきたな》い男《をとこ》の征服《せいふく》慾《よく》よ。(笑聲《せうせい》)

韓寧姫 今日《こんにち》では女《をんな》の方《はう》でもだまつてゐません。妾《めかけ》なんか圍《かこ》つたら堂々《だうくく》と離婚《りこん》してしまひます。

趙英淑 近頃《ちかごろ》の新聞《しんぶん》の家庭欄《かていらん》の人《じん》事相談等《じさうだんなど》は、離婚問題《りこんもんだい》ばかしだわ。朝鮮《てうせん》の早婚《さうこん》の幣害《へいがい》よ。皆《み》んな田舍《ゐなか》の無智《むち》な女《をんな》が男《をとこ》の苛酷《かこく》な仕打《しうち》に泣《な》かされるんですわ。田《ゐ》舍《なか》の女《をんな》なるが故《ゆゑ》に、離婚《りこん》されるとは定《きま》つてゐないわ。堂々《だうくく》たるインテリ女性《ぢよせい》でも離婚《りこん》されるのよ。(笑聲《せうせい》)

記者 ぢや、皆《みな》さんは男《をとこ》が嫌《きら》ひなんですか。失禮《しつれい》ですが、戀愛《れんあい》なんかしないつもりなんですか。

韓寧姫 今《いま》までの朝鮮《てうせん》の頑固《ぐわんこ》な習慣《しふくわん》で、戀愛《れんあい》は許《ゆる》されなかつたんです。

趙英淑 朝鮮《てうせん》では一般《ぱん》に戀愛《れんあい》を嫌《きら》つたんです。

記者 どうしてでせう。

林命順 嫌《きら》ふと云《い》ふ言葉《ことば》は語弊《ごへい》があります。父母《ふぼ》の許《ゆる》しがあれば清《きよ》い戀愛《れんあい》はあると思《おも》ひます。

金鳳珠 正當《せいたう》な戀愛《れんあい》は結婚《けつこん》の前提《ぜんてい》であると思《おも》ひます。戀愛《れんあい》と結婚《けつこん》は不可分《ふかぶん》の關係《くわんけい》にあると思《おも》ひます。

趙英淑 然《しか》し戀愛《れんあい》と結婚《けつこん》は別個《べつこ》だと云《い》ふ人《ひと》もありますわ。

記者 御自分《ごじぶん》はどう御考《おかんが》へになります。

趙英淑 多分《たぶん》やりませんからわかりません。(笑聲《せうせい》)

記者 もしお家《うち》の方《はう》で反對《はんたい》したらどうしますか、戀愛《れんあい》を中止《ちうし》するんですか。

林命順 程度問題《ていどもんだい》だと思《おも》ひます。

趙英淑 理想的《りさうてき》な戀愛《れんあい》は前以《まへもつ》て父《ふ》母《ぼ》に諒解《りやうかい》を得《え》た相手《あひて》と純《じゆん》な關係《くわんけい》を持續《ぢぞく》して結婚《けつこん》に「ゴールイン」するのが一番《ばん》だと思《おも》ふわ。

崔鐘玉 朝鮮《てうせん》の人《ひと》の考《かんが》へでは結婚《けつこん》或《ある》ひは夫婦關係《ふうふくわんけい》は前世《ぜんせい》の因緣《いんねん》だと見《み》てゐます。必《かなら》ず何《なに》かの運命《うんめい》だと信《しん》じてゐます。だから戀愛《れんあい》はなか〳〵しないのですわ。

金順愛 佛敎《ぶつけう》の思想《しさう》で云《い》ふ因緣說《いんねんせつ》も一理《り》あると思《おも》ふわ。前世《ぜんせい》の約束《やくそく》があつて夫婦《ふうふ》になれるんですわ。

記者 皆《みな》さんの一番《ばん》理想的《りさうてき》な良人《をつと》はどんな方《かた》ですか。

金鳳珠 男性的《だんせいてき》な活潑《くわつぱつ》な人《ひと》がよいと思《おも》ひます。體格《たいかく》は人並《ひとなみ》で結構《けつこう》ですの。

趙英淑 理解《りかい》のある人《ひと》、健康《けんかう》な方《かた》そして明朗《めいらう》で眞面目《まじめ》でないと困《こま》りますわ。(笑聲《せうせい》)

崔鐘玉 學者《がくしや》の方《かた》がいゝと思《おも》ひます。

韓寧姫 何《なん》でも素直《すなほ》に考《かんが》へる人《ひと》、正直《しやうぢき》な方《かた》で充分《じうぶん》です。

林命順 理智的《りちてき》な考《かんが》へを持《も》つてる人《ひと》、それから職業《しよくげふ》を理解《りかい》して呉《く》れる人《ひと》です。

崔順姫 地位《ちゐ》や名譽《めいよ》のある人《ひと》はいりません。たとへ五六十圓《ゑん》のサラリーマンでも妻《つま》を大切《たいせつ》に可愛《かあい》がつて呉《く》れる人《ひと》、一生共《しやうとも》にすることが出來《でき》る人《ひと》ならいゝと思《おも》ひます。

韓順澤 健康第《けんかうだい》一ですわ。女《をんな》の心《こころ》を理解《りかい》して呉《く》れる人《ひと》、信實味《しんじつみ》のある人《ひと》で、活潑《くわつぱつ》な反面《はんめん》おとなしい人《ひと》がいゝですわ。(笑聲《せうせい》)

記者 長時間《ちやうじかん》を色々《いろいろ》と活潑《くわつぱつ》にお話《はなし》下《くだ》さいまして有難《ありがた》うございました、ではこの邊《へん》で、座談會《ざだんくわい》をおはることにいたします。

(於、毎日新報社會議室《まいにちしんはうしやくわいぎしつ》)

東京で活躍してゐる半島の人々

一、言論界・文藝界

先《ま》づ、非《ひ》常時《じやうじ》日本《につぽん》の宣傳《せんでん》の總本營《そうほんえい》同盟通信に邊成烈がゐる。彼《かれ》はそこの英文部《えいぶんぶ》の次《じ》長《ちやう》をしてゐるが、二十代《だい》で既《すで》に英語《えいご》のお蔭《かげ》でリンカーン賞《しやう》を貰《もら》つたと云《い》ふ秀才《しうさい》だ。同盟《どうめい》のある電通《でんつう》ビルの七階《かい》だつたかに『獨逸《ドイツ》電報通信《でんぽうつうしん》』とゝは哲學者《てつがくしや》姜世馨のオフイスだ。ヒットラー以《い》前《ぜん》に獨逸《ドイツ》に留學《りうがく》した彼《かれ》が、どうしてゲッペルスに見込《みこ》まれたか、先年來朝《せんねんらいてう》したヒットラユーゲントとか、新聞使《しんぶんし》節團等《せつだんとう》の日本《につぽん》での日程《につてい》は彼《かれ》が決《き》めたと云《い》ふ話《はなし》だけでも、アチラでの彼《かれ》の信望《しんばう》は大《たい》したものらしい。

方向《はうかう》を轉換《てんくわん》して神田《かんだ》は鎌倉河《かまくらが》岸《し》に產業組合《さんげふくみあひ》新聞《しんぶん》といふ餘《あま》り有名《いうめい》でないのがあるが、とゝの編輯長《へんしふちやう》に菊田《きくた》一夫と《を》と金臺郁今《いま》ぢや產組《さんそ》の御大《おんたい》千石興太《こくこうた》郎《らう》のブレイントラストの一人《ひとり》。

同《おな》じ神田《かんだ》に朝鮮書報社《てうせんぐわはうしや》を經營《けいえい》してゐる金乙漢のオフイスがある。

矢《や》張《は》り新聞街《しんぶんがい》のスキヤ橋《はし》に往《ゆ》くと東京朝日《とうきやうあさひ》に張元鐘がゐる。北海道通信部《ほくかいだうつうしんぶ》に永《なが》くゐて、露《ろ》水《すゐ》の魚《うを》を喰《く》つたお蔭《かげ》かどうか、朝鮮語《てうせんこ》よりも露語《ろこ》がうまいとある。

シユッキングの「趣味《しゆみ》と文學《ぶんがく》」の譯者東大《やくしやとうだい》出《で》の金子《かねこ》和《かつ》コト金三圭はその途《みち》では口《くち》が乾《ひ》上《あが》るとあつて鑛山《くわうざん》を掘《ほ》り當《あ》てに朝鮮《てうせん》へ行《い》つたきり。同《おな》じ東大組《とうだいぐみ》の金史良は、芥川賞候補《あくたがはしやうこうほ》作《さく》「光《ひかり》の中《なか》に」を文春《ぶんしゆん》三月號《ぐわつがう》に、「天馬《てんま》」を文春《ぶんしゆん》六月《ぐわつ》號《がう》に發表《はつぺう》して、一躍中央文壇《やくちうあうぶんだん》に乘《の》り出《だ》した。

婦人畫報編輯部《ふじんぐわはうへんしふぶ》に金鐘漢がゐる。彼《かれ》は情熱《じやうねつ》的《てき》な詩人《しじん》だ。

その他中央公論《たちうあうこうろん》に朱漢玉、帝日《ていにち》に崔昌鎬。機械工業新聞《きかいこうげふしんぶん》に崔齊一日新醫學社《につしんいがくしや》に牧野《まきの》三郎《らう》事《こと》韓曉相等《ら》の若手《わかて》が活躍《くわつやく》して居《を》り、作家《さくか》では彼《か》の有名《いうめい》な張赫宙がゐる。

また、サンデー每日《まいにち》の當選作家《たうせんさくか》金聖珉がゐる。

二、舞踊界・音樂界

この領域《りやうゐき》では何《なん》と言《い》つても先《ま》づ崔承喜だらう。半島《はんたう》の舞姫《まひひめ》が世界《せかい》の舞姫《まひひめ》となるべく、アメリカからフランス、フランスから南米《なんべい》へと踊《をど》りまくつてゐるが、今度歸《こんどかへ》つたらみものだらう。咸貴奉《かんきほう》、「三木秀人」と創氏《さうし》した。彼《かれ》は敎育舞《けういくぶ》踊《よう》では一家《か》をなしてゐるやうだ。東《とう》大出《だいで》のインテリに郭正美がゐるが、今《いま》ぢや押《お》しもおされもせぬ大家《たいか》――オーストリヤで舞《ぶ》踊《よう》の先生《せんせい》とやら。踊《をど》りも一番《ばん》だが貧乏《びんぼふ》もまた一番《ばん》の趙澤元は、パリ仕《じ》込《こみ》の腕前《うでまへ》で最近《さいきん》はバレエ「鶴《つる》」を上演野《じやうえんや》心《しん》の程《ほど》を示《しめ》した。前年彼《ぜんねんかれ》のパートナーをした若草敏子《わかくさとしこ》事《こと》金敏子も有望《いうばう》であり、江《え》口《ぐち》、宮舞《みやぶ》踊研究所《ようけんきうじよ》に權五鳳なる娘《こ》がゐるが體操學校出身《たいさうがくかうしゆつしん》だけに、ぴち〳〵して舞《ぶ》踊《よう》もまた有望《いうばう》だとある。

次《つぎ》に、音樂界《おんがくかい》を一瞥《べつ》するとしやう。キングレコードに永田《ながた》絃《げん》二郎《らう》事《こと》金永吉がゐる。彼《かれ》は

戸山學校出身《とやまがくかうしゆつしん》といふ變《かは》り種《だね》で、三浦環《みうらたまき》の相手《あひて》役《やく》だけあつて仲々《なか／＼》いゝ聲《こゑ》の持主《もちぬし》だ。同《おな》じキングに夏目芙美子《なつめふみこ》羅仙嬌がある。器量《きりやう》もよければ聲《こゑ》もまたよい。往年《わうねん》のポリトール專屬《せんぞく》「スマイル孃《ぢやう》」事《こと》王壽福がゐる。彼女《かのぢよ》は鐵能子《くろがねよしこ》門下《もんか》で、伊太利音樂《イタリーおんがく》を修業中《しうげふちう》だとある。なほ新響《しんきやう》に提琴《ていきん》の文學準が居《を》りムーランルージユにゐた金安羅は東寶名人會《とうはうめいじんくわい》にも登場《とうぢやう》、今秋第《こんしうだい》一回發表會《いつくわいはつぺうくわい》をやるとかでなりきつてゐる。新《しん》聞配達員《ぶんはいたつゐん》からとの界隈《かいわい》の住民《ぢうみん》となつた幸運兒《かううんじ》金山穆がゐる。彼は原信子《はらのぶこ》に見出《みいだ》された傑作《けつさく》組《ぐみ》のテナー。バリトンは金文輔玉川《たまがは》のほとりで閑日月《かんじつげつ》を送《おく》つて居《を》る。

三、演劇、映畫、美術界

新劇《しんげき》の本家《ほんけ》新協劇團《しんけふげきだん》に安英一がゐる。春香《しゆんかう》傳上演以來《でんじやうえんいらい》彼《かれ》の活躍《くわつやく》は目醒《めざ》ましく、その眞面《まじ》目《め》で眞摯《しんし》な態度《たいど》と、交通費《かうつうひ》がない時《とき》は早稻田《わせだ》から築地《つきぢ》までテクるといふ熱心《ねつしん》さが、彼《かれ》の今《こん》日《にち》をあらしめたものとみてよい。同《おな》じ新協《しんけふ》の經營部《けいえいぶ》に許達がゐる。一金《きん》二十圓也《ゑんなり》の小劇場《せうげきぢやう》株《かぶ》を四人《にん》で出資《しゆつし》して『四分之一《ぶんの》の株主《かぶぬし》』になつたといふ熱心《ねつしん》な男《をとこ》だ。

映画關係《えいぐわくわんけい》では、最近封切《さいきんふうきり》される『國境《こくきやう》』の主役女優《しゆやくぢよいう》金素英その他《た》新興東京情報部《しんこうとうきやうじやうはうぶ》に三好光、藝術映画社《げいじゆつえいぐわしや》の金鍾吉、文部省推薦《もんぶしやうすゐせん》になつたといふ花王石鹼《くわわうせつけん》の文化映画《ぶんくわえいぐわ》『手《て》』を手傳《てつだ》つた深山英之助《ふかやまえいのすけ》事《こと》金永壽、東京發聲《とうきやうはつせい》に吳泳鎬がゐる。彼《かれ》は城大出《じやうだいで》。コチ／＼の城大《じやうだい》からも映《えい》画人《ぐわじん》も出《で》るものらしい。有名《いうめい》な篆刻家《てんこくか》にして

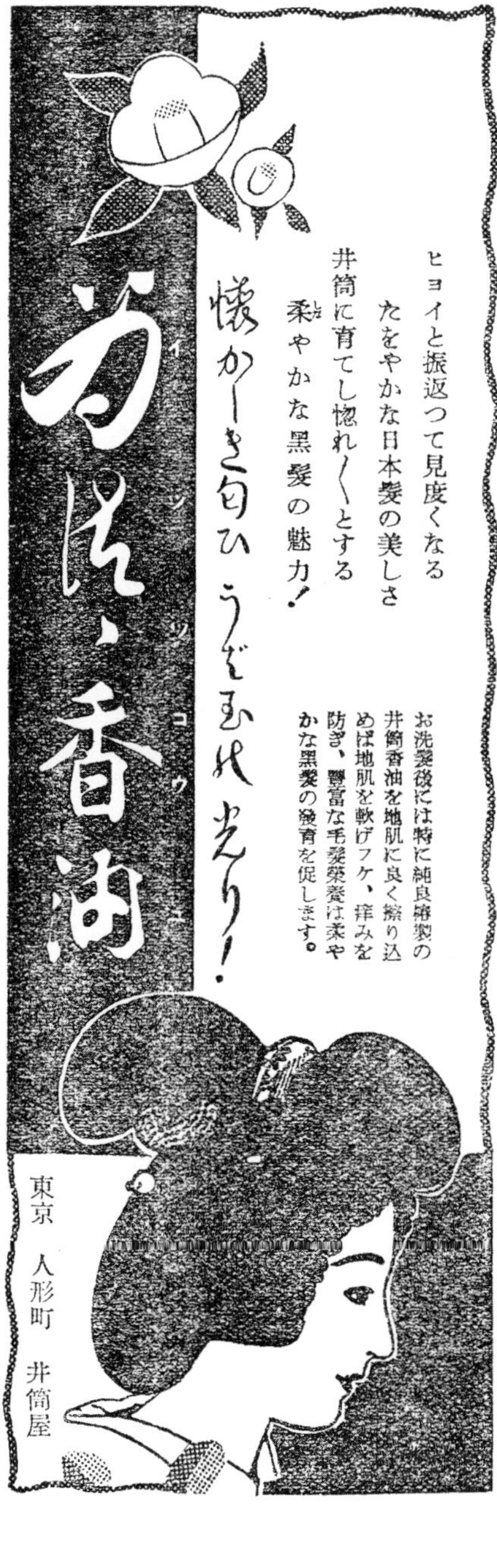
井筒香油《イヅツコウユ》
懐かしき匂ひ うるほひ光り!
ヒヨイと振返つて見度くなる
たをやかな日本髮の美しさ
井筒に育てし惚れ／＼とする
柔《しな》やかな黒髮の魅力!
お洗髮後には特に純良精製の井筒香油を地肌に良く擦り込めば地肌を軟げフケ、痒みを防ぎ、豐富な毛髮榮養は柔やかな黒髮の發育を促します。
東京 人形町 井筒屋

且《か》つ書家《しよか》たる**惺齋金台錫**老《らう》がゐる。この先生《せんせい》は「中華民國大總統之印《ちうくわみんこくだいそうとうのいん》」を篆刻《てんこく》して、本場《ほんば》の中國人《ちうごくじん》をアッと言《い》はせた名人《めいじん》であるが、今《いま》では麹町平河町《かうぢまちひらかはちやう》の界隈《かいわい》で「惺齋書院《せいさいしよゐん》」を開《ひら》いてゐる。

美術界《びじゆつかい》には苦學力行社出《くがくりきかうしやで》の文展入選者《ぶんてんにふせんしや》**姜昌奎**がゐるが、板橋《いたはし》の隅《すみ》つとで製作《せいさく》に熱中《ねつちう》して顔《かほ》も出《だ》さない。藤島武《ふぢしまたけ》二門下《もんか》の**沈亨求**は從軍《じうぐん》畫家《ぐわか》として活躍《くわつやく》しており北宏《きたひろ》二事《こと》**金龍煥**は實《じつ》業之日本社關係諸誌《げふのにつぽんしやくわんけいしよし》に冴《さ》えた揷畫《さしゑ》を畫《か》いてゐる。

四、スポーツ界

ベルリン・オリンピック大會《たいくわい》でマラソン王《わう》となつた**孫基禎**（明大卒業《めいだいそつげふ》）は代々木《よよぎ》——吉祥寺《きちじやうじ》間《かん》を毎日往復練習《まいにちわうふくれんしふ》してゐたといふ熱心《ねつしん》さ同《おな》じく**南昇龍**も駿河臺組《するがだいくみ》であつた。が御兩人《ごりやうにん》とも朝鮮《てうせん》へ歸《かへ》つた。大所《おほどこ》で日本體協《につぽんたいけふ》の功勞者《こうらうしや》**李想白**は東京《とうきやう》から北京《ペキン》へ發展轉化《はつてんてんくわ》した。野球界《やきうかい》では明大野球部《めいだいやきうぶ》の投手《とうしゆ》に藤本《ふぢもと》八龍事《りうこと》**李八龍**なる仁《じん》がゐるが、なか〳〵の名投手《めいとうしゆ》だとある。

拳鬪界《けんとうかい》を窺《のぞ》けば、ピストン堀口《ほりぐち》を倒《たふ》した**玄海男**あり、**崔龍德**あり、**金剛巖**あり、**高津五郎**ありといふ狀態《じやうたい》で、正《まさ》に多士《たし》濟《さい》々の觀《くわん》がある。

五、學界教育界

學界《がくかい》では、芝赤羽橋泰明堂院長《しばあかはねはしたいめいだうゐんちやう》**劉泰翊**博士《はかせ》がゐる。彼《かれ》は苦學力行《くがくりきかう》の士《し》、論文《ろんぶん》を提出《ていしゆつ》して十數《すう》年《ねん》とかを經《へ》てから學位《がくゐ》を貰《もら》つたと云《い》ふ有《あり》難《がた》くない環境《くわんきやう》で、孤軍奮鬪《こぐんふんとう》を續《つゞ》けてゐるネバリ強《つよ》い男《をとこ》。理研《りけん》に**金夏璟**がゐるが、城大教授《じやうだいけうじゆ》もイヤだとあつて、ヴイタミンEを研究《けんきう》するとかでモルモットばかり殺《ころ》してゐるし、農學《のうがく》博士《はかせ》**林浩植**は榮養研究所《えいやうけんきうじよ》なる缺食兒童《けつしよくじどう》の救濟《きうさい》機關《きくわん》のやうな看板《かんばん》を掲《かゝ》げてゐるモルモット派《は》である東大研究室《とうだいけんきうしつ》にゐる**崔應錫**は『朝鮮《てうせん》の農《のう》村衞生《そんゑいせい》』なる劃期的《くわくきてき》な報告文獻《はうこくぶんけん》をものして岩《いは》波《なみ》で出版《しゆつぱん》したし理研《りけん》の**趙廣河**・立大《りつだい》の**李容漢**順天堂醫院《じゆんてんだういゐん》の**金澤旻**等《とう》はいづれも篤學《とくがく》の士《し》、博士《はかせ》の卵《たまご》といふところだらう。中大助教授《ちうだいじよけうじゆ》の**金奎弘**は帝國《ていこく》ホテルのボーイをしながら苦學《くがく》したといふ立志傳中《りつしでんちう》の男《をとこ》。明大《めいだい》には助教授《じよけうじゆ》の**金洵植**がゐる。デンマーク公使館《こうしくわん》に**殷武岩**がゐるが彼《かれ》は、六ケ國語《こくご》位《ぐらゐ》の會話《くわいわ》は平氣《へいき》といふ秀才振《しうさいぶ》り。

六、實業界、その他

金持《かねもち》と言《い》つてもまあ十萬《まん》以上《いじやう》持《も》つてゐると目《もく》されるところを二三拾《ひろ》つてみると「金田電機株式會社取締役社長《かねだでんきかぶしきくわいしやとりしまりやくしやちやう》」なる嚴《いか》めしい肩書《かたがき》を持《も》つ**許象奎**がゐる、彼《かれ》は非常時局《ひじやうじきよく》のお蔭《かげ》でハネ上《あが》つた好運兒《かううんじ》であり、東洋《とうやう》ネームプレート株式會社々長《かぶしきくわいしやしやちやう》の**金澤永三郎**、は全羅道錦山《ぜんらだうきんざん》にパルプ會社《くわいしや》も創設《さうせつ》して拔目《ぬけめ》なくやつてゐる。深川京城商店《ふかがはけいじやうしやうてん》の**李進**第《だい》一相互《さうご》タクシー株式《かぶしき》會社取締役《くわいしやとりしまりやく》**鄭浩成**、東京試驗機製作所社長《とうきやうしけんきせいさくじよしやちやう》**金永鐸**、ネームプレート金屬製版所社長《きんぞくせいはんじよしやちやう》**朴一鐘**その他《た》がゐるが、いづれも裸《はだか》一貫《くわん》から今日《こんにち》あるといふ努力家《どりよくか》揃《そろ》ひである。この外《ほか》にも銀座《ぎんざ》ダンスホールの經營者《けいえいしや》**李起東**、代議士《だいぎし》**朴春琴**等《ら》がゐるが、「その他《た》」の部《ぶ》に屬《ぞく》する變《かは》り種《だね》では、奬學社《しやうがくしや》の**李璡浩**がゐるが、この男《をとこ》はどういふ風《かぜ》の吹《ふ》きまはしか、本職《ほんしよく》の洋服屋《やうふくや》をそつちのけにして百數《すう》十人《にん》の苦學生《くがくせい》の世話《せわ》を開業《かいげふ》してゐる。

（金　浩　永）

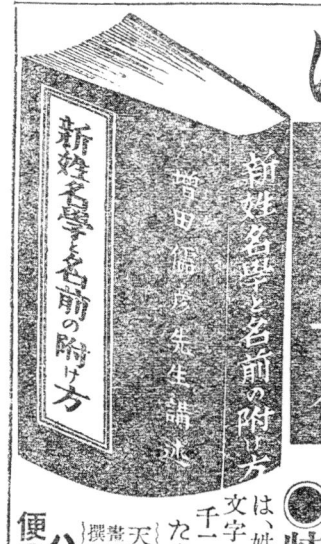

寫眞右ヨリ
尹致昊博士
申興雨博士
金永羲博士
李克魯博士
金活蘭博士
桂貞植博士
高鳳京博士

朝鮮には舶來の博士が多い……

伊庭數彦

朝鮮《てうせん》には舶來《はくらい》の博士《はかせ》が多《おほ》いが、茲《こゝ》に博士《はかせ》の人名錄《じんめいろく》を綴《つゞ》る譯《わけ》ではないがヴアライエテ式《しき》にスクラップして見《み》ることにする。

尹致昊翁《おう》は現代朝鮮《げんだいてうせん》の〝青年《せいねん》の父《ちゝ》〟として敬《うやま》はれてゐるが、今年《ことし》七十にして、尙青年《なほせいねん》を凌《しの》ぐ氣質《きしつ》を有《いう》し、英語《えいご》の流暢《りうちやう》なこと第《だい》一人《にん》者《しや》である。二十年前《ねんぜん》、既《すで》にエモリ大學《だいがく》にてP・H・Dの名譽學位《めいよがくゐ》を得《え》たのである。**申興雨**博士《はかせ》は、朝鮮基督敎界《てうせんキリストけうかい》を代表《だいへう》して、多年《たねん》、米國《べいこく》に赴《おもむ》き各地《かくち》に遊說行脚《いうぜいぎやあん》をして、その令名《れいめい》を高《たか》めたが、彼《かれ》の雄辯的《ゆうべんてき》な英語演說《えいごえんぜつ》は、米國全土《べいこくぜんど》を席捲《せきけん》したと云《い》はれる。南加洲大學《みなみかしうだいがく》にて學位《がくゐ》を得《え》た。今《いま》五十を過《す》ぎたるも、赤《あか》ネクタイの好《かう》スタイルは英國風《えいこくふう》の紳士《しんし》たる資格《しかく》を失《うしな》はない。同《おな》じく五十臺《だい》の博士《はかせ》として朝鮮日報副社長《てうせんにつぽうふくしやちやう》の**李勳求**博士《はかせ》がゐる。平壤崇實專門《へいじやうすうじつせんもん》、東京帝大《とうきやうていだい》、東北農科大學《とうほくのうくわだいがく》を經《へ》て、米國《べいこく》に行《ゆ》き朝鮮《てうせん》の農村問題《のうそんもんだい》を說《と》いて博士號《はかせがう》を得《え》た學者《がくしや》である。

宗敎哲學方面《しうけうてつがくはうめん》には、梨花女子專門《りくわぢよしせんもん》の**金永羲**博士《はかせ》がゐる。米國《べいこく》でも有名《いうめい》なエール大學出《だいがくで》で、若《わか》き學者《がくしや》として知《し》られ、今《いま》も尙研究《なほけんきう》を續《つゞ》けてゐるが〝基督傳《キリストでん》〟外《ほかた》多數《すう》の著書《ちよしよ》がある。

同《おな》じく**韓稚振**（梨專《りせん》）**葛弘基**（延《えん》專）**河泰成**（同《どう》）**金仁泳**（協成神學《けふせいしんがく》）**卞鴻奎**（同《どう》）**朴亨龍**（平壤神學《へいじやうしんがく》）**文章郁**（協神《けふしん》）の諸氏《しよし》は、何《い》づれも宗敎《しうけう》家《か》として一家《か》をなしてゐる。歷史《れきし》哲學方面《てつがくはうめん》では、エモリ大學出《だいがくで》の**白樂濬**、ハーバート、ボストン兩大《りやうだい》學《がく》を卒《を》へた、延專學監《えんせんがくかん》の**李卯默**氏《し》、同《おな》じくハーバート大學《だいがく》の**河敬德**氏《し》等《ら》、若《わか》き學者《がくしや》として囑望《しよくばう》されてゐる。

科學方面《くわがくはうめん》では、理化學《りくわがく》の**崔奎南**（延專《えんせん》）氏《し》と唯一《ゆゐ》の存在《そんざい》である、天《てん》文學博士《もんがくはかせ》の**李源喆**（延專休職中《えんせんきうしよくちう》）氏《し》が、科學者《くわがくしや》として知《し》られてゐるが、尙《なほ》、又《また》、青年技師《せいねんぎし》として野口系《のぐちけい》の興南窒素會社《こうなんちつそくわいしや》の**崔晃**博士《はかせ》があるが延禧專門敎授《えんきせんもんけうじゆ》より、國策會社《こくさくくわいしや》の同《どう》會社《くわいしや》に招《よ》ばれた優秀《いうしう》な學者《がくしや》で、現《げん》京都帝大《きやうとていだい》の合成纖維發明者《がふせいせんゐはつめいしや》である**李升基**博士《はかせ》と並《なら》べて朝鮮《てうせん》の科學界《くわがくかい》を荷負《にお》ふ雙璧《さうへき》と云《い》へよう。

その他《た》の組《くみ》には、一時《じ》華《はな》かだつた經濟學《けいざいがく》の**趙炳玉**氏《し》があり、商學《しやうがく》の**崔淳周**（延專《えんせん》）心理學《しんりがく》の**朴希聖**（普成專門《ふせいせんもん》）文學《ぶんがく》の**吳天錫**音樂《おんがく》の**玄濟明**氏《し》等《など》何《いづ》れもアメリカの博士《はかせ》であり、最近歸朝《さいきんきてう》して、歐米乃至《おうべいないし》、日支政治問題《につしせいぢもんだい》に知《し》られてゐる人《ひと》に**張德秀**博士《はかせ》（普成專門《ふせいせんもん》）がゐる。

紅二點格《こうにてんかく》の女博士《をんなはかせ》二人《ふたり》もゐる——

梨花女子《りくわぢよし》専門校長《せんもんかうちやう》金活蘭博士《はかせ》と、同校教授《どうかうけうじゆ》高鳳京博士《はかせ》であるが、金《きん》博士《はかせ》は、女流雄辯家《ぢよりうゆうべんか》として全米《ぜんべい》を遍歴《へんれき》し、コロムビアとボストンの兩大學《りやうだいがく》で學位《がくゐ》を得《え》たのであり、高《かう》博士《はかせ》は同志社女子《どうししやぢよし》大學《だいがく》を卒《を》へて米《べい》國《こく》ミシガン大學《だいがく》にて法學《はふがく》を專攻《せんかう》した貴《たふと》いミス先生《せんせい》で人氣《にんき》ある博士《はかせ》である。

以上《いじやう》は、大體《だいたい》アメリカ系《けい》であるが、獨逸系《ドイツけい》その他《た》に次《つ》ぎの如《ごと》きものがある。

現在《げんざい》朝鮮語《てうせんご》學會《がくくわい》の李克魯氏《し》は伯林《ベルリン》滯在《たいざい》十數年《すうねん》に及《およ》び、見事《みごと》に伯林《ベルリン》大學《だいがく》にて經濟學《けいざいがく》の哲學博士《てつがくはかせ》を得《え》て昭和《せうわ》二三年頃歸朝《ねんごろきてう》、各方面《かくはうめん》に腕前《うでまへ》を見《み》せたが感《かん》ずる所《ところ》ありて、現在《げんざい》の學會《がくくわい》を組織《そしき》、一意專心《いせんしん》〃朝鮮語《てうせんご》辭典《じてん》〃なる大著述《だいちよじゆ》を、長年《ながねん》に亙《わた》り成《な》し遂《と》げた。

その間《かん》、資産《しさん》迄《まで》之《こ》れに傾《かたむ》け都鄙《とひ》各地《かくち》を研究《けんきう》に巡《まは》り、晝夜《ちうや》の別《べつ》なく立働《たちはたら》いて、貴重《きちやう》な文獻《ぶんけん》を上梓《じやうし》したものである。同《おな》じく獨逸歸《ドイツがへ》りに金重世博士《はかせ》がゐるが嘗《かつ》ては伯林大學《ベルリンだいがく》で、東洋哲學《とうやうてつがく》の講義《かうぎ》をし、今《いま》は田舍《ゐなか》に閑居《かんきよ》してゐる。

現在《げんざい》カント哲學派《てつがくは》の俊鋭《しゆんえい》として、普成專門《ふせいせんもん》の安浩相氏《し》がゐるが、相當《さうたう》の研究家《けんきうか》として知《し》られ、令夫人《れいふじん》毛允淑《まうゐんしゆく》（D・K子供時間講師《こどもじかんかうし》）氏《し》も朝鮮女流《てうせんぢよりう》詩人《しじん》として、夫君《ふくん》に落《お》ちない、地位《ちゐ》にあるのも、名《めい》コンビと云《い》へる。

最近獨逸《さいきんドイツ》から歸《き》朝《てう》した人《ひと》に、三人《にん》の奇才《きさい》がある。咸興出身《かんこうしゆつしん》の都宥浩氏《し》はミュンヘン大學《だいがく》から、維納《ウヰン》へ行《ゆ》き哲學《てつがく》と考古學《かうこがく》の學位《がくゐ》を得《え》、戰亂《せんらん》の白耳義《ベルギー》ケント大學《だいがく》から、難《なん》を逃《のが》れた金載元氏《し》がゐるが、氏《し》はミュンヘン大學《だいがく》で教育《けういく》と哲學《てつがく》の學位《がくゐ》を得《え》て白耳義《ベルギー》に行《い》つて居《を》つたものである。

次《つ》ぎに理工學《りこうがく》を專攻《せんかう》して、工學《こうがく》博士《はかせ》の學位《がくゐ》を伯林大學《ベルリンだいがく》から得《え》た。劉在晟氏《し》がゐる。戰時下《せんじか》獨逸《ドイツ》から歸《かへ》つて而《しか》も機械學《きかいがく》の方面《はうめん》に、卓《たく》越《ゑつ》なる研究《けんきう》を重《かさ》ね、同大學《どうだいがく》から歸《き》朝《てう》を惜《おし》まれた程《ほど》であるから氏《し》の時《じ》局的《きよくてき》な、活動《くわつどう》に期待《きたい》する所《ところ》が多《おほ》い。

醫學《いがく》の方面《はうめん》では獨逸系《ドイツけい》の李甲桂氏《し》が、京城帝大教授《けいじやうていだいけうじゆ》として異彩《いさい》を放《はな》ち、桂貞植氏《し》は、同《おな》じく伯林國《ベルリンこく》立音樂大學《りつおんがくだいがく》にて、音樂《おんがく》を專攻《せんかう》して博士《はかせ》になつた人《ひと》であるが、朝鮮樂《てうせんがく》壇《だん》の重鎭《ぢゆうちん》としてヴァイオリンの第《だい》一人者《にんしや》である。

運動界に気を吐く

スポーツ界《かい》における朝鮮出《てうせんしゆつ》身者《しんしや》の位置《ゐち》は極《きは》めて大《おほ》きい。內地人《ないちじん》とは比較《ひかく》にならない均《きん》勢《せい》のとれた長身《ちやうしん》と持久力《ぢきうりよく》の豐《ほう》富《ふ》さは技術《ぎじゆつ》といふよりもまづ第《だい》一に體力《たいりよく》が必要《ひつえう》とされるスポーツには絕體缺《ぜつたいか》くべからざる條件《でうけん》である。由來朝鮮《ゆらいてうせん》、支《し》那民族《なみんぞく》は先天的《せんてんてき》に手《て》や足《あし》の細《こまか》い業《わざ》に長《ちやう》じてゐる。この卓越《たくゑつ》した技術《ぎじゆつ》に頑强《ぐわんきやう》な肉體力《にくたいりよく》と不《ふ》撓《たう》の鬪志《とうし》をもつ肉體《にくたい》こそスポーツに最《もつと》も適《てき》したものと言《い》ひ得《う》る。この意味《いみ》からすれば朝《てう》鮮《せん》のスポーツ界《かい》は日本《にっぽん》のそれを代表《だいへう》して餘《あま》りあるものであるが土地《とち》の遠隔《ゑんかく》その他《た》の事情《じじやう》によつて朝鮮《てうせん》のスポーツ界《かい》は惠《めぐ》まれた天賦《てんぷ》の肉體力《にくたいりよく》を擁《よう》しながら過去《くわこ》において華《はな》やかな歷史《れきし》を持《も》つてゐない。若《も》し朝《てう》鮮《せん》のスポーツ界《かい》が內地《ないち》の如《ごと》く全國的《ぜんこくてき》に隆盛《りうせい》になつたとすれば日本《にっぽん》の代表選手《だいへうせんしゆ》の大部分《だいぶぶん》は朝鮮出身者《てうせんしゆつしんしや》によつて獨占《どくせん》されるといつても過言《くわごん》ではなからう、それほど朝鮮《てうせん》には天才的《てんさいてき》な人材《じんざい》が埋《うづ》れてゐるのであるからこの貴重《きちよう》な資源發掘《しげんはつくつ》こそ日本《にっぽん》のスポーツ界《かい》にとつて當《たう》面《めん》の急務《きふむ》であると斷言《だんげん》してよい。またそれと同時《どうじ》に朝鮮國《てうせんこく》內《ない》においても自身《じしん》の手《て》で有材《いうざい》の發見《はつけん》、指導《しだう》に努力《どりよく》する必要《ひつえう》がある。今年《ことし》の正月朝鮮生《しやうぐわつてうせんうま》れの者《もの》ばかりで拳鬪《けんとう》チームを組《そ》織《しき》してマニラへ遠征《ゑんせい》し全勝《ぜんしよう》の記錄《きろく》をあげて歸國《きこく》したなどは確《たし》かに好《い》い試《こゝろ》みであつた。

すべてスポーツは跳躍力《てうやくりよく》卽《すなは》ちバネとカンがなくては出來《でき》ないものであるが蹴球《しうきう》、陸上《りくじやう》、籠球《ろうきう》スケート、拳鬪等《けんとうとう》の競技《きやうぎ》に天才的《てんさいてき》なスポーツ人《じん》が輩出《はいしゆつ》してゐるのを見《み》ると、野球《やきう》、水泳等《すゐえいとう》が本格的《ほんかくてき》に行《おこな》はれるやうになればそれこそ內地人《ないちじん》を凌《しの》ぐ偉大者《ゐだいしや》が出現《しゆつげん》することも想像《さうざう》に難《かた》くない。

嘗《かつ》てはスポーツ人《じん》として氣《き》を吐《は》き現在《げんざい》ではともに要職《えうしよく》にある代表的人物《だいへうてきじんぶつ》が二人《ふたり》ある。その一人《ひとり》は**朴錫胤**といつて三高《かう》の名投手《めいとうしゆ》として鳴《な》らし東大卒業後《とうだいそつげふご》京城《けいじやう》で教鞭《けうべん》を取《と》つてゐたが滿洲國獨立《まんしうこくどくりつ》と同時《どうじ》に滿洲國入《まんしうこくい》りをして昨年《さくねん》だつたかポーランド駐在初代總領事《ちうざいしよだいそうりやうじ》に赴任《ふにん》した、青年外交官《せいねんぐわいかうくわん》である。波蘭《ポーランド》の滅亡後《めつばうご》の動靜《どうせい》は審《つまび》らかではないが、恐《おそ》らく本《ほん》國政府《ごくせいふ》の要職《えうしよく》にあるものと思《おも》はれる。

もう、一人《ひとり》は**李想白**である。早大在學中《さうだいざいがくちう》は籠球《ろうきう》の名手《めいしゆ》と謳《うた》はれ體協《たいけふ》の常務理事時代《じやうむりじじだい》は卓絕《たくぜつ》した手腕《しゆわん》を發揮《はつき》した犀《さい》利《り》な頭腦《づなう》の持主《もちぬし》で現在《げんざい》では文《もん》部省《ぶしやう》の留學生《りうがくせい》として北京《ペキン》にあつて東洋史《とうやうし》の研究《けんきう》に沒頭《ぼつとう》してゐる。

朴錫胤《ぼくしやくいん》に**朴錫紀**といふ弟《をとうと》があつたが兄《あに》と同《おな》じ學歷《がくれき》を踏《ふ》み運動《うんどう》も野球《やきう》をやり强《つよ》い腕《うで》ぶしで猛打《まうだ》をカツ飛《と》ばしたので有名《いうめい》だつた。現在《げんざい》は京城《けいじやう》にゐるらしい。それからやゝ古《ふる》い所《とこ》では三高《かう》、東大時代《とうだいじだい》ラグビーの名《めい》バツクローとして雷名《らいめい》を謳《うた》はれた**尹明善**が居《ゐ》る。三高時代《かうじだい》一日《にち》に一度《ど》は京極《きやうごく》から**四條通《でうどほ》り**、東山《ひがしやま》とぐるりと一廻《まは》りしないと寢《ね》られないといふ變《かは》つた癖《くせ》の持主《もちぬし》であつたが今《いま》では滿洲國《まんしうこく》の主計處《しゆけいしよ》の重職《ぢうしよく》にあり東亞大會《とうあたいくわい》にも滿洲《まんしう》チームを引率《いんそつ》して上京《じやうきやう》した。同《おな》じく早大《さうだい》の名《めい》スリークオーターとして鳴《な》らした**柯子彰**も忘《わす》れてはならない存在《そんざい》である。

こゝ數年間《すうねんかん》では何《なん》といつ

朝鮮の人々

宇野庄治

ても**孫基禎**をあげなくてはならない。ベルリン大會《たいくわい》のマラソンで一着《ちやく》を占《し》めマラソン日《にっ》本《ぽん》の威力《ゐりよく》を全世界《ぜんせかい》に發揚《はつやう》した功績《こうせき》は餘《あま》りにも大《おほ》きい。十五萬《まん》と註《ちう》せられる大觀衆《だいくわんしう》に拍手《はくしゆ》と歡聲《くわんせい》をもつて迎《むか》へられたあの感激的場面《かんげきてきばめん》は映画《えいぐわ》『民族《みんぞく》の祭典《さいてん》』に心憎《こころにく》いまでさらに孫《そん》の制覇《せいは》に錦上花《きんじやうはな》を添《そ》へたのは三着《ちやく》を占《し》めた**南昇龍**である。孫《そん》の高名《かうめい》に隱《かく》れる不運《ふうん》もあるが、その力走《りきさう》は決《けつ》して沒却《ぼつきやく》してはならない。

以上《いじやう》の人々《ひと〴〵》は言《い》はゞ過去《くわこ》の人々《ひと〴〵》であるが、では現在《げんざい》のスポーツ界《かい》で活躍《くわつやく》してゐるのはどんな人々《ひと〴〵》であるか、まづ人《ひと》の少《すく》い野球《やきう》では**藤本**が獨《ひと》りで代表《だいへう》してゐる。藤本《ふぢもと》といへば明治《めいぢ》の主戰投手《しゆせんとうしゆ》でその剛球《がうきう》は下關商時代《しものせきしやうじだい》から夙《つと》に有名《いうめい》であつた。今春《こんしゆん》の制覇《せいは》も藤本《ふぢもと》の怪《くわい》腕《わん》に負《お》ふ所《ところ》が多《おほ》い。

プロの方《はう》ではイーグルスの**谷崔玉**が猛打《まうだ》を揮《ふる》つて氣《き》を吐《は》いてゐる。

陸上《りくじやう》では京城高商《けいじやうかうしやう》の**金源權**と**印康燠**が有名《いうめい》である。金《きん》は東亞大會《とうあたいくわい》の大阪大會《おほさかたいくわい》で原田《はらだ》を三段跳《だんとび》で押《おさ》へて一等《とう》を占《し》め原《はら》田《だ》の後繼者《こうけいしや》として跳躍日本《てうやくにつぽん》を背負《せお》つて立《た》つべき立場《たちば》にあり印《いん》は鐵槌投《てつついな》げに將來《しやうらい》を嘱望《しよくばう》される有材《いうざい》である。蹴球《しうきう》は朝鮮《てうせん》の得意《とくい》のスポーツの一つであるが**金喜守**、**金仁喆**（咸興）**金成玗**（延禧出《えんぎしゆつ》）**金容植**（普專出《ふせんしゆつ》）**李裕瀅**（延禧出《えんぎしゆつ》）**閔丙大**（普專《ふせん》）が第《だい》一線《せん》自轉車《じてんしや》では**金雲鶴**、**宋濬鎬**、**朴柄喜**、**曺濬鎬**が光《ひか》つてゐる。

特筆《とくひつ》すべきは兩臂押擧《りやうひおしあげ》の**南壽逸**が居《ゐ》る。彼《かれ》は日本重量擧《にっぽんぢゆうりやうあげ》の制覇《せいは》を只一人《ただひとり》双肩《さうけん》に荷《にな》ふ、世《せ》界公認記錄保持者《かいこうにんきろくほぢしや》である。

ピンポンも最近優秀選手《さいきんいうしうせんしゆ》が輩出《はいしゆつ》しつゝあり、中《なか》でも**崔根恒**は六月《ぐわつ》に擧行《きよかう》された汎大平洋大會《はんたいへいやうたいくわい》で、米《べい》、濠《がう》の强豪《きやうがう》を薙《なぎ》倒《たふ》して見事優勝《みごというしよう》した關西學院《くわんさいがくゐん》の學生《がくせい》である。庭球《ていきう》も軟式《なんしき》が漸《やうや》く擡頭《だいとう》する氣配《けはい》を見《み》せて居《ゐ》るし法政大學《はふせいだいがく》の**尹錫彰**は菊地《きくち》と組《く》んで東亞大會《とうあたいくわい》で優勝《いうしよう》する殊勳《しゆくん》を立《た》てた。

拳鬪《けんとう》は恐《おそ》らく一番流行《ばんりうかう》の競《きやう》技《ぎ》でまづ、學生拳鬪界《がくせいけんとうかい》では**李禧晃**（專修《せんしう》）**鄭鳳鎬**（專修《せんしう》）**文春成**（專修《せんしう》）はいづれも各級《かくきふ》の霸《は》者《しや》である。プロの方《はう》は實《じつ》に多《た》士《し》濟々《さい〳〵》たる情勢《じやうせい》である。その筆頭《ひつとう》に指《ゆび》を屈《くつ》せられるのは玄方潭《げんはうたん》**玄海男**であつて米國《べいこく》で鍛《きた》へ上《あ》げたスウイングで、常《じやう》勝堀口《しようほりぐち》を倒《たふ》した唯《ゆゐ》一のファイターである。その他《た》**光山一郎**（金恩聲《きんおんせい》）**元山春吉**、**沈相昱**、**朴龍辰**、**德永進左右田基光**等《とう》はプロ界《かい》になくてはならぬメンバーである。

さらにスケートに眼《め》を轉《てん》ずるならば全《まつた》く獨壇場《どくだんぢやう》の壯觀《さうくわん》である。

古《ふる》くは**李聖德**、**金正淵**から、現在《げんざい》では**南洞邦夫**（早大《さうだい》）**李仁源**（明治《めいぢ》）**李明天**（明治《めいぢ》）**張祐植**（明大《めいだい》）**蔡昌烈**（明大《めいだい》）**中楠聯**（早大《さうだい》）**金永俊**（明大《めいだい》）**金莊煥**（明大《めいだい》）等《とう》が氷上界《ひようじやうかい》の最前線《さいぜんせん》に活躍《くわつやく》する人々《ひと〴〵》である。

以上《いじやう》は大體《だいたい》にわたつて名前《なまへ》を列擧《れつきよ》したに過《す》ぎないのであつて今後《こんご》いかなる天才人《てんさいじん》が出現《しゆつげん》するか吾々《われ〳〵》は大《おほ》きな期待《きたい》をかけしやまない。

（筆者は讀賣新聞社運動部記者）

雑記

馬海松

既《すで》に、御承知《ごしようち》の通《とほ》り、昨年《さくねん》十月《ぐわつ》の第《だい》一次《じ》朝鮮版《てうせんはん》は、完全《くわんぜん》に賣切《うりきれ》となり、評判《ひやうばん》も大變《たいへん》よかつた。社《しや》の十周年記念《しうねんきねん》として、お祭騒《まつりさわ》ぎみたいな氣持《きもち》で、やつたもので、完全賣《くわんぜんうり》切《きれ》になつても、赤字《あかじ》を免《まぬか》れない計算《けいさん》を覺悟《かくご》でやつたものだ。だから、朝鮮版《てうせんはん》を續《つゞ》けて出《だ》さうなどゝは少《すこ》しも考《かんが》へてゐなかつた。

ところが、それこそ文字通《もじどほ》りの物凄《ものすご》いまでの反響《はんきやう》で、「スグ第《だい》二號《がう》を出《だ》せ」とか「是《ぜ》非月刊《ひげつかん》にしろ」とかいふ投書《とうしよ》が、年《とし》が更《かは》つてからも、毎日《まいにち》の様《やう》に來《く》るので、私《わたし》よりも社員《しやゐん》の方《はう》が、晏如《あんじよ》としてゐられなくなつたらしい。これは今年《ことし》の二月《ぐわつ》、前線《ぜんせん》の勇士《ゆうし》から頂《いたゞ》いた手紙《てがみ》である。

×

陣中《ぢんちう》からの便《たよ》りが馬海松氏《まかいしようし》の許《もと》に屆《とゞ》くかどうか疑《うたが》ひつゝも且《か》つは又《また》、馬海《まかい》松氏《しようし》自身《じしん》、是非讀《ぜひよ》んで戴《いたゞ》き度《た》く願《ねが》ひつつ、餘暇《よか》を利用《りよう》し、古風《こふう》なランプの下《もと》、大陸《たいりく》の冷寒《れいかん》と戰《たゝか》ひ乍《なが》ら、幾夜《いくや》を要《えう》しても是非此《ぜひこ》の便《たよ》りだけは書《か》き上《あ》げたいものである。

モダン日本の『朝鮮版《てうせんはん》』は確《たしか》に私《わたし》の最近《さいきん》の讀物《よみもの》の中《なか》の特異《とくい》にして感激的《かんげきてき》なそれである。先《ま》づ馬海松氏《まかいしようし》の熱情《ねつじやう》と努《ど》力《りよく》に對《たい》しては滿腔《まんこう》の敬意《けいい》と、感謝《かんしや》を捧《さゝ》げて止《や》まない。就中《なかんづく》朝鮮《てうせん》百人物《じんぶつ》は近來《きんらい》の盛觀《せいくわん》たるを疑《うたが》はない。之《これ》が爲《ため》に、幾《いく》何《ばく》の勞力《らうりよく》と費用《ひよう》が投《とう》ぜられたか、想像《さうざう》に難《かた》くない所《ところ》である。

私《わたし》の朝鮮《てうせん》に對《たい》する關心《くわんしん》は出征《しゆつせい》の途次《とじ》上陸《じやうりく》の第《だい》一歩《ぽ》に始《はじ》まる。沿道《えんだう》の同胞諸《どうはうしよ》君《くん》の熱烈《ねつれつ》なる歡送《くわんそう》振《ぶ》りは涙《なみだ》の出《で》る程《ほど》の嬉《うれ》しさであつた。僅《わづ》か數分間《すうふんかん》の停車時《ていしやじ》間《かん》の、とある寒驛《かんえき》にて、白衣《はくい》の老農夫《らうのうふ》の呉《く》れた一ケのリンゴの味《あぢ》は私《わたし》の腦裡《なうり》を一生去《しやうさ》るまいと思《おも》ふ。戰地《せんち》で接觸《せつしよく》する日本人《につぽんじん》の多《おほ》くは半島《はんたう》の出身《しゆつしん》である點《てん》も、朝鮮《てうせん》に對《たい》する關心《くわんしん》を昂《たか》ぶらせる一因《いん》であつた。林房雄《はやしふさを》氏《し》の『愛姫傳《あいきでん》』や朝鮮遊記《てうせんいうき》や、村山知義《むらやまともよし》の『丹青《たんせい》』で朝《てう》鮮《せん》の極《ご》く一部《ぶ》の諒解《りやうかい》を深《ふか》め、『朝鮮版《てうせんはん》』に至《いた》つては私《わたし》の朝鮮愛《てうせんあい》すべしの感《かん》は極《きよく》度《ど》になつたものと云《い》つて良《よ》い。

朝鮮《てうせん》の經濟的《けいざいてき》な價値《かち》、國防的《こくはうてき》な地位《ちゐ》は今更喋々《いまさらてふてふ》する迄《まで》もあるまい。それが爲《ため》に色々《いろいろ》の問題《もんだい》が早《はや》くから論議《ろんぎ》され、又《また》それが必要《ひつえう》であつた事《こと》も今更論《いまさらろん》ずる必要《ひつえう》はない。唯問題《たゞもんだい》は、然《しか》らば何故大《なぜたい》衆《しう》の全部《ぜんぶ》が朝鮮《てうせん》に對《たい》する關心《くわんしん》を深《ふか》める爲《ため》の必要《ひつえう》にして簡單《かんたん》なる方法《はうはふ》が採用《さいよう》されなかつただらうか。私《わたし》は朝鮮版《てうせんはん》の刊《かん》行《かう》、何《なん》ぞそれ遲《おそ》かりしと嘆《たん》ぜざるを得《え》ないのである。

それ程身近《ほどみぢか》な重要問題《ぢうえうもんだい》が何故《なぜ》一般層《はんそう》に廣《ひろ》く、そして早《はや》くから取《と》り上《あ》げられる可《べ》く手段《しゆだん》が講《かう》じられなかつたであらうか。私《わたし》は不思議《ふしぎ》でならないのである。成程《なるほど》、色々《いろいろ》な刊行物《かんかうぶつ》が發行《はつかう》されたであらう。然《しか》し不幸《ふかう》にして社會大衆《しやくわいたいしう》の一人《ひとり》たる私《わたし》は一讀《どく》のチャンスを與《あた》へられなかつた。此《こ》の意味《いみ》に於《おい》ても朝鮮版《てうせんはん》の與《あた》へた効果《かうくわ》は大《おほ》きいと思《おも》ふ。

御説《ごせつ》の通《とほ》り、も早《は》や内鮮融和《ないせんゆうわ》なんて古《ふる》い。乍然異《しかしながらこと》つた歴史《れきし》を歩《ある》いて來《き》た民《みん》族《ぞく》が、完全同化《くわんぜんどうくわ》する迄《まで》には相當《さうたう》な努力《どりよく》を要《えう》するであらう。私《わたし》の所謂《いはゆる》、必要《ひつえう》にして簡單《かんたん》なる方法《はうはふ》は此處《ここ》にも亦必要《またひつえう》であるまいかと思《おも》ふのである。即《すなは》ち私《わたし》の言《い》はんとする所《ところ》は、『朝鮮版《てうせんはん》』の月刊《げつかん》を欲《ほつ》する事《こと》である。

朝鮮版《てうせんはん》の月刊化《げつかんくわ》は恐《おそ》らく私一人《わたしひとり》の慾《よく》求《きう》ではあるまい。讀者層《どくしやそう》の全部《ぜんぶ》の慾求《よくきう》であり、又聖戰遂行《またせいせんすゐかう》の途《と》にある、日本《につぽん》の切《せつ》なる慾求《よくきう》であらうと思《おも》ふ。

經營上種々《けいえいじやうしゆじゆ》な難點《なんてん》もあらう、色々《いろいろ》な問題《もんだい》もあるであらうが、此《こ》の際馬海松《さいまかいしよう》氏《し》の奮起《ふんき》一番《はん》を願《ねが》つて止《や》まない次第《しだい》である。

何《なに》しろ勤務《きんむ》の餘暇《よか》を利用《りよう》しつゝ駄文《だぶん》を草《さう》したのだから不得要領《ふとくえうりやう》に終《をは》つて恥《はづか》しい話乍《はなしなが》ら要約《えうやく》は(1)朝鮮版《てうせんはん》に對《たい》する端《たん》的《てき》な賞讃《しやうさん》。(2)之《これ》が出版《しゆつぱん》に對《たい》する馬氏《まし》の努力《どりよく》と熱情《ねつじやう》に對《たい》する敬意《けいい》と、感謝《かんしや》。(3)朝鮮版《てうせんはん》の月刊化《げつかんくわ》の要望《えうばう》の三點《てん》である。

（後略《こうりやく》）

昭和十五年一月十五日

中支派遣酒井康部隊氣付

○○部隊　荒木政旺

朝鮮《てうせん》の人々《ひとびと》の熱望《ねつばう》は勿論《もちろん》のことであるが戰線《せんせん》、銃後《じうご》の人々《ひとびと》から、とうした手紙《てがみ》を貰《もら》はうとは、全《まつた》く豫期《よき》しなかつたことである。その一部《ぶ》は、朝鮮版報告《てうせんばんはうこく》パンフレット（一月《ぐわつ》）に拔書《ぬきがき》して置《お》いたが、雜誌屋冥利《ざつしやみやうり》に盡《つ》きると思《おも》ふ。この大方《おほかた》の要望《えうばう》に應《こた》へるためには、損得《そんとく》の問題《もんだい》は、暫《しばら》く措《お》くとしても、用紙《ようし》の問題《もんだい》だけは、どうにもならないので心《こゝろ》を痛《いた》めた。

血《ち》を絞《しぼ》つたやうなこの紙《かみ》である。第二次《だいじ》朝鮮版《てうせんはん》も御期待《ごきたい》に背《そむ》かざらんことを望《のぞ》む。

○

用紙《ようし》の問題《もんだい》が、解決《かいけつ》すれば、月刊《げつかん》にしたい氣持《きもち》は、大《おほ》ありである。しかし、當分《たうぶん》その見込《みこ》みがないばかりか、年《ねん》二回《くわい》も危《あぶな》い程《ほど》であるから、何《な》んとも御約束《おやくそく》は出來《でき》ないが、出來《でき》る丈《だけ》、頻繁《ひんぱん》に發行《はつかう》したいとは思《おも》つてゐる。

○

今度《こんど》の「朝鮮版《てうせんはん》」では私《わたし》はあまり働《はたら》かなかつた。去年《きよねん》の時《とき》、「あれは彼奴《あいつ》がやつてゐるから、朝鮮《てうせん》のよいところばかり、無理《むり》して見《み》せたんだらう」と、いふ內地人《ないちじん》があるかと思《おも》へば、「貴様《きさま》が社長《しやちやう》をしてゐるくせに何故《なぜ》あんな漫畫《まんぐわ》を載《の》せるんだい」と怒《おこ》つて來《く》る朝鮮人《てうせんじん》がゐた。取《と》るにも足《た》らぬことではあるが一囘位自《くわいぐらゐじ》分《ぶん》の神經《しんけい》を拔《ぬ》いた朝鮮版《てうせんはん》を作《つく》るのもよいだらうと思《おも》つて、社員《しやゐん》のするがまゝに任《まか》した。

尤《もつと》も、プランの多《おほ》くは、左記《さき》の方々《かたがた》の御《ご》教示《けうじ》に預《あづ》かつてゐるものが多《おほ》い。記《き》して感《かん》謝《しや》の意《い》を表《へう》したい。

伊藤整、福田清人、山崎宗晴、佐佐木茂索、中村武羅夫、保高德藏、足立源一郎、關口次郎、伊藤永之介、村山知義、坪井進之助、東鄉靑兒、玉川一郎、松岡正男、淸澤洌、濱本浩、飯島正、辰野九紫、小野賢一郎、石井漠、中村正常、秋田茂、岩田龍雄、

○

金原《きんばら》、須貝《すがひ》、林《はやし》三君《くん》を朝鮮《てうせん》へ派遣《はけん》した。僅《わづ》か三週間《しうかん》ではあつたが、官民《くわんみん》、友人《いうじん》、知《ち》人《じん》のお世話《せわ》で、かなりの知識《ちしき》を得《え》て來《き》てゐる。

○

總督府《そうとくふ》の鹽原學務局長《しほはらがくむきよくちやう》、信原文書課長《のぶはらぶんしよくわちやう》、圖書課《としよくわ》の井手事務官《ゐでじむくわん》、京日御手洗社長《けいにちみたらひしやちやう》、毎《まい》新李副社長《しんりふくしやちやう》には大變御世話《たいへんおせわ》になつたらしい。厚《あつ》く御禮《おれい》を申上《まをしあ》げる。

○

「朝鮮總督賞《てうせんそうとくしやう》」を出《だ》して頂《いたゞ》いて、映畫脚本《えいぐわきやくほん》を懸賞募集《けんしやうぼしふ》してゐる。七月《ぐわつ》十日《か》〆切《しめきり》（十一月號發表《ぐわつがうはつぺう》）であるから、本誌《ほんし》が出《で》る頃《ころ》は豫《よ》選《せん》に着手《ちやくしゆ》してゐると思《おも》ふが、仲々《なかなか》よい脚本《きやくほん》がある。これは內地《ないち》に上映《じやうえい》されることを目《もく》標《へう》にやつてゐる仕事《しごと》である。御期待《ごきたい》と御聲《ごせい》援《ゑん》を願《ねが》ふ。

○

朝鮮映畫《てうせんえいぐわ》「授業料《じゆげふれう》」が東和《とうわ》商事《しやうじ》、「志願《しぐわん》兵《へい》」が松竹《しようちく》の手《て》に依《よ》つて、內地《ないち》に上映《じやうえい》されようとしてゐる。出來《でき》もよく、評判《ひやうはん》も、よいらしいが、その商品價値《しやうひんかち》よりも、兩社《りやうしや》の好意《かうい》に感謝《かんしや》したい。

○

近頃《ちかごろ》朝鮮作家《てうせんさくか》の作品《さくひん》が、飜譯《ほんやく》されて續々《ぞくぞく》出版《しゆつぱん》されることは、慶賀《けいが》に堪《た》えない。これは、私《わたし》一個人《こじん》の私見《しけん》であるが、飜譯出版《ほんやくしゆつぱん》の場合《はあひ》、譯者《やくしや》よりも、原作者《げんさくしや》に厚《あつ》く、原作者《げんさくしや》に版權《はんけん》を持《も》たせては如何《いかゞ》かと思《おも》ふのである。

外國文學《ぐわいこくぶんがく》を飜譯《ほんやく》する場合《はあひ》と違《ちが》つて、朝鮮《てうせん》のものに限《かぎ》り、とうしたらどうかと思《おも》ふのである。朝鮮人《てうせんじん》は日本人《につぽんじん》であり日本語《につぽんご》は國《こく》語《ご》であり、朝鮮《てうせん》の讀書階級《どくしよかいきふ》の殆《ほと》んどが、日《に》本語《ほんご》解讀者《かいどくしや》であるといふ點《てん》から、又《また》一つには朝鮮作家《てうせんさくか》が、朝鮮《てうせん》だけでは、あまりに惠《めぐ》まれてゐないからである。幸《さいは》ひに、御贊同《ごさんどう》を得《う》れば嬉《うれ》しい。

○

李光洙氏《りくわうじゆし》の「嘉實《かじつ》」「有情《いうじやう》」は共《とも》に、大變《たいへん》好評《かうひやう》を博《はく》してゐるやうである。との二つの短篇集《たんぺんしふ》は李氏自撰《りしじせん》の作品集《さくひんしふ》であり、近《ちか》い內《うち》

出版《しゆつぱん》することになつてゐる長篇小說《ちやうへんせうせつ》「愛《あい》」は、私《わたし》が好《す》きで、出《だ》させて貰《もら》ふことにした。李氏《りし》は大體長篇《だいたいちやうへん》の作《さく》が多《おほ》く、「愛《あい》」は昨年書《さくねんか》かれたもので、京城《けいじやう》の紙價《しか》を高《たか》めたといふことである。朝鮮版《てうせんはん》の讀者全部《どくしやぜんぶ》に、是非《ぜひ》一讀《どく》をお薦《すゝ》めしたい。

○

本誌《ほんし》にも、一度書《どか》いたが、朝鮮藝術賞《てうせんげいじゆつしやう》の基金《ききん》を出《だ》してくれる有志《いうし》は、ないものだらうか。朝鮮《てうせん》では相當《さうたう》に產《さん》を成《な》すと、學校《がくかう》に金《かね》を出《だ》したり經營《けいえい》したり、する人《ひと》が多《おほ》いが、との賞金《しやうきん》の基金《ききん》を出《だ》してくれる人《ひと》が、まだないのは遺憾《ゐかん》である。拾萬圓欲《じふまんえんほ》しい。年利《ねんり》三千三百圓《えん》、稅金《ぜいきん》を差引《さしひ》いて三千圓位《えんぐらゐ》、これを以《もつ》て、毎年《まいねん》五六人《にん》に、藝術賞《げいじゆつしやう》を出《だ》して行《ゆ》ける。拾萬圓《じふまんえん》は永久《えいきう》に消《き》えないから、有志《いうし》の名《な》も消《き》えないわけである。卽《すなは》ち、財《ざい》團法人《だんはふじん》として立派《りつぱ》な團體《だんたい》を組織《そしき》して基金《きん》を管理《くわんり》して行《ゆ》くつもりである。

○

藝術賞審査委員《げいじゆつしやうしんさゐゐん》を、内地側《ないちがは》だけを發表《はつぺう》したのは、朝鮮側《てうせんがは》の審査委員《しんさゐゐん》が、まだ決定《けつてい》してゐないからで、これは順次決定《じゆんじけつてい》して行《ゆ》くつもりである。内地側《ないちがは》の一方的《いうてき》な、單《たん》なる催《もよほ》しものとして、考《かんが》へて貰《もら》ひたくない。朝《てう》鮮側《せんがは》の意思《いし》や輿論《よろん》に重《おも》きを置《お》かるべきことは今更論《いまさらろん》を俟《ま》たない。朝鮮《てうせん》の有識階級《いうしきかいきふ》に、もつと關心《くわんしん》を持《も》つて頂《いたゞ》きたいと思《おも》ふのである。

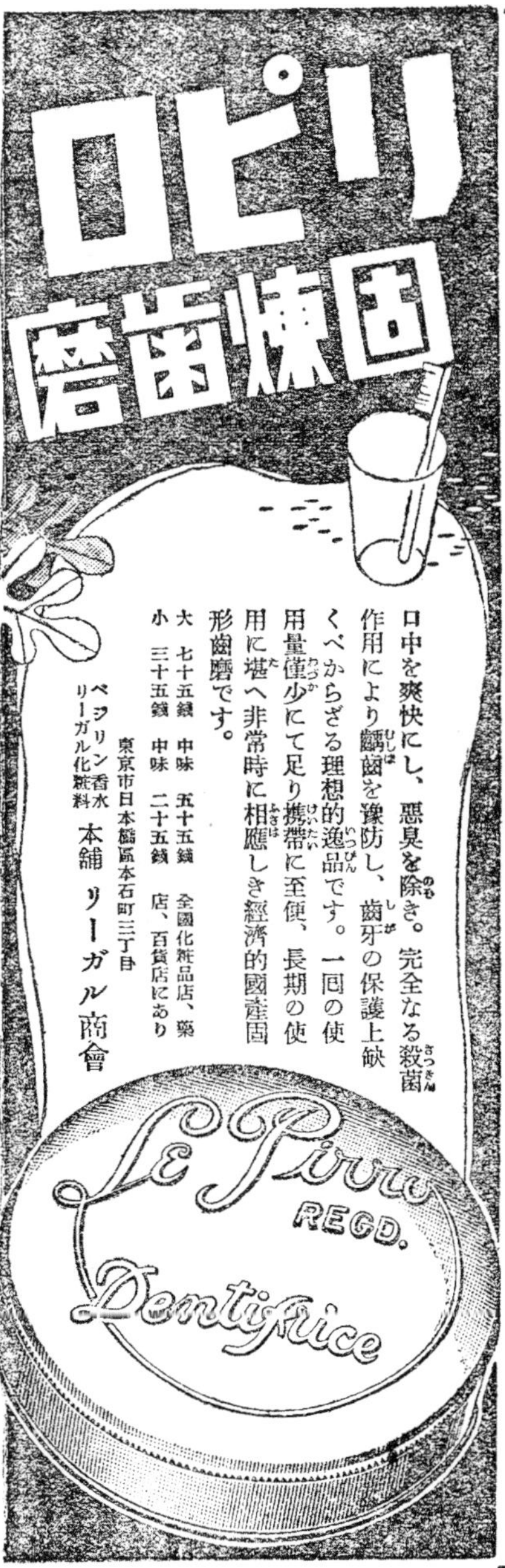

淡い色合ひの朝鮮娘

小野佐世男

眞珠色《しんじゆいろ》、あの云《い》ひしれぬ、夢《ゆめ》の様《やう》な肌《はだ》あひ。寶石《はうせき》のなかに、との様《やう》なあたゝかみと清淨《せいじやう》さの香《にほ》ふ石《いし》があるでせうか。楊柳《ようりう》の靑《あを》い下《した》や、靜《しづか》に月光《げつくわう》を映《えい》ずる汀《みぎは》にも、一人《ひとり》靜《しづか》に、蟲《むし》の音《ね》を聞《き》く、美《うつく》しい朝鮮娘《てうせんむすめ》の姿《すがた》を、長《なが》い半島《はんたう》の旅《たび》をつゞける人々《ひと〴〵》は見《み》るでありませう。

あの涼《すゞ》しげな夏《なつ》のうすものを通《とほ》して、艶麗《えんれい》な肌《はだ》の香《かほ》りとそ、朝鮮娘《てうせんむすめ》の眞珠《しんじゆ》の肌《はだ》なのです。淡光色《たんくわうしよく》のあさ絹《きぬ》の魅惑《みわく》は、ローランサンの油繪《あぶらゑ》を思《おも》ひ出《だ》します。

淸《きよ》く澄《す》み渡《わた》つた半島《はんたう》の空《そら》に映《えい》ずる彼女達《かのぢよたち》のそゞろ歩《ある》きは、五彩《さい》の雲《くも》の冷朗《れいらう》さです。

私《わたし》は東洋《とうやう》一の美《うつく》しい色合《いろあ》ひだと思《おも》ふのです。それなのに、京《けい》城《じやう》の街《まち》を行《ゆ》く時《とき》、あの美《うつく》しいすばらしさをパンとうちくだいてゐるのを見《み》たのです、なんたる事《こと》でせう、電髮《でんぱつ》とサンダルの靴《くつ》なのです。

此《こ》の二つとそ、朝鮮服《てうせんふく》のパチルスです。姑娘《くうにやん》のあのキユウーとお臀《しり》もお乳《ちい》もはめとんだ様《やう》な支那服《しなふく》には、此《こ》の電髮《でんぱつ》もサンダルも、ととの外《ほか》ぴつたりと、まるで支《し》

那服《なふく》の爲《ため》に出來《でき》たか樣《やう》に思《おも》はれますし、日本服《にほんふく》の振袖《ふりそで》にもなんとはなし、あの電髪《でんぱつ》が不自然《ふしぜん》ではないのです。

それにひきかへなんたる事《こと》でせう。

朝鮮服《てうせんふく》に此《こ》の電髪《でんぱつ》とサンダルはまるで魔者《まもの》の樣《やう》に合《あ》ひません。

アー――、朝鮮《てうせん》の娘《むすめ》さん、雷《かみなり》が落《お》ちても、パーマネントをかけて下《くだ》さるな、サンダルをはいてはゐりません。

神樣《かみさま》、

半島《はんたう》から電髪《でんぱつ》とサンダルをおひはらつて下《くだ》さい、アー――。

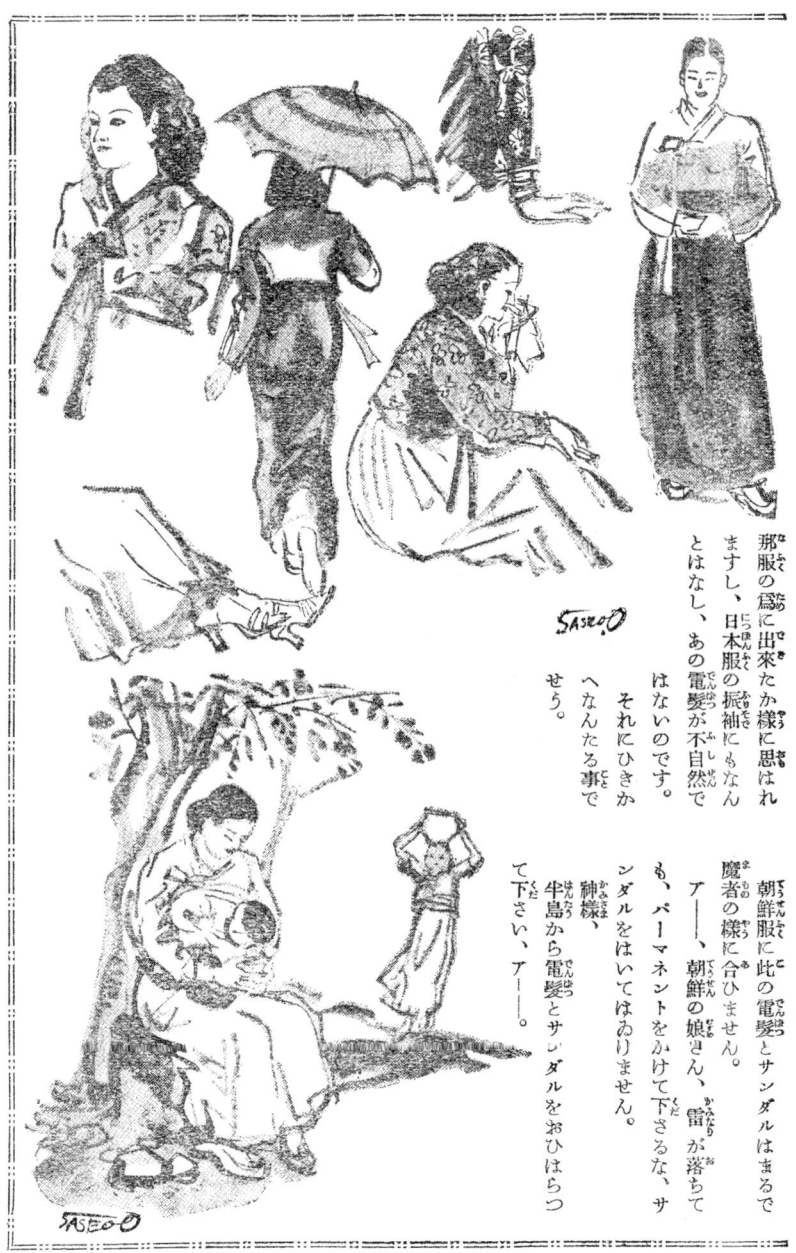

躍進する

勝利の庭 →（朝鮮九貴映畫社作品）

製作・構成　菊地盛央
演出　方漢駿
撮影　崔順興

朝鮮《てうせん》總督府《そうとくふ》陸軍《りくぐん》志願者《しぐわんしや》訓練所《くんれんじよ》全生徒《ぜんせいと》、全教官《ぜんけうくわん》が出演《しゆつえん》し、半島《はんたう》の若人達《わかうどたち》が、皇國《くわうこく》の兵《へい》として伸《の》びて行《ゆ》く健全《けんぜん》な生活《せいくわつ》を劇的《げきてき》に構《こう》成《せい》した記錄映畫《きろくえいぐわ》である。終始《しゆうし》、志願兵達《しぐわんへいたち》の熱演《ねつえん》である。

新開地（漢陽映畫社作品）↓

原作　李箕永
製作　金甲起
脚色　朴松
演出　尹逢春

配役
姜允秀―李錦龍　金順南―高永蘭（その他）

梗概《かうがい》　月川江《げつせんかう》と云《い》ふ村《むら》、允秀《いんしう》と順南《じゆんなん》は相愛《さうあい》の仲《なか》であつた。彼等《かれら》がその秋《あき》の結婚式《けつこんしき》を待《ま》つ裡《うち》、村《むら》に旱魃《かんばつ》が來《き》、水《みづ》の事《こと》から允秀《いんしう》は過《あやま》つて學成《がくせい》を殺《ころ》す。允秀《いんしう》が刑期《けいき》を終《を》へた時《とき》、彼女《かのぢよ》は酌婦《しやくふ》になつてゐた。允秀《いんしう》は月淑《げつしゆく》と云《い》ふ新女性《しんぢよせい》を知《し》り順南《じゆんなん》は自分《じぶん》の戀《こひ》を諦《あきら》めて月川江《げつせんかう》を去《さ》つて行《ゆ》く。

↑ 福地萬里（滿洲映畫、高麗映畫提携作品）

製作　李創用
シナリオ・演出　全昌根

俳優
沈影、全玉、陳鏡中、王銀波（その他）

梗概《かうがい》　朝鮮《てうせん》の出稼《でかせ》ぎ勞働者《らうどうしや》姜《しやう》を初《はじ》め一同《どう》は滿洲《まんしう》へと移住《いぢう》した。滿洲《まんしう》での生活《せいくわつ》は明《あか》るかつた。しかしふとした事《こと》から鮮人部落《せんじんぶらく》と滿人部落《まんじんぶらく》の間《あひだ》に不和《ふわ》が生《しやう》じ。姜《しやう》はこの不和《ふわ》から招來《せうらい》される幾百萬《いくひやくまん》の朝鮮移民《てうせんいみん》の不幸《ふかう》を思《おも》ひ、兩民族《りやうみんぞく》の協和《けふわ》とそ東亞平和《とうあへいわ》の使命《しめい》と信《しん》じ、一策《さく》を案《あん》じて自《みづか》ら築《きづ》き上《あ》げた朝鮮部落《てうせんぶらく》に放火《はうくわ》して自《みづか》らも火中《くわちゆう》に投《とう》じた。

朝鮮映畫陣

水仙花（朝鮮映畫社作品）

製作　李載明
シナリオ　南一路
　　　　李翼
演出　金幽影
配役
文藝峰、金信哉、金福鎭

↙

梗概《かうがい》　美《うつく》しい湖《みづうみ》を前《まへ》に素封《そほう》家《か》金氏《きんし》は一族《ぞく》を擁《よう》して部落《ぶらく》を形成《けいせい》してゐた。こゝへ嫁《か》してきた柳氏《りうし》は養子《やうし》在吉《ざいきち》少年《せうねん》を唯一《ゆゐいつ》の慰安《ゐあん》に十年《ねん》未《み》亡人《ばうじん》生活《せいくわつ》をして來《き》た。この村《むら》の學院《がくゐん》を復活《ふくくわつ》さすべく白《はく》先生《せんせい》が迎《むか》へられた。養子《やうし》問題《もんだい》で白《はく》先生《せんせい》と柳氏《りうし》の噂《うはさ》は捏造《ねつぞう》され柳氏《りうし》は遂《つひ》に湖《みづうみ》に投《とう》じて死《し》ぬ。

大地の子（東亞映畫作品）→

原作　李箕永
製作　崔承一
脚色・演出　安夕影
俳優　崔雲峰、文藝峰
豐炳《ほうへい》

梗概《かうがい》　浩《こう》の親友《しんいう》黄達宇《くわうたつう》は、金《きん》の家族《かぞく》を連《つ》れて、滿洲開拓《まんしうかいたく》に希《き》望《ばう》の胸《むね》を躍《をど》らせてゐる金《きん》のところ、北《ほく》滿《まん》のある小《ちひ》さい村《むら》に着《つ》く。二人《ふたり》は協力《けふりよく》して開《かい》拓《たく》に從事《じうじ》する

ドルセ（京城映畫科學工場製作）

原作・脚色　野村裕也
演出　李圭煥
配役
ドルセ　李化三
タンシル　文藝峰（その他）

梗概《かうがい》　ドルセは天涯《てんがい》の孤獨者《こどくしや》で、青空《あをぞら》と大《だい》地《ち》を家《いへ》と思《おも》ひ流浪《るらう》を續《つゞ》けてゐた。その彼《かれ》が或《あ》る部落《ぶらく》で工事《こうじ》場《ば》の親方《おやかた》に逢《あ》ひ、そして人《ひと》の情《なさけ》を知《し》つた。ドルセは又《また》タンシルを戀《こひ》することによつて始《はじ》めて人《じん》生《せい》の温《あたゝ》かさを知《し》つたのである。

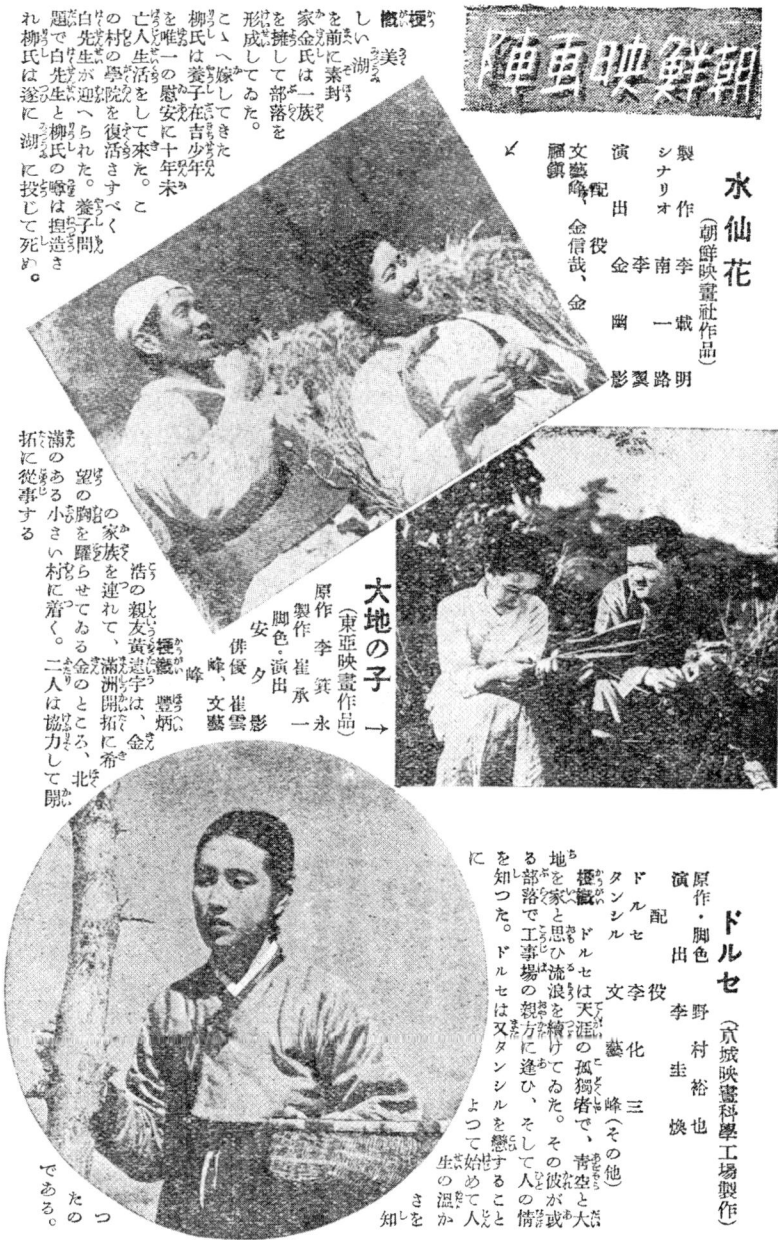

半島の映畫界を背負ふ人々の座談會

出席者

- 高麗映畫 李創用
- 高麗映畫 方漢駿
- 朝鮮映畫 安夕影
- 東亞映畫 崔承一
- 高麗映畫 崔寅奎
- 新興キネマ 金井成一
- 總督府圖書課 西龜元貞

記者 本日《ほんじつ》はお忙《いそが》しいところをおいで下《くだ》さいまして有難《ありがた》うございました。朝鮮《てうせん》を代表《だいへう》する第《だい》一流《りう》の映畫界《えいぐわかい》の方々《かたがた》にお集《あつま》りいただきまして朝鮮映畫《てうせんえいぐわ》について總《あら》ゆる面《めん》からお話《はなし》をお伺《うかゞ》ひしたいと思《おも》ひます。

まづ朝鮮映畫《てうせんえいぐわ》の歴史沿革《れきしえんかく》といふやうなお話《はなし》を西龜《にしき》さんにお伺《うかゞ》ひしたいと思《おも》ひます。

西龜 初《はじ》めて映畫會社《えいぐわくわいしや》が出來《でき》たのは大正《たいしやう》十年《ねん》です。日韓併合前《につかんへいがふまへ》の頃《ころ》に英米煙草會社《えいべいたばこくわいしや》が京城《けいじやう》にあつて、その會社《くわいしや》で自轉車印《じてんしやじるし》つて云《い》ふ煙草《たばこ》を賣《う》つてゐたんです。その煙草《たばこ》の空袋《あきぶくろ》を十枚《まい》とか二十枚持《まいも》つて行《い》くとその會社《くわいしや》の倉庫《さうこ》が南大門《なんだいもん》にあつて、そとで短篇映畫《たんぺんえいぐわ》を見《み》せて呉《く》れたんです。せいぜい一、二百メートルの短篇《だんぺん》ですけれど、パテイの短篇《たんぺん》、吉澤商店《よしざはしやうてん》の短篇《たんぺん》を見《み》せたんです。とれが朝《てう》鮮《せん》に於《お》ける興行《こうぎやう》とはいへないにしても映畫《えいぐわ》を見《み》せた最初《さいしよ》ださうです。

その次《つぎ》に、金《かね》を取《と》つて見《み》せたのが、京電《けいでん》の車庫《しやこ》の近所《きんじよ》の光武臺《くわうぶだい》です。…その後《あと》に黄金町《こがねまち》に高等演藝館《かうとうえんげいくわん》といふのが出來《でき》た。そとでは可《か》なり、常設的《じやうせつてき》に興行《こうぎやう》をやつてゐたんです。日韓合併間《につかんがつぺいま》もなくだらうと思《おも》ひます。

活動寫眞《くわつどうしやしん》の製作《せいさく》の方《はう》は、ハッキリ判《わか》つてるのは大正八年《たいしやうねん》です。丁度《ちやうど》コレラが全鮮的《ぜんせんてき》に流行《りうかう》した年《とし》なんですが、その時《とき》にコレラ豫防《よはう》の宣傳映畫《せんでんえいぐわ》として四卷位《くわんぐらゐ》の劇映畫《げきえいぐわ》を、劇團聚星座《げきだんしうせいざ》といふものを主宰《しゆさい》してゐた金小《きんせう》

右から崔承一、崔寅奎、西龜元貞

浪《らう》といふ人《ひと》に作《つく》らしたんです。これが最初《さいしよ》の劇映畫《げきえいぐわ》だといはれてゐます。大正十年頃《たいしやうねんごろ》に釜山《ふざん》に朝鮮《てうせん》キネマつていふのが出來《でき》て、「月下《げつか》の誓《ちか》ひ」といふのを作《つく》りました。その後《ご》朝鮮《てうせん》キネマにゐた尹白南《いんはくなん》といふ人《ひと》が、朝鮮《てうせん》キネマの中《なか》から西川《にしかは》といふキャメラマンと羅雲奎《らうんけい》なんていふスタッフを連《つ》れて京城《けいじやう》に來《き》て、白南《はくなん》プロダクションといふのを始《はじ》めたんです。最初《さいしよ》に作《つく》つたのが、李光洙《りくわうしゆ》原作《げんさく》の「開拓者《かいたくしや》」です。

崔承一　「沈淸傳《ちんせいでん》」が最初《さいしよ》ですよ。

李創用　兎《と》に角《かく》、それが二本《はん》か三本《ばん》で潰《つぶ》れて、そのあと、いろんな雜《ざつ》プロダクションが澤《たく》山出來上《さんできあが》つて潰《つぶ》れたんです。それからちよつと組織的《そしきてき》に朝鮮《てうせん》キネマプロダクションといふのが出來《でき》ました。これは淀虎藏《よどとらざう》といふ内地《ないち》の人《ひと》が主《おも》になつて、それに加《くは》はつたスタッフとしては、今言《いまい》つた羅雲奎《らうんけい》が主《おも》で、キャメラマンは勿論内地《もちろんないち》から連《つ》れて行《い》つたんです。その時《とき》に働《はたら》いた人《ひと》が今日《こんにち》まで朝鮮映《てうせんえい》畫界《ぐわかい》で一番古《ばんふる》く働《はたら》いてゐるメムバーです。今《いま》キャメラマンをしてゐる李明雨《りめいう》とか、尹《いん》逢春《ほうしゆん》、李錦龍《りきんりう》、私《わたし》もその時《とき》はキャメラの助《じよ》手《しゆ》として入《はい》つてゐました。初《はじ》めて入《はい》つたのは白南《はくなん》プロダクションなんです。それからトーキーを一番初《ばんはじ》めに作《つく》つたのが分島國次《わけじまくにじ》郎《らう》といふ人《ひと》です。この人《ひと》が初《はじ》めて「春香傳《しゆんかうでん》」をトーキーに撮《と》つたんです。それを監督《かんとく》し

たのが金蘇峯《きんそほう》といふ名前《なまへ》になつてゐるけれども、事實《じじつ》は李明雨君《りめいうくん》が監督《かんとく》と撮影《さつえい》をしたんです。これが非常《ひじやう》にいゝ成績《せいせき》を擧《あ》げました。當時《たうじ》の朝鮮映畫《てうせんえいぐわ》としては、非常《ひじやう》に大《おほ》きな製作費《せいさくひ》をかけたんですが、從來《じうらい》にない、いゝ收入《しうにふ》を得《え》たものだから、そのプロダクションでは、續《つゞ》けて、五六本《ほん》の映畫《えいぐわ》を作《つく》りました。それを見《み》て羅雲奎《らうんけい》が負《ま》けじとトーキーのスタヂオを作《つく》つて「アリラン第《だい》三篇《ぺん》」といふのを作《つく》つたんですが、それ一本《ぽん》で潰《つぶ》れちやつたんです。これまでが朝鮮映畫《てうせんえいぐわ》の今日《こんにち》に至《いた》る沿革《えんかく》です。

方漢駿 「春香傳《しゆんかうでん》」の成功《せいこう》が朝鮮《てうせん》トーキーの初《はじま》りと見《み》ていゝですね。

李創用 その次《つぎ》に話題《わだい》に上《あが》るのは、やつぱり「旅路《たびぢ》」でせう。

記者 いよ〱朝鮮映畫《てうせんえいぐわ》の現狀《げんじやう》に入《はい》るわけですが、現在第《げんざいだい》一線《せん》に活躍《くわつやく》してゐるプロデユーサー、監督俳優《かんとくはいいう》にはどんな人《ひと》がゐますか

西龜 プロデユーサーとしては朝鮮映畫《てうせんえいぐわ》の李《り》。載明《さいめい》さん、高麗映畫《かうらいえいぐわ》の李創用《りさうよう》さん、この二《ふた》人《り》が大《おほ》きな存在《そんざい》です。その次《つぎ》が漢陽映畫《かんやうえいぐわ》の金甲起《きんかふき》さん。それから一本《ぽん》しか作《つく》つてないけど、こゝに居《を》られる崔承一《さいしよういち》さん。この人《ひと》は忌憚《きたん》なく云《い》へばまだプロデユーサーとして認《みと》めがたいと思《おも》ふんですがね。

監督《かんとく》は、こゝにゐる方漢駿《はうかんしゆん》さん、安夕影《あんせきえい》さん、崔寅奎《さいいんけい》さん、この三人《にん》が現在《げんざい》の代表《だいへう》的《てき》な監督《かんとく》だと思《おも》ひます。それから、高麗《かうらい》に入《はい》つた朴基采《ぼくきさい》さん。金昌根《きんしやうこん》さん。「旅路《たびぢ》」で有名《いうめい》な李圭煥《りけいくわん》さん。「軍用列車《ぐんようれつしや》」の徐光霽《じよくわうさい》さん。それから尹逢春《いんほうしゆん》さん、李明雨《りめいう》さん、漢《かん》陽《やう》の中敬均《ちうけいきん》。

次《つぎ》にキヤメラマンでは、何《なん》と云《い》つても、李明雨君《りめいうくん》でせう。それから梁世雄《りやうせいゆう》、黃雲祚《こううんそう》、李《り》信雄《しんゆう》、李《り》丙穆《へいぼく》、崔淳興《さいじゆんこう》、それから特《とく》に附《ふ》言《げん》すべきはこゝにゐる金井《かなゐ》さんで、早《はや》く內《ない》地《ち》に渡《わた》つて、今新興《いましんこう》で一本立《ぽんだ》ちのキヤメラマンであるし、時々《ときどき》朝鮮《てうせん》に來《き》て働《はたら》いてゐます。もう一人《ひとり》、今藝術映畫社《いまげいじゆつえいぐわしや》にゐる李炳宇《りへいう》君《くん》。キヤメラマンとしては、この二人《ふたり》が內《ない》地《ち》でも一本立《ぽんだち》になつてゐる人《ひと》です。

俳優《はいいう》と云《い》つても、澤山《たくさん》ゐますが、ぢや女《ぢよ》優《いう》から言《い》ひませう。文藝峰《ぶんげいほう》、金素英《きんそえい》、金信《きんしん》哉《さい》、韓銀珍《かんぎんちん》、玄舜英《げんしゆんえい》、それに老《ふ》けたところで卜惠淑《ぼくけいしゆく》、金福鎭《きんふくちん》、全玉《ぜんぎよく》、劉桂仙《りうけいせん》、その位《くらゐ》でせう。男俳《だんはい》では王平《わうへい》、金《きん》一海《かい》、李錦宅《りきんたく》、崔《さい》雲峰《うんはう》、獨銀麒《どくぎんき》、徐月影《じよげつえい》、金漢《きんかん》、姜弘植《きやうこうしよく》、沈《ちん》影《えい》、田澤二《でんたく》、李白水《りはくすゐ》などです。

記者 では、李載明《りさいめい》さんと李創用《りさうよう》さんを俎上《そじやう》に、プロデユーサー論《ろん》をやつていたゞきたいと思《おも》ひます。

崔寅奎 李《り》さん、席《せき》を外《はづ》したはうがいゝナ。(笑聲《せうせい》)

李創用 そんなことないよ。

安夕影 ぢや、やるかナ(笑聲《せうせい》)プロデユーサーといふ言葉《ことば》が朝鮮《てうせん》で流行《はや》りだしたのは、この頃《ころ》なんです。內地《ないち》の東寶《とうはう》とかのプロデユーサーとは違《ちが》つて、ずつと自由《じいう》な立場《たちば》に置《お》かれてゐます。李創用《りさうよう》さんのやうにキヤメラマンから苦勞《くらう》してプロデユーサーになつた人《ひと》もあるし、又《また》、朝鮮映畫株式會社《てうせんえいぐわかぶしきくわいしや》といふ資本《しほん》の下《もと》に活躍《くわつやく》してゐる李載明《りさいめい》といふプロデユーサーも居《を》ります。

西龜 李《り》さんのプロデユーサーとしての仕事《しごと》に於《お》ける性格《せいかく》といつたやうなものは、どう

ですか。

方漢駿　朝鮮《てうせん》でほんとにプロデューサーとして映畫《えいぐわ》を製作《せいさく》なり運轉《うんてん》をして行《ゆ》く、さういふ人物《じんぶつ》は現在《げんざい》では李創用《りさうよう》さん以外《いぐわい》にゐないだらうと思《おも》ひます。

右から金井成一、李創用、方漢駿、安夕影

記者　そこで李《り》さんからプロデューサーとしての抱負《はうふ》をお願《ねが》ひいたしませう。

李創用　朝鮮《てうせん》の現狀《げんじやう》を見《み》ると、未《ま》だ完全《くわんぜん》な基《き》礎《そ》が出來《でき》てゐませんから、自分《じぶん》の理想《りさう》とか抱負《はうふ》を言《い》つても空想《くうさう》に終《をは》ることが多《おほ》いんです。今《いま》の吾々《われわれ》の立場《たちば》は、映畫《えいぐわ》を製作《せいさく》する基《き》礎工事《そこうじ》、その捨石《すていし》になれゝば幸《さいはひ》だと考《かんが》へてゐます。

崔承一　吾々《われわれ》プロデューサーはいゝ資本家《しほんか》、企業家《きげふか》が出《で》て來《く》ることを願《ねが》つてゐます。

記者　それでは今度《こんど》監督《かんとく》に移《うつ》りまして、まづ方漢駿《はうかんしゆん》さんを俎上《そじやう》に載《の》せて……。

崔承一　方《はう》さんの作品《さくひん》は「漢江《かんかう》」「城隍堂《じやうこうだう》」があります。朝鮮映畫《てうせんえいぐわ》の演出《えんしゆつ》、構成《こうせい》に一つの新《あたら》しいエポックを作《つく》りました。

西龜　方君《はうくん》の仕事振《しごとぶ》りを見《み》ると、非常《ひじやう》に職人《しよくにん》的《てき》だし、生活的《せいくわつてき》にもケレンの多《おほ》い男《をとこ》で、割《わり》合《あひ》に達者《たつしや》な所《ところ》がある、ところが作品《さくひん》はあまりに淡々《たんたん》とし過《す》ぎてゐる。そこがいゝと同《どう》時《じ》に惡《わる》い缺點《けつてん》であつて、若《も》し方君《はうくん》がもう少《すこ》し劇的《げきてき》な要素《えうそ》を持《も》つようになれば確《たし》かに職《しよく》人的演出者《にんてきえんしゆつしや》として相當《さうたう》な監督《かんとく》になるだらうと思《おも》ふんです。

安夕影　方《はう》さんの獨自的《どくじてき》な朝鮮《てうせん》の色彩《しきさい》が「漢江《かんかう》」や「城隍堂《じやうこうだう》」にはあります。他《た》の監督《かんとく》よりも素朴《そぼく》さがあることを僕等《ぼくら》は一番嬉《いちばんうれ》しいと思《おも》ひます。

崔寅奎　方君《はうくん》は、自分《じぶん》の姿《すがた》、生活《せいくわつ》そのまゝを映畫《えいぐわ》ナイズしてます。

記者　今度《こんど》は安《あん》さんについてお話願《はなしねが》ひます。

西龜　安《あん》さんは詩人《しじん》であり、畫家《ぐわか》であり、文《ぶん》人《じん》であり、非常《ひじやう》に社會的《しやくわいてき》、人生的體驗《じんせいてきたいけん》を積《つ》んで來《き》た人《ひと》です。だから作品《さくひん》に豐富《ほうふ》な内容《ないよう》が盛《も》られ得《う》る人《ひと》だと期待《きたい》してゐます。然《しか》し「沈淸傳《ちんせいでん》」と「志願兵《しぐわんへい》」には豐富《ほうふ》さといふやうなものが、まだ出《で》てゐません。その代《かは》り危《あぶ》なげもないし、おとなしい演出《えんしゆつ》をしてゐます。もつと冒險《ぼうけん》してもいゝんぢやないかと思《おも》ひます。

方漢駿　「沈淸傳《ちんせいでん》」をみると安《あん》さんは非常《ひじやう》に沈着《ちんちやく》です。しかし、第三者《だいさんしや》にのみ込《こ》めないところがあつた。結局《けつきよく》テクニックの問題《もんだい》ぢやないかと思《おも》ふんですがね。

方漢駿　崔寅奎《さいいんけい》といふ男《をとこ》は恐《おそ》しい男《をとこ》ですよ。何《な》んでも出來《でき》ますよ。

李創用　病的《びやうてき》な鋭《するど》さを持《も》つてゐるんです。あんまり細《こま》いことに鋭《するど》い人《ひと》は大《おほ》きな所《ところ》が見《み》えないとがあるからよきプロデユーサーの下《もと》でなくちや、いゝ作品《さくひん》が生《うま》れないんぢやないか知《し》ら――。

記者　それではカメラマンについて。

西龜　まづ李明雨君《りめいうくん》だな。

安夕影　僕《ぼく》は、あの人《ひと》は朝鮮《てうせん》のキヤメラマンの中《なか》で最《もつと》も大膽《だいたん》で、一番《ばん》期待《たい》出來《でき》る人《ひと》だと思《おも》つた。しかし科學的《くわがくてき》研究《けんきう》が不足《ふそく》してゐる

西龜　李明雨君《りめいうくん》は內地《ないち》へ出《だ》しても恥《はづ》かしくないと思《おも》つてゐます。

李創用　彼《かれ》は私《わたし》と一緒《しよ》にキヤメラマンになつたんです。彼《かれ》はキヤメラマンであり、監督《かんとく》です。だから演出者《えんしゆつしや》と折合《をりあひ》はない時《とき》もあるけれど、現在《げんざい》朝鮮《てうせん》で一番《ばん》優《すぐ》れたキヤメラマンですから、いゝ仕事《しごと》は出來《でき》る人《ひと》です。

西龜　では梁世雄《りやうせいゆう》に移《うつ》らう。

方漢駿　あの人《ひと》は仕事《しごと》に非常《ひじやう》に熱心《ねつしん》です。

李創用　しかしムラがある。今《いま》までの作品《さくひん》は非常《ひじやう》にいゝ時《とき》と悪《わる》いときがある。

西龜　內地《ないち》からも相當《さうたう》認《みと》められてるんですね。

方漢駿　「漢江《かんかう》」は私《わたし》も彼《かれ》も二度目《どめ》の仕事《しごと》なんです。「漢江《かんかう》」は風景《ふうけい》を主題《しゆだい》にして撮《と》るべき映畫《えいぐわ》で、あの人《ひと》は綺麗《きれい》一點張《てんば》りに撮《と》つたんでそれが不滿足《ふまんぞく》だつた。

方漢駿　金井君《かなゐくん》は非常《ひじやう》に熱心《ねつしん》ですよ。金井君《かなゐくん》の熱心《ねつしん》さに引摺《ひきず》られて僕等《ぼくら》もいゝ仕事《しごと》をやつたと思《おも》ふんです。

崔寅奎　「城隍堂《じやうこうだう》」は十一月《ぐわつ》の寒《さむ》い荒《あ》れた時《じ》季《き》に上《あ》げた寫眞《しやしん》としては絕對《ぜつたい》にいゝね。

方漢俊　富士《ふじ》フイルムを使《つか》つて、他人《たにん》のキヤメラを使《つか》つて、それも途中《とちう》で二度《ど》も變《かは》つたのにあれだけ仕上《しあ》げたんだから、今後《こんご》充分《じゆうぶん》期待《きたい》出來《でき》ると思《おも》ふな。

李創用　井上君《ゐのうへくん》も最近《さいきん》「雪《ゆき》」なんか撮《と》つて、內地《ないち》で優秀《いうしう》キヤメラマンとして認《みと》められてゐるな。

方漢駿　あの人《ひと》は李炳宇《りへいう》といふんです。熱心《ねつしん》なんで、寢《ね》ても覺《さ》めても映畫《えいぐわ》です。最近《さいきん》撮《と》つた「鰯《いわし》」も非常《ひじやう》に褒《ほ》められてゐる。撮影《さつえい》がとても綺麗《きれい》です。

記者　それでは俳優《はいいう》さんの話《はなし》に移《うつ》つて、まづ女優《ぢよいう》さんから……。

李創用　まづ話題《わだい》に上《のぼ》るのは文藝峰《ぶんげいほう》でせうね。

方漢駿　女優陣《ぢよいうぢん》では一番《ばん》古《ふる》いですね。

李創用　彼女《かのぢよ》は良妻賢母《りやうさいけんぼ》の一言《ごん》で盡《つ》きます。

記者　奧《おく》さんですか？

西龜　えゝ、もう大分《だいぶ》古《ふる》い奧《おく》さんです（笑聲《せうせい》）演技《えんぎ》が下手《へた》といふ事《こと》もあるけれど演出者《えんしゆつしや》が彼女《かのぢよ》を使《つか》ひ切《き》つてゐないと思《おも》ふんですよ。「志願兵《しぐわんへい》」でも「授業料《じゆげふれう》」でもさうです。「新《あた》らしき出發《しゆつぱつ》」では若《わか》い役《やく》から老役《ふけやく》まで三十年《ねん》の役《やく》をやつてるが、李奎煥《りけいかん》さんの手《て》柄《がら》で、文藝峰《ぶんげいほう》の新《あたら》しい面《めん》が出《で》てゐます。

記者　金素英《きんそえい》さんはどうでせう。

方漢駿　マスクから言《い》つたら、朝鮮《てうせん》の映畫女《えいぐわぢよ》優《いう》の中《なか》で一番《ばん》いゝでせう。

李創用　演技《えんぎ》の點《てん》も相當《さうたう》認《みと》められるな。「國《こく》境《きやう》」で一番《ばん》いゝ場面《ばめん》は、煙草《たばこ》をふかしながら歎《なげ》いてゐる顏《かほ》ですよ。一番《ばん》金素英《きんそえい》らしくピツタリした氣分《きぶん》が出《で》てゐた。

方漢駿　金信哉《きんしんさい》は日本《につぽん》の田中絹代《たなかきぬよ》つていふ感《かん》じですね。萬年娘《まんねんむすめ》ですよ。

記者　男優《だんいう》の方《はう》に行《ゆ》きませう。

西龜　王平《わうへい》は顏《かほ》つきを見《み》るとピーター・ローレみたいですが、性格俳優《せいかくはいいう》です。臺詞《せりふ》に難《なん》がある。

方漢駿　金一海君《きんいちかいくん》は「漢江《かんかう》」で初《はじ》めてやつたんですが、あの人《ひと》は非常《ひじやう》に樂《らく》です。キャメラに慣《な》れてゐて、オーヴァ・アクチングの場合《ばあひ》が多《おほ》い位《くらゐ》です。

安夕影　李錦龍君《りきんりうくん》もまぢめな人《ひと》で、性格俳優《せいかくはいいう》です。老《ふ》け役《やく》がいゝです。

李創用　崔雲峰君《さいうんほうくん》は「漢江《かんかう》」の船乘《ふなの》りの役《やく》が適役《てきやく》だつたな。方漢駿《はうかんしゆん》さんがあの人《ひと》のセンスをうまく生《い》かしたと云《い》ふか、よかつたな。

記者　では、視野《しや》を變《か》へて、內地《ないち》の映畫《えいぐわ》、映《えい》畫人《ぐわじん》に對《たい》する感想《かんさう》を伺《うかゞ》ひたいと思《おも》ひます。

安夕影　僕《ぼく》が尊敬《そんけい》する方《かた》は、內田吐夢《うちだとむ》さんと田阪具隆《たさかともたか》さんです。日本《にほん》の監督《かんとく》の中《なか》で一番《ばん》大《おほ》きなものを摑《つか》むでゐる人《ひと》だと思《おも》ふんです。

方漢駿　私《わたし》は島津保次郎《しまづやすじらう》さんを的《まと》に置《お》いてゐます。あの人《ひと》は仕事《しごと》を非常《ひじやう》に樂《らく》にやつてるんです。あそこが非常《ひじやう》に好《す》きなんです。

西龜　朝鮮《てうせん》では「土《つち》と兵隊《へいたい》」よりも「土《つち》」の方《はう》が壓倒的《あつたうてき》な人氣《にんき》があり、「殘菊物語《ざんぎくものがたり》」はいくらいゝ作品《さくひん》でも、事情《じじやう》が判《わか》らないから、喜《よろこ》ばれないやうです。

李創用　最近大當《さいきんおほあた》りしたのは、「白蘭《びやくらん》の歌《うた》」です。李香蘭《りかうらん》の人氣《にんき》と、滿洲《まんしう》の題材《だいざい》が、地《ち》理的《りてき》に近《ちか》いことが原因《げんいん》で親《した》まれたと思《おも》ひます。

方漢駿　僕《ぼく》は「暖流《だんりう》」と「殘菊物語《ざんぎくものがたり》」が感銘《かんめい》を受《う》けたな。

記者　內地《ないち》の俳優《はいいう》に就《つ》いては？

方漢駿　欲《ほ》しい俳優《はいいう》さんが澤山《たくさん》ありますよ。(笑聲《せうせい》)大船《おほふな》の高峯三枝子《たかみねみえこ》を使《つか》つてみたい……。朝鮮服《てうせんふく》を着《き》せて現代女性《げんだいぢよせい》を演《や》らせたらいゝと思《おも》ふな。

李創用　大船《おほふな》の笠智衆《りうちしう》なんか好《す》きな人《ひと》だ。

崔寅奎　原節子《はらせつこ》を一度《ど》使《つか》つてみたいな。

安夕影　僕《ぼく》は「君《きみ》を呼《よ》ぶ歌《うた》」に出《で》た里見藍子《さとみあゐこ》がいゝ。

記者　では、最後《さいご》に、朝鮮映畫《てうせんえいぐわ》の將來《しやうらい》を語《かた》るといふやうな事《こと》で抱負《はうふ》を一つお伺《うかゞ》ひしたいと思《おも》ひます。

李創用　映畫《えいぐわ》の發達《はつたつ》の上《うへ》ではメロドラマを無《む》視《し》出來《でき》ないけれども私個人《わたくしこじん》の希望《きばう》としては喜劇《きげき》と漫畫《まんぐわ》を研究《けんきう》したいと思《おも》つてゐます。

方漢駿　私《わたし》は朝鮮《てうせん》の有《あり》のまゝの姿《すがた》、特《とく》に農村《のうそん》を取扱《とりあつか》つて行《ゆ》きたいと思《おも》つてゐます。

安夕影　僕《ぼく》は朝鮮《てうせん》の民謠《みんえう》を取扱《とりあつか》つた音樂映畫《おんがくえいぐわ》を撮《と》り度《た》い。

崔承一　崔承喜《さいしようき》のもつてるやうな國際性《こくさいせい》のある映畫《えいぐわ》を發見《はつけん》して行《ゆ》きたいと思《おも》つてゐます。

崔寅奎　もう手《て》が付てゐるんですが「春香夜話《しゆんかうやわ》」をやらうと思《おも》つてゐます。內容《ないよう》は違《ちが》ふけれど、朝鮮《てうせん》の「ブルグ劇場《げきじやう》」です。

金井　李創用《りさうよう》さんあたりが、立派《りつぱ》な會社《くわいしや》を作《つく》つて與《く》れることを望《のぞ》みます。

西龜　朝鮮映畫《てうせんえいぐわ》はよくチェッコの映畫《えいぐわ》と比較《ひかく》され、朝鮮《てうせん》は內地《ないち》と違《ちが》つたエスプリを持《も》つてゐると思《おも》ふんです。僕《ぼく》は、民族《みんぞく》の歷史《れきし》、古典《こてん》の傑作《けつさく》が出《で》なければと思《おも》つてゐます。

　朝鮮映畫《てうせんえいぐわ》が內地《ないち》へ進出《しんしゆつ》すると同時《どうじ》に大陸《たいりく》へ進出《しんしゆつ》するやうな映畫《えいぐわ》を作《つく》つて行《ゆ》かなければならない。興亞《こうあ》の基地《きち》となつて聖業達成《せいげふたつせい》のための一翼《よく》となつて動《うご》くことが出來《でき》るなら、前途《ぜんと》は洋々《やうやう》たるものがあると思《おも》ひます。

記者　どうも有益《いうえき》なお話《はなし》を有難《ありがた》うございました。

半島の新劇界を展望する

徐恒錫

現下《げんか》の朝鮮《てうせん》の新劇界《しんげきかい》を眺《なが》むれば寂寞《せきばく》の感《かん》に堪《た》えない。

昨年《さくねん》の春《はる》までは、新劇《しんげき》の名《な》に値《あたひ》する劇團《げきだん》として「劇研座《げきけんざ》」「浪漫座《らうまんざ》」「中央舞臺《ちうあうぶたい》」等《とう》を數《かぞ》へることが出《で》來《き》て、その活動《くわつどう》も見《み》るべきものがあつたが、五月《ぐわつ》以來《いらい》劇研座《げきけんざ》は沈默《ちんもく》を守《まも》り、追《お》つて中央舞臺《ちうあうぶたい》は解散《かいさん》しその殘員《ざんゐん》と劇研座《げきけんざ》を脫退《だつたい》した人達《ひとたち》とで結成《けつせい》した「協同藝術座《けふどうげいじゆつざ》」は秋《あき》に入《はい》つて創立出演《さうりつしゆつえん》をもつたきり十二月《ぐわつ》には有耶無耶《うやむや》の體《てい》になつてしまひ、九月《ぐわつ》まで最《もと》も潑剌《はつらつ》たる活動《くわつどう》をつゞけてゐた浪漫座《らうまんざ》もその後《ご》は何等《なんら》の行動《かうどう》も見《み》せてくれない。それで今年《ことし》は、もはや半年《はんとし》もの月日《つきひ》が流《なが》れてゐるにも拘《かゝは》らず、新劇界《しんげきかい》には一回《くわい》の公演《こうえん》も見受《みう》けない。新《しん》劇《げき》はその存在《そんざい》までが疑《うたが》はしい有樣《ありさま》である。

これは昨年《さくねん》の春以前《はるいぜん》の新劇《しんげき》の盛《せい》時《じ》に比《くら》べて何《な》んと甚《はなは》だしい變轉《へんてん》であらう。その頃《ころ》は創立《さうりつ》八年《ねん》の長《なが》い歷史《れきし》を誇《ほこ》る劇研座《げきけんざ》 新劇界《しんげきかい》をリードし、新銳《しんえい》の浪漫座《らうまんざ》がこれと勢《いきほひ》を合《あは》せたから、新劇《しんげき》の聲《こゑ》は一種《しゆ》の魅力《みりよく》を作《つく》つて民衆《みんしう》を引《ひ》きつけてゐた。それで中央舞臺《ちうあうぶたい》の如《ごと》き初《はじ》めは中間劇《ちうかんげき》を標榜《へうばう》して立《た》つた劇團《げきだん》も、その中間劇《ちうかんげき》を解消《かいせう》して新劇《しんげき》の列《れつ》に馳《は》せ參《さん》じたではないか。所《ところ》が今年《ことし》は新劇《しんげき》の沈滯《ちんたい》が餘《あま》りに甚《はなは》だしいので、二三年來《ねんらい》新劇《しんげき》の隆盛《りうせい》ぶりを誇《ほこ》やかに示《しめ》してくれた東亞日報社《とうあにつぱうしや》の演劇《えんげき》コンクールも、遂《つひ》に沙汰《さた》やみになつた始末《しまつ》である。

さて、朝鮮《てうせん》の新劇《しんげき》が最近《さいきん》これほど衰微《すゐび》してゐる裏面《りめん》にはその原因《げんいん》がなくてはならない。次《つぎ》にその主《おも》なるものを二三擧《あ》げよう。

第《だい》一は早《はや》まつた職業化《しよくげふくわ》である。従來《じゆうらい》朝鮮《てうせん》の新劇人《しんげきじん》は演劇《えんげき》を專業《せんげふ》としては生活《せいくわつ》を維持《ゐぢ》することが出來《でき》ないから、餘技《よぎ》をもつて職《しよく》に就《つ》きその餘暇《よか》を藝道《げいだう》にさゝげて、研究《けんきう》的實驗的態度《てきじつけんてきたいど》を持《ぢ》しつゝ、徐々《じよ/\》に新劇《しんげき》の理解《りかい》の社會的浸潤《しやくわいてきしんじゆん》を期《き》してゐたのであるが、かういふ方針《はうしん》にちれつたさを感《かん》じ出《だ》した彼等《かれら》は、一面外部的情勢《めんぐわいぶてきじやうせい》にも迫《せま》られて、時《じ》期尙早《きしやうさう》とは思《おも》ひながらも、遂《つひ》に新《しん》劇《げき》の專門化企業化《せんもんくわきげふくわ》を叫《さけ》んだのである。この叫《さけ》びは新劇《しんげき》の一層《そう》の隆盛《りうせい》を來《きた》すもののやうに思《おも》はれもしたけれどもこのために新劇界《しんげきかい》は有能《いうのう》な同志《どうし》を數多《かずおほ》く失《うしな》はねばならなかつた。新劇《しんげき》に參加《さんか》してゐた廣《ひろ》い範《はん》圍《ゐ》の文化人《ぶんくわじん》が後退《こうたい》したのは勿論《もちろん》のこと、新劇人《しんげきじん》の中《なか》にも新劇《しんげき》の職業《しよくげふ》化《くわ》に不安《ふあん》を抱《いだ》き、餘技《よぎ》の職《しよく》にかくれてしまふ人《ひと》が多《おほ》かつた。それで新劇《しんげき》の陣容《じんよう》はとみに貧弱《ひんじやく》になり、職業化《しよくげふくわ》の不安《ふあん》は一層《そう》增《ま》して來《き》た。

第《だい》二は財政難《ざいせいなん》である。朝鮮《てうせん》の新《しん》劇《げき》はその盛時《せいじ》に於《お》てさへ劇團《げきだん》の經《けい》營《えい》を支《さゝ》へうるだけの收入《しうにふ》は覺束《おぼつか》ないので、いつも、多少《たせう》の經濟的《けいざいてき》犧牲《せい》を必要《ひつえう》としてゐたのに、どの劇團《げきだん》も一定《てい》の有力《いうりよく》な支持者《しぢしや》を持《も》たず、その都度《つど》同志《どうし》の支援《しえん》を仰《あふ》ぐか、劇團員《げきだんゐん》の醵出《きよしゆつ》に待《ま》つかで、財政《ざいせい》が確立《かくりつ》されてゐなかつた。上記《じやうき》の職業化《しよくげふくわ》も一面《めん》に於《お》ては財政難《ざいせいなん》の打開策《だかいさく》として強行《きやうかう》されたのであるが、そのために一時《じ》に擴大《くわくだい》された豫算《よさん》は劇團《げきだん》の財政《ざいせい》を益ゝ《ます〳〵》窮地《きうち》に落《おと》し入《い》れ劇團《げきだん》はやゝもすると新劇《しんげき》の名《な》に値《あたひ》しない行動《かうどう》をも敢《あ》えて辭《じ》せないまでにあせり出《だ》した。事《こと》こゝに至《いた》つては、たとへ劇團《げきだん》の中樞《ちうすう》に統率《とうそつ》の能《のう》と臨機應變《りんきおうへん》の才《さい》を備《そな》へた人物《じんぶつ》がゐても、頽勢《たいせい》を挽回《ばんくわい》する術《すべ》はなかつた。

第《だい》三に專用劇場《せんようげきぢやう》のないことも一つの原因《げんいん》である。京城《けいじやう》には朝鮮人《てうせんじん》側《がは》の演劇專用劇場《えんげきせんようげきぢやう》としては東洋劇場《とうやうげきぢやう》があるばかりであるが、それは商業劇團《しやうげふげきだん》の占《し》むる所《ところ》となつてをり新劇《しんげき》は主《おも》に時折《ときを》り府民館《ふみんくわん》の大講堂《だいかうだう》を利用《りよう》するに留《とゞ》まつてゐるから、せい〴〵二三日《にち》の續演《ぞくえん》しか出來《でき》ない。公演《こうえん》が一月《つき》や二月《つき》に一回《くわい》見られる位《くらゐ》が關《せき》の山《やま》である。それで、職業化《しよくげふくわ》を叫《さけ》んだ各劇團《かくげきだん》は揃《そろ》ひも揃《そろ》つて地方巡廻《ちはうじゆんくわい》を試《こゝろ》みたのである。しかしその結果《けつくわ》は演劇《えんげき》の質的低下《しつてきていか》團員《だんゐん》の疲勞《ひらう》、劇團《げきだん》の疲弊《ひへい》をもたらすばかりであつた。專用劇場《せんようげきぢやう》を持《も》たない新劇運動《しんげきうんどう》は脆弱《ぜいじやく》であつた。

以上《いじやう》、新劇衰微《しんげきすゐび》の原因《げんいん》を二三擧《あ》げた。さて、今後《こんご》の新劇《しんげき》はどうなるであらうか。

勿論《もちろん》、新劇《しんげき》の再起《さいき》は期《き》して待《ま》つべきである。かれこれ一年近《ねんちか》い沈默《ちんもく》、それは餘《あま》りに長《なが》い沈默《ちんもく》であつた。けれども明日《あす》の朝鮮新劇《てうせんしんげき》のためにそれは無駄《むだ》な沈默《ちんもく》ではなかつた。朝鮮《てうせん》の新劇人《しんげきじん》はそれだけの長《なが》い反省《はんせい》と靜養《せいやう》を必要《ひつえう》としたからである。

一時《じ》は職業化《しよくげふくわ》を目的《もくてき》への近道《ちかみち》のやうに考《かんが》へて猪突的《ちよとつてき》に進《すゝ》んだものの、今《いま》になつて顧《かへりみ》れば、それは朝鮮《てうせん》の新劇《しんげき》を軌道外《きだうぐわい》にもつて行《い》つたかも知《し》れない早急《さうきふ》な方針《はうしん》であつた事《こと》が解《わか》る。長《なが》い沈默《ちんもく》の中《うち》の反省《はんせい》によつて、今後《こんご》は新劇《しんげき》の大道《だいだう》を踏《ふ》みはづさないだけの用心《ようじん》が出來《でき》たわけである。かう見《み》て來《く》ると、失敗《しつぱい》した職業化《しよくげふくわ》の企《くはだ》ても新劇《しんげき》のためによい試金石《しきんせき》ではあつた。

何《なに》よりも我々《われ〳〵》の意《い》を強《つよ》くするものは長《なが》い間《あひだ》の靜養《せいやう》のお蔭《かげ》で多《おほ》くの新劇人《しんげきじん》が髀肉《ひにく》の歎《たん》に堪《た》えないでゐることである。彼等《かれら》が結束《けつそく》して再起《さいき》を圖《はか》るのが、さう遠《とほ》い未來《みらい》とは思《おも》へない。

今《いま》なほ目星《めぼし》のつかないのは財政難《ざいせいなん》、劇場難《げきぢやうなん》の打開《だかい》であるが、これは朝鮮新劇《てうせんしんげき》の最初《さいしよ》から覺悟《かくご》の上《うへ》の障碍《しやうがい》であつて今後《こんご》新劇人《しんげきじん》の熱心《ねつしん》と努力《どりよく》、社會有志《しやくわいいうし》の理解《りかい》と支援《しえん》によつて取《と》り除《のぞ》き得《う》べきものである。今《いま》は正《まさ》に徹底的《てつていてき》な再編成《さいへんせい》を要《えう》する時期《じき》である。去《さ》つた者《もの》を追《お》はないのは勿論《もちろん》のこと、似而非《えせ》新劇人《しんげきじん》をも排除《はいぢよ》して、良心《りやうしん》と情熱《じやうねつ》のある眞摯《しんし》な新劇人《しんげきじん》のみを粒擇《つぶよ》りにしなければならない。

再起《さいき》の新劇《しんげき》も職業化《しよくげふくわ》を企《くはだ》てるであらう。けれども職業化《しよくげふくわ》を叫《さけ》ぶからと云《い》つて、職業化《しよくげふくわ》が今《いま》すぐ出來《でき》るものと早合點《はやがつてん》する人《ひと》はもうゐないであらう。それでよいのであるいけなかつたのは早《はや》まつた職業化《しよくげふくわ》であつて、職業化《しよくげふくわ》そのものがいけないのではない。職業化《しよくげふくわ》は依然《いぜん》として新劇《しんげき》が早晩到達《さうばんたうたつ》しなければならない一つの目標《もくへう》なのである。

朝鮮《てうせん》の新劇《しんげき》は、再《ふたゝ》び職業化《しよくげふくわ》を目當《めあ》てにしつゝ、深《ふか》く把握《はあく》された新劇精神《しんげきせいしん》と、自發的《じはつてき》な堅《かた》い結束力《けつそくりよく》とを持《も》つて、近《ちか》いうちに再起《さいき》するであらう。

（筆者は藝興社主幹）

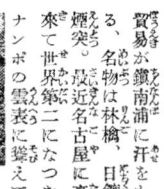

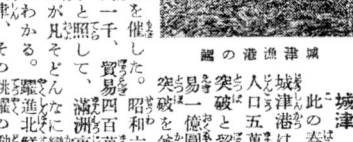

朝鮮都市だより

貯木場風景

新義州

鴨緑江《あふりよくこう》水電《すゐでん》のダム構築《こうちく》で流《なが》す筏《いかだ》が流《なが》れず木《もく》都新義州《としんぎしう》もこれ限《かぎ》りかと思《おも》つたのは淺見《せんけん》で筏《いかだ》は結構流《けつこうなが》れるといふ。材木《ざいもく》はもと通《どほ》り、而《しか》も電力《でんりよく》はフンダンとあれば、工業都市《こうげふとし》への歩《あゆ》みは跳躍的《てうやくてき》たらざるを得《え》ない。多《た》獅島港《しとうかう》に店《みせ》を開《ひら》く産業都市《さんげふとし》、新《しん》義州《ぎしう》のこれが新生面《しんせいめん》だ。今《いま》でも通過貿易《つうくわぼうえき》は朝鮮第一《てうせんだいいち》、萬事産業《ばんじさんげふ》の新義州《しんぎしう》である。

元山松濤園海水浴場
（永興灣要塞司令部檢閲濟）

元山

東海《とうかい》岸《がん》に逸早《いちはや》く開《ひら》いた貿易港《ぼうえきかう》、北鮮《ほくせん》三港《かう》よりも城津《じやうしん》よりも一番兄貴株《いちばんあにきかぶ》の港《みなと》でありながら元山《げんざん》はなにか取殘《とりのこ》された形《かたち》だつた。しかし最近《さいきん》の事情《じじやう》は元山再起《げんざんさいき》の若々《わかわか》しい氣運《きうん》を生《う》んでゐる。工業《こうげふ》が勃興《ぼつこう》し、貨物《くわもつ》が殺到《さつたう》するからである。松濤園《しようたうゑん》の海水浴《かいすゐよく》、新豐里《しんぽうり》のスキー、樂《たの》しい朝鮮《てうせん》一を二つ持《も》つ元山《げんざん》の平和《へいわ》さは、躍進《やくしん》、躍進《やくしん》と、また一しきりタケナハな騷擾《さうぜう》さで耳《みみ》を塞《ふさ》がれることぢやらう。

咸興 定和陵

咸興

興南《こうなん》センターの工業圏《こうげふけん》が出現《しゆつげん》してから、咸《かん》興《こう》も目覺《めざ》ましい飛躍振《ひやくぶ》りで、見《み》た目《め》には新興都市的色彩《しんこうとしてきしきさい》が強《つよ》いがお隣《とな》りの興南《こうなん》とはおよそ性格《せいかく》の異《ちが》ふ町《まち》である。咸興自體《かんこうじたい》は大工場《だいこうぢやう》を持《も》たず、道廳所在地《だうちやうしよざいち》として、また軍都《ぐんと》として消費都市的《せうひとしてき》に繁榮《はんえい》する。興南《こうなん》が仕事場《しごとば》なら、咸興《かんこう》は客間《きやくま》だ。咸興《かんこう》は膨脹《ばうちやう》し、繁榮《はんえい》する。北鮮《ほくせん》の發展《はつてん》が止《や》まぬ限《かぎ》り、咸興《かんこう》の發展《はつてん》も止《や》まないのである。

興南 朝窒硫安工場

興南

工業《こうげふ》北鮮《ほくせん》の家元《いへもと》は、何《なん》といつても興南《こうなん》である。野口《のぐち》遵《したがふ》は内地産業人《ないちさんげふじん》には案外不人氣《あんぐわいふにんき》だといふが、朝鮮《てうせん》では産業《さんげふ》の神樣《かみさま》、その野口《のぐち》の朝窒《てうちつ》を中心《ちゆうしん》とする一聯《れん》の化學工業《くわがくこうげふ》が、同《おな》じ野口《のぐち》の長津江水電《ちやうしんかうすゐでん》を動力《どうりよく》に轟々《がうがう》と響《ひゞき》をあげる町《まち》が興南《こうなん》だ。滿洲事變《まんしうじへん》前《ぜん》に北鮮工業化《ほくせんこうげふくわ》のトップを切《き》り海岸《かいがん》の田圃《たんぼ》の上《うへ》に世界《せかい》一の工場《こうぢやう》をおツ立《た》てて、集《あつ》めた人口《じんこう》五萬《まん》、今《いま》ではお隣《となり》の本宮、西湖津《せいこしん》を併《あは》せてざつと八萬人《まんにん》。

鎭南浦

鎭南浦港《ちんなんぽかう》はどんどん貨物《くわもつ》を呑吐《どんと》する。大同載寧兩江流域《だいどうさいねいりやうかうりうゐき》の米《こめ》と石炭《せきたん》、平壤中心《へいじやうちゆうしん》の工場地帶《こうぢやうちたい》が出《だ》す工産品《こうさんひん》、滿浦《まんぽ》・梅輯線《ばいしふせん》に流《なが》れ込《こ》む奥地物貨《おくちぶつくわ》、二億《おく》を超《こ》える貿易《ぼうえき》が鎭南浦《ちんなんぽ》に汗《あせ》をかかせてゐる、名物《めいぶつ》は林檎《りんご》、日鑛製錬所《につくわうせいれんじよ》の煙突《えんとつ》。最近名古屋《さいきんなごや》に高《たか》いのが出《で》來《き》て世界第二《せかいだいに》になつたが、依然《いぜん》ナンポの雲表《うんぺう》に聳《そび》えて高《たか》い。

鎭南浦港操炭機

城津漁港の賑

城津

此《こ》の春《はる》城津港《じやうしんかう》は人口《じんこう》五萬《まん》突破《とつぱ》と貿易《ぼうえき》一億圓《おくゑん》突破《とつぱ》を兼《か》ねた大祝賀會《だいしゆくがくわい》を催《もよほ》した。昭和《せうわ》六年《ねん》の人口《じんこう》一萬《まん》一千、貿易《ぼうえき》四百萬《まん》圓《ゑん》といふ數字《すうじ》と照《てら》して、滿洲事變《まんしうじへん》以後《いご》の北鮮《ほくせん》が凡《およ》そどんなに變《かは》つて來《き》たかがわかる。躍進《やくしん》北鮮《ほくせん》に跳躍《てうやく》する城津《じやうしん》、その跳躍《てうやく》の動

朝鮮都市だより

因《いん》の最《もつと》も大《おほ》きなものといへば、日本高周波重工業《にっぽんかうしうはぢゅうこうげふ》だと躊躇《ちうちょ》なく言《い》へる。青鶴岬《あをつるみさき》のあの美《うつく》しい腕《うで》に抱《いだ》かれた城津《じやうしん》の巷々《ちまた》に、ビンビン響《ひゞ》いてゐるのは高周波《かうしうは》だ、その高周波《かうしうは》で鍛《きた》えた鋼鐵《かうてつ》だ。實《じつ》に城津《じやうしん》は特殊鋼《とくしゆかう》の强《つよ》さで育《そだ》つてゐる。

羅津滿鐵ヤマトホテル
（羅津要塞司令部檢閲濟）

羅津 日本《にほん》海汽船《かいきせん》の北鮮《ほくせん》航路《かうろ》が羅津《らしん》先《せん》航《かう》になつて羅津《らしん》も愈々《いよいよ》滿洲《まんしう》の東《ひがし》に開《ひら》く門戸《もんこ》として本格的活動《ほんかくてきくわつどう》に入《い》つた。今後《こんご》の動《うご》きが刮目《くわつもく》に價《あたひ》する譯《わけ》だが、街《まち》はまだ設計圖《せっけいづ》でしかない。人口《じんこう》三十萬《まん》の都市計畫《としけいくわく》で現在人口《げんざいじんこう》三萬餘《まんよ》では、およそ見《けん》當《たう》がつかう。唯《たゞ》、完成《くわんせい》した第《だい》一期計畫《きけいくわく》の埠頭《ふとう》や滿拓《まんたく》の開拓民收容所《かいたくみんしうようじょ》、滿鐵《まんてつ》のヤマトホテルなど、すべて羅津《らしん》に威容《ゐよう》を誇《ほこ》るものは滿洲《まんしう》のもので、朝鮮《てうせん》にありながら滿洲《まんしう》の港《みなと》である羅津《らしん》の性《せい》格《かく》はすでに歴々《れきれき》と現《あら》はれてゐる

平壤大同江（牡丹臺附近）

平壤 先《ま》づ牡《ぼ》丹臺《たんだい》、そして大同《だいどう》江《かう》を妓生《キーサン》と畫舫《ぐわはう》で流《なが》し、妓《キー》生學校《サンがくかう》へ、といふのが柳京平壤《りうけいへいじやう》への常識《じやうしき》になつてゐる。樂浪《らくらう》、高勾麗《かうくり》以來《いらい》の古都《こと》であつてみれば一應《おう》尤《もつと》もな常識《じやうしき》ではあるが、西鮮《せいせん》資源《しげん》帶《たい》の眞中《まんなか》、躍進朝鮮《やくしんてうせん》をおよそ四分《ぶん》する一大商工業《だいしやうこうげふ》センターとしての平壤《へいじやう》を知《し》らなかつたら兵站基地《へいたんきち》が泣《な》く。滿浦線《まんぽせん》・梅輯線《ばいしふせん》は繋《つな》がり、平元線《へいげんせん》全通《ぜんつう》も近《ちか》い。某重要施設《ぼうぢゆうえうしせつ》も着手《ちやくしゆ》、人口《じんこう》もここ一二年《ねん》で三十萬《まん》だ。全《まつた》く平壤《へいじやう》は忙《いそ》がしい。唄《うた》ふ妓生《キーサン》の愁《しう》心歌《しんか》などにうつとりしてばかりもゐられないのである。

大邱

大邱りんご

京釜間《けいふかん》で列車《れつしや》が驛《えき》について大都市《だいとし》だなと感《かん》じさせるのは大邱《たいきう》だ。人口《じんこう》十八萬《まん》、米《こめ》の慶北《けいほく》、繭《まゆ》の慶北《けいほく》、林檎《りんご》の慶北《けいほく》、さうした豐饒《ほうぜう》な慶北《けいほく》の心臓都市《しんざうとし》。鐵道自《てつだうじ》動車《どうしや》の四通《つう》八達《たつ》が大邱《たいきう》の商圈《しやうけん》を網目《あみめ》のやうに繰《く》り展《ひろ》げ、商取引《しやうとりひき》の殷盛《いんせい》は朝鮮在來《てうせんざいらい》の取引機關《とりひききくわん》である南門《なんもん》や・西門《せいもん》の市場《しぢやう》や藥令《やくれい》市《し》の盛況《せいきやう》を見《み》ても判《わか》る。古都慶《ことけい》州《しう》や高麗《かうらい》の任那遺跡《にんなゐせき》、海印寺《かいいんじ》などへの觀光《くわんくわう》ルート、日航《にっかう》の空《そら》港《くうかう》、名産林檎《めいさんりんご》、大市場《だいしぢやう》等《とう》々。

麗水の古建築鎭南館

麗水 關釜連《くわんふれん》絡《らく》の超滿《てうまん》員《ゐん》から、關麗連絡《くわんれいれんらく》が漸《やうや》く世《よ》の關心《くわんしん》を喚《よ》び、最近《さいきん》では博麗連絡開設《はくれいれんらくかいせつ》の猛運動《まううんどう》も起《おこ》されて、大陸《たいりく》ルート第《だい》二線《せん》の上《うへ》に麗水《れいすゐ》の名《な》は昨今頗《さくこんすこぶ》る華《はな》やかだが、さうした內鮮連《ないせんれん》絡航路《らくかうろ》が擴充《くわくじゆう》され、國費《こくひ》千萬圓《せんまんゑん》の大築港《だいちくかう》が竣工《しゆんこう》したあとの麗水《れいすゐ》は、ひと事《ごと》ながら樂《たの》しみだ。美《う》味《ま》い魚《さかな》が三百萬圓《まんゑん》も上《あが》る有數《いうすう》の大漁場《たいぎよぢやう》だ。なんと言《い》つても南海《なんかい》の魅惑《みわく》は麗水《れいすゐ》である。

晋州矗石樓

晋州 秀吉《ひでよし》の朝鮮役《てうせんえき》に攻防互《こうばうたが》ひに死力《しりよく》を盡《つく》した晋《しん》州城戰史《しうじやうせんし》は、その時《とき》義妓論介《ぎきろんかい》が日本《にっぽん》の一將《しやう》を腕《うで》に扼《やく》して南江《なんかう》に身《み》を投《とう》じたといふエピソードと倶《とも》に、忘《わす》れられないここ晋州《しんしう》の語《かた》り草《ぐさ》、その晋州城《しんしうじやう》の一角《かく》、南江《なんかう》に臨《のぞ》んで立《た》つ名建築《めいけんちく》矗石樓《ちよくせきろう》にさうした古《ふる》い晋州《しんしう》の悌《おもかげ》は偲《しの》ばれる。道廳《だうちやう》が釜山《ふざん》に移《うつ》されて、晋州《しんしう》

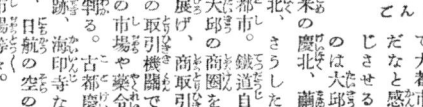

朝鮮都市だより

の發展《はつてん》もしばしば足踏《あしぶ》みの形《かたち》と見《み》えたが、傳統《でんとう》の力《ちから》と交通《かうつう》に惠《めぐ》まれた地《ち》の利《り》によつて、經濟活動《けいざいくわつどう》も頗《すこぶ》る活潑《くわつぱつ》、近年府《きんねんふ》に昇格《しようかく》して名實共《めいじつとも》に南鮮《なんせん》の一主要都市《しゆえうとし》になつた。

關釜聯絡船

釜山　一番内地《いちばんないち》に近《ちか》い町《まち》、これは地理《ちり》・交通《かうつう》の上《うへ》からは勿論《もちろん》、街《まち》の風貌《ふうばう》からも言《い》へる。ここでは、壽司《すし》も天麩羅《てんぷら》も板《いた》について、場違《ばちが》ひの感《かん》じを持《も》たせない。内地人《ないちじん》には懷《なつ》かしい町《まち》だ。しかし釜山《ふざん》は内地《ないち》ではない。大《た》陸《りく》と内地《ないち》を繋《つな》ぐ大棧橋《だいさんばし》、大陸《たいりく》と内地《ないち》の差潮引潮《さしほひきしほ》の大《おほ》きく渦巻《うづま》くところ。朝鮮最大《てうせんさいだい》の貿易港《ぼうえきかう》、造《ざう》船《せん》、紡績《ばうせき》、陶器《たうき》の大工業地《だいこうげふち》、琺《はう》瑯鐵器《らうてつき》や豆電球《まめでんきう》の輸出産業地《ゆしゆつさんげふち》、鮮魚《せんぎよ》は大陸《たいりく》を賄《まかな》ふ大市場《だいしぢやう》、人口《じんこう》は僅《わづ》か二十五萬《まん》だが、港都《かうと》としての地位《ちゐ》から言《い》つて世界的《せかいてき》だ。釜山《ふざん》は大《おほ》きい。

群山埠頭の移出米

群山　米《こめ》の郡《ぐん》山《ざん》も古《ふる》い名前《なまへ》だが近頃《ちかごろ》は米《こめ》の移出《いしゆつ》も昔《むかし》とは事《じ》情《じやう》が變《かは》つて、いつまでも米《こめ》の郡《ぐん》山《ざん》で押《お》す譯《わけ》にも行《い》くまい。やはり工業的發展《こうげふてきはつてん》だ。マッチ工場《こうぢやう》や倉敷絹織《くらしききぬおり》、日本工業《につぽんこうげふ》ディーゼルなどの大工場進出《だいこうぢやうしんしゆつ》は郡山《ぐんざん》の性格《せいかく》を變《か》へるものと言《い》へよう。錦江《きんかう》河口《かこう》に浮棧橋《うきさんばし》をつけた港《みなと》は、見《み》て美《うつく》しいものではないが、米屋《こめや》さんが作《つく》つた町《まち》は立派《りつぱ》なもので、内地《ないち》に歸《かへ》つたやうな錯覺《さくかく》を與《あた》へる。京町遊廓《きやうまちいうくわく》なども他《た》の郡《ぐん》山級《ざんきふ》の町《まち》には見《み》られぬよさで、内地人《ないちじん》の人口比率《じんこうひりつ》の高《たか》い此《こ》の町《まち》の特徴《とくちよう》は隨所《ずゐしよ》に見《み》られる。

京城　人口《じんこう》百萬《まん》が、大白亞殿《だいはくあでん》の總督《そうとく》府《ふ》を中心《ちうしん》にして、基地朝鮮《きちてうせん》の據點《きよてん》を形成《けいせい》してゐる京城《けいじやう》、安倍能成《あべよししげ》氏《し》は京城《けいじやう》の景觀《けいくわん》はアテネによく似《に》てゐるといふ。アテネを知《し》らないが、峨々《がが》たる北嶽《ほくがく》を北《きた》にとつて、低《ひく》く海《うみ》のやうにひろがる京城《けいじやう》の町《まち》、それに冬《ふゆ》の朝《あさ》などこむる紫煙《しえん》の景觀《けいくわん》は、知《し》る人《ひと》ぞ知《し》る。そこに李朝《りてう》五百年《ねん》は、國際《こくさい》幹線《かんせん》に沿《そ》ふ近代文化《きんだいぶんくわ》のソウルシテーによくマッチしてゐる。

京城慶會樓

海州　海州《かいしう》は水《みづ》が澄《す》んで女《をんな》が綺麗《きれい》で、夏《なつ》の夕《ゆふ》べ、紫水晶《しすゐしやう》のやうにすけて清《きよ》い朝鮮服《てうせんふく》の妓生《キーサン》が、五百年《ねん》からの歷史《れきし》にさび、芙蓉堂《ふようだう》あたりをそぞろ歩《ある》いてゐる姿《すがた》は、高雅《かうが》で幽艷《いうえん》で、それに樓閣《ろうかく》をめぐる池《いけ》の蓮《はす》の花《はな》が、ぽつかりと咲《さ》きにほふ。港《みなと》は修築《しうちく》されたし、汽車《きしや》は奧地朝鮮《おくちてうせん》との連絡《れんらく》がついたし、飛行場《ひかうぢやう》は出來《でき》るし、海州《かいしう》は今目覺《いまめざ》めた若人《わかうど》のやうである。

木浦の海苔

木浦　南《みなみ》の港《みなと》木浦《もつぽ》は、すべてが海《うみ》の感傷《かんしやう》である。海岸《かいがん》に吃《きつ》立《りつ》する儒達山《じゆたつさん》が、黄海《こうかい》に沈《しづ》む赤《あか》い夕日《ゆふひ》に映《は》ゆるのも、ひどい干《かん》潮《てう》に乘《の》つて、夕闇《ゆふやみ》の棧橋《さんばし》にむせぶ出船《でふね》の汽笛《きてき》も、沖《おき》の多島海《たたうかい》に明滅《めいめつ》する燈臺《とうだい》の灯《ひ》も、すべてが港《みなと》の抒情詩《じよじやうし》。港《みなと》には女《をんな》、木浦《もつぽ》にさうした感傷《かんしやう》の匂《にほ》ひ咲《さ》くのも、その女《をんな》ゆゑかも知《し》れない。中《なか》でも名物《めいぶつ》『一《いち》の谷《たに》』のきれいどころは、旅《たび》に夜《よ》を明《あ》かす男達《をとこたち》にと

朝鮮都市だより

つて、忘《わす》れがたいなさけの花《はな》である。

水原華虹門

水原

水原《すゐげん》こそ翠緑に埋《う》められた山紫《さんし》水《すゐ》明《めい》の古都《こと》朝鮮風《てうせんふう》の驛舎《えきしや》から、白《しろ》い路《みち》を二キロ進《すゝ》めば、甍《いらか》に草《くさ》を光《ひか》らせた八達門《はつたつもん》が迎《むか》へて呉《く》れる。そこから東《ひがし》に、城壁趾《じやうへきあと》を廻《まは》れば、烽墩臺、鍊武《れんぶ》臺《だい》さうして訪花隨柳亭《はうくわずゐりうてい》。そこに華虹門《くわこうもん》てふ水門《すゐもん》が、古風《こふう》にかまへてゐて、その下流《かりう》で土地《とち》のオモニ達《たち》が濯《すゝ》ぎの砧《きぬた》を打《う》ちふつてゐる。草《くさ》の干《ほ》しひろげられてある白妙《しろたへ》の衣《ころも》に、旅人《たびびと》はきつと『…天《あま》の香久山《かぐやま》』の古歌《こか》を想《さう》起《き》するであらう。

清津

碧《あを》いリマン海流《かいりう》のはるびん丸《まる》が緑濃《みどりこ》き高秣半島《かうまつはんたう》の岬《みさき》を廻《まは》れば、清津《せいしん》の港《みなと》。開港《かいかう》は明治《めいぢ》四十一年《ねん》。暗《くら》い冬《ふゆ》の風《かぜ》の荒《すさ》ぶ北邊《ほくへん》のマドロス達《たち》にとつては、この上《うへ》もない海《うみ》のオアシス。町《まち》は輸城川《ゆじやうがは》のデルタの上《うへ》に人口《じんこう》百萬《まん》を近々《きんく》に夢見《ゆめみ》て、彈《はず》みきつてゐる。北鮮《ほくせん》の資源《しげん》をバックに、三菱製鐵《みつびしせいてつ》・日鐵《にってつ》・日紡《にちぼう》等、それに水産化學工業《すゐさんくわがくこうげふ》等々が、世紀《せいき》の機關《きくわん》を唸《う》鳴《な》らせ、わけても海《うみ》に十月《ぐわつ》の聲《こゑ》を聞《き》けば、鰯群《いわしぐん》が津浪《つなみ》となつて陸《りく》に雪崩《なだれ》上つてきて、港《みなと》の女達《をんなたち》の白粉《おしろい》が、夜《よる》の灯《ひ》影《かげ》に咲《さ》き映《は》ゆるのである。

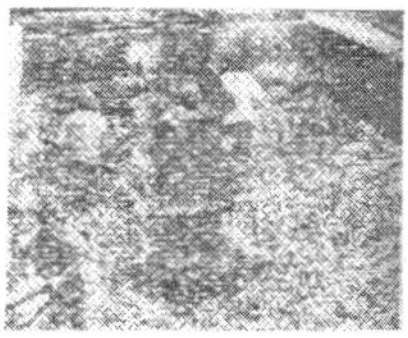

清津の鰯

開城 善竹橋

開城

開城《かいじやう》は高麗《かうらい》の舊《きう》都《と》。滿月《まんげつ》臺《だい》の礎石《そせき》は草《くさ》に埋《うづ》もれても人《ひと》は善竹橋《ぜんちくけう》の石《いし》に染《そ》んだ忠臣《ちうしん》鄭《てい》夢周《むしう》の血潮《ちしほ》の色《いろ》に頭《あたま》を垂《た》れる。開城《かいじやう》はまた人蔘《にんじん》の町《まち》で年純利益《ねんじゆんりえき》三百五六十萬圓《まんゑん》。さうしてまた開城《かいじやう》は商人《しやうにん》の町《まち》でもある。それは近江商人《あふみしやうにん》と思《おも》へばよい。がつちりしてゐる。その主人《しゆじん》を、一年間《ねんかん》殆《ほと》んどを他郷《たきやう》に出《だ》してゐる妻女《さいぢよ》は、清楚《せいそ》で、質素《しつそ》で、勤勉《きんべん》で、板《いた》の間《ま》などは黒光《くろびか》りするまでに拭《ふ》きこまれてゐる。さういへば拭《ふ》きこまれた開城《かいじやう》の立呑屋《たちのみや》の床几《しやうぎ》は全鮮《ぜんせん》一の味覺《みかく》を誇《ほこ》つてゐる。

仁川月尾島遊園

仁川

ミナト仁川《じんせん》。それは古《ふる》い名《な》である日清日露《にっしんにちろ》の兩戰役《りやうせんえき》に、いつも序曲的存在《じよきよくてきそんざい》としてニュースされてゐる町《まち》。山東《さんとう》あたりから來《き》た支那人達《しなじんたち》の街《まち》は、碧《あを》い窓《まど》、黄色《きいろ》な欄干《らんかん》の家並《いへなみ》で、丘《をか》を原色《げんしよく》で彩《いろど》つてゐて、出船入船《でふねいりふね》の汽笛《きてき》は、はるかなる愁《うれ》ひをそゝる。月尾島《げつびたう》の松風《まつかぜ》の音《おと》が、丘《をか》の測候所《そくこうじよ》の風信機《ふうしんき》を廻《ま》はせば、干滿《かんまん》の差《さ》三十尺《しやく》の夕潮《ゆふしほ》が動《うご》き出《だ》す。この潮流《てうりう》を水力電氣《すゐりよくでんき》に換算《くわんさん》しようとプランしてゐる世紀《せいき》の子《こ》もゐる。それは單《たん》なる夢《ゆめ》ではない。もう京仁間《けいじんかん》は興亞《こうあ》のマンチェスターにならうと、すさまじい前進《ぜんしん》をとつてゐる。

大田

湖南《こなん》地方《ちはう》の陸《りく》の港《みなと》として中繼《ちうけい》貨客《くわかく》の多《おほ》い割《わり》には少《すこ》し印象《いんしやう》の薄《うす》い町《まち》。元來《ぐわんらい》鐵道《てつだう》の開通《かいつう》で出來《でき》た町《まち》だが、忠清南道廳《ちうせいなんだうちやう》が公州《こうしう》から移《うつ》つて以來《いらい》すつかり重厚《ぢゆうこう》さを加《くは》へ、今《いま》ぢや人口《じんこう》五萬余《まんよ》の大田府《だいでんふ》だ。工業地《こうげふち》としての條件《でうけん》も揃《そろ》つてゐて、既《すで》に相當《さうたう》の煙突《えんとつ》が煙《けむり》を吐《は》き、將來《しやうらい》も相當《さうたう》伸《の》びるだらうし、早《はや》い話《はなし》が特急《とくきふ》「あかつき」が停《とま》るのだから相當目立《さうたうめだ》つ存在《そんざい》には違《ちが》ひないが、とかく客足《きやくあし》の止《とま》らないのは淋《さび》しい。

朝鮮文壇の近況

韓植

最近《さいきん》、内地《ないち》で、朝鮮文學《てうせんぶんがく》の關心《くわんしん》が高《たか》まるにつれて、二三人《にん》の朝鮮《てうせん》の作家《さくか》が紹介《せうかい》され、作品《さくひん》が飜譯《ほんやく》されてゐるのであるが、今《いま》迄《まで》の二、三度《ど》とも、いつも同《おな》じ人《ひと》たちばかりで、恰《あたか》も、これらの人《ひと》たちばかりが、朝鮮《てうせん》の代表《だいへう》的作家《てきさくか》であるやうに思《おも》はれてゐるらしい。勿論《もちろん》、これらの作家《さくか》たちはいづれも有力《いうりよく》な作家《さくか》であるのには間違《まちが》ひないが、この人《ひと》たちのみが、特《とく》に朝鮮的《てうせんてき》地方性《ちはうせい》に富《と》んでゐるわけでもなければ、朝鮮文壇《てうせんぶんだん》の主流《しゆりう》を形成《けいせい》してゐるわけでもない。殊《こと》に、近頃《ちかごろ》のやうに、文壇《ぶんだん》の主流《しゆりう》も、傾向《けいかう》もはつきりしてゐない時《とき》においては、尙更《なほさら》、これらの二、三人《にん》の作品《さくひん》を讀《よ》んだゞけで、全體《ぜんたい》を斷定的《だんていてき》に言《い》へるものではない。唯《たゞ》、これらの人《ひと》たちが進《すゝ》んで國語《こくご》で發表《はつぺう》してゐることや、飜譯《ほんやく》するに好都合《かうつがふ》な短篇《たんぺん》があつたからであらう。作品《さくひん》の數量《すうりやう》や、其《そ》の文壇的位置《ぶんだんてきゐち》からいつても、まだ〳〵、我々《われ〳〵》は、十人《にん》や二十人《にん》の有力《いうりよく》な作家《さくか》を擧《あ》げ得《う》るのである。その中《なか》でも世態小說家《せたいせうせつか》といはれ、朝鮮的世俗《てうせんてきせぞく》と人情《にんじやう》の世界《せかい》を、こまやかに書《か》き上《あ》げてゐる朴泰遠《はくたいゑん》、蔡萬植《さいばんしよく》、金南天《きんなんてん》等《ら》は申《まを》す迄《まで》もなく、韓雪野《かんせつや》、李無影《りむえい》、女《ぢよ》流《りう》の崔貞熙《さいていき》なども、昨年《さくねん》から、引《ひ》き續《つゞ》いて、それ〴〵の佳作《かさく》、力作《りきさく》を發表《はつぺう》してゐる。朴泰遠《はくたいゑん》は金南天《きんなんてん》とは多少《たせう》行《ゆ》き方《かた》が異《ちが》つてゐるのであるが、それでも、これらの人々《ひと〴〵》は共《とも》に、世態《せたい》、市井《しせい》ものに、好《この》んで、その題材《だいざい》を求《もと》めてゐる。朴泰遠《はくたいゑん》は未《ま》だ三十を少《すこ》しばかり越《こ》した位《くらゐ》の人《ひと》であるが、既《すで》に中堅《ちうけん》としての地歩《ちほ》をしつかりと固《かた》めてゐる。法政大學《はふせいだいがく》に學《まな》んだことがあり「小說家仇《せうせつかきう》甫氏《ほし》の一日《にち》」「川邊風景《かへんふうけい》」「支那《しな》小說集《せうせつしふ》」等《など》の作品集《さくひんしふ》がある。昨年《さくねん》の「文章《ぶんしやう》」誌《し》に評判《ひやうばん》の作《さく》「陰雨《いんう》」「路《みち》は暗《くら》きを」をかき上《あ》げ續《つゞ》いて長編《ちやうへん》「愛經《あいきやう》」を連載《れんさい》してゐる。その他《ほか》にも短篇《たんぺん》「崔老人傳抄錄《さいらうじんでんせうろく》」や中篇《ちうへん》「橫丁《よこちやう》の中《なか》」をかいてゐる。彼《かれ》は、朝鮮文壇《てうせんぶんだん》において、稀《まれ》にみる個性的作家《こせいてきさくか》であつて、そのユニークな作風《さくふう》は「小說家《せうせつか》仇甫《きうほ》氏《し》の一日《にち》」で既《すで》に充分《じうぶん》に見《み》せてゐて、新鮮《しんせん》なスタイリストとして出發《しゆつぱつ》してゐる。その作品《さくひん》の內容《ないよう》としては、いづれも都會《とくわい》生活《せいくわつ》の消費面《せうひめん》を近代的感覺《きんだいてきかんかく》をもつて描寫《べうしや》してゐるし、文壇《ぶんだん》の最高《さいかう》の水準《すゐじゆん》に達《たつ》してゐる「川邊風景《かへんふうけい》」に於《お》いても、やはり、川邊《かへん》生活者《せいくわつしや》の姿態《したい》を克明《こくめい》に觀察《くわんさつ》してゐることに依《よ》つて、自己《じこ》の文學《ぶんがく》の建前《たてまへ》としてゐる。いづれもそれこそ朝鮮的生活《てうせんてきせいくわつ》の僞《いつは》らない人生風景《じんせいふうけい》を描《ゑが》いて見《み》せてくれるのであつて、下手《へた》に觀念《くわんねん》などはさまない所《ところ》に、返《かへ》つて讀者《どくしや》の好感《かうかん》

を、持《も》たせるわけである。いはゞ、この作者《さくしや》は、もつとも忠實《ちうじつ》なリアリストの一人《ひとり》であらうと思《おも》はれる。蔡萬植《さいばんしよく》は暫《しば》し中絶《ちうぜつ》した作品活動《さくひんくわつどう》を、最近《さいきん》、もり返《かへ》し、もつとも活躍《くわつやく》してゐる一人《ひとり》である。最近發表《さいきんはつぺう》した「巡公《じゆんこう》ある日曜日《にちえうび》」を書《か》いて、今迄《いままで》の作《さく》風《ふう》に加《くは》ふるに情緒的《じやうちよてき》アイロニーを加味《かみ》し出《だ》してゐる。金南天《きんなんてん》は、やはり、昨年《さくねん》の書下《かきおろ》し長編《ちやうへん》に續《つゞ》いて、今年《ことし》も「人文評論《じんぶんひやうろん》」に長篇《ちやうへん》「浪費《らうひ》」を書《か》いて其《そ》のエネルギツシユな一面《めん》を見《み》せてゐる。これらの人々《ひとびと》の他《ほか》に、その特異《とくい》な作風《さくふう》に依《よ》つて知《し》られてゐる安《あん》懷南《くわいなん》や李石薫《りせきくん》などが、それ〲力作《りきさく》を發表《はつぺう》してゐる。安懷南《あんくわいなん》は「濁流《だくりう》をかきわけて」を書《か》き續《つゞ》けてゐるが、この人《ひと》は、既《すで》に內地《ないち》に紹介《せうかい》された李孝石《りかうせき》に對《たい》して、もう一人《ひとり》の有力《いうりよく》な短篇作家《たんぺんさくか》ともいふべき人《ひと》でその作品《さくひん》は、その短麗《たんれい》、明晳《めいてつ》なことにおいて定評《ていひやう》がある。內地《ないち》の新感覺派《しんかんかくは》ともいふべき人《ひと》たちの發展《はつてん》の道《みち》に沿《そ》ふて比《くら》べられるべき程《ほど》の人《ひと》で、たしかに一種《しゆ》の近代的《きんだいてき》な意味《いみ》のスタイリストともいへないこともない。暫《しば》し、これといつた作品《さくひん》を見《み》せなかつた李石薫《りせきくん》は、最《さい》近《きん》、「負債《ふさい》」「流浪《るらう》」等《とう》を書《か》き上《あ》げてゐる。李無影《りむえい》は新聞社《しんぶんしや》をやめて歸鄕《ききやう》して以來《いらい》「第《だい》一課《くわ》第《だい》一章《しやう》」やその續篇《ぞくへん》として「土《つち》の奴《ど》隷《れい》」を書《か》いてゐる。韓雪野《かんせつや》は「模《も》索《さく》」や其《そ》の他《た》短篇《たんぺん》を書《か》き上《あ》げてゐる。これは昨年度《さくねんど》の問題作《もんだいさく》「泥《でい》濘《ねい》」において見《み》せてくれたやうに、この一つの模索時代《もさくじだい》に生活《せいくわつ》する主人公《しゆじんこう》の心理《しんり》の分裂《ぶんれつ》、意識《いしき》的苦惱《てきくなう》、自虐《じぎやく》を夫婦關係《ふうふくわんけい》の對立《たいりつ》に假託《かたく》し乍《なが》ら、いよ〱銳《するど》く、人間性《にんげんせい》の內面《ないめん》を掘《ほ》り下《さ》げてゐる。微々たる女流作家《ぢよりうさくか》の中《なか》で、一人《ひとり》氣《き》を吐《は》いてゐる崔貞熙《さいていき》は、問題《もんだい》の「地脈《ちみやく》」の後《あと》で「人脈《じんみやく》」を書《か》き上《あ》げてゐる。これはモデル小說《せうせつ》として興味《きようみ》を與《あた》へたらしい。その作品《さくひん》のモラルは、別《べつ》に、作者《さくしや》のりきむ程《ほど》の新《あたら》しいといふ程《ほど》のものもないが、只《たゞ》、自《じ》分《ぶん》といふものを客觀化《きやくくわんくわ》して描《えが》いて成功《せいこう》し、その心理分析《しんりぶんせき》において、男《をとこ》の作家《さくか》に劣《おと》らない前進《ぜんしん》を見《み》せてゐるのは賴《たの》もしいといはなければなるまい。

この他《ほか》に新人《しんじん》の活躍《くわつやく》は相當見《さうたうみ》るべきものがあるやうで心強《こゝろづよ》い事《こと》である。其《そ》の中《なか》で、昨年《さくねん》「心《しん》紋《もん》」を書《か》いて、一躍文壇《やくぶんだん》の注目《ちうもく》の的《まと》になつた崔明翊《さいめいよく》は非常《ひじやう》に愼《しん》重《ちよう》な態度《たいど》で作品《さくひん》を書《か》くので有名《いうめい》で、一年《ねん》に一、二作位《さくぐらゐ》しか書《か》かないやうである。新人《しんじん》といつても、もう四十に近《ちか》い年《とし》であつて文壇《ぶんだん》に一躍《やく》して有名《いうめい》になつたのも、昨年《さくねん》の「心紋《しんもん》」「肺魚人《はいぎよじん》」等《とう》からであるが、これらの作品中《さくひんちう》に於《お》いて、彼《かれ》は生活《せいくわつ》を觀察《くわんさつ》し描《べう》寫《しや》する人《ひと》たちとは違《ちが》つて、逼迫《ひつぱく》した生活環境《せいくわつくわんきやう》の中《なか》に於《お》いても、尙《な》ほ且《か》つ高貴《かうき》な人間性《にんげんせい》の鑛脈《くわうみやく》を掘《ほ》りあてやうとしてゐる。多士《たし》濟濟《さいさい》な新人《しんじん》の中《なか》でも金東里《きんとうり》は鄭《てい》飛石《ひせき》、金永壽《きんえいじゆ》等《など》と共《とも》に、もつともその前途《ぜんと》を囑望《しよくばう》されてゐる人《ひと》で、新人《しんじん》にふさわしい、エネルギツシユな情熱《じやうねつ》をなびかせてゐるし、新人中《しんじんちう》にて、恐《おそ》らく一番《ばん》多《おほ》くの作品《さくひん》を書《か》いてゐる。「巫《み》女圖《こづ》」から始《はじ》まり「黃土記《くわうどき》」「餘剩說《よじやうせつ》」「阮味說《みせつ》」等々《とう〲》と印《いん》象深《しやうぶか》い作品《さくひん》のみを書《か》き上《あ》げてゐる所《ところ》は、たしかに才能豐《さいのうゆた》かな作《さく》家《か》であるに違《ちが》ひない。最近作《さいきんさく》に「村《むら》の廻《まは》り道《みち》」「昏衢」等《とう》があつて、新世代《しんせだい》に屬《ぞく》する作家《さくか》を代《だい》表《へう》するやうな氣慨《きがい》を持《も》つてゐるが、作品《さくひん》には、今《いま》のところ、別《べつ》に、それ程《ほど》の新《あたら》しさを見《み》せてゐない。

（筆者は文藝評論家）

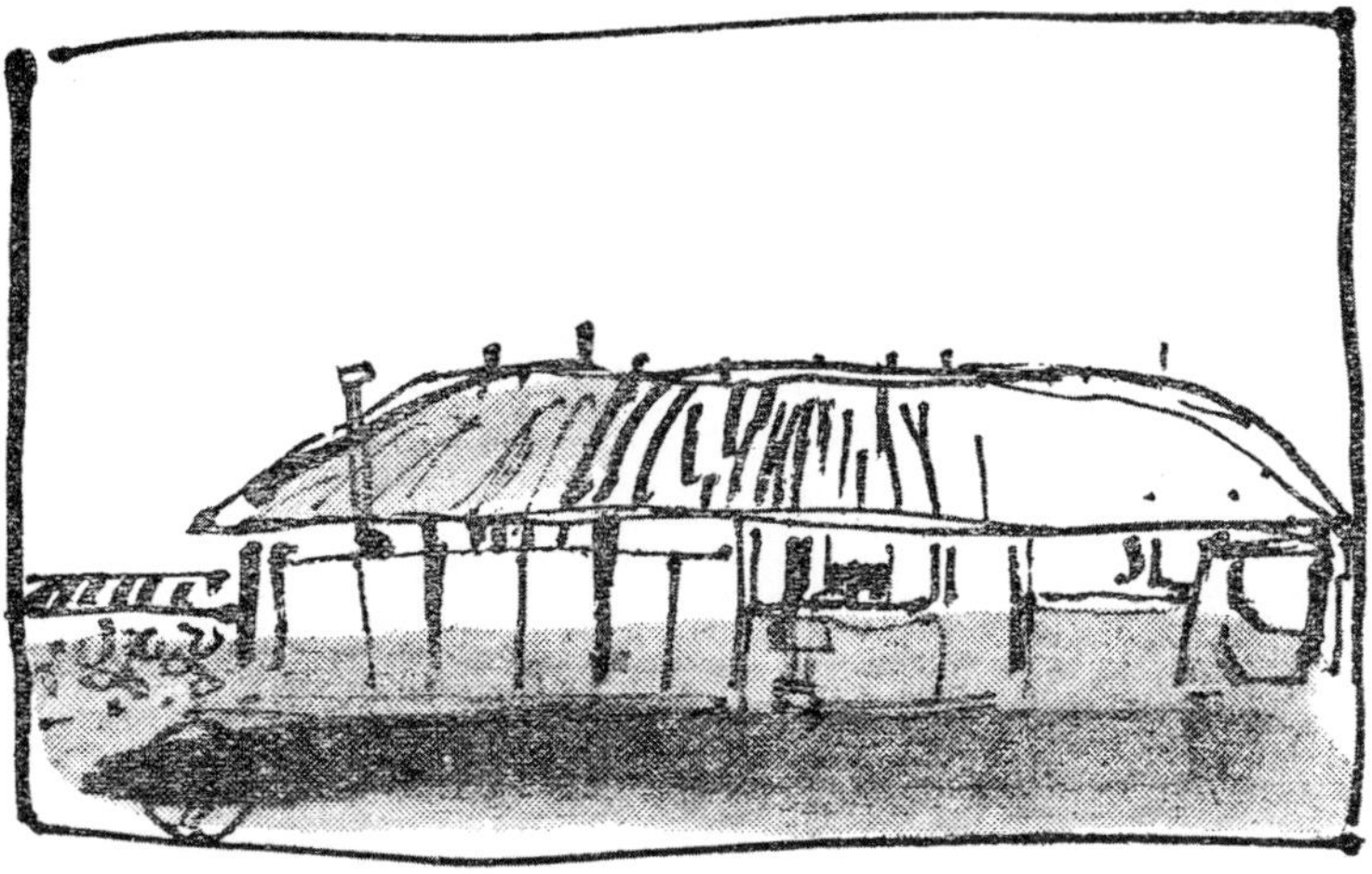

路《みち》は暗《くら》きを

朴《ぼく》泰《たい》遠《えん》

1　灯《ひ》のない深夜《よふけ》

の路《みち》は暗《くら》く、午《ひる》からの淫雨《ながあめ》で、路地《ろぢ》は踏《ふ》み分《わ》ける術《すべ》もないほど泥濘《ぬかる》るのであつた。

傷《いた》んだ靴《くつ》には泥《どろ》がつまり、何時《いつ》の間《ま》にか霙交《みぞれまじ》りになつた雨《あめ》は、傘《かさ》の用意《ようい》のない頭《あたま》と肩《かた》を身《み》ぶるひのするほどたたくのである。何處《どこ》かで下手《へた》くそなオルガンが、讃美歌《さんびか》を彈《ひ》いてゐるらしかつた。

怖《おぢ》けた足《あし》どりで暗《くら》がりを辿《たど》つてゐる香伊《かうい》は、ところは今《いま》にも泣《な》きださんばかりであつた。

泣《な》きださんばかりのところを、ぢつと口《くち》で嚙《か》みしめながら、それでも香伊《かうい》は自分《じぶん》にはその路《みち》しかないと觀念《くわんねん》してでもゐるかのやうに、またはあつたところで仕方《しかた》がないとでも考《かんが》へてゐるかのやうに、闇《やみ》の中《なか》を内側《うちがは》へ〳〵と辿《たど》つて行《ゆ》くのであつた……

2　エーフン、エーフン

といふ、掛聲《かけごゑ》で不吉《ふきち》な靈柩《れいきう》が通《とほ》つて行《ゆ》く。貧《まづ》しい人《ひと》が死《し》んだのであらう。柩《ひつぎ》は小《ちひ》さく、人足《にんそく》はただの四人《にん》。身寄《みより》のない人《ひと》が死《し》んだのであらう。喪《も》に服《ふく》する者《もの》もなくて、柩《ひつぎ》について行《ゆ》くのは緣《えん》のない二三の人々《ひとびと》だけである。それでもエーフンといふ掛聲《かけごゑ》ばかりは調子《てうし》をくづさないで、靈柩《れいきう》の行列《ぎやうれつ》は彼女《かのぢよ》の前《まへ》をよぎり、だん〳〵遠《とほ》のいでゆくのであつた。それが視野《しや》から消《き》えたと思《おも》つたら、街《まち》は遽《には》かに原《はら》つぱに變《かは》つて、原《はら》つぱには野火《のび》が燒《も》えあがつた。羨《うらや》ましいほどまつ紅《か》な火焰《ほのほ》である。恐《こは》さよりも、先《ま》づ美《うつく》しさを感《かん》ぜしめる火焰《ほのほ》である。

その美《うつく》しさに、香伊《かうい》はしばしうつとりと立《た》ちどまつてゐる。

だが、次《つぎ》の瞬間《しゆんかん》には俄《には》かに風《かぜ》が吹《ふ》きすさび、吹《ふ》きすさぶ風《かぜ》の勢《いきほ》ひで火焰《ほのほ》がぱつと燃《も》えあがり、見《み》る〳〵中《うち》に廣《ひろ》い原《はら》つぱが火《ひ》の海《うみ》と化《くわ》するのである。

自分《じぶん》の身邊《しんぺん》までに近《ちか》づいてきた火焰《ほのほ》、その火焰《ほのほ》のもたらす危險《きけん》を感《かん》じて、香伊《かうい》はハツと思《おも》つて逃《に》げださうとする。が、脚《あし》が思《おも》ふ通《とほ》りに動《うご》いてくれないのだ。火焰《ほのほ》はいよ〳〵近《ちか》づいてくる。香伊《かうい》が泣《な》きださんばかりになつてゐると、エーフンといふ掛聲《かけごゑ》が再《ふたゝ》び聞《きこ》えてきた。

ふりかへつて見《み》ると、先刻《さつき》の靈柩《れいきう》がこちらに向《むか》つて、火焰《ほのほ》の中《なか》を進《すゝ》んでくるではないか……

目《め》を醒《さ》ましてからも、エーフンといふ掛聲《かけごゑ》は耳《みゝ》もとに殘《のこ》つてゐた。羨《うらや》ましいほどまつ紅《か》な火焰《ほのほ》も、眼《まな》のあたりにちらついてゐるのだつた。

香伊《かうい》は、何《なに》かしら不吉《ふきち》な豫感《よかん》に襲《おそ》はれて、しばらくぼんやりと天井《てんじやう》を眺《なが》めてゐた。それから不圖《ふと》、

『夢《ゆめ》に屍《しかばね》を…屍《しかばね》を見《み》たら、いいとがあるんだとか…』

勿論《もちろん》、香伊《かうい》が夢《ゆめ》に見《み》たのは屍《しかばね》ではなかつた。しかし、柩《ひつぎ》の中《なか》には屍《しかばね》が入《はひ》つてゐるにきまつてゐるじやないか。

『それから、火《ひ》…燒《も》えあがる火《ひ》を見《み》てもいいとが…』

香伊《かうい》はまぶしいやうな瞬《まばた》きをしながら、今《いま》にも幸福《かうふく》が訪《おとづ》れて來《き》さうでならなかつた。

——今《いま》に、いいとでもあるのかな…

いいとが？——

だが、今更《いまさら》のやうに香伊《かうい》が見《み》廻《ま》はした部屋《へや》の中《なか》、そこには彼《かの》女《ぢよ》のをとこが、彼女《かのぢよ》にははつきりと背中《せなか》を向《む》けて寢《ね》てゐたし、ひと間《ま》つきりの貸間《かしま》ぐらしであつてみれば、隙間《すきま》もなく並《なら》べてある敷蒲團《しきぶとん》であるにも拘《かゝは》らず、彼等《かれら》の間《あひだ》は三四尺《しやく》も離《はな》れてゐたし外《そと》は何時《いつ》やむとも知《し》れない淫雨《ながあめ》、ときてゐる…それなのに、如何《いか》なる…ああそれなのに、如何《いか》なるいいとがとの中《なか》から出《で》てくるといふのだ。

力無《ちからな》げに視線《しせん》を戻《もど》し、力無《ちからな》げに眼《め》をつむり、そして力無《ちからな》げに溜息《ためいき》をついて、

3 生《い》きる悲《かな》しみ

を、今更《いまさら》のやうにしみじみと感《かん》ぜざるを得《え》ない香伊《かうい》であつたのだ。

まだ若《わか》い香伊《かうい》——彼女《かのぢよ》はやつと二十《はたち》になつたばかりであつた。十二月生《ぐわつうま》れなのだから滿《まん》ではやつと十八…そんな香伊《かうい》がもはやしみじみと生《い》きる悲《かな》しみを感《かん》ぜざるを得《え》ないといふのは何《な》んと悲慘《ひさん》な事實《じじつ》であらう。

そして、その生《い》きる悲《かな》しみはとの頃《ころ》に初《はじ》まつたとではなかつたのだ。

彼女《かのぢよ》が四つになつたばかりの頃《ころ》、彼女《かのぢよ》の父《ちゝ》は、さるふしだらな女《をんな》と手《て》を携《たづさ》へて滿洲《まんしう》とかへ落《お》ちて行《い》つたきり、行方不明《ゆくへふめい》になつてしまひ、なほ若《わか》かりし香伊《かうい》の母《はゝ》は、彼女《かのぢよ》のために十年間《ねんかん》も煙草工場《たばここうぢやう》に勤《つと》めて、つひには呪《のろ》ふべき肺《はい》を病《や》んで死《し》んでしまつたのだ。

母《はゝ》を想《おも》へば。

泣《な》けてきて仕方《しかた》のない香伊《かうい》であつた。

その頃《ころ》から、つまり十三の春《はる》から、月《つき》のやうに孤獨《こどく》な香伊《かうい》の身《み》の上《うへ》には、生《い》きる悲《かな》しみはあまりに切實《せつじつ》な日課《につくわ》であつた。

香伊《かうい》は、追想《つゐさう》を振《ふ》り拂《はら》はうとでもするかのやうに、頭《あたま》を横《よこ》にふつた。

過去《くわこ》八年間《ねんかん》のあらゆる辛《つら》さ、あらゆる悲《かな》しさ、あらゆる苦《くる》しさ、今更《いまさら》それを反芻《はんすう》してみたところで何《なん》になるといふのだ。徒《いたづ》らに心《こゝろ》を傷《きず》つけ、暗《くら》くするばかりではないだらうか。

のみならず、彼女《かのぢよ》が苦難《くなん》と戰《たゝか》つてくる間《あひだ》に、彼女《かのぢよ》は自分《じぶん》よりもはるかに悲慘《ひさん》な人々《ひとびと》すら見《み》てきた。そして、そのやうな人々《ひとびと》は世《よ》の中《なか》には幾《いく》らでもゐるといふことも識《し》つた。私《わたし》ばかりではない。私《わたし》ばかりではない……

勿論《もちろん》、それは決《けつ》して香伊《かうい》にのみ限《かぎ》られた不幸《ふかう》ではなかつたにしても、その苦《くる》しみの中《なか》でも、若《も》し彼等《かれら》が求《もと》めるとすれば、假令《たとへ》それが如何《いか》に安價《あんか》なものであるにしても、彼等《かれら》は『悦《よろこ》び』と『慰《なぐさ》め』は得《う》るであらう。そして假令《たとへ》それが一瞬《しゆん》であつたにしても、彼等《かれら》は生《い》きる悦《よろこ》びに浸《ひた》り得《う》るのではなかつたか？

どん底《そこ》の、どんなどん底《そこ》のその日暮《ひぐら》しの中《なか》でも、やはり彼等《かれら》はその周圍《しうゐ》に愛《あい》する人《ひと》を、又《また》は彼等《かれら》を愛《あい》してくれる人《ひと》を持《も》つてゐるものである……『愛《あい》』のみが、暖《あたゝ》かい『愛《あい》』のみが、彼等《かれら》に殘《のこ》された唯《ゆゐ》一の光《ひか》りではないか。

香伊《かうい》は、骨《ほね》まで沁《し》みてくる孤獨感《こどくかん》をもてあましてゐた。

私《わたし》には、この不幸《ふしあはせ》な香伊《かうい》には？　それでも、香伊《かうい》は一縷《る》の希望《きばう》をもつて衝動的《しようどうてき》に彼《かれ》を見返《みかへ》るのであつたが、をとこはやはり三四尺《じやく》も離《はな》れたところに、背中《せなか》を向《む》けたまま寢入《ねい》つてゐるのであつた……

4　このやうな生活《くらし》

を初《はじ》めたことを、慥《たしか》にをとこは後悔《こうくわい》してゐるのだ——

この頃《ころ》になつて、不圖《ふと》した機會《きくわい》にさういふことを考《かんが》へると、香伊《かうい》には、煌《きら》めくシャンデリヤも光《ひか》りを失《うしな》ひ、電氣蓄音機《でんきちくおんき》の騷《さう》亂《らん》なジャズの音《おと》も聞《きこ》えなくなるのであつた。

空《から》つぼになつた杯《さかづき》にお酌《しやく》をすることも忘《わす》れて、ぼんやりと前方《ぜんぱう》を見《み》つめてゐる香伊《かうい》に、その理《わけ》を知《し》らう筈《はず》もないお客《きやく》が、

「なに考《かんが》へてんだ？　花《はな》ちやん」

そしたら、香伊《かうい》は香伊《かうい》ではなくなり、俄《にはか》に花子《はなこ》になつて、

「彼氏《かれし》のこと！」

紅《あか》い、青《あを》い灯《ひ》の下《した》で、にくらしいほど可愛《かはい》い笑顔《えがほ》すら見《み》せるのである。

「ぢや、すでに賣約濟《はいやくずみ》つてわけだね。祝福《しゆくふく》するぜ」

無盡會社《むじんくわいしや》の外交員《ぐわいかういん》とでもいつた風情《ふぜい》の眼鏡《めがね》氏は、その無恰好《ぶかつかう》

な手《て》を彼女《かのぢよ》の股《もゝ》の上《うへ》に置《お》くことに依《よ》つて祝福《しゆくふく》の意《い》を表《へう》しやうとする。

花子《はなこ》は、酔《よ》つぱらひの手《て》が別《べつ》な方面《はうめん》までに進展《しんてん》してきやしないかと警戒《けいかい》しながら、それでも如何《いか》にも親切《しんせつ》らしくお酌《しやく》をして

「さ、どうぞ」

それから、香伊《かうい》は、最近《さいきん》めつきり冷《つめ》たくなつたをとこのことを考《かんが》へて、再《ふたゝ》び心《こゝろ》が暗《くら》くなるのである。

男《をとこ》のところ——かつてはあんなに自分《じぶん》を愛《あい》してくれた人《ひと》が、半年《はんとし》もたたない中《うち》にあんなにまで變《かは》つてゐる。

深夜《よふけ》まで心《こゝろ》にもない笑《わら》ひを賣《う》り、酔《よ》つぱらひのもてなしに疲《つか》れ果《は》てた體《からだ》ではあつたが、それでも一日《にち》の仕事《しごと》を終《を》へて家《うち》に歸《かへ》れば、そこには愛《あい》する人《ひと》の暖《あたゝ》かい懐《ふところ》が待《ま》つてゐたのだ。

それだけで、あらゆる悲《かな》しみを癒《いや》すには充分《じうぶん》であつた。

然《しか》るに、今《いま》は——今《いま》はそれがない。

をとこは平氣《へいき》で元《もと》の妻《つま》を捨《す》てて自分《じぶん》を愛《あい》するやうになつたやうに、今《いま》は自分《じぶん》を捨《す》てて、別《べつ》な女《をんな》を愛《あい》しやうとしてゐるのかも知《し》れない。然《しか》らば、それはどんな女《をんな》だらう。どんなやつだらう……

香伊《かうい》は、やるせない嫉妬《しつと》で身《み》を焦《こが》しながら、だが一方で花子《はなこ》は、客《きやく》が煙草《たばこ》をくはへてゐるのを見《み》つけて、迅速《すみやか》にマッチをすつて火《ひ》をつけてやり、

(フン、さうたやすく別《わか》れてやるものか)

心《こゝろ》の中《なか》でつぶやきながら、香伊《かうい》はひとりで興奮《こうふん》してゐるのだが、

(でも、愛《あい》のない生活《せいくわつ》がこのまま續《つゞ》いたところで何《なに》になるといふのだ)

そこまで考《かんが》へてくると、やはり、今《いま》あつさり別《わか》れてしまふ方《はう》がほんとうだといふ氣《き》がした。

(ぢや、やはり別《わか》れるのかな)

香伊《かうい》は、無精に自分《じぶん》の身《み》の上《うへ》が悲《かな》しくなつて、涙《なみだ》がこみあげてきて仕方《しかた》がなかつた。横《よこ》から眼鏡氏が、

「今夜《こんや》はどうしたのかね?花《はな》ちやん」

それを機會《きつかけ》に、眼鏡氏《めがね》は手《て》をさしのべて彼女《かのぢよ》の肩《かた》をゆするのであつたが、香伊《かうい》はしばらくは花子《はなこ》に歸《かへ》ることも忘《わす》れて、

(ぢや、やはり別《わか》れるのかな。別《わか》れてしまふのかな)

心《こゝろ》の中《なか》で繰《く》り返《かへ》しながら、果《は》てしのない悲《かな》しみの底《そこ》へ沈《しづ》んでゆくのであつた。

5 別《わか》れもわびし

過《す》ぎるのであつた。ふり返《かへ》つてみる半年間《はんとしかん》の生活《せいくわつ》、それは苦《くる》しみだけで満《み》たされてゐるやうな氣《き》がした。

初《はじ》めて愛《あい》といふものに目醒《めざ》めて、この男《をとこ》になら心《こゝろ》も體《からだ》も獻《さゝ》げてもよい、と思《おも》つたその男《をとこ》に妻《つま》も子《こ》もあることを香伊《かうい》が知《し》つたのは、既《すで》に心《こゝろ》も體《からだ》も獻《さゝ》げてしまつた後《あと》のことであつた。そのことを初《はじ》めてをとこの口《くち》から聞《き》かされたとき、香伊《かうい》は驚《おどろ》いた。あまりに驚《おどろ》いた。

それが、その言葉《ことば》が、自分《じぶん》の前途《ぜんと》の何《なに》を意味《いみ》するか、といふことすら考《かんが》へてみる餘裕《よゆう》もないほど驚《おどろ》いたのである。

彼《かれ》は視線《しせん》のぶつかるのをひそかに避《さ》けながら、ただ一言《ひとこと》、

「香伊《かうい》、許《ゆる》してくれ」

それでも香伊《かうい》はただ、氣《き》でもぬけたやうに、大《おほ》きく見開《みひら》いた眼《め》でぢつと彼《かれ》の横顔《よこがほ》を見《み》つめてゐるばかりであつた。

だが、をとこの視線《しせん》がちらつと彼女《かのぢよ》をかすめて、すましてゐる横顔《よこがほ》に戻《もど》り、も一度謝罪《どしやざい》の言葉《ことば》をきかせたとき、彼女《かのぢよ》は溫突《おんどる》の上《うへ》にうち伏《ふ》して、とみあげてくる悲《かな》しみをしやくり上《あ》げてしまつた。

男《をとこ》は勿論《もちろん》、さうなることくらゐは豫想《よさう》してゐた筈《はず》だ。事實《じじつ》、彼《かれ》は豫想《よさう》してゐたのである。

けれども、彼女《かのぢよ》の泣《な》き聲《こゑ》に接《せつ》した瞬間《しゆんかん》、やはり彼《かれ》は、思《おも》ひがけない事《こと》にでも出會《であ》つたやうに周章《あわ》て出《だ》した。

「わるかつた」「許《ゆる》してくれ」「ね、泣《な》くなよ」……さういふ言葉《ことば》を、低《ひく》く、早《はや》く、續《つゞ》けさまにくり返《かへ》しながら、激《はげ》しく動《うご》いてゐる香伊《かうい》の肩《かた》に、自信《じしん》のなさすぎる手《て》を置《お》いてみるのであつた。

それを彼女《かのぢよ》が、いやな、汚《きたな》いものででもあるかのやうに、身《み》ぶるひをして振《ふ》り落《おと》した時《とき》、をとこは驚《おどろ》いて手《て》を引《ひ》き、そしてありありと當惑《たうわく》さうな面持《おももち》をしてゐた。

しばらくしてから、彼《かれ》は決心《けつしん》でもしたやうに、自分《じぶん》の眞情《しんじやう》を吐露《とろ》し初《はじ》めた。幼《をさな》い頃《ころ》、十五にしかなつてゐなかつた頃《ころ》、父母《ふぼ》の意志《いし》で結婚《けつこん》したのだが、妻《つま》と自分《じぶん》との間《あひだ》には塵《ちり》ほどの愛情《あいじやう》もない、といふことを彼《かれ》が語《かた》つたとき、香伊《かうい》は心《こゝろ》の中《なか》で、一體《たい》それが私《わたし》と何《なん》の關《かゝは》りがあるのかと叫《さけ》びながら、ただしやくり上《あ》げるばかりであつた。

だが、もうしばらく待《ま》つてくれたら、必《かなら》ず妻《つま》は離緣《りえん》して彼女《かのぢよ》を正式《せいしき》に迎《むか》へるつもりだといふこと、もけや自分《じぶん》はこの愛《あい》を斷《だん》

念《ねん》することは出來《でき》ないといふこと、それからどんなことがあつても決《けつ》して彼女《かのぢよ》を不幸《ふかう》にはさせないつもりだといふこと等《など》をくり返《かへ》しながら、自分《じぶん》の愛《あい》は永遠《えいゑん》に變《かは》らないことををとこが誓《ちか》つたとき、香伊《かうい》はやはり泣《な》いてはゐたが、忿怒《ふんぬ》や悲《かな》しみは薄《うす》らぐやうな氣《き》がした。

さもなければ、外《ほか》に、一體《たい》どういふ路《みち》があるのだらう……

「どこかへ靜《しづ》かな部屋《へや》でも借《か》りて、先《ま》づ同棲《どうせい》するんだね。とにかく、僕《ぼく》を信《しん》じてくれよ。僕《ぼく》を愛《あい》してゐさへすりやいいんだ」

そんなことを話《はな》しながら、をとこが恐《おそ》る〳〵彼女《かのぢよ》の肩《かた》に手《て》を置《お》いた時《とき》、香伊《かうい》にはもはやそれを振《ふ》りはらふ勇氣《ゆうき》はなかつた。

6 さういふわけで

初《はじ》められた生活《せいくわつ》であつてみれば、もとより悅《よろこ》びや幸福《かうふく》とは緣《えん》の遠《とほ》いものであつたのかも知《し》れない。

第《だい》一、何《なに》かしら罪《つみ》のやうな氣《き》がして、世間《せけん》の目《め》を避《さ》けて暮《くら》さなければならないのが、香伊《かうい》には不滿《ふまん》でならなかつた。

彼女《かのぢよ》の友達《ともだち》の相手《あひて》といふのが、たかが自動車《じどうしや》の運轉手《うんてんしゆ》だつたり、鐵工場《てつこうぢやう》の職工《しよくこう》だつたりするのに較《くら》べて、彼女《かのぢよ》は自分《じぶん》のをとこが中產階級《ちうさんかいきふ》の男《をとこ》であるとともに、一種《しゆ》の誇《ほこ》りを感《かん》ずることもないではなかつた。

然《しか》し、をとこの家庭《かてい》や、妻子《さいし》のことに思《おも》ひ到《いた》る度《たび》に、香伊《かうい》はうち萎《しほ》れてしまふのであつた。

今《いま》にも妻《つま》は離婚《りこん》するのだ、と彼《かれ》は口癖《くちぐせ》のやうに云《い》ふてはゐるが、旣《すで》に三人《にん》の子供《こども》までもつてゐる妻《つま》を、たゞいやだといふ簡《かん》單《たん》な理由《りいう》だけで離緣《りえん》ができるものでもないだらうし、本人《ほんにん》や本《ほん》人《にん》の父母《ふぼ》はいふに及《およ》ばず、をとこの言《い》ひ分《ぶん》によるとかなり頑固《ぐわんこ》であるらしい彼《かれ》の父母《ふぼ》からして、强硬《きやうかう》に反對《はんたい》するにきまつてゐる。

香伊《かうい》は寂《さび》しく斷念《だんねん》して、不圖《ふと》、妾《めかけ》なら妾《めかけ》でもよいと思《おも》つた。不幸《ふかう》に慣《な》れた者《もの》には慾《よく》といふものがないのだ。だが、それでさへどうやら、見込《みこ》みがないやうな氣《き》がした。

をとこは同棲《どうせい》を初《はじ》める以前《いぜん》にも二月《ふたつき》、三月《みつき》と下宿《げしゆく》の生活《せいくわつ》をしながら、本邸《うち》に歸《かへ》ることは殆《ほと》んどなかつたが、最近《さいきん》は、本邸《うち》の者《もの》や親類《しんるゐ》の婦女《ふぢよ》などに途《みち》で出會《であ》ふことを恐《おそ》れて、めつたに外出《ぐわいしゆつ》もしないし、二人《ふたり》の關係《くわんけい》は何處《どこ》までも祕密《ひみつ》にしやうとしてゐるらしかつた。妾《めかけ》なら妾《めかけ》でもよい、とにかく、何時《いつ》になつたら自《じ》分《ぶん》の立場《たちは》をはつきりさせてくれるつもりなのだらう。

だが、さういふことですら、どうでもいい問題《もんだい》かも知《し》れな

沈亨求畫

い。二人《ふたり》の愛《あい》のために祕密《ひみつ》が必要《ひつえう》だとすれば……

7　世《よ》の中《なか》といふものは

廣《ひろ》いもののやうで、案外狭《あんぐわいせま》いものであるらしい。

をとこの本邸《いへ》に十年近《ねんちか》くも出入《でいり》してゐる、東大門《とうだいもん》のある食用《あぶ》油《ら》の會社《くわいしや》の老婆《らうば》が、彼等《かれら》の間借《まが》りしてゐる家《いへ》にも、三四日《か》をきに出入《でいり》してゐた。

彼等《かれら》は大抵《たいてい》、午《ひる》すぎでなければ起《お》きなかつたし、食用油賣《あぶらう》りの老婆《らうば》は午前中《ごぜんちう》にやつてくるのが常《つね》であつたが、恐《おそ》らく朝《あさ》をとこが便所《べんじよ》に行《ゆ》く後姿《うしろすがた》をでも老婆《らうば》は見《み》たのであらう。

同棲《どうせい》を初《はじ》めてから一ケ月《げつ》にもならないある朝《あさ》、食用油賣《あぶらう》りの老婆《らうば》の案内《あんない》で、社稷洞《しやしよくどう》のすみから臥龍洞《ぐわりうどう》の果《は》ての彼等《かれら》の隠所《かくれが》まで、をとこの本妻《つま》が夫《をつと》を搜《さが》してやつてきたのである。

8　その時《とき》の三人《にん》

の間《あひだ》に起《おこ》つた騷動《さうどう》を思《おも》ひ出《だ》す度《たび》に、香伊《かうい》の心《こゝろ》は不快《ふくわい》と憂鬱《いううつ》でかき亂《みだ》されるのであつた。ひとりの男《をとこ》を中心《ちうしん》にして、ふたりの女《をんな》はまるで行廊住《へんらうずま》ひの者《もの》(奴婢階級)のやうな口汚《くちぎたな》い言葉《ことば》で罵《のゝし》り合《あ》つて……その女《をんな》に教養《けうやう》のないせいもあつただらうが、それからといふものは、香伊《かうい》は外出《ぐわいしゆつ》する勇氣《ゆうき》もなくなつた。

それほど無智《むち》で、器量《きりやう》が悪《わる》かつたら、夫《をつと》に愛《あい》されないのも當《たう》然《ぜん》なことだらうと思《おも》ふのであつたが、然《しか》し彼女《かのぢよ》が、

「……男《をとこ》があり餘《あま》つてしよんがねえ世《よ》の中《なか》ぢやけに、何《なに》を好《す》きとのんで妻子《さいし》のある男《をとこ》を引《ひ》つかけるんだよオ」

と云《い》ふた言葉《ことば》を思《おも》ひ出《だ》すと、香伊《かうい》の胸《むね》は苦《くる》しくなるのであつた。

その言葉《ことば》は、かつて不幸《ふかう》であつた彼女《かのぢよ》の母《はゝ》が、ふしだらな父《ちゝ》と關係《くわんけい》してゐたをんなに向《む》つて吐《は》いたことのある言葉《ことば》であつたからだ。

不幸《ふかう》な妻《つま》と、不幸《ふかう》な娘《むすめ》は、自分《じぶん》から去《さ》つてしまつた無情《むじやう》な夫《をつと》無情《むじやう》な父《ちゝ》に對《たい》してよりももつと大《おほ》きな憎惡《ぞうを》を、例《たと》へやうもない大《おほ》きな憎惡《ぞうを》を、そのをんなに……自分等《じぶんら》から夫《をつと》を、父《ちゝ》を奪《うば》ひ去《さ》つたそのをんなに對《たい》して感《かん》じてゐたのではなかつたか。

香伊《かうい》は靜《しづ》かに溜息《ためいき》をつくのであつた。

今《いま》の自分《じぶん》こそ、まさにその『あばずれをんな』であつたのだ……

9　純情《じゆんじやう》をつくして

ひとりの男《をとこ》に、心《こゝろ》と體《からだ》を獻《さゝ》げたといふ理由《りいう》で、ただそれだけの理由《りいう》で、今《いま》まで何《なん》の恩怨《おんゑん》もなかつたひとりの女《をんな》と、三人《にん》の子供《こども》たちにこの上《うへ》もない不幸《ふかう》を與《あた》へ、そして自分《じぶん》は何時《いつ》までも彼等《かれら》の怨恨《ゑんこん》と憎惡《ぞうを》の對象《たいしやう》であらねばならないのだ……どう考《かんが》へてみても、それは堪《た》へられないほど心苦《こゝろぐる》しいことであつた。

それでも、をとこさへ何時《いつ》までも自分《じぶん》を愛《あい》してくれるものなら、香伊《かうい》は、そのやうな美《うつく》しからぬ、不名譽《ふめいよ》な『地位《ちゐ》』にゐながらも、あらゆるものを堪《た》え忍《しの》んで、決《けつ》して後込《しりごみ》などしない筈《はず》だ。

ややもすれば、底知《そこし》れぬ闇《やみ》の深淵《しんゑん》に落《お》ち込《こ》みさうな心《こゝろ》を支《さゝ》へながら、香伊《かうい》は見事《みごと》に花子《はなこ》になつて、

「フン！」

輕薄《けいはく》な笑《わら》ひ方《かた》をしながら、

「全《まつた》く、いやになつちやふわねえ」

その溫順《をんじゆん》な、可愛《かあ》いい眼《め》を、見違《みちが》へるやうな棘々《とげとげ》しいものに裝《よそほ》ふて、

「今晚《こんばん》は、一體《たい》どうしたんだ？なんでそんなに怒《おこ》つてんだ？」

動作《どうさ》も言葉《ことば》つきも鈍《にぶ》い、ある銀行《ぎんかう》の出納係主任《すゐたふがかりしゆにん》とかいふ、太《ふと》つちよの男《をとこ》が氣取《きど》つた言《い》ひ方《かた》をすると、

「フン！　いいひとがほしいんだけど、ゐないから怒《おこ》つてんのよオ」

口《くち》から出《で》まかせに喋《しやべ》つては、

「あら、今日《けふ》は月給日《げつきふび》ぢやなくつて？　私《たし》にもノマしてよ」

その鈍《にぶ》い男《をとこ》に答《こた》へるひまも與《あた》へず、奧《おく》の方《はう》に向《むか》つて、

「ねえ、秀《ひで》ちやん。ウヰスキー持《も》つてきてよ」

ウヰスキーが出《で》ると、お客《きやく》はさしをいて、先《ま》づ自酌《じしやく》で三四杯《はい》も續《つゞ》けさまにあふり、それから、お客《きやく》の胸《むね》にくづれてしまふのであつた。

10　このごろひごろ

のそのやうな香伊《かうい》であつてみれば、ある男《をとこ》から群山《ぐんざん》に行《ゆ》かないかと誘《さそ》はれたとき、直《たゞ》ちにそれを斷《ことわ》る氣《き》にもならなかつた。

その男《をとこ》は、彼《かれ》の云《い》ふところに依《よ》ると、目下《もくか》群山《ぐんざん》で一流《りう》のカフエーを出《だ》してゐるといふ。

それがこのたび、店舖《みせ》を『一新《しん》』『改築《かいちく》』『大擴張《だいくわくちやう》』するのを機會《きくわい》に、京城《けいじやう》から『美人女給《びじんぢよきふ》』を『特別優待《とくべついうたい》』で『招聘《せうへい》』するつもりで上京《じやうきやう》したといふのである。

彼《かれ》は何時《いつ》、どういふ方法《はうはふ》で調《しら》べたのか、花子《はなこ》が其處《そこ》の主人《かへぬし》か

ら二百七十五圓《ゑん》の借金《しやくきん》をしてゐることも知《し》つてゐて、自分《じぶん》は勿《もち》論《ろん》それも立派《りつぱ》に清算《せいさん》してやるつもりだし、それに衣裳《いしやう》その他《た》の準備金《じゆんびきん》として百圓《ゑん》の金《かね》を前貸《まへがし》すると言《い》ひ足《た》すのであつた。

だが、群山《ぐんざん》がどんな處《ところ》なのか知《し》らない花子《はなこ》は、その外《ほか》に路《みち》がないとしても、其處《そこ》に行《ゆ》くといふことは不安《ふあん》でならなかつた。それを見拔《みぬ》いたらしいその男《をとこ》は、これ見《み》よがしに、ポケットから一枚《まい》の繪葉書《ゑはがき》をとり出《だ》した。

しかし、それは皮肉《ひにく》にも群山《ぐんざん》の市街地《しがいち》の寫眞《しやしん》ではなく、群山《ぐんざん》港《かう》の大豆《だいづ》輸出《ゆしゆつ》の情景《じやうけい》を見《み》せてゐるものに過《す》ぎなかつた。むやみに積《つ》みあげられた大豆《だいづ》の山《やま》を、醉眼朦朧《すゐがんもうろう》とした目《め》つきで見入《みい》つてゐたその男《をとこ》は、

「いや、とれぢやねえ……」

あわてて、ポケットの中《なか》をさぐるのであつたが、群山市街《ぐんざんしがい》の繪葉書《ゑはがき》はどうしても出《で》てこなかつた。外《ほか》の女給《ぢよきふ》を勸誘《くわんいう》するときにでも失《な》くしたのであらうか。

それを斷念《だんねん》した彼《かれ》は、寫眞《しやしん》で見《み》せられない群山《ぐんざん》を、言葉《ことば》で彷《ほう》彿《ふつ》たらしめやうとする。つまり、彼《かれ》の言葉《ことば》を綜合《そうがふ》してみると、群山《ぐんざん》は京城《けいじやう》よりもずつと大《おほ》きく、ずつと立派《りつぱ》なところであつたが、花子《はなこ》が、

「えゝ行《ゆ》くわよ」

と答《こた》へたので、彼《かれ》は自分《じぶん》の口《くち》に對《たい》して一種《しゆ》の自信《じしん》を感《かん》じたらしかつたが、しかし、香伊《かうい》にしてみれば、群山《ぐんざん》なんてどういふ處《ところ》であつても、そんなことはどうでもいい問題《もんだい》であつた。ただ彼女《かのぢよ》は、最近《さいきん》いよ〳〵冷《つめた》くなつてきたをとこのことしか考《かんが》へてゐなかつたのだ。

11 いよ〳〵明後日《あさつて》は

その男《をとこ》に連《つ》れられて、、群山《ぐんざん》に行《ゆ》かねばならぬとなると、やはり香伊《かうい》は、どうしていいのか分《わか》らなくなるのであつた。

その男《をとこ》は昨夜《さくや》やつてきて、お金《かね》を出《だ》し——それは百圓《ゑん》ではなく、七十五圓《ゑん》であつたのだが、——とれでひと先《ま》づ着物《きもの》の準備《じゆんび》でもして、明後日《みやうごにち》の夜《よる》は間違《まちが》ひなく出發《しゆつぱつ》が出來《でき》るやうにしてくれとくり返《かへ》して歸《かへ》つた。

既《すで》にさうなつてしまつてから、急《きふ》にをとこと別《わか》れたくなくなり、その七十五圓《ゑん》が、若《も》しそのやうにして出《で》てきたのでなかつたら、それでをとこと二人《ふたり》で、ただの一度《ど》でもよいから、祝福《しゆくふく》でもされてゐる愛人同志《あいじんどうし》のやうに、手《て》を提《たづさ》へて、本町《ほんちやう》へ、百貨《くわ》店《てん》へ、又《また》は劇場《げきぢやう》へと、あらゆる心《こゝろ》の憂《う》さを忘《わす》れて、豪華《がうくわ》の限《かぎ》り

をつくして歩《ある》いてみたいものだと、そんなことばかり考《かんが》へるやうになるのはどうしたわけだらうか。職業《しよくげふ》もないをとこであつてみれば、毎月《まいげつ》、收入《しうにふ》といふほどの收入《しうにふ》もなかつた。今《いま》までの彼等《かれら》の生活費《せいくわつひ》は、殆《ほと》んど、その、云《い》ふにも足《た》らぬ花子《はなこ》のチップで充《あ》てがつてきたし、これから先《さき》も、をとこのふところが暖《あたゝか》くなるといふ見透《みとう》しがあるわけでもない。してみれば、二人《ふたり》の生活《せいくわつ》はいつまでもこのまゝだらうし、それにをとこは、明《あき》らかに心《こゝろ》が變《かは》つてゐる…そのやうなあらゆることを見《み》きわめながらも、やはり香伊《かうい》は、をとこへの執拗《しつえう》な未練《みれん》をどうすることも出來《でき》なかつた。

だがやはりをとこは、いつものやうに、背中《せなか》を向《む》けて寢《ね》てゐたし、起《お》きて向《むか》ひ合《あ》つてゐる時《とき》も言葉《ことば》を交《かは》すことすらが少《すく》なかつたし、彼《かれ》が經濟的《けいざいてき》に無力《むりよく》であることを知《し》つてゐる女家主《おかみさん》は、きまつて香伊《かうい》にのみ間代《まだい》を催促《さいそく》したし、外《そと》は何時《いつ》やむとも知《し》れぬ淫雨《ながあめ》、ときてゐる…

やはり、別《わか》れるより外《ほか》には路《みち》がないやうな氣《き》がした。

12　それにしても

なぜ自分《じぶん》は、そんなことのみ考《かんが》へて、ひとりで苦《くる》しんでばかりゐるのであらうか。今《いま》に、彼《かれ》と別《わか》れたら、或《あるい》は幸福《かうふく》が自分《じぶん》を訪《おとづ》れてこないとも限《かぎ》らないではないか。

香伊《かうい》は不圖《ふと》、數日前《すうじつぜん》の夢《ゆめ》を思《おも》ひ出《だ》し、、今度《こんど》の群山行《ぐんざんゆき》が、そのいいことの前兆《まへぶれ》のやうな氣《き》がして、まぶしいやうな瞬《まばた》きをした。

殊《こと》に、をとこの妻子《さいし》や、家庭《かてい》に思《おも》ひ到《いた》るとき、やはり彼《かれ》と別《わか》れて、新《あたら》しく出《で》なほすより仕方《しかた》がないと思《おも》ふのであつた。

しかし、どういふ風《ふう》にしてをとこと別《わか》れるべきか。別《わか》れやうといふことは、群山《ぐんざん》に行《ゆ》くのだといふことは、自分《じぶん》から云《い》ひだす勇氣《ゆうき》が香伊《かうい》にはなかつたのだ。

或《あるひ》は、彼《かれ》の方《はう》からすでに、別《わか》れることを望《のぞ》んでゐるのかも知《し》れない。然《しか》し、それにしても、どうして自分《じぶん》の口《くち》から先《さき》に、そんなことが云《い》ひだせやうか…

いろ〳〵考《かんが》へたあげく、別《わか》れる眞際《まぎは》までは、彼《かれ》には何《なに》も云《い》はないことに決《き》めた。ただ仔細《しさい》を丹念《たんねん》に書《か》いた手紙《てがみ》を、それも京《けい》城《じやう》を發《た》つ眞際《まぎは》になつて、彼《かれ》に出《だ》さうと決《き》めた。さうなると、いよ〳〵寂《さび》しく、悲《かな》しくなつてくるのであつた。一方《はう》、思《おも》ひ切《き》つて裁斷《さいだん》してしまつた後《のち》の、はれ〳〵としたわびしさもないでもなかつたが。

13 木《も》浦《つぽ》行《ゆき》の列《れつ》車《しや》

は夜《よる》の十時《じ》五十分《ぷん》ちやうどで京城驛《けいじやうえき》を發《た》つた。

ホームのベルが鳴《な》り、次《つぎ》に汽笛《きてき》が鳴《な》り、それからどしんと車《しや》體《たい》に反動《はんどう》がきて、列車《れつしや》が構外《こうぐわい》に滑《すべ》り出《だ》したときには、香伊《かうい》の胸《むね》は大《おほ》きなしくじりでもしでかしたやうにどしんとおちこみ、瞬《しゆん》間《かん》、眼《め》には涙《なみだ》が宿《やど》つてゐた。

ああ、たうとう京城《けいじやう》を去《さ》るのだ。たうとう彼《かれ》と別《わか》れるのだ。見《み》たこともない、聞《き》いたこともない遠《とほ》い處《ところ》へ、女《をんな》ひとりの身《み》でまるで夜逃《よに》げでもするやうに發《た》つて行《ゆ》くのだ。

とめどもなく、涙《なみだ》があふれるのであつた。愼重《しんちよう》に考慮《かうりよ》してみる時間《じかん》の餘裕《よゆう》のない人《ひと》が、先《ま》づ物事《ものごと》を決行《けつかう》してしまつてから、次《つぎ》に必《かなら》ず苦《くる》しまねばならぬ後悔《こうくわい》の念《ねん》が、今《いま》や香伊《かうい》の胸《むね》の中《なか》を領《りやう》してゐるのであつた。

汽車《きしや》に乘《の》る前《まへ》に驛《えき》で出《だ》したをとこへの手紙《てがみ》のことを思《おも》ひ出《だ》して、なぜ自分《じぶん》はそんな方法《はうはふ》を取《と》つたのであらう、なぜ卒直《そつちよく》に彼《かれ》の眞情《しんじやう》を糾《ただ》問《だ》してみなかつたのだらうと後悔《こうくわい》するのであつた。

龍山《りうざん》の街《まち》の灯《ひ》の映《うつ》る窓《まど》に、不圖《ふと》、彼《かれ》の顏《かほ》が浮《うか》んでくるのであつた。

これから二時間後《じかんご》には、そんなに晩《おそ》くまで歸《かへ》つてこない女《をんな》のことを、やはり彼《かれ》は心配《しんぱい》するだらうし、夜《よる》も過《す》ぎて朝《あさ》になる、すると女《をんな》の代《かは》りに彼女《かのぢよ》の手紙《てがみ》が屆《とゞ》く、そして女《をんな》が永遠《えいゑん》に自分《じぶん》から去《さ》つてしまつたことを知《し》つたとき、やはり彼《かれ》は自分《じぶん》を、背《そむ》ける女《をんな》を怨《うら》むだらうし、又寂《またさび》しがるであらう…

(ほんとに彼《かれ》は、私《わたし》を怨《うら》み、また寂《さび》しがるだらうか)

香伊《かうい》は眼《め》を圓《まる》くして、窓《まど》ガラスの一點《てん》を見《み》つめてゐた。

何《い》時《つ》の間《ま》にか汽車《きしや》は漢江《かんかう》の鐵橋《てつきやう》にさしかかつてゐた。醉《よ》ひどれてゐる新《あたら》しい主人《かへぬし》は、同行《どうかう》の他《た》の二名《めい》の女給《ぢよきふ》と冗談口《じようだんぐち》をききながら、クッションの上《うへ》に毛布《もうふ》をしいて寢《ね》る準備《じゆんび》をしてゐた。花子《はなこ》と一緒《しよ》に群山《ぐんざん》に抱《かゝ》へられて行《ゆ》く二人《ふたり》の女《をんな》は、京城《けいじやう》を去《さ》るとに別段《べつだん》の感興《かんきよう》も感慨《かんがい》もないらしく、絶《た》え間《ま》もなく喋《しやべ》りちらしながらチユーイン・ガムを口《くち》に入《い》れたり、果物《くだもの》の皮《かは》をむいたりしてゐた。

だが、物思《ものおも》ひに沈《しづ》んでゐる香伊《かうい》は、彼女等《かのぢよら》の仲間《なかま》入《い》りをすることは出來《でき》なかつた。

(ほんとに彼《かれ》は、私《わたし》を怨《うら》み、また寂《さび》しがるだらうか)

しかし、そんな人《ひと》だつたら、あんなに長《なが》い間《あひだ》、あれほどつめたかつた筈《はず》がない…

（やはり、別《わか》れるより外《ほか》に仕方《しかた》がないのぢやないかな）

その時《とき》、思《おも》ひがけなくも、最《もつと》も樂《たの》しかつた彼《かれ》とのある日《ひ》が彼《かの》女《ぢよ》の腦裏《なうり》に浮《うか》んできた。

一月《ひとつき》ばかり前《まへ》のことであつた。

まだ二人《ふたり》が背中《せなか》を向《む》けて寢《ね》るやうになる前《まへ》の或《あ》る夜《よ》のこと、彼女《かのぢよ》は彼《かれ》に、明日《あす》が自分《じぶん》の誕生日《たんじやうび》であることを告《つ》げた。

「明日《あす》が、明日《あす》がきみの誕生日《たんじやうび》かね？ほお」

彼《かれ》は、あんなにまで力強《ちからづよ》く自分《じぶん》を抱《いだ》きしめてくれ、翌朝《よくあさ》には何處《どこ》で借《か》りたのか、五圓札《ゑんさつ》を持《も》つて歸《かへ》つてきた。

「今日《けふ》は店《みせ》には出《で》るなよ。二人《ふたり》で、樂《たの》しく遊《あそ》ばうぢやないか」

おお、それはどんなに樂《たの》しい、うつとりするやうな一日《にち》であつたことか。不幸《ふかう》な母《はゝ》の死後《しご》、自分《じぶん》の誕生日《たんじやうび》を祝《いは》つてくれた唯《ゆゐ》ひとりの彼《かれ》であつたのだ。

（彼以外《かれいぐわい》に誰《だれ》が、誰《だれ》が……）

涙《なみだ》が、とめどもなく頰《ほゝ》を傳《つた》ふて流《なが》れるのであつた。

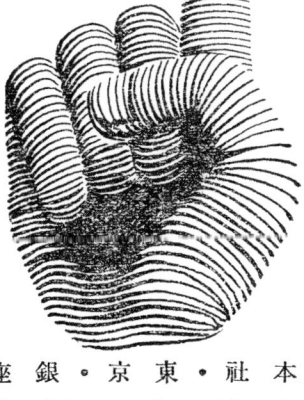

（でも、彼《かれ》の愛《あい》が冷《さ》めてしまつた今《いま》は、やはり別《わか》れるのが……）

と、突然《とつぜん》、彼女《かのぢよ》の心《こゝろ》が叫《さけ》ぶのであつた。

（それは、どんなにして分《わか》るのだ。どんなにして。彼《かれ》が私《わたし》を愛《あい》

してゐないといふことを、どんなにして分《わか》るといふのだ。彼《かれ》は彼《かれ》で恐《おそ》らく自分《じぶん》でも自分《じぶん》の心《こゝろ》は知《し》らないのではないだらうか）

ふり返《かへ》つてみると、向《むか》ひ合《あは》せのクッションには、毛布《もうふ》の上《うへ》に脚《あし》を屈《かゞ》めて臥《ね》てゐる新《あたら》しい主人《かへぬし》が、何《なに》を考《かんが》へてゐるのか、好色《かうしよく》漢《かん》らしい顏《かほ》に野卑《やひ》な笑《わら》ひすら浮《うか》べてゐるのであつた。不意《ふい》に汽《き》笛《てき》が彼女《かのぢよ》の鼓膜《こまく》を鳴《な》らした。

14　永登浦驛《えいとほえき》の待合室《まちあひしつ》

の隅《すみ》つこの椅子《いす》に、小《ちひ》さくなつて坐《すわ》つてゐる香伊《かうい》は、も一度《ど》、自分《じぶん》の決心《けつしん》を確《たし》かめて見《み》るのであつた。だが、やはり自分《じぶん》の前《まへ》にはその路《みち》しかないやうな氣《き》がした。如何《いか》なるものも、彼《かれ》と別《わか》れては、彼女《かのぢよ》には無意味《むいみ》であるやうな氣《き》がした。

二十年《ねん》の間《あひだ》、淨《きよ》く守《まも》つてきた心《こゝろ》と體《からだ》、それを最初《さいしよ》であり又最《またさい》後《ご》として獻《さゝ》げてしまつた彼《かれ》ではなかつたか。彼《かれ》の愛《あい》が昔《むかし》ほどではないとしても、自分《じぶん》の身《み》に不幸《ふかう》でもあつた場合《ばあひ》、自分《じぶん》を助《たす》け自分《じぶん》を同情《どうじやう》し、自分《じぶん》と共《とも》に悲《かな》しんでくれるのは、やはり、彼《かれ》だけではないだらうか。

やはり、彼《かれ》のところに歸《かへ》らう。歸《かへ》らねばならない。

不圖《ふと》、脂《あぶら》ぎつた新《あたら》しい主人《かへぬし》の顏《かほ》が目《め》の前《まへ》に浮《うか》んでくる。それが、いささか彼女《かのぢよ》を不安《ふあん》にするのであつた。だが、今更仕方《いまさらしかた》のないことであつた。ただ、彼《かれ》との愛《あい》さへ復活《ふくくわつ》したら、あらゆることが問題《もんだい》でなくなるのではないか……

永登浦驛《えいとほえき》を十一時《じ》四十分《ぶん》に發《た》つた列車《れつしや》は、十五分後《ふんご》には京城《けいじやう》驛《えき》に着《つ》いてゐた。

15　灯《ひ》のない深夜《よふけ》

の路《みち》は暗《くら》く、午《ひる》からの淫雨《ながあめ》で、路地《ろぢ》は踏《ふ》み分《わ》ける術《すべ》もないほど泥濘《ぬか》るのであつた。

傷《いた》んだ靴《くつ》には泥《どろ》がつまり、何時《いつ》の間《ま》にか霙交《みぞれまじ》りになつた雨《あめ》は傘《かさ》の用意《ようい》のない頭《あたま》と肩《かた》を身《み》ぶるひのするほどたたくのである。何處《どこ》かで下手《へた》なオルガンが、讃美歌《さんびか》を彈《ひ》いてゐるらしかつた。怖《おぢ》けた足《あし》どりで暗《くら》がりを辿《たど》つてゐる香伊《かうい》は、ところは今《いま》にも泣《な》きださんばかりであつた。

泣《な》きださんばかりのところをぢつと口《くち》で嚙《か》みしめながら、香《かう》伊《い》はそれでも、自分《じぶん》にはその路《みち》しかないと觀念《くわんねん》してでもゐるかのやうに、またはあつたところで仕方《しかた》がないとでも考《かんが》へてゐるかのやうに、闇《やみ》の中《なか》を內側《うちがは》へ〳〵と辿《たど》つて行《ゆ》くのであつた……

金　鍾　漢　譯

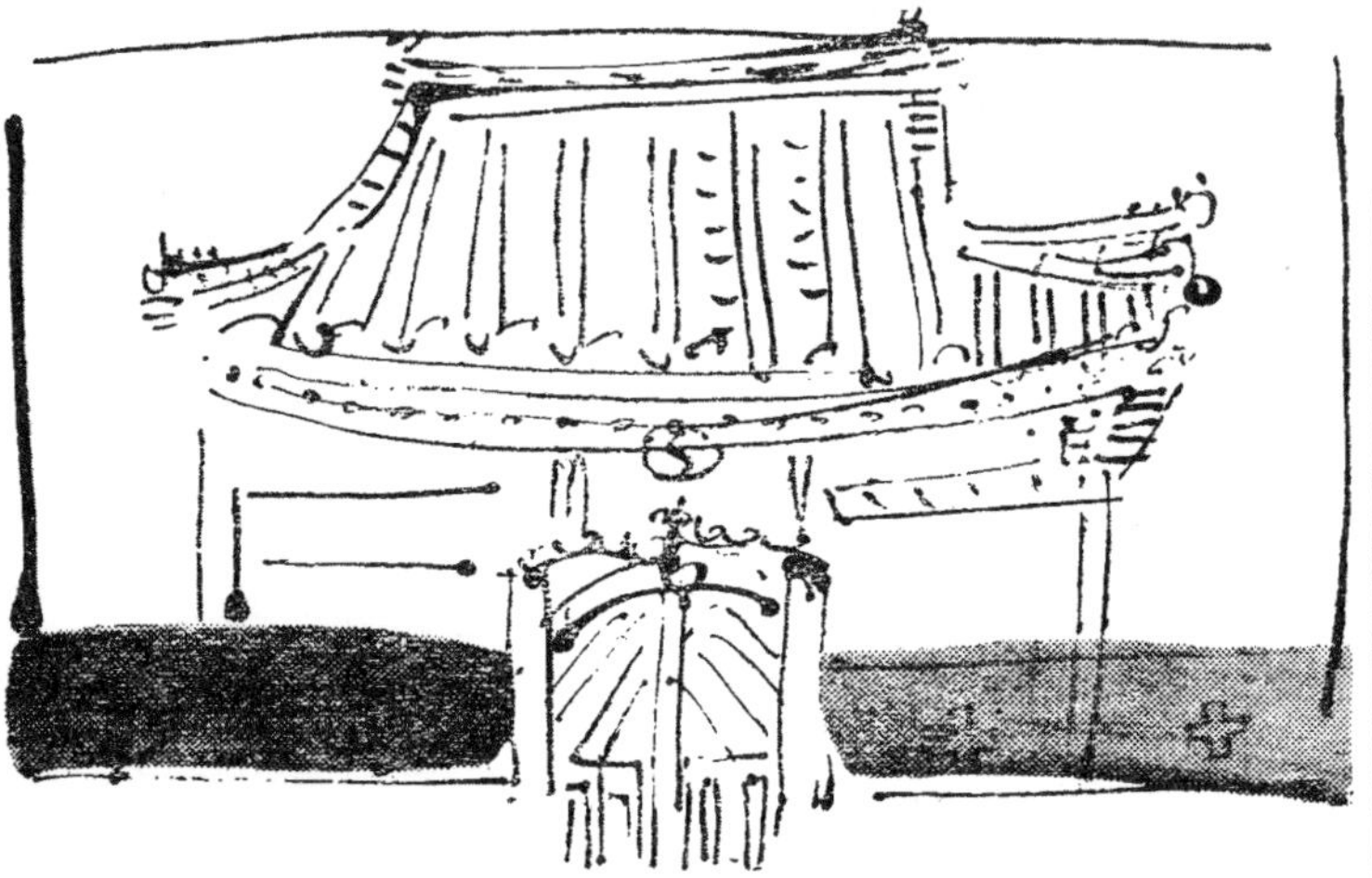

村《むら》の通《とほ》り道《みち》

金《きん》東《とう》里《り》

今日《けふ》もやはり良《よ》い天氣《てんき》なのに善伊《ぜんい》はまだ見《み》えない。

庭《には》は今朝《けさ》すつかり掃除《さうぢ》してゐるのでさつぱりしてゐるし、味噌甕《みそがめ》の傍《そば》の柿《かき》の木《き》の蔭《かげ》には、まつ赤《か》な雄鷄《をんどり》が一羽《は》縮《ちゞま》つて寢《ね》てゐる。柿《かき》の木《き》からは、ときどき白《しろ》い花片《はなびら》が、一つづゝ降《お》ちてきて、味噌甕《みそがめ》に當《あた》つては、庭《には》に散《ち》らばつた。

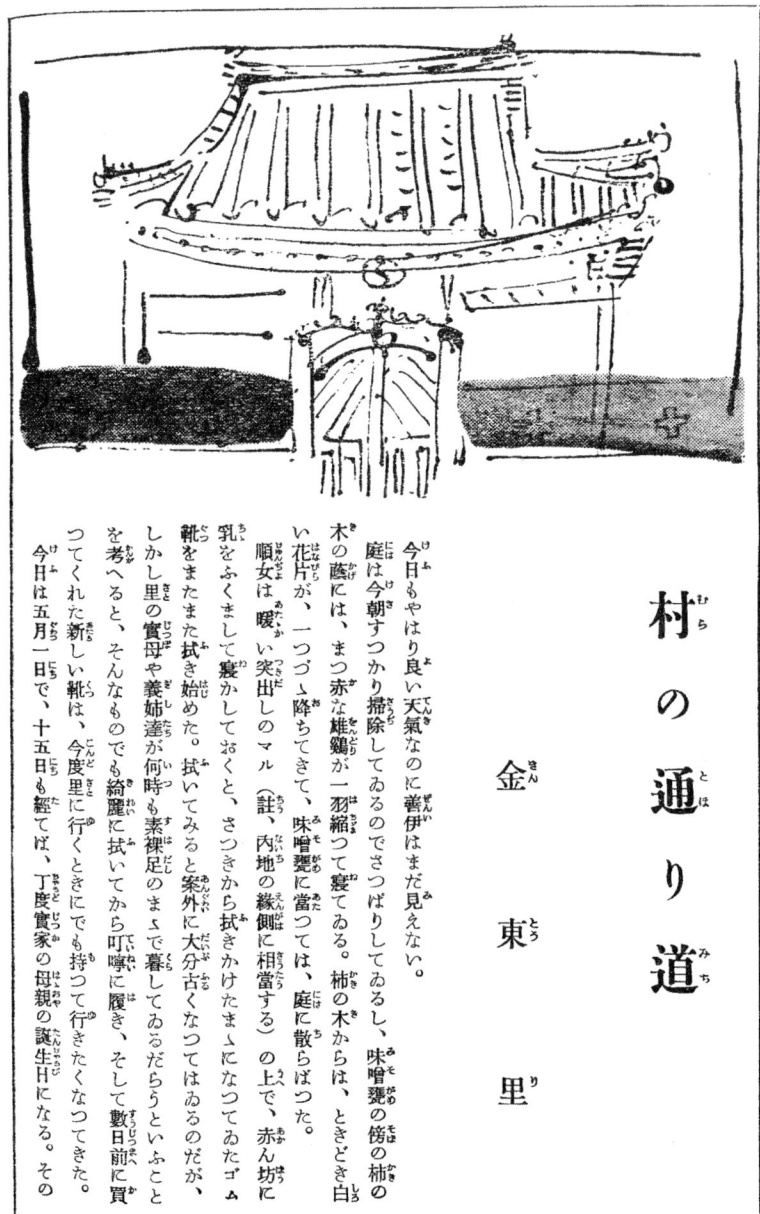

順女《じゆんぢよ》は暖《あたゝか》い突出《つきだ》しのマル（註《ちう》、內地《ないち》の緣側《えんがは》に相當《さうたう》する）の上《うへ》で、赤《あか》ん坊《ばう》に乳《ちゝ》をふくまして寢《ね》かしておくと、さつきから拭《ふ》きかけたまゝになつてゐたゴム靴《ぐつ》をまたまた拭《ふ》き始《はじ》めた。拭《ふ》いてみると案外《あんぐわい》に大分《だいぶ》古《ふる》くなつてはゐるのだが、しかし里《さと》の實母《じつぼ》や義姉《ぎし》達《たち》が何時《いつ》も素裸足《すはだし》のまゝで暮《くら》してゐるだらうといふことを考《かんが》へると、そんなものでも綺麗《きれい》に拭《ふ》いてから叮嚀《ていねい》に履《は》き、そして數日前《すうじつまへ》に買《か》つてくれた新《あたら》しい靴《くつ》は、今度《こんど》里《さと》に行《ゆ》くときにでも持《も》つて行《ゆ》きたくなつてきた。

今日《けふ》は五月《ぐわつ》一日《にち》で、十五日《にち》も經《た》てば、丁度《ちやうど》實家《じつか》の母親《はゝおや》の誕生日《たんじやうび》になる。そのときには、お隣《とな》りの玉男《ぎよくなん》に赤坊《あかんばう》をおんぶさせ、自分《じぶん》は鶏《にはとり》を抱《だ》き込《こ》んで母親《はゝおや》のところに行《ゆ》くのだと思《おも》ふと、順女《じゆんぢよ》は今《いま》でもすぐ胸《むね》がどきつくのだ。

思《おも》ひかへせばその間《あひだ》が何時《いつ》の間《ま》にか七年《ねん》、一年《ねん》を三百六十日宛《にちづゝ》としても一千と五百は、その間《あひだ》に順女《じゆんぢよ》が本當《ほんたう》に生《い》き甲斐《がひ》のあるような氣《き》のする日《ひ》は、ほゞ七日《か》位《ぐらゐ》のもの ゝような氣《き》がする。一年《ねん》に一度《ど》づゝしかやつて來《こ》ない母親《はゝおや》の誕生日《たんじやうび》だが、順女《じゆんぢよ》には一年《ねん》三百六十五日《にち》がすべてこの一日《にち》のためにのみ存在《そんざい》してゐるのかも知《し》れない。それに今年《ことし》はまた赤《あか》ん坊《ばう》まで玉男《ぎよくなん》におんぶさせて行《ゆ》くのだと考《かんが》へると、ます〱嬉《うれ》しくならざるを得《え》なかつた。

だからと云《い》つて、何《なに》も順女《じゆんぢよ》が今度《こんど》始《はじ》めて子供《こども》を産《う》んだのだと云《い》ふのではない。こんな暮《くら》しに入《はひ》つてから七年《ねん》になる間《あひだ》、順女《じゆんぢよ》は男《をとこ》の子《こ》ばかり三人《にん》も續《つゞ》けざまに産《う》んだものである。四十代《だい》に入《はひ》るまで子寶《こだから》に惠《めぐ》まれなくて、すつかり子供《こども》に飢《う》え切《き》つてゐたのに、急《きふ》にこんな福《ふく》の神《かみ》に舞《ま》ひ込《こ》まれ過《す》ぎたので、令監《ニヨンカム》さん（註内地《ちうないち》では旦那《だんな》さんの意味《いみ》）は、もうすつかり子供《こども》に對《たい》する飢渇《きかつ》どころかかへつて子供《こども》に食傷《しよくしやう》してしまつて生《うま》れて百日目《にちめ》位《ぐらゐ》の子供《こども》をおんぶして行《ゆ》かうとか、しよつて行《ゆ》かうとか、云《い》つたような言葉《ことば》を言《い》はなくなつてしまつた。

その日《ひ》令監《ニヨンカム》は、白《しろ》いゴム靴《ぐつ》一足《そく》と、今《いま》あの柿《かき》の木《き》の下《した》で縮《ちゞ》まつて寢《ね》てゐる雄鶏《をんどり》一羽《は》とを買《か》ひ求《もと》めてきて、靴《くつ》はお前《まへ》のものだが、どれ足《あし》に合《あ》ふかね。鶏《にはとり》は今度《こんど》の十五日《にち》に持《も》つて行《ゆ》くのだ、その間《あひだ》、まあどれ位大《くらゐおほ》きくなるか見《み》てみようなど云《い》つて、いかにも滿足《まんぞく》そうな眼色《めいろ》を示《しめ》したので、順伊《じゆんい》も、この機會《きくわい》に、令監《ニヨンカム》の肚《はら》の中《なか》を少《すこ》し探《さぐ》つてみるより外《ほか》に方法《はうはふ》がなくて

「あたしも何時《いつ》もひとりだとあんまり淋《さび》しいから、こんどの子《こ》はこのまゝとゝで育《そだ》てゝみませうかしら」

と、幾日《いくにち》も置《お》いて考《かんが》へてゐたことをこんなふうに遠廻《とほまは》しに聞《き》いてみると

「…………」

令監《ニユンカム》はそのまゝ聞《き》かぬ振《ふ》りをして煙管《きせる》ばかりを吹《ふ》かしてゐた。

こうなると、順女《じゆんぢよ》も、もう一度《どつ》詰《つ》め寄《よ》つてみるより外《ほか》に仕方《しかた》がなく

「本宅《ほんたく》にはあんなに子供《こども》が二人《ふたり》もゐる事《こと》だし、奥《おく》さまも年《とし》を取《と》られて子供達《こどもたち》を育《そだ》てるのに何時《いつ》まであんなにご心配《しんぱい》なさらなくても、妾《わたし》

にはこんなに乳《ちゝ》も澤山《たくさん》あるし、妾《わたし》だつて何時《いつ》も獨《ひと》りぢやさびしいのよ、だから……」

と云《い》ふと、令監《ニヨンカム》は、

「そんなに何時《いつ》も退屈《たいくつ》なら、外《そと》に出《で》てうんと仕事《しこと》でもしたらどうだ」

といふのであつた。

順女《じゆんぢよ》は、あきれ返《かへ》つて、そのまゝ口《くち》をつぐむでしまはうかとも思《おも》つたが、何《なん》となく、悲《かな》しみの鋒先《ほこさき》が胸底《むなそこ》を突《つ》き上《あ》げて來《く》るので、

「それや、だつて、何時《いつ》も遊《あそ》んでゐるとばかり思《おも》つてゐらつしやるんでせうけれど、家《うち》の前《まへ》の畠《はたけ》に一度《ど》出《で》てどらんなさいまし、その麥《むぎ》や馬鈴薯《じやがいも》や、にんにくや、綿《わた》や、それがみな誰《だれ》の手《て》で作《つく》られたんでせう。あたし、一人《ひとり》だけのことなら、どんなことをしたつて何《なに》がそんなに退屈《たいくつ》なもんですか、年中《ねんぢう》寢《ね》ても覺《さ》めても側《そば》に子供《こども》一人《ひとり》ゐないんですもの、だから……」

さつきから上衣《うはぎ》の紐《ひも》を服《ふく》に當《あ》てゝはゐるがそれはたゞそう云《い》ふならはしだけで、涙《なみだ》はしきりに床《ゆか》の上《うへ》にこぼれるのであつた。とうなると、

「…………」

令監《ニヨンカム》は煙草《たばこ》だけ吹《ふ》かしてゐれば、それでことは濟《す》むといふものだ。

順女《じゆんぢよ》はとんどだけはどうあつてもがんばつてみるつもりでゐるが、若《も》しとんどまでそんなに子供《こども》をとられてしまへば、もうとの世《よ》に生《い》きる樂《たの》しみが彼女《かのぢよ》には少《すこ》しもなくなるといふものだ。もと〳〵父兄兄弟《ふけいきやうだい》のために賣《う》られてきたような體《からだ》ではあるが、すでに子供《こども》を二人《ふたり》もとられてゐるのだからもうそれで澤山《たくさん》な譯《わけ》だ。それをまたとれ以上《いじやう》もつともつと御恩《ごおん》を返《かへ》さなければならぬといふのか。恩《おん》と云《い》つたところで、實際《じつさい》のところ別《べつ》に大《たい》したものぢやないぢやないか。あのとき、田地《でんち》五斗《と》落《らく》（註、一斗《と》の種子《しゆし》が撒《ま》ける位《くらゐ》の面積《めんせき》の土地《とち》を一斗《と》落《らく》と稱《しよう》す）を作《つく》らせてもらふようになつた位《くらゐ》なもので、それが何《なん》でそんなに大《たい》それた恩《おん》だと云《い》ふのだ。

わけのわからぬ近所《きんじよ》の人達《ひとたち》は、口《くち》を開《ひら》けば必《かなら》ず、御愛想《おあいそ》のつもりで

「そんなに樂《らく》をしてゐながらどうしてそんなに瘦《や》せてゐるんですか？」

など、云《い》つてゐるが、だから人間《にんげん》は他人《たにん》の氣持《きもち》は分《わか》らないものだと云《い》ふものだ。人間《にんげん》は氣《き》が樂《らく》であつてこそ始《はじ》めて樂《らく》なのであつて、衣食《いしよく》に不自由《ふじいう》しないからと云《い》つて瘦《や》せないといふものではないだらう、誰《だれ》だつて產《う》んだ子《こ》は自分《じぶん》で育《そだ》てるものを、腹《はら》を痛《いた》めた

子供《こども》を人《ひと》に取《と》られても、それで食《く》ふものが果《はた》して血《ち》になり肉《にく》となるだらうか、それも十年《ねん》二十年位過《ねんぐらゐす》ぎた後《のち》になつても自分《じぶん》の產《う》みの母《はゝ》を尋《たづ》ねてくれるものなら、またそれだけの物心《ものごゝろ》がついてゐるものなら、せめてそのときをでも樂《たのし》みにして生《い》きてみようものを、それなのに、若《も》しかして產《う》みの母《はゝ》の顏《かほ》でも覺《おぼ》えやしないかと氣《き》を配《くば》つてろくろく乳離《ちばな》れもしない赤坊《あかんばう》を、襁褓《むつき》にくるんで持《も》つて行《い》つてしまはれるのだから子供《こども》が大《おほ》きくなつても果《はた》して自分《じぶん》の母《はゝ》を母《はゝ》として迎《むか》へてくれるかどうか。

殊《こと》に本宅《ほんたく》のマヌラ（おかみさんのこと）の態度《たいど》ときたら、折角《せつかく》子供《こども》を產《う》んでやつても、いや、そうすればするほど仇敵《かたき》にするのだ。もともと自分《じぶん》には惠《めぐ》まれない子供《こども》が三人《にん》もズラリと並《なら》べられてみると、もう順女《じゆんぢよ》は、マヌラに取《と》つては間違《まちが》ひなく目《め》の上《うへ》の瘤《こぶ》に當《あた》るわけだ。

だから先《さき》に、未《ま》だ三番目《ばんめ》の子供《こども》が生《うま》れてゐなかつたとき、詰《つま》らぬ田地《でんぢ》を五斗落《とらく》ばかり順女《じゆんぢよ》の名前《なまへ》にしてやつて、あつさり順女《じゆんぢよ》と手《て》を切《き》つてくれと、マヌラが令監《ニヨンカム》を唆《そゝの》かしてゐたといふ噂《うはさ》は、近所《きんじよ》の人達《ひとたち》でも知《し》らぬものはないのだが、そのとき令監《ニヨンカム》が、まあ、と云《い》つてそのまゝになつてゐるのは、何《なに》も順女《じゆんぢよ》を本妻《ほんさい》よりずつと可愛《かはい》がつてゐるからではなく、たゞろくでもない田地《でんぢ》でも五斗落《とらく》も一時《じ》に遣《や》つてしまふのが本當《ほんたう》に惜《をし》くつてできないんだと、近所《きんじよ》の人達《ひとたち》の、とそ〳〵話《はなし》に上《のぼ》つてゐるほどであつた。

それだのに譯《わけ》の分《わか》らぬ里《さと》の兄《あに》は、たゞつまらぬ慾《よく》にかられて、若《も》し令監《ニヨンカム》さんがそうしてくれと云《い》つてるなら文句《もんく》を云《い》はずにそうしろと、云《い》ひかゝつてくるのだつた。これは、また人《ひと》の氣《き》を察《さつ》しないにも程《ほど》があると云《い》ふものだ。そんな田地《でんぢ》にこだわつて妹《いもうと》を犧牲《ぎせい》にしてかへりみないのだ。もう實家《じつか》の令監《ニヨンカム》も、里《さと》の兄《あに》も何《なに》も彼《か》も大《たい》したものとは思《おも》はぬ。自分《じぶん》の腹《はら》を痛《いた》めた子供《こども》を三人《にん》も置《お》いておいて、何《なん》で赤《あか》の他人《たにん》にならうといふのだ。母《はゝ》や兄《あに》には面《おも》白《しろ》からうとなからうと、令監《ニヨンカム》が顧《かへり》みてくれようとくれまいと、順女《じゆんぢよ》はたゞ自分《じぶん》の子供《こども》に望《のぞ》みをかけて生《い》きて行《ゆ》く氣《き》だから、九死《し》一生《しやう》の眼《め》に會《あ》はされても蛭《ひる》のようにならない譯《わけ》には行《ゆ》かない。

順女《じゆんぢよ》とて、勿論最初《もちろんさいしよ》からこんな風《ふう》にのみ考《かんが》へてゐたわけではない、そも〳〵こんな生活《せいくわつ》に入《はひ》つたといふのも云《い》はゞ實家《じつか》のためのみであつた。父親《ちゝおや》は、やつと五十になるかならぬ年《とし》をして、もう何年《なんねん》も病床《びやうしやう》に寢《ね》てゐて夜晝《よるひる》となく苦《くる》しんでゐるから藥《くすり》のことばかり云《い》つてゐたし、だから自然《しぜん》家《いへ》の中《なか》の仕事《しごと》は爪《つめ》の垢程《あかほど》もやらぬし、家《いへ》の中《なか》でも普通學校《ふつうがくかう》をやつと卒業《そつげふ》したといふ二番目《はんめ》の息子《むすこ》が滿洲《まんしう》とか「大國《たいこく》」（註《ちう》中國《ちうごく》のこと）とかに行《い》つてしまつた後《あと》は、たより一つなく、外《ほか》にがやがや騒《さわ》ぎ立《た》ててゐるものはみな口《くち》を開《あ》けて食《しよく》物《もつ》を待《ま》つてゐる甥《をひ》や姪《めひ》や弟《おとうと》ばかりで、上《うへ》の兄《あに》が一人《ひとり》の手《て》で、いくら人《ひと》の田地《でんぢ》を三斗《と》落《らく》ばかり作《つく》つてみたところで、それで大勢《おほぜい》の家族《かぞく》の口《くち》に糊《のり》することが出來《でき》るものではない。その隙《すき》を窺《うかゞ》つて上《うへ》の里《さと》の楊主事《やうしゆじ》が、中《なか》に人《ひと》を立《た》たせて順女《じゆんぢよ》をくれといつて來《き》たのであつた。

上《うへ》の村《むら》の楊主事《やうしゆじ》と云《い》へば、第《だい》一に金《かね》があつて、田地《でんぢ》を澤山《たくさん》持《も》つてゐるんだといふことはとの近所《きんじよ》で知《し》らぬものもないが、またそのときまで子供《こども》を持《も》たない人間《にんげん》だといふこともみなに知《し》られてゐた。だから仲《なか》に立《た》つた許生員《きよせいゐん》の云《い》ひ分《ぶん》を聞《き》くと、誰《だれ》でも楊主事《やうしゆじ》のところに暮《くら》しに入《はひ》るものは、自分一人《じぶんひとり》の贅澤《ぜいたく》は勿論《もちろん》のこと、家族《かぞく》乃至《ないし》一眷族《けんぞく》に至《いた》るまで、田地《でんぢ》は勿論《もちろん》飽《あ》きるほど作《つく》らせるが、その上男《うへをとこ》の子《こ》が一人《ひとり》でも産《うま》れたら、そのときには、あの莫大《ばくたい》な財産《ざいさん》は一體《たい》誰《だれ》のものになるだらうかと、くつくつくつと咽喉《のど》を鳴《な》らしながら耳語《さゝや》くのであつた。順女《じゆんぢよ》だつて、とんな言葉《ことば》を何《なに》もかもすつかり信《しん》じてゐたわけではないが、しかしその中《なか》の、實家《じつか》の方《はう》が野《の》良《ら》仕《し》事《こと》一つだけでも力《ちから》一杯《はい》やらしてもらへるのだといふことでも信《しん》じなかつたら彼女《かのぢよ》は決《けつ》して妾室《ぜふしつ》には入《はひ》らうとはしなかつたであらう。

事實《じじつ》その後《ご》村《むら》の人達《ひとたち》がとそ〳〵話《ばなし》にしてゐるほどそんなに實家《じつか》の暮《くら》し向《む》きが裕《ゆたか》になつてきたわけではないが、それにしても前《まへ》よりはずつと樂《らく》に息《いき》をつけるようになつたといふことだけは母《はゝ》や兄《あに》からも聞《き》かされたことではあつた。しかし今《いま》となつては順女《じゆんぢよ》にとつて一番大事《ばんだいじ》な問題《もんだい》は實家《じつか》でもなく暮《くら》し向《む》きでもなく、それは只《たゞ》自分《じぶん》が産《う》んだ子供《こども》三人《にん》の問題《もんだい》で、どうすれば自分《じぶん》の産《う》んだ子《こ》を自分《じぶん》の子《こ》だと呼《よ》ぶことができるか、それらの子供《こども》のために一すじ母《はゝ》としての勤《つと》めをしてみられるかといふことだ。いやそれよりも、先《ま》づどう云《い》ふ風《ふう》にすれば、戀《こひ》しい子供《こども》たちの顔《かほ》が一度《ど》だけでもよけい見《み》られるかといふことが何《なに》よりも切實《せつじつ》な問題《もんだい》であるのだ。

順女《じゆんぢよ》が今《いま》もとうして暖《あたゝか》い縁側《えんがは》の上《うへ》で、赤《あか》ん坊《ばう》を寢《ね》かしたその側《そば》に坐《すわ》つてゴム靴《ぐつ》など拭《ふ》いてゐるのも、何《なに》もあの柿《かき》の木《き》の下《した》に縮《ちゞ》まつて寢《ね》てゐる眞赤《まつか》な雄鷄《をんどり》の守《も》りをするためでもなければ、そとで日向《ひなた》ぼつこをするためでもない。事實《じじつ》はたゞ向《むか》ふの古城《こじやう》の角《かど》を曲《まが》つて、溝《みぞ》に添《そ》ふてこつちへとやつてくる筈《はず》の善伊《ぜんい》を待《ま》つてゐるところなのだ。いや善伊《ぜんい》を待《ま》つてゐるといふよりも、善伊《ぜんい》に手《て》をひかれてくる筈《はず》になつてゐる彼女《かのぢよ》の長男《ちやくなん》の永俊《えいしゆん》と、善伊《ぜんい》の背《せ》におんぶされてくるであらう次男《じなん》の基俊《きしゆん》とを迎《むか》へんがためなのだ。

順伊《じゆんい》は善伊《ぜんい》をしてそれらの子供達《こどもたち》を誘《おび》き出《だ》してとさせるため今《いま》

木鬱山水圖　金明國畫（仁祖朝時代）　京城・李王家美術館藏

まで色々《いろ〳〵》と心《こゝろ》を砕《くだ》いた。

善伊《ぜんい》の方《はう》からみても、大人達《おとなたち》の眼《め》を盗《ぬす》んで子供達《こどもたち》をつれだしてくるといふことは、容易《ようい》ならぬ「大冒險《たいはうけん》」で、それが一度《ど》ばれたときにはもうそとから直《すぐ》に追《お》ん出《だ》されるのは勿論《もちろん》のことだが、それよりさきに、どうしてあの鞭《むち》に堪《た》えられるものか。だから飯《めし》をやつたり餅《もち》をやつたり、時《とき》には飴《あめ》をやつたり、可愛《かあい》い金嚢《かねぶくろ》までつけてやつたりして、逢《あ》ふ度毎《たびごと》に唆《そゝのか》したり口說《くど》いたり、しまひには彼《かれ》の母《はゝ》にまで賴《たの》んだり哀願《あいぐわん》したりして、とう〳〵善伊《ぜんい》もその冒《はう》險《けん》を承諾《しようだく》したものだ。

一ケ月前《げつまへ》に、善伊《ぜんい》はこの冒險《はうけん》に一度《ど》成功《せいこう》したことがある。そのとき善伊《ぜんい》は小《ちひ》さい方《はう》の基俊《きしゆん》だけを背負《おぶ》つてやつて來《き》た。しかしそれだけでも善伊《ぜんい》は順女《じゆんぢよ》からの充分《じうぶん》の歡待《くわんたい》を受《う》けることが出來《でき》たし、また順女自身《じゆんぢよじしん》も永《なが》い間《あひだ》にわたつて胸《むね》に刻《きざ》まれてゐた悲《かな》しみをやつと涙《なみだ》で解《と》くことが出來《でき》た。

善伊《ぜんい》をそゝのかして大人達《おとなたち》の眼《め》をごまかさせるといふことは決《けつ》して正《たゞ》しいことではないとは順女《じゆんぢよ》も知《し》らないわけではないが、しかし生《うま》れたばかりの人《ひと》の子《こ》を産《うま》れる度毎《たびごと》に持《も》つて行《い》つてしまつて、その後幾年《ごいくねん》經《た》つても、顏《かほ》一度《ど》すらみせてくれようとしない、それでいゝと思《おも》つてゐるのかしら。それも、何《なん》十里《り》も遠《とほ》く離《はな》れてゐるならまだしも、たつた村里《むらざと》一つ隣《とな》りに居《ゐ》て、何年間《なんねんかん》のうちに、顏《かほ》を一度《ど》見《み》ることさへ仲々《なか〳〵》むづかしいのだから、實《じつ》に辛《つら》かつた。

柿《かき》の木《き》の下《した》で縮《ちゞ》まつて寢《ね》てゐた眞赤《まつか》な雄鷄《をんどり》が羽搏《はばた》きしながら起《お》き上《あが》つて、いかにものびのびと晝啼《ひるな》きを三度《ど》ばかり鳴《な》き上《あ》げた。向《むか》ふの古城《こじやう》の角《かど》を廻《まは》つて、とつちへ溝《みぞ》に添《そ》ふてやつてくる筈《はず》の善《ぜん》伊《い》はまだ見《み》えない。

東向《ひがしむ》きの家《いへ》の日蔭《ひかげ》が三間幅《げんはゞ》も餘計《よけい》に庭《には》に延《の》びてからやつと、順《じゆん》女《ぢよ》が晝飯《ひるめし》の御膳《おぜん》に坐《すわ》りかけたところへ、ばさ〳〵と子供達《こどもたち》の走《はし》る音《おと》が聞《きこ》えてきたので、どきつとして眼《め》を上《あ》げると、間《ま》もなく門《もん》に差《さ》しかゝつてきたものが善伊《ぜんい》で、善伊《ぜんい》の背《せ》におんぶされた基俊《きしゆん》、善伊《ぜんい》に手首《てくび》を握《にぎ》られてゐる永俊《えいしゆん》らであつた。

順女《じゆんぢよ》は、最初子供達《さいしよこどもたち》をぽかんと眺《なが》めながら、でくの棒《ぼう》の樣《やう》に立《た》つて、にやつと笑《わら》つてゐた。次《つぎ》の瞬間《しゆんかん》、彼女《かのぢよ》は突然狂《とつぜんくる》つた人《ひと》か何《なに》かのやうに飛《と》びついて行《い》つて永俊《えいしゆん》をぐいつと胸《むね》に抱《だ》きしめた。

——永俊《ニヨンジユンア》や、永俊《ニヨンジユンア》や、永俊《ニヨンジユンア》や……しかしその聲《こゑ》は彼女《かのぢよ》の咽喉《のど》から外《そと》には洩《も》れず、永俊《えいしゆん》の背中越《せなかごし》に俯向《うつむ》いた彼女《かのぢよ》の顏《かほ》から涙《なみだ》がぽたぽたとこぼれ落《お》ちた。

善伊《ぜんい》は順女《じゆんぢよ》の心持《こゝろもち》はよく知《し》つてはゐるのだが、さりとて順女《じゆんぢよ》について涙《なみだ》をこぼすのもバツがわるく、だからと云《い》つて、はたからぢいつと見上《みあ》げたり眺《なが》めたりするわけにも行《ゆ》かず、縁側《えんがは》の欄干《らんかん》にもたれて斜《はす》に立《た》つたまゝ首《くび》を垂《た》れてゐる。

誰《だれ》よりも驚《おどろ》いたのは永俊《えいしゆん》だ。どうみても見覺《みおぼ》えのない人間《にんげん》なのに、どうしてこんなに自分《じぶん》をうんと抱《だ》きしめてしまつたまゝ放《はな》してはくれないのだらうか。それに、この見覺《みおぼ》えのない人《ひと》は涙《なみだ》まで流《なが》してゐるではないか。

「永俊や《ニョンジュンア》！」

見覺《みおぼ》えのない人《ひと》は尙《なほ》も眼《め》に涙《なみだ》を湛《たゝ》えてこう呼《よ》ぶのだ。今《いま》にも泣《な》き出《だ》しさうになつてゐたところだつたので、つひ、

「うわんあー　あー」

と、泣《な》き出《だ》してしまつた。

「何故《なぜ》泣《な》くの、泣《な》くんぢやない、泣《な》くんぢやないさあ……坊《ばう》や。」

順女《じゆんぢよ》は立《た》ち上《あが》つて壁《かべ》の潜《くゞ》り戸《ど》を開《あ》け、中《なか》から用意《ようい》してあつた餅《もち》やお砂糖《さたう》や、飴《あめ》やお菓子《くわし》などを取《と》り出《だ》した。

「さあ、これを上《あ》げるから泣《な》くんぢやない。さあ、さあ、いゝ子《こ》だ泣《な》くんぢやない」

順女《じゆんぢよ》は、餅《もち》を摑《つか》んで、永俊《えいしゆん》の手《て》にそれを握《にぎ》らせようとしたが、永俊《えいしゆん》はどうしても、手《て》を拳《こぶし》にしたまゝで、それを押《お》し返《かへ》してしまふのだ。

善伊《ぜんい》もそれをみかねて

「永俊《えいしゆん》や頂戴《ちやうだい》しな。おかあさんだよ」

と云《い》つてやると、永俊《えいしゆん》はやう〳〵泣《な》き止《や》んで首《くび》を擧《あ》げたまゝぼんやりと善伊《ぜんい》を眺《なが》める。

「頂戴《ちやうだい》して、ね、頂戴《ちやうだい》するんだよ」

こんどは善伊自身《ぜんいじしん》が自分《じぶん》の手《て》で餅《もち》を取《と》つて永俊《えいしゆん》の手《て》に持《も》つて行《い》つてやると、永俊《えいしゆん》の手《て》はする〳〵と解《と》けるのであつた。順女《じゆんぢよ》は

「さうさう、永俊《えいしゆん》はいゝ子《こ》ね、ほんとうにかはいゝ……」

こう口《くち》は動《うご》かしてゐるのだが涙《なみだ》はどつとこぼれ出《で》るのだ。

順女《じゆんぢよ》は子供達《こどもたち》に見《み》られないやうに、いそいで眼《め》をふいてから、

「俊《しゆん》や、妾《わたし》、誰《だれ》？　ちよつと當《あ》てゝごらん・當《あ》てたらいゝものを上《あ》げるから。」

「……」

「さあ、どう、妾《わたし》は誰《だれ》？」

「……」

永俊《えいしゆん》は、ぼんやりとした眼付《めつ》きで、順女《じゆんぢよ》の顏《かほ》をボカンと眺《なが》めるだけだつた。

「永俊《えいしゆん》や、おかあちやんだよ、おかあちやん！。」

善伊《ぜんい》が側《そば》から、とう低《ひく》い聲《こゑ》で云《い》ひ聞《き》かしてやつても、やはり本《ほん》當《たう》にはしないような眼付《めつ》きだ。

そこで順女《じゆんぢよ》が、

「坊《ぼう》やのおかあちやん、家《うち》で何《なに》をしてゐる？」

とう聞《き》いてみると、やつと

「かあちやん、ねんねしてる」

と、口《くち》を開《ひら》くのだ。

「どうして、どこかわるいの？」

「うん」

「どこ？」

「頭《あたま》が」

「何《なに》、頭《あたま》が痛《いた》い？　永俊《えいしゆん》の嘘付《うそつ》きつたら……」

と善伊《ぜんい》が横《よこ》から口《くち》を入《い》れると、

「あのとき痛《いた》かつたもの、あのとき……」

永俊《えいしゆん》は、善伊《ぜんい》を見《み》ながら口答《くちごた》へをするのだ。

順女《じゆんぢよ》が、

「ぢや、坊《ぼつ》ちやんのお母《かあ》ちやん、ほんとうに、いゝ？」

と聞《き》くと、

「……」

永俊《えいしゆん》は、首《くび》をがくり〳〵するばかり。

善伊《ぜんい》は背《せ》に負《お》んぶしてゐた基俊《きしゆん》を解《と》いて順女《じゆんぢよ》に渡《わた》すと、庭《には》に降《お》りて柿《かき》の花《はな》を拾《ひろ》つた。永俊《えいしゆん》もついて降《お》りて行《い》つた。

順女《じゆんぢよ》は基俊《きしゆん》を受取《うけと》り、抱《だ》いて乳《ちゝ》を呑《の》ましてゐるところへ永俊《えいしゆん》が柿《かき》の花《はな》びらを拾《ひろ》つて喜《よろこ》んで駈《か》け込《こ》んできた。それを顧《かへりみ》ながら、

また

「永俊《えいしゆん》や、この赤《あか》ちやんは誰《だれ》？」

と聞《き》くと

「うちの基俊《きしゆん》だい」

「基俊《きしゆん》は坊《ぼつ》ちやんの弟《おとうと》でせう」

「そうだよ」

「ぢやあの子《こ》は誰《だれ》なの？」

部屋《へや》に寝《ね》てゐる成俊《せいしゆん》を指差《ゆびさ》した。

「……」

永俊《えいしゆん》は、ニヤリと笑《わら》ふのだが、それは、何《なに》か譯《わけ》が分《わか》つてゐての笑《わら》ひではなく、たゞ子供達《こどもたち》が、よく自分《じぶん》よりも年下《としした》の赤坊《あかんばう》を見《み》せられたときに笑《わら》ふような、一種《しゆ》の笑《わらひ》に過《す》ぎなかつた。

善伊《ぜんい》が暫《しばら》くしてから

「永俊《えいしゆん》や、あんたの弟《おとうと》だよ、弟《おとうと》」

村の女　　崔永秀畫

と教《をし》へてやると、

「うそだ。」

といふのだ。

順女《じゆんぢよ》は永俊《えいしゆん》の答《こたへ》はきつと、さうに違《ちが》ひないと前《まへ》から豫想《よさう》はしてゐたが、何《なに》か烈《はげ》しい渇《うえ》にかつ〳〵と締《し》めつけられる想《おも》ひだつた。

なほまだそれでもとおもひ返《かへ》し、

「永俊《えいしゆん》や、坊《ぼつ》ちやんは妾《わたし》が分《わか》らないの？　ほんとうに妾《わたし》が誰《だれ》だか知《し》らないの？」

とう、もう一度《ど》聞《き》いてみると、とたんに永俊《えいしゆん》は

「善伊《ぜんい》とこのかあさん」

と答《こた》へるのだ。善伊《ぜんい》のおかあさんだといふ意味《いみ》だ。

順女《じゆんぢよ》は、急《きふ》に立《た》ち上《あが》つて、竈《かまど》のところへばた〳〵と逃《に》げるように駈《か》けこんで行《い》つて、どんぶりで冷水《れいすゐ》を汲《く》んでは飲《の》みほして悲《かな》しさを靜《しづ》めようとした。

その日《ひ》の夜《よる》、本宅《ほんたく》のマヌラ（おかみの意味《いみ》）が眞蒼《まつさを》な顔《かほ》をして跳《と》びこんで來《き》た。

ほんとうに仕様《しやう》のないのは子供《こども》のことだ。歸《かへ》り途《みち》に善伊《ぜんい》は、家《うち》に歸《かへ》つてから何《なに》も云《い》はないようにと、あんなに永俊《えいしゆん》に言《い》ひ含《ふく》めたし、また永俊《えいしゆん》の方《はう》でもそれを承知《しようち》して約束《やくそく》までした筈《はず》なのに、例《れい》の飴《ちつ》だの、柿《かき》の花《はな》だのと、喋《しやべ》りつゞける中《うち》に、つひ、善伊《ぜんい》との約《やく》束《そく》まですつかり忘《わす》れてしまつて、しやべつてしまつたのだ。

とつさに勘付《かんづ》いたマヌラは、ありつたけの喰物《たべもの》やらおもちややらで永俊《えいしゆん》を甘《あま》やかすだけ甘《あま》やかすと、飛《と》んでもない出鱈目《でたらめ》まで喋《しやべ》らしておいてから、今度《こんど》は鞭《むち》を握《にぎ》つて善伊《ぜんい》を責《せ》め立《た》てたものだ。

元來《ぐわんらい》、子供《こども》の産《う》めない女《をんな》には、冷《つめた》い、きつい性質《せいしつ》の女《をんな》が多《おほ》いものだが、このマヌラもやはりその一人《ひとり》で、その蒼黒《あをぐろ》い顔《かほ》からして、冷《つめた》い風《かぜ》を吹《ふ》きちらすいぶきが感《かん》ぜられるのだ。背《せい》は低《ひく》いが、背骨《せぼね》から肩《かた》、腰骨《こしぼね》までが、みながつちりと据《すわ》り開《ひら》いたような骨組《ほねぐみ》のところへ、永年《ながねん》の間《あひだ》、やれ子《こ》を生《う》む薬《くすり》だ、やれ氣《き》を鎭《しづ》める薬《くすり》だ、と、ありとあらゆる良《い》いといふ藥《くすり》を年《ねん》がら年中《ねんぢうの》飲み續《つゞ》けてきたせいで、それでなくてさえ、何時《いつ》も餘《あま》り樂許《らくばか》りし過《す》ぎてゐる體《からだ》のことだからすつかり肥《ふと》つちよになるより外《ほか》はなく、それこそ俗《ぞく》に云《い》ふ、此上《このうへ》もなく、どつかりとした臼桶《うすをけ》になつてしまつた。

マヌラは上《あが》り石《いし》の上《うへ》に履物《はきもの》を脱《ぬ》ぎ、

「えへん」

と、緣側《えんがは》へ足《あし》をどかんと踏《ふ》み上《あ》げてから丁度《ちやうど》そのとき、ハッと思《おも》ひ乍《なが》ら強《し》いて笑顔《あがほ》を作《つく》り（襖《ミダヂ》のように兩方《りやうはう》へ押《お》し開《ひら》くようになつてる）窓《まど》を開《あ》ける順女《じゆんぢよ》の胸倉《むなぐら》に、臼桶《うすをけ》は彈丸《だんぐわん》の如《ごと》く飛《と》び掛《かゝ》つ

て行《い》つた。

「アイゴオモニー」(あいたつ！　の感投辭《かんとうじ》)

順女《じゆんぢよ》は後《うしろ》へと、どかんとひつくりかへり、

「ひい、ひい、くつくつ！」

と、舌《した》は咽喉《のど》の奥《おく》へとひつ込《こ》まれて行《い》くようで、顔《かほ》はみる〳〵土色《つちいろ》に變《かは》つて行《い》く。

しかしマヌラの痛憤《つうふん》は、まだまだ半分程《はんぶんほど》も晴《は》されてゐない。

「ふむ！　この阿魔《あま》！　誰《だれ》の前《まへ》で空《そら》を使《つか》ふんだ。空《そら》を……」

今度《こんど》は、ちやんと前々《まへ〳〵》から家《うち》で考《かんが》へてきたとほり、素早《すはや》く片手《かたて》で順女《じゆんぢよ》の頭髮《とうはつ》をぐるぐる捲《ま》きに引《ひ》つ摑《つか》んで、

「この阿魔《あま》、やいとの阿魔《あま》！」

マヌラは、餘《あま》りの憤怒《ふんど》のため、聲《こゑ》はふるえてゐる。

「このあま、やいとのあまつちよめ、お前《まへ》の罪《つみ》はお前《まへ》で分《わか》つてるだらう、このあま。誰《だれ》をごまかそうつてんだ？　このあま、首《くび》を千切《こまぎ》れにしても罪《つみ》は罪《つみ》として殘《のこ》るのだ。このあまつ！　やいとの阿魔《あま》つちよと、お前《まへ》の肝《きも》はとなどなにしやぶつても恨《うらみ》は晴《はら》せないんだよ。肝《きも》をしやぶつても……やいとのあま、お前《まへ》はわれを死《し》ねつて、毎晩《まいばん》のようにお供《そな》えをして祈《いの》つてるんだらうとん畜生《ちくしやう》、えいとん畜生《ちくしやう》め、肝《きも》をえぐり出《だ》してしやぶつても、罪《つみ》は罪《つみ》のまゝ生《い》きてるんだよ。やいとのあま！」

マヌラは何回《なんくわい》となく同《おな》じことばをくど〳〵とわめき立《た》てながら手《て》に捲《ま》きつけてある頭髮《とうはつ》を、頭《あたま》も割《わ》れよとげかりに床《ゆか》の上《うへ》にひつさきひつさきしてゐたが、今度《こんど》は順女《じゆんぢよ》の顏《かほ》や胸《むね》や乳房《ちぶさ》など手當《てあた》り次第《しだい》に嚙《か》みちぎつたので自分《じぶん》の顏《かほ》は勿論《もちろん》のこと、順女《じゆんぢよ》の上半身《じやうはんしん》もすつかり血達磨《ちだるま》になつてしまつた。

近所《きんじよ》の人達《ひとたち》も來《き》て止《と》めようと試《こゝろ》みたが、かへつてみな一度《ど》づゝ鞭《むち》に見舞《みま》はれて尻《しり》ごみしてしまつた。止《と》める人《ひと》だからとて遠慮會釋《ゑんりよゑしやく》などしない。やはり手當《てあた》り次第《しだい》嚙《か》みつくし髮《かみ》を摑《つか》んではひき仆《たふ》すし、或《あるひ》は眼玉《めだま》に火花《ひばな》を散《ち》らしながら突掛《つきか》つて行《ゆ》くといふ調子《てうし》なので、それこそ親身《しんみ》の父母兄弟《ふぼきやうだい》でゝもなければ、到底根氣強《たうていこんきづよ》く、とれを押《お》し止《と》めることはできなかつた。

それでもマヌラの憤激《ふんげき》はやはりまだ半分《はんぶん》も解《と》けた譯《わけ》ではない。

順女《じゆんぢよ》の上半身《じやうはんしん》がもうすでに血達磨《ちだるま》になつてしまふと、今度《こんど》はその裳《チマ》や、その裳《チマ》の下着《したぎ》を嚙《か》み切《き》り、手《て》で裂《さ》きちぎり、そうしてそとに露《あら》はれた白《しろ》い腹《はら》や兩股《りやうもゝ》の上《うへ》へ顏《かほ》を埋《う》めて脣《くちびる》を動《うご》かし始《はじ》めてゐたが、そこへ、さつきから近所《きんじよ》の人達《ひとたち》の知《し》らせを受《う》けながらもそのまゝ寢《ね》そべつて暫《しばら》く煙草《たばこ》を喫《す》つてゐた彼等《かれら》の合監《ニョンカム》が始《はじ》めて

出《で》て來《き》て部屋《へや》の門《もん》を開《あ》けるのであつた。

「いやあ——これはどうしたといふんだ！　うん？　何《なん》でこんなに騒《さわ》いでゐるんだ。えゝ？」

令監《ニヨンカム》は部屋《へや》の門《もん》に入《はひ》るなり、顔《かほ》を眞赤《まつか》にして、部屋《へや》も吹《ふ》つ飛《と》べとばかりにどなり上《あ》げた。

だが、マヌラは、もう一度《ど》聲《こゑ》を振《ふ》りしぼつて、

「このあまつ！　やいこのあまつ！　順女《じゆんぢよ》！　やいこのあま、お前《まへ》がわしを死《し》ねつと祈《いの》つてるあまぢやないか。やいこのあま！　肝《きも》をえぐり出《だ》してしやぶつても罪《つみ》は罪《つみ》のまゝなくならぬこのあま、さあ汝《おまへ》も死《し》ね、わしも死《し》ぬ！　やいこのあまつ！」

とう呻《うめ》き立《た》てながら、歯《は》をくひしばつて、順女《じゆんぢよ》の両股《りやうもゝ》の上《うへ》に俯《うつ》伏《ふし》に仆《たふ》れるのだ。

みると全身血《ぜんしんち》だるま同様《どうやう》になつてゐる順女《じゆんぢよ》は、何《なに》一つ反抗《はんかう》も示《しめ》さず、息使《いきづか》ひもすつかり、切《き》れ切《ぎ》れになつて行《ゆ》く模様《もやう》なので、さすが令監《ニヨンカム》の胸《むね》もどぎりとして、あはててマヌラの髪《かみ》を掴《つか》んで後《あと》に引《ひ》き仆《たふ》すと、すぐ人《ひと》をやつて醫者《いしや》を呼《よ》んだ。

後《うしろ》にどつと引《ひ》き仆《たふ》されたマヌラは、がばつと體《からだ》を起《おこ》して坐《すわ》ると、口《くち》の血泡《ちあわ》を噛《か》みながら

「やいこのあま、順女《じゆんぢよ》のあまめ、お前《まへ》には夫《をつと》がゐる。あたしにはゐない！　汝《おまへ》には子供《こども》がゐる、あたしには子供《こども》がゐないんだ。あたしはあたしひとりぼつちだ、やいこのあま、順女《じゆんぢよ》、さあ起《お》きろ！　汝《おまへ》は夫《をつと》がある、子供《こども》がゐる女《をんな》だがあたしは夫《をつと》も子《こ》供《ども》もゐない女《をんな》だよ、やいこのあま、起《お》きろ！」

こんなふうに始《はじま》つたセリフはその後《ご》一時間《じかん》も續《つゞ》いた後《のち》醫者《いしや》がやつてきて、人々《ひとびと》が多勢《おほぜい》で彼女《かのぢよ》を無理《むり》に擔《かつ》ぎ出《だ》して行《い》つたときまでも止《や》まなかつた。マヌラは自分《じぶん》の手《て》で自分《じぶん》の髪《かみ》を掻《か》きむしり、自分《じぶん》の着物《きもの》をズタズタに裂《さ》き、自分《じぶん》の手《て》の甲《かふ》を噛《か》みちぎり、自分《じぶん》の拳《こぶし》で自分《じぶん》の胸倉《むなぐら》をまるで棒《ぼう》か何《なに》かで叩《たゝ》くように叩《たゝ》いてゐたが、突然《とつぜん》また立《た》ち上《あが》つて歯《は》をくひしばりながら大聲《おほごゑ》で哭《な》きわめくのである。

「みろ、みろ、このあま、順女《じゆんぢよ》！　お前《まへ》は子《こ》を生《う》んだ、男《をとこ》の子《こ》を産《う》んだ。からと云《い》つて年寄《としよ》りを虐《いぢめ》るもんぢやない。やい、このあま、夫《をつと》がゐて、子供《こども》がゐるからつて、年寄《としよ》りを餘《あま》りばかにするものぢやない。あたしのような女《をんな》を苛《いぢ》めるものぢやない。運《うん》の良《よ》い女《をんな》は子《こ》を生《う》んだり夫《をつと》を奪《うば》つたり、アイゴ、アイゴ、かはいそうなのはあたしだよ。恨《うら》めしい癪《しやく》にさわる。あゝあゝ、慘《みじめ》なのはあたしだよ、アイゴ、怨《うら》めしい、悲《かな》しい、あゝあゝあゝ」

拳《こぶし》で胸《むね》を割《わ》れよとばかりに叩《たゝ》きながら口《くち》を開《あ》けておいおいと泣《な》きぢやくるのだ。

このとき玉男《ぎよくなん》のおばあさんもまた外《そと》で涙ぐみながら悲痛《ひつう》な顔付《かほつき》をして、舌皷《したつゞみ》まで、チエッチエッと打《う》つたものだが、それは何《なに》もその瞬間《しゆんかん》、順女《じゆんぢよ》の憤《いきどほり》や、怨《うら》しさや悲《かな》しさをすつかり忘《わす》れてしまつたわけではなく、たゞマヌラの歎《なげき》によつて、忽然《こつぜん》と自分《じぶん》の長女《ちやうぢよ》のことを思《おも》ひ起《おこ》し、その長女《ちやうぢよ》がまた女《をんな》の子《こ》は二人《ふたり》も産《う》んでゐるが、男の子《こ》はまだ一人《ひとり》も生《う》んでゐない事實《じじつ》に思《おも》ひ當《あた》つてちよつと長女《ちやうぢよ》の身上《みのうへ》を悲《かな》しんだに過《す》ぎない。

醫者《いしや》が來《き》て注射《ちうしや》を打《う》つてから約《やく》一時間位經《じかんぐらゐた》つて、順女《じゆんぢよ》はそれまでの昏睡狀態《こんすゐじやうたい》から再《ふたゝ》び娑婆《しやば》の世界《せかい》へ眼《め》を開《あ》かなければならなかつた。

その夜《よ》醫者《いしや》が歸《かへ》つてから、村中《むらぢう》の雄鷄《をんどり》がその羽搏《はばたき》を納《をさ》めるまで村《むら》の入口《いりぐち》の道《みち》の上《うへ》から、マヌラの嘆《なげ》きが聞《きこ》えた。

その翌日《よくじつ》もまだ精神朦朧《せいしんもうろう》として寢《ね》てゐる順女《じゆんぢよ》の耳《みゝ》元《もと》で

「どつちみち明後日《あさつて》には連《つ》れて行《ゆ》く兒《こ》だから……赤坊《あかんばう》が……泣《な》いて……」

といふ令監《ニヨンカム》の聲《こゑ》が夢《ゆめ》のようにぼんやりと聞《きこ》えた。

それから約《やく》十五日《にち》も經《た》つた後《のち》のこと。

青柳《あをやぎ》は、旭日《あさひ》の光《ひかり》の中《なか》に、すんなりと垂《た》れ下《さが》り、燕達《つばめたち》はお互《たがひ》に呼《よ》び交《かは》しながら亂《みだ》れ飛《と》ぶ村《むら》の入口《いりぐち》の道《みち》の上《うへ》を、やはり古《ふる》いゴム靴《ぐつ》を履《は》き眞赤《まつか》な雄鷄《をんどり》を抱《だ》いて行《ゆ》くのは、前《まへ》よりはもつと青白《あをじろ》い顏《かほ》になつた順女《じゆんぢよ》であつた。

たゞ成俊《せいしゆん》を背負《せお》つて彼女《かのぢよ》の後《あと》に隨《つ》いて行《ゆ》くべき筈《はず》の玉男《ぎよくなん》だけは見《み》えなかつた。

金山泉譯

心《しん》紋《もん》

崔《さい》明《めい》翊《よく》

時速《じそく》五十キロ、といふ特急列車《とくきふれつしや》の窓《まど》の外《そと》では、停《とま》るかと思《おも》はれる停車場《ていしやぢやう》も、やはり流《なが》れて行《ゆ》くばかりである。山《やま》、野原《のはら》、河《かは》、小《ちひ》さな部落《ぶらく》、電信柱《でんしんばしら》、かなり長《なが》く、線路《せんろ》と並行《へいかう》して進《すゝ》む新開路《しんかいろ》の通行人《つうかうにん》、牛《うし》と馬《うま》。それ等《ら》がこんなに早《はや》く流《なが》れて行《ゆ》くのだから、若《も》しわれ〳〵が通《とほ》り過《す》ぎて來《き》た空間《くうかん》や時間《じかん》の彼方《かなた》に、何《なに》か障壁《しやうへき》でも横《よこた》はつてゐるとしたなら、彼等《かれら》は、恰《あたか》もカンバスの上《うへ》の、ひとタッチ、または、タッチの「オイル」(油繪《あぶらゑ》)の如《ごと》く、障壁《しやうへき》にぶつつかつて、一幅《ぷく》の濃厚《のうこう》な繪《ゑ》となつてしまひはしないだらうか？と、私《わたし》は、そんな妄想《まうざう》の繪《ゑ》を、眼《がん》前《ぜん》に畫《ゑが》きながら流《なが》されて行《ゆ》く。ときたま、向《むか》ひ側《がは》のホームに溢《あふ》れるばかりの人《ひと》を乘《の》せた列車《れつしや》が止《とま》つてゐることもあるが、しかし、絶《た》え間《ま》なく、ちら〳〵と過《す》ぎて行《ゆ》く窓外《そうぐわい》のそれらのものは、たとへ、新《あたら》しいホームであらうと、整然《せいぜん》と輝《かゞや》くレールであらうと、すべてが、崩《くづ》れた廢墟《はいきよ》のように見《み》え、今止《いまや》んだばかりの喊聲《かんせい》も、新《あたら》しい勢《いきほひ》で動《うご》き出《だ》したピストンの響《ひゞ》きも、この車體《しやたい》もやはり廢物《はいぶつ》、その窓《まど》に摺《す》りつけてゐる人間《にんげん》の顏《かほ》も、どさくさと群《むら》つて來《き》た遭難者《さうなんしや》の如《ごと》く見《み》え、それらすべてが、やはり、私達《わたしたち》が通《とほ》り過《す》ぎてきた空間《くうかん》や時間《じかん》の彼方《かなた》に横《よこ》たはつてゐるあのカンバスの上《うへ》の、一タッチに過《す》ぎないやうに思《おも》はれるのである。

こんなことを云《い》つたからとて、何《なに》も大袈裟《おほげさ》な考《かんが》へ方《かた》だとか、或《あるひ》は、新奇《しんき》な觀察《くわんさつ》だとか云《い》ふべきものではもとよりないだらう。また遠《とほ》く、永《なが》く故郷《こきやう》を離《はな》れて行《ゆ》く旅路《たびぢ》でもなければ、それを悲《かな》しみの錯覺《さくかく》とみるべきものでもないだらう。と云《い》つて、私《わたし》の頭《あたま》が馬鹿《ばか》になつたとか、或《あるひ》は事業熱《じげふねつ》に浮《う》かれ或《あるひ》は希望《きばう》に充《み》たされて、すべてのものを、好奇心《かうきしん》と優越感《いうゑつかん》から馬鹿《ばか》にしてゐると云《い》ふのでもない。たゞ、事實《じじつ》は、どうにも仕樣《しやう》のない、私自身《わたしじしん》の人《ひと》となりとか、或《あるひ》は境遇上《きやうぐうじやう》から生《うま》れた感《かん》じなので、それを悄然《せうぜん》たりと稱《しよう》するには餘《あま》りにも實《じつ》がなく、さりとて愉快《ゆくわい》なりとも云《い》へない、そのような妄想《まうさう》を何《なん》と言《い》つたらよいものか、或《あるひ》は、「スピード」が與《あた》へてくれる「スリル」とでも云《い》ふべきものかと、思《おも》へば、またそのようにも思《おも》はれるのである。

私《わたし》が、決《けつ》して、この列車《れつしや》の性能《せいのう》とか運轉士《うんてんし》の技術《ぎじゆつ》を信《しん》じてゐないといふのではないが、しかし、こんなに「無謀《むぼう》」(?)にも突進《とつしん》、猛進《まうしん》して行《ゆ》く列車《れつしや》の中《なか》に、自分《じぶん》が坐《すわ》つてゐるのだと考《かんが》へると、一種《しゆ》の冒險《ばうけん》に似《に》た錯覺《さくかく》も感《かん》ぜられるのだ。それがまた錯覺《さくかく》である以上《いじやう》は、十分安心《ぶんあんしん》して、そのようなスリルをも享樂《きやうらく》し得《う》るのである。云《い》はゞ十分《ぶん》な安全率《あんぜんりつ》が保證《ほしよう》された冒險《ばうけん》なのだ。スリルを享樂《きやうらく》する一種《しゆ》の官能遊戲《くわんのういうぎ》である。名手《めいしゆ》が奏《かな》でるヴアイオリンの音《ね》が一度高《たびたか》く長《なが》く鳴《な》り響《ひゞ》いて、今《いま》にも息《いき》が絶《た》えなんとするときに、そのメロデーに對《たい》する陶醉《とうすゐ》ともちがつて、「この瞬間《しゆんかん》！　次《つぎ》の瞬間《しゆんかん》！」とうピンと、絃《げん》が切《き》れやしないだらうか？　と、いつたような、ぞつとした慄然感《りつぜんかん》を抱《いだ》かされるのも、一種《しゆ》の官能遊戲《くわんのういうぎ》ではあるが、しかしそれも、音樂鑑賞術《おんがくかんしやうじゆつ》の一つとしては輕蔑《けいべつ》し去《さ》ることはできないだらう。それと同《おな》じく私《わたし》の乘《の》つた特急《とくきふ》の速力《そくりよく》を無謀《むぼう》(?)と感《かん》じ、後《あと》へ後《あと》へと飛《と》ばされて行《ゆ》く風景《ふうけい》が、これ以上《いじやう》立《た》ち退《の》くことのできない障壁《しやうへき》にぶつつかつて一幅《ぷく》の繪《ゑ》となり、廢墟《はいきよ》に遺《のこ》された列車《れつしや》の人達《ひとたち》も一タッチの「オイル」となつてしまふであらうと、妄想《まうさう》するのは、まだ一度《ど》も行《い》つてみたことのないところに走《はし》つて行《ゆ》くこの旅《たび》のスリルとして、私《わたし》には、樂《たの》しみでこそあれ、そう輕蔑《けいべつ》すべき錯覺《さくかく》でもないように思《おも》はれるのである。

それに、このとほりどん〳〵速《はや》く流《なが》されてゐるのだから、私《わたし》もまた、何時《いつ》如何《いか》なる障壁《しやうへき》にぶつつかつて、一幅《ぷく》の風俗畫《ふうぞくぐわ》、或《あるひ》は一種《しゆ》の人情劇背景《にんじやうげきはいけい》の一タッチの「オイル」となつてしまふか、それは全然分《ぜんぜんわか》つたものではない。

とにかく、國境近《こくきやうちか》くなり、移動警察《いどうけいさつ》が、切符《きつぷ》と名刺《めいし》を要求《えうきう》してきた。「金明《きんめい》一」と、たつた三字《じ》しか刷《す》つてゐない名刺《めいし》をさし出《だ》したところ、警察官《けいさつくわん》は、こんな無意味《むいみ》な名刺《めいし》を示《しめ》す奴《やつ》は、先《ま》づ馬鹿《ばか》にしてやるより外《ほか》に仕方《しかた》がないと、云《い》はんばかりの眼付《めつ》きで、職業《しよくげふ》、住所《ぢうしよ》、それから「ハルビン」には何故《なぜ》行《ゆ》くのか？　と訊《き》きながら、手帳《てちやう》を取《と》り出《だ》すのだつた。そして、私《わたし》の無職業《むしよくげふ》に氣《き》を配《くば》りまた一定《てい》の住所《ぢうしよ》がないと云《い》ふことも風采《ふうさい》とは似合《にあ》はないと、云《い》はんばかりに、根掘《ねほ》り葉掘《はほ》り聞《き》き出《だ》すので、私《わたし》は美術學校《びじゆつがくかう》を卒業《そつげふ》したのだから職業《しよくげふ》は畫家《ぐわか》と云《い》ふより外《ほか》に途《みち》がなく、また、一昨年妻《さくねんつま》を失《うしな》ひ、一人《ひとり》の娘《むすめ》は、昨年《さくねん》の春《はる》、女學校《ぢよがくかう》の寄宿舍《きしゆくしや》に入《い》れてしまひ同時《どうじ》に住居《すまゐ》も引《ひ》き拂《はら》つてしまつたので、只今《たゞいま》は、あつちこつちの旅館住居《りよくわんずまゐ》をしてゐるのだ、と云《い》ふこと、しかし、今度《こんど》行《ゆ》くハルピンには、舊友《きういう》の李君《りくん》といふのがゐて、眞面目《まじめ》な實業家《じつげふか》として成功《せいこう》してゐるのだから、若《も》し向《むか》ふに行《ゆ》けば、或《あるひ》は、私《わたし》も彼《かれ》に倣《なら》つて、一定《てい》の住所《ぢうしよ》と職業《しよくげふ》とを持《も》つようになるかも知《し》れない、と、何《なに》か、大《おほ》きな抱負《はうふ》でも持《も》つてゐるかの如《ごと》く、その場《ば》を取《と》り繕《つくろ》ふより仕方《しかた》がなかつた。

三年前《ねんまへ》、妻《つま》の惠淑《けいしゆく》に死《し》なれた私《わたし》は、或《あ》る中學校《ちうがくかう》の圖畫《づぐわ》の教師《けうし》も辭《や》め、その後《ご》と云《い》ふものは、賣《う》れない繪《ゑ》を數枚《すうまい》書《か》いたきりで、云《い》はゞ畫家《ぐわか》と云《い》ふならずものなのだ。また、昨年《さくねん》の春《はる》は、娘《むすめ》の京玉《けいぎよく》も寄宿舍《きしゆくしや》に入《い》れてしまひ、其後《そのご》、惠淑《けいしゆく》と新婚當時《しんこんたうじ》に新築《しんちく》して以來《いらい》ずつと十餘年間《よねんかん》も住《す》んでゐた家《いへ》も賣拂《うりはら》つてしまつてからは、住所《ぢうしよ》の定《さだ》まらぬ生活《せいくわつ》をして來《き》てゐるわけである。

もつとも家《うち》があつたときでも、私《わたし》が常《つね》に家《うち》にゐたわけでなく、朝《あさ》は、京玉《けいぎよく》が學校《がくかう》に行《い》つてしまつた後《あと》になつて起《お》き、夜《よる》は京玉《けいぎよく》が寢床《ねどこ》に入《はひ》つてしまつた後《あと》になつてやつと歸《かへ》つて來《く》るといつたような不規則《ふきそく》な生活《せいくわつ》をしてゐたのだから、母《はゝ》のゐない京玉《けいぎよく》は、たとへ私《わたし》と同《おな》じ家《いへ》にゐても、何時《いつ》も淋《さび》しく、何時《いつ》も獨《ひと》りぼつちでゐなければならなかつた。そればかりでなく、だん〳〵成長《せいちやう》して行《い》つて、感受性《かんじゆせい》も鋭敏《えいびん》になつて行《ゆ》く女《をんな》の子《こ》に、私《わたし》のような父親《ちゝおや》の生活《せいくわつ》が、良《よ》い影響《えいきやう》を與《あた》へる筈《はず》がなかつた。そこで、私《わたし》の姉《あね》は、京玉《けいぎよく》を自分《じぶん》の家《いへ》に預《あづ》けてくれとも云《い》つたけれども、丁度《ちやうど》、京玉《けいぎよく》と同《おな》じ小《せう》學校《がくかう》を卒業《そつげふ》して同《おな》じ女學校《ぢよがくかう》に入學《にふがく》し、そして同《おな》じく入舍《にふしや》しようとしてゐた親《した》しい友達《ともだち》が一人《ひとり》ゐたので、京玉《けいぎよく》も喜《よろこ》んで寄宿舍《きしゆくしや》に入《はひ》るようになつたのであつた。年取《としと》つた婆《ばあ》やが一人《ひとり》留守居《るすゐ》しなくてはならぬような家《いへ》は、そのまゝ置《お》いておく必要《ひつえう》がなくなつたわけであつた。

　もつとも、私《わたし》が、妻《つま》を喪《うしな》つてから姉《あね》は何時《いつ》も再婚《さいこん》を勸《すゝ》めてくれ、若《も》し、正式結婚《せいしきけつこん》をするだけの意志《いし》がなければ、せめて妾《めかけ》でも娶《めと》つて、家《いへ》も賣《う》るなとは云《い》つてくれたけれども、しかし、十餘年《よねん》間《かん》も、惠淑《けいしゆく》が手入《てい》れをしてきた古《ふる》い家《いへ》に新妻《にひづま》も妾《めかけ》も面白《おもしろ》くないだらうし、またその家《いへ》で、私《わたし》が氣安《きやす》く「おい」と呼《よ》べるのは、勿論《もちろん》惠淑《けいしゆく》だけであつた筈《はず》なのに、「はい」と云《い》つて現《あら》はれてくるものが全然別《ぜんぜんべつ》な女《をんな》であるとすれば、私《わたし》の心憂《こゝろう》さも一段《だん》遣《や》る瀬《せ》ないものとなるだらう。また、年幼《としをさな》い京玉《けいぎよく》にしてみても、やはり、自分《じぶん》の生《うま》れて育《そだ》つた舊《ふる》い家《いへ》が同《おな》じ城内《ひやうない》にあるのに、自分《じぶん》は寄宿舍《きしゆくしや》の生活《せいくわつ》をしてゐるのだと云《い》ふ風《ふう》に考《かんが》へるようにでもなれば、彼女《かのぢよ》もいつそう淋《さび》しさを感《かん》ずるようにもなるだらうし、またときたまの外出《ぐわいしゆつ》にも、折角訪《せつかくおとづ》れてきた昔《むかし》の家《いへ》に、自分《じぶん》と似合《にあ》はぬ新《あたら》しい母《はゝ》の顏《かほ》を見《み》るにつけても、自分《じぶん》の產《う》みの母《はゝ》への思慕《しぼ》が、層《そう》一層《そう》、新《あたら》しいものになつて行《ゆ》くだらう。

　とう云《い》つたような考《かんが》へで、私《わたし》が再婚《さいこん》をしなかつたとするならば、私《わたし》は、もつと〳〵京玉《けいぎよく》と一緒《しよ》に昔《むかし》の家《いへ》を守《まも》りながらもう少《すこ》し彼女《かのぢよ》の側《そば》を離《はな》れないように心《こゝろ》がけるべきであつた。心掛《こゝろが》けだけはそう持《も》たうと焦《あせ》りながらまたそのつもりで、折角學校《せつかくがくかう》まで辭職《じしよく》しながらも、實際《じつさい》は、かへつて、あらゆる時間《じかん》を旅行《りよかう》と云《い》ふよりは、――放浪《はうらう》、そして放蕩《はうたう》――酒《さけ》と女《をんな》と、遲起《おそお》きで、ます〳〵京《けい》玉《ぎよく》を淋《さび》しがらせたものだつた。

　かふ云《い》ふ生活《せいくわつ》の中《なか》でも、私《わたし》は――賣《う》れない繪《ゑ》を時《とき》たま畫《か》いたし惠淑《けいしゆく》の肖像畫《せうざうぐわ》で、京玉《けいぎよく》の部屋《へや》を飾《かざ》つて、その子《し》を慰《なぐさ》めたりした。そのような私《わたし》の生活《せいくわつ》だつた。とんどもやはり放浪《はうらう》に異《こと》らぬ旅《たび》の出發《しゆつぱつ》ではあるが、十年近《ねんちか》く前《まへ》に滿洲《まんしう》に漂流《へうりう》して行《い》つて、今《いま》は實業家《じつげふか》として一家《か》をなしたと云《い》ふ李君《りくん》に逢《あ》つて若《も》しものこと、生活《せいくわつ》の新《あたら》しい刺戟《しげき》や衝動《しようどう》を與《あた》へられるものならば、それこそもつけの幸《さいは》ひといふべきものであらう。

　無事《ぶじ》に稅關《ぜいくわん》を通《とほ》り過《す》ぎ、國境《こくきやう》も越《こ》えたので私《わたし》は、食堂《しよくだう》に行《い》つた。大滿員《おほまんゐん》の食堂《しよくだう》で、やつと席《せき》を得《え》た私《わたし》は、一目《ひとめ》に謹嚴《きんげん》そのものとしか形容《けいよう》が出來《でき》ないような、或《あ》る中年《ちうねん》の女史《ぢよし》と向《むか》ひ合《あ》つて坐《すわ》つた。歌手《かしゆ》三浦《うら》のやうな體格《たいかく》に、修道院《しうだうゐん》の女《をんな》らしい洋裝《やうさう》をしたその中年《ちうねん》の女史《ぢよし》は、國防色《こくばうしよく》の眼鏡《めがね》越《ご》しに、つゞけざまに傾《かたむ》ける私《わたし》の麥《ビー》酒《ル》の盃《さかづき》をとき〴〵見遣《みや》るのであつた。女史《ぢよし》が繙《ひもと》いてゐる本《ほん》は、「新約全書《しんやくぜんしよ》」なので、私《わたし》は、勢《いきほ》ひ、惡道《あくだう》な自分《じぶん》を感《かん》じないわけには行《い》かず、この不愉快《ふゆくわい》な偶然《ぐうぜん》を呪《のろ》ひながら飲《の》んでゐるうちに、窓《そう》外《ぐわい》の風景《ふうけい》は、五龍背《りうはい》に近《ちか》づいてゐた。實《みの》り行《ゆ》く秋《あき》の田畑《たはた》で綾取《あやど》られた野《の》の眞《ま》つ只中《たゞなか》には、やはり野《の》でありながらも人間《にんげん》の意圖《いと》によつてだん〳〵表情《へうじやう》が變《かは》つて行《ゆ》き、そして次第《しだい》にます〳〵鮮《あざや》かな手《て》並《なみ》で、野原《のはら》の性格《せいかく》が庭園《ていゑん》へと飛躍《ひやく》してゐる焦點《せうてん》の上《うへ》に、溫泉《をんせん》ホテル、洋館等《やうくわんなど》が聳《そび》え立《た》ち、その周圍《しうゐ》には、溢《あふ》れ落《お》ちる溫泉《をんせん》の流《なが》れ、澄《す》み切《き》つた秋《あき》の空《そら》の下《した》で、白煙《はくえん》の如《ごと》く湯氣《ゆげ》が立《た》ち朧《のぼ》つてゐるのであつた。

入《い》り込《こ》んだホームには、流浪《るらう》に困憊《こんぱい》した千鳥足《ちどりあし》や、忿懣《ふんまん》に緊張《きんちやう》した顔《かほ》や、いぢけた生活《せいくわつ》の風呂敷包《ふろしきづゝみ》などは眼《め》にも見《み》えず、たゞ、花束《はなたば》のような羽織《はおり》の婦女子《ふぢよし》と、輝《かゞや》く顔《かほ》の紳士《しんし》の幾對《いくつゐ》かゞ、降《お》りたり乘《の》つたりするのみだつた。九十パーセントの忿懣《ふんまん》と、流浪《るらう》と戰《せん》爭《さう》、或《あるひ》は危篤《きとく》、死亡等《しばうとう》、生活《せいくわつ》の陰影《いんえい》に腹《はら》を太《ふと》らして無謀《むぼう》にも疾走《しつそう》してゐる、この眞黒《まつくろ》な列車《れつしや》にも、こんな長閑《のどか》な、風流《ふうりう》な性格《せいかく》の一面《めん》があつたのだ。このような列車《れつしや》の性格《せいかく》を利用《りよう》すれば、私《わたし》も、この五龍背《りうはい》には、色《いろ》つぽい因縁《いんねん》の追憶《つゐおく》を殘《のこ》して居《ゐ》る。

過《す》ぐる春《はる》、私《わたし》は、如玉《じよぎよく》をつれ、その時《とき》もやはりこの列車《れつしや》でこゝまで來《き》たものだが、久《ひさ》し振《ぶ》りに、如玉《じよぎよく》といふモデルを置《お》いて繪《ゑ》を畫《か》いたものだ。如玉《じよぎよく》は、東京留學生《とうきやうりうがくせい》には、よくある文學少女《ぶんがくせうぢよ》で、その當時《たうじ》或《あ》る青年闘士《せいねんとうし》との間《あひだ》に艶聞《えんぶん》まであつた女《をんな》であつた。私《わたし》が、最初《さいしよ》如玉《じよぎよく》と知《し》り合《あ》つたのは、とき〴〵出入《でい》りしてゐた或《あ》る茶《さ》房《ばう》で、彼女《かのぢよ》がその新《あたら》しいマダムをしてゐたときだつたが、私《わたし》の放縱《はうじゆう》な生活《せいくわつ》から、つまり、ありきたりのこの種類《しゆるゐ》の女《をんな》に對《たい》する興《きよう》味《み》から、彼女《かのぢよ》をこゝまでつれてきたのであつた。

如玉《じよぎよく》は健康美《けんかうび》のモデルといふよりは、むしろ性格美《せいかくび》の持主《もちぬし》といはうか、とにかく、そのときほど、私《わたし》は、モデルの性格《せいかく》をマスターすることができなくて困《こま》つたことはなかつた。

全然《ぜんぜん》最初《さいしよ》のモデルに接《せつ》すると、創作者《さうさくしや》は、そのモデルから直感《ちよくかん》的《てき》に來《く》る性格《せいかく》の力《ちから》にひきづられて、自然運筆《しぜんうんぴつ》が出來《でき》るようになるか、それとも、そのモデルの或《あ》る特徴《とくちやう》を誇張《こちやう》して、自由《じいう》な性格《せいかく》を創造《さうざう》するだけの衝動《しようどう》と勇氣《ゆうき》などが、與《あた》へられるもので、從《したが》つて製《せい》作者《さくしや》は、自分勝手《じぶんかつて》な解釋《かいしやく》とか意圖《いと》によつて、或《あ》る生《い》きた人物《じんぶつ》が闊《くわつ》然《ぜん》と描《ゑが》かれるものだが、如玉《じよぎよく》の場合《ばあひ》には、どつちにもならなかつた。恐《おそ》らく、ハツキリとした、統《とう》一された印象《いんしやう》を與《あた》へられるには、私《わたし》との關係《くわんけい》が餘《あま》りにも散文的《さんぶんてき》であつたからかも知《し》れない。との散文的《さんぶんてき》と云《い》ふ意味《いみ》は、われ〳〵の間《あひだ》に、何《なに》か倦怠《けんたい》があつたと云《い》ふ意味《いみ》ではない。倦怠《けんたい》といふよりもむしろ、私《わたし》の方《はう》で、興味《きようみ》を感《かん》ずる前《まへ》に興味《きようみ》が薄《うす》らいでしまつた形《かたち》だつた。私《わたし》が如玉《じよぎよく》を見《み》る眼《め》が、かへつて、ときには主觀的《しゆくわんてき》に餘《あま》りにも陶然《どうぜん》として居《を》り、ときには、客觀的《きやくくわんてき》に、餘《あま》りにも冷靜《れいせい》に、如玉《じよぎよく》の熱情《ねつじやう》を觀察《くわんさつ》してゐたので、結局繪《けつきよくゑ》になる前《まへ》に、如玉《じよぎよく》に對《たい》する印象《いんしやう》が、散漫《さんまん》になつてしまつた形《かたち》である。夜《よる》の如玉《じよぎよく》は、まるで全身火《ぜんしんひ》の塊《かたまり》のような熱情《ねつじやう》と、爛熟《らんじゆく》し切《き》つた技巧《ぎかう》とを同時《どうじ》に持《も》つた娼婦《しやうふ》のようであり、晝間《ひるま》の如玉《じよぎよく》は、反對《はんたい》に、敎養《けうやう》のある、賢淑《けんしゆく》な主婦《しゆふ》のようで、玲瓏《れいろう》とした眼《め》は光《ひか》り、唇《くちびる》はキチンと結《むす》ばれて、何時《いつ》も沈默《ちんもく》を守《まも》つてゐた。そしてその指先《ゆびさき》は、何《なに》かの拍子《ひやうし》に、ふと觸《ふ》れたりすると、まるで氷《こほり》のように冷《つめ》たく、もう一度《ど》彼女《かのぢよ》の顏《かほ》を見上《みあ》げなければならぬほどであつた。そんな冷《つめた》い手《て》は理智的《りちてき》といふものだらうか。二人《ふたり》きりで、よく歩《ある》いた春《はる》の園《には》の中《なか》にあつても、愛撫《あいぶ》を躊躇《ちうちよ》したほど冷《つめ》たい手《て》であつた。

　そればかりではなく、その澄《す》んだ美《うつく》しい冷《つめた》い眼《め》や、きちんと結《むす》ばれた唇《くちびる》や、その間《あひだ》に儼然《がうぜん》と坐《すわ》つてゐる高《たか》い鼻《はな》まで合《あ》はせると、その顏《かほ》の表情《へうじやう》と云《い》ふものは、昨夜《さくや》の事《こと》など忘《わす》れ切《き》つたやうな澄《す》ました、白《しら》つぱくれた表情《へうじやう》になるので、私《わたし》は、何時《いつ》も、そんな表情《へうじやう》のときには、ひどく間誤《まご》ついたものだ。ときには、癪《しやく》に觸《さは》つて、彼女《かのぢよ》の頰《は》つぺたを、なぐつてやりたくなるほど、彼女《かのぢよ》にやり場《ば》のない愛情《あいじやう》を感《かん》ずる事《こと》もあつた。

「或《あるひ》は如玉《じよぎよく》を、ほんとうに愛《あい》するようになるかも知《し》れない」

私《わたし》は私《わたし》の掌《てのひら》の上《うへ》に、きちんと揃《そろ》えて載《の》せた、如玉《じよぎよく》の冷《つめた》い手《て》に觸《ふ》れながら、とう云《い》つたものだが、彼女《かのぢよ》は、自分《じぶん》の知《し》つたことぢやないと云《い》はんばかりの顏付《かほつ》きで、今《いま》にも欠伸《あくび》でも出《で》さうな退屈《たいくつ》な表情《へうじやう》をするのであつた。

　僕《ぼく》は、しかし、とき〱彼女《かのぢよ》の顏《かほ》から、死《し》んだ僕《ぼく》の妻《つま》の模像《もざう》を發見《はつけん》するようなことがあり、それが嬉《うれ》しくもあり、また悲《かな》しくもあつた。如玉《じよぎよく》の中正《ちうせい》と印堂《いんだう》（譯者註《やくしやちう》。――鼻《はな》の下《した》と、唇《くちびる》の間《あひだ》にある、溝《みぞ》のように、へとんだ筋《すぢ》――これを中正《ちうせい》といふ。頰《ほゝ》と鼻《はな》の間《あひだ》に凹《へこ》んでゐる、窪《くぼ》みの邊《あた》り――これを印堂《いんだう》と稱《しよう》する）は、二十餘年間《よねんかん》の僕《ぼく》の生活《せいくわつ》に亘《わた》つて、一度《ど》も觸《ふ》れてみたことのないようなものであつた。死《し》んだ惠淑《けいしゆく》は、その死《し》んだ顏《かほ》までも、との中正《ちうせい》と印堂《いんだう》とは、まことに淸《きよ》らかな豐《ゆた》かなもので、細《ほそ》い皺《しわ》や、塵一《ちりひと》つもなかつた。彼女《かのぢよ》が生《い》きてゐたとき、僕《ぼく》は、彼女《かのぢよ》の、母親《はゝおや》の胸倉《むなぐら》の乳房《ちぶさ》のように、ゆつとりとしてゐて、而《しか》も理智的《りちてき》に淸《きよ》らかな妻《つま》の印堂《いんだう》に心《こゝろ》を寄《よ》せて、まるで痴者《ちしや》のようにふざけてみたことが一二度《ど》ではなかつた。しかし、そのような夫《をつと》を持《も》つた惠淑《けいしゆく》は、一度《ど》もその顏《かほ》の輪廓《りんくわく》を崩《くづ》してみせたことはなかつた。僕《ぼく》は、そのような妻《つま》の溫厚《をんこう》な氣《き》心《ごゝろ》を、彼女《かのぢよ》の耳《みゝ》のせゐだとおもつてみたりしたものだつた。

珠玉《しゆぎよく》のように美《うつく》しく淸《きよ》らかで敦《あつ》いその垂珠《すゐじゆ》は、心《こゝろ》の如何《いか》なる波《なみ》をも、との隅《すみ》、あの隅《すみ》と押《おさ》へて鎭《しづ》めてくれるようにもおもはれる上《うへ》に、彼女《かのぢよ》の慇懃《いんぎん》な物腰《ものごし》は、一層柔《そうやはら》かく叮嚀《ていねい》で、放縱《はうじゆう》に走《はし》る僕《ぼく》の心《こゝろ》も、溫厚《をんこう》な菩薩像《ぼさつざう》の耳《みゝ》を仰《あふ》ぐときのように、鎭《しづ》まるのであつた。

僕《ぼく》は、とういふわけで、死《し》んだ惠淑《けいしゆく》の、鼻《はな》の下《した》の中正《ちうせい》や、印堂《いんだう》を思《おも》ひ浮《うか》べながら、彼女《かのぢよ》の耳《みゝ》よりは、ちよつと小《ちひ》さく、しかし小《ちひ》さいがやはり同《おな》じ恰好《かつかう》をしてゐる如玉《じよぎよく》の美《うつく》しい耳《みゝ》を眺《なが》めてゐると、　での、あの如玉《じよぎよく》の、娼婦《しやうふ》のような熱情《ねつじやう》が異樣《いやう》にも感《かん》ぜられるほど、晝間《ひるま》の如玉《じよぎよく》の姿《すがた》は、美《うつく》しいほどに淸《きよ》らかで靜《しづ》かなものであつた。

如玉《じよぎよく》の耳《みゝ》ばかりでなく、その小柄《こがら》な、ほつそりとしてゐる骨組《ほねぐみ》や小《ちひ》さな顏形《がんけい》は、とれを描《か》く場合素顏《ばあひすがほ》に普段着《ふだんぎ》のまゝにして、如《い》何《か》にも上品《じやうひん》な、世塵《せぢん》を蒙《かうむ》らぬ、雜《まじ》り氣《け》なき一本《ぽん》の百合《ゆり》として描《か》くべきか、それとも濃厚《のうこう》な、綠衣紅粧《りよくいこうしやう》の姿《すがた》で、一束《ひとたば》の薔薇《ばら》の花束《はなたば》として描《か》くべきか？肖像畫《せうざうぐわ》の性格《せいかく》を考《かんが》へながら

「そうぢやない？　僕《ぼく》が如玉《じよぎよく》をほんとうに愛《あい》するようにならぬかしら？」と、もう一度《ど》聞《き》くと、

「そうね、ぢや晝間《ひるま》？　夜《よる》？」

如玉《じよぎよく》は、とう聞《き》き返《かへ》すのだが、そう聞《き》き返《かへ》す如玉《じよぎよく》を、僕《ぼく》のみが、夜《よる》の如玉《じよぎよく》と晝《ひる》の如玉《じよぎよく》とは、別《べつ》な人間《にんげん》だとみて來《き》たのだが、しかし如玉《じよぎよく》もやつぱり僕《ぼく》を晝《ひる》と夜《よる》とに區別《くべつ》して見《み》てゐるのも明《あきら》かなことであつた。もとからハツキリしてゐなかつた二人《ふたり》の氣持《きもち》の焦點《せうてん》が、ます／＼ハツキリしなくなつて行《ゆ》く、と云《い》ふよりも、夜《よる》と晝《ひる》とでちがふ二人《ふたり》の如玉《じよぎよく》と、二人《ふたり》の僕《ぼく》とに分裂《ぶんれつ》し、崩《くづ》れて行《ゆ》く、心《こゝろ》の風景《ふうけい》を僕《ぼく》はぼんやりと眺《なが》めてゐるより外《ほか》には、途《みち》がないようにも思《おも》はれた。

そのようなモデルに向《むか》つてゐる製作者《せいさくしや》たる僕《ぼく》のことだ、二重《ぢう》の觀察《くわんさつ》と二重《ぢう》の印象《いんしやう》のために纏《まと》りのつかぬモンタージユが、彷彿《はうふつ》として浮《うか》んでくるカンバスの上《うへ》で氣《き》を揉《も》みつゝ、焦點《せうてん》を合《あ》はせ、一《ひと》筆《ふで》一筆《ひとふで》纏《まと》めて行《ゆ》くと、現《あら》はれてくるものは、眼《め》の前《まへ》の如玉《じよぎよく》と云《い》ふよりは、むしろ僕《ぼく》の頭《あたま》の中《なか》の惠淑《けいしゆく》に近《ちか》いものになつてくるので、僕《ぼく》は、畫筆《ぐわひつ》を折《を》つてしまふか、投《な》げ出《だ》してしまひたいやうな衝動《しようどう》に驅《か》られるのであつた。

最初《さいしよ》はそんな時《とき》に、彼女《かのぢよ》は、どとか體《からだ》の工合《ぐあひ》がよくないのか？と聞《き》くし、その次《つぎ》に僕《ぼく》が畫面《ぐわめん》を白《しろ》で塗《ぬ》り潰《つぶ》すとモデルとして自分《じぶん》

が氣《き》に入《い》らぬのかと聞《き》くのであつた。一度《ど》は、僕《ぼく》が全部《ぜんぶ》塗《ぬ》り潰《つぶ》し切《き》れない繪《ゑ》を見《み》て、それは誰《たれ》：：：多分先生《たぶんせんせい》の昔《むかし》の夢《ゆめ》なんでせう：：と云《い》つた。その次《つぎ》からは、モデル臺《だい》に立《た》つた如玉《じよぎよく》の眼《め》は、何時《いつ》も焦點《せうてん》を合《あ》はせたことがなく、その脣《くちびる》の邊《あたり》には燐光《りんくわう》のような青《あを》い微笑《びせう》が浮《うか》んでゐた。そのような如玉《じよぎよく》は、たとへ、顔《かほ》は僕《ぼく》の筆先《ふでさき》に眞正面《ましやうめん》に据《す》ゑてゐても、心《こゝろ》は常《つね》に僕《ぼく》の眼先《めさき》から反《そ》らしてゐるとも明《あきら》かであつた。そこで、僕《ぼく》はます〳〵ヤキモキして、遂《つひ》には肝癪《かんしやく》を起《おこ》し、畫幅《ぐわふく》をずた〳〵に引《ひ》き裂《さ》かんばかりに丸《まる》めてしまふより外《ほか》に仕方《しかた》がなかつた。如玉《じよぎよく》はまたそう云《い》ふときには、裳《ちま》の裾《すそ》をひらつとはらつて廻《まは》れ右《みぎ》をし、自分《じぶん》の部屋《へや》に行《い》つてしまふのであつた。濟《す》まなかつたと思《おも》つて、後《あと》を追《お》ふと、如玉《じよぎよく》は寢臺《しんだい》に俯向《うつむ》いた儘《まゝ》小《ちひ》さい腕時計《うでどけい》の後《うしろ》の蓋《ふた》を外《はづ》しては、その中《なか》の機械《きかい》を覗《のぞ》いてゐるのであつた。時計《とけい》に故障《こしやう》があつてそうするのではなく、如玉《じよぎよく》は自分一人《じぶんひとり》で詰《つま》らないとか、或《あるひ》は僕《ぼく》と言《い》ひ爭《あらそ》ひでもして、癪《しやく》に觸《さは》るような場合《ばあひ》には、何時《いつ》も、時計《とけい》の裏《うら》を覗《のぞ》くとか、耳《みゝ》に當《あ》てゝその音《おと》に聽《き》き入《い》る、きはめて妙《めう》な癖《くせ》があつた。如玉《じよぎよく》のとのような癖《くせ》に對《たい》して、僕《ぼく》はもつといぢめてみたい殘忍性《ざんにんせい》をも感《かん》じたものだがしかし時《とき》には、幼兒《えうじ》の惡戲《いたづら》を見《み》るように、いとしくもなつて、一緒《しよ》に覗《のぞ》いてみたり、なよ〳〵とした手先《てさ》きで耳《みゝ》に當《あ》てがつてくれる時計《とけい》の音《おと》を交《かは》る〳〵聽《き》き入《い》ることもあつた。一度《ど》とういふときひよいと氣持《きもち》の緩《ゆる》んだ拍子《はかうし》に、如玉《じよぎよく》はこんなことを云《い》つた。或《あ》る時《とき》、男《をとこ》の胸《むね》に耳《みゝ》を當《あ》てゝ、一晩中心臟《はんちうしんざう》の鼓動《こどう》を聽《き》いてゐたものだから頭《あたま》がぼーつとして、三日《か》も寢《ね》てしまつたことがあつたと。とう云《い》ふ言葉《ことば》から察《さつ》すれば時計《とけい》の中《なか》を覗《のぞ》く如玉《じよぎよく》の氣持《きもち》と云《い》ふものは幾《いく》つかの寶石《はうせき》を鏤《ちりば》めた時計《とけい》の中《なか》で、チク〳〵動《うご》いてゐる生《い》きた時計《とけい》を、小《ちひ》さな一個《こ》の生命《せいめい》として愛《あい》すると云《い》ふような戀人《こひびと》らしい氣持《きもち》ではなく、また時間《じかん》と云《い》ふ抽象的《ちうしやうてき》な觀念《くわんねん》を歩《あゆ》んでゐる齒車《はぐるま》に對《たい》して神秘的《しんぴてき》な感動《かんどう》に浸《ひた》るのでもなく、たゞ、夜中心臟《よなかしんざう》の鼓動《こどう》を聞《き》いてゐた男《をとこ》の胸《むね》の中《なか》を覗《のぞ》き込《こ》んでみたいといふ、みだらな殘忍性《ざんにんせい》のようにさへ思《おも》はれるのだつた。

　如玉《じよぎよく》の後《あと》を追《お》うて入《はひ》つて行《い》つた僕《ぼく》は廣《ひろ》い　　の蒲團《ふとん》の中《なか》に隱《かく》し切《き》れぬ如玉《じよぎよく》の背中《せなか》や腰《こし》の太々《ふとぶと》しい線《せん》を描《か》き、その手《て》に持《も》つてるのは時計《とけい》の代《かは》りに、ソフトを冠《かぶ》つた人形《にんぎやう》を大《おほ》きく描《か》いて、一《ひと》つの戲畫《ぎぐわ》を作《つく》らうかなどと、ふざけた氣持《きも》ちになつて、

「如玉《じよぎよく》は、時計《とけい》の中《なか》を覗《のぞ》きながら、何《なに》を考《かんが》へてゐるの？」

と、耳元《みゝもと》に口《くち》を寄《よ》せて聞《き》いてみた。如玉《じよぎよく》は、

「先生《せんせい》は、妾《わたし》をモデルに立《た》たしておいて、誰《たれ》をお描《か》きになるんですか？」

と云《い》ふのであつた。

「……」

「奥《おく》さんをお描《か》きになるのでせう？　多分《たぶん》」

「では、如玉《じよぎよく》は昔《むかし》の愛人《あいじん》を考《かんが》へてるの？」

「そうだとすれば誰《だれ》のせゐでせう？」

「僕《ぼく》のせゐか？」

「ぢや、あたしのせゐ？」

「……」

「ふん！　お氣《き》の毒《どく》さま。そんなにお忘《わす》れになれぬ奥《おく》さんの夢《ゆめ》を、お助《たす》けもして上《あ》げないでかへつてお邪魔《じやま》したりして……」

理智的《りちてき》で明晳《めいてつ》だ、と云《い》ふよりは女《をんな》らしく鋭敏《えいびん》な神經《しんけい》の持主《もちぬし》である如玉《じよぎよく》を、たゞ自分《じぶん》の享樂《きやうらく》の一刺戟劑《しげきざい》としてのみ考《かんが》へて來《き》たことが、濟《す》まなく、また申譯《まうしわけ》なく思《おも》はれた。晝《ひる》と夜《よる》とで違《ちが》ふ如玉《じよぎよく》は、如玉《じよぎよく》がもと〳〵からそうであつたからではなく、盲目的《まうもくてき》でなければならぬ愛《あい》と純情《じゆんじやう》とを持《も》ち得《え》なかつた僕《ぼく》の態度《たいど》に、如玉《じよぎよく》も致《いた》し方《かた》なくそうならざるを得《え》なかつたのではなからうか？　如玉《じよぎよく》と僕《ぼく》との間《あひだ》に、若《も》し熱情《ねつじやう》と純情《じゆんじやう》とがないとするならば、それは、お互《たがひ》にお互《たがひ》の人格《じんかく》と自尊心《じそんしん》を侮辱《ぶじよく》してしまふ間柄《あひだがら》になつてしまひはしないだらうか？　とすれば、晝間《ひるま》、冷《つめ》たくなる如玉《じよぎよく》の態度《たいど》は、夜《よる》の肉體的反動《にくたいてきはんどう》ではなく、如玉《じよぎよく》の熱情《ねつじやう》を純情《じゆんじやう》として受《う》け入《い》れようとしない僕《ぼく》に對《たい》する反抗《はんかう》である筈《はず》だ。だから、僕《ぼく》は、そのヒステリックな如玉《じよぎよく》の熱情《ねつじやう》を純情《じゆんじやう》として尊重《そんちよう》すべきであり、晝間《ひるま》見《み》る如玉《じよぎよく》の印堂《いんだう》や耳《みゝ》についても、それを惠淑《けいしゆく》の印堂《いんだう》や耳《みゝ》の二重映《ぢゆううつ》し、と考《かんが》へるような幻想《げんさう》は棄《す》て、如玉《じよぎよく》のものは如玉《じよぎよく》のものとして愛《あい》すべきだ。殊《こと》に、如玉《じよぎよく》が、僕《ぼく》の立場《たちば》なり氣持《きもち》なりを理解《りかい》してくれる以上《いじやう》は、例《たと》へ、結婚《けつこん》を前提《ぜんてい》とした上《うへ》でのお互《たがひ》の附《つ》き合《あ》ひでは勿論《もちろん》ないにしてもいやそれだけ餘計《よけい》に僕《ぼく》としては、一層《そう》、人格的《じんかくてき》にも如玉《じよぎよく》の熱情《ねつじやう》を受《う》け入《い》れて、そしてそれを愛《あい》してやるべきだと思《おも》はれたのである。そこで、私《わたし》は、新《あたら》しい眼《め》で如玉《じよぎよく》を描《ゑが》かうと思《おも》つて、手元《てもと》にない繪具《ゑのぐ》を買《か》ひに、翌日安東《よくじつあんとう》まで出掛《でか》けた。ところがその晩歸《ばんかへ》つてくると、如玉《じよぎよく》は留守《るす》の間《あひだ》に、北行《きたゆ》きの列車《れつしや》で、私《わたし》の許《もと》を立《た》ち去《さ》つてしまつた。如玉《じよぎよく》に預《あづ》けて置《お》いた財布《さいふ》と一緒《しよ》に、ホテルの支配人《しはいにん》が私《わたし》に渡《わた》してくれた手紙《てがみ》の中《なか》には、

――こんなに突然離《とつぜんはな》れようとする自分《じぶん》の氣持《きもち》にも聊《いさゝ》か驚《おどろ》きもしましたが、しかしよく思《おも》ひ返《かへ》してみると、もと〳〵あんな境遇《きやうぐう》で、あんな暮《くら》しをして來《き》た妾《わたし》、歩《あゆ》むべき途《みち》を歩《あゆ》んで行《ゆ》くような氣《き》もします。自分《じぶん》としては、何《なに》を求《もと》めて行《ゆ》くのか、全然見當《ぜんぜんけんたう》もつきませんから、わざ〳〵、お探《さが》しにならないで下《くだ》さいませ、

いくらかの旅費《りよひ》を持《も》つて行《ゆ》きます、それから下《くだ》さいました指環《ゆびわ》も持《も》つて行《ゆ》きます。

如玉拜《じよぎよくはい》

と、書《か》いてあるばかりであつた。そのとき、如玉《じよぎよく》はとの汽車《きしや》に乘《の》つた筈《はず》、探《さが》してくれるなと云《い》ふ如玉《じよぎよく》の願《ねが》ひがなくとも、私《わたし》としては探《さが》すだけの立場《たちば》でもないようにも思《おも》はれ、またかへつて重荷《おもに》をおろしたやうな、氣輕《きがる》ささへ感《かん》ぜられた。かうして別《わか》れてしまつた如玉《じよぎよく》のことだ。その後《ご》何等《なんら》のたよりもあらう筈《はず》がなかつた。

その後《ご》約《やく》十日《か》も經《た》つて、ハルビンの李《り》君《くん》の手紙《てがみ》の終《をは》りに、或《あ》るギヤバレーのダンサーをやつてゐる如玉《じよぎよく》と云《い》ふ美人《びじん》が、君《きみ》とお安《やす》くない間柄《あひだがら》であつたそうで、遠《とほ》くからではあるが、君《きみ》の萬年福運《まんねんふくうん》のために祝盃《しゆくはい》を擧《あ》げる、といつたような文句《もんく》があつて、それで如《じよ》玉《ぎよく》の去就《きよしう》もやつと分《わか》つたような次第《しだい》だ。

しかし、今度《こんど》の旅行《りよかう》は、決《けつ》して如玉《じよぎよく》に逢《あ》ひに行《ゆ》くのではない。數年越《すうねんご》し、李《り》君《くん》から、手紙《てがみ》をくれる度毎《たびごと》に云《い》つてきたことだし、また僕《ぼく》も行《い》つてみたいハルビンのことだから行《ゆ》くまでのことで、今更《いまさら》、如玉《じよぎよく》に是非《ぜひ》逢《あ》つてみたいといふ慾望《よくばう》も興味《きようみ》もない。しかし偶然《ぐうぜん》に逢《あ》ふようなことでもあれば、そのときは別《べつ》に逃《に》げ隱《かく》れたりしないつもりであつた。

かうはつきりと私《わたし》の氣持《きもち》は定《きま》つてゐるのだが、しかし定《き》めようと努力《どりよく》するやうに感《かん》ぜられるのは、一體《たい》どうしたわけのものだらう。如玉《じよぎよく》に對《たい》する私《わたし》の心持《こゝろもち》が、はつきりしてゐない譯《わけ》ではない筈《はず》だが。いや、たゞ、ハルビンは、私《わたし》を喜《よろこ》んで迎《むか》へようとする李《り》君《くん》が待《ま》つてゐるだけの、「ハルビン」ではないからだ。——愛慾《あいよく》のためと云《い》はうか——複雜《ふくざつ》な心理的暗闘《しんりてきあんとう》の末《すゑ》に逃《に》げた如玉《じよぎよく》がゐるのだ。異國的獵奇心《いこくてきれふきしん》をも滿足《まんぞく》させてくれるかも知《し》れない。

或《あるひ》は陰鬱《いんうつ》な運命《うんめい》までも私《わたし》を飜弄《ほんろう》しようと待《ま》ち構《かま》えてゐるのかも知《し》れない。宿命《しゆくめい》と云《い》ふ奴《やつ》は、これといふ大《たい》した原因《げんいん》もないのに、結果《けつくわ》だけは、われ〳〵に與《あた》へるものなのだ。たとへ原因《げんいん》があるといつても、それは、今向《いまむか》ひ合《あ》つて坐《すわ》つてゐる中年女史《ちうねんぢよし》が持《も》つてゐる新約全書《しんやくぜんしよ》の中《なか》にある「罪《つみ》は死《し》を生《う》む」と云《い》つたような、文句《もんく》の「罪《つみ》」と同《おな》じく、抽象的《ちうしやうてき》なものなのだ。そんな抽象的《ちうしやうてき》な原因《げんいん》から、「死《し》」といふ、嚴然《げんぜん》とした現實的結果《げんじつてきけつくわ》をもたらすものが、卽《すなは》ち宿命《しゆくめい》であるといふならば、われ〳〵は、そのような宿命《しゆくめい》の前《まへ》では、たゞ戰慄《せんりつ》を感《かん》ずるのみだ。

そんな、恐《おそろ》しい宿命《しゆくめい》が、私《わたし》を待《ま》ち構《かま》えてゐるハルビンだ。そこに眞《ま》つしぐらに突進《とつしん》するとの列車《れつしや》も、やはり宿命《しゆくめい》と共《とも》に陰謀《いんぼう》をたくらんでゐる怪物《くわいぶつ》かも知《し》れぬ。と、醉《よ》ひ痺《し》れた頭《あたま》の中《なか》で考《かんが》へた。

そう感《かん》じながら、また大《おほ》きな鯨《くぢら》の口《くち》の中《なか》へ、洋々《やうやう》として泳《およ》いで行《ゆ》く魚等《さかななど》を想像《さうざう》し、その魚《さかな》のどの一部分《ぶぶん》とも分《わか》らぬフイシユフライの片切《かたき》れを口《くち》の中《なか》に入《い》れて、頬張《ほゝは》りながら、ふと、眼《め》を向《むか》ひに見《み》遣《や》ると、私《わたし》よりも一皿《さら》づゝ先《さき》さになつてゐる中年《ちうねん》の女史《ぢよし》は、所謂《いはゆる》その、どの一部分《ぶぶん》とも知《し》れぬスティクの最後《さいご》の一切《き》れを口《くち》の中《なか》に入《い》れ、唇《くちびる》に滲《にじ》んだ血潮《ちしほ》を拭《ふ》き澄《す》ますところであつた。

ハルビン——。

私《わたし》のこんどの旅行《りよかう》は前《まへ》にも話《はな》したが、やはり前《まへ》と同《おな》じような放浪《はうらう》で、別《べつ》だんの期待《きたい》を持《も》つてゐたわけではないが、しかし、こんなに憂鬱《いううつ》な旅《たび》にならうとは思《おも》はなかつた。行《ゆ》く時《とき》の汽車《きしや》の中《なか》で、一種《しゆ》の冒険《ぼうけん》だの、運命《うんめい》だの陰謀《いんぼう》だのつて、悦《たの》しんで拵《こしら》へ上《あ》げた妄《まう》想《さう》が、單《たん》なる妄想《まうさう》ではなく、間違《まちが》ひなく、ぴつたり合《あ》つた豫感《よかん》であつたのだ。

勿論《もちろん》、喜《よろこ》んで迎《むか》へてくれた李君《りくん》にも逢《あ》つたし、彼《かれ》の十年《ねん》の苦《く》勞《らう》、現在《げんざい》の成功《せいこう》と事業《じげふ》、將來《しやうらい》の抱負《はうふ》も聞《き》いて頼《たよ》りにしてゐた人《ひと》、李君《りくん》には感嘆《かんたん》し祝福《しゆくふく》もしたわけだが、しかし僕《ぼく》の旅行《りよかう》は、そんな健全《けんぜん》な明朗《めいらう》な記録《きろく》とはならなかつた。僕《ぼく》は何《なに》も、強《し》いて憂鬱《いううつ》な物《もの》語《がたり》が好《す》きだとか、物語《ものがたり》の小説的興味《せうせつてききようみ》と效果《かうくわ》ばかり狙《ねら》つてゐたからでは勿論《もちろん》ない。

「李君《りくん》の成功譚《せいこうものがたり》」は、物語《ものがたり》の主人公格《しゆじんこうかく》である「僕《ぼく》」とは、全然《ぜんぜん》別個《べつこ》のものであり、私《わたし》は、私《わたし》と餘《あま》りにも關聯《くわんれん》の深《ふか》い事件《じけん》にひつかかつてしまつたので、先《ま》づその事《こと》に就《つ》いて書《か》かねばならない。それは勿論《もちろん》、如玉《じよぎよく》の話《はなし》である。

李君《りくん》の案内《あんない》でハルビン見物《けんぶつ》にでかけた。

——生《うま》れつき、消費者《せうひしや》の君《きみ》のことだ。ハルビンの消費面《せうひめん》から案《あん》内《ない》しよう——と云《い》ふ李君《りくん》に隨《じゆ》つて、有名《いうめい》なキヤバレー、レストラン、ダンスホール、それからわれらが「ハルビン」と云《い》へばすぐ聯想《れんさう》される、所謂《いはゆる》エロ、グロなどを見物《けんぶつ》してゐる中《うち》に、夜《よる》になり、二人《ふたり》は少《すこ》し醉《よ》つぱらつてゐた。

「……何《なん》と云《い》つたけな？　例《れい》の美人《びじん》の話《はなし》さ、君《きみ》も逢《あ》つてやらにやね！」

「如玉《じよぎよく》のこととか？　そうだね……」

「そうだね！とは……」

から始《はじ》まつた話《はなし》が、

「他鄕《たきやう》で故人《こじん》に逢《あ》ふと云《い》ふ言葉《ことば》もあるからね、こんなところで逢《あ》へば、誰《だれ》でも嬉《うれ》しいもんだ、さあ行《ゆ》かう」

と、李君《りくん》は、私《わたし》をひつぱつた。しかしすぐに「俺《おれ》はどこで逢《あ》つたつけな」と云《い》つて如玉《じよぎよく》がどこにゐるかはつきり知《し》らぬ樣子《やうす》、少《すこ》し躊躇《ためら》つてゐた李君《りくん》は、何時《いつ》かそのときも、見物《けんぶつ》に來《き》たお客《きやく》さんをつれて行《い》つた或《あ》るキヤバレーで、そうざらにはゐない朝鮮《てうせん》のダンサーに逢《あ》つたので、話《はな》しかけたのが如玉《じよぎよく》で、殊《こと》に、故鄕《こきやう》から來《き》た女《をんな》の人《ひと》だつたので、つひ話《はなし》がはづんで、しまひには私《わたし》との關係《くわんけい》も略想像《ほゞさうざう》するようにもなつたと云《い》ふ話《はなし》だつた。しかし李君《りくん》は、私《わたし》と如玉《じよぎよく》とが、どう云《い》ふ風《ふう》に別《わか》れてしまつたのか、そとまでは知《し》らない樣子《やうす》だつた。如玉《じよぎよく》の暮《くら》しはどうかねと聞《き》く私《わたし》の言葉《ことば》に對《たい》しては、そのとき逢《あ》つたきりでよく分《わか》らないが、恐《おそ》らく、あんな三流《りう》や四流《りう》どころのキヤバレーのダンサーぢや、そう收入《みいり》が澤山《たくさん》あるわけぢやないだらう、パトロンでも附《つ》いて居《を》れば別《べつ》だらうが、まあやつと食《く》つて暮《くら》して行《ゆ》く程度《ていど》のものだらうと云《い》ふ話《はなし》だつた。そう云《い》つて、――逢《あ》へば親《した》しい間柄《あひだがら》だ、明日《あす》は一日《にち》如玉《じよぎよく》を先《さき》に立《た》しておいて、その方面《はうめん》の生活內幕《せいくわつないまく》を覗《のぞ》いておくことだねとも云《い》つた。

――確《たし》か、とゝのようだが、――と云《い》ひながら、裏街《うらまち》の、鋪道《はだう》の下《した》から音樂《おんがく》が聞《きこ》えてくる、地下室《ちかしつ》のキヤバレーに入《はひ》つて行《い》つた、三四軒目《けんめ》で、やつと如玉《じよぎよく》を發見《はつけん》した。

高《たか》い天井《てんじやう》、燦爛《さんらん》たるシヤンデリア、鏡《かゞみ》のような床《ゆか》、煌々《くわうくわう》としたパノラマ、その中《なか》で、音樂《おんがく》の波《なみ》を泳《およ》ぎ廻《まは》る舞姬《まひひめ》など、だが私《わたし》の眼《め》が何時《いつ》の間《ま》に、高《たか》くなつたせゐか、如玉《じよぎよく》がゐるキヤバレーとしては餘《あま》りにも、見窄《みすぼ》しいような氣《き》がした。四五名《めい》しかゐないバンドの、騷々《さう〴〵》しいジヤズや、床《ゆか》の上《うへ》にとぼれてゐる酒《さけ》の臭《くさ》い香《かをり》で頭《あたま》が痛《いた》くなつた。あつちの隅《すみ》つと、とつちの隅《すみ》つとに、三四對《つゐ》のお客《きやく》がゐるきり、がらんとしたホールの向側《むかひがは》の隅《すみ》には、十餘《よ》名《めい》のダンサーが塊《かた》まつてゐた。その中《なか》には、胡服《こふく》を着《き》てゐるのもゐれば、キモノをひつかけてゐる白人《はくじん》の女《をんな》もゐた。給仕《きふじ》の滿洲人《まんしうじん》ボーイにつれられて、私達《わたしたち》のテーブルに近《ちか》づいて來《き》た如玉《じよぎよく》は、私《わたし》を見《み》るなり、眼《め》を大《おほ》きく見張《みは》つて、一瞬間《いつしゆんかん》、立《た》ちすくんだ。

「僕《ぼく》が、珍《めづら》しいお客《きやく》さんを連《つ》れて來《き》たでせう、さあおかけなさい」

とう云《い》ふ李君《りくん》の言葉《ことば》で、始《はじ》めて、自分《じぶん》の前《まへ》に現《あら》はれた私《わたし》を理解《りかい》し得《え》たかのように、如玉《じよぎよく》は、再《ふたゝ》び落付《おちつ》いた態度《たいど》に歸《かへ》つて、私等《わたしら》の前《まへ》に坐《すわ》りながら

「久《ひさ》し振《ぶ》りに、お目《め》にかゝれますわ」

と、下《さ》げた頭《あたま》を暫《しばら》くは上《あ》げなかつた。

李君《りくん》は、また酒《さけ》を註文《ちうもん》した。李君《りくん》は、私《わたし》と如玉《じよぎよく》との關係《くわんけい》を詳《くは》しく知《し》らなかつたばかりでなく、彼《かれ》の在滿《ざいまん》十年間《ねんかん》の生活《せいくわつ》に亙《わた》つて獲《か》ち得《え》た大陸的《たいりくてき》な神經《しんけい》は、その場《ば》の如玉《じよぎよく》の態度《たいど》なり、私《わたし》の、きまり惡《わる》そうな表情《へうじやう》など、全然意《ぜんぜんい》に介《かい》ーないようにも思《おも》はれた。たゞ快《よ》

く笑《わら》ひ、快《よ》く飲《の》みながら、明日《あす》は午後《ごご》零時《れいじ》から一時《じ》までの間《あひだ》に如《じよ》玉《ぎよく》を私《わたし》が尋《たづ》ねて行《ゆ》くこと、如玉《じよぎよく》は如玉《じよぎよく》で、僕《ぼく》に見《み》せたいところを案内《あんない》すること、自分《じぶん》は、三時《じ》から四時《じ》までの間《あひだ》に電話《でんわ》を待《ま》つてゐるから、逢《あ》つて一緒《しよ》に夕食《ゆふしよく》を喰《く》ふことにしようと、獨《ひと》りで決《き》めてしまつた。この決定《けつてい》に對《たい》して、如玉《じよぎよく》は、別《べつ》に案内《あんない》するところもないから、私《わたし》が若《も》し來《く》ると云《い》ふならその時刻《じこく》に待《ま》ちませうと云《い》ひ、私《わたし》の旅館《りよくわん》から自分《じぶん》のアパートまでの地圖《ちづ》と住所《ぢうしよ》とを書《か》いてくれるのであつた。

そこで、私《わたし》もやはり、定刻《ていこく》には如玉《じよぎよく》を尋《たづ》ねることにした。(讀者《どくしや》の中《なか》には、この「そこで私《わたし》もやはり」と云《い》ふ言葉《ことば》に對《たい》して不快《ふくわい》を感《かん》じ、それ位《ぐらゐ》のことを動機《どうき》にしたり、理由《りいう》にしたりして行動《かうどう》する私《わたし》を輕蔑《けいべつ》する人《ひと》がゐるかもしれない。事實《じじつ》また私《わたし》は、そのような讀者《どくしや》を相手《あひて》にして、この物語《ものがたり》を書《か》くのだ)そのとき、私《わたし》には必《かなら》ずしも、如玉《じよぎよく》を訪《たづ》ねて行《ゆ》くべきでないと云《い》ふ理由《りいう》がなかつたのだ。却《かへ》つて、昨晩《さくばん》如玉《じよぎよく》が、ためらふ氣配《けはい》もなく、私《わたし》を待《ま》つてゐるからと云《い》ふのをみて、單《たん》なる、私《わたし》の印象《いんしやう》からのみ、そう云《い》ふのではなく、或《あるひ》は本當《ほんたう》に、ゆつくりした機會《きくわい》を作《つく》つて、過《す》ぐる春《はる》自分《じぶん》が爲《な》した行動《かうどう》に對《たい》して、私《わたし》に謝罪《しやざい》しようとするのではないだらうかとも思《おも》はれた。勿論《もちろん》、謝《あやま》るも謝《あやま》らぬもないことだが、しかし、それでもないとすれば、お互《たがひ》に別段大事《べつだんだいじ》な話《はなし》がある譯《わけ》のものでもなく、如玉《じよぎよく》の自尊心《じそんしん》からみても、わざ〳〵自分《じぶん》の、みすぼらしい生《せい》活面《くわつめん》を私《わたし》に見《み》せようとして、私《わたし》を自分《じぶん》の家《うち》に來《き》てくれと云《い》ふ譯《わけ》でもない筈《はず》だ。實際《じつさい》、昨晩見《さくばんみ》た如玉《じよぎよく》は、半年《はんとし》になるかならぬ中《うち》に、生活《せいくわつ》に疲《つか》れ果《は》てた人間《にんげん》のように萎《しほ》れ返《かへ》つて、鮮《あざや》かな色彩《しきさい》の洋服《やうふく》もさつぱりとした味《あぢ》がなく、いゝ加減垢《かげんあか》が着《つ》いてゐたし、また、爪《つめ》を赤《あか》く染《そ》めた指《ゆび》にも、あゝいふ職業《しよくげふ》の女《をんな》にとつては、大《おほ》きな裝飾《さうしよく》品《ひん》であらう筈《はず》の、あの私《わたし》がやつた指環《ゆびわ》もなかつた。そういふところから察《さつ》する、彼女《かのぢよ》の生活《せいくわつ》は、可《か》なり苦《くる》しいものゝようにしか想《さう》像《ざう》されないのであつた。

行《い》つてみると、如玉《じよぎよく》の生活《せいくわつ》は、事實《じじつ》パッとしなかつた。部屋《へや》の眞中《まんなか》には、唐物《たうぶつ》の灰皿《はいざら》を載《の》せた圓卓《テーブル》と、三四個《こ》の木製《もくせい》の椅子《いす》が置《お》いてあり、商店街《しやうてんがい》に接《せつ》してゐる鎧窓《よろひまど》の下《した》には、絨緞《じうたん》が擦《す》れ切《き》れて釘《くぎ》を打《う》つたところには釘《くぎ》までぴよこんと飛《と》び出《だ》した長椅子《ながいす》がなが〳〵とまるで寢《ね》そべつてゐるように据《す》えられてあつた。それは、實際寢《じつさいね》そべつてゐるとしか形容《けいよう》のできないほど狹《せま》い部屋《へや》には似《に》あはぬ大《おほ》きなものであつた。その濃《こ》い朱色《しゆいろ》の絨緞《じうたん》、どつしりとした脚《あし》の、すべ〳〵した木目《もくめ》や、物々《ものもの》しい彫刻《てうこく》など、家具《かぐ》としては、

(畫 鉉 壽 盧)

荘重《さうちよう》な豪華《がうくわ》なものであつた。向《むか》ひ側《がは》の、畫紋《ぐわもん》も古《ふる》びた衝立《ついたて》と、部《へ》屋《や》の上手《かみて》の方《はう》を屏風《びやうぶ》のように遮《さへぎ》つてゐる板《いた》の仕切《しき》りの間《あひだ》には、やはり古《ふる》い三面鏡臺《めんきやうだい》が斜《はす》に立《た》てられてあつたが、縁《へり》の塗《ぬ》りがはげ、彫刻《てうこく》の線《せん》もぼやけ、鏡《かゞみ》の眞中邊《まんなかあた》りは、分《ぶ》厚《あつ》いガラスも割《わ》れたかのように水銀《すゐぎん》が剝《は》がれてはゐるが、體裁《ていさい》だけは、やはり豪華《がうくわ》な、荘《さう》重《ちよう》なものであつた。しかしそれらの鏡臺《きやうだい》や長椅子《ながいす》は、如《じよ》玉《ぎよく》の手《て》で、そんなに古《ふる》くなつた筈《はず》がなく、また、始《はじめ》つから、如玉《じよぎよく》のようなほつそりとした體付《からだつ》きをして、身輕《みがる》に渡《わた》り歩《ある》くような生活《せいくわつ》に合《あ》ふように作《つく》られてゐる筈《はず》もないのだ。

狹《せま》い部屋《へや》の上手《かみて》は仕切《しき》りで、重々《おもおも》しい道具《だうぐ》が据《す》ゑてあるだけに、それだけ餘計《よけい》高《たか》くみえる薄暗《うすぐら》い天井《てんじやう》を眺《なが》めながら、私《わたし》は、ハルビンでの如玉《じよぎよく》はとんなに落《お》ちぶれた生活《せいくわつ》をするような人間《にんげん》なのかと、慨嘆《がいたん》せざるを得《え》なかつた。また、とんな家具《かぐ》を拾《ひろ》ひ集《あつ》めたのが、彼女《かのぢよ》の趣味《しゆみ》だとするならば、とれまた彼女《かのぢよ》の人《ひと》となり、とれを如何《いかん》ともすることができないとおもつた。

如玉《じよぎよく》は、私《わたし》の記憶《きおく》に殘《のこ》つてゐる肉體《にくたい》の線《せん》をそのまゝ示《しめ》そうとするものゝごとく、綠色《みどりいろ》の胡服《こふく》をピチッと體《からだ》に纏《まと》ひつけ、赤《あか》い長椅《ながい》子《す》に埋《うづ》もれんばかりに深々《ふかぶか》と腰《こし》を下《おろ》したまゝ、開《あ》け放《はな》たれた窓《まど》の手摺《てすり》に肘《ひぢ》を立《た》てゝその指先《ゆびさき》で、煙草《たばこ》を吹《ふ》かしてゐた。短《みぢか》い胡服《こふく》の袖口《そでぐち》から露《あら》はれた手首《てくび》は、ほつそりと干乾《ひから》びて、一本《ぽん》の黄色《きいろ》い蠟《らふ》燭《そく》のようにみえ、その指先《ゆびさき》の、赤《あか》く染《そ》めた爪《つめ》は、紅玉《こうぎよく》のように光《ひか》つてゐた。僕《ぼく》は、その指先《ゆびさき》から立《た》ち上《のぼ》る煙《けむり》を眺《なが》めながら、別段《べつだん》の話題《わだい》もなかつたので、默《だま》つて坐《すわ》つてゐた。如玉《じよぎよく》も、何《なに》かの考《かんが》へに耽《ふけ》つてゐるようすであつた。もと〳〵が、そのような如玉《じよぎよく》であることは、百《ひやく》も承知《しようち》してゐる私《わたし》のことだから、私《わたし》も別段《べつだん》失禮《しつれい》ともおもはず、窓外《そうぐわい》をみてゐた。街《まち》の向《むか》ひ側《がは》の家《うち》のガラス窓《まど》は、傾《かたむ》きかけた入日《いりひ》の直射《ちよくしや》を受《う》けて、きら〳〵光《ひか》つてゐた。鱗《うろこ》のように敷《し》き詰《つ》めた花崗石《みかげいし》の鋪道《ほだう》には乾《かわ》き切《き》つた靴《くつ》の足音《あしおと》も騷々《さうざう》しく、吹《ふ》き上《あが》る塵《ちり》さえ黄金《こがね》の粉《こな》の如《ごと》くぴか〳〵光《ひか》る、明《あか》るい日差《ひざ》しの中《なか》を、赤《あか》い、青《あを》い、原色《げんしよく》の洋服《やうふく》を着《き》た西洋《せいやう》の女《をんな》たちが、往《い》つたり來《き》たりしてゐた。高《たか》い建築《けんちく》に挾《はさま》れてゐるせゐかがつちりとした西洋人《せいやうじん》の女《をんな》たちは、熱帶《ねつたい》の魚《さかな》か、金魚《きんぎよ》や鮒《ふな》のように水々《みづみづ》しく、すばしとい。このような人魚《にんぎよ》の街《まち》に、あつちとつち、塊《かたま》り坐《すわ》つてゐる苦力《クリー》の群《むれ》は、海底《かいてい》に敷《し》かれた巖石《がんせき》の如《ごと》く、春《はる》が去《さ》らうが冬《ふゆ》が來《こ》ようが、我《われ》關《くわん》せずの態《てい》で、變《かは》る季節《きせつ》も、歷史《れきし》の變遷《へんせん》までも、彼等《かれら》には全《まつた》く無《む》關係《くわんけい》の事《こと》のやうに思《おも》はれるのだ。そのような窓外《そうぐわい》の光景《くわうけい》に見《み》取《と》れてゐると、窓《まど》の上《うへ》に吊《つ》るしてある籠《かご》の中《なか》から小鳥《ことり》の囀《な》く聲《こゑ》がした。見上《みあ》げると、籠《かご》の疎な隙間《すきま》を隔《へだ》てゝ、一幅《ぷく》の澄《す》んだ青空《あをぞら》が遠《とほ》く眺《なが》められた。雲雀《ひばり》も足踏《あしふ》みをするかの如《ごと》く一番上《ばんうへ》の横木《よこぎ》に上《あが》りながら、ピピピ——ピチクピチク——ピピと、つゞけざまに囀《さへづ》り首《くび》を立《た》て、尾《を》を立《た》て、横木《よこぎ》の上《うへ》をせはしげに行《ゆ》き來《き》してゐる。今《いま》にも飛《と》んでみたくつて、翼《つばさ》がむづ〳〵してゐるようだつたが、舌《した》も千切《ぎ》れるばかりに、ピーピーと、一聲《こゑ》啼《な》きつ、横木《よこぎ》の梯子《はしご》段《だん》を上《のぼ》つたり下《くだ》つたりするばかりだ。私《わたし》はこのような、雲雀《ひばり》の啼《な》き聲《ごゑ》に、何《なん》となく沈《しづ》みがちになり、話《はなし》の絲口《いとぐち》さえたぐり得《え》ない、長《なが》い退窟《たいくつ》な時間《じかん》を過《すご》した。如玉《じよぎよく》は、とき〴〵ハンカチを取《と》り出《だ》しては、鼻水《はなみづ》を拭《ふ》き、草色《くさいろ》の着物《きもの》の端《はし》で、爪《つめ》を磨《みが》いてゐた。私《わたし》は、彼女《かのぢよ》の職業柄《しよくげふがら》とは云《い》へ、卑《いや》しい趣味《しゆみ》から染《そ》めた彼女《かのぢよ》の爪《つめ》を眺《なが》めてゐたが、その如玉《じよぎよく》の爪《つめ》が磨《みが》けば磨《みが》くほど、ます〳〵玲瓏《れいろう》として美《うつく》しくなつて行《ゆ》くのを見詰《みつ》めてゐた視線《しせん》に、ふと雲雀《ひばり》の足《あし》の小指《こゆび》が觸《ふ》れてきたときは、一寸《ちよつと》驚《おどろ》かざるを得《え》なかつた。それは、片輪《かたわ》の如《ごと》く、一寸許《ちよつとばか》り長《なが》かつたからだ。私《わたし》は、長《なが》く垂《た》れた胡服《こふく》の袖《そで》の中《なか》に何時《いつ》でも隱《かく》してある王《ワン》とか陳《ちん》とか云《い》ふ大人達《ターレンたち》の爪《つめ》を聯想《れんさう》したのである。

「これは滿洲《まんしう》の雲雀《ひばり》かね？」

と聞《き》いた。

「そうね。こちらで買《か》つたものだそうですから多分《たぶん》滿洲《まんしう》のものでせう」

「……………」

「後脚《あとあし》の爪《つめ》が可《か》なり長《なが》いでせう？」

「片輪《かたわ》のようで、醜《みにく》いね」

「片輪《かたわ》だと云《い》へば片輪《かたわ》ですけれど、でも、腹《はら》の中《なか》からの片輪《かたわ》ではないんですつて、あたしの爪《つめ》もそうだわ」

如玉《じよぎよく》は、紅《あか》い指先《ゆびさき》の爪《つめ》を揃《そろ》えてみせながら笑《わら》つた。そして、雲雀《ひばり》の脚《あし》の爪《つめ》は王大人《ワンターレン》や陳大人《ちんターレン》のように飾《かざ》りのために延《の》ばしたものではなく、たゞ誰《だれ》も切《き》つてやらないし、籠《かご》の中《なか》で擦《す》り減《へ》りもしないから、自然《しぜん》と延《の》び放題《はうだい》に延《の》びるより外《ほか》に仕方《しかた》がなく、また長《なが》ければ長《なが》いほど、人手《ひとで》に長《なが》く飼《か》はれた標《しるし》にもなつて値《ね》も出《で》るものだと、説明《せつめい》した。

「あの脚《あし》の爪《つめ》だけ慣《な》らされたと云《い》へば慣《な》らされたし、人《ひと》の手《て》にかゝつて片輪《かたわ》になつたのだと云《い》へば片輪《かたわ》だし……環境《くわんきやう》とか境遇《きやうぐう》の力《ちから》と云《い》ふのでせうか！」

如玉《じよぎよく》は、そのような自分《じぶん》の言葉《ことば》で、感《かん》に堪えぬものゝ如《ごと》く、ぶるつと身震《みぶる》ひをし、鳥籠《とりかご》を眺《なが》めるのであつた。

私《わたし》には、やはりこの雲雀《ひばり》も、如玉《じよぎよく》の手《て》によつて、その後脚《あとあし》の爪《つめ》がそんなに長《なが》く延《の》ばされた筈《はず》はないように思《おも》はれ、或《あるひ》は、この部《へ》屋《や》の中《なか》には、誰《だれ》か別《べつ》な人《ひと》がゐるのではないかと、今更《いまさら》の如《ごと》く部屋《へや》の中《なか》を見廻《みまは》した。しかし如玉《じよぎよく》は、咳《せき》を續《つゞ》けざまにしながら、涙《なみだ》と鼻水《はなみづ》とを拭《ふ》くのであつた。

「風邪《かぜ》を引《ひ》いたようだが、寒《さむ》いかね？」

「いゝえ」

　と、如玉《じよぎよく》は事新《ことあたら》しく、私《わたし》の顔《かほ》を見上《みあ》げ、跛《ばつ》の悪《わる》そうにすぐ眼《め》をうつ伏《ぶ》せたが、その眼《め》には、そしてその脣《くちびる》には、得體《えたい》の知《し》れぬ微笑《びせう》が浮《うか》び上《あが》つてゐた。

　その得體《えたい》の知《し》れない微笑《びせう》は、嘗《か》つて五龍背《りうはい》で「夢《ゆめ》をおかきになるのでせう？」と、云《い》つたときに浮《うか》んだ笑《わら》ひのようでもあつたがしかし、今《いま》の如玉《じよぎよく》が、今更昔《いまさらむかし》の、その笑《わら》ひで、私《わたし》を愚弄《ぐろう》する譯《わけ》はない筈《はず》だらう。見直《みなほ》してもやはり、その笑《わら》ひは消《き》え去《さ》らないのであつた。

(或《あるひ》は！)今《いま》の如玉《じよぎよく》は、夜《よる》と晝《ひる》とを混同《こんどう》してゐるのではないだらうか？　それは、如玉《じよぎよく》の夜《よる》の笑《わら》ひに似《に》てゐたものだつたので、私《わたし》もそんな風《ふう》に考《かんが》へてみた。とんなによく晴《は》れた、ひえびえするほど澄《す》み切《き》つた晝間《ひるま》には、今《いま》まで見《み》た事《こと》もない媚笑《びせう》だつたので、或《あるひ》は、如玉自身《じよぎよくじしん》云《い》つたとほり、とのハルビン、それから今《いま》の彼女《かのぢよ》の境遇《きやうぐう》の力《ちから》などに影響《えいきやう》されて、彼女自身《かのぢよじしん》スツカリ變《かは》つてしまつて、とんなときでも、無節制《むせつせい》な衝動《しようどう》を感《かん》じたり、また人《ひと》にも衝動《しようどう》を與《あた》へようとする、淫奔《いんぽん》な笑《わら》ひではないだらうか？

　とう云《い》ふ風《ふう》に、(或《あるひ》は！　まさか！)の眼付《めつ》きで彼女《かのぢよ》を見据《みす》えてゐると、彼女《かのぢよ》はやはり同《おな》じような笑《わら》ひを浮《うか》べ、もつと眼《め》を細《ほそ》くして僕《ぼく》を見遣《みや》りながら、だん〳〵體《からだ》を傾《かたむ》け、遂《つひ》には長椅子《ながいす》の肘掛《ひぢか》けに肩《かた》を寄掛《よりか》けて體《からだ》を半分寢《はんぶんね》そべりながら瞼《まぶた》を伏《ふ》せるのであつた。

　私《わたし》にはもうとれ以《い》上疑ふ餘地《よち》がなかつた。たゞ、そんな廢頽的《はいたいてき》な爲體《ていたらく》は、輕蔑《けいべつ》してしまへとおもひ、暫《しばら》く彼女《かのぢよ》の顔《かほ》をぢいつと見《み》入《い》つてゐると、薄《うす》くて中《なか》の瞳《ひとみ》さえすき透《とほ》つてみえそうな如玉《じよぎよく》の薄《うす》い瞼《まぶた》が震《ふる》え、一雫《しづく》の涙《なみだ》が溢《あふ》れて睫《まつげ》の先《さき》に結《むす》ばれるのだつた。と、瞬間《しゆんかん》、はは、と、うつろな笑《わら》ひ聲《ごゑ》が、その薄《うす》つぺらな肩《かた》を搖《ゆす》りながら、如玉《じよぎよく》の口《くち》から洩《も》れてくるのであつた。

　私《わたし》は、ぞつと、背筋《せすぢ》に寒氣《さむけ》を覺《おぼ》え、頭《あたま》を抱《かゝ》へたまゝ眼《め》をつぶつてしまつたが、そのとき、頭《あたま》の上《うへ》の籠《かご》で、バタ〳〵と音《おと》がし、チ、チと鼠《ねずみ》の鳴《な》き聲《ごゑ》のようなものが大《おほ》きく聞《きこ》えてきた。驚《おどろ》いて眼《め》を上《あ》げてみると、雲雀《ひばり》が横木《よこぎ》の上《うへ》から落《お》ちて、籠《かご》の底《そこ》で、バタバタしてゐるところであつた。

　小鳥《ことり》は飛《と》ばうとして懸命《けんめい》に體《からだ》を起《おこ》しては、また落《お》ち、その度毎《たびごと》に、その長《なが》い脚爪《あしつめ》と折《を》れた羽根《はね》でもがきながら、鼠《ねずみ》の聲《こゑ》のような、暗憺《あんたん》たる悲鳴《ひめい》を上《あ》げるのであつた。小鳥《ことり》は、何回《なんくわい》も、籠《かご》が揺《ゆ》れるほど飛《と》び上《あが》つてははかない努力《どりよく》をつゞけてゐたが、とう／＼自《じ》分《ぶん》の翼《つばさ》の上《うへ》に足《あし》を投《な》げ出《だ》し、眼《め》をつぶつてしまつた。私《わたし》はまだどき／＼してゐる小《こ》鳥《とり》の胸《むね》を――その暗憺《あんたん》たる光景《くわうけい》をぼんやり見入《みい》つてゐると、

「そ……その鳥籠《とりかご》をこつちへおろして下《くだ》さい。ね、早《はや》く……」

と、云《い》ひながら、如玉《じよぎよく》は私《わたし》の腕《うで》を掴《つか》んで揺《ゆす》るのだつた。

片手《かたて》にその鳥籠《とりかご》を持《も》つた如玉《じよぎよく》は、片手《かたて》では、よろめく體《からだ》を支《さゝ》えるやうに、衝立《ついたて》に倚《よ》りかゝりながら部屋《へや》の上手《かみて》の方《はう》に立《た》てゝある仕切《しき》りの向《むか》ふへ入《はひ》つて行《い》つた、入《はひ》つて行《ゆ》くとすぐ、寝室《しんしつ》らしいその中《なか》からは、煙草《たばこ》の煙《けむ》りが仕切《しき》りの上《うへ》まで立《た》ち上《あが》り、何《なに》か動物性《どうぶつせい》の脂《あぶら》が焦《こ》げるやうな臭氣《しうき》がぷんと香《にほ》つてきた。すると、バタ／＼と羽《は》ばたきの音《おと》が聞《きこ》え、ピヨンピヨンといふ小《こ》鳥《とり》の鳴《な》き聲《ごゑ》が聞《きこ》えてきた。

生《い》きかへつた小《こ》鳥籠《とりかご》を手《て》に持《も》つて出《で》て來《き》た如玉《じよぎよく》は、それをもとのところにかけておき、それから坐《すわ》つて、

「今《いま》、妾《わたし》、笑《わら》つてゐるでせう？」

と、きまりわるさうに赤《あか》くなつた顔《かほ》に、ことさら晴々《はれ／″＼》しい笑《わら》ひを見《み》せながら、

「笑《わら》つてゐるでせう？　こんなに平氣《へいき》な顔《かほ》をして」

と云《い》つて、笑《わら》ひ聲《ごゑ》まで立《た》てるのだつた。

「……………」

事實《じじつ》、私《わたし》は何《なん》と云《い》つていゝか云《い》ふべき言葉《ことば》を知《し》らなかつた。

「笑《わら》はなければどうします？」

と、如玉《じよぎよく》は、鳥籠《とりかご》をとんと突《つ》いてぐるつと廻《まは》りながら

「お前《まへ》も、あたしも、その間《あひだ》の辛抱《しんばう》ができなくつて、この恥曝《はぢさら》しか？」

と、囁《さゝや》いた。

街《まち》に出《で》た私《わたし》は、如玉《じよぎよく》が案内《あんない》するまゝに、キヤバレーやレストランに入《はひ》つて、強《つよ》いウオツカや、濃《こ》いコーヒーを少《すこ》しづゝ飲《の》んだ。あまり強《つよ》い刺戟物《しげきぶつ》は嫌《きら》ひで、いら／＼する上《うへ》に、向《むか》ひ合《あ》つて坐《すわ》つてゐる如玉《じよぎよく》が少《すこ》しでもそんなものに口《くち》が觸《さは》つただけでも咳《せき》をするので、なほさら飲《の》む氣《き》にならなかつた。そして如玉《じよぎよく》は、何度《なんど》も鼻《はな》を嚙《か》んだ後《のち》に、ハンドバッグから白《しろ》い藥《くすり》を掴《つか》み出《だ》してそれを煙草《たばこ》につけて吸《す》ふのだが、その度毎《たびごと》に――何《なん》で笑《わら》ふの、おかしいわと澄《す》まし込《こ》んで、反面《そつぽ》を向《む》いては、にや／＼笑《わら》ふのであつた。

通《とほ》り縋《すが》りに、寄《よ》り道《みち》をした博物館《はくぶつくわん》では、私《わたし》もとう／＼如玉《じよぎよく》に倣《なら》

つて、蹟《せき》ばかりをしてしまつた。うつそ寒とした室内《しつない》に、年代順《ねんだいじゆん》に陳列《ちんれつ》してある陶磁器《とうじき》、佛像《ぶつざう》、乃至《ないし》マンモスなど、過《す》ぎし日《ひ》の悠長《いうちやう》な時間《じかん》が薄《うす》ら寒《さむ》く感《かん》ぜられるのみだつた。一々叮嚀《ていねい》にみて行《ゆ》くべきこの歴史物《れきしもの》も、そんなに疎《おろそか》にみて行《い》つては再《ふたゝ》びまたと來《き》て見《み》る勇氣《ゆうき》も出《で》ないだらうとも考《かんが》へさせられた。この博物館《はくぶつくわん》ばかりでなく、すべて、如玉《じよぎよく》を先《さき》に立《た》たせて歩《ある》く限《かぎ》りは、私《わたし》のこのハルビン見物《けんぶつ》はこのような始末《しまつ》に終《をは》るのではないだらうかとも思《おも》はれた。一體《たい》、私《わたし》と如玉《じよぎよく》との間《あひだ》には如何《いか》なる因縁《いんねん》の絆《きづな》がまだ殘《のこ》つてゐるのだらうかと、内心訝《ないしんいぶ》かりながらも

「こんどは松花江《しようくわかう》へ行《ゆ》きませう」

と、云《い》つて先立《さきだ》つ如玉《じよぎよく》の後《あと》に隨《つ》いて行《ゆ》くより、仕方《しかた》がなかつた。

いまなほ、ロシア人《じん》や、ユダヤ人《じん》が澤山住《たくさんす》んでゐるばかりでなく、「ハルビン」と云《い》へばすぐ聯想《れんさう》される、エロ、グロの、異國的《いこくてき》享樂機關《きやうらくきくわん》が集中《しふちう》してゐる「キタヤスキカ」を横切《よこぎ》つて、松花江《しようくわかう》の埠頭《ふとう》に出《で》て行《い》つた。如玉《じよぎよく》のパーマネントの片端《かたはし》に乘《の》つかつてゐる新《あたら》しい帽子《ばうし》が、私《わたし》の頰《ほゝ》つぺたを撫《な》でるほど、二人《ふたり》は、喰《く》つ付《つ》いて竝《なら》んで歩《ある》きながら、

「大同江《だいどうかう》の約《やく》三倍《ばい》、約《やく》五倍《ばい》、或《あるひ》は約《やく》十倍位《ばいぐらゐ》になるかも知《し》れませんわ」

「そう——。ずゐぶん廣《ひろ》いね」

こんな、味氣《あぢけ》のない會話《くわいわ》の遣《や》り取《と》りばかりだつた。そればかりでなく、私《わたし》は、自分《じぶん》の背《せい》よりも、もつと高《たか》い心《こゝろ》の眼《め》を据《す》えて見降《みおろ》しながら——この女《をんな》の運命《うんめい》は將來《しやうらい》どんなになつて行《ゆ》くだらうか？と、如玉《じよぎよく》に同情《どうじやう》すると云《い》ふよりも、むしろ如玉《じよぎよく》を遠《とほ》く押《お》し退《の》けておいて獨《ひと》り思案《しあん》をしてゐるような氣持《きもち》だつた。退屈《たいくつ》な沈默《ちんもく》も氣《き》が詰《つま》りそうなので、たゞ歩《ある》くばかりだつた。埠頭《ふとう》の苦力《クリー》達《たち》がわつと群《むらが》つて來《き》て、鴨《かも》の群《むれ》のように浮《うか》んでゐる輕快《けいくわい》な船《ふね》を指差《ゆびさ》したり、向《むか》ふの水泳場《すゐえいぢやう》を指差《ゆびさ》したりしながら船遊《ふなあそ》びを強請《きやうせい》するのだつた。彼等《かれら》の生活《せいくわつ》では、そうざらにありそうもないような笑顏《ゑがほ》を作《つく》つて、自分達《じぶんたち》の間《あひだ》でさへ、こんなに笑《わら》つてゐるんだもの、實際《じつさい》はどんなにかいゝもんだらうかと云《い》はんばかりに、手眞似《てまね》に分《わか》らぬ言葉《ことば》でわれ〳〵を誘《さそ》ふのであつた。しかし如玉《じよぎよく》は、——ボートに乘《の》つてみませうか？　とも云《い》はず、乘《の》つてみたい氣配《けはい》もせず、たゞ手《て》を横《よこ》に振《ふ》つてみせ、それでも隨《つ》いてくれば「不要《プヨウ》」と叫《さけ》んで、足踏《あしぶ》みまでしてみせるのであつた。

「疲《つか》れてゐるでせう？」

「なあに大丈夫《だいぢやうぶ》」

からは云《い》つたものゝ、如玉《じよぎよく》がたび〳〵ハンカチを取《と》り出《だ》してゐ

たのを想《おも》ひ出《だ》して、

「ほんとうに、李《り》君《くん》が待《ま》つてゐるだらうから」

と云《い》つて、馬車《ばしや》を呼《よ》んだ。

アパートの玄關《げんくわん》に着《つ》いたときは四時《じ》がとうに過《す》ぎてゐた。電車《でんしや》を待《ま》つ間《ま》、自分《じぶん》の部屋《へや》で待《ま》つては、といふ如玉《じよぎよく》と一緒《しよ》に、階段《かいだん》を上《のぼ》つて行《い》つた。薄暗《うすぐら》い廊下《らうか》を四五間《けん》も歩《ある》いて自分《じぶん》の部屋《へや》の前《まへ》に立《た》ち止《どま》つた如玉《じよぎよく》が、ハンドバッグの中《なか》から鍵《かぎ》を探《さが》してゐると、入口《いりくち》の扉《ドア》が、さつと勢《いきほひ》よく開《あ》いた。突然《とつぜん》のことで、私《わたし》は驚《おどろ》かざるを得《え》なかつた。一歩《ほ》前《まへ》に立《た》つてゐた如玉《じよぎよく》もやはり驚《おどろ》いた樣子《やうす》であつた。

「どうぞこちらへお入《はひ》りなさい」

重々《おもく》しく響《ひゞ》く、錆《さ》びた聲《こゑ》が聞《きこ》えてきた。短《みじ》かい日《ひ》が高《たか》い建物《たてもの》の彼方《かなた》へすつかり傾《かたむ》いて、洞窟《どうくつ》のように陰鬱《いんうつ》な部屋《へや》の眞中《まんなか》に、——長《なが》い、青白《あをじろ》い、幽靈《いうれい》のような顔《かほ》をした男《をとこ》が僕《ぼく》を見詰《みつ》めてゐるのであつた。

「どうぞお入《はひ》り下《くだ》さいませ」

如玉《じよぎよく》のすきとほつた聲《こゑ》にハッと我《われ》に歸《かへ》つた。私《わたし》は、つかくと部屋《へや》の中《なか》に入《はひ》つて行《い》つた。

「ご紹介《せうかい》しませう。この方《かた》は……」

とう紹介《せうかい》しかけた如玉《じよぎよく》の言葉《ことば》を遮《さへぎ》つて、その男《をとこ》は

「なあに——紹介《せうかい》しなくとも、金明《きんめい》一さんだといふことは分《わか》るよ……さあおかけなさい」

と云《い》ひながら、自分《じぶん》の方《はう》から先《さ》きにどつかりと腰《こし》をおろすのであつた。

如玉《じよぎよく》は何《なに》も云《い》はず、その男《をとこ》も、自己紹介《じこせうかい》もしようともしないでたゞ煙草《たばこ》を吸《す》ふのみであつた。

彼《かれ》が、そんな自己紹介《じこせうかい》を敢《あへ》てしなくとも、また或《あるひ》はそれに氣付《きづ》かなくとも、私《わたし》には、やはり、その男《をとこ》は、如玉《じよぎよく》の昔《むかし》の戀人《こひびと》であつた玄某《げんぼう》ではなからうかと想像《さうざう》されたのであつた。

煙草《たばこ》といふものは、かういふときにはまことに重寶《ちようはう》なもので、自己紹介《じこせうかい》もせず、あいさつの一言《こと》も交《かは》さず、たゞ煙草《たばこ》ばかり吹《ふ》かしてゐる彼《かれ》の、傲慢《がうまん》さと云《い》ふよりも、むしろ侮辱的《ぶじよくてき》な態度《たいど》に對《たい》して、(だからと云《い》つてすぐ喧嘩《けんくわ》をふつかけるわけにも行《ゆ》かず)私《わたし》もやはり煙草《たばこ》を吸《す》つて、吸《す》つた煙《けむり》をながくと彼《かれ》の横《よこ》つらにふつかけて無言劇《むごんげき》の相手役《あひてやく》を勤《つと》めるより外《ほか》に途《みち》はなかつた。しかしその男《をとこ》は、テーブルの上《うへ》に肘《ひぢ》を突《つ》き、指先《ゆびさき》に挾《はさ》んだ煙草《たばこ》がだんく燃《も》えて行《い》つても別段《べつだん》それを吸《す》はふともせず、默々《もくく》と何《なに》か考《かんが》へ事《こと》に耽《ふけ》つてゐる樣子《やうす》であつた。初對面《しよたいめん》のお客《きやく》を眼《め》の前《まへ》に坐《すわ》らせて置《お》い

て、自分獨り《じぶんひと》の考へ《かんが》ごとに夢中《むちう》になつてゐる樣子《やうす》が、いよ〳〵私《わたし》を無視《むし》しようとする肚《はら》なのだとおもへば、侮辱感《ぶじよくかん》も一層切《そうせつ》なものになつて行《ゆ》くのだが、しかし、單純《たんじゆん》に私《わたし》を侮辱《ぶじよく》せんがための一手《しゆ》段《だん》として彼《かれ》がそうしてゐるのだと云《い》ふ風《ふう》に考《かんが》へず、むしろ、この男《をとこ》が——私《わたし》の想像《さうざう》と異《こと》らぬ玄某《げんぼう》であるとするならば、この三角關《かくくわん》係《けい》の一點《てん》となつてゐる彼《かれ》として、何《なに》かの考《かんが》へに耽《ふ》けるのは極《きは》めて當然《たうぜん》なことではないだらうかとも思《おも》ひ遣《や》られるのであつた。事實《じじつ》そうだとすれば、侮辱感《ぶじよくかん》のため昂奮《かうふん》してゐる自分《じぶん》より彼《かれ》の方《はう》がずつと落付《おちつ》いた人間《にんげん》のように思《おも》はれるのであつた。

その男《をとこ》は、かなり禿上《はげあが》つた額《ひたひ》のために、一層長《そうなが》く瘦《や》せて見《み》える蒼白《あをじろ》い顏《かほ》をして、石膏像《せきかうざう》の樣《やう》に硬《かた》くなつてゐたが、燃《も》え切《き》つた煙《たば》草《こ》を揉《も》み消《け》すと、やゝをら立《た》ち上《あが》つて部屋《へや》の中《なか》を歩《ある》き出《だ》した。青黑《あをぐろ》い、木綿《もめん》の、胡服《こふく》が、瘠《や》せた肩《かた》から踵《かゝと》の先《さき》まで一直線《ちよくせん》に垂《た》れて、なほさら瘠《や》せとけて長《なが》くみえるその體格《たいかく》は、だん〳〵暗《くら》くなつて行《ゆ》く部屋《へや》の中《なか》の暗《くら》さを一身《しん》に集《あつ》めてゐるかのやうであつた。むしろ、暗《くら》がりが、長《なが》く群つてきて、私《わたし》の眼《め》の前《まへ》で、戯れてゐるようにもおもはれた。

——燈《あかり》は、なぜつけないのだらう？　私《わたし》は、暗闇《くらやみ》が與《あた》へてくれるそのような錯覺《さくかく》が嫌《きら》ひなので、その男《をとこ》の長《なが》い、はしつとそうな白骨《はくこつ》の手先《てさき》が匕首《あひくち》に變《かは》りやしないだらうかと妄想《まうさう》しながら、やたら煙草《たばこ》ばかり吸《す》つてゐなければならなかつた。

「或《あるひ》は、もう如玉《じよぎよく》から聞《き》いて、もうご存《ぞん》じのことゝ思《おも》ひますが、僕《ぼく》は玄《げん》一英《えい》と申《まを》します」

突然《とつぜん》私《わたし》の前《まへ》に立《た》ちどまつてとう云《い》ひ出《だ》した彼《かれ》は、また歩《ある》きながら、

「全《まつた》く取柄《とりえ》のない落伍者《らくごしや》ですよ。落伍者《らくごしや》といふよりは、今《いま》はどうにも仕方《しかた》のない阿片中毒者《あへんちうどくしや》ですよ。……しかし嘗《かつ》ては、私《わたし》も鬪士《とうし》として、指導的理論分子《しだうてきりろんぶんし》として、華々《はなばな》しかつた時代《じだい》があつたのです。」

とゝで言葉《ことば》を切《き》つた玄《げん》は、入口《いりくち》の側《そば》にあるスヰッチを捩《ねぢ》つて電《でん》燈《とう》をつけた。つけても天井《てんじやう》の眞中《まんなか》からぶら下《さが》つた線《コード》に笠《かさ》もなしにつけてある電球《でんきう》の光《ひかり》は微《かす》かな光《ひかり》を放《はな》つてゐた。玄《げん》は、長椅子《ながいす》にどつかりと腰《こし》をおろし、胡服《こふく》の裏《うら》かくしから出《だ》した白《しろ》い藥《くすり》を、氣《き》管《くわん》につけて吸《す》ひ始《はじ》めた。その、脂《あぶら》つ臭《くさ》い香《にほひ》を發散《はつさん》する煙《けむり》が、板《いた》の仕切《しき》りの後《うしろ》から立《た》ち上《あが》るのであつた。如玉《じよぎよく》がそとに入《はひ》る前《まへ》に三面《めん》鏡臺《きやうだい》の上《うへ》に持《も》ち運《はこ》んでおいた鳥籠《とりかご》からは、銀《ぎん》の鈴《すゞ》を轉《ころ》がすやうな小鳥《ことり》の悦《よろこ》ばしげな啼《な》き聲《こゑ》も聞《きこ》えてきた。

「恐《おそ》らく、方面《はうめん》はちがひますが、玄赫《げんかく》と云《い》へば、想像《さうざう》がつきませ

う。一時《じ》は左翼理論《さよくりろん》のヘゲモニーを握《にぎ》つてゐた、有名《いうめい》な玄赫《げんかく》のとでですよ。玄赫《げんかく》と云《い》へば、當時《たうじ》のインテリゲンチャの仲間《なかま》では誰《だれ》一人《ひとり》知《し》らないものがなかつたほど有名《いうめい》な玄赫《げんかく》でした。

何時《いつ》でも玄赫《げんかく》の身邊《しんぺん》には玄赫《げんかく》を崇拜《すうはい》する靑年達《せいねんたち》が玄赫《げんかく》につき纏《まつ》つてゐたものですよ。」

このような玄《げん》の言葉《ことば》の中《なか》に、餘《あま》りにもたび〳〵飛《と》び出《だ》してくる「玄赫《げんかく》」と云《い》ふ名前《なまへ》を、私《わたし》も時《とき》たま、新聞《しんぶん》や雜誌《ざつし》の上《うへ》で見《み》たような記憶《きおく》もあつた。しかしそんなに、嚙《か》んで嚙《か》んで嚙《か》み碎《くだ》くほど呼《よ》んでみたくなり、嚙《か》めば嚙《か》むほど魅力《みりよく》が出《で》てくる「玄赫《げんかく》」であらうかと、不思議《ふしぎ》に思《おも》はれた。或《あるひ》は――玄《げん》が醉《よ》つてゐるからであらうか？　モルヒネも醉《よ》へば酒《さけ》と同《おな》じく興奮《こうふん》するのであらうかと、薄暗《うすくら》い電燈《でんとう》の光《ひか》りでよく〳〵見《み》れば、玄《げん》の顏《かほ》は、ます〳〵蒼《あを》ざめて、瘦《や》せとけて、眼《め》も一段細《だんほそ》いように思《おも》はれた。

「如玉《じよぎよく》もそれほど有名《いうめい》だつた玄赫《げんかく》を崇拜《すうはい》してゐた學生達《がくせいたち》の一人《ひとり》だつたのです。當時《たうじ》霸氣滿々《はきまん〳〵》たる玄赫《げんかく》は戀愛《れんあい》に於《お》いても霸者《はしや》であつたのですよ。戀愛《れんあい》も政治《せいぢ》です。政治《せいぢ》は鬪爭《とうさう》、克服《こくふく》です。女《をんな》と云《い》ふものは、男《をとこ》の鬪爭力《とうさうりよく》や克服力《こくふくりよく》が強《つよ》ければ強《つよ》いほど崇拜《すうはい》し、悅服《えつぷく》するものです。結婚《けつこん》とか夫婦《ふうふ》とか云《い》つたような形式《けいしき》は、問題《もんだい》でないですよ。如玉《じよぎよく》は、五六年《ねん》も、玄赫《げんかく》が監獄《かんごく》だ放浪《はうらう》だと云《い》つて、うろついてゐた間《あひだ》は離《はな》れてゐたんですが、やはり忘《わす》れられなくつて、とう〳〵とゝまで隨《つ》いて來《き》ては、女給《ぢよきふ》だの、ダンサーだのをやつて稼《かせ》いでは僕《ぼく》にみついでゐるのですよ。今《いま》の玄一英《げんえい》は女子《をなご》の働《はたら》いて稼《かせ》いだ金《かね》でとんなに、阿片《あへん》まで吸《す》つてゐるんです。何《なん》だつて阿《あ》片《へん》など吸《す》つてゐるのかと云《い》ひませうが、今《いま》は、これが飯《めし》よりも大《だい》事《じ》なもので、なければ半日《はんにち》だつて生《い》きてゐられないんだから。女《をな》子《こ》が稼《かせ》いでくる金《かね》だの何《なん》のつて云《い》ふのは、もうとつくに過《す》ぎ去《さ》つた問題《もんだい》なんです。

ぢや、何《なん》だつて阿片《あへん》など始《はじ》めたものかつて責《せ》めるでせうが：：」

このとき、板《いた》の仕切《しき》りの後《うしろ》から、げら〳〵と、如玉《じよぎよく》の笑《わら》ひ聲《こゑ》が聞《きこ》えてきたので、玄《げん》は、話《はなし》を止《や》め、白《しろ》い藥《くすり》を附《つ》けて吸《す》つてゐた氣《き》管《くわん》も放《はう》り出《だ》した。そして立《た》ち上《あが》ると、後手《うしろで》を組《く》んだまゝ歩《ある》きながら、また話《はなし》をつゞけるのであつた。

「……金先生《きんせんせい》も、きつとそうお聞《き》きになるでせう。今《いま》は誰《だれ》も私《わたし》を顧《かへりみ》なくなつたんですが、昔《むかし》の友達《ともだち》や同志《どうし》は、みんなそう云《い》つたものです。また如玉《じよぎよく》も逢《あ》つたときは、そう云《い》つて、責《せ》めたり泣《な》いたり、泣《な》きわめいたりたつた今止《いまや》めてくれと哀願《あいぐわん》もしたものです。僕《ぼく》もとき〴〵正氣《しやうき》に歸《かへ》つたときは、自分《じぶん》に聞《き》き、自分《じぶん》に責《せ》め、泣《な》いて騷《さわ》いだこともあつたのです。

　勿論《もちろん》阿片《あへん》を喫《す》ふ理由《りいう》と云《い》ふものもないのではありませぬ。病氣《びやうき》とか貧困《ひんこん》とか、孤獨《こどく》、絕望《ぜつばう》、自暴自棄《じばうじき》、とんなものが理由《りいう》になりませう——。とぢつけかも知《し》りませぬが——。恐《おそ》らく、その中《なか》でも一番《ばん》大《おほ》きな理由《りいう》とか動機《どうき》とか云《い》ふのは「自暴自棄《じばうじき》」でせうよ——。

　病氣《びやうき》、貧困《ひんこん》、孤獨《こどく》、絕望《ぜつばう》といつたような順序《じゆんじよ》で行《い》つて、しまひにはよく「自暴自棄《じばうじき》」になつてしまふようですが、僕《ぼく》は、必《かなら》ずしもそうではないと思《おも》ひます。

　病氣《びやうき》とか貧困《ひんこん》とか云《い》ふやつは、とれはどうも意《い》の儘《まゝ》にはならぬものでせうが、自暴自棄《じばうじき》に陷《おちい》る陷《おちい》らんは、各自《かくじ》の氣《き》の持《も》ちよう一つだと思《おも》ひます。僕《ぼく》と同《おな》じような逆境《ぎやくきやう》にゐても、七轉《てん》八起《き》といふ言葉《ことば》どほりに、自分《じぶん》の運命《うんめい》を開拓《かいたく》して行《ゆ》く友達《ともだち》も多《おほ》かつたんです百八十度《ど》の鮮《あざや》かな轉向《てんかう》振《ぶ》りを見《み》せてまで更生《かうせい》の途《みち》にたどりついた舊《ふる》い友人《いうじん》もゐるのです、決《けつ》して、あてとするつもりでから云《い》つてゐるのではないのです。

　ところが僕《ぼく》ばかりは、からやけくそになつてしまつたんです。病氣《びやうき》だらうが、貧乏《びんばふ》だらうが、始《はじ》めなければそれで濟《す》んだらう阿《あ》片《へん》まで始《はじ》めてしまつたのです。今《いま》は、もう救《すく》はれない阿片《あへん》の末期《まつき》中毒者《ちうどくしや》になつてしまひました。

　つまり、如何《いか》なる時代《じだい》も、環境《くわんきやう》も、人《ひと》を墮落《だらく》させる力《ちから》はないとおもひます。反對《はんたい》に、墮落《だらく》する人間《にんげん》は、如何《いか》なる時代《じだい》や環境《くわんきやう》にあつても、自分自《じぶんみづか》らを墮落《だらく》せしめるだけの何《なに》か、性格的缺陷《せいかくてきけつかん》があるとおもひます。

　だから僕《ぼく》は、自分《じぶん》の環境《くわんきやう》を呪《のろ》つたり、柄《がら》にもなく時代《じだい》を呪《のろ》つたりするような、そんな理由《りいう》も勇氣《ゆうき》も持《も》つてゐないのです。たゞ自分《じぶん》の弱《よわ》い、自暴自棄《じばうじき》に陷《おちい》るような自分《じぶん》の性格《せいかく》を呪《のろ》ふだけです。

　しかし今《いま》では、そういふ反省《はんせい》も、もう後《あと》の祭《まつり》になつてしまひました。實際《じつさい》、そんな反省《はんせい》なんか、今《いま》の僕《ぼく》に何《なん》の役《やく》に立《た》ちますか？云《い》ひ出《だ》すだけ滑稽《こつけい》にみえるだけぢやないですか。

　僕《ぼく》が今《いま》、とんなことを、初對面《しよたいめん》の金先生《きんせんせい》の前《まへ》で、長々《なが〳〵》と、おしやべりしてゐると云《い》ふことすらが、或《あるひ》は昔《むかし》、噛《かじ》つた敎養《けうやう》の一片《ぺん》を、みせびらかしてやらうといふ、虛榮心《きよえいしん》の現《あら》はれかも知《し》りません、むしろ昔《むかし》の敎養《けうやう》とか知識《ちしき》とかを、弄《もてあそ》びの手段《しゆだん》にしてゐるのかも知《し》れませんよ。」

　玄《げん》は、もうとれ以上《いじやう》、話《はな》すことも步《ある》くことも出來《でき》なくなつた程《ほど》、疲《つか》れたらしく、長椅子《ながいす》の上《うへ》に、倒《たほ》れかゝるように腰《こし》を下《おろ》して、額《ひたひ》を兩手《りやうて》で押《おさ》へたまゝ、まだ止《や》まぬ如玉《じよぎよく》の歔《すゝ》り泣《な》き聲《こゑ》を、暫《しばら》くの間《あひだ》、ぢいつと聞《き》いてゐたが、やがてまた白《しろ》い藥《くすり》の煙草《たばこ》をふかし始《はじ》めるのだつた。

「事實《じじつ》、私《わたし》は今《いま》、このように、モヒの煙《けむり》や追憶《つゐおく》の夢《ゆめ》で生《い》きてゐる人間《にんげん》なんです。反省《はんせい》も役《やく》に立《た》たず、自責《じせき》の念《ねん》も、良心《りやうしん》と云《い》ひませうか、理性《りせい》が痲痺《まひ》してしまつて、たゞ、昔《むかし》の玄赫《げんかく》の名聲《めいせい》を、もつとヒロイックに考《かんが》へたり、それほど豐富《ほうふ》でもないロマンスを戀愛《れんあい》文學《ぶんがく》のように誇張《こちやう》して描《ゑが》きながら、湖水《こすゐ》のような時間《じかん》の上《うへ》を飛《と》び廻《まは》つてゐるだけなんです。こんな僕《ぼく》にも、如玉《じよぎよく》が、金先生《きんせんせい》を捨《す》てゝ私《わたし》の懷《ふところ》に歸《かへ》つて來《き》たのです。

如玉《じよぎよく》としては、自分《じぶん》の初戀《はつこひ》に對《たい》する追憶《つゐおく》からも、そうせざるを得《え》なかつたのでせうが、私《わたし》からみれば、昔《むかし》の、赫々《かく〳〵》として有名《いうめい》だつた玄赫《げんかく》が、つまり、私《わたし》の覇氣《はき》と克服力《こくふくりよく》とが、彼女《かのぢよ》をこゝまでひつぱつてきたものだと考《かんが》へるのです。今如玉《いまじよぎよく》に聞《き》いてみても分《わか》りませう。そこで、私《わたし》と彼女《かのぢよ》との間《あひだ》の思《おも》ひ出《で》は、一層《そう》愉快《ゆくわい》なものとなつて、私《わたし》の夢《ゆめ》の糧《かて》も一層《そう》豐富《ほうふ》になつてきたわけです。だから私《わたし》は、こんな境遇《きやうぐう》にゐても幸福《かうふく》を感《かん》じてゐるのです。私《わたし》の側《そば》に如玉《じよぎよく》さへゐてくれゝば、私《わたし》は死《し》ぬ日《ひ》まで幸福《かうふく》でせう。如玉《じよぎよく》も私《わたし》が死《し》ぬ日《ひ》まで私《わたし》の側《そば》から離《はな》れないでせう。またそうすべきでせう。

ところが、如玉《じよぎよく》から捨《す》てられた金先生《きんせんせい》が、突然《とつぜん》われ〳〵の前《まへ》に立《た》ち現《あら》はれたと云《い》ふのは、一體《たい》どういふわけなんですか？　今《いま》になつて、金先生《きんせんせい》が、いくら金《かね》の力《ちから》で誘惑《いうわく》しようとしたところで、男《をとこ》らしくもない金先生《きんせんせい》を慕《した》つて行《ゆ》くような如玉《じよぎよく》ではありませぬ。決《けつ》して私《わたし》が……」

玄《げん》は、ぬつと立《た》ち上《あが》つて、私《わたし》の前《まへ》に寄《よ》つてきた。

「この、この私《わたし》が、そう易々《やす〳〵》と放《はな》しはしないと云《い》ふ意味《いみ》なんですよ。いゝですか？　この私《わたし》がですよ。分《わか》りますか？」

興奮《こうふん》してふるへる疳高《かんだか》い聲《こゑ》でしやべつてゐる玄《げん》は、兩手《りやうて》をテーブルの上《うへ》に突《つ》き、顏《かほ》を近付《ちかづ》け、殺氣滿々《さつきまん〳〵》たる眼《め》で私《わたし》を睨《にら》みながら、

「え？　お分《わか》りになつたかと云《い》ふんですよ。この私《わたし》が易々《やす〳〵》と放《はな》しやしないと云《い》ふ言葉《ことば》が」

とう叫《さけ》びながら、玄《げん》は、自分《じぶん》の胸《むね》や卓子《テーブル》を拳《こぶし》で叩《たゝ》くのであつた。

少《すこ》し前《まへ》からの豫感《よかん》が、とう〳〵こんなに眼《め》の前《まへ》で、現實《げんじつ》となつて現《あら》はれて來《き》たので、私《わたし》もどうしていゝか分《わか》らなくなつてしまつた。このような、玄《げん》の發作的《はつさてき》病的昂奮《びやうてきかうふん》を鎭《しづ》め、誤解《ごかい》を解《と》くためには、可《か》なり長《なが》い説明《せつめい》を要《えう》するのだが、しかしそのような時間《じかん》の餘裕《よゆう》をその場合《ばあひ》持《も》たないので、致《いた》し方《かた》なく私《わたし》も椅子《いす》から立《た》ち上《あが》つて

體《からだ》を斜《はす》にしながら、拳《こぶし》を固《かた》め、嫉《ねた》みに燃《も》えてゐる玄《げん》の眼《め》を、睨《にら》み返《かへ》すより外《ほか》に方法《はうはふ》がなかつた。短《みぢか》い瞬間《しゆんかん》であつた。

見《み》る〱、玄《げん》の瘠《や》せた肩《かた》がわな〱顫《ふる》え、息《いき》も詰《つ》まるばかりである。そのとき、何時《いつ》の間《ま》に飛《と》び出《だ》してきたのか、如玉《じよぎよく》は二人《ふたり》の間《あひだ》に割《わ》つて入《い》り、わななく玄《げん》の腰《こし》を抱《かゝ》えて、椅子《いす》の上《うへ》に坐《すわ》らせると、自分《じぶん》も彼《かれ》の膝《ひざ》の上《うへ》に崩《くづ》れて、啜《すゝ》り泣《な》くのであつた。

私《わたし》はテーブルの上《うへ》の帽子《ばうし》を取《と》らうとしたが、私《わたし》の眼《め》に映《うつ》つてきたのは、鼻筋《はなすぢ》の兩側《りやうがは》にきら〱光《ひか》る玄《げん》の涙《なみだ》であつた。瞬間《しゆんかん》、どうしたわけか、私《わたし》は、そのまゝ、氣拔《きぬ》けしたように立《た》ち停《どま》つてしまつた。そんな二人《ふたり》をそのまゝそこに殘《のこ》しておいて出《で》て行《ゆ》くことが出來《でき》なかつたのか、それとも、倒《たほ》れた廢馬《はいば》のように重《かさ》なり合《あ》つて坐《すわ》つてゐる彼等《かれら》の涙《なみだ》に對《たい》して、一抹《まつ》の好奇心《かうきしん》をそゝのかされたのか、未《いま》だに私《わたし》にはその理由《りいう》が分《わか》らないが。とにかく私《わたし》はそのとき、彼等《かれら》の前《まへ》に椅子《いす》を近寄《ちかよ》せて、また腰《こし》をおろした。

今《いま》まで、私《わたし》は、玄《げん》の長《なが》い獨白《どくはく》を聞《き》きながらも、たゞ聞《き》くだけで、彼《かれ》の錯亂《さくらん》した心理的《しんりてき》獨白《どくはく》の結論《けつろん》ともみるべき誤解《ごかい》を解《と》からうともせずに、突然《とつぜん》立《た》ち上《あが》つてサヨナラをしてしまふのは餘《あま》りにも甚《はなはだ》しい侮辱《ぶじよく》ではないだらうかとも思《おも》ひ、簡單明瞭《かんたんめいれう》に辯解《べんかい》し得《う》る話《はなし》の糸口《いとぐち》を心《こゝろ》の中《なか》で竊《ひそ》かに繰《く》つてもみたが、しかし、何《なに》しろ私《わたし》が如玉《じよぎよく》を誘惑《いうわく》するために來《き》たのだと云《い》ふ玄《げん》の誤解《ごかい》を解《と》くには、他《た》の言葉《ことば》よりも、私《わたし》は今《いま》如玉《じよぎよく》を愛《あい》してはゐないと云《い》つてやらなければならないのだ。いや、愛《あい》する愛《あい》さないぢやなく、何等《なんら》の好奇心《かうきしん》さえ持《も》つてゐないと云《い》はなければならないのだ。玄《げん》の興奮《こうふん》が、單《たん》純《じゆん》な誤解《ごかい》ではなく、零落《おちぶ》れた自分《じぶん》と私《わたし》との對照《たいせう》からくる刺戟的《しげきてき》な嫉妬《しつと》でもあらうから、もし辨明《べんめい》するなら、そこまでも云《い》つてやらなければならぬわけだ。そう云《い》ふ私《わたし》の言葉《ことば》が、玄《げん》の誤解《ごかい》を解《と》くのには勿論《もちろん》效果的《かうくわてき》であらうが、しかし、本人《ほんにん》である如玉《じよぎよく》の前《まへ》では、そういふ言葉《ことば》は愼《つゝし》まなければならぬ言葉《ことば》であつた。如玉《じよぎよく》の女《をんな》としての自尊心《じそんしん》を傷《きず》つけないためにも、また、ひよいとすると、私《わたし》の卒《そつ》直《ちよく》な言葉《ことば》が、かへつて玄《げん》の自尊心《じそんしん》までも傷《きず》つけるような結果《けつくわ》になりやしないかと憂慮《いうりよ》された。躊躇《ちうちよ》して一言半句《ごんはんく》の言葉《ことば》も發《はつ》せず、たゞ、煙草《たばこ》を吹《ふ》かしながら、とき〱、ピ、ピと鳴《な》く小鳥《ことり》の聲《こゑ》に耳《みゝ》を傾《かたむ》けたりしてゐると、如玉《じよぎよく》は涙聲《なみだごゑ》で、

「今《いま》、こんな妾《わたし》を誰《だれ》が誘惑《いうわく》するの、ヤキモチを燒《や》くの、みんな滑《こつ》稽《けい》な話《はなし》ぢやないの！……金先生《きんせんせい》は、どうぞ、お歸《かへ》り下《くだ》さいませ」

といひながら、立《た》ち上《あが》つて、着物《きもの》の埃《ほこり》をはたくのであつた。

私《わたし》は、これ以上《いじやう》、躊躇《ちうちよ》する必要《ひつえう》もなく、帽子《ばうし》を冠《かぶ》つて外《そと》に出《で》た。

私《わたし》が玄《げん》の誤解《ごかい》を解《と》くために、色々云《いろくい》ひ澁《しぶ》つたり、遠廻《とほまは》しに云《い》つたり、くど／＼何回《なんくわい》も同《おな》じことを繰《く》りかへし繰《く》り返《かへ》しながら述《の》べ立《た》てなければならぬ言葉《ことば》を、たつた一言《こん》で云《い》つて退《の》けた如玉《じよぎよく》の聰《そう》明《めい》さには、今更《いまさら》の如《ごと》く驚《おどろ》かざるを得《え》なかつた。しかし、如玉《じよぎよく》のその言葉《ことば》によつて、私《わたし》の氣持《きもち》が輕《かる》くなつたと云《い》ふよりは、むしろ、彼女《かのぢよ》のその聰明《そうめい》さと直感力《ちよくかんりよく》のために、彼女自身《かのぢよじしん》が、かへつて不幸《ふかう》な女《をんな》になつて行《ゆ》くのだと考《かんが》へると、ます／＼氣持《きもち》が沈《しづ》んで行《ゆ》くばかりであつた。

その晩李君《ばんりくん》に逢《あ》つたところ、彼《かれ》が云《い》ふには、仕事《しごと》が終《をは》つて四時《じ》まで私《わたし》の電話《でんわ》を待《ま》つてゐたが待《ま》ち切《き》れず、アパートに電話《でんわ》をかけたところ、見知《みし》らぬ男《をとこ》の聲《こゑ》が聞《きこ》え、如玉《じよぎよく》が歸《かへ》つたらお傳《つた》えするから用件《ようけん》は？　ときたので、何心《なにごころ》なく私《わたし》の名《な》を云《い》ひ、今《いま》一緒《しよ》に出《で》て行《い》つたようだから、歸《かへ》つてきたら李《り》と云《い》ふ人《ひと》が待《ま》つてゐるからと言傳《ことづ》けを頼《たの》んだといふことだつた。

そんなわけなら、玄《げん》が一目《め》私《わたし》を見《み》て、すぐ私《わたし》が分《わか》つたからとて別《べつ》に不審《ふしん》がることもなかつたのだ。最初《さいしよ》からそうだつたのなら、突然私達《とつぜんわたしたち》の前《まへ》に開《ひら》かれた扉《とびら》にしても、突然現《とつぜんあら》はれたグロテスクな人物《じんぶつ》の奇怪《きくわい》な獨白《どくはく》にしても、乃至《ないし》は昂奮《かうふん》、それから活劇《くわつげき》一瞬前《しゆんまへ》に、愁嘆《しうたん》に終《をは》つたあの一幕劇《ひとまくげき》は、すべて、あの沒落《ぼつらく》した政治青年《せいぢせいねん》が仕組《しく》んだ、笑《わら》ふべきメロドラマであつたのではないだらうか？若《も》しそうだつたとするならば、あのとき、私《わたし》が感《かん》じた一種《しゆ》の殺氣《さつき》、または壓迫感乃至《あつぱくかんないし》は、あの哀《あは》れむべき人生《じんせい》に對《たい》する魅力的感動《みりよくてきかんどう》（？）と云《い》ふものは結局《けつきよく》、彼等《かれら》が吸《す》つてゐた魔薬《まやく》の煙《けむり》に、かへつて私自身《わたしじしん》、醉拂《よつぱら》はされてしまつたためだといふようにも考《かんが》へられるのであつた。

その樣《やう》に考《かんが》へると、元來《ぐわんらい》が、急性神經衰弱《きふせいしんけいすゐじやく》の徴候《ちようこう》のある私《わたし》のことだ。判斷力《はんだんりよく》も失《うしな》つてゐるのだから、向《む》ひ合《あ》つて坐《すわ》つてゐる李君《りくん》が、酒《さけ》を勸《すゝ》める間《あひだ》も置《お》きやしない、つゞけざまに杯《さかづき》を傾《かたむ》けながら——あのときの如玉《じよぎよく》の「涙《なみだ》」や「聰明《そうめい》な言葉《ことば》」までも？　とういつたような心《こゝろ》のひつかゝりは感《かん》ぜられるが——いや、あれは、みんな玄《げん》が自作自演《じさくじえん》をした滑稽《こつけい》な喜劇《きげき》だつたのだと、自分自身《じぶんじしん》に云《い》つて聞《き》かせ、あのとき動搖《どうえう》した自分《じぶん》の氣持《きもち》を慰《なぐさ》めたものだ。だから俺《おれ》は、何時《いつ》も、自分《じぶん》の權謀術策《けんぼうじゆつさく》に陷《おちい》つて、卒直《そつちよく》な言動《げんどう》の出來《でき》ない、所謂政治家的《いはゆるせいぢかてき》タイプの人間《にんげん》は嫌《きら》ひなんだと、玄《げん》を嘲笑《あざわら》つたものだが、その嘲笑《あざわら》ひの中《なか》には、淺薄《あさはか》な餘韻《よいん》が響《ひゞ》き、響《ひゞ》けば響《ひゞ》くほど、それを聞《き》くまいとしてます／＼大《おほ》きな聲《こゑ》で笑《わら》はなければならなかつた。李君《りくん》が眼《め》を丸《まる》くして、

「ひどい目《め》には會《あ》つても、昔《むかし》の戀人《こひびと》に逢《あ》つて、大分《だいぶ》愉快《ゆくわい》らしい

ね」

　と、云《い》つたほど、私《わたし》は愉快《ゆくわい》らしく、笑《わら》つたものである。

　翌日《よくじつ》はおそく起《お》きると、ボーイがさつきから應接間《おうせつま》で待《ま》つてゐたお客《きやく》さんだと云《い》つて、如玉《じよぎよく》を案内《あんない》して來《き》た。

　午《ひる》の日差《ひざ》しが一杯差《はいさ》しとんだ、部屋《へや》に入《はひ》つてきた如玉《じよぎよく》の、淡紅《たんこう》の上衣《アヲゴリ》に草綠《みどり》の裳《チマ》は、五龍背《りうはい》のときと同《おな》じ身装《みなり》であつた。

　風《かぜ》に散《ち》る粉香《ふんかう》の薫《かほり》も、昔《むかし》の追憶《つゐおく》を新《あたら》しくするものだが、たゞ眼《め》だけが、精氣《せいき》を失《うしな》つてゐた。

「昨日《きのふ》は、私《わたし》のため、お二人《ふたり》にご迷惑《めいわく》をかけて、すみませんでした」

　と、切《き》り出《だ》した私《わたし》の言葉《ことば》は、氣拙《きまづ》いほどの、敬語《けいご》であつた。

「どう致《いた》しまして」

　と、やはり氣拙《きまづ》いほどの恭々《うやうや》しさで始《はじ》まつた如玉《じよぎよく》の言葉《ことば》はこんな風《ふう》であつた。

　――そんな自分《じぶん》の生活《せいくわつ》を強《し》いて隱《かく》すつもりでもなかつたし、またちよつと來《き》てすぐ立《た》つて行《ゆ》く私《わたし》に知《し》らせる必要《ひつえう》もなかつたのだが、妙《めう》な工合《ぐあひ》に知《し》られてしまつて、かへつて、濟《す》まない、しかし一旦《たん》ばれた以上《いじやう》は、もはやとれ以上《いじやう》隱《かく》す必要《ひつえう》もないと思《おも》ふのだから、今《いま》までの暮《くら》し向《む》きも全部話《ぜんぶはな》し、またお願《ねが》ひごともあるのだから是非《ぜひ》それを聞《き》いて欲《ほ》しいと云《い》つて、如玉《じよぎよく》は、

「よくある中毒者《ちうどくしや》の恥知《はぢし》らずかも知《し》れないけれど……」

　若《も》し私《わたし》が手《て》を差《さ》し出《だ》してくれるなら、その手《て》に摑《つか》まつて、たよつて、今《いま》の生活《せいくわつ》から自分《じぶん》を救《すく》ひ出《だ》してみたいと云《い》ふのであつた。

「あたしが、中毒者《ちうどくしや》の恥知《はぢし》らずから、こんなお話《はなし》を持《も》ち出《だ》すのかも知《し》れませんけれど」

　と、また同《おな》じとの言葉《ことば》を前置《まへお》きしながら、まだ自分《じぶん》の恥知《はぢし》らずを自覺《じかく》することができ、また、何《なん》とかして自分《じぶん》を救《すく》はなくちやならぬと云《い》ふ意志《いし》が殘《のこ》つてゐる今《いま》を失《うしな》へば、自分《じぶん》は永久《えいきう》に廢人《はいじん》になつてしまふだらうと、語《かた》る彼女《かのぢよ》の眼《め》には、涙《なみだ》が光《ひか》つてゐた。

　このやうな如玉《じよぎよく》の言葉《ことば》を聞《き》き涙《なみだ》を見《み》た私《わたし》は、何時《いつ》もなら、彼女《かのぢよ》の表情《へうじやう》は私《わたし》の意識《いしき》を分裂《ぶんれつ》させるし、また分裂《ぶんれつ》させられるために彼女《かのぢよ》の表情《へうじやう》が摑《つか》み得《え》なかつたものだが、しかし、目《め》の前《まへ》の、彼女《かのぢよ》の表情《へうじやう》は、明《あきら》かに更生《かうせい》に對《たい》する熱情《ねつじやう》と憧憬《どうけい》を焦點《せうてん》として統《とう》一されてゐるので、それを發見《はつけん》した私《わたし》は、今《いま》なら如玉《じよぎよく》は、間違《まちが》ひなく描《か》けるとおもつた。昨日《きのふ》も、長椅子《ながいす》で如玉《じよぎよく》の涙《なみだ》を見《み》せられたが、それは、病的倦怠《びやうてきけんたい》に染《そ》まり、ニヒルな笑《わら》ひに搖《ゆ》れる涙《なみだ》であつた。

　今《いま》、一つの焦點《せうてん》に統《とう》一された意識《いしき》と、柔和《にうわ》な情緒《じやうちよ》で結《むす》ばれた涙《なみだ》

を眺《なが》めてゐる私《わたし》は、如玉《じよぎよく》が、暫《しばら》く差《さ》し延《の》ばしてくれと云《い》ふその手《て》を、どんなに、また、どれだけ差《さ》し延《の》ばせばよいのか、玄《げん》との關《くわん》係《けい》はどうなつて行《ゆ》くのか？　——それらのことは全然《ぜんぜん》知《し》る由《よし》もないが、だからと云《い》つて、その場《ば》でそれらの條件《でうけん》を聞《き》き出《だ》すのも、餘《あま》りにも打算的《ださんてき》のようにも思《おも》はれるし、また或《あるひ》は、如玉《じよぎよく》の自尊心《じそんしん》を持《も》ち上《あ》げて尊重《そんちやう》してやらなければならぬその決心《けつしん》をも、シヤボン玉《だま》のように毀《こは》してしまふかも知《し》れぬと思《おも》つたので、私《わたし》は、まづ

「あゝ、いゝ決心《けつしん》ですよ。それでなくちや。私《わたし》も出來《でき》るだけのことはしませう。」

と、云《い》ふより他《ほか》に途《みち》はなかつた。

涙《なみだ》に濡《ぬ》れた眼差《まなざ》しで私《わたし》を見守《みまも》つてゐた如玉《じよぎよく》は、自分《じぶん》の膝《ひざ》の上《うへ》に顔《かほ》を埋《うづ》めて、しく／＼泣《な》くのであつた。如玉《じよぎよく》の震《ふる》へる肩《かた》を、暫《しばら》くは見遣《みや》つてゐたが、

「さあ——とれからどうやつて行《ゆ》くか、方針《はうしん》を相談《さうだん》しなくちやならないでせう」

と、云《い》つた。

「…はい…。ありがたうございます」

涙《なみだ》を拭《ふ》いてから、如玉《じよぎよく》は窓《まど》の外《そと》に眼《め》を向《む》けながら

「何《なに》よりも、あたしとゝを離《はな》れなくちやなりませんわ。…できることなら、あたしをつれて、朝鮮《てうせん》に行《い》つてくださればいゝとおもひます」

とういふ如玉《じよぎよく》の言葉《ことば》に、

「……」

私《わたし》は、たゞ默《だま》つて耳《みゝ》を傾《かたむ》けるばかりであつた。

「……以前《いぜん》のように、——決《けつ》してそんなやましい心《こゝろ》で云《い》つてゐるのではございませんの。たゞ、病人《びやうにん》を、——實際病人《じつさいびやうにん》なんですから。一人《ひとり》の精神病者《せいしんびやうしや》を、監視《かんし》してくださる、おつもりで、あたしを朝鮮《てうせん》まで連《つ》れて行《い》つて下《くだ》さいませ、あたし獨《ひと》りでは、——恐《おそろ》しいとはおもひながらも、あの魔藥《まやく》の魅力《みりよく》と、また……あんなものを捨《す》てゝまで進《すゝ》んで行《ゆ》く自信《じしん》はなさそうですわ」

——魔藥《まやく》の魅力《みりよく》とまた……と、いつて如玉《じよぎよく》がその後《こ》は躊躇《ちうちよ》しながら云《い》つた、極《きは》めて漠然《ばくぜん》とした「あんなもの」と云《い》ふのは一體何《たいなん》であらうか？　玄《げん》のことか？　玄《げん》に對《たい》する愛着《あいちやく》のことか？　とんな疑問《ぎもん》が浮《うか》んでくると、私《わたし》は、昨夕《さくゆふ》、玄《げん》の膝《ひざ》に崩《くづ》れて泣《な》いてゐた如玉《じよぎよく》の姿《すがた》を思《おも》ひ浮《うか》べないわけには行《ゆ》かなかつた。あの時《とき》——私《わたし》は、彼等《かれら》を重《かさな》り合《あ》つた廢馬《はいば》のように云《い》つて、輕蔑の眼で眺めてやつたものだがしかし、零落慘敗《れいらくさんはい》して、絶望《ぜつぼう》と涙《なみだ》に濡《ぬ》れてゐる悲《かな》しい人生《じんせい》の中《うち》にも、美《うつく》しい魅力《みりよく》も、熱情《ねつじやう》も人情《にんじやう》も惻《そく》々と、感《かん》せら

れ、彼等《かれら》の中《なか》にあつて、自分《じぶん》のみが、そのような感激《かんげき》と人情《にんじやう》との門外《もんぐわい》にションボリと放《はう》り出《だ》されてゐるような孤獨《こどく》をも感《かん》ぜさせられたものだつた。そんな感《かん》じが、或《あるひ》は如玉《じよぎよく》に對《たい》する自分《じぶん》の未練《みれん》がましい嫉妬《しつと》からではないかとも反問《はんもん》してみたが、「まさか」と立《た》ちどころに一擲《てき》したものではあるが。

「昨夕《さくゆふ》、どらんなすつたとほりで、玄《げん》は、もう誇大妄想狂《こだいまうさうきやう》の一人《ひとり》なんですよ。それに妾《わたし》には、とき〴〵恐《おそろ》しい惡魔《あくま》のように見《み》えるときもあるんです。妾《わたし》が、モヒを始《はじ》めたのも玄《げん》が强制《きやうせい》したからですわ」

とう始《はじ》めた如玉《じよぎよく》の話《はなし》によれば。

――實際玄赫《じつさいげんかく》と云《い》へば、朝鮮内《てうせんない》は勿論《もちろん》のこと、日本內地《につぽんないち》の同志《どうし》の間《あひだ》でも注目《ちうもく》された指導理論分子《しだうりろんぶんし》の一人《ひとり》で、深刻《しんこく》な地下運動《ちかうんどう》の中《なか》にあつても、敏活《びんくわつ》に活動《くわつどう》した人《ひと》であつた。その當時《たうじ》如玉《じよぎよく》は玄《げん》の愛人《あいじん》であつたが、その後《ご》玄《げん》は、監獄《かんごく》に行《い》つたり出《で》てからは放浪《はうらう》の旅《たび》に上《のぼ》つたりして、五六年間《ねんかん》は、消息《せうそく》が分《わか》らなかつた。孤兒《こじ》であつた如玉《じよぎよく》は、その間《あひだ》、女給《ぢよきふ》になつたり喫茶店《きつさてん》のマダムになつたりして轉々《てん〴〵》として平壤《へいじやう》にまでやつて來《き》たが、そこで私《わたし》と知《し》り合《あ》ひになつた。その後間《ごま》もなく、玄《げん》の東京時代《とうきやうじだい》の舊《ふる》い友達《ともだち》に偶然《ぐうぜん》に逢《あ》つて、彼《かれ》から玄《げん》がハルビンにゐることが分《わか》つた。

しかし當時《たうじ》は、あの當時《たうじ》からもう五六年《ねん》の歳月《さいげつ》が經過《けいくわ》してゐるので、玄《げん》のところへすぐ追《お》つかけて行《ゆ》く身《み》でもなければ、立場《たちば》にもゐなかつたので、そうする勇氣《ゆうき》も出《で》なかつた。ところが、

「五龍背《りうはい》はそう遠《とほ》いところでもないけれど、國境《こくきやう》を越《こ》えたといふだけで、ハルビンが近《ちか》いようにおもはれたんでせう。それにあのときは、そういふ風《ふう》になつてゐたのぢやなくつて！」

と、如玉《じよぎよく》は顏《かほ》を赤《あか》くしながら笑《わら》ふのだつた。私《わたし》もやはり笑《わら》はないわけには行《ゆ》かなかつた。お互《たがひ》に、馬鹿《ばか》な眞似《まね》をしたもんだと云《い》はんばかりに笑《わら》つた後《あと》で、私《わたし》が、

「今更《いまさら》そんなことを云《い》つたつて始《はじ》まらぬが、あのときは、みんな私《わたし》が惡《わる》かつたんです、餘《あま》り誠意《せいい》がなかつたんですからね。だから、如玉《じよぎよく》さんが、私《わたし》の態度《たいど》に對《たい》して侮辱《ぶじよく》を感《かん》じたでせうし、從《じたが》つて、また私《わたし》から離《はな》れて行《い》つたと云《い》ふのもやはりあなたらしい聰明《そうめい》なやり方《かた》だつたんですよ」

と云《い》つたものだが、これに對《たい》して、如玉《じよぎよく》は、今《いま》にもこぼれそうになつた涙《なみだ》を拭《ふ》きながら

「あのときの先生《せんせい》のお心持《こゝろも》ちは當《あた》り前《まへ》だとおもひますわ。若《も》しあのとき、先生《せんせい》が、ほんとうにあたしを愛《あい》して下《くだ》すつたなら、それこそ、堪《たま》らないほど、ほんとうに濟《す》まないとおもつたでせうよ」

とう云《い》つて、暫《しばら》く躊躇《ちうちよ》してゐたが、

「……また、到底《たうてい》辛抱《しんばう》出來《でき》ないわ」

と、云《い》ひつゝ、ハンドバッグの中《なか》から魔藥《まやく》を取《と》り出《だ》してそれを吹《ふ》かし始《はじ》めたが、横《よこ》に向《む》いた彼女《かのぢよ》の眼《め》には涙《なみだ》が溜《たま》つてゐた。

如玉《じよぎよく》は、やはり、それでも、僕《ぼく》の前《まへ》では、本心《ほんしん》を曝《さら》け出《だ》すのだ！　恥《はぢ》を、いゝ加減《かげん》な笑《わら》ひで胡魔化《ごまくわ》せないのだから、あゝして涙《なみだ》が出《で》るのだ、と私《わたし》は思《おも》つた。

「妾《わたし》、今《いま》も話《はな》したでせう、あのときはそう思《おも》つたつて。でもあのとき、先生《せんせい》は、妾《わたし》を愛《あい》してくださらうとはおもはれないで、たゞ繪《ゑ》をお描《か》きなさるためにのみ、昔《むかし》の幻想《げんさう》を忘《わす》れようと思《おも》つて一生《しやう》懸命《けんめい》になつていらしたんだもの。それでも、お忘《わす》れになれなくつて苦《くる》しんでいらつしやるのを見《み》て、妾《わたし》は妾《わたし》なりに自尊心《じそんしん》を傷《きず》つけられるような氣《き》がして、だから自然《しぜん》、反撥的《はんぱつてき》に、妾《わたし》も、昔《むかし》の夢《ゆめ》を夢《ゆめ》見《み》るようにもなつて」

——それで、こゝまで、玄《げん》を追《お》つかけて來《き》たわけだが、逢《あ》つてみると玄《げん》は、名目上《めいもくじやう》では或《あ》る辯護士《べんごし》の事務員《じむゐん》になつてゐたけれど實際《じつさい》は、收入《しうにふ》も職業《しよくげふ》もない、どうにも仕方《しかた》のない阿片中毒者《あへんちうどくしや》になつてゐた。玄《げん》は、永年《ながねん》、餘《あま》りにも神經《しんけい》を使《つか》ひ過《す》ぎてゐたので、それで、酷《ひど》い顔面神經痛《がんめんしんけいつう》にかゝり、また、しば〳〵發作《ほつさ》の起《おこ》る胃痙攣《ゐけいれん》に襲《おそ》はれて、金《かね》はなし、仕方《しかた》なしに、手輕《てがる》な、即效藥《そくかうやく》として使《つか》ひ始《はじ》めた阿片劑《あへんざい》が、とう〳〵中毒《ちうどく》にまでなつてしまつたと云《い》ふのであつた。

そとで如玉《じよぎよく》は、玄《げん》をおためごかしで、モヒ患者收容所《くわんじやしうようじよ》まで連《つ》れて行《い》つたのだが、一度《ど》はその門前《もんぜん》まで行《い》つて、玄《げん》は逃《に》げて歸《かへ》つたし、一度《ど》は玄《げん》に說伏《せつぷく》されて如玉《じよぎよく》の方《はう》からそのまゝ歸《かへ》つて來《き》たと云《い》ふのであつた。

「とつちが、かへつて說伏《せつぷく》されたといふのけ？」

と、聞《き》くと、

「實際《じつさい》、妙《めう》な話《はなし》ですけど、やはり事情《じじやう》が止《や》むを得《え》なかつたんですの」

——その事情《じじやう》といふのは、今《いま》、魔藥《まやく》の力《ちから》で一時《じ》押《おさ》へられてゐる神經痛《しんけいつう》や胃痙攣《ゐけいれん》の發作《ほつさ》が、若《も》し藥《くすり》の力《ちから》が消《き》え〳〵てしまへば、なは一層前《そうまへ》よりも、何倍《なんばい》かの激《はげ》しい痛《いた》みと發作《ほつさ》とを猛烈《まうれつ》に起《おこ》すに定《きま》つてゐる。それだけでも、もう今《いま》までと同《おな》じような役《やく》に立《た》たぬ廢人《はいじん》になつてしまふだらうし、また從《したが》つて壽命《じゆみやう》も、中毒《ちうどく》で死《し》ぬのと同《おな》じように短《みじか》いものとなるだらう、そうである以上《いじやう》は、むしろ、死《し》ぬ日《ひ》まで苦痛《くつう》なしに生《い》きた方《はう》がいゝし、また積極的《せききよくてき》に自分《じぶん》の現在《げんざい》の生活《せいくわつ》を自分《じぶん》なりに合理化《がふりくわ》して行《い》つた方《はう》がいゝと。

つまり、歴史的結論《れきしてきけつろん》に對《たい》する豫測《よそく》とか理想《りさう》と云《い》ふものは、それが、何時《いつ》でも歴史的《れきしてき》に、その誤謬《ごびう》が證明《しようめい》されてゐるし、また、眞《しん》理《り》と云《い》ふものは、たゞ、過去《くわこ》によつてのみ、その正否《せいひ》が立證《りつしよう》されるのだから、現在《げんざい》には、況《ま》して未來《みらい》には存在《そんざい》し得《え》ないのだ。從《したが》つて人間《にんげん》の生活《せいくわつ》が、そんな理想《りさう》を目標《もくへう》にしたりそんな眞理《しんり》に束縛《そくばく》される必要《ひつえう》は毛頭《もうとう》ないわけだし、從《したが》つてまた嚴肅《げんしゆく》だと云《い》へるべきものでもない。だから、結局《けつきよく》、人間《にんげん》と云《い》ふものは、虛無《きよむ》な未來《みらい》に對《たい》して思索的冒險《しさくてきぼうけん》を試《こゝろ》みるよりは、僞《いつは》りなき過去《くわこ》に向《むか》つて生活《せいくわつ》するのが、もつとも賢明《けんめい》な遣《や》り方《かた》だと云《い》ふのだ。

つまり、阿片《あへん》の煙《けむり》の中《なか》から、過《す》ぎし日《ひ》の夢《ゆめ》を展望《てんばう》するのが、一番美《ばんうつく》しく、また幸福《かうふく》な途《みち》で、實際《じつさい》それがどれ位美《くらゐうつく》しく、またどれ位幸福《くらゐかうふく》であるか分《わか》らないではないかと云《い》つて、玄《げん》は、如玉《じよぎよく》に魔藥《まやく》を勸《すゝ》めたと云《い》ふ話《はなし》であつた。

勿論如玉《もちろんじよぎよく》がそのような玄《げん》の話《はなし》を聞《き》く筈《はず》がない。たゞ二人《ふたり》の生活《せいくわつ》を支《さゝ》へるために、彼女《かのぢよ》は、ホールのダンサーになつたりキヤバレーの女給《ぢよきふ》になつたりして、疲《つか》れる晝夜《ちうや》を暮《くら》したものだ、だから、夜《よる》の三時《じ》、四時《じ》になつて歸《かへ》つてくると、疲《つか》れてぐつすり寢込《ねこ》んでしまふのであるが、とき〴〵咳《せき》が出《で》て堪《たま》らなくつて、眼《め》を開《あ》けてみると、何時《いつ》でも玄《げん》は起《お》き上《あが》つて、モヒを吸《す》つてゐるのであつた。或《あ》る夜《よ》のこと、何《なに》かしら顏《かほ》にかつ〳〵と暑《あつ》い息《いき》が吹《ふ》つかゝつてきて、頻《しき》りに咳《せき》が出《で》て仕方《しかた》がないような氣《き》がするのだが、何《なん》となしに咽喉《のど》のところをふとんの襟《えり》か何《なに》かで押《おさ》へられてゐるような氣《き》がして咽喉《のど》が詰《つま》つてくるし、手足《てあし》は、動《うご》けないほど力《ちから》が拔《ぬ》けてきて、苦《くる》しい思《おも》ひをしながら、やつと目蓋《まぶた》を開《ひら》いてみると、……深《ふか》い霧《きり》の中《なか》に浮《うか》んだような玄《げん》の顏《かほ》が、壁《かべ》か垣《かき》かなんかにぶつつかつたときのように眼《め》の前《まへ》にぴしやつと迫《せま》つて、その口《くち》からは、吐《は》き出《だ》される魔藥《まやく》の煙《けむり》が、如玉《じよぎよく》の鼻《はな》に向《むか》つてふつかけられてゐるのであつた。如玉《じよぎよく》は、悲鳴《ひめい》を上《あ》げながら勿論逃《もちろんに》げようとしたのだが玄《げん》に握《にぎ》られた手首《てくび》を振《ふ》り切《き》ることができず、たゞ玄《げん》が恐《おそ》しくつて慄《ふる》へながらも激《はげ》しい悲《かな》しみがとみ上《あが》つてきて、そのまゝその場《ば》に泣《な》き崩《くづ》れたのであつた。そのときの光景《くわうけい》を、如玉《じよぎよく》は、地獄《ぢごく》のように思《おも》つたと。

しかし、玄《げん》は、もつとも嚴肅《げんしゆく》な聲《こゑ》で、

「濟《す》まない。私《わたし》は天下無道《てんかむだう》の殺生《せつしやう》だ。畜生《ちくしやう》だ。しかし今《いま》の私《わたし》は君《きみ》なしでは生《い》きて行《ゆ》かれない人間《にんげん》ではないか？」

と云《い》ひながら、このまゝ置《お》いておけば、如玉《じよぎよく》は明日《あす》かそれとも明後日《あさつて》か知《し》らぬが、自分《じぶん》を棄《す》てゝ行《ゆ》くにちがひないから、それを考《かんが》へると、自分《じぶん》は寸時《すんじ》も不安《ふあん》でゐられない。だから、自分《じぶん》と同《おな》じ

金仁承 畵

ように中毒者《ちうどくしや》となつて、自分《じぶん》が死《し》ぬまで見捨《みす》てないでくれと、泣《な》きながら哀願《あいぐわん》するのであつたと。

そのとき玄《げん》の云《い》つた、如玉無《じよぎよくな》しでは生《い》きて行《ゆ》かれないと云《い》ふ言《こと》葉《ば》は、如玉《じよぎよく》をそれほど愛《あい》してゐると云《い》ふ意味《いみ》なのか、それとも、如玉無《じよぎよくな》しでは喰《く》つて行《ゆ》かれないと云《い》ふ意味《いみ》なのか、その邊《へん》ははつきりしないが――、

とにかく、如玉《じよぎよく》には、玄《げん》が可哀想《かあいさう》でもあり、不憫《ふびん》にも思《おも》はれてならなかつたと。

「笑《わら》はないで下《くだ》さい。女《をんな》と云《い》ふものは、自分《じぶん》なしでは生《い》きて行《ゆ》かれないと云《い》はれてみると、自分《じぶん》の體《からだ》に巻《ま》きついてゐる蛇《へび》も憎《にく》めなくなるらしいわ」

と、顔《かほ》を赤《あか》らめながら笑《わら》ふ如玉《じよぎよく》は、それで、そのときから、自《じ》分《ぶん》は玄《げん》の勸《すゝ》めるまゝに、恐《おそろ》しい中毒《ちうどく》にかゝりながらも、一人《ひとり》の男《をとこ》に――初戀《はつこひ》を捧《さゝ》げた男《をとこ》の心《こゝろ》を、自分《じぶん》はまだしつかり握《にぎ》つてゐると云《い》ふ、女《をんな》の自尊心《じそんしん》と云《い》はうか?――滿足《まんぞく》して生活《せいくわつ》して行《ゆ》くことができたと云《い》ふのであつた。

「ぢや、今《いま》、朝鮮《てうせん》に歸《かへ》ると云《い》ふ決心《けつしん》は？　玄《げん》さんはどういふ風《ふう》にするつもりで？」

私《わたし》は、とゝで初《はじ》めて、さつきから知《し》りたいと思《おも》つてゐた點《てん》をとう質問《しつもん》することができた譯《わけ》だ

「まあ、妾《わたし》の話《はなし》をもう少《すこ》し聞《き》いて下《くだ》さいませ」

と、云《い》つて、つゞける如玉《じよぎよく》の話《はなし》は、――そう云《い》ふわけで、倚《よ》りかゝつて來《き》た玄《げん》を支《さゝ》へながら暮《くら》してはきたが、とき〲、人生《じんせい》の破滅《はめつ》といふことが頭《あたま》に浮《うか》んでくると、もう恐《おそろ》しくなつて泣《な》かされるのだと、とう云《い》ふときの如玉《じよぎよく》をみると玄《げん》は、――何故《なぜ》？　まだ別《べつ》の世界《せかい》に未練《みれん》があるのか？　私《わたし》が忌々《いま〱》しいだらう、無理《むり》もないしかし、まあ、病身《びやうしん》の子息《しそく》を持《も》つた母親《はゝおや》の運命《うんめい》と思《おも》つて、どうせ遠《とほ》からず死《し》んでしまふ私《わたし》のことだ、もう少《すこ》し辛抱《しんばう》すれば、間《ま》もなく自由《じいう》な體《からだ》になるのではないか？　しかしとんな言葉《ことば》を聞《き》くと、如玉《じよぎよく》は、自分《じぶん》なしでは生《い》きて行《ゆ》かれないと云《い》ふ彼《かれ》の言葉《ことば》がどんな意味《いみ》のものか、ほゞ想像《さうざう》されて、ます〱破滅《はめつ》に直面《ちよくめん》して行《ゆ》くような恐怖心《きやうふしん》から泣《な》かざるを得《え》なくなるときが多《おほ》くなつてきた。との頃《ころ》では自分《じぶん》が泣《な》くと、玄《げん》は、――そんなに私《わたし》は君《きみ》の若《わか》い肉體《にくたい》までも束縛《そくばく》しようとするのではないのだから私《わたし》の前《まへ》で泣《な》くのは止《や》めてくれと云《い》つて怒《おこ》つた。玄《げん》の、とのような言葉《ことば》が、もともとからの彼《かれ》の氣持《きもち》の現《あら》はれか、それとも、日毎《ひごと》に衰弱《すゐじやく》して行《ゆ》く、生理的《せいりてき》な打撃《だげき》から生《しやう》じた、氣持《きもち》の變化《へんくわ》の現《あら》はれなのか、その點《てん》は判然《はんぜん》と分《わか》らないが、とにかく、自分《じぶん》に對《たい》する玄《げん》の態度《たいど》が餘《あま》りにもハッキ

りしてゐるので、限《かぎ》りなく悲《かな》しくなつてきたと如玉《じよぎよく》は語《かた》つた。しかし

「先生《せんせい》に對《たい》して、どうのこうのと云《い》ふつもりではありませんけれど、先生《せんせい》からは馬鹿《はか》にされた私《わたし》の自尊心《じそんしん》を生《い》かすためにも、玄《げん》があたしを賴《たよ》る氣持《きもち》がどんなものであらうと、その氣持《きもち》に添《そ》つてゆかうと一生懸命《しやうけんめい》に努力《どりよく》してきたんですの」

如玉《じよぎよく》は淋《さび》しげに言葉《ことは》を切《き》つた。

玄《げん》は、金《かね》を盜《ぬす》まなくてはならぬ必要《ひつえう》もないのに、如玉《じよぎよく》の分《わか》らぬように金《かね》を盜《ぬす》み出《だ》したり、甚《はなはだ》しきに至《いた》つては、如玉《じよぎよく》の勤《つと》め先《さき》のホールやキャバレーの主人《しゆじん》から、前借《まへがり》のできるだけ金《かね》を借《か》り出《だ》して、――中毒患者《ちうどくかんじや》に、そう澤山《たくさん》の金《かね》を貸《か》すわけはないが、――とにかく金《かね》がなくなるまでは、白《しろ》い藥《くすり》よりは、もつとよい阿片《あへん》を飲《の》ましてくれる秘密旅館《ひみつりよかん》に入《い》り浸《びた》つて、家《うち》には歸《かへ》つて來《こ》ない、そんな玄《げん》が、昨日《きのふ》家《うち》にゐたと云《い》ふのは、如玉《じよぎよく》にも意外《いぐわい》であつたと。しかし、如玉《じよぎよく》は、昨晩《さくばん》までは、玄《げん》を見捨《みす》てゝまでも、自分《じぶん》を救《すく》ひ出《だ》してみようと云《い》ふ氣持《きも》ちはなかつた。玄《げん》の云《い》ふとほり、病身《びやうしん》の子息《しそく》を持《も》つた母親《はゝおや》の運命《うんめい》として、殘《のこ》る半生《はんせい》を斷念《だんねん》して玄《げん》が生《い》きてゐる限《かぎ》り、彼《かれ》を看護《かんご》してやらうと考《かんが》へてゐたのであらう。

しかし、昨夜《さくや》、私《わたし》が出《で》て來《き》てから玄《げん》は、金明一《きんめい》が、君《きみ》を慕《した》つて隨《つ》いて來《き》たのではないかと、餘《あま》りにも度々《たび〳〵》聞《き》き出《だ》すので、その玄《げん》の態度《たいど》が、また單純《たんじゆん》な嫉妬《しつと》とか、猜疑心《さいぎしん》とも聊《いさゝ》か異《ことな》るところがあるようにもおもはれたので、如玉《じよぎよく》が、

「或《あるひ》はそうかも知《し》れませんわ」

と、云《い》つたところ、玄《げん》は、勿論《もちろん》そうだらうと、如何《いか》にも、自分《じぶん》の推測《すゐそく》に間違《まちが》ひがなかつたのを、誇《ほこ》らしげにも、また滿足《まんぞく》にも思《おも》ふような様子《やうす》で、

「ぢや、如玉《じよぎよく》も、やはり、金明一《きんめい》のことが忘《わす》れられないんだらう？　多分《たぶん》」

「……」

「そんならそうだと卒直《そつちよく》に云《い》へばいゝのに。如何《いか》にニヒルなエゴイストの私《わたし》であつても、生《い》きた屍《しかばね》のような自分《じぶん》のみのために、如玉《じよぎよく》まで犧牲《ぎせい》に供《きよう》するわけには行《ゆ》かないぢやないか」

と、云《い》ひながら、若《も》し、金明一《きんめい》が、自分《じぶん》の前《まへ》で、まだ如玉《じよぎよく》を愛《あい》してゐると言明《げんめい》するならば、自分《じぶん》は、二言《にごん》云はずして身《み》を退《ひ》くつもりだから、如玉《じよぎよく》から、先《ま》づ本當《ほんたう》の氣持《きもち》を卒直《そつちよく》に云《い》つてくれと、詰《つ》め寄《よ》つて來《き》たので、如玉《じよぎよく》は、――ぢや、あなたは、妾《わたし》がなくても生《い》きて行《い》かれるのか、もう、妾《わたし》には用《よう》はないのか？　と聞《き》き返《かへ》すと、玄《げん》は、決《けつ》してそう云《い》ふわけではないと、むしろ自分《じぶん》の慾《よく》か

ら云《い》へば、死《し》ぬ日《ひ》まで、如玉《じよぎよく》がゐてくれゝば、これ以上《いじやう》の幸福《かうふく》はないのだが、しかし、まだ將來《しやうらい》のある二人《ふたり》が、お互《たがひ》に愛《あい》し合《あ》つてゐるのを眼《め》の前《まへ》にチヤンと見《み》てゐながら、白骨《はくこつ》のような自分《じぶん》の慾《よく》ばかりを充《ふた》そうとする譯《わけ》にも行《ゆ》かない。だから二人《ふたり》とも、自分《じぶん》の前《まへ》で卒直《そつちよく》な返答《へんたふ》をして欲《ほ》しいと。そこで如玉《じよぎよく》は、——妾《わたし》に許《はか》り、卒直《そつちよく》な返事《へんじ》をしろと云《い》はないで、あなたから——あなたには、あたしよりは金《かね》の方《はう》が必要《ひつえう》なのだから、若《も》し金明《きんめい》一さんが、あたしを愛《あい》してゐると云《い》ひさえすれば、それを種《たね》にして金《かね》を出《だ》させるつもりなんでせう！　も少《すこ》し卒直《そつちよく》に云《い》つてごらんなさいと、云《い》ひ返《かへ》してやつたところ、玄《げん》は、餘《あま》りにも意外《いぐわい》な言葉《ことば》だと云《い》はんばかりに跳《と》び上《あが》りながら——いかに、私《わたし》が、今《いま》、墮落《だらく》してしまつたとは云《い》へ、まだ「玄赫《げんかく》」の自尊心《じそんしん》だけは殘《のこ》つてゐるのだから、自分《じぶん》の女《をんな》を賣《う》るまでには至《いた》らない、と云《い》ひながら如玉《じよぎよく》の言葉《ことば》が餘《あま》りにも酷過《ひどす》ぎると云《い》はんばかりに泣《な》いたと云《い》ふのであつた。

　そこで、私《わたし》は

「それは實際《じつさい》、あんたが餘《あま》りにも玄《げん》さんの氣持《きも》を惡《わる》く、曲解《きよくかい》してゐるのではないでせうか？」

　と、聞《き》いた。

「或《あるひ》はそうかも知《し》れませんわ」

　と、如玉《じよぎよく》は答《こた》へてからすぐ、話《はなし》の方向《はうかう》を變《か》へて

「先生《せんせい》、今妾《いまわたし》と一緒《しよ》にすぐ行《い》つて、玄《げん》の聞《き》くとほりに、まだ妾《わたし》を愛《あい》してゐるのだ、と一言《こと》云《い》つて下《くだ》さいませんか。厭《いや》なことでせうけれど、その一言《こと》で、妾《わたし》は玄《げん》から離《はな》れて、再生《さいせい》することが出來《でき》るかも知《し》れませんから。……それから、これ——お持《も》ちなすつて、若《も》し玄《げん》が要求《えうきう》したら渡《わた》してくださいませ」

　と、云《い》ひながら、ハンドバッグから、百圓札《ゑんさつ》三枚《まい》取《と》り出《だ》して、僕《ぼく》の掌《てのひら》に置《お》くのだつた。

「これは、先生《せんせい》が下《くだ》すつた寶石《はうせき》を今賣《いまう》つてきたお金《かね》でございますの」

　と、云《い》ひながら、如玉《じよぎよく》は、私《わたし》から貰《もら》つたダイヤの指環《ゆびわ》は裝飾品《さうしよくひん》だからとて大事《だいじ》に持《も》つてゐたと云《い》ふよりは、むしろ、何時《いつ》押《お》し寄《よ》せてくるかわからない不幸《ふかう》に備《そな》えるため、大事《だいじ》に保管《ほくわん》してゐたのだと、説明《せつめい》するのであつた。私《わたし》は、この金《かね》は、玄《げん》の葬式費《さうしきひ》であつたのだ！　だが今《いま》は、如玉《じよぎよく》の身賣金《みうりきん》となるのだ！　と考《かんが》へながらも、

「まさか……玄《げん》さんが……」

　と、云《い》はうとするのを遮《さへぎ》つて、如玉《じよぎよく》は、

「濟《す》みませんけど、今《いま》すぐ行《い》つてくだされば……」

と、云《い》ひながら先《さき》に立《た》ち上《あが》るのであつた。

一體《たい》どう云《い》ふ風《ふう》になつて行《ゆ》くのだらうか？　心中訝《しんちういぶか》りながらも、私《わたし》は如玉《じよぎよく》の斷乎《だんこ》たる態度《たいど》の前《まへ》に、それ以上躊躇《いじやうちうちよ》することができなかつた。

馬車《ばしや》の上《うへ》の如玉《じよぎよく》の體《からだ》は、輕《かる》く搖《ゆ》れるが、その心《こゝろ》は、湖水《こすゐ》のように沈《しづ》んで、その眼《め》は、或《あ》る一點《てん》を、恐《おそ》らく堅《かた》い決心《けつしん》のために、一點雜念《てんざつねん》の雲《くも》もなく澄《す》み渡《わた》つた、心《こゝろ》の湖水《こすゐ》を見入《みい》るかのように、まばたきひとつしなかつた。

そのような如玉《じよぎよく》の側《そば》に坐《すわ》つてゐる私《わたし》は、彼女《かのぢよ》には甚《はなは》だ申譯《まをしわけ》ないこととは思《おも》ひながら、さつき、中途半端《ちうとはんぱ》になつてしまつた「まさか……玄《げん》さんが……」と、云《い》ひかけた私《わたし》の疑問《ぎもん》を、「玄《げん》が、まさか金《かね》を要求《えうきう》しやしないでせう？」と、全部繼續《ぜんぶけいぞく》して見《み》るのであつた。しかし、この言葉《ことば》は、如玉《じよぎよく》の自尊心《じそんしん》を傷《きず》つけないためにそのような疑問《ぎもん》の形式《けいしき》で云《い》ひ出《だ》した、云《い》はゞごあいさつの言葉《ことば》であつて、むしろ、本當《ほんたう》に知《し》りたかつたのは、或《あるひ》は——若《も》し——、玄《げん》が、意外《いぐわい》にもあつさりと、金《かね》の話《はなし》など持《も》ち出《だ》さなかつたら、そのときは、如玉《じよぎよく》はどうするだらうか？　と云《い》ふ、この疑問《ぎもん》であつた。

勿論《もちろん》玄《げん》は金《かね》を要求《えうきう》するだらう。而《しか》して若《も》し、私《わたし》のその推測《すゐそく》に間《ま》違《ちが》ひがないならば、そのときは、如玉《じよぎよく》は、自分《じぶん》と金《かね》とを取《と》り換《か》えつとするような玄《げん》には氣持《きもち》の上《うへ》からも、ハッキリ別《わか》れて自分《じぶん》について朝鮮《てうせん》に行《い》くだらう、それが順當《じゆんたう》な途《みち》であらう。しかし萬《まん》が一玄《げん》が、如玉《じよぎよく》の幸福《かうふく》のためにのみ、如玉《じよぎよく》を捨《す》てると云《い》ふならば、そのときは、如玉《じよぎよく》はどうするだらうか？　如玉《じよぎよく》は、必《かなら》ずまた玄《げん》について行《ゆ》くだらう。玄《げん》が金《かね》を要求《えうきう》しようがしまいが如玉《じよぎよく》が私《わたし》について朝鮮《てうせん》に行《い》つてしまへば、この芝居《しばゐ》は、これで一先《ま》づ幕《まく》を閉《と》ぢると云《い》ふことになるが、若《も》し、そうでなく、如玉《じよぎよく》が再《ふたゝ》び玄《げん》について行《ゆ》くと云《い》ふならば、主人公《しゆじんこう》が中途《ちうと》で退場《たいぢやう》してしまつた後《のち》の舞臺《ぶたい》の上《うへ》で、私《わたし》は果《はた》して如何《いか》なるゼスチユアをしなければならぬものであらうか？

しかし、それは、まだ結果《けつくわ》を見《み》てからの話《はなし》だ、まだ待《ま》つてみなくちやならぬ。しかし、その前《まへ》に、あのグロテスクな人物《じんぶつ》、玄《げん》の前《まへ》で、結婚式《けつこんしき》でもあるまいし、如玉《じよぎよく》を愛《あい》するか？　と、聞《き》かれた場合《はあひ》に、「はい」と答《こた》へなければならぬとけ、また、何《なん》と滑稽《こつけい》な喜劇《きげき》ではないか？　考《かんが》へると笑《わら》ひ度《た》くなる。だが、またこの私《わたし》の側《そば》に坐《すわ》つてゐる如玉《じよぎよく》は、何《なん》と云《い》ふ澄《す》ましこんだ淑《しと》やかな花嫁《はなよめ》なんだ！　本舞臺《ほんぶたい》に上《あが》る前《まへ》に、すでに「花道《はなみち》」であるこのハルビンですでに喜劇《きげき》は演出《えんしゆつ》されてゐるのだと思《おも》へてくるのだ。ジプシーの女達《をんなたち》は、私《わたし》のにや〳〵してゐるのを見《み》てか、火《ひ》の子《こ》の飛《と》び出《だ》すように、兩手《りやうて》を擴《ひろ》げて、笑《わら》ひながら隨《つ》いてくるので、私《わたし》もポケットから金《かね》を攫《つか》み出《だ》して、投《な》げてやつたものだ。しかし、一瞬時《しゆんじ》の後《のち》には決定《けつてい》されるであらう運命《うんめい》を前《まへ》にして、緊張《きんちやう》と悲《かな》しみに包《つゝ》まれてゐる如玉《じよぎよく》を見《み》ると、私《わたし》もやはり緊張《きんちやう》した氣持《きもち》に戻《もど》つて、私《わたし》の生活《せいくわつ》の上《うへ》にも或《あるひ》は尠《すくな》からぬ影響《えいきやう》を及《およ》ぼすかも知《し》れないとの事件《じけん》をよく考《かんが》へてみようとしてゐる中《うち》に、馬車《ばしや》は、玄關《げんくわん》に到着《たうちやく》してしまつた。そしていよ〳〵その部屋《へや》の扉《とびら》の前《まへ》に立《た》たなければならぬようになつたとき、私《わたし》は、緊張《きんちやう》の餘《あま》り胸《むね》がどき〳〵して、深呼吸《しんこきふ》まで初《はじ》めたものだが、そのときは、すでに、如玉《じよぎよく》は、室《しつ》の中《なか》に姿《すがた》を消《け》してゐた。

「どうぞとつちへお入《はひ》り下《くだ》さい」

昨日《きのふ》と、全《まつた》く變《かは》らぬ同《おな》じ聲《こゑ》がして、玄《げん》は扉《とびら》の入口《いりぐち》まで出《で》てきて私《わたし》の前《まへ》に手《て》を差《さ》し延《の》ばすのであつた。繪《ゑ》で見《み》た幽靈《いうれい》の手《て》のように白《しろ》く、節太《ふしぶと》い、不揃《ふぞろ》ひな、長《なが》い手《て》が、有《あ》り難《がた》いわけではないが、止《や》むに止《や》まれず握《にぎ》つてみると、掌《てのひら》に意外《いぐわい》にも生溫《なまあたゝか》い濕《しめ》りまで感《かん》ぜられ、何《なに》か權謀術策《けんぼうじゆつさく》でもあるかのように思《おも》はれて、ます〳〵不快《ふくわい》でならなかつた。

「昨日《きのふ》は、大變驚《たいへんおどろ》いたでせう」

何《なん》と返事《へんじ》してよいか分《わか》らないどあいさつなので、默殺《もくさつ》するより外《ほか》に仕方《しかた》がなかつた。

「どうぞ、おかけなさい」

玄《げん》は、とう、私《わたし》に椅子《いす》を勸《すゝ》めながら、自分《じぶん》の方《はう》から先《さき》に、どつかりと腰《こし》をおろすのだつた。

柔《やはらか》い雲《くも》の群《むら》がる白銅色《はくどうしよく》の、北滿《ほくまん》の初秋《はつあき》の空《そら》、日《ひ》の當《あた》らない部《へ》屋《や》の中《なか》は、水《みづ》の底《そこ》のように冷《ひ》え〴〵してゐた。眞向《まむか》ひに坐《すわ》つて、晝間《ひるま》、見《み》ると、玄《げん》の、禿《は》げた額《ひたひ》や、頰《ほゝ》の皮膚《ひふ》は、古《ふる》くなつた羊皮《やうひ》のように潤《うるほ》ひもなく、皺《しわ》だらけであつた。私《わたし》は、彼《かれ》の疎《まば》な髮《かみ》の毛《け》の中《なか》の、今《いま》にも飛《と》んで來《き》そうな雲脂《ふけ》から眼《め》を移《うつ》しながら當《あた》り觸《さわ》りのない言葉《ことば》を言《い》つた。

「滿洲《まんしう》は、どうですか、暮《くら》し向《む》きは？」

「私《わたし》のようなものにそんなことを聞《き》くなんて、失禮《しつれい》と云《い》ふもんでせう。は、は」

「・・・・」

「松花江《しようくわかう》はごらんになつたでせう？」

「えゝ、昨日《きのふ》、ちよつと」

「大學時代《だいがくじだい》には、滿洲《まんしう》の農事經濟史《のうじけいざいし》を研究《けんきう》したこともあつたんですが、しかし今《いま》は・・・・・、とれをちよつとごらんなさい」

玄《げん》は、衝立《ついたて》に貼《は》つてある、古《ふる》い滿洲地圖《まんしうちづ》の前《まへ》に立《た》つて、

「地圖《ちづ》をこう云《い》ふ風《ふう》に貼《は》つてみると、松花江《しようくわかう》が東北《とうほく》に流《なが》れると云《い》ふよりは、むしろ、オホック海《かい》の水《みづ》が、黑龍江《こくりうかう》に流《なが》れて來《き》て、その一條《でう》が松花江《しようくわかう》となつて滿洲《まんしう》に流《なが》れて來《き》て、それからこんなに幾《いく》條《でう》にも岐《わか》れて、こう〳〵しまひには地圖《ちづ》の上《うへ》で書《か》かれないほどの小《ちひ》さい溝《みぞ》になつてしまふのだと、こう云《い》ふ風《ふう》に考《かんが》へればどうです。面白《おもしろ》いでせうが？」

と、云《い》つて、は、はと笑《わら》ふのだつた。私《わたし》は愛想笑《あいさうわら》ひをしてやるのを止《や》めた。詰《つま》らぬことを聞《き》いて、とんでもない與太《よた》を飛《と》ばされたものだと、悔《く》ひながら、一體《たい》、この玄《げん》と云《い》ふ人物《じんぶつ》は、どこから始《はじ》めた話《はなし》をどういふ風《ふう》に變《か》へてどういふ風《ふう》に結論《けつろん》を持《も》つて行《ゆ》くものか、今日《けふ》、これから始《はじ》められる彼《かれ》の話《はなし》が、いよ〳〵覺束《おぼつか》なく思《おも》はれて、退窟紛《たいくつまぎ》れに煙草《たばこ》ばかり吹《ふ》かしたものだ。

如玉《じよぎよく》もまた、退窟《たいくつ》そうに長椅子《ながいす》に腰《こし》かけて、おろした籠《かご》の小鳥《ことり》にモヒの煙《けむり》をふつかけてやつてゐた。

ひと時《とき》、玄《げん》は、リノリウムの滑《すべ》つこい床《ゆか》の上《うへ》を、ばた〳〵と、胡履《こり》の音《おと》をさせながら、如玉《じよぎよく》と私《わたし》との間を往《い》つたり來《き》たりしてゐたが、

「こんなにお二人《ふたり》さんが一緒《しよ》にお出《い》でなすつたのは、如玉《じよぎよく》から僕《ぼく》の話《はなし》を聞《き》いてからのこととおもひますから、ことさらに金先生《きんせんせい》からお話《はなし》を聞《き》く必要《ひつえう》もないでせう。昨日《きのふ》、私《わたし》け、金先生《きんせんせい》の前《まへ》で昂奮《かうふん》し涙《なみだ》まで流《なが》しました。如玉《じよぎよく》も御覽《ごらん》のとほり聲《こゑ》を立《た》てゝ泣《な》きましたそこで私《わたし》は涙《なみだ》を流《なが》しながらも、なぜ、私《わたし》はこんなに悲《かな》しんでゐるのだらうかと、考《かんが》へてみたのです。零落《れいらく》とか廢人《はいじん》とか絶望《ぜつばう》とかと云《い》つたようなことが、昨日《きのふ》もお話《はなし》したとほり、いまさら悲《かな》しくなるわけがないのですから。結局《けつきよく》それは、金先生《きんせんせい》がわれ〳〵の前《まへ》に現《あら》はれたからだと思《おも》はれるのです。」

「……」

私《わたし》は、勢《いきほ》ひ頭《あたま》を擧《あ》げ、眼《め》を瞠《みは》つて、彼《かれ》を見詰《みつ》めないわけには行《ゆ》かなかつた。

「まあ、僕《ぼく》の話《はなし》を聞《き》いて下《くだ》さい」

と、玄《げん》は、やはり歩《ある》きながら、

「最初《さいしよ》は、如玉《じよぎよく》があなたを捨《す》てゝ私《わたし》のところへ歸《かへ》つて來《き》たのですが、しかし今《いま》は、彼女《かのぢよ》は、この生活《せいくわつ》を悲《かな》しんだり悔《く》いたりしてゐるのです。だから、あなたが、今《いま》の如玉《じよぎよく》を私《わたし》の手《て》から奪《うば》はうと思《おも》へば、それは全《まつた》く朝飯前《あさめしまへ》のことです、それけど、今《いま》の私《わたし》は、あなたの相手《あひて》にはなれぬといつたような考《かんが》へや、また、例《たと》へ、如玉《じよぎよく》が、あなたの誘惑《いうわく》、——語弊《ごへい》があるかも知《し》りませぬが——とにか

くそれを振《ふ》り切《き》つて、このまゝ私《わたし》の側《そば》にゐるとしても、あなたが現《あら》はれる前《まへ》の如玉《じよぎよく》とは全然《ぜんぜん》ちがふわけです。如玉《じよぎよく》のもとからの諦《あきら》め、つまり悲《かな》しい諦《あきら》めが、一層悲《そうかな》しい諦《あきら》めとなりませうし、私《わたし》に對《たい》する同情《どうじやう》も、もつと〳〵意識的《いしきてき》な努力《どりよく》が必要《ひつえう》となつてくるわけです、從《したが》つて、私《わたし》としても、彼女《かのぢよ》のより以上《いじやう》の犧牲《ぎせい》にたよつて生《い》きて行《ゆ》かなければならぬ私《わたし》の苦痛《くつう》とか、または、金先生《きんせんせい》のような紳士《しんし》が忘《わす》れられなくつてこゝまで追《お》つかけて來《く》るほど、若《わか》い美《うつく》しい如玉《じよぎよく》を、惜《を》しいどころか、かへつて廢人《はいじん》にしてしまつたといつたような自責《じせき》の念《ねん》とか、それよりも、今《いま》までとはまた全然別《ぜんぜんべつ》な意《い》味《み》で私《わたし》を怨《うら》んで行《ゆ》くだらうと思《おも》はれる如玉《じよぎよく》の氣持《きもち》とか、とんな、いろ〳〵の心理的苦痛《しんりてきくつう》といふのは、結局《けつきよく》、われ〳〵の前《まへ》に立《た》ち現《あら》はれた、金先生《きんせんせい》のためでなくつて誰《だれ》のためでせうか。

　たとへ、金先生《きんせんせい》が、如玉《じよぎよく》を尋《たづ》ねて來《き》たのでなくつて、たゞ偶然《ぐうぜん》に、われ〳〵の前《まへ》に現《あら》はれたとしても、それであなたは、先《ま》づ第《だい》一には、如玉《じよぎよく》の氣持《きも》ちを動搖《どうえう》させ、また私《わたし》の、何《なん》とかして忘《わす》れようと思《おも》つてゐた自尊心《じそんしん》や反省力《はんせいりよく》を、わざ〳〵促《うなが》して、鞭打《むちう》つたり小突《こづ》き廻《まは》したりして、それで結局私達《けつきよくわたしたち》の、平穩《へいをん》な、まあ人間《にんげん》らしい生活《せいくわつ》ではなくても、とにかく一先《ま》づ無事《ぶじ》だつた二人《ふたり》の生活《せいくわつ》を攪《かく》亂《らん》してしまつたのです、そうぢやないんですか金先生《きんせんせい》、そういふ風《ふう》に考《かんが》へるのも、やはり、中毒者《ちうどくしや》の錯覺《さくかく》でせうか？　金先生《きんせんせい》？」

　玄《げん》は、とう聞《き》きながら、私《わたし》の前《まへ》に椅子《いす》をひき寄《よ》せ、その上《うへ》に腰《こし》をかけて、私《わたし》の答《こた》へを待《ま》つてゐるかのように、私《わたし》の顔《かほ》を見詰《みつ》めるのだつたが、私《わたし》は何《なん》と返事《へんじ》してよいか分《わか》らなかつた。私《わたし》が彼等《かれら》の前《まへ》に現《あら》はれたのが、偶然《ぐうぜん》であつたとしても、結果《けつくわ》からみれば、彼《かれ》等《ら》の生活《せいくわつ》を攪亂《かくらん》したとになるといふ玄《げん》に對《たい》して、實際《じつさい》、私《わたし》は、如玉《じよぎよく》を誘惑《いうわく》——玄《げん》の言葉《ことば》どほり——誘惑《いうわく》しに來《き》たのではないと、辯解《べんかい》する必要《ひつえう》もなさそうだし、またあつたとしても、如玉《じよぎよく》と言約《げんやく》がある以上《いじやう》は、話《はな》せるものでもない。それはともかくとして、今《いま》玄《げん》が、私《わたし》に對《たい》して返答《へんたふ》を要求《えうきう》してゐるものは、私《わたし》が、果《はた》して彼等《かれら》の生活《せいくわつ》を攪亂《かくらん》したのかどうかといふことであるのだから、そこで私《わたし》は

「まあ、そういふ風《ふう》にも考《かんが》へられるでせう。しかしそれは、そういふふうにも考《かんが》へられると云《い》ふ、たゞそれだけのことですよ。」

　と、云《い》はざるを得《え》なかつた。

「それだけ？」

　玄《げん》は、眼《め》を擧《あ》げ、睨《にら》むように私《わたし》を見据《みす》えてゐたが、

「或《あるひ》は、先生《せんせい》としては、そういふ風《ふう》に考《かんが》へるでせう。私達《わたしたち》の前《まへ》に現《あら》はれたのが、偶然《ぐうぜん》であらうと計畫的《けいくわくてき》であらうと、先生《せんせい》としては

意識的《いしきてき》に私《わたし》を侮辱《ぶじよく》したと云《い》ふ風《ふう》には考《かんが》へないでせうから。だからそれだけだといつて、何等《なんら》の責任感《せきにんかん》も持《も》つてゐないでせう。しかし、私《わたし》が侮辱《ぶじよく》を感《かん》じ、如玉《じよぎよく》の心《こゝろ》が動揺《どうえう》して、それで私達《わたしたち》の生活《せいくわつ》が攪亂《かくらん》されたのは、餘《あま》りにも明《あきら》かな事實《じじつ》なんです。そうぢやないでせうか？」

「……」

事實《じじつ》、そうだとしても、それが私《わたし》の責任《せきにん》だらうかと、心《こゝろ》の中《なか》で呟《つぶや》いたゞけだ。

「事實《じじつ》です。あんたの意識的《いしきてき》侮辱《ぶじよく》ではないからと云《い》つて、あんたが現《あら》はれたために、とんなに私達《わたしたち》が侮辱《ぶじよく》を感《かん》じたり苦痛《くつう》を感《かん》じたりする、とれは一體《たい》どうしますか？あんたのために受《う》ける侮辱感《ぶじよくかん》は、あんたの責任《せきにん》ではないとおつしやるなら、私《わたし》は一體《たい》どうすればいゝんですか？

勿論《もちろん》、先生《せんせい》ばかりの責任《せきにん》だとも云《い》へないでせう。とんな私《わたし》の侮辱感《ぶじよくかん》と云《い》ふのは、先生《せんせい》に對《たい》しては到底比《たうていくら》べものにならぬ私《わたし》の弱者《じやくしや》としての侮辱感《ぶじよくかん》とも云《い》へませう。だからと云《い》つて、私《わたし》は、また強《きやう》者《しや》となつて、先生《せんせい》から受《う》けた、との侮辱《ぶじよく》と迫害《はくがい》とを、復讐《ふくしう》するとがてきませうか？　今《いま》、先生《せんせい》は、私《わたし》に對《たい》して、如玉《じよぎよく》を渡《わた》せといつてそとに坐《すわ》つて頑張《ぐわんは》つてゐるのではないですか？　それが迫害《はくがい》と侮辱《ぶじよく》でなくつて、何《なん》ですか？　しかし、私《わたし》は、雪辱《せつじよく》するだけの強者《きやうしや》となるとことができないのです、永久《えいきう》にできないのです。

……そとで、血《ち》には血《ち》をもつて洗《あら》へと云《い》ひますから、――と云《い》つて、先生《せんせい》の侮辱《ぶじよく》を侮辱《ぶじよく》をもつて返《かへ》すとのできない私《わたし》としてはたゞ、自分《じぶん》の身《み》を自分《じぶん》で徹底的《てつていてき》に侮辱《ぶじよく》するとによつて、との侮《ぶ》辱感《じよくかん》を洗《あら》ふより外《ほか》に途《みち》はないのです。そうするには、如玉《じよぎよく》を自《みづか》ら進《すゝ》んで先生《せんせい》に提供《ていきよう》するとです。

先生《せんせい》のために、氣持《きもち》の亂《みだ》れた如玉《じよぎよく》を、とのまゝ置《お》いて常《つね》に侮辱《ぶじよく》を感《かん》ずるよりは、一層《そう》のとと、自《みづか》ら屈《くつ》して身《み》を退《しりぞ》いてしまつた方《はう》が、かへつて氣持《きも》ちは安《やす》らかになりませう。だからといつて、先《せん》生《せい》について行《ゆ》く如玉《じよぎよく》のためだとか、先生《せんせい》の戀愛《れんあい》に對《たい》する祝福《しゆくふく》といふ意味《いみ》ではありませぬ。今朝《けさ》までは、如玉《じよぎよく》にそう乞《こ》ひましたけれど、しかし、私《わたし》に、そのような人間《にんげん》らしい氣持《きも》ちがまだ殘《のこ》つてゐる筈《はず》がないですよ。たゞ、先生《せんせい》と張《は》り合《あ》へぬ廢人《はいじん》の自虐《じぎやく》からですよ。……私《わたし》は、もう、とれ以上《いじやう》とゝにゐる必要《ひつえう》のない人間《にんげん》ですから、行《ゆ》きます」

と云《い》ひながら玄《げん》は立《た》ち上《あが》つた。

彼《かれ》の長《なが》つたらしい話《はなし》が、とのような結論《けつろん》に到達《たうたつ》しようとは思《おも》はなかつた。實際《じつさい》、玄《げん》は自分《じぶん》の結論《けつろん》のとほりに實行《じつかう》しようとするのだらうか？　ぼんやり眺《なが》めてゐると、さつきから長椅子《ながいす》の上《うへ》で聲《こゑ》も立《た》てずに泣《な》いてゐた如玉《じよぎよく》は、立《た》ち上《あが》つた玄《げん》の前《まへ》に立《た》ち塞《ふさが》つた。

「なあに、今更《いまさら》いふべきことはない筈《はず》だ。とんなに、金先生《きんせんせい》をつれてきたゞけでもう分《わか》つてゐるのだから。今更《いまさら》、何《なに》を云《い》つたところで、それは、結局《けつきよく》、たゞ君自《きみじ》身《しん》を欺《あざむ》き、僕《ぼく》をまた欺《あざむ》かうとするそれだけなんだから」

　玄《げん》は、とう云《い》ひながら、如玉《じよぎよく》の前《まへ》から身《み》を退《ひ》き、僕《ぼく》の前《まへ》に詰《つ》め寄《よ》つて來《き》て、

「金先生《きんせんせい》、自分自《じぶんみづか》ら自分《じぶん》を侮辱《ぶじよく》しようとしてゐる僕《ぼく》は、徹底的《てつていてき》にやるより外《ほか》に途《みち》はありませぬ。……今《いま》、先生《せんせい》には、とれが必要《ひつえう》なんでせう」

　と云《い》つて、玄《げん》は、胡服《こふく》の內隱《うちかく》しから、鍵《かぎ》を一つを把《つま》み出《だ》して、卓子《テーブル》の上《うへ》に置《お》くのだつた。

「とれは如玉《じよぎよく》と私《わたし》とが一つづゝ持《も》つてゐる鍵《かぎ》です。との部屋《へや》の。私《わたし》には、もう要《い》らなくなつたものですが、先生《せんせい》には、必要《ひつえう》なものでせう……とれを買《か》つて下《くだ》さい。千圓《ゑん》でも、一萬圓《まんゑん》でも、先生《せんせい》には必要《ひつえう》なものですから、買《か》はなくちやならぬものです」

　と云《い》ひながら、彼《かれ》は僕《ぼく》の顏《かほ》を見入《みい》るのであつた。彼《かれ》の長《なが》つたらしい話《はなし》が、當然《たうぜん》たどりつく結論《けつろん》ではあつたが、しかし私《わたし》は、如玉《じよぎよく》の顏色《かほいろ》を、もう一度《ど》窺はないわけには行《ゆ》かなかつた。だが、彼女《かのぢよ》は兩手《りやうて》で顏《かほ》を隱《かく》してゐた。恐《おそ》らく、金《かね》の遣《や》り取《と》りは到底見《たうていみ》てゐられないからなのだらう。私《わたし》は、それ以上躊躇《いじやうちうちよ》する必要《ひつえう》がないのを感《かん》じ、さつき如玉《じよぎよく》から受取《うけと》つた百圓札《えんさつ》三枚《まい》を、鍵《かぎ》の上《うへ》に投《な》げ出《だ》した。

「ありがたう」

　玄《げん》は、多《おほ》いとも少《すくな》いとも云《い》はず、かへつて、意外《いぐわい》に多《おほ》い金額《きんがく》だつたとみえ、急《きふ》に欲《ほ》しくなつたと云《い》はんばかりに、鷲掴《わしづか》みして、

「とれで、思《おも》ふ存分《ぞんぶん》、自分《じぶん》を侮辱《ぶじよく》することができて滿足《まんぞく》です、ちや、僕《ぼく》は行《ゆ》きます」

　と、云《い》ひながら、逃《に》げるように扉《とびら》の外《そと》に消《き》えて行《い》つた。

ばた／＼と、胡履《こり》を引《ひ》き摺《ず》る音《おと》がやがて消《き》えると、如玉《じよぎよく》は長椅《ながい》子《す》に崩《くづ》れて、啜《すゝ》り泣《な》きを始《はじ》めた。震《ふる》える如玉《じよぎよく》の兩肩《りやうかた》を眺《なが》める私《わたし》は慰《なぐさ》める言葉《ことば》を知《し》らず、ひとときぼんやり坐《すわ》つてゐた。

　しばらくして、眼《め》を拭《ふ》いて立《た》ち上《あが》つた如玉《じよぎよく》は、

「すみませんでした。とれで、とゝのことは、もう一通《とほ》り片《かた》が付《つ》いたようです。――玄《げん》も、玄《げん》には金《かね》がつまり阿片《あへん》ですから――阿《あ》片《へん》が豐富《ほうふ》に出來《でき》たと云《い》つて滿足《まんぞく》してゐるでせう。玄《げん》は、元來《ぐわんらい》がインテリなんですから、自分《じぶん》の恥知《はぢし》らずを、中毒《ちうどく》にかゝつた人間《にんげん》に

は誰《だれ》にも必《かなら》ず附《つ》きものゝ、あの破廉恥《はれんち》を、何《なん》とか辯護《べんご》しようとして、あんな詭辯《きべん》を弄《ろう》したのですわ。あゝして、自分獨《じぶんひと》りで昂奮《かうふん》したり悲《かな》しんだりしてゐたけれど、今頃《いまごろ》はもうケロリとしてたゞ、滿足《まんぞく》な暮《くら》しができるとおもつて喜《よろこ》んでゐるでせう。あたしも、自《じ》分《ぶん》のことを考《かんが》へてみなくちや」

と、云《い》ひながら、また、新《あたら》しい涙《なみだ》を拭《ふ》くのであつた。

そとで、私《わたし》は、悲《かな》しみと昂奮《かうふん》のために疲《つか》れた如玉《じよぎよく》に、ゆつくり休《やす》むように、と云《い》ひ殘《のこ》しておいて、旅館《りよくわん》に戻《もど》つてきた。一風呂浴《ふろあ》び、夕飯《ゆふめし》を濟《す》ますと、もう夜《よる》になつてゐた。私《わたし》も疲《つか》れを感《かん》じてゐたので、李君《りくん》を訪《おとづ》れる氣《き》にもならず、晩酌《ばんしやく》のほろ醉《よ》ひ氣味《ぎみ》で、早《はや》く床《とこ》についた。だが、昂奮《かうふん》したせゐか、なか〳〵寢付《ねつ》かれない。疲《つか》れた頭《あたま》に、ふだん、餘《あま》りよくも考《かんが》へてみたことのなかつた、いろいろなことが、どちや〳〵と浮《うか》んで來《く》るばかり。――如玉《じよぎよく》は、これからどうなるのだらう。どうするつもりだらう？　ほんとうに僕《ぼく》について朝鮮《てうせん》に行《ゆ》くのか、それとも僕《ぼく》がつれて行《ゆ》くのか、行《ゆ》けばどうしよう、先《ま》づ入院《にふゐん》させなくちやならぬ。それで完全《くわんぜん》な人《ひと》になれば？その後《ご》の如玉《じよぎよく》は、またどんな途《みち》を進《すゝ》んで行《ゆ》くのだらうか？　或《あるひ》は私《わたし》と、そうなるかも知《し》れない。人間《にんげん》のことなど、分《わか》つたものぢやない。——とんな取《と》り止《と》めもない考《かんが》へが、何囘《なんくわい》となく繰《く》り返《かへ》されたものだ。

どれ位經過《くらゐけいくわ》したのだらう？やつと寢入《ねい》りそうな氣《き》がしたとき、ごと〳〵と、扉《ドア》を叩《たゝ》く音《おと》が聞《きこ》えたような氣《き》がして、起《お》き上《あが》つてみると、やはり誰《だれ》かゞ、入口《いりくち》の扉《ドア》をノックしてゐるのであつた。ボーイの案内《あんない》で、白人《はくじん》の使《つか》ひが入《はひ》つて來《き》て、四角封筒《かくふうとう》の、可《か》なり重《おも》い手紙《てがみ》を手渡《てわた》して行《ゆ》くのだ。如玉《じよぎよく》からの手紙《てがみ》であつた。

——まことに申譯《まをしわけ》ないとおもひますけれども、明朝早《みやうてうはや》く、妾《わたし》のところにお出《い》で下《くだ》さればありがたく存《ぞん》じます。或《あるひ》は、妾《わたし》が、ゐなくつて、扉《ドア》に鍵《かぎ》がかゝつてゐる、ようなことがあつても、部屋《へや》の中《なか》で暫《しばら》くお待《ま》ちして下《くだ》さいませ。鍵《かぎ》を同封致《どうふういた》します。

とんな簡單《かんたん》な文面《ぶんめん》の手紙《てがみ》に、さつきの鍵《かぎ》が添《そ》えてあつた。

何《なん》の用《よう》だらう？　話《はな》しがあれば、分《わか》らぬ道《みち》ぢやないし、自分《じぶん》が直接《ちよくせつ》來れればよいのに、わざ〳〵使者《ししや》まで寄越《よこ》して僕《ぼく》に來《き》てくれと——。

或《あるひ》は、體《からだ》の工合《ぐあひ》でも惡《わる》いのか？　惡《わる》くつて、來《こ》られない體《からだ》なら明朝早《みやうてうはや》く「或《あるひ》は自分《じぶん》がゐない……」と云《い》ふのは、一體《たい》どう云《い》ふ譯《わけ》なんだらう？とんなことを考《かんが》へながら、とにかく、明朝行《みやうてうい》つてみれば、何《なに》も彼《か》も分《わか》ることだと、また寢床《ねどこ》に入《はひ》つた。

翌朝《よくあさ》、目《め》を覺《さ》ますと、李君《りくん》から電話《でんわ》がかゝつて來《き》た。昨晩《さくばん》も電《でん》話《わ》で問《と》ひ合《あ》はしたが、寢《ね》てしまつたと云《い》ふので來《く》るのを止《や》めたと云《い》ひ、今《いま》すぐ來《き》てもよいかと聞《き》いて來《き》た。しかし、如玉《じよぎよく》のところへ行《い》つてみなくちやならなかつたので、私《わたし》は、用《よう》を濟《す》まして、とつちから行《ゆ》くからと云《い》つてやつたら、——君《きみ》がハルビンで用《よう》とは何《なん》だ、きつと、如玉《じよぎよく》さんに先《ま》づお目見《めみ》えしてからといふ譯《わけ》なんだらうと、がら〳〵笑《わら》ふ、大《おほ》きな笑《わら》ひ聲《ごゑ》が聞《きこ》えてきたので、私《わたし》もまた、どうもそうらしいと、笑《わら》つた。

爽快《さうくわい》に晴《は》れ渡《わた》つた日和《ひより》だ。僕《ぼく》が如玉《じよぎよく》のアパートに着《つ》いたのは九時《じ》頃《ごろ》であつた。部屋《へや》の前《まへ》で咳拂《せきばら》ひをし、扉《ドア》をノックしてみたが返《へん》事《じ》がない。そうだ、鍵《かぎ》が必要《ひつえう》なんだ……と、何時《いつ》もながら頭《あたま》のよい如玉《じよぎよく》がありがたいような、とんだ錯覺《さくかく》を起《おこ》し、がちやりと、鍵《かぎ》の開《あ》く音《おと》も輕快《けいくわい》に聞《き》きながら、部屋《へや》の中《なか》に入《はひ》つて行《ゆ》くと、ぞつと冷《ひや》つこい空氣《くうき》が感《かん》ぜられた。何《なん》となく胸《むね》がむかつとしてきた。夜《や》來《らい》の部屋《へや》の空氣《くうき》を朝《あさ》になつても入《い》れ換《か》へないせゐかな、ともおもつたが、あの脂《あぶら》つくさい魔藥《まやく》の臭《にほひ》は消《き》え去《さ》つたように香《にほ》はない。肌寒《はだざむ》いほど、冷《つめ》たい空氣《くうき》なのだが、どうしたことか胸《むね》はむかむかして氣持《きもち》がわるかつた。しかし如玉《じよぎよく》を待《ま》たなくてはならないので、長椅子《ながいす》に腰《こし》かけて煙草《たばこ》を吹《ふ》かした。窓《まど》を開《あ》けて外《そと》を眺《なが》めると、こんな日和《ひより》には良《よ》く啼《な》く雲雀《ひばり》のことが思《おも》ひ浮《うか》んできたので、部屋《へや》の中《なか》を見廻《みまは》したが、雲雀《ひばり》は見《み》えなかつた。丁度《ちやうど》そのときだ、寢室《しんしつ》と思《おも》はれる板《いた》の仕切《しき》りの後《うしろ》から、ばた〱する音《おと》と、つゞいて、チチと、鳴《な》く聲《こゑ》が聞《きこ》えてきた。それは、最初《さいしよ》この部屋《へや》に來《き》たとき聞《き》いた、あの暗膽《あんたん》たる悲鳴《ひめい》だ。そのまゝ放《はう》つて置《お》けば、また、糞《ふん》の上《うへ》に兩脚《りやうあし》を投《な》げ出《だ》して倒《たふ》れてしまふだらう。如玉《じよぎよく》が歸《かへ》つて來《き》て、魔藥《まやく》を吹《ふ》つかけてやらなければ、そのまゝ死《し》んでしまふだらう。また跳《と》び上《あが》らうと、焦《あせ》るようだ。ばた〱、羽根《はね》の音《おと》がして、鼠《ねずみ》のような聲《こゑ》を立《た》てゝゐるのだ。如玉《じよぎよく》は、どこに行《い》つてゐるのか？

私《わたし》は、鳥《とり》が可哀想《かあいさう》になつて施《ほどこ》す術《すべ》のないことを悟《さと》りながらも、見《み》に行《ゆ》かぬわけにはいかなかつた。

板《いた》の仕切《しき》りの扉《とびら》を開《あ》けてみた。その中《なか》に如玉《じよぎよく》がゐた。狹《せま》い寢室《しんしつ》だ、ペシャンコに凹《へこ》んだダブルベットの眞中《まんなか》に、畫《ゑが》かれたように寢《ね》てゐる如玉《じよぎよく》は眠《ねむ》つてゐるようだつた。小鳥《ことり》の籠《かご》も、寢臺《しんだい》の上《うへ》に置《お》かれてあつた。

私《わたし》の前《まへ》には如玉《じよぎよく》の片手《かたて》が差《さ》し延《の》ばされてゐたが、その赤《あか》い爪先《つまさき》で、ベットの敷布《しきふ》をひつ裂《さ》くばかりに、一摑《つか》みぐつと握《にぎ》つてゐた。その手《て》の下《した》の方《はう》の、寢臺《しんだい》の下《した》には、表面《へうめん》に、「金明一《きんめい》先生樣《せんせいさま》」と書《か》いた手紙《てがみ》が落《お》ちてゐた。その手紙《てがみ》は、もと、如玉《じよぎよく》の手《て》に握《にぎ》られてゐたらしく、皺苦茶《しわくちや》になつてゐた。

私《わたし》は、靜《しづ》かに長椅子《ながいす》のところへ戻《もど》つて來《き》て、その手紙《てがみ》の封《ふう》を切《き》つた。

——いかに、恩知《おんし》らずの妾《わたし》ではございますけれど、とんな後迷《こめい》惑《わく》までは先生《せんせい》におかけ申《まを》すまいとおもひまして、松花江《しようくわかう》や鐵道《てつだう》のことも考《かんが》へてみましたけれど、人通《ひとどほ》りが絶《た》えない上《うへ》に見張《みは》りが嚴《きび》しくて、しくじる懸念《けんねん》がございましたから。つひ、とんな醜《みにく》い姿《すがた》を、お目《め》にかけなければならなかつたのでございます。或《あるひ》は、先《せん》生《せい》がお立《た》ちになつた後《あと》とか、或《あるひ》は遠《とほ》いところへ行《い》つて死《し》に場《ば》を探《さが》さうかとも考《かんが》へましたけれど、

死《し》を負《お》ふてはどこへ行《い》つても、時期《じき》を待《ま》つだけの勇氣《ゆうき》も力《ちから》もなかつたのです。そればかりではなく、餘《あま》りにも淋《さび》しく、恐《おそ》ろしうございます。

先生《せんせい》の御迷惑《ごめいわく》は、何萬邊《なんばんべん》も考《かんが》へましたけれど、信《しん》じ、とうして行《ゆ》きます。妾《わたし》は、更生《かうせい》の夢《ゆめ》も見《み》ました。

先生《せんせい》について本國《ほんごく》に行《ゆ》くと申上《まをしあ》げたのも、本心《ほんしん》からでございました。

先生《せんせい》が、「まさか……玄《げん》が……?」

と、おつしやられましたとき、あたしも、若《も》し玄《げん》が、そんな萬《まん》一の態度《たいど》を取《と》つたら、自分《じぶん》はまた玄《げん》について行《ゆ》くのではないだらうかと、氣《き》になつたほど、ハツキリした決心《けつしん》がつかなかつたと云《い》へばつかなかつたのでせうけれど、またそれだけ、更生《かうせい》に憧《あこが》れてゐたとも云《い》へるとおもひます。しかし、玄《げん》は、妾《わたし》が豫想《よさう》したとほりの態度《たいど》に出《で》たのでございます。それが玄《げん》の本當《ほんたう》の心持《こゝろもち》だと申《まを》すよりは、病氣《びやうき》(癒《なほ》すとのできない)のせゐだと、いふことが、妾《わたし》にはよく分《わか》つて居《を》ります故《ゆゑ》、玄《げん》に棄《す》てられたのが恨《うら》めしくつて死《し》ぬのではございません。たゞ、淋《さび》しいのでございます。今《いま》、妾《わたし》が、また玄《げん》について行《ゆ》くとしても、すでに妾《わたし》に對《たい》する愛《あい》を忘《わす》れてゐる玄《げん》は、機會《きくわい》さへあれば誰《だれ》にでも「鍵《かぎ》」を賣《う》り渡《わた》すでせう。

だからと云《い》つて、今《いま》の妾《わたし》の病《やま》ひ(中毒《ちうどく》)を治《なほ》したところで、再《ふたゝ》び明《あか》るくなつた新《あたら》しい氣持《きもち》で眺《なが》める世《よ》の中《なか》は、妾《わたし》には疎《うと》しくたゞ淋《さび》しいばかりで、ます〳〵獨《ひと》りぽつちになつて行《ゆ》きそうな氣《き》が致《いた》します。更生《かうせい》を夢《ゆめ》みたのも、一時《じ》の昂奮《かうふん》のようにも思《おも》はれるのでございます。今何《いまなに》をお隱《かく》し申上《まをしあ》げませう。無躾《ぶしつけ》な言葉《ことば》ではございますけれど、妾《わたし》は先生《せんせい》のお心《こゝろ》を完全《くわんぜん》に握《にぎ》ることができない自分《じぶん》を悲《かな》しみながらも、先生《せんせい》を忘《わす》れようと思《おも》つて努力《どりよく》するより仕方《しかた》がな

かつたのでございます。そんな自分《じぶん》が、とんどまた再《ふたゝ》び先生《せんせい》について行《い》つて、完全《くわんぜん》な體《からだ》になつたとしましても、果《はた》して妾《わたし》の前《まへ》にどんな希望《きばう》がございませうか――。どうか、先生《せんせい》、ではご機嫌《きげん》よろしう。

×日夜《にちよる》六時《じ》　如《じよ》　玉《ぎよく》　上《じやう》

私《わたし》は、如玉《じよぎよく》の遺書《ゐしよ》を讀《よ》み終《をは》ると、再《ふたゝ》び寢室《しんしつ》に入《はひ》つて行《い》つた。一點《てん》の塵《ちり》も、一筋《すぢ》の細《こまか》い皺《しわ》もない、如玉《じよぎよく》の印堂《いんだう》を見守《みまも》つてゐると、死《し》んだ妻《つま》、惠淑《けいしゆく》のそれを再《ふたゝ》び見《み》るような氣《き》がして嬉《うれ》しくもあつた。その玲瓏《れいろう》とした印堂《いんだう》に、彼等《かれら》の、美《うつく》しい心紋《しんもん》が映《うつ》つてみえるのであつた。

如玉《じよぎよく》は、そのような自分《じぶん》の心《こゝろ》を捧《さゝ》げるところが無《な》くつて死《し》んだのだ！　私《わたし》は、そのような如玉《じよぎよく》の心《こゝろ》を受《う》け入《い》れることができなかつたのだ！　と思《おも》ふだに、とみ上《あが》つてくる悲《かな》しみを禁《きん》ずることができなかつた。

私《わたし》は、その、冷《つめ》たい彼女《かのぢよ》の手《て》を蒲團《ふとん》の中《なか》に入《い》れてやりながら、更生《かうせい》のためについてくるよりも、とうして死《し》んで行《い》つた方《はう》が、かへつて如玉《じよぎよく》の如玉《じよぎよく》らしい運命《うんめい》のようにも思《おも》はれるのであつた。

金山泉譯

問 朝鮮の淺草はどこですか？

答 强ひて云へば鍾路の裏通り。

問 朝鮮に漫才がありますか？

答 漫才はなく落語に相當する『才談』があります。多分に漫才的要素をも含んでゐます。

問 朝鮮で一番多い病氣は？

答 胃病、寄生蟲。

問 朝鮮にも俠客はゐますか？仁義を切りますか？

答 そんなサムラヒは一寸見當りません。

問 アリランとはどんな意味ですか？

答 これといふ意味なし。民衆の作り上げた民謠の一タイプともいひませうか。チョイナチョイナのやうなものです。

問 朝鮮にも盆、正月がありますか。あればその日はどんな習慣がありますか？

答 正月には歳拜や德談をなし、祖先や家神を祭り、いろ〳〵な遊戲娛樂を行ひ、以て歳首を壽ぎます。盆は舊八月十五日墓參をいたします。

問 朝鮮に相撲があるそうですがどんな種類ですか？

答 高句麗時代には今の內地の相撲と同型のがありましたが現在は初めから組んでから立合ふものです。

その種類に左相撲、右相撲、帶相撲等その手もいろ〳〵ありますが靜的で變化に乏しいです。

問 白白敎とはどういふもんですか？

答 朝鮮に於ける類似宗敎團體として取扱はれてゐたもの。白白とは彼等の呪文『白白白衣衣衣赤赤赤』から來てゐます。

問 朝鮮にある類似宗敎團體は幾つ程ですか？

答 天道敎、侍天敎、上帝敎、靑雲敎、靑林敎、白白敎、普天敎等六十餘りもありましたがことごとく影をひそめ今は天道敎と侍天敎が殘つてゐます。

問 朝鮮婦人はどんな髮を結ひますか？

答 結婚するとお下げを上げて髷とするのですが髷形に前髷と後髷とがあります。前髷は辮髮にかもぢを添へて二分しそれを額上で結びその餘を頭上にぐる〳〵まきにしたもの、後髷はお下げを上げて後頭部に束ね簪を以て纏めたもの、何れも赤い手柄《てがら》（タンギと云ひます）をまき、猶ほ後髷には耳かき、飾ピンなどを挿すのが普通であります。今、新女性の間にはロール卷が流行してゐます。

問 最近の出版界ベスト・セラーは？

答 待春賦（朴鍾和）、春園詩歌集（李光洙）、小波全集（方定煥）――以上博文書館版。文章講話（李泰俊）、嘉籃時調集（李秉岐）――以上文章社版。林巨正傳（洪碧初）朝光社版。姓氏論考（鄭光鉉）東光堂版。

問 朝鮮のヂャーナリスト十傑を擧げて下さい。

答 李相協・車相瓚・李瑞求・薛義植・鄭寅翼・咸尙勳・李相昊・金炯元・安在鴻・金東煥

問 氏創成の屆出はどの位ありますか？

答 三十二萬六千百五戶。（全戶數の七分六厘）（五月二十日現在）

問 國語の分る人はどの位ゐますか？

答 三百六萬九千三十二名（總人口の一割三分）（昭和十四年末現在）

問 兩切り煙草はどんな種類がありますか？

答 安サラリーマン向きに「かがやき」「いやさか」「みどり」「興亞」「かちどき。」一級上つて「はと」「カイダ」「金剛」：バット級は「みどり」と「かちどき」で十本入十二錢。

問 朝鮮靴は脫げやすくないですか？ 雨の日は何をはきますか？

答 あれでなかなか脫げないですね。雨の日は和蘭の木靴《サガ》（朝鮮の言葉で『ナマクシン』）のやうなものがあります。

問 キヌタをたゝくとどういふ效果がありますか？

答 潤澤を出してくれます。

問 朝鮮のいやな習慣は何ですか？

答 お客さんに御はんを食べさせたがること。但し食糧も傳票制となつたから改まるでせう。

問 朝鮮と云ひ出したのはいつからですか？

答 檀君以來五千年の長い歷史を持つてゐます。

問 京城で今流行してゐる服裝は何ですか？

答 裳《チマ》は短くなり襦衣《チョコリ》は長くなりました。殊に襦《チョ》衣《コリ》はぴつたりと、肉體美を表はすやうになつてゐりました。

問 朝鮮にも樂團がありますか？

答 朝鮮樂劇團、金蓮實ショー、藝苑座等があります。

問 京城には電車がどの位ありますか？

答 百五十臺位。

問 朝鮮には鑛山がいくつありますか？

答 八千六百二十三鑛區、その中金銀鑛が四千八百七十七區、金銀銅鉛其他の鑛が一千八百八十八區（昭和十四年初現在）

問 精動の顏振れを紹介して下さい。

答 總裁川島義之、理事長鹽原時三郎・專務參事奧山仙三。

問 京城に映畫館がいくつ位ありますか？

答 一流三つ。二流九つ。ニュース館二つ。

問 朝鮮には朝鮮語のレコードがありますか？

答 ビクター、コロムビア、ポリ

ドール、オーケー、太平等いろ／＼あります。

問 百貨店の齒子の服裝は朝鮮服か、洋裝か、はた和服か。

答 三つとも着ます。

問 朝鮮の農民の生活狀態を概述して下さい。

答 農家特に小作農民の中には秋の收獲の際、小作料と農糧返濟と借金の利子とを濟ませば後には籾を打落した臺と籾を掬ひ込んだパカチのみが殘るといふ慘憺たる狀態にあるものも尠くありません。この窮狀を表現するに、朝鮮には古くから「春窮」とか「麥嶺難越」とかいふ言葉があります。

問 朝鮮以外にはない、娛樂遊戲がありますか？

答 擲戯《ゆつ》——娛樂として最も新正の情趣を持つ朝鮮獨特のもの。圓い二本の棒を縱に割つて四本とし、これを高く揚げ、それが地面に落ちて變化する俯仰により計算して行く簡素にして快活な遊戲。

跳板《のーるていき》——これは女子の新正の遊戲。藁又はカマス等を枕とし、その上に板を載せて、板の兩端に一人づゝ立つてハヅミをつけながら、交互に跳ね揚ります。

鞦韆《くね》——これは端午（五月五日）の遊戯で、楊柳大樹の枝に索をかけてブランコを作り、服裝の色彩華やかな若い女どもが、鞦韆の上で燕のやうに飛揚します。その有樣は仙戲そのものです。

問 處女と人妻の髮型の相違は？

答 未婚の女は頭髮を中央から分け後頭部から三組に綯つてそれに赤布《りぼん》を垂れたお下げ髮が普通、これが結婚するとこのお下げを上げて髷とします

問 妻は夫と共に食事出來ないと云ひますが本當ですか？

答 舊家庭ではそうです

問 朝鮮人の嫌ふのは何ですか？

答 肌を露はす事。

問 福德房とは何ですか？

答 土地建物等の仲介業

問 朝鮮には府がいくつありや。どことこですか。

答 十九。京城・仁川・開城・大田・群山・全州・木浦・光州・大邱・釜山・馬山・晋州・海州・平壤・鎭南浦・新義州・元山・咸興・淸津（羅津と合併）

問 京城の電車の料金はいくらですか？

答 一區五錢・二區八錢・三區十錢。

問 朝鮮の小學校は內鮮人共學ですか？

答 共學のところもありますが大抵は別々になつて居ります。

問 小學校で敎へるは國語ですか？

答 國語。

問 朝鮮の諺文について聞かせて下さい。

答 朝鮮固有のアルファベツト文字、朝鮮語でハンクルと言ひます。世宗二十八年（西曆一四四六年）に訓民正音として頒布せられたもので現在使つてゐる字母は全部で四十字。これだけで文が自由自在に綴れるのです。

問 朝鮮にはどんな迷信がありますか？

答 元旦の夜には夜光と稱する惡鬼が人の履物を盜んで行くといひます。そして盜まれた人は一年中不幸があるといつてこの夜は早く燈を消し履物を皆匿して寢るのです。

問 朝鮮で一番うまい食物は何ですか？

答 漬物《キムチ》でありませう。材料は白菜又は大根でこれに鹽、ねぎ、にんにく・せり・栗・梨・明太魚・牡蠣等を入れたもので、山海珍味渾然と融け合ひ、その風味といひ色合といひ蓋し朝鮮食中の王

朝鮮百問百答

座を占むるものでありませう。又カルビーなんかも案外うまいんです。牛の肋骨《ろつこつ》のところを骨つきのまゝににんにくやからしやごまのしたじでつけ焼したもんです。

問 現在、男子と女子とどちらが數多きや？

答 女百につき男一〇三・一七。

問 朝鮮の御風呂はどんなですか？

答 錢湯は内地と同じく、開城には汗蒸（蒸風呂）があります。

問 朝鮮にゐる内地人の數は？

答 六十五萬八十人（人口千人に付内地人二十九人）（昭和十四年末現在）

問 中學校以上の朝鮮人學生數は？

答 五萬六百九十人（その内、七千五百八十九人は内地に於て勉學する者）（昭和十二年末現在）

問 朝鮮語の新聞はいくつありや。

答 四つ。（朝鮮日報・東亞日報・毎日新報・滿鮮日報）

問 朝鮮で發刊されてゐる藝術方面の雜誌を敎へて下さい。

答 『映畫時代』『朝鮮映畫』『藝術』『劇藝術』『朝鮮文學』『新人文學』『三四文學』『斷層』等がありましたが

事變以後皆廢刊され、今は『文章』と『人文評論』だけが殘つてゐます。

問 博物館の數とその博物館に收められた主なる美術品。

答 朝鮮總督府博物館（京城）——新羅佛敎高潮時代の傑作たる金銅半跏佛は、南鮮出土の陶製甕棺、李朝に創製された活字及び中央アジアの土偶・ミイラ等一萬四千點。李王家博物館（京城）——新羅、高麗並に李朝初期に於ける墳墓内の發見品、佛像、繪畫、工藝及び支那、日本の武器類。陳列點數一萬八千餘。總督府博物館——慶州分館古墳出土の金玉製寶冠、石佛、梵鐘など。（尙、百濟の舊都扶餘にも、本府博物館分館があり、百濟時代の遺物を展覽）。平壤博物館——鄕土博物館で、樂浪物として彩文漆筐・玉類・靑銅鏡、高句麗時代の瓦塼、古墳の壁畫などがあります。開城博物館——これも鄕土博物館で、高麗王朝五百年の舊都に存在する遺物を主として陳列。高麗燒には靑瓷、繪高麗・白磁・夫目・三島手・染付などがあります。

問 朝鮮では誰が一番人氣がありますか？

答 李光洙（小說）、崔承喜（舞踊）、安栖琄（音樂）、申鼎孫基禎（マラソン）、申鼎言（野談）。

問 親類關係の男女は結婚出來ないそうですが本當ですか？

答 本當です。同本同姓の同族間では如何に遠い間柄であつても「同姓は娶らず」と云つて結婚致しません。之は血統の純潔を保つためであります。

問 時調は内地の短歌に近いもんですか？それとも俳句に近いもんですか？

答 和歌に近いと云へませう。

問 朝鮮煙草の產額。

答 兩切五、一七四。口付一四六（單位百萬本）。荒刻一五、〇五二（單位千瓩）（昭和十二年度）

問 紅蔘白蔘水蔘の產出額。

答 紅蔘三六、六一七。白蔘六〇、九一五。水蔘一八、八四〇（單位千斤）（昭和十二年度）

問 水力電氣の現狀。

答 長津江及黃水院江（虛川江）の二大水力を主なる電源とし京城以北の中鮮、西鮮及北鮮地方一帶を淤電區域とする北部電力系統と、江陵水力等を主なる電源とし南鮮地方一帶を淤電區域とする二に分ち大抵今年迄に實現せしむる豫定だそうです。

問 紫式部に相當する閨秀作家は誰ですか？

答 黃眞伊。

問 朝鮮ではなぜいわしが澤山獲れるか？

答 朝鮮の東海岸地方はリマン寒流に洗はれ、且つ海岸からすぐ深くなるので、寒い海に棲むいわしなんかいくらでも獲れます。（昭和十二年度の漁獲高十三億八千八百餘萬瓩、その價格三千四百餘萬圓）

問 朝鮮の一番良い季節は何時ですか？

答 秋。

問　朝鮮の年中行事は何ですか？

答　正月の正朝茶禮、歳拜。立春の春祝。寒食日の墓祭。四月八日の寺院詣り、この日、各家では五色燈に點火して室外に掲げます。五月五日端午の菖蒲湯、鞦韆、角戯。六月十五日の流頭宴。八月十五日(秋夕)の墓祭。冬至の赤小豆の粥。大晦日の舊歳拜等。

問　朝鮮獨特のスポーツがありますか？

答　一部落又は一地方が東西に分れ、各戸より藁を集めて二條の大綱を作り村の人々が總出となつて綱を引いて勝負を試みる索戰や、相互に石を投げ以て勝負を試みる石戰などの勇ましい競技がありましたが皆廢たれてしまひ今は角戯と蹴球が益んに行はれてゐます。

問　美女の形容詞を擧げられたし。

答　月、梨の花などがあります。

問　美男の形容詞を擧げられたし。

答「風采、冠玉の如く、」「氣象、凛々し。」

問　朝鮮八景を擧げて下さい。

答　漢拏山、赴戰高原、金剛山、慶州佛國寺、扶餘、牡丹臺、妙香山、智異山。

問　朝鮮の梅雨時期はいつですか？

答　朝鮮にはそんなに陰鬱な天氣が續くやうなことがありません。夏でもほとんど內地の秋にも見られないやうな碧空です

問　朝鮮に創めて鐵道のしかれたのはいつですか？

答　明治三十二年、京城仁川間。

問　朝鮮の人はどうして辛いものを食べるのですか？

答　氣候風土の關係です。衞生的見地から申しますと、にんにく、せうが、とうがらし、さういふもので殺菌するのです。

問　朝鮮で一番豐富なものは何でせう？

答　米と金。

問　婦人服布地の中で最上の織物は？

答　朝鮮産の韓山麻織。高價なものは一反の量が掌に握られる程です。これ程、柔雅高尙なしかも凉味のあふるゝ織物は又とありますまい。

問　日本の女大學(昔からのてすゾ)に相當するものがありますか？

答　その昔、「五倫行實。」

問　朝鮮の中流階級は一月どの位生活費がかゝりますか？

答　家族五人と見て二百圓はかゝりませう。

問　妓生(平壤・京城)の數はどの位ですか？

答　京城一千八百名の平壤二百五十名位。

問　一流妓生は一時間いくら位ですか？

答　お線香は全部同額で一時間一圓三十五錢です

問　朝鮮歌《ソリ》とその由來。

答　朝鮮の歌は大別して三つあります。一つは平壤を中心として出來た愁心歌、一つは晋州を中心として出來た短歌、もう一つは京城を中心とした時調であります。古來平壤地方の人には立身出世の機會を殆んど與へなかつた爲、愁心歌は世に認められない多數の青年才士達を儚んでうたつたものであります。短歌は時の政府に厭はれて配所の月を眺めてゐた志士達が鬱憤をうたに寄せたもので非常に痛切な歌詞を以てうたはれて居ります。時調は中央都市たる開城京城に於て太平聖代を讃へるためのうただとみます。

問　朝鮮舞踊の古典は？

答　隨分古い昔からあつた樣であります。現在韓成俊氏に依つて傳へれてゐる劍舞の如きは新羅時代の最も優秀な舞踊だと思はれます。

問　演劇團體の數。

答　劇研座、青春座、豪華船、朝鮮舞臺、高協、阿娘等約二十五六團體。

問　日本の歌舞伎役者の樣な傳統的なものがありますか？

答　假面舞踊の演者。

問　朝鮮美人の標準をお教へ下さい。

答　古い時代は、足が小さいこと、髮の毛が長いこと、體全體に婦德のあふれる女でありましたが美人の標準は世界共通でありませう。

問　民衆が愛する樂器はどんなもんですか？

答　農民は田植が濟んでから、麥や米の取入後は鼓や、チング(どら)を鳴らし乍ら濁酒を交すものです。

モダン日本 增刊
秋の朝鮮版

括目して御期待あれ！

絶讃の嵐!! 堂々たる行進!!

續いて刊行する『秋の朝鮮版』

躍進朝鮮は一時も休む事なく前進する。わが朝鮮版も是と歩調を合せて堂々と行進するのだ。昨秋、内鮮一億の歡呼の中に登場した朝鮮版、つゞく第二次朝鮮版の素晴しさは今や「モダン日本社の朝鮮版」の不動の地位を得るに至つた。斬新な企劃潑溂たる編輯！すべて我社の獨壇場だ！秋の爽風と共に登場する第三輯朝鮮版に絶大なる御期待を賜らんことを！

朝鮮と共に前進する雜誌

東京市麹町區内幸町大阪ビル
モダン日本社
振替 東京 七五一六二

★五十錢★
今から豫約注文あれ！

第三輯「朝鮮版」十月十七日發賣

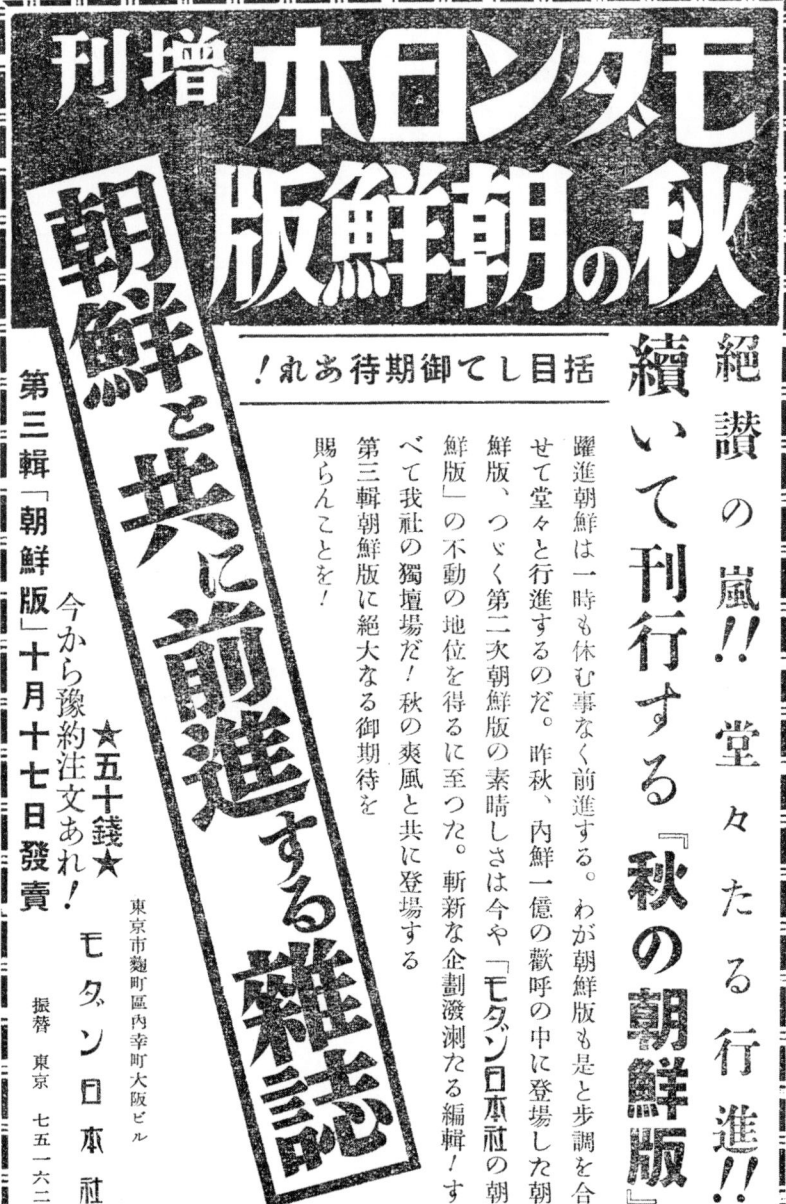

內鮮滿支聯絡時間表

つばめ		かもめ	さくら	ふじ					ふじ	さくら					かもめ	つばめ
食	食・寢	食	食・寢	食・寢	食・寢	食・寢	食・寢		食・寢	食・寢	食・寢	食・寢	食・寢	食・寢	食	食
11	9	1031	3	1	5	19	7		2	4	10	14	8	6	1032	12
9.00	10.30	1.00	1.30	3.00	9.00	10.25	11.00	發 東京 著	9.25	4.40	7.45	6.55	7.30	9.55	5.20	9.00
2.22	5.06	6.34	7.05	8.32	4.12	5.49	6.47	發 名古屋 發	9.56	11.07	1.16	10.46	11.47	2.51	11.55	9.45
4.26	7.54	8.45	9.24	10.53	7.12	9.02	9.55	發 京都 發	7.32	8.40	10.20	7.44	8.25	11.45	9.37	1.36
5.04	8.45	9.24	10.07	11.34	8.00	9.50	10.45	發 大阪 發	6.48	8.00	9.31	7.01	8.01	11.00	9.00	1.00
5.37	9.24	9.58	10.44	0.11	8.40	10.30	11.24	發 神戸 發	6.09	7.19	8.50	6.20	7.19	10.20	8.20	0.20
…	11.43	…	1.15	2.33	11.01	0.50	1.50	發 岡山 發	3.35	4.50	6.18	3.50	4.55	7.53	…	…
…	3.00	…	4.21	5.45	2.06	3.55	5.16	發 廣島 發	0.02	1.35	2.57	0.30	1.22	4.30	…	…
…	6.55	…	8.00	9.25	6.00	7.35	9.00	著 下關 發	8.30	10.00	11.00	8.50	9.25	0.50	…	…

寢	寢			食	食				寢	寢			食	食		
108	8	18		4	202	14	16		7	107		13	3	101	121	
…	10.30	8.15	…	0.50	…	7.30	0.15	發 鹿兒島 著	7.10	…	…	8.34	4.56	…	…	…
10.45	‖	‖	…	‖	2.40	‖	‖	發 長崎 著	‖	7.29	…	‖	‖	9.11	5.10	…
5.37	6.24	6.32	…	7.39	6.14	5.02	10.15	發 博多 發	11.45	1.34	…	10.44	10.22	11.47	11.56	…
7.45	8.05	8.40	…	9.05	7.40	7.10	0.20	著 門司 發	10.05	10.55	…	7.55	8.50	10.15	9.20	.
8.05	8.20	…	…	9.30	8.00	7.20	0.30	發 門司 著	9.55	10.35	..	7.30	8.30	9.50	9.02	…
8.20	8.35	…	…	9.45	8.15	7.35	0.45	著 下關 發	9.40	10.20	..	7.15	8.15	9.35	8.47	…

1	7		2	8
10.30	10.30	發 下關 著	1.30	7.15
6.00	6.00	著 釜山 發	11.45	11.30

ひかり	興亞			あかつき	のぞみ	大陸				興亞			ひかり			大陸	のぞみ	あかつき
食・寢	食・寢	寢	食・寢	食	食・寢	食・寢	食・寢	寢		食・寢	食・寢	寢	食・寢	寢	食・寢	食・寢	食・寢	食
1	3	103	43	17	7	9	5	47		4	44	104	2	48	6	10	8	18
7.00	7.40	8.05	9.05	7.05	7.50	8.30	8.55	11.20	發 釜山 著	10.40	8.45	9.50	11.05	7.10	8.20	9.50	10.10	10.40
7.47	8.34	9.30	10.45	↓	8.43	9.23	10.20	0.31	發 三浪津 發	9.52	7.26	8.42	10.19	5.59	7.05	9.02	9.24	↑
9.15	9.57	11.17	0.30	9.01	10.13	10.54	0.16	2.23	發 大邱 發	8.20	5.45	6.55	9.03	4.10	5.18	7.35	7.57	8.50
10.21	↓	0.47	1.54	↓	↓	0.07	1.57	4.06	發 金泉 發	↑	4.19	5.19	7.52	2.24	3.35	6.25	↑	↑
11.56	0.36	2.51	4.05	11.21	0.56	1.40	4.19	6.34	發 大田 發	5.43	1.56	3.13	6.19	11.55	1.10	4.50	5.17	6.28
1.00	↓	4.36	5.30	↓	↓	2.46	5.57	8.18	發 天安 發	↑	0.22	1.25	5.09	10.08	11.24	3.39	↑	↑
↓	↓	5.56	6.47	↓	↓	3.34	7.15	9.38	發 水原 發	↑	11.08	0.12	↑	8.48	10.07	2.48	↑	↑
2.30	3.08	7.06	7.50	1.45	3.28	4.18	8.20	10.40	著 京城 發	3.02	10.05	11.10	3.40	7.40	9.00	2.02	2.42	4.00
2.40	3.15	…	8.05	…	3.40	4.30	8.40	11.05	發 京城 著	2.55	9.50	…	3.30	7.20	8.40	1.50	2.30	…
4.03	↓	…	9.57	…	↓	5.50	9.57	1.02	發 開城 發	1.33	7.59	…	2.06	5.20	7.17	1.31	↑	…
↓	7.28	…	2.11	…	↓	8.48	1.09	5.16	發 黃海黃州 發	10.28	3.31	..	↑	0.39	4.02	9.29	↑	…
7.36	8.16	…	3.30	…	8.44	9.40	1.59	6.30	發 平壤 發	9.42	2.30	…	10.35	11.35	3.15	8.46	9.38	…
↓	9.41	…	5.20	…	↓	10.50	3.10	8.56	發 新安州 發	8.18	0.30	…	9.12	9.25	1.51	7.30	↑	…
9.33	10.26	…	6.30	…	10.45	11.37	3.57	10.01	發 定州 發	7.36	11.30	…	8.27	7.52	1.08	6.47	7.38	…
11.20	0.15	…	9.25	…	0.40	1.35	6.20	1.15	著 安東 發	5.40	8.20	…	8.30	4.25	10.40	4.50	5.43	…
11.50	0.45	…	10.15	…	1.10	2.05	7.00	1.55	發 安東 著	5.10	7.34	..	6.00	3.33	10.05	4.20	5.13	…
4.48	6.08	…	6.15	…	6.41	7.31	1.08	9.28	發 蘇家屯 發	11.47	11.53	…	0.50	7.50	3.38	11.11	11.40	…
5.20	6.40	…	6.43	…	7.15	8.00	1.35	9.55	發 奉天 發	11.28	11.27	…	0.28	7.25	3.15	10.49	11.18	…
9.45	↓	…	…	…	11.42	↓	…	…	著 新京 發	↑	…	..	8.00	…	…	↑	8.50	…
…	8.00	…	…	…	…	8.25	…	…	發 天津 發	9.50	…	…	…	…	…	10.12	…	…
…	10.35	…	…	…	…	10.40	…	…	著 北京 發	7.00	…	…	…	…	…	7.50	…	…

	食・寢	食・寢	寢	寢	食・寢	食・寢		寢	食・寢	寢	食・寢		食・寢	食・寢
301	307	309	303	305	101	204		304	310	306	308	302	203	102
7.55	3.40	4.35	9.20	11.00	…	…	發 京城 著	7.20	0.20	8.30	2.20	10.25	…	…
10.25	5.38	6.38	11.51	1.46	…	…	發 鐵原 發	4.33	10.24	5.53	0.28	7.57	…	…
1.50	8.19	↓	2.56	5.14	…	…	發 安邊 發	0.11	7.33	2.23	↑	4.23	…	…
2.24	8.39	9.34	3.28	5.48	…	…	發 元山 發	11.40	7.13	2.08	9.24	3.59	..	…
5.25	10.56	11.51	6.35	9.20	…	…	發 咸興 發	8.17	4.54	10.55	7.05	0.52	…	…
11.30	3.38	4.34	0.57	3.53	…	…	發 城津 發	1.31	11.32	4.25	2.10	6.35	…	…
	4.35	5.32	2.24	5.16	…	…	發 吉州 發	0.15	10.37	3.08	1.15		…	…
…	6.52	7.50	5.28	8.23	…	…	發 朱乙 發	8.58	8.19	0.02	10.56	…	..	…
…	7.43	8.48	6.36	9.23	…	…	發 輸城 發	7.59	7.30	11.00	10.07	…	…	…
…	‖	9.02	6.50	9.37	8.30	1.35	發 淸津 發	7.35	7.10	10.36	‖	…	3.50	11.45
…	10.02				11.27	4.44	發 會寧 發	…	…	…	8.26	…	1.25	9.26
…	10.47	…	…	…	0.20	5.35	發 上三峰 發	…	…	…	7.37	…	0.23	8.17
…	11.40	…	…	…	1.28	6.35	發 南陽 發	…	…	…	7.00	…	11.23	7.18
…	0.46	..	(202)	(103)	↓	↓	發 訓戎 發	…	(201)	…	5.32	(104)	↑	↑
…	3.30	…	9.00	5.50	↓	↓	著 羅津 發	…	10.25	…	2.20	11.05	↑	↑
…	…	…	0.24	10.59	↓	↓	發 南陽 著	…	6.51	…	…	6.10	↑	↑
…	…	…	8.43	↓	↓	4.56	發 吉林 發	…	10.50	…	…	↑	1.11	↑
…	…	…	10.50	↓	↓	7.52	發 新京 發	…	8.35	…	…	↑	10.05	↑
…	…	…	…	8.45	9.40	…	發 牡丹江 發	…	…	…	…	8.50	…	10.40
…	…	…	…	7.35	8.45	…	著 佳木斯 發	…	…	…	…	9.00	…	10.00

モダン日本 代理部商品案內

ニコチン除去と酸素吸入

ワッサー・パイプ

獨逸式マドロスパイプ型、兩切も口付も喫える。ニコチンの害毒は眞に恐るべく、精力性慾の減退、胃腸、心臟を害し、高血壓を來します。毒と知りつゝ喫煙の習慣は止められません。然し本器さへあればニコチンを八十パーセント除去し、更に煙草の味を非常に美味にします。

上製 金貳圓
特製 金貳圓五拾錢
携帶用サック 八拾錢
オゾン液 四拾錢
送料 內地 拾六錢 外地 四拾貳錢

★モダン日本好み 香水

★ホワイト・ローズ
★ヘリオトロープ
★ムーゲ
★ミモザ
★サイクラメン

裝飾用小瓶化粧箱入二十瓦 金參圓

原料は直接輸入商より、香りはフランスコテイの品より優るとも劣らぬ逸品。

本社特選品

手提バッグ

ハンドバッグの代用にこの美くしい、更紗模樣のバッグをお持ち下さい。御稽古に、買物に、又は小旅行のお供にお襁褓携帶用に御便利な萬能バッグ、汚れたらお洗濯も利く。近代婦人にぜひ一つは必要なモダンなバッグです。

￥二・三〇 送料 內地 一六 外地 四五

小皺取りの決定版
として推奨する

『强力皺取』クリーム

獨逸特許品
「ラセラン」を主材とし
「ラヂウム放射線」を
加へた良心的な逸品!
十日間除皺の實驗例を有する
「エマナスキン」

普及瓶 四・〇〇 試用瓶 一・八〇 送料 市內 十六

スヌードキャップ

非常な勢を以て流行したネットが、今度はお帽子になつて現れました。これだけでも、又はこの上へ普通の帽子をお冠りになつてもいゝ、實用、經濟、美を兼ね備へたものです。

色――黒、紺、茶、紅、白

A水玉付 ￥二・五〇 B無地 ￥二・〇〇

モダン日本特製
朝鮮藝術賞記念
「メダル」

此度小社にて朝鮮藝術賞設定記念に洋銀製のメダルを製作致しました。愛讀者の皆樣方にも、この榮ある記念の品をお頒ち致したいと思ひます。數に限りが御座いますからお早く御申込下さい。表面菊池寛氏の半身、裏は記念の文字入り。直徑一寸一分、特價壹圓五拾錢、送料拾八錢。

モダン日本 專賣特許一一一五一三番

絹の紙

古來、生絲等の動物纖維だけでは、紙に抄く事が不可能とされてゐましたが、此絹の紙は生絲、絹絲を原料として生絲特有の温雅な光澤と色調を持ち觸感頗る心地よく絕對に褪色せぬものです。

卷紙 薄色 三種 一本 金四拾錢
封筒 拾枚 金廿五錢
卷紙セット 化粧箱入 卷紙一本 封筒十枚 金八拾錢
詩箋セット 詩箋一帖 封筒十枚 金八拾五錢

本誌掲載廣告索引

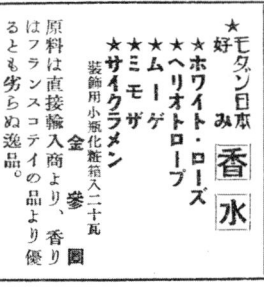

★地方にお住ひなる愛讀者の方々の御便利の爲に、又東京にお住ひの方にも銀座あたりでも得られたい近代的優良な品々を特選して皆様の御便利を計つて居ります。

★御註文は振替が安全、御便利です。

★振替東京七五一六二。

編輯後記

♣陽光燦然と輝く爽快な初夏の候、國運ます〳〵隆盛にして興亞の大業着々と進歩のとき、臨時增刊第二次「朝鮮版」は現地編輯の清新潑剌とした大內容を盛つて、全國愛讀者諸君に贈る。本誌刊行に當り、半島二千三百萬の熱誠溢るる聲援を心から感謝申上げる。

♣本誌刊行の記念に躍進發展する朝鮮の輝かしき姿を象徵する「ミス朝鮮」の決定をみた。朝鮮の傳統の美を身を以つて繼承し、若き血潮の中に永遠に生かして行く朴溫實孃を發見出來たことは大いなる喜びである。

♣本社特派員、須貝、金原、林による、南總督との對談錄は、朝鮮が軍事的、經濟的に、多事多端にして、全國民の愛國的關心の深まる今日、問ふ記者も答へる總督も一言一句烈火の如く眞劍に現實の問題に眞向からぶつつてゐる。これほど朝鮮に關する問題を具體的に答へた例はないと信ずる。

♣最近半島の皇國臣民化運動の目覺しき活動はその積極性に於いて內地の精動運動も遠く及ばぬとみられてゐる。鹽原學務局長が語る、狀況を味讀せられたい。と同時に、朝鮮銀行松原總裁の「朝鮮產業界の將來」は、時局の要望に答へるべく飛躍する半島產業界をトしたみのがすべからざるものである。

♣文學の方面でも最近、藝術賞其他で關心を持たれる者が少くない。特に、本誌の「心紋」崔明翊氏の力作は本年度、我文壇の大いなる收獲であらう。「路は暗きを」朴泰遠、「村の通り道」金東里も亦朝鮮的な清新な文學として必ずや文壇の注目を得ることと思ふ。

♣「朝鮮見たまゝの記」は島木健作、湯淺克衞、張赫宙、福田清人氏等の鋭い觀察記だ。

♣特輯としては朝鮮の古典文化を紹介する意味で斯界の權威柳子厚、高祐燮兩氏の執筆をいたゞいた。國民新報主筆井上收氏の「歷代朝鮮總督を語る」は日韓合併以後の總督を深く解剖した興味深い一篇、並びに李允鐘氏の「產業十人男」の切捨御免がある。

♣また、近代朝鮮文學の父にして、本社、藝術賞第一回受賞者たる李光洙氏の「交友錄」、內鮮の名士が互ひに親しく呼びかける「內鮮問答」は宋今璇、金基鎭、崔貞熙、濱本浩、東鄕青兒諸氏が胸中を割つての卓論である。

♣本誌特派員の現地での活躍による、世界一の樂園、小鹿島探訪記「朝鮮の小島の春を訪ねて」「志願兵訓練所訪問記」「京城學生生活ルポルタージュ」或は「京城盛り場探訪記」等も興味深い報告書だ。

♣座談會は、施政に、實業に、學術に、朝鮮文化に盡した錚々たる名士の「朝鮮の今昔を語る座談會」「朝鮮映畫界を背負ふ人々の座談會」或は「朝鮮女學生座談會」等の大砲列だ。

♣その他、「朝鮮讀本」「百問百答」傳說等の讀物記事、特種の大行進。アート・グラビア特寫の豪華版！　呼物の懸賞など本誌こそは、愛讀者諸兄姉の歡呼を以つて迎へられるに適しいものと云へよう。

♣別項の如く「朝鮮行進曲」歌詞を募集する。全鮮二千三百萬が足なみそろへて活潑にうたへる傑作を作つていたゞきたい。

モダン日本　第十一卷　第九號

昭和十五年七月十二日印刷
昭和十五年八月一日發行

發行兼編輯 印刷人　須貝正義

東京市麴町區內幸町二ノ一ノ三
大阪ビル新館八階

發行所　株式會社　モダン日本社

振替東京七五一六二
電話銀座(57) 5180 5181 5182 5183 5184 5185 5186 5187 5188 5189 2924

定價

△一部　四十錢（二錢五厘）
△三月分　一圓二十錢（送料共）
△半年分　二圓四十錢（送料共）
△一年分　四圓八十錢（送料共）

○本誌は毎月一回一日發行
○御註文は凡て前金で願ひます。
○前金が盡きれば、封皮に「前金切」の印を押して發送しますから、直ちに御送金を願ひます。
○御送金の節は雜誌の號數を明記して下さい。
○御送金の方法は振替貯金が最も安全で、途中紛失の心配がありません。
○郵劵代用は必ず一割增に願ひます。
○特別號は定價、送料共不同に付、其都度差額を申受けます。
○外國行き送料は普通號一部に就廿八錢を申受けます

臨時增刊　特價五十錢
送料　內地參錢五厘　外地參拾六錢

印刷所　東京市牛込區榎町七番地　大日本印刷株式會社榎町工場

食事《しよくじ》が進《すゝ》んで安眠出來《あんみんでき》

丈夫《ぢやうぶ》に肥《ふと》つて根氣《こんき》が強《つよ》くなる

朝鮮江原道　金　三　成

私《わたし》は長《なが》い間胃腸《あひだゐちやう》が弱《よわ》いため日頃隨分注意《ひごろずゐぶんちうい》して居《を》りましたが、少《すこ》し工合《ぐあひ》が良《よ》いと思《おも》つて喜《よろ》こんで居《ゐ》ると又惡《またわる》くなるので永《なが》い間惱んで居《を》りました。その上《うへ》どうした事《こと》か一昨年《さくねん》あたりから神經衰弱《しんけいすゐじやく》の氣味《きみ》で、夜分安眠出來《やぶんあんみんでき》ず、身體《からだ》は日増《ひまし》に瘦《や》せ衰《おとろ》へ、氣分《きぶん》はいら〳〵して何仕事《なにしごと》にもすぐ疲《つか》れて長續《ながつゞ》きしないので、何《なん》とかして丈夫《ぢやうぶ》になりたいと色々《いろ〳〵》な方法《はうはふ》を試《こゝろ》みましたがこれと云《い》つて效果《かうくわ》あるものがないので本當《ほんたう》に困《こま》つて居《を》りました。

處《ところ》が昨年《さくねん》の八月頃雜誌《がつごろざつし》で胃腸《ゐちやう》の弱《よわ》い人《ひと》や夜分眠《やぶんねむ》れぬ人《ひと》に信州伊那《しんしういな》の谷特《たにとく》產《さん》、鹽澤家傳《しほざはかでん》の養命酒《やうめいしゆ》が大變《たいへん》よいと知《し》つたので早速飲《さつそくの》んで見《み》ました。すると身體《からだ》がぽか〳〵温《あたゝま》つて食事《しよくじ》が美味《おい》しく進《すゝ》むやうになり、氣持《きもち》よく安眠《あんみん》出來《でき》て迚《とて》も元氣《げんき》が出《で》て參《まゐ》りました。それ以來私《いらいわたし》は續《つゞ》けて養命酒《やうめいしゆ》を愛飲《あいいん》して居《を》りますが、御蔭樣《おかげさま》で今《いま》では見違《みちが》へられる程丈夫《ほどぢやうぶ》になつて肥《ふと》り、根氣《こんき》と體《たい》力《りよく》が強《つよ》くなつていくら働《はたら》いても疲《つか》れぬ健康體《けんかうたい》になりました。

尚養命酒試飲《なほやうめいしゆしいん》御希望《ごきばう》の方《かた》は、東京市《とうきやうし》澁谷區《しぶやく》上通《かみどほ》り四丁目《ちやうめ》廿四番地《ばんち》、養命《やうめい》酒本舗《しゆほんぽ》出張所《しゆつちやうじよ》へハガキで申込《まをしこ》めば、養命酒《やうめいしゆ》の見本小瓶《みほんこびん》を無代《むだい》で送《おく》つてくれるから、一度《ど》實驗《じつけん》されるとよい。

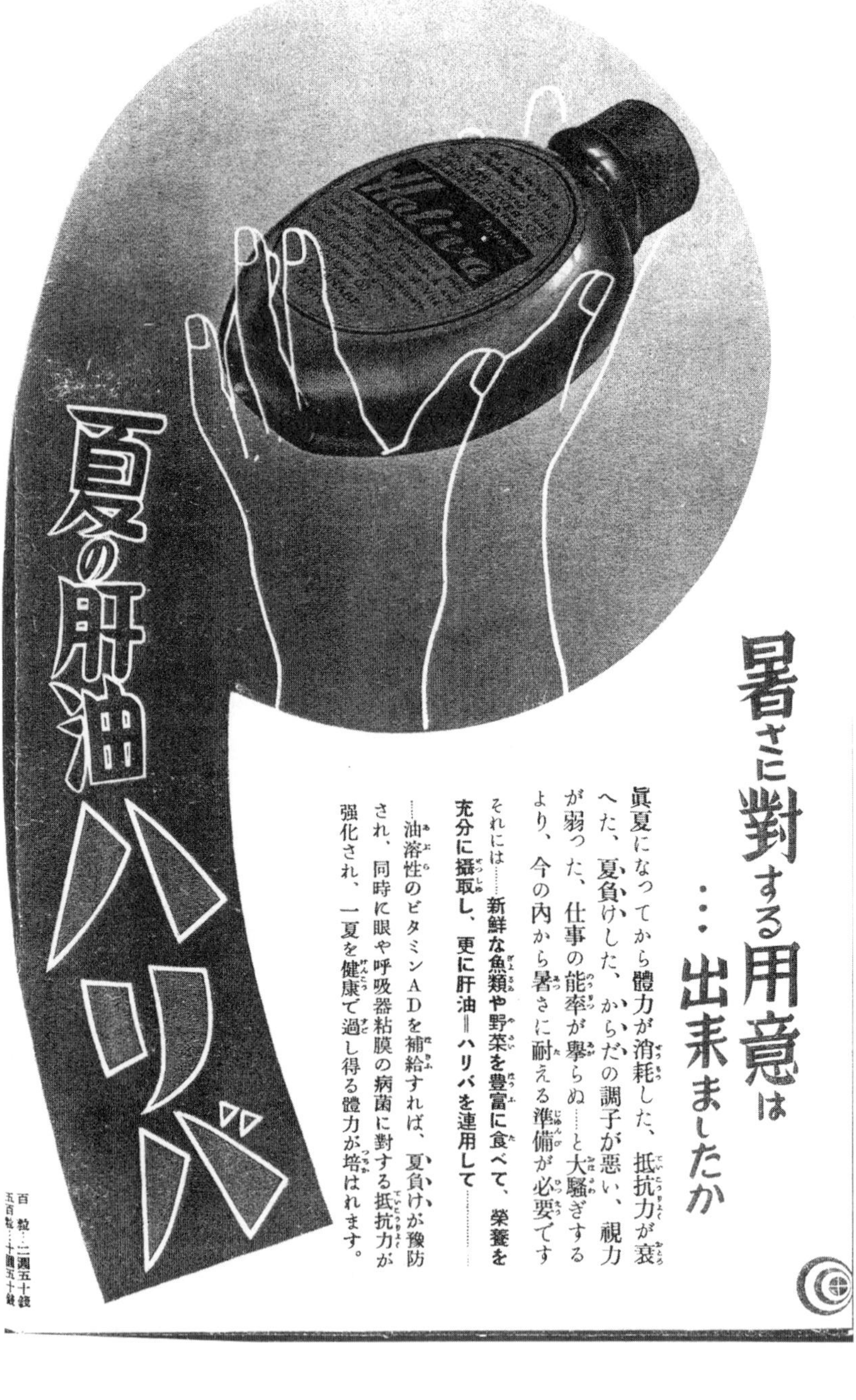
夏の肝油ハリバ
暑さに對する用意は……出来ましたか
眞夏になつてから體力が消耗《せうもう》した、抵抗力《ていこうりよく》が衰《おとろ》へた、夏負けした、からだの調子が悪い、視力が弱つた、仕事の能率《のうりつ》が擧《あが》らぬ……と大騒《おほさわ》ぎするより、今の内から暑《あつ》さに耐《た》える準備《じゆんび》が必要《ひつえう》です
それには……新鮮な魚類《ぎよるゐ》や野菜《やさい》を豊富《ほうふ》に食《た》べて、榮養を充分に攝取《せつしゆ》し、更に肝油＝ハリバを連用して……
……油《あぶら》溶性のビタミンＡＤを補給《ほきふ》すれば、夏負けが豫防され、同時に眼や呼吸器粘膜の病菌に對する抵抗力《ていこうりよく》が強化され、一夏を健康《けんこう》で過《すご》し得る體力が培《つちか》はれます。
百　粒…二圓五十錢
五百粒…十圓五十錢